Die Enthüllung der inneren Wahrheit

Die innerste Essenz aller Buddhalehren

sowie ergänzende Erläuterungen der Methoden,

um in den tiefgründigen Pfad der Sechs Vajrayogas einzutreten.

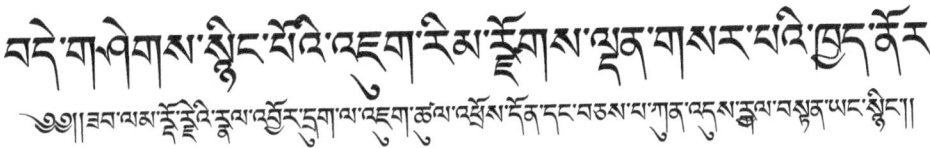

— BAND ZWEI —

Die innere Wirklichkeit

von Shar Khentrul Jamphel Lodrö

པར་མཁན་སྤྲུལ་རིན་པོ་ཆེ་འཇམ་དཔལ་བློ་གྲོས

Dzokden

Deutsche Ausgabe:
Autor: Shar Khentrul Jamphel Lodrö
Übersetzung: Winston-Douglas Court, Ulrike Holzer
Herausgeber: Manfred Klell
Layout: Silvia Freidinger

ISBN: 978-1-961659-12-4 (Taschenbuch)
ISBN: 978-1-961659-13-1 (E-Book)

Veröffentlicht von: DZOKDEN

Dieses Werk wurde von Dzokden produziert, einer gemeinnützigen Einrichtung, die ausschließlich von Freiwilligen getragen wird. Diese Organisation hat es sich zur Aufgabe gemacht, eine nicht-sektiererische Sichtweise aller spirituellen Traditionen der Welt zu verbreiten und den Buddhismus auf eine Weise zu lehren, die sowohl vollkommen authentisch wie auch praktisch und für die westliche Kultur zugänglich ist. Sie widmet sich insbesondere der Verbreitung der Jonang-Tradition, einem seltenen Juwel aus einem abgelegenen Teil Tibets, das die wertvollen Lehren des Kalachakra bewahrt.

Wenn Sie weitere Informationen über geplante Aktivitäten und verfügbare Materialien oder wenn Sie eine Spende machen möchten, wenden Sie sich bitte an:

Dzokden
3436 Divisadero Street
San Francisco, CA 94123, USA
www.dzokden.org
office@dzokden.org

Inhalt

[Body text in Tibetan script — multiple paragraphs]

无上怙主殊胜化身吉美多杰尊胜第八任藏哇活佛

The 8th Tsangwa Geitrul, Supreme Incarnation of All the Victorious Ones, Jigmé Dorjé

Vorwort von
Seiner Heiligkeit Jigme Dorje

Shar Khentrul Jamphel Lodrö hat durch sein intensives Studium der fünf Haupttraditionen von Nyingma, Sakya, Kagyü, Jonang und Gelug großes Vertrauen in die Lehren des tibetischen Buddhismus erlangt. Auf der Grundlage dieser Lehren hat er viele großartige Bücher zu Themen wie der Geschichte des Dharma und nicht-sektiererischen philosophischen Ansichten geschrieben. Durch diese Arbeit hat er der Lehre großen Nutzen gebracht.

Während er unter vielen großen Meistern all dieser Traditionen studierte, war Jetsun Lama Lobsang Trinle sein Wurzelmeister, ein wahrhaft gelehrter und vollendeter Meister, der auch als Lama Trinle Tsang bekannt ist. Er verbrachte viel Zeit mit ihm, um die vollständigen Lehren von Sutra und Tantra, insbesondere die sechs Zweige der Praxis in der Kalachakra-Vollendungsstufe, zu erlernen. In Anerkennung seiner großen Anstrengungen, die Meisterschaft aller Traditionen zu erlangen, wurde Jamphel Lodrö von seinem Wurzellehrer der Titel eines Rime-Meisters verliehen. Als besondere Auszeichnung wurde ihm der besonders gesegnete Khenpo-Hut, den der Meister Lama Lobsang Trinle zeit seines Lebens getragen hatte, übergeben. Dieser Hut trägt tiefgründige Segnungen mit sich und ist ein Zeichen dafür, dass Jamphel Lodrö den Wesen in Zukunft großes Wohlergehen bringen wird.

Als Kind wurde Jamphel Lodrö als unmittelbare Reinkarnation des Golok-Lama Getse Khentrul erkannt. Diese Wahrheit wurde jedoch geheim gehalten, um Hindernisse für sein Leben auszuräumen. Erst viele Jahre später wurde mit Erlaubnis seines Wurzellehrers und nach Beseitigung aller Hindernisse das Siegel aufgehoben und er öffentlich als zweite Inkarnation des Washul Lhazu Lama anerkannt – Ngawang Chözin Gyatso.

Gegenwärtig gibt er umfangreiche Unterweisungen über die Sutras der endgültigen Bedeutung und die tiefgründigen philosophischen Ansichten

Das große Kloster Dzamthang Tsangwa

des Zhentong-Madhyamaka, sowie zu den vorbereitenden Übungen, die die Grundlage der Kalachakra-Praxis bilden. Er hat große Anstrengungen unternommen, diese Unterweisungen in tibetischer und englischer Sprache verfügbar zu machen, mit dem Ziel, sie in Zukunft auch in viele weitere Sprachen zu übersetzen. Aufgrund seiner Entschlossenheit, die Zhentong-Philosophie zugänglich zu machen, haben viele Menschen auf der ganzen Welt großen Nutzen daraus gezogen, und dafür bin ich sehr dankbar. Ich freue mich und danke ihm im Namen aller Jonang-Praktizierenden und unterstütze ihn voll und ganz in seinen vielen Aktivitäten.

Besonders möchte ich meine höchste Wertschätzung für seinen Mut ausdrücken, die Verantwortung für die seltenen und tiefgründigen Kalachakra-Lehren als authentischer Linienhalter zu übernehmen, sowie für seine Betonung, dass alle Traditionen im Namen des globalen Friedens und der Harmonie zusammenkommen sollen. Aus tiefstem Herzen freue ich mich über diese großen Taten, denn sie sind wahrlich die Ursachen für das Entstehen eines Goldenen Zeitalters.

All jenen, die Khentrul Rinpoche derzeit bei der Verwirklichung dieser Aktivitäten unterstützen, möchte ich meinen herzlichen Dank aussprechen und mich an dem großen Verdienst erfreuen, das Sie erzeugen. Es ist höchst selten, die Gelegenheit zu haben, diesen Lehren zu begegnen, die so viel Frieden und Harmonie in diese Welt bringen können. Ich bete und strebe danach, dass wir uns in Zukunft alle im erhabenen nördlichen Reich von Shambhala versammeln werden.

Geschrieben im Dharma-Palast des Großen Östlichen Klosters von Dzamthang Tsangwa vom 47. Vajra-Thronhalter Tsangwa Geitrul, der Höchsten Inkarnation Jigme Dorje, im sechsten Monat des Feuer-Affenjahres während des 17. Rabjung (August 2016).

Shar Khentrul Jamphel Lodrö Rinpoche

Danksagung

Im Namen des Tibetisch-Buddhistischen Rime-Instituts möchte ich mich bei allen bedanken, die an der Verwirklichung dieses Buches beteiligt waren. Zuallererst natürlich unserem gütigen Lehrer Khentrul Rinpoche, dessen tiefgründige Lehren und geduldige Anleitung uns allen das Kalachakra-System zugänglich gemacht haben. Wir sind unendlich dankbar für die Gelegenheit, diesem unglaublichen Pfad zu begegnen und an der Vorbereitung dieser Buchreihe beteiligt zu sein.

Auf persönlicher Ebene möchte ich meine enorme Dankbarkeit gegenüber Rinpoche zum Ausdruck bringen, dass er mir die Möglichkeit gegeben hat, ihm bei der Manifestation dieser großen Vision zu helfen. Während ich mir bewusst bin, dass meine vorgebrachten Worte niemals die Tiefe seiner Weisheit wirklich erfassen können, bereitet es mir große Freude, daran zu denken, dass diese Arbeit in irgendeiner kleinen Weise Menschen näher an Kalachakra und näher an Rinpoche bringen kann, der für mich die Verkörperung dieser Lehren ist. Ich erkenne an, dass mein Leistungsvermögen durch meine eigenen Einschränkungen begrenzt ist und übernehme daher die volle Verantwortung für jegliche Fehler, die ihren Weg in diesen Text gefunden haben könnten. Ich freue mich über jede Rückmeldung, die dazu beitragen könnte, dieses Buch zu verbessern, um es so nützlich wie möglich zu machen.

Darüber hinaus möchte ich mich ausdrücklich bei den Mitgliedern des Redaktionsteams bedanken, die in den letzten sechs Monaten fleißig an der Vorbereitung dieses neusten Teils der Buchreihe „Die Enthüllung der inneren Wahrheit" gearbeitet haben. Wir wissen die Bemühungen und die Entschlossenheit von Vanessa Mason, Holly Reilly und Dorothy Welton aufrichtig zu schätzen. Besonders dankbar bin ich Julie O'Donnell und Jackie Bao, die maßgeblich dazu beigetragen haben, die Bedingungen für die Fertigstellung der Arbeiten zu schaffen.

Es ist mein aufrichtiges Bestreben, dass dieses Buch Ihnen einen authentischen Einstieg in den Kalachakra-Pfad ermöglicht. Möge es Ihrem Leben Nutzen bringen und möge es für Sie und alle fühlenden Wesen zur Ursache werden, dauerhaftes wahres Glück und Freiheit von Leiden zu erlangen. Mögen die Lehren des Jonang-Dharma in dieser Welt erblühen und das Goldene Zeitalter von Shambhala verwirklicht werden.

Joe Flumerfelt
Belgrave, Australien
August 2016

Shakyamuni Buddha

Einführung

Die Enthüllung der inneren Wahrheit wurde geschrieben, um den spirituellen Pfad darzulegen, wie er von Buddha Shakyamuni gelehrt wurde. Im gesamten Text habe ich versucht, die Kernprinzipien der Lehren des Buddhismus auf ansprechbare Weise darzustellen, ohne dabei die Essenz der alten Weisheit des Buddha zu verlieren. Es ist meine Hoffnung, dass *Die Enthüllung der inneren Wahrheit* Ihnen ein zielgerichtetes und mitfühlendes Leben ermöglichen wird.

Wenn Sie ein Dharmabuch wie dieses in die Hand nehmen, lesen Sie nicht nur einfach die Worte des Autors. Durch *Die Enthüllung der inneren Wahrheit* verbindet man sich mit der beispiellosen Weisheit des Buddha und man lernt die großen Praktizierenden der Vergangenheit und Gegenwart kennen, die den Buddhadharma verwirklicht haben. Diese buddhistische Ahnenlinie, Übertragungslinie genannt, ist von entscheidender Bedeutung für die spirituelle Entwicklung, da es ihre Geschichten, Kommentare und Erkenntnisse sind, auf die wir uns als Anleitung und Inspiration verlassen.

Die Lehren des Buddha wurden für eine Vielzahl von Menschen gelehrt, die alle Unzufriedenheit und Leiden auf unterschiedliche Weise erlebten. Infolgedessen bietet das Studium dieser Lehren verschiedene Vorteile, nach denen wir alle streben können. Grundsätzlich können wir praktische Hilfsmittel finden, die uns dabei helfen, unseren Alltagsstress abzubauen und ein sinnvolleres Leben zu führen. Auf einer tiefgründigen Ebene können wir unser unglaubliches Potenzial verwirklichen und die Ursachen für lang anhaltendes, aufrichtiges Glück für uns und andere kultivieren.

Unter allen Lehren des Buddha ist es für mich das System des Kalachakra-Tantra, dem ich mich am meisten verbunden fühle. Meiner Meinung nach ist dies das geschickteste System, um dieses außergewöhnliche Potenzial zu realisieren und die Erleuchtung in einem einzigen Leben zu verwirklichen. Während die meisten Menschen diese Lehren als fortgeschrittene esoterische Praktiken betrachten, ist der Kalachakra-Pfad eigentlich ein vollständiges System, das für Praktizierende auf allen Stufen ihrer spirituellen Entwicklung geeignet ist.

ÜBERSICHT ÜBER DEN KALACHAKRA-PFAD

Kalachakra heißt wörtlich *Rad* (chakra) der *Zeit* (kala). Es ist der Name eines Systems von Praktiken, das mit Buddha Shakyamuni entstand und bis heute in einer ungebrochenen Linie durch die Jahrhunderte weitergegeben wurde. Das Kalachakra-System zielt darauf ab, Menschen dabei zu helfen, ihre Erfahrungen so zu verstehen, dass sie mehr Frieden und Harmonie in ihrem persönlichen Leben und in ihren Beziehungen zu anderen entwickeln können.

Das Kalachakra ist insofern einzigartig, als es Lehren zu einem umfassenden Themenspektrum bietet, das eine Vielzahl von Praktizierenden auf verschiedenen Stufen ihrer spirituellen Entwicklung unterstützt. In einem einheitlichen Rahmen finden wir eine Fülle an tiefster Weisheit, die in ihrem Ansatz sowohl unmittelbar relevant als auch direkt ist.

Das Hauptthema von „*Die Enthüllung der inneren Wahrheit*" ist die Vorstellung des vollständigen Kalachakra-Pfades. Der Pfad ist von Natur aus fortschreitend und bietet Schritt-für-Schritt-Anweisungen, um durch die vielen Schichten der gelebten Erfahrung zu führen. Ich habe diesen Pfad in drei Bände aufgeteilt, von denen jeder auf eine bestimmte Ebene der Wirklichkeit ausgerichtet ist und sich linear von grob nach subtil bewegt. Daher wird empfohlen, das Material der Reihe nach zu studieren, damit die notwendigen Grundlagen für jede nachfolgende Übung entwickelt werden können.

Band Eins:
Die äußere Wirklichkeit

Wir beginnen unsere Reise, indem wir zunächst die Eigenschaften unserer unmittelbaren Erfahrung untersuchen. Insbesondere betrachten wir die gewöhnliche Welt, der wir jeden Tag begegnen, mit dem Ziel, die Weisheit zu entwickeln, die es uns ermöglicht, ein sinnvolleres und ausgeglicheneres Leben zu führen. Zu diesem Zeitpunkt liegt der Fokus auf pragmatischen Strategien, die fest in einem erfahrungsorientierten Ansatz zum Verstehen der Realität verankert sind.

Dieses Buch stellt viele potenziell neue Ideen vor, die dazu herausfordern, über die Natur unseres gemeinsamen Universums in einem weiteren Sinne nachzudenken. Diese Ideen bilden die Grundlage für das Verständnis einer buddhistischen Weltsicht, die wiederum die Grundlage für ein tiefgründiges System kontemplativer Praxis bildet.

Band Zwei:
Die innere Wirklichkeit

Indem wir uns nach außen richten, können wir Strategien entwickeln, Verwirrung und Unruhe zu bewältigen, die in unserem Leben auftauchen. Wir können Wege finden, unsere Weisheit anzuwenden, um konstruktiv gegen Widrigkeiten vorzugehen. Aber wie effektiv unsere Strategien auch sein mögen, sie können keine lang anhaltende Transformation bewirken, die fähig ist, den Kreislauf unseres Leidens zu durchbrechen und die Tür für echtes Glück zu öffnen. Dafür müssen wir uns nach innen wenden. Wir müssen direkt auf unseren eigenen Geist schauen und anfangen, sein natürliches Potenzial zu erfahren.

In diesem zweiten Band erforschen wir die phänomenologische Welt der Erscheinungen und wie diese Erscheinungen tatsächlich existieren. Während wir auf theoretischer Ebene weiter mit Konzepten arbeiten, verlagern wir unseren Schwerpunkt zunehmend auf eine praktische Ausrichtung. Es reicht nicht aus, die Konzepte intellektuell zu verstehen, wir müssen eine direkte Erfahrung davon entwickeln. Indem wir Verständnis in Erfahrung umwandeln, können wir diese Ideen wirklich in unsere Art des Seins integrieren.

Jeder Abschnitt ist in drei Teile unterteilt und betont die Entwicklung der grundlegenden Eigenschaften, die erforderlich sind, bevor man sich mit den Praktiken des buddhistischen Tantra befasst. So wie wir den Boden vor dem Pflanzen von Getreide kultivieren, bilden diese Lehren die Grundlage, um die notwendigen Bedingungen für eine reichliche Ernte zu schaffen.

Sich auf eine gültige Zufluchtsquelle verlassen

Nach den Lehren des Buddha wandern wir seit anfangsloser Zeit ziellos durch die zyklische Existenz und nehmen Wiedergeburt um Wiedergeburt an. Weil wir die wahre Natur unserer Realität nicht erkennen, halten wir unser Leiden in einer Endlosschleife aufrecht. Solange wir diese Situation nicht ändern, werden wir bis in alle Ewigkeit so weiterleben. Das Nachdenken über diese Wirklichkeit erzeugt den starken Wunsch, sich aus Samsara zu befreien, und wirft die Frage auf, wie wir diese Freiheit tatsächlich erreichen können.

Obwohl jedes einzelne fühlende Wesen denselben Wunsch hat, nämlich wahres Glück zu erfahren und frei von Leiden zu sein, ist dies kein Seinszustand, der sich natürlich oder leicht einstellt. Hierfür sind erhebliches Training und Anstrengung erforderlich, um den Geist von seinem gegenwärtigen Zustand des Aufruhrs und des Konflikts zu befreien und ihn in einen Zustand des nachhaltigen Friedens und der Harmonie zu transformieren. Der *Kalachakra-Pfad* bietet uns einen direkten Weg, dieses Ergebnis zu erreichen, indem er eine außergewöhnliche Auswahl an Methoden bereitstellt, die schnell in die tiefste Schicht unserer Erfahrung vordringen können. Wir können nicht nur die persönliche Befreiung erreichen, sondern auch den erleuchteten Zustand der Buddhaschaft. Wenn wir die Struktur dieses Pfades verstehen, erhalten wir einen detaillierten Wegweiser, der uns zu unserer letztendlichen und heiligen Wahrheit führt.

Einen solchen Pfad zu beschreiten ähnelt einer Expedition in unbekanntes Terrain. Es ist eine Reise voller Fallstricke, falscher Abzweigungen und unvorhergesehener Hindernisse. Um die Bereitschaft und Anstrengung zu entwickeln, diese Schwierigkeiten zu überwinden, braucht es Inspiration und ein Vertrauen in das, was am Ende der Reise versprochen wird. Dazu können wir auf diejenigen schauen, die diesen Weg vor uns gegangen sind. Durch das Studium der Geschichte und Lebensläufe der großen Meister der *Jonang-Shambhala-Überlieferungslinie* werden wir in die zusammengefasste Erfahrung aus mehr als zweitausend Jahren eingeführt. Der darauf beruhende Pfad wird in diesem Buch vorgestellt und bietet uns die benötigte Ermutigung, um unsere ersten Schritte zu machen.

Mit der Inspiration zu praktizieren, brauchen wir die Anleitung *authentischer*

Dharmalehrer/innen, die uns durch den Prozess lenken. Obwohl es viele Lehrer/innen auf der Welt gibt, sind nur die juwelengleichen Halter/innen der Vajrayoga-Linie qualifiziert, den Kalachakra-Pfad zu lehren. Da sie äußerst selten und kostbar sind, müssen wir große Anstrengungen unternehmen, um unsere Verbindung mit ihnen zu entwickeln. Aus diesem Grund muss man sich darüber im Klaren sein, was man von Lehrer/innen erwartet und wie man das Beste aus dieser dynamischen Beziehung machen kann.

Wenn wir uns unter der Anleitung authentischer Lehrer/innen auf den Pfad begeben, lernen wir, dass die Grundlage des Kalachakra-Pfades das Vertrauen in die *Drei Juwelen* ist. Diese tiefgründige Lehre verschafft uns Klarheit über die Zufluchtsquellen, die uns von der zyklischen Existenz befreien können. Durch unser unerschütterliches Vertrauen auf diese Stützen können wir sicher sein, dass unser Leben in eine positive Richtung ausgerichtet bleibt und uns zu dem wahren Glück führt, nach dem wir suchen.

Den Bodhisattva-Pfad betreten

Mit einer festen Überzeugung in die Kraft der Drei Juwelen ist es möglich, unser persönliches Leiden zu beenden, indem wir den Kreislauf der Existenz durchtrennen. Dies allein reicht jedoch nicht aus, um uns zur vollständigen Erleuchtung zu bringen. Wir müssen unser Gewahrsein öffnen und unsere Motivation erweitern, um die zahllosen fühlenden Wesen mit einzubeziehen, die genau wie wir seit anfangsloser Zeit im Leiden von Samsara gefangen sind.

Wenn wir über unsere Beziehungen zu anderen nachdenken, erkennen wir, dass wir ohne ihre enorme Güte nicht in dieser Welt existieren könnten und nicht einen Moment des Glücks erfahren hätten. Dennoch setzen diese Wesen, die sich so liebevoll um uns gekümmert haben, ihr Leiden endlos fort. Wie eine Mutter, die ihr einziges Kind in einem Feuer gefangen sieht, entwickeln wir die unerschütterliche Entschlossenheit, alles uns Mögliche zu tun, um ihnen zu helfen. Auf dieser Grundlage von *Liebe und Mitgefühl* erzeugen wir die höchste altruistische Intention des *Bodhicitta* – den Geist, der danach strebt, Erleuchtung zum Wohle aller fühlenden Wesen zu erlangen.

Nur dieser außergewöhnliche Geist ist eine gültige Motivation, sich auf dem Kalachakra-Pfad zu engagieren. Wenn wir dieses Streben nähren und stärken, wird es zur treibenden Kraft hinter all unseren Handlungen und wir treten in den *Mahayana-Pfad der Bodhisattvas* ein. Dieser Pfad der mitfühlenden Krieger/innen ist dem Wohl der Anderen gewidmet und bildet die Grundlage für alle einzigartigen Übungen des Kalachakra-Systems.

Während wir die Lehren des Bodhisattva-Pfades studieren, entdecken wir die zwei Schulungen, die für die Errungenschaft eines vollständig erleuchteten Buddha entscheidend sind – die *Sechs Vollkommenheiten* und die *vier Wege, um eine Anhängerschaft zu sammeln*. Während diese beiden Schulungen die Methoden bieten, um das Ziel unserer eigenen Befreiung und das Ziel anderer, frei von Leiden zu sein, zu verwirklichen, bietet die tiefe Weisheit der *Zhentong-Philosophie* die Sichtweise für die Beschäftigung mit diesen und den für den Kalachakra-Pfad spezifischen Praktiken. Ausgehend von den umfangreichen Schriften der drei Drehungen des Dharmarades etablieren wir eine konzeptuelle Sichtweise, die die definitive Natur der Wirklichkeit hervorhebt und klar aufzeigt, wie wir diese Natur erfahren können.

Vorbereitung des Geistes auf Tantra

Wenn wir uns ausschließlich auf die Mahayana-Praktiken verlassen, werden wir zweifellos die Schichten der Unwissenheit auflösen, die wir über unzählige Leben aufgebaut haben, und die volle Erleuchtung erlangen. Leider benötigt dieser Reinigungsprozess Milliarden von Lebenszeiten. Während dieser langen Zeitspanne leiden die fühlenden Wesen, die uns so am Herzen liegen, weiterhin unerträglich. Der Pfad des buddhistischen Tantra gibt uns die Möglichkeit, diesen Prozess zu beschleunigen. Mit seiner Vielzahl an geschickten Mitteln können wir schnell unsere Täuschungen durchtrennen, um unsere letztendliche Natur zu enthüllen und darin zu ruhen. Da diese Methoden es uns ermöglichen, unseren Geist in einem einzigen Leben vollständig zu reinigen, wird es als das blitzschnelle Fahrzeug bezeichnet.

Um diese tiefgründigen Methoden nutzen zu können, müssen wir jedoch die Bedingungen schaffen, um unsere innere Wahrheit zu erkennen, die derzeit vor uns verborgen ist wie ein tief unter der Erde vergrabenes Juwel. Die Entwicklung von Disziplin und Verpflichtung für eine *tägliche Rezitationspraxis* hilft uns, die vielen Schichten unserer Verwirrung zu durchdringen und die Verdunkelungen zu beseitigen, die verhindern, dass sich die Leuchtkraft dieses Juwels vollständig manifestiert. Der verwendete Haupttext dieser Tradition dazu ist *Die Göttliche Leiter: Vorbereitende Übungen und Hauptpraxis des tiefgründigen Kalachakra-Vajrayoga* des großen Jonang-Meisters Jetsun Taranatha. Dieser Text bietet eine strukturierte Methode, um sich mit allen, zwischenzeitlich erforderlichen Verwirklichungen vertraut zu machen, um die Natur der Wirklichkeit direkt zu erfahren.

Die *vorbereitenden Übungen zum Kalachakra* sind in drei Gruppen unterteilt: äußere, innere und besondere. Der verbleibende Teil dieses Bandes konzentriert sich auf die Anweisungen zur Meditation der äußeren und inneren vorbereitenden Übungen. Im Besonderen untersuchen wir die vorbereitenden Übungen der *Zufluchtnahme*, des *Erzeugens von Bodhicitta*, der *Vajrasattva-Reinigungspraxis* und der *Mandala-Darbringung*. Die abschließenden drei vorbereitenden Übungen des Guruyoga, des Gottheiten-Yoga und der drei Isolationen werden im dritten Band dieser Reihe ausführlich behandelt.

Band Drei:
Die erleuchtete Wirklichkeit

Durch die Arbeit mit unserer inneren Wirklichkeit verfeinern wir nach und nach unsere Fähigkeit, zwischen den unreinen Erscheinungen der äußeren Wirklichkeit und den reinen Erscheinungen der erleuchteten Wirklichkeit zu unterscheiden. Es ist wie das Reinigen der Linse eines Teleskops – wenn wir die groben Verdunkelungen aus unserem Geist beseitigt haben, so sind wir in der Lage, einen Blick auf unsere wahre Natur zu erhaschen. Obwohl diese wahre Natur noch nicht voll offenbart ist, liefert uns dieser erste Blick eine Basis, auf der wir aufbauen können, bis wir die Leuchtkraft unserer inneren Wahrheit voll erfahren können.

In den vorigen beiden Büchern arbeiteten wir mit Lehren, die allen tibetisch-buddhistischen Traditionen gemeinsam sind. In diesem abschließenden Buch konzentrieren wir uns auf die einzigartigen Praktiken, die speziell im Kalachakra-Tantra dargelegt werden. Den Praktizierenden, die bereit sind, sich diesem Pfad zu widmen, bieten diese tiefgründigen Methoden alles, was nötig ist, um in einem einzigen Leben die Erleuchtung zu erlangen.

DAS BESTE AUS DIESEM BUCH HERAUSHOLEN

Während Sie den Inhalt durchlesen, kann es hilfreich sein, einige wesentliche Punkte zu beachten. Das Folgende ist ein allgemeiner Ratschlag, der für jede Art von Dharmastudium gilt, unabhängig davon, ob man ein Buch liest oder eine Belehrung hört.

Die richtige Einstellung zum Studium von Dharma

Wenn wir den buddhistischen Lehren begegnen, ist es wichtig, eine Haltung von großer Begeisterung zu erzeugen. Wenn wir erkennen können, dass wir durch diese Lehren zu Ansichten geführt werden, die uns letztendlich zu großem Frieden und Glück führen können, sollte dies eine relativ leichte Aufgabe sein. Das Kultivieren eines klaren und wachen Geistes ist jedoch eine Fertigkeit, die Zeit braucht, um sich zu entwickeln. Man muss sich lange darum bemühen die verschiedenen Hindernisse zu überwinden, die möglicherweise auftreten. Eine Lehre, die diese Schwierigkeiten hervorhebt, ist bekannt als die *drei Fehler des Gefäßes*:

- Wir sollten nicht wie ein **umgekehrtes Gefäß** sein, auf das Flüssigkeit geschüttet wird; wir sollen also nicht abgelenkt oder so engstirnig sein, dass die Lehren nicht durchdringen können. Hören Sie mit einem offenen, bereiten Geist zu.
- Noch sollten wir wie ein **Gefäß mit einem Loch** sein. Gleichgültig wie viel Flüssigkeit hineingegossen wird, sie tropft ab und wir behalten nichts von dem, was gelernt wird.
- Schließlich seien Sie kein **Gefäß mit Gift**. Vermeiden Sie, Vorurteilen und fixen Ideen zum Opfer zu fallen. Dies wird dazu führen, dass Sie missverstehen, was Sie hören, und den Dharma in etwas verfälschen, das er nicht ist – wie Nektar, der in Gift gegossen wird.

Versuchen Sie, bei jedem Kapitel eine offene und aufgeschlossene Haltung zu bewahren, die sich voll und ganz mit dem Material beschäftigt, frei von

Vorurteilen und wertenden Einstellungen. Überprüfen Sie ab und zu, welche Qualität der Aufmerksamkeit Sie beim Lesen einnehmen. Erinnern Sie sich an diese einfache Unterweisung, wann immer Sie Inspiration brauchen, um die eigene Studienmethode zu verbessern.

Innehalten zum Nachdenken

Im ganzen Buch wurden unterschiedliche Übungen eingefügt, die Sie als Gelegenheit nutzen können, über das Material nachzudenken, das Sie gerade studieren. Es ist wichtig, dass wir uns nicht von der Theorie und möglicherweise herausfordernden Ideen überwältigen lassen. Wenn Sie die Lektüre durch kurze persönliche Nachdenkphasen unterbrechen, können Sie wertvolle Einblicke gewinnen, wie sich das Material auf Ihre persönliche Erfahrung bezieht.

Selbst wenn ein Abschnitt nicht mit einer bestimmten Übung abschließt, ist es trotzdem eine gute Angewohnheit, Textpassagen auszuwählen, sie ein paar Mal durchzulesen und sicherzustellen, dass Sie wirklich die Essenz des Gesagten verstehen. Legen Sie das Buch ab und an zur Seite und überlegen Sie, wie sich diese Lehren auf Ihr Leben beziehen. Denken Sie an Beispiele aus Ihrer eigenen Erfahrung, um die verschiedenen Grundsätze zu veranschaulichen und Ihr Verständnis zu vertiefen.

Eine weitere gute Angewohnheit ist es, Fragen niederzuschreiben, die beim Lesen auftauchen. Halten Sie einen Notizblock bereit und, wenn eine Frage auftaucht, notieren Sie diese einfach. Wenn Sie mit dem Lesen eines Abschnitts fertig sind, schauen Sie die Fragen durch und prüfen Sie, ob sie beantwortet wurden. Wenn die Frage weiter besteht, dann erwägen Sie, das Thema mit einer Lehrerin bzw. mit einem Lehrer oder mit anderen spirituellen Freund/innen zu besprechen, wenn sich die Gelegenheit ergibt

Freude an der Reise entwickeln

Letzten Endes bin ich zuversichtlich, dass die zeitlose Weisheit des Buddha-Dharma die Fähigkeit hat, Ihnen ein gewisses Maß an Nutzen zu bringen, wenn Sie ein offenes Herz und einen offenen Geist bewahren, wie auch immer Ihre Motivation ist.

Denken Sie daran, dass dies eine Entdeckungsreise ist, ein Prozess der

Transformation. Es wird Zeit brauchen, bis sich die Konzepte und Übungen im Geist entwickeln. Deshalb ist es wichtig, dass Sie mit sich selbst geduldig sind. Arbeiten Sie die Ideen in Ihrem eigenen Tempo durch und nehmen Sie sich so viel Zeit, wie Sie brauchen. Nachdem Sie ein paar Kapitel gelesen haben, gehen Sie diese noch einmal durch, um herauszufinden, ob sich Ihr Verständnis verändert hat. Oft werden Sie feststellen, dass spätere Lehren ein neues Licht auf frühere werfen, Schichten ablösen und eine tiefere Bedeutung aufdecken.

Entwickeln Sie vor allem ein Gefühl der Freude über diese wertvolle Gelegenheit. Sie sollte weder trocken noch ermüdend sein. Betrachten Sie sie stattdessen als ein Abenteuer und genießen Sie die Herausforderungen, die sie bietet. Im Buddhismus sprechen wir davon, die Samen für zukünftige Verwirklichung zu legen; dies bedeutet einfach, dass jede Verwirrung, der wir hier und jetzt gegenüberstehen, die Grundlage für zukünftiges Verständnis ist.

„*Im Geist der Anfänger/innen gibt es viele Möglichkeiten,*
aber im Geist der Expert/innen gibt es wenige"
– Shunryu Suzuki –

TEIL EINS

Sich auf eine gültige Zufluchtsquelle verlassen

KAPITEL EINS

Der Kalachakra-Pfad zu Frieden und Harmonie

Gerade in diesem Moment passiert etwas ganz Besonderes. Durch die Kraft der gegenseitigen Abhängigkeit haben sich eine Reihe äußerst seltener und kostbarer Bedingungen zusammengefunden, um ein kurzes, aber kraftvolles Zeitfenster zu schaffen. Wir haben eine wertvolle Chance erhalten, unermesslichen Sinn und Zweck in unser Leben zu bringen und uns zu dem tiefsten Wunsch unseres Herzens führen zu lassen.

Um diese außergewöhnlichen Umstände zu begreifen und zu würdigen, sollten wir zunächst überlegen, wer wir sind und wo wir uns zu diesem besonderen Zeitpunkt befinden. Von der Vielzahl möglicher Formen, die ein Lebewesen annehmen kann, ist die Tatsache, dass wir hier und jetzt in dieses menschliche Leben hineingeboren wurden, sicherlich ein Grund, ein Gefühl des Staunens zu erzeugen. Wir hätten genauso gut wie eines der Milliarden Tiere, die diesen Planeten bevölkern oder, schlimmer noch, als einer der unzähligen hungrigen Geister oder eines der Höllenwesen geboren werden können. Unser Leben könnte völlig von endlosem Leid und Qualen bestimmt sein. Aber das ist nicht der Fall; wir sind Menschen.

Ebenso wäre es möglich, dass wir in die extravagante und dekadente Welt der Götter des Begierdebereichs hineingeboren wurden oder uns in der selbstvergessenen Versenkung des Formbereichs oder des formlosen Bereichs verloren haben. Oberflächlich betrachtet mag eine solche Existenz erstrebenswert erscheinen, doch irgendwann kommt sie zu einem Ende und wir müssen uns der harten Realität der verschwendeten Zeit stellen. Während unser Leben also mit glückseligen Ablenkungen gefüllt sein könnte, ist es das nicht; wir sind Menschen.

Innerhalb unserer menschlichen Geburt erleben wir intensives Leid und Schmerz, aber wir haben auch Erleichterung von diesem Leid, was es erträglicher macht. In diesen Zwischenzeiten haben wir die Möglichkeit, Freude und

Vergnügen zu erfahren, und es ist dieses Potenzial für das Gute und das Schlechte, das unserem Leben einen Sinn gibt. In unseren Kämpfen lernen wir, unsere Triumphe zu schätzen und über unsere Erfahrungen nachzudenken, wodurch wir Einsichten gewinnen. Wir können unsere außergewöhnliche Intelligenz nutzen, um die Ursachen für unser Leiden und die Ursachen für unser Glück zu erkennen.

Auch wenn wir das Glück haben, alles zu haben, was wir brauchen, um uns selbst und die Menschen um uns herum glücklich zu machen, müssen wir gewissenhaft sein, denn die Muße unseres Lebens könnte uns genauso leicht zu Selbstgefälligkeit und Faulheit verleiten. Unser Geist kann träge und verwirrt werden, mitgerissen von einem endlosen Strom von selbst gemachten Ablenkungen. Im Handumdrehen könnten wir uns auf unserem Sterbebett wiederfinden, zurückblicken und uns fragen: „Wo ist die Zeit geblieben?"

Die Realität unserer gegenwärtigen Existenz ist, dass das Leben unbeständig ist. Bedingungen kommen zusammen, lösen sich aber genauso leicht wieder auf, und obwohl wir uns gegenwärtig in einer guten Situation befinden, könnten wir uns morgen in Schwierigkeiten wiederfinden. Es gibt keine Gewissheit darüber, was unsere Zukunft bringt, nur die Unvermeidlichkeit, dass sie anders sein wird als das, was wir jetzt erleben.

Wir dürfen der Degeneration nicht nachgeben. Wir müssen achtsam sein, wie wir die wenige Zeit, die uns verbleibt, nutzen und realisieren, dass unsere Bedingungen nicht ewig bleiben werden. Indem wir die Weisheit entwickeln, die ihre unbeständige Natur erkennt, können wir diese Bedingungen einer menschlichen Form ergreifen und unser Leben wirklich sinnvoll gestalten. Im Gegensatz zu jeder anderen Lebensform haben wir eine Wahl. Wir können uns dafür entscheiden, einfach zu ertragen, oder wir können uns dafür entscheiden, etwas mehr zu tun.

Während eine solche Erkenntnis große Bedeutung hat, ist sie nur ein Teil der enormen Gelegenheit, die sich eröffnet hat. Wenn wir über die unzähligen existierenden Weltsysteme nachdenken, die von unzähligen Lebewesen durchdrungen sind, haben wir das unglaublich große Glück, in einer Welt während einer Zeit geboren zu sein, in der sich ein Buddha manifestiert und gelehrt hat. Aber nicht nur irgendwelche Lehren, Buddha Shakyamuni drehte das

Rad des Dharma viermal. Beim ersten Mal lehrte er die Wahrheit des abhängigen Entstehens; beim zweiten Mal lehrte er die Wahrheit der Leerheit; beim dritten Mal lehrte er die Wahrheit unserer letztendlichen Buddhanatur; und beim vierten Mal drehte er das Rad des Tantra und enthüllte die tiefsten Wahrheiten und Methoden. Von diesen war das Kalachakra-Tantra die tiefgründigste und weitreichendste Lehre.

Diese einzigartige Lehre wurde nicht nur empfangen, sondern auch fleißig im subtilen Bereich von Shambhala praktiziert, wo sie seit Jahrtausenden ein strahlendes Leuchtfeuer der Hoffnung für alle geblieben ist, die ihr begegnen. Glücklicherweise erreichten einige dieser Lehren diesen groben Daseinsbereich und wurden von den Herzen und dem Geist hochverwirklichter Meister/innen an die ihrer hingebungsvollen Schüler/innen weitergegeben. Über Generationen hinweg hat diese ungebrochene Überlieferungslinie diese Lehren geschützt und sichergestellt, dass die Herzessenz niemals verloren ging. Diese hoch verwirklichten Männer und Frauen verstanden, dass das Versäumnis, diese kostbaren und seltenen Lehren in die Praxis umzusetzen, dazu führen würde, dass sie schließlich verkümmern. Ohne Praxis würden sie zunächst zu einer unvollständigen Betrachtungsweise verkommen und die Sicht auf das Gesamtbild verlieren. Die Anzahl der Meister/innen mit authentischen Verwirklichungen würde dann abnehmen, bis niemand mehr da wäre, der die nachfolgenden Generationen anleiten könnte. Schließlich würde sich der Fokus auf das alleinige Lernen verlagern und die Lehren würden nur eine weitere intellektuelle Übung werden. Letztendlich würden diese kostbaren Texte zu bloßen Artefakten einer vergessenen Vergangenheit werden. Aufgrund der außerordentlichen Bemühungen dieser Linienmeister/innen haben die Kalachakra-Lehren nicht nur bis heute überlebt, sondern wir haben auch die unglaubliche Gelegenheit, sie auf authentische Weise zu praktizieren.

Wir können unsere aufrichtige Wertschätzung dadurch zum Ausdruck bringen, dass wir nie vergessen, warum diese Lehren entstanden sind. Ihr einziger Zweck ist es, unser Leiden zu lindern und uns mit der Weisheit zu versorgen, die wir brauchen, um uns aus den endlosen Zyklen der Unwissenheit und Verwirrung zu befreien. Viel zu lange sind wir von den Strömungen des reißenden Flusses, den wir Leben nennen, umhergeworfen worden, gefangen in einem Käfig, den wir selbst geschaffen haben.

Wir haben echte Hoffnung in Form dieses glänzenden Lichtstrahls erhalten. Wie töricht wären wir, dies nicht zu unserem Vorteil zu nutzen? Jetzt ist es an der Zeit, diese Weisheit in die Praxis umzusetzen, indem wir sie in jeden Aspekt unserer Erfahrung integrieren; um selbst die Verkörperung dieses Lichts zu werden. Indem wir danach streben, das Beste zu sein, was wir können, können wir einen tiefen Frieden des Geistes erreichen und ein leuchtendes Beispiel für die Menschen in unserem Umfeld werden.

DIE VORTEILE DER KALACHAKRA-PRAXIS

Im dritten Teil des vorangegangenen Buches der Reihe *Die Enthüllung der inneren Wahrheit* haben wir gelernt, dass authentische spirituelle Pfade eine Sammlung von Weisheiten und Methoden sind, die uns zu wahrem Glück führen können. Obwohl es auf dieser Welt viele Formen der Spiritualität gibt, haben wir besonders die verschiedenen Ansätze untersucht, die im Kontext der Lehren des Buddha vorgestellt werden. Diese Lehren enthalten eine Vielzahl von Techniken, die auf die individuellen Bedürfnisse verschiedener Praktizierender in den verschiedenen Stadien ihrer spirituellen Entwicklung abgestimmt wurden. Diese Vielfalt bietet ein unglaubliches Maß an Flexibilität und Tiefe, die es den einzelnen Praktizierenden ermöglicht, das Beste aus ihren einzigartigen Bedingungen zu machen, während sie immer subtilere Schichten der Wahrheit über ihre Erfahrungen enthüllen.

Wo vorher unser Ziel war, ein umfassendes Verständnis für den Kontext spiritueller Wege zu erlangen, wird unser Fokus nun selektiver. Während ein breites Verständnis wirklich wichtig ist, kommt auf jeder spirituellen Reise eine Zeit, in der das Bedürfnis entsteht, tiefer zu gehen. Um diese Tiefe in unsere Praxis zu bringen, ist es notwendig, unseren Fokus auf einen bestimmten Pfad zu richten, der das Potenzial hat, uns durch die vielen Schichten unserer Verwirrung zu führen.

Der Pfad, der sowohl in diesem als auch im nächsten Buch vorgestellt wird, basiert auf den Lehren des Kalachakra-Tantra. Dieses Praxissystem hat eine Reihe von Vorteilen, die es unter den vielen zu findenden Systemen einzigartig macht. Aufgrund dieser Eigenschaften hat das Kalachakra die Ehre, der *König des Tantra* genannt zu werden.

Umfangreicher Geltungsbereich

Das Kalachakra ist im Wesentlichen eine einheitliche Theorie der Realität. Durch sein tiefgründiges Verständnis der letztendlichen Natur der Realität umfasst es die Gesamtheit aller zahllosen Manifestationen, die diese Realität annimmt. Aus diesem Grund können alle Praxissysteme, ob buddhistische oder nicht-buddhistische, als dem durchdringenden Aspekt des Kalachakra zugehörig betrachtet werden.

Obwohl dies die letztendliche Natur der Kalachakra-Lehren sein mag, wird das uns bekannte Kalachakra üblicherweise als buddhistische Lehre angesehen. In diesem Zusammenhang ist es einzigartig in seinen bemerkenswerten Details in Bezug auf alle Aspekte der menschlichen Erfahrung und präsentiert eingehende Darlegungen über Kosmologie, Medizin und Technologie als Unterstützung für sein Hauptthema – wie man innerhalb eines einzigen Lebens Erleuchtung erreicht.

Im Vergleich zu anderen Traditionen können alle Lehren des Buddha – egal ob Sutra oder Tantra – durch das Studium des Kalachakra verstanden werden. Das Gleiche gilt nicht für jene Traditionen, die tendenziell einen begrenzteren Interessenschwerpunkt haben. Tatsächlich beziehen sie sich häufig auf das Kalachakra, da es Informationen enthält, die nirgendwo anders zu finden sind.

Klare Darstellung

Im Allgemeinen wird es immer schwieriger, die in buddhistischen Lehren verwendete Sprache zu verstehen, je tiefgründiger die übermittelte Wahrheit wird. Anfangs sind die Lehren ziemlich pragmatisch und unkompliziert und helfen uns, eine solide Grundlage für das Verständnis zu entwickeln. Dann werden wir herausgefordert, die Dinge anders zu sehen, sobald wir beginnen, mit scheinbaren Widersprüchen zu arbeiten, die unsere Sichtweise ins Wanken bringen. Darauf folgt eine Reihe von Lehren, die sich auf eine symbolische Ebene des Verständnisses konzentrieren, um zu verhindern, dass wir in unseren festen Konzepten gefangen werden. Kalachakra durchbricht dieses Muster, indem es das auf den Kopf stellt. Wo andere eine Sprache verwenden, die oft vage oder suggestiv ist, wendet Kalachakra unglaubliche Details und Präzision in seinen Beschreibungen an. Je tiefgründiger die Wahrheit ist, desto direkter und umfassender werden die Lehren.

Diese einzigartige Eigenschaft macht Kalachakra besonders geeignet für Zeiten großer Degeneration. Wenn der Geist fühlender Wesen rein ist, können symbolische Lehren sehr effektiv sein. Da dieser Geist jedoch durch immer intensivere Verdunkelungen getrübt wird, kann der Mangel an Klarheit in den Lehren zu einem größeren Grad an Fehlinterpretation führen. Sobald die Menschen die Absicht der Lehren nicht mehr verstehen, entstehen verzerrte Ansichten und sie verlieren ihre Fähigkeit, Nutzen zu bringen. Aus diesem Grund kann das Kalachakra, da es in allen Aspekten der Lehre Klarheit betont, seine Stärke auch in Zeiten von Konflikten und Tumult beibehalten.

Tiefgründige Methoden

Der umfangreiche Anwendungsbereich und die große Klarheit der Kalachakra-Sichtweise erstrecken sich über die Gesamtheit aller Erfahrungen. Diese Sichtweise allein wäre jedoch ohne praktische Strategien zur Nutzung unseres Verständnisses zur Förderung der persönlichen Transformation sinnlos. Glücklicherweise verfügt das Kalachakra über eine Fülle von tiefgründigen Methoden, die jeden Aspekt unserer Realität einbeziehen, um den Prozess der Verwirklichung zu beschleunigen und uns zu helfen, unsere spirituellen Ziele so schnell wie möglich zu erreichen.

Viele Menschen vertreten die Ansicht, dass Kalachakra ein zu komplexes System ist und haben daher Zweifel, es als ihre Praxis zu übernehmen. Dies ist ein Zeichen dafür, dass man sich zu stark auf die Theorie und nicht genug auf die Praxis konzentriert. Wenn es richtig praktiziert wird, ist die Essenz des Kalachakra außerordentlich direkt und erfordert nicht die Beherrschung von endlosen Textmengen. Die Informationen sind bei Bedarf zwar zugänglich, aber nicht immer erforderlich. Viele große Praktizierende, die die höchsten Verwirklichungen erlangt haben, haben eventuell nie in ihrem Leben ein einziges Buch studiert. Indem sie sich auf die Kernunterweisungen ihrer Lehrer/innen verließen, lernten sie zu praktizieren, und durch die Anwendung dieser Anweisungen entwickelten sich die Realisationen auf natürliche Weise.

In Kalachakra ist nichts einfach schwarz oder weiß, noch gibt es nur einen einzigen Weg, Dinge zu tun. Wenn Sie die Natur Ihrer Situation verstehen, können Sie die Methoden wählen, die für Sie am nützlichsten sind. Manchmal kann das bedeuten, ein konzeptuelles Modell zu entwickeln, und ein anderes Mal kann es bedeuten, mit einem konzeptfreien Geist zu meditieren. Wie bei einem geschickten Handwerker ist es besser, eine Werkzeugkiste voller Werkzeuge zu haben, als dass ein benötigtes Werkzeug fehlt.

DIE PERSÖNLICHE TRANSFORMATION DURCH DEN KALACHAKRA-PFAD ERREICHEN

In diesem und dem folgenden Band dieser Reihe werden wir die spezifischen Theorien und Praktiken untersuchen, die den sogenannten *Kalachakra-Pfad* bilden. Dieses Praxissystem wurde insbesondere entwickelt, um Sie durch einen Transformationsprozess zu führen, der zur Manifestation Ihres größten Potenzials führen kann.

Um ein klares Bild von dem zu vermitteln, was untersucht werden soll, werden wir uns auf denselben Analyserahmen stützen, der bei der Erörterung der verschiedenen Fahrzeuge im Buddhismus verwendet wird (siehe Band Eins) – Grund, Pfad und Ergebnis. In diesem Zusammenhang ist der *Grund* eine Reihe von Bedingungen, die als Grundlage für das Betreten eines Pfades dienen. Der *Pfad* ist eine Strategie, wie diese Bedingungen genutzt werden können, um bestimmte Veränderungen in unserer Erfahrung zu erreichen, und das *Ergebnis* ist die Erfahrung selbst, die durch das Praktizieren dieses Pfades erzeugt wird.

Grund – Die Untrennbarkeit von Grund und Ergebnis

Ganz gleich, wer wir sind, ob jung oder alt, männlich oder weiblich, menschlich oder nicht, wir alle tragen dieselbe tiefgründige Natur in uns, die unsere innere Wahrheit ist. Wir alle gehören zur Buddha-Familie und teilen die Buddhanatur als unsere innewohnende und natürliche Abstammung.

Wenn wir uns erlauben, diese innere Fähigkeit zu erkennen, können wir beginnen, unser Potenzial zu sehen und die Vollkommenheit aller guten Eigenschaften sowie die Beseitigung aller Fehler zu erreichen. Dies ist der erhabene Zustand eines vollständig erleuchteten Buddha. Ohne die Wahrnehmung, die ein solches Potenzial begreift, wird unser Geist von Zweifeln überwältigt, wodurch die Erleuchtung völlig unerreichbar erscheint.

Aus diesem Grund legt das Kalachakra eine enorme Betonung auf die Verwirklichung der Buddhanatur. Von Beginn bis Ende identifiziert das Kalachakra diese Natur innerhalb einer scheinbar unendlichen Reihe von Manifestationen. Indem wir erkennen, dass jeder Moment unserer Erfahrung ein Ergebnis unserer Buddhanatur ist, wird jede einzelne Instanz unserer Erfahrung zu einer Gelegenheit zur Verwirklichung. Auf diese Weise gibt es nichts, was unter den richtigen Bedingungen nicht als Unterstützung für den Pfad genutzt werden kann.

Während unsere ursprüngliche Natur seit anfangsloser Zeit rein ist, wurde unsere Erfahrung durch verschiedene Schichten von verdunkelnden Konzepten getrübt. Wie ein Juwel, das tief im Boden vergraben ist, haben wir unsere angeborene Reinheit aus den Augen verloren und als Folge davon setzen wir für uns selbst einen endlosen Kreislauf des Leidens fort. Der Kalachakra-Pfad braucht keine Reinheit zu erschaffen, da diese Reinheit bereits existiert. Er muss lediglich die Bedingungen beseitigen, die diese Reinheit daran hindern, sich vollständig zu manifestieren.

Unglücklicherweise ist unser Verstand derzeit durch zwei primäre Verdunkelungen eingeschränkt: Unwissenheit und Voreingenommenheit. *Unwissenheit* bezieht sich in diesem Zusammenhang speziell auf die Ignoranz, die die Realität so erfasst, wie sie erscheint. Es ist diese falsche Vorstellung, die zur Aufteilung der Realität in die dualistische Perspektive von Subjekt und Objekt führt. Wenn wir an den Erscheinungen als einem Selbst festhalten, beziehen wir von diesem Moment an alle unsere Erfahrungen nur mehr auf dieses Konzept.

Auf der Grundlage dieser Unwissenheit entwickeln wir eine andere Art falscher Vorstellung, die als *Voreingenommenheit* bekannt ist. Diese Art der Unwissenheit erfasst einige Erscheinungen als wünschenswert und andere als unerwünscht und projiziert unser eigenes Werturteil auf das, was wir wahrnehmen. Infolgedessen halten wir an einigen Aspekten fest, während wir alles andere ablehnen, unsere Erfahrungen aufteilen und unseren Geist in ein Netz von verworrenen Gedanken und Emotionen aufspalten.

Je stärker unsere Unwissenheit und Voreingenommenheit sind, desto begrenzter wird die Kapazität unseres Geistes, als ob wir unsere Natur in Ketten legen würden. Um uns von diesen Einschränkungen zu befreien, müssen wir alle Formen der Unwissenheit und Voreingenommenheit überwinden, denn nur dann kann sich die innewohnende Reinheit unserer Natur vollständig manifestieren.

Es reicht jedoch nicht aus, die Hindernisse einfach zu beseitigen. Wir müssen auch die Bedingungen entwickeln, um sicherzustellen, dass sie nicht wiederkehren. Dies geschieht, indem wir unseren Geist vollständig an die *Weisheit*, die die erhabene Leerheit der Realität erkennt, und das objektlose *Mitgefühl*, das alle Dinge umfasst, gewöhnen. Diese beiden Aspekte von Weisheit und Mitgefühl funktionieren wie die beiden Flügel eines Vogels. Zusammen ermöglichen sie es uns, hoch über unsere Begrenzungen aufzusteigen und die Bedingungen für die Buddhaschaft zu erzeugen.

Wie der große Kadam-Meister Atisha Dipamkara oft sagte: „Weisheit ohne Methode ist Unfreiheit. Methode ohne Weisheit ist Unfreiheit". Keine dieser beiden Eigenschaften ist für sich allein genommen ausreichend. Ohne die Methode der Liebe und des Mitgefühls gibt es in unserem Leben keinen Raum für Veränderung, da unser Fokus einfach zu eng ist, als dass Weisheit wirksam sein könnte. Umgekehrt bleiben ohne Weisheit unsere Liebe und unser Mitgefühl oberflächlich und begrenzt. Wir brauchen diese beiden Eigenschaften, wenn wir erfolgreich sein wollen.

Pfad – Die Wirklichkeit als Pfad nehmen

Um einen Einblick in die tatsächlichen Methoden zu bekommen, die im Kalachakra verwendet werden, um unseren Geist von Verblendungen zu reinigen, können wir die Bedeutung des Namens selbst untersuchen. Kalachakra ist ein Sanskrit-Wort, das sich aus zwei Begriffen zusammensetzt: *kala* bedeutet „Zeit" und *chakra* bedeutet „Rad", wörtlich übersetzt „Rad der Zeit". Über seine bloße Funktion als Name hinaus verkörpert Kalachakra die eigentliche

Essenz von Grund, Pfad und Ergebnis. Indem wir die unterschiedlichen Verwendungsmöglichkeiten dieser beiden Begriffe verstehen, können wir uns mit der Methodik des Systems vertraut machen.

Zuerst sollten wir wissen, dass Kalachakra sich auf die Gesamtheit all unserer Erfahrungen bezieht. Es ist eine Bezeichnung, die sowohl für die Wirklichkeit selbst als auch für jede mögliche Manifestation dieser Wirklichkeit verwendet wird. Wenn wir die Natur von Kalachakra erkennen, erkennen wir tatsächlich die Natur von allem. Das bedeutet, dass unabhängig von der Erfahrungsebene, über die wir sprechen, alles im Konzept des Kalachakra enthalten ist.

Aus der Perspektive der Praxis können wir sagen, dass Kalachakra die *Wirklichkeit* als Pfad nimmt. Dies bezieht sich auf die Art und Weise, wie wir in den verschiedenen Stadien unserer spirituellen Entwicklung direkt mit unseren Wahrnehmungen der Wirklichkeit arbeiten. Ziel dabei ist es, unsere direkte Erfahrung als eine Gelegenheit zu nutzen, um zu erkennen, wie sich Kalachakra manifestiert, und um seine zugrunde liegende Natur zu enthüllen. Während wir auf dem Pfad fortschreiten, beginnen wir mit einer groben Erfahrungsebene und verfeinern langsam unsere Erkenntnis, bis wir schließlich zu einer direkten Erfahrung unserer Buddhanatur gelangen.

Um diesen Prozess zu vereinfachen, können wir von drei Hauptebenen der Wirklichkeit sprechen: (1) die äußere Wirklichkeit, (2) die innere Wirklichkeit und (3) die erleuchtete Wirklichkeit. Jede Ebene repräsentiert einen anderen Aspekt, wie die Wirklichkeit erfahren wird. Daher ändert sich die Bedeutung von Kalachakra je nach dem Kontext, in dem es verwendet wird.

Die äußere Wirklichkeit

Die äußere Wirklichkeit bezieht sich auf die objektive Natur des Universums, in dem fühlende Wesen leben. Sie umfasst die gesamte Weite des Raums und schließt alle Sterne und Planeten ein. Dazu gehören auch die unzähligen unsichtbaren Bereiche, die wir als Menschen nicht direkt erfahren, die aber dennoch die Erscheinungen in unserem Geist beeinflussen. Es gibt zum Beispiel die niederen Bereiche der Tiere, hungrigen Geister und Höllenwesen und die himmlischen Bereiche der verschiedenen Arten von Göttern. Im Wesentlichen ist die äußere Wirklichkeit die Umgebung, in der wir leben.

Wenn wir die Natur dieser Umgebung betrachten, können wir zwei Beobachtungen machen. Die erste ist, dass alles unbeständig ist und sich ständig auf grobe und subtile Weise verändert. Selbst wenn etwas solide oder fest erscheint, können wir bei genauer Untersuchung feststellen, dass es aus sehr subtilen Partikeln besteht, die sich in einem ständigen Fluss befinden. Es gibt nichts im physikalischen Universum, das nicht so existiert. Wir bezeichnen diese unbeständige Natur als Zeit.

Wenn wir an Zeit denken, denken wir normalerweise an einen Anfang, eine Mitte und ein Ende (oder an Vergangenheit, Gegenwart und Zukunft). Dies sind aber nur konzeptuelle Ansätze, die sich darauf beziehen, wie sich Dinge ändern, und nicht, wie sie tatsächlich existieren. Beobachten wir, wie uns Materie erscheint, stellen wir fest, dass Masse und Energie nicht aus dem Nichts erscheinen, da niemals etwas aus dem Nichts entstehen kann. Was wir als den Anfang von etwas klassifizieren, ist in Wirklichkeit nur der Moment, in dem genug Energie zusammengekommen ist, um es wahrnehmen zu können. Es scheint dann eine Zeit lang stabil zu bleiben, da die Energie eine ähnliche Konfiguration aufweist, bis es sich schließlich aufzulösen scheint, wenn diese Energie neu verteilt wird. Die Energie war zuvor in einer Form und wurde dann in eine andere umgewandelt. Dieser Prozess wird durch einen Kreis ohne Anfang, Mitte oder Ende symbolisiert. Darauf bezieht sich das Wort Rad.

In diesem Zusammenhang bezieht sich Kalachakra auf den nie endenden Transformationsprozess, der die Art und Weise bestimmt, wie sich das äußere Universum in unserer Erfahrung manifestiert. Dieser Prozess ist ohne Anfang und ohne Ende, ein Zyklus der Veränderung, der sich in jedem einzelnen Moment immer von neuem wiederholt.

Durch das Verständnis dieser Natur erzielen wir zwei wesentliche Vorteile. Erstens, wenn wir die Vergänglichkeit des äußeren Universums erkennen, wird es sehr schwer zu glauben, dass es wirklich real ist. Das Verständnis dieses ständigen Wechsels von einer Form in eine andere reduziert unser Festhalten daran, dass es für immer nur in einer Form besteht. Es ist wie die Vorstellung, dass wir alle aus Sternenstaub bestehen. Über Jahrtausende hinweg haben die Atome, aus denen unser Körper jetzt besteht, auch viele andere frühere Formen gebildet. Wenn sich unsere Körper schließlich zersetzen, werden diese Atome

13

zu Bausteinen zahlloser Formen in der Zukunft.

Zweitens, wenn wir die zyklische Natur der Realität erkennen, gewinnen wir Einsicht in die Natur der Zuschreibung. Indem wir die Art und Weise erkennen, wie unsere Erfahrung durch unsere Interpretation dessen, was uns erscheint, beeinflusst wird. Wir sehen einen Anfang, wo kein Anfang existiert. Wir sehen ein Ende, wo kein Ende existiert. Beides sind begriffliche Zuschreibungen, die wir verwenden, um unsere Welt zu verstehen. Wenn wir genauer nachforschen, entdecken wir, dass die Dinge, von denen wir glauben, dass sie existieren, nicht unabhängig und getrennt von unserem Geist sind. Stattdessen sind sie von dem Akt der Zuschreibung abhängig.

Übung 1.1 – Muster des Wandels

- *Stellen Sie in einer entspannten Haltung einen neutralen Geist durch die Praxis der Achtsamkeit auf die Atmung her.*

- *Identifizieren Sie ein Objekt, dem Sie in Ihrem Leben begegnet sind. Es kann alles sein, außer Sie selbst.*

- *Überlegen Sie nun, woher dieses Objekt stammt. Versuchen Sie, es bis zu dem Moment zurückzuverfolgen, an dem Sie sagen würden, dass es begonnen hat. Welche Beobachtungen können Sie zu diesem Moment machen?*

- *Dann betrachten Sie die Art und Weise, in der dieses Objekt verweilt. Bleibt es statisch, oder verändert es sich? Wenn ja, wie verändert es sich?*

- *Überlegen Sie schließlich, wie dieses Objekt eines Tages verschwinden wird. Wenn dies noch nicht geschehen ist, stellen Sie sich einfach vor, wie dies Ihrer Meinung nach geschehen wird. Welche Bedingungen können Ihrer Meinung nach diese Veränderung auslösen? Was passiert mit der Materie?*

- *Während Sie diese Punkte betrachten, lassen Sie Ihr Gewahrsein in allen Einsichten ruhen, die auftauchen. Wenn Sie bereit sind, können Sie den Vorgang wiederholen, indem Sie ein anderes Objekt wählen, oder Sie können Ihre Sitzung beenden.*

Die innere Wirklichkeit

Innerhalb der Umgebung der äußeren Wirklichkeit können wir zwei Gruppen von Phänomenen unterscheiden: belebte und unbelebte Objekte. Der entscheidende Unterschied zwischen diesen beiden ist das Vorhandensein eines dualistischen Geistes. Während beide gleichermaßen aus subtilen Partikeln bestehen, wurden die Partikel eines belebten Objekts von einem Bewusstseinsstrom angeeignet. Wir nennen diese Kombination aus Körper und Geist ein *fühlendes* Wesen.

Der Klebstoff, der Körper und Geist aneinander bindet, ist eine Form des Greifens, die den Körper als Teil des geistigen Konzeptes vom Selbst sieht. Die Stärke dieses Greifens bestimmt den Einfluss, den diese beiden Aspekte aufeinander haben. Sobald die Bindung im Moment der Empfängnis gebildet ist, entwickelt sich der Körper gemäß der karmischen Konditionierung des Geistes, während der Geist die Realität durch die physische Konditionierung des Körpers erfährt.

So wie das physikalische Universum von einem ständigen Transformationsprozess beherrscht wird, so ergeht es auch dem Geist. In diesem Sinne gibt es keinen Unterschied zwischen dem Inneren und dem Äußeren. Tatsächlich sind die Muster der subtilen Energie im Körper eng mit den Mustern der Energie in der Umwelt verbunden. Zum Beispiel entsprechen die Atemzyklen, die während eines Tages auftreten, den Bewegungen der verschiedenen Planeten und Sterne im Laufe eines Jahres. Praktisch jedes Muster der Veränderung, das wir als fühlendes Wesen innerlich erfahren, ist mit irgendeinem Aspekt des äußeren Kosmos verbunden.

Die Folge dieser Verbindung ist, dass wir, indem wir die Energiemuster in uns selbst verändern, die Energiemuster um uns herum beeinflussen. Wenn nur wenige Personen diese Änderungen vornehmen, sind die Auswirkungen möglicherweise vernachlässigbar, sie können sich jedoch schnell vervielfachen, abhängig davon, wie viele Personen das neue Muster anwenden. Dies ist das Prinzip, das die Vorstellung antreibt, wie die Kalachakra-Praxis Veränderungen in größerem Maßstab bewirken kann. Indem wir Frieden und Harmonie in unserem Körper und Geist kultivieren, tragen wir aktiv zum Frieden und zur Harmonie dieser unserer Welt bei.

Mit dieser Einstellung hat sich die Bedeutung von Kalachakra nun nach innen verlagert, um die Natur des subjektiven Aspekts unserer Erfahrung zu identifizieren. Bisher bezog sich der Begriff *Rad* auf einen endlosen Zyklus ohne Anfang und ohne Ende. Dies ist eine andere Art zu sagen, dass jeder Moment durch die Kontinuität der Umwandlung mit jedem anderen Moment verbunden ist. Wenn Sie die Bewegungen jedes einzelnen Teilchens verfolgen könnten, könnten Sie die Punkte zwischen dem gegenwärtig auftretenden Zustand und einem früheren Existenzzustand verbinden. In ähnlicher Weise ist der Zustand unseres Geistes jetzt das Ergebnis einer Reihe von Veränderungen, die uns mit den Erfahrungen unserer Vergangenheit verbinden. Es ist diese vernetzte Natur, die wir mit dem *Rad* verbinden. Subjektiv manifestiert sich dieses Gefühl der Verbindung als Liebe und Güte.

Unsere gewöhnliche Vorstellung von Liebe ist eigentlich eine Mischung aus Liebe und Anhaftung. Während sich Anhaftung darauf konzentriert, zu bekommen, was wir wollen, ist authentische Liebe auf die Bedürfnisse anderer ausgerichtet. Im weitreichendsten Sinne ist Liebe der Wunsch, dass andere wahres, dauerhaftes Glück erfahren. Weil die Liebe sich auf andere konzentriert, hat sie den Effekt, unsere Tendenz zur Selbstbezogenheit aufzulösen, unsere Herzen zu öffnen und uns zu erlauben, bedeutungsvolle Verbindungen mit unseren Mitmenschen zu entwickeln.

Indem Sie Ihre Verbindungen durch authentische Liebe und Güte stärken, erweitern Sie langsam Ihren Interessenbereich, um immer mehr Menschen einzubeziehen. Mit der Zeit wird Ihre Liebe weniger anhaftend, sodass sie ins Unermessliche wachsen kann, bis sie alle fühlenden Wesen umfasst, unabhängig von ihrer Beziehung zu ihnen.

Je näher Sie sich anderen fühlen, desto mehr sorgen Sie sich um ihr Wohlergehen und es ist diese Fürsorge, die sich in Form von Mitgefühl manifestiert. Aufgrund seiner gegenseitigen Abhängigkeit von Liebe und Güte wächst unser Mitgefühl umso stärker, je mehr Liebe wir empfinden. Obwohl es auf einer oberflächlichen Ebene beginnen mag, indem man sich nur in das Leiden anderer hineinversetzt, wird es sich mit der Zeit auch nach außen ausdehnen, bis Sie sich persönlich dafür verantwortlich fühlen, jedem einzelnen fühlenden Wesen ohne Ausnahme zu helfen. Je mehr Sie sich dem Wohlergehen anderer widmen, desto weniger konzentrieren Sie sich darauf, Ihre eigene Selbstbezogenheit zu nähren. Dies beseitigt weitere Vorurteile und schafft die Ursachen, um Ihre letztendliche Natur zu verwirklichen.

Wir können diese Art des Mitgefühls mit dem Konzept der *Zeit* in Verbindung bringen. Unabhängig von der Situation oder demjenigen, der sie erlebt, schreitet die Zeit immer weiter voran, sie bleibt niemals stehen. Auf dieselbe Weise kümmert sich echtes Mitgefühl gleichermaßen um alle fühlenden Wesen über die Zeit hinweg und gibt daher niemals auf. Ob sie in diesem gegenwärtigen Moment Leid oder Glück erfahren, ist irrelevant. Wahres Mitgefühl ist in der Lage, das große Ganze zu sehen. Es kümmert sich sowohl um das gegenwärtige als auch um das zukünftige Wohlergehen der fühlenden Wesen.

Wir können also sagen, dass Kalachakra die Essenz der Liebe und des Mitgefühls besitzt. Bei richtiger Kultivierung verbindet uns diese Essenz mit jedem, dem wir begegnen, auf die gleiche Weise, wie es eine Mutter mit ihrem Kind tut. Allein diese Erkenntnis ist wirklich außergewöhnlich. Stellen Sie sich nur vor, welche Auswirkungen es hätte, wenn jeder diese Eigenschaften kultivieren würde.

Neben dem enormen Nutzen, den diese Perspektive fühlenden Wesen bringt, werden wir zusätzlich zu zwei sehr wichtigen Einsichten in die Natur der Wirklichkeit geführt. Die erste ist der zusammenhängende Aspekt aller Phänomene. Je mehr sich unser Gewahrsein für diese Vernetzung entwickelt, desto weniger greifen wir nach der Vorstellung, dass wir getrennte Wesen sind, die unabhängig von der Welt agieren. Diese Erkenntnis der abhängigen Natur aller Dinge führt zu der Erkenntnis der Leerheit eines inhärent existierenden Selbst. Wenn diese Weisheit mit dem wahren Mitgefühl kombiniert wird, das ein Gefühl der persönlichen Verantwortung für alle fühlenden Wesen empfindet, erreichen wir eine objektlose Form des Mitgefühls. Dieser Zustand wird dann als „ausgestattet mit der Essenz von Leerheit und Mitgefühl" bezeichnet.

Übung 1.2 – Verbindungen kultivieren

- *Stellen Sie in einer entspannten Haltung einen neutralen Geist durch die Praxis der Achtsamkeit auf die Atmung her.*

- *Denken Sie an eine Person, zu der Sie eine starke Verbindung spüren. Stellen Sie sich ihre Anwesenheit vor.*

- *Denken Sie an die Hoffnungen und Lebensträume dieser Person. Versuchen Sie, die oberflächliche Ebene zu überwinden und den Kern ihrer Motivation zu betrachten.*

- *Vergleichen Sie dies nun mit Ihren eigenen Hoffnungen und Träumen. Welche Gemeinsamkeiten können Sie erkennen?*

- *Genauso, wie Sie hoffen, dass sich Ihr Herzenswunsch erfüllt, kultivieren Sie den Wunsch, dass diese Person alles Nötige erhält, damit ihre Träume wahr werden.*

- *Erlauben Sie dieser Person, sich wieder im Geist aufzulösen, und ruhen Sie in einem offenen Gewahrsein, bis jemand anderer auftaucht. Egal, wer es ist, versuchen Sie, sich mit ihrer zugrunde liegenden Motivation zu verbinden und den Wunsch zu entwickeln, dass diese Person Glück erfährt.*

- *Wiederholen Sie diesen Vorgang nach Belieben.*

Die erleuchtete Wirklichkeit

Durch die Arbeit mit den äußeren und inneren Formen des Kalachakra ist es möglich, die letztendliche Natur der konventionellen Wirklichkeit als die Leerheit von inhärenter Existenz zu enthüllen. Diese Erkenntnis räumt mit dem verworrenen Netz von Konzepten auf, die uns bisher daran gehindert haben, unsere tiefgründigste Natur zu erfahren. Mit der treibenden Kraft unserer Bodhicitta-Motivation richten wir nun unseren Fokus auf die endgültige Bedeutung, die den dualistischen Geist vollständig transzendiert. Da sie sich auf die Wirklichkeit aus der Perspektive eines erleuchteten Wesens bezieht, wird diese als die Erleuchtete Wirklichkeit bezeichnet.

Wenn wir die Natur des Gewahrseins betrachten, das Liebe und Mitgefühl erfährt, entdecken wir auch seine glückselige Natur. Je mehr wir unsere Herzen öffnen, desto mehr Glückseligkeit entsteht im Geist. Dies ist ein starkes Indiz dafür, dass Glückseligkeit ein grundlegender Aspekt der Natur unseres Geistes ist. Da Liebe und Mitgefühl auf Verbindung als Grundlage beruhen, können wir das Gefühl der Glückseligkeit als das Konzept eines *Rades* bezeichnen.

Für gewöhnliche Wesen ist die Glückseligkeit, die wir erfahren, nicht kontinuierlich und ändert sich in Abhängigkeit von Ursachen und Bedingungen. Wenn wir die Leerheit auf der Grundlage des abhängigen Entstehens realisieren, entsteht ein objektloses Mitgefühl, das keinen Veränderungen unterliegt. Unabhängig von den Umständen bleibt es stabil und spürbar. Dies wiederum führt zu einer Erfahrung von Glückseligkeit, die ebenfalls nicht schwankt. Wo sich *Zeit* früher auf Unbeständigkeit und Veränderung bezog, ist sie nun mit den Vorstellungen von Beständigkeit und der Abwesenheit von Veränderung verbunden.

Wenn diese beiden Aspekte verknüpft werden, erfahren wir das, was als *unveränderliche Glückseligkeit* bekannt ist. Es ist ein Geisteszustand, der unerschütterlich in der Glückseligkeit verweilt, die dadurch entsteht, dass wir nicht an dualistischen Erscheinungen festhalten. Diese Art von Glückseligkeit wird durch die männliche Gottheit Kalachakra symbolisiert.

Wenn wir dann die Natur der Erscheinungen betrachten, die die Grundlage für die Erzeugung dieser Form von objektloser Liebe und Mitgefühl sind, stellen wir fest, dass auch sie ihrer Natur nach leer sind. Aber diese Leerheit ist keine gewöhnliche Leere, sie ist ein Feld unendlichen Potenzials, das jenseits von Atomen oder Partikeln liegt und den physischen Erfahrungsbereich vollständig transzendiert. Während sie gleichzeitig alles ist, ist sie in keiner Weise gebunden, daher transzendiert sie sowohl Existenz als auch Nichtexistenz. Eine solche Realität wird als *Leere Form* bezeichnet, weil sie frei von allen begrifflichen Erfindungen ist, die ihr Potenzial begrenzen. Genau diese Soheit ist die vielfältige Natur der Realität, symbolisiert durch die weibliche Gottheit Vishvamata.

Der erleuchtete Geist erfährt die unveränderliche Glückseligkeit und die Leere Form als untrennbare Vereinigung von Kalachakra und Vishvamata, den einzigen Geschmack, der die endgültige Bedeutung der letztendlichen Wirklichkeit darstellt. Auch wenn wir verschiedene Begriffe verwenden, um ihre unterschiedlichen Aspekte zu beschreiben, müssen wir uns immer daran erinnern, dass sie sich auf dieselbe Natur beziehen. Sie sind lediglich geschickte Mittel, um unser Gewahrsein auszurichten und uns der Verwirklichung näherzubringen.

Übung 1.3 – In Gleichmut verweilen

- *Stellen Sie in einer entspannten Haltung einen neutralen Geist durch die Praxis der Achtsamkeit auf die Atmung her.*

- *Öffnen Sie Ihre Augen und lassen Sie den Blick sanft im Raum vor Ihnen ruhen.*

- *Lassen Sie mit jedem Ausatmen alle Gedanken los, die Sie vielleicht haben. Erlauben Sie Ihrem Geist, weit und offen zu werden.*

- *Lassen Sie den Geist so lange wie möglich in Stille ruhen, frei von jeglichem Greifen.*

- *Wenn der Geist wieder abgelenkt wird, nutzen Sie einfach die Ausatmung, um das Greifen zu lösen und zum Gleichmut zurückzukehren.*

- *Auf diese Weise fahren Sie mit einem ununterbrochen Gewahrsein bis zum Ende ihrer Sitzung fort.*

Ergebnis – Die Vollkommenheit von Frieden und Harmonie

Die wesentliche Methode des Kalachakra besteht darin, Liebe und Mitgefühl so zu kultivieren, dass alle Formen von Voreingenommenheit beseitigt werden und der Geist in der Lage ist, in einer allgegenwärtigen und unveränderlichen Erfahrung von Frieden und Harmonie zu verweilen. Diese tiefgründige Verwirklichung ist als *Shambhala* bekannt. Shambhala zu erreichen ist gleichbedeutend mit der vollständigen Erleuchtung oder der vollkommenen Manifestation unserer ursprünglich reinen Buddhanatur. Da diese Natur zum Zeitpunkt der Grundlage und zum Zeitpunkt des Ergebnisses gleichermaßen vorhanden ist, wird Shambhala sowohl als die Quelle der Kalachakra-Lehren als auch als die Frucht ihrer Praxis betrachtet.

Während Shambhala letztlich die Vollkommenheit von Frieden und Harmonie ist, kann es sich üblicherweise auf verschiedene Weise manifestieren, je nach der Reinheit des eigenen Geistes. Als solche können wir viele Zwischenschritte entlang des Pfades identifizieren, die ebenfalls als Shambhala bezeichnet werden. All diese Manifestationen bieten uns vorläufige Möglichkeiten, um die Verwirklichung der endgültigen Bedeutung des letztendlichen Shambhala zu erreichen, und werden durch die Kalachakra-Praxis hervorgebracht. Das bedeutet, selbst wenn

Sie den Pfad zu diesem Zeitpunkt nicht vollenden können, schaffen Sie gewiss die Bedingungen, um dies in einem zukünftigen Leben zu tun.

Bereiche der Möglichkeit im Aspekt von Shambhala

Die erste Shambhala-Ebene, die sich in unserer Erfahrung als Ergebnis der Kalachakra-Praxis manifestieren kann, wird als *Bereiche der Möglichkeit* im Aspekt von Shambhala bezeichnet. Diese Erfahrungen sind keine voll qualifizierte Manifestation von Shambhala, sondern stellen einen Teilaspekt seiner Natur dar. Sie werden als Bereiche der Möglichkeit bezeichnet, weil sie uns eine Chance bieten, mit unserer endgültigen Natur vertrauter zu werden. Die folgenden Aspekte können alle während einer gewöhnlichen menschlichen Wiedergeburt erfahren werden:

1. **Essenzieller Aspekt:** Die Essenz von Shambhala ist Liebe und Mitgefühl. Sie manifestiert sich in unserem Leben immer dann, wenn wir eine echte Verbindung mit anderen fühlenden Wesen erfahren. Zum Beispiel die Liebe, die ein Elternteil für sein Kind empfindet.

2. **Ausgedehnter Aspekt:** Wenn die Qualitäten von Liebe und Mitgefühl durch einen spirituellen Pfad kultiviert werden, dehnt sich der Bereich unserer Verbindung nach außen aus. Insofern sie zu ihrem vollsten Ausdruck gebracht wird, schließt sie alle fühlenden Wesen mit ein. Es ist diese ausgedehnte Qualität, die die Weite von Shambhala manifestiert.

3. **Unvoreingenommener Aspekt:** Voreingenommenheit hat die Natur, Unterteilungen zu schaffen, während Liebe und Mitgefühl die Natur haben, Verbindungen herzustellen. Je umfassender unsere Liebe und unser Mitgefühl werden, desto mehr löst sich unsere Voreingenommenheit auf. Der unvoreingenommene Aspekt von Shambhala manifestiert sich als eine Erfahrung des Gleichmuts, die sich unabhängig von ihren unterschied-lichen Eigenschaften gleichermaßen um andere kümmert.

4. **Vereinter Aspekt:** Die Einheit von Shambhala manifestiert sich in der Weisheit, die unsere ursprüngliche Natur erkennt, z. B. der Weisheit, die den übereinstimmenden Wunsch begreift, glücklich und frei von Leiden zu sein. Indem wir uns mit unseren Gemeinsamkeiten verbinden, verlieren die trennenden Unterschiede an Wirkung.

Das goldene Zeitalter von Shambhala

Das Praktizieren des Kalachakra-Pfades steigert unsere Kultivierung der Qualitäten von Liebe und Mitgefühl und erzeugt kraftvolle karmische Verbindungen zu den Wesen in dieser Welt. Gleichzeitig gewöhnen wir uns an die Aspekte von Shambhala und dies schafft die karmischen Ursachen für unsere Geburt während des *Goldenen Zeitalters von Shambhala.*

Als „Goldenes Zeitalter" wird im Allgemeinen eine Zeitspanne bezeichnet, in der sich die bestimmenden Werte einer Gesellschaft auf spirituelle Werte wie Liebe, Mitgefühl und Weisheit verlagert haben. Für gewöhnlich entstehen sie nach Zeitspannen großer Degeneration und Leiden. In solchen Zeiten neigen die Menschen dazu, die Notwendigkeit zu erkennen, ihre Verhaltensweisen zu ändern, und sind daher empfänglicher für neue Ansichten.

Das Goldene Zeitalter von Shambhala bezieht sich insbesondere auf einen Zeitraum, in dem die Kalachakra-Lehren in dieser Welt aufblühen und eine Form der erleuchteten Gesellschaft hervorbringen werden, die der spirituellen Praxis förderlich ist. In dieser Zeit wird jeder, der noch keine Erleuchtung erlangt hat, aber zuvor eine Verbindung zu Kalachakra aufgebaut hat, auf diesem Planeten in einem menschlichen Körper geboren.

Wann dieses Goldene Zeitalter tatsächlich eintreten wird, ist unklar. Es gibt Prophezeiungen, die besagen, dass dies in einigen hundert Jahren geschehen wird. Diese Angaben sollten jedoch nicht als festgelegt verstanden werden. Ob ein Goldenes Zeitalter entsteht oder nicht, hängt ganz vom Geist der fühlenden Wesen dieses Planeten ab. Sollten wir weiterhin an falschen Ansichten festhalten, sowie Unwissenheit und Voreingenommenheit fördern, wird es unmöglich sein, ein Goldenes Zeitalter zu erleben. Wenn wir andererseits Frieden und Harmonie zu unserer Priorität machen, könnte ein Goldenes Zeitalter viel früher entstehen, als wir uns vorstellen.

Der erhabene Nirmanakaya-Bereich von Shambhala

Die nächste Erfahrungsebene wird der *Erhabene Nirmanakaya-Bereich von Shambhala* genannt und ist die erste Manifestation, die als eine vollständig qualifizierte Form von Shambhala beschrieben werden kann. Das bedeutet, dass

Shambhala – Die Vollkommenheit von Frieden und Harmonie

sie eine vollständige Manifestation ist, die durch alle Aspekte von Shambhala hervorgebracht wird. Während sich die vorherigen Formen von Shambhala auf einer groben Ebene der Erfahrung manifestieren, manifestiert sich dieser Bereich auf einer viel subtileren Erfahrungsebene. Um dort geboren zu werden, sind drei Hauptbedingungen erforderlich:

1. **Karmische Verbindung:** Zunächst müssen wir durch die Kalachakra-Praxis mit den Aspekten von Shambhala vertraut werden. Dieser Bereich ist das Ergebnis von mehr als zweitausend Jahren Kalachakra-Praxis. Da die Kalachakra-Lehren ihren Ursprung in Shambhala haben, schafft die Ausübung der Kalachakra-Praxis in diesem Leben eine sehr starke karmische Verbindung mit diesem Bereich.

2. **Starkes Streben:** Zweitens müssen wir einen starken Wunsch entwickeln, dort geboren zu werden, besonders zum Zeitpunkt des Todes. Dieses Streben wird unsere karmischen Neigungen verstärken, sie reifen lassen und uns in die nächste Wiedergeburt treiben.

3. **Geistige Stabilität:** Schließlich müssen wir ein ausreichendes Maß an Stabilität in unserem Geist entwickeln, um das notwendige Maß an Subtilität während des *Bardo des Werdens* aufrechtzuerhalten. Diese Stabilität wird auf natürliche Weise durch die meditativen Praktiken des Kalachakra-Pfades entwickelt.

Es folgt eine kurze Beschreibung, wie der Erhabene Bereich von Shambhala von denen, die dort geboren werden, erfahren wird:

Der gesamte Bereich ist von einer undurchdringlichen Barriere aus Schneebergen umgeben, so hoch, dass sie unmöglich zu überqueren sind. Wenn man von den kristallartigen Gipfeln in die darunter liegenden Täler hinabsteigt, passiert man Felsvorsprünge, Wälder und üppige Dschungel. Schließlich verwandelt sich der Berghang in sanfte Hügel aus grünem Gras und duftenden Blumen. Die ganze Landschaft strahlt ein warmes Leuchten aus, das die ganze Welt von selbst erhellt und jegliche Dunkelheit aus allen Winkeln vertreibt.

Wenn man auf das Königreich hinab blickt, sieht man acht große Regionen, die einen äußeren Ring um eine zentrale Region bilden – wie die Blütenblätter eines achtblättrigen Lotos. Jede dieser Regionen ist von den anderen durch natürliche Grenzen von mäandernden Flüssen und hoch aufragenden Bergen getrennt. Im Gegensatz zu den Bergen an der Außengrenze sind diese von leuchtend grünen Tälern erfüllt, die reichlich Gelegenheit bieten, von einer Region zur nächsten zu reisen. Während die Landschaft der einzelnen Regionen sehr unterschiedlich ist, bestehen sie alle aus einer Mischung von üppigem Grasland und prächtigen Wäldern. Die zahllosen Flüsse, die sich durch das Land schlängeln, verbinden ein riesiges Netzwerk von Seen, die unberührtes, nektarähnliches und funkelndes Wasser enthalten, das die natürliche Pracht der Umgebung widerspiegelt.

Aus der Perspektive der Menschen, die dort leben, ist das Land mit allen Arten von schönen Tieren und Vögeln gefüllt, die melodiöse Lieder singen und die Landschaft schmücken. Sie alle sind Erscheinungsformen der Bodhisattva-Könige und dienen dazu, den Bewohner/innen von Shambhala Annehmlichkeit und Inspiration zu bieten. Die grünen Täler sind mit reichen Weiden, Obstgärten und Gärten gefüllt. Das Land bringt auf organische Weise eine endlose Reihe von Nahrungsmitteln hervor, die reichlich Nahrung für alle gewährleisten.

Innerhalb jeder äußeren Region gibt es zwölf Königreiche, die auf natürliche Weise durch die Lage des Landes getrennt sind. Jedes Königreich hat zehn Millionen Städte, die perfekt im Gleichgewicht mit der umliegenden Landschaft harmonieren. In der zentralen Region des Landes befindet sich ein riesiger Berg, der sich hoch über alle umliegenden Täler erhebt. Er ist als Berg Kailasha bekannt. Auf seinem Gipfel befindet sich die Hauptstadt von Shambhala – das glorreiche Kalapa. Die Stadt ist von zwei mit Lotosblumen gefüllten Seen und einer riesigen Oase von Vergnügungshainen umgeben.

Alle hier geborenen Menschen beginnen ihr Leben mit einer Fülle von tugendhaften Eigenschaften, insbesondere zeigen sie phänomenale Neigungen zu Liebe und Mitgefühl. Jedes Kind wird von einer menschlichen Mutter geboren, aber im Gegensatz zu einer gewöhnlichen Geburt geschieht dies schmerzfrei. Beide Eltern empfinden eine enorme Liebe für ihr Kind, betrachten es aber nicht als ihr eigenes. Stattdessen lieben sie alle Kinder gleichermaßen, unabhängig davon, wer sie physisch zur Welt gebracht hat. Solange ein Kind sie braucht, gibt es Erwachsene, die in der Lage sind, es zu versorgen und zu unterstützen.

Die Kinder werden bereits sehr früh an die spirituellen Ansichten herangeführt, die in ihrer jeweiligen Region betont werden. Aufgrund ihrer extrem gut entwickelten spirituellen Anlagen kommen sie auf ihrem jeweiligen Weg sehr schnell voran. Ähnlich dem Erlernen des Fahrradfahrens, erinnern sie sich an vieles aus ihren früheren Leben und sind dadurch befähigt, bereits in sehr jungen Jahren tiefe Ebenen meditativer Versenkung zu entwickeln.

Durch den vorhandenen Überfluss an Nahrung, Kleidung und Unterkünften, besteht keine Notwendigkeit, Handel zu betreiben oder für Geld arbeiten zu gehen. Innerhalb dieser Kultur müssen die Oberhäupter der verschiedenen Königreiche ihrem Volk keine Gesetze auferlegen und auch nicht durch Macht und Gewalt regieren. In jedem der 96 Königreiche gibt es einen Gouverneur, der als spirituelles Vorbild und Mentor für die Menschen in seinem Reich fungiert.

Während Individuen vielleicht in einem Königreich von Shambhala aufwachsen, sind sie weder an die Geografie noch an die Kultur gebunden. Wenn die Zeit reif ist, reisen sie oft in andere Königreiche, wo sie ihre Studien fortsetzen und auf ihrem spirituellen Pfad voranschreiten. Die Beziehungen zwischen Menschen beruhen nicht auf der Zugehörigkeit zu dieser oder jener Gruppe, sondern sind eng mit ihrem spirituellen Entwicklungsstand verbunden.

Eine weitere gemeinsame Beziehung besteht zwischen Schüler/innen und Lehrer/innen. Jeder in Shambhala erkennt die Verantwortung derjenigen mit höheren Verwirklichungen an, diejenigen mit geringerer Erfahrung anzuleiten und zu unterstützen. Da es kein Konkurrenzdenken gibt, arbeiten alle zusammen, um sich gegenseitig zu helfen, ihr Potenzial zu verwirklichen.

Während die Individuen jede Stufe ihres Weges durchlaufen, wandern sie langsam von den äußeren Reichen in Richtung Zentrum. Wie alle Flüsse in den Ozean münden, kommt jede/r Einzelne schließlich am Fuße des Berges Kailasha an. Den Berg hinauf steigend, erreichen sie die Vergnügungshaine, wo sie in das erleuchtete Mandala von Kalachakra eingeweiht werden. Durch die besonderen Praktiken der *Sechs Vajrayogas des Kalachakra* gelangen sie in die Stadt Kalapa, wo ihnen schließlich eine Audienz beim König gewährt wird. Hier erfahren sie das Antlitz des Kalachakra und realisieren die letztendliche Manifestation von Shambhala.

Dieses außergewöhnliche Reich der Möglichkeiten entsteht durch die kombinierten Bestrebungen der Bodhisattvas und den karmischen Verbindungen der fühlenden Wesen dieser Welt. Da es ein aus Karma entstehender Bereich ist, besteht die Möglichkeit, die Ursachen für eine dortige Geburt zu kultivieren. Aufgrund der Bestrebungen der Bodhisattvas ist es die perfekte Umgebung, um unsere spirituelle Reise zu vollenden. Alle, die in diesen Bereich hineingeboren wurden, werden garantiert innerhalb eines einzigen menschlichen Lebens Erleuchtung erlangen. Aus diesem Grund wird Shambhala nicht länger als Teil von Samsara betrachtet.

Der Sambhogakaya-Bereich von Shambhala

Für diejenigen, die die Praktiken der Kalachakra-Erzeugungsstufe vollendet und eine Vertrautheit mit der Erfahrung von Leerer Form entwickelt haben, ist es möglich, die traumähnlichen Erscheinungen, die während der Übergangszeit nach dem Tod auftreten, als Gelegenheit zu nutzen, die endgültige Bedeutung von Shambhala zu verwirklichen. Dies wird der *Sambhogakaya-Bereich von Shambhala* genannt.

Obwohl dies dasselbe wie die vollständige Erleuchtung ist, erreichen Praktizierende durch das Verweilen in dieser Erfahrung einen außergewöhnlichen Grad der Verwirklichung, ähnlich wie ein/e Bodhisattva der zehnten Ebene. In einem solchen Zustand würden Sie alles Sichtbare als erleuchtete Gottheiten, alle Klänge als Mantras und alle Gedanken als ursprüngliche Weisheit erleben. Von hier aus können sich unendlich viele Möglichkeiten zur Vervollständigung der Ansammlungen von Verdienst und Weisheit manifestieren.

Der Dharmakaya-Bereich von Shambhala

Die endgültige Manifestation von Shambhala ist der Höhepunkt des Pfades, die höchste Erfahrung der Vollkommenheit von Frieden und Harmonie. Diese Verwirklichung ist als der *Dharmakaya-Bereich von Shambhala* bekannt und tritt als Ergebnis der Beherrschung der Sechs Vajrayogas der Kalachakra-Vollendungsstufe auf. Sie kann auf zwei Arten erreicht werden:

1. **Während des Klaren Lichts des Todes:** Im Moment des Todes, wenn

sich unser Geist vollständig von unserem Körper trennt, löst er sich wieder in seine eigene ursprüngliche Natur von Shambhala auf. Wenn wir während dieses Prozesses genügend Gewahrsein haben, können wir in dieser Natur verweilen.

2. **Während dieses Lebens:** Indem wir unser Leben der Praxis der Sechs Vajrayogas widmen, ist es möglich, die Bedingungen für den Geist zu schaffen, um die Einheit von unveränderlicher Glückseligkeit und Leerer Form zu erfahren, die untrennbar mit der endgültigen Bedeutung von Shambhala verbunden ist.

In beiden Fällen werden durch das Verweilen in der letztendlichen Natur von Shambhala unsere karmischen Neigungen auf natürliche Weise verbraucht und sind nicht mehr in der Lage, unsere Erfahrung zu beeinflussen. Sobald die letzten Spuren beseitigt sind, werden wir die vollständige Erleuchtung erlangt haben.

Nur sehr wenige Menschen haben die notwendigen Voraussetzungen, um ihr Leben vollständig der spirituellen Praxis zu widmen. Dies bedeutet jedoch nicht, dass wir nicht durch die Kalachakra-Praxis profitieren können. Wie wir an den verschiedenen Erscheinungsformen von Shambhala sehen können, gibt es viele Zwischenergebnisse, die unsere Fähigkeit der Erfahrung von Frieden und Harmonie erheblich verbessern.

Das sollte uns, unabhängig von den vorhandenen Bedingungen, große Zuversicht geben, immer nach besten Kräften zu praktizieren. Denken Sie daran, der Kalachakra-Pfad wird stufenweise ausgeführt. Selbst wenn wir nur ein wenig mehr Liebe und Mitgefühl in unserem Leben kultivieren, ist das immer noch eine erstaunliche Leistung, die uns der Erleuchtung einen Schritt näher bringt.

Machen Sie sich ebenso keine Sorgen, wenn Sie Schwierigkeiten haben, einige der oben diskutierten Konzepte zu verstehen. Dies ist lediglich ein Zeichen dafür, dass Sie auf neue und ungewohnte Ideen treffen. In diesem Kapitel war es unser Ziel, einen sehr breiten Überblick über die einzigartigen Eigenschaften des Kalachakra-Pfades zu geben und zu verdeutlichen, warum es ein so effektives System zum Erreichen von Verwirklichungen ist. Im weiteren Verlauf werden wir diese Ideen erweitern, um ein viel solideres Verständnis zu entwickeln.

ZUSAMMENFASSUNG

- Genau in diesem Moment haben wir eine seltene Gelegenheit, die auf drei Schlüsselbedingungen beruht: (1) wir haben eine kostbare menschliche Wiedergeburt erlangt, (2) wir sind mit der Intelligenz gesegnet, die es uns erlaubt, die Ursachen unseres Leidens zu erkennen, und (3) wir sind den Kalachakra-Lehren begegnet, die die Ursache für wahres Glück sind.

- Diese Bedingungen sind unbeständig und werden daher nicht ewig bestehen. Deshalb müssen wir diese zum bestmöglichen Vorteil nutzen.

- Seit Anbeginn der Zeit befinden wir uns im Kreislauf von Samsara und erleben alle Arten von Leiden. Jetzt ist es an der Zeit, diesen Kreislauf zu durchbrechen.

- Wir haben das Ziel, mehr Frieden und Harmonie in unserem Leben zu entwickeln. Dazu brauchen wir einen spirituellen Pfad, der uns zeigt, wie wir unsere negativen Gewohnheiten überwinden und unsere positiven Eigenschaften kultivieren können.

- Der Kalachakra-Pfad wird aus drei Gründen als der König des Tantra angesehen: (1) umfangreicher Geltungsbereich, (2) Klarheit der Darstellung, und (3) tiefgründige Methoden.

- Die Grundlage des Kalachakra-Pfades ist die innewohnende Reinheit unserer Buddhanatur, die jeden Moment unserer Erfahrung durchdringt. Diese Reinheit wird durch die Präsenz von Unwissenheit und Voreingenommenheit im Geist begrenzt. Wir können diese Begrenzungen durch die Kultivierung von Weisheit und Mitgefühl überwinden.

- Der Kalachakra-Pfad arbeitet mit der Wirklichkeit auf vielen Ebenen, um uns mit unserer letztendlichen Natur des Friedens und der Harmonie zu verbinden. Die drei Arten der Wirklichkeit sind: (1) die äußere Wirklichkeit , (2) die innere Wirklichkeit und (3) die erleuchtete Wirklichkeit.

- Die äußere Wirklichkeit arbeitet mit dem Verständnis von Transformationsprozessen, die in der objektiven Erfahrung unserer Umwelt zu finden sind, um Erkenntnisse über die Vergänglichkeit und die Leerheit der zugeschriebenen Naturen zu entwickeln.

• Die innere Wirklichkeit arbeitet mit der subjektiven Erfahrung der fühlenden Wesen, um die Qualitäten der Liebe und des Mitgefühls zu kultivieren. Diese Eigenschaften bilden die Grundlage für das Erkennen der Leerheit von abhängigen Naturen.

• Die erleuchtete Wirklichkeit arbeitet mit nicht-dualem Gewahrsein, um die Vereinigung von unveränderlicher Glückseligkeit und Leerer Form zu verwirklichen. Dies ist die Grundlage für die Erkenntnis der erhabenen Leerheit unserer vollständig etablierten Natur.

• Das Ergebnis des Kalachakra-Pfades ist die Manifestation von Shambhala – die Vollkommenheit von Frieden und Harmonie.

• Shambhala manifestiert sich auf unterschiedliche Weise, abhängig von Ihrer spirituellen Reife. Vom Groben bis zum Subtilen gibt es fünf Formen, die es annehmen kann: (1) Bereiche der Möglichkeit im Aspekt von Shambhala, (2) das Goldene Zeitalter von Shambhala, (3) der Erhabene Nirmanakaya-Bereich von Shambhala, (4) der Sambhogakaya-Bereich von Shambhala und (5) der Dharmakaya-Bereich von Shambhala. Alle diese Erfahrungen von Shambhala werden durch das Praktizieren des Kalachakra-Pfades erzeugt.

KAPITEL ZWEI

Die Verbindung mit der Jonang-Shambhala-Linie

Es ist bekannt, dass Buddha Shakyamuni sich vor mehr als zweieinhalb Jahrtausenden in unserer Welt manifestiert hat. Er lehrte etwa fünfzig Jahre lang im edlen Land Indien, bevor er ins Parinirvana überging. Sein ganzes Leben war eine Unterweisung in Dharma. Er demonstrierte damit die Prinzipien, die er lehrte, und hinterließ so einen tiefen Eindruck in allen, die das große Glück hatten, ihn zu treffen.

Während seiner Zeit in dieser Welt lehrte der Buddha auf vielen verschiedenen Erfahrungsebenen. Als Ergebnis seiner erleuchteten Verwirklichung konnte er in tiefgründige Zustände der Versenkung eintreten, die es ihm erlaubten, in verschiedenen Dimensionen von unglaublicher Subtilität zu agieren. Folglich war er nicht darauf beschränkt, nur diejenigen zu lehren, die sich in seiner physischen Gegenwart befanden. Oftmals mag es den Anschein gehabt haben, als würde er einfach nur meditieren, aber in Wirklichkeit manifestierte er seinen Geist auf unzählige Arten zum Nutzen der fühlenden Wesen.

Der Kalachakra-Pfad, den wir im vorangegangenen Kapitel besprochen haben, ist ein Beispiel für eine Lehre, die der Buddha aus einer subtileren Erfahrungsdimension heraus gab. Als er die *Sutras der Vollkommenheit der Weisheit* auf dem Gipfel des Geierberges in der Nähe von Rajagriha im Nordosten Indiens darlegte, manifestierte sich sein Geist zeitgleich als der *Urbuddha des Kalachakra* im Süden Indiens, im Inneren des berühmten Dhanyakataka-Stupa in der Nähe des heutigen Amaravati.

Zu jener Zeit ruhte der Buddha durch die Kraft seiner vajragleichen Versenkung im Dharmakaya-Zustand des Urbuddha. Er erschien den dort versammelten Bodhisattvas der zehnten Ebene in der Sambhogakaya-Form des Kalachakra, mit vier Gesichtern und vierundzwanzig Armen, in Vereinigung mit seiner Gefährtin Vishvamata. In dieser Form ersuchte ihn Suchandra, der Bodhisattva-König von Shambhala, erstmals um die Kalachakra-Lehren.

Der Buddha gewährte seine Bitte und drehte das Rad des Tantra, indem er die weitreichende und tiefgründige Lehre darlegte, die als *Urbuddha in zwölftausend Versen* bekannt ist. Während er diese Lehre von seinem Hauptgesicht aus gab, gab er auch Belehrungen von jedem seiner anderen drei Gesichter. Auf diese Weise übertrug er vier verschiedene Klassen von Tantra, jeweils geeignet für Wesen mit unterschiedlichen Fähigkeiten.

So wie der Buddha meditierten auch König Suchandra und seine sechsundneunzig Bodhisattva-Regenten in tiefer Versenkung. Nachdem sie alle von Buddha gewährten Unterweisungen erhalten hatten, kehrten sie mit ihrem Gewahrsein zurück in ihre Körper im Erhabenen Reich von Shambhala. Dort schrieb König Suchandra die Belehrungen nieder und begann damit, die Weisheit des Kalachakra zu verbreiten.

Der Dharmakönig Suchandra – eine Emanation von Vajrapani selbst – gilt als der erste Kalachakra-Linienhalter. Vereinfacht ausgedrückt, wurden die Lehren von Buddha an Suchandra übertragen und es war dann Suchandras Verantwortlichkeit, die Lehren an seine Schüler weiterzugeben. Noch wichtiger ist jedoch, dass Suchandra als erster Linienhalter die Kalachakra-Lehren in seinem Geistesstrom verwirklichte und so effektiv zur lebendigen Verkörperung der endgültigen Bedeutung dieser Lehren wurde. Wir können daher zwei Arten von Übertragungslinien identifizieren:

1. **Die Übertragungslinie der Übermittlung:** Diese erste Art der Übertragungslinie konzentriert sich auf die Vermittlung der Lehren von Meister/in zu Schüler/in. Erfahrene Meister/innen können jeden Aspekt ihres Körpers, ihrer Rede oder ihres Geistes nutzen, um Lehren zu übertragen. Es kann zum Beispiel eine mündliche Übertragung durch Worte sein oder eine direkte Übertragung des Verständnisses von Geist zu Geist. Sie kann auch die symbolische Form einer körperlichen Handlung annehmen, beispielsweise als Tilopa mit seiner Sandale Naropa auf den Kopf schlug. Welche Form die Übertragung auch immer annimmt, die Essenz ist, dass die Meister/innen durch den Akt des Gebens der Übertragung die Bedingungen dafür schaffen, dass die Realisierung im

Der höchste Dharma-König von Shambhala, Suchandra

Geistesstrom der Schüler/innen entsteht.

In der tibetischen Tradition werden mündliche Übertragungen als *Lung* bezeichnet, was wörtlich Wind oder Luft bedeutet. Ziel einer solchen Übertragung ist es, sicherzustellen, dass eine bestimmte Lehre unverfälscht weitergegeben wird. Dadurch bleibt ihre reine Verbindung erhalten bis zurück zu dem Moment, als sie ursprünglich durch Buddha ausgesprochen wurde. Es wird im Allgemeinen als gute Praxis angesehen, die Übertragung einer Lehre von authentischen Linienhalter/innen zu erbitten, bevor man sich tatsächlich auf ihre Praxis einlässt. Dadurch wird sichergestellt, dass man die besten karmischen Voraussetzungen für die Verwirklichung der Lehren schafft. Zuerst bittet man um die Unterweisungen, danach empfängt man die Übertragung und praktiziert diese im Anschluss.

2. **Die Übertragungslinie der Verwirklichung:** Die zweite Art der Übertragungslinie ist ein direktes Ergebnis der ersten. Um Linienhalter/in zu werden, reicht es nicht aus, lediglich eine Lehre gehört zu haben. Selbst eine Fliege kann das Glück haben, die Rede der Lehrer/innen zu hören. Das bedeutet nicht, dass sie die Bedeutung dieser Lehren versteht und in ihr Leben integrieren kann.

Eine Übertragungslinie wahrhaftig zu *halten* bedeutet, auf der Grundlage dieser Lehren Verwirklichung erreicht zu haben. Wenn dies geschieht, manifestiert der Geist der Schüler/innen effektiv die Qualitäten des Geistes der Meister/innen und erreicht das Ergebnis, das mit dem Erteilen der Übertragung beabsichtigt wurde.

Damit eine Übertragungslinie als *lebendig* angesehen werden kann, muss sie von Linienhaltern ausgeübt werden, die nicht nur die Worte, sondern vor allem ihre Bedeutung übermitteln können. Es erfordert enorme Hingabe an die Lehren, um Linienhalter/in zu werden. Nur durch die unendliche Güte dieser Meister/innen sind wir in der Lage, in diesem Zeitalter der Degeneration authentischen Lehren zu begegnen.

DIE BEDEUTUNG, SICH AUF EINE ÜBERTRAGUNGSLINIE ZU VERLASSEN

Der Buddhismus legt im Allgemeinen großen Wert auf das Konzept der Übertragungslinie. Das liegt zum Teil daran, dass die Sangha-Gemeinschaft in den Jahren nach dem Ableben des Buddha die Lehren durch mündliche Rezitation des gesamten Kanons bewahrte. Erst später wurden diese Lehren als Texte niedergeschrieben und die einzige Zugangsmöglichkeit bestand darin, sich auf eine Übertragungslinie zu verlassen.

Dank der heutigen Technologie können wir mehr Informationen als je zuvor in der Geschichte dokumentieren und speichern. Auf Knopfdruck finden wir von überall auf der Welt Schriften und Kommentare in einer Vielzahl von Sprachen. Bedeutet das, dass Übertragungslinien nicht mehr relevant sind? Ich würde sagen, das genaue Gegenteil ist der Fall. Mehr als je zuvor ist die Verbindung mit einer authentischen Übertragungslinie nicht nur relevant, sie ist unverzichtbar.

Im Gegensatz zu der Leichtigkeit, mit der wir jetzt auf Informationen zugreifen können, mussten die Schüler/innen früher große Entfernungen unter großen Schwierigkeiten zurücklegen, um die Lehren zu erhalten. Sie wären auch bereit gewesen, all ihren weltlichen Besitz aufzugeben, um einen einzigen Vers des kostbaren Dharma zu erhalten, während wir heute erwarten, dass alles kostenlos ist. Diese gegensätzlichen Beispiele weisen auf eine wesentliche Veränderung des Wertes hin, der den Lehren beigemessen wird. Je mehr die Lehren in unserem Geist als gewöhnlich aufgefasst werden, desto weniger Wertschätzung haben wir für ihre unglaublichen Fähigkeiten. Ohne Wertschätzung hat unsere Praxis keine Wirkungskraft mehr und der Nutzen, den sie ursprünglich erzeugen sollte, wird nicht mehr empfangen. Indem wir aktiv nach authentischen Linienhalter/innen suchen, die die Lehren einer authentischen Übertragungslinie weitergeben, können wir sicherstellen, ein solches Szenario zu vermeiden.

Wir sollten uns immer bewusst sein, aus welchem Grund wir überhaupt einen spirituellen Weg praktizieren. Während wir uns alle nach echtem Frieden und Harmonie in unserem Leben sehnen, wen können wir als Vorbild betrachten, um diese Ergebnisse tatsächlich zu erreichen? Die Antwort ist Buddha und all die hoch verwirklichten Wesen, die ihr Leben der Umsetzung seiner Lehren in die Praxis widmen. Dies sind die Linienhalter/innen, die unser größtes Potenzial verkörpern und den Weg aufzeigen, den wir alle gehen können. Wie können wir ohne diese ehrwürdigen Vorbilder, die unseren Geist inspirieren und uns mit unserer letztendlichen Natur verbinden, jemals hoffen, Verwirklichungen zu erreichen? Aus diesem Grund sollten wir sie aus tiefstem Herzen wertschätzen.

Betrachten Sie aus einer anderen Perspektive die Bedeutung, die wir unserer regulären Abstammung beimessen, und den Stolz, den viele Menschen auf die Zugehörigkeit zu einer bestimmten Familie haben. Bedenken Sie die großen Anstrengungen, die Menschen unternehmen, um einfach nur herauszufinden, woher ihre Familien stammen. Wir erhalten vielleicht einige interessante Fakten über die Herkunft unseres genetischen Materials und wenn wir Glück haben, finden wir vielleicht ein oder zwei Personen in unserem Stammbaum, die uns inspirieren, aber dafür gibt es keine Garantie.

Eine spirituelle Abstammungslinie hingegen ist viel tiefgründiger. Jedes Mitglied dieser Übertragungslinie hat den Geist effektiv in den Geist ihrer Meisterin oder seines Meisters verwandelt und so deren erstaunliche Qualitäten manifestiert. Indem man sich mit einem authentischen Linienhalter verbindet, werden die Lehren sofort zugänglich und relevant, anstatt in ferner Vergangenheit zu liegen. Auf diese Weise lebt der Geist des Buddha weiter, bringt seine Lehren in den gegenwärtigen Moment und gibt uns die außergewöhnliche Gelegenheit, die Lehren von Buddha selbst zu empfangen.

WIE MAN VERTRAUEN IN EINE ÜBERTRAGUNGSLINIE ENTWICKELT

Die Hauptmethode, um sich mit einer spirituellen Übertragungslinie zu verbinden, besteht in der engen Zusammenarbeit mit Linienhalter/innen als spirituellen Mentor/innen. Solche Lehrer/innen sind eine lebendige Verkörperung des verfolgten Pfades und bieten daher die direkteste und effektivste Methode, um Realisationen zu erlangen. Im nächsten Kapitel wird dieser Aspekt ausführlich erörtert, und daher werden wir uns für den Moment mit der Stärkung unseres Gewahrseins für den Kontext befassen, in dem wir praktizieren.

Wir tun dies durch das Studium der Lebensgeschichten vergangener Meister/

innen der Kalachakra-Linie. Das Entstehen von Vertrautheit mit ihrer spirituellen Entwicklung erweckt Gefühle von Respekt und Wertschätzung. Eine solche Haltung macht uns zu würdigen Empfänger/innen für den Erhalt der Lehren und stärkt unsere Entschlossenheit, in die Fußstapfen dieser großen Meister/innen zu treten. Dies verhindert auch, dass wir den Fehler begehen, unsere spirituelle Praxis als etwas Gewöhnliches und Alltägliches zu betrachten. Zudem erhöht sie die Bedeutung, die die Lehren in unserem Leben spielen, indem sie unseren Handlungen eine außergewöhnliche Bedeutung verleiht.

Praktisch gesehen besteht der erste Schritt darin, sich mit den Linienmeister/innen vertraut zu machen. Es kann hilfreich sein, mit der Erforschung der allgemeinen Entwicklung der Übertragungslinie zu beginnen und dann langsam im Laufe der Zeit mehr Einzelheiten zu jeder Periode hinzuzufügen. Wenn Sie können, empfehle ich Ihnen, die Namen der Linienmeister/innen auswendig zu lernen, um Ihr Gewahrsein für sie in Ihrer Praxis zu schärfen. Eine Liste der vollständigen Übertragungslinie finden Sie im Anhang zu diesem Band.

Sobald Sie einen Überblick über die historischen Beziehungen haben, können Sie sich mehr darauf konzentrieren, die wesentlichen Punkte für jede/n Meister/in herauszustellen. Sofern eine ausführliche Chronik vorhanden ist, können Sie einige Zeit darüber nachdenken, wie die Meister/innen ihre Qualitäten im Laufe ihres Lebens entwickelt haben. Betrachtet man, auf welche Lehren sie sich bezogen, welche Einstellungen sie pflegten und welche Arten von Aktivitäten sie ausübten, kann dies sehr lehrreich sein.

Wenn Sie schließlich ein starkes Gewahrsein für die Meister/innen der Übertragungslinie entwickelt haben, nehmen Sie ihre Lebensgeschichten als Beispiel dafür, wie man studiert, reflektiert und meditiert. Bemühen Sie sich, ihre Qualitäten in Ihrer eigenen Erfahrung zu entwickeln. Wenn Sie mit Herausforderungen konfrontiert werden, überlegen Sie, wie die Linienmeister/innen diese Situation lösen würden und versuchen Sie ihr Bestes, diesen nachzueifern. Indem Sie sie in Ihrem Herzen bewahren, erlauben Sie ihrer erleuchteten Präsenz, Ihren Geist zu inspirieren und Sie in allen Ihren Handlungen zu leiten.

DIE JONANG-SHAMBHALA-ÜBERTRAGUNGSLINIE

Obgleich die Kalachakra-Lehren im Erhabenen Reich von Shambhala seit mehr als zweitausend Jahren existieren, wurden sie erst vor ca. eintausend Jahren im neunten und zehnten Jahrhundert in unsere Welt übertragen. Betrachten wir die gegenwärtigen Halter der Kalachakra-Linie, können wir feststellen, dass sie hauptsächlich innerhalb der verschiedenen Traditionen des tibetischen Buddhismus überlebt hat. Vier der sechs Haupttraditionen führen die Kalachakra-Lehren aktiv weiter: die Sakya, Kagyü, Jonang und Gelug. Von diesen hält nur die Jonang-Tradition eine ununterbrochene Übertragungslinie der Kalachakra-Vollendungsstufe aufrecht, die als die *Sechs Vajrayogas* bekannt ist. Aus diesem Grund wird die Jonang-Tradition als die vollständigste Kalachakra-Linie in dieser Welt angesehen.

Aus der Perspektive der Kalachakra-Praxis wird jede der Lehren innerhalb der verschiedenen Traditionen als authentisch angesehen und hat somit die Fähigkeit, Sie zur Erleuchtung zu führen. Der Hauptunterschied zwischen dem Jonang und den anderen Traditionen besteht darin, sich hundertprozentig auf die Kalachakra-Praxis zu fokussieren, während die anderen Traditionen sie meist nur als Ergänzung zu ihrer Hauptpraxis anderer Systeme nutzen. Infolgedessen hat die Jonang-Tradition eine einzigartige und tiefgründige Einsicht in die Natur dieses Systems entwickelt und wie es am effizientesten für das Erreichen der Erleuchtung genutzt werden kann.

Die folgende Darstellung beschreibt die Entwicklung der Jonang-Shambhala-Linie im Laufe der letzten Jahrtausende. Was wir gegenwärtig als Jonang-Tradition bezeichnen, ist eigentlich eine Kombination aus zwei Strömen der Lehre, die aus zwei Perspektiven entstanden sind: die kausale Perspektive der Sutra-Lehren des Buddha und die resultierende Perspektive der Tantra-Lehren des Buddha. Diese beiden Ströme wurden im vierzehnten Jahrhundert vom allwissenden Dharma-Herrn der Drei Zeiten, Dolpopa Sherab Gyaltsen, zusammengeführt. Seitdem bildet sein einheitliches System aus Sutra und Tantra die Grundlage für alle Jonang-Lehrpläne.

Wie noch näher erläutert wird, hat der Jonang seinen Ursprung in der Provinz Tsang in Zentraltibet, wo er mehrere hundert Jahre lang florierte. Im 17. Jahrhundert veränderte sich die politische Landschaft und die Tradition befand sich inmitten verschiedener Machtkämpfe, in denen die Klöster allmählich umgewandelt und ihre Lehren verboten wurden. Glücklicherweise hatten die Jonang-Anhänger/ innen zuvor große Klostereinrichtungen in den abgelegenen Regionen Osttibets gegründet, wo die Tradition weiter blühte.

Um einen umfassenden Überblick zum Verständnis des Kontextes der in diesem Band vorgestellten Lehren zu erhalten, finden Sie im folgenden Abschnitt eine Zusammenfassung der wichtigsten Personen und Ereignisse, die die Jonang-Tradition geprägt haben. Wenn Sie eine ausführlichere Darlegung dieser historischen Entwicklung wünschen, können Sie diese in meinem Buch *Shambhala entdecken* finden. In meinem Buch *Der verborgene Schatz des tiefgründigen Pfades* finden Sie auch kurzgefasste Historien der einzelnen Linienhalter/innen.

Die tantrische Übertragungslinie der Sechs Vajrayogas des Kalachakra

Der **Dharma-König Suchandra** wird weitgehend für die Einführung der Kalachakra-Lehren im Königreich Shambhala anerkannt. Er fügte zunächst alle Lehren, die er vom Buddha erhalten hatte, zusammen und erstellte daraus den *Kalachakra-Wurzeltext: Der höchste Urbuddha*. Anschließend errichtete er ein gewaltiges dreidimensionales Mandala im Vergnügungshain von Malaya, östlich der Hauptstadt Kalapa. Auf der Grundlage dieses erleuchteten Mandala verlieh er Ermächtigungen und gab den Menschen, die in der zentralen Region von Shambhala lebten, eine Fülle von Unterweisungen.

Suchandra erkannte, dass der Wurzeltext für die meisten Menschen zu schwierig zu verstehen war, und verfasste einen detaillierten Kommentar in sechzigtausend Versen. Infolge dieses Textes blühten die Kalachakra-Lehren an den königlichen Höfen von Kalapa auf und brachten eine Reihe von hochverwirklichten Dharma-Königen hervor, die das von Suchandra begonnene Werk weiterführten.

Nur wenige hundert Jahre vor dem Beginn der gemeinsamen Zeitrechnung hatte sich das Königreich Shambhala bereits erheblich verändert. Obwohl Kalachakra weithin als außergewöhnliche Methode zur Verwirklichung der endgültigen Bedeutung der Wirklichkeit anerkannt war, wurde es hauptsächlich in der zentralen Region von Kalapa praktiziert. Die überwiegende Mehrheit der Menschen in den umliegenden Regionen des Landes war immer noch entlang traditioneller religiöser Ansichten geteilt.

Zu dieser Zeit erkannte der **Dharma-König Yashas**, der als Emanation von Manjushri gilt, durch die Kraft seiner Hellsicht, dass sich die Gesellschaft von Shambhala an einem Scheideweg befand. Aufgrund bestimmter Praktiken innerhalb der Kultur wurden die Spaltungen der Voreingenommenheit gestärkt, und wenn man sie sich entwickeln ließe, würden diese Formen der Voreingenommenheit sein Volk daran hindern, die letztendliche Freiheit ihrer erhabenen Natur zu erfahren. Aus diesem Grund unternahm er große Anstrengungen, um Abhilfe zu schaffen.

Manjushri Yashas traf sich mit all den verschiedenen Gemeinschaften in seinem Königreich und zeigte ihnen mit seiner tiefen Weisheit, wie sie ihre eigenen Lehren so interpretieren können, dass sie zur tiefgründigsten Wahrheit gelangen. Es gab jedoch diejenigen, die seine unerschütterliche Logik nicht akzeptieren wollten. Gewahr der Notwendigkeit, kraftvollere Methoden anzuwenden, erließ der König ein Dekret, dass alle in Shambhala an einer Kalachakra-Ermächtigung in Anerkennung ihrer gemeinsamen Natur teilnehmen sollten.

Eine Gruppe von Brahmanen, die das als Versuch sahen, sie zu einer anderen Religion zu bekehren, verweigerten das Dekret des Königs und verließen Shambhala, um nach Süden in Richtung Indien zu reisen. Entschlossen zu beweisen, dass seine Absichten rein aus großem Mitgefühl für ihr Wohlergehen motiviert waren, demonstrierte der König seine unglaublichen Kräfte. Schließlich waren die Brahmanen von seiner Weisheit überzeugt und kehrten nach Shambhala zurück, wo König Yashas sein Volk zu einer einzigen Vajra-Familie vereinigte. Von diesem Moment an erhielten die Dharma-Könige von Shambhala den Namen *Kalki*, was „Halter der Kaste" bedeutet.

Das Kalachakra-Tantra prophezeit fünfundzwanzig Kalkis, die jeweils für etwa einhundert Jahre regieren. Die gegenwärtige Ära fällt in die Zeit des einundzwanzigsten Kalki, Aniruddha. Durch die Anleitung dieser Kalkis erblühten die Lehren des Kalachakra im gesamten Königreich Shambhala. Dies wurde größtenteils durch die Güte des **Zweiten Kalki-Königs Pundarika** – einer Emanation von Avalokiteshvara – ermöglicht, der den Kommentar

Makelloses Licht zum *Gekürzten Kalachakra-Tantra* schrieb, das von seinem Vater Manjushri Yashas verfasst worden war. Durch diese beiden Texte wurde das Kalachakra zunehmend zugänglicher und ermöglichte es einem viel breiteren Publikum, von seiner Weisheit zu profitieren.

Im Laufe der Jahrhunderte wurde der Geist der Bewohner/innen von Shambhala als direktes Ergebnis ihrer kontinuierlichen Kalachakra-Praxis zunehmend verfeinert. Schließlich wurde das gesamte Königreich so subtil, dass es für den groben Geist der gewöhnlichen Wesen nicht mehr zugänglich war. Aus der Perspektive der Außenwelt war Shambhala in den Geschichtsarchiven verschwunden und wurde nur noch durch Legenden und Folklore am Leben gehalten, aber für diejenigen mit einer ausreichend reinen Absicht und einem durch Meditation verfeinerten Geist konnte Shambhala immer noch erfahren werden.

Und so geschah es, dass während der Herrschaft des elften Kalki-Königs Aja ein begabter Yogi namens **Manjuvajra** dafür verantwortlich war, die tiefgründigen Kernunterweisungen der Kalachakra-Lehren aus Shambhala zu holen und sie zum Nutzen aller fühlenden Wesen in diesen Bereich der Existenz zu bringen. Manjuvajra wurde in der östlichen Region Bengalen geboren und wuchs in einer Zeit auf, in der der Buddhismus florierte. Er studierte an den großen Klosteruniversitäten von Odantapuri und Nalanda und wurde ein großer Gelehrter und Experte der fünf Wissenschaften.

Während seiner Studien erhielt Manjuvajra viele Unterweisungen von Pindo Acharya, der eine Textübertragung von Pundarikas Kommentar, dem *Makellosen Licht*, hielt. Während sein Geist stark von diesem Text inspiriert war, sehnte er sich danach, seine Lehren in die Praxis umzusetzen, denn zu dieser Zeit gab es keine Übertragungslinie, die beschrieb, wie das Kalachakra auf die eigene Erfahrung angewendet werden konnte. Mit großer Entschlossenheit machte sich Manjuvajra auf die Suche nach Shambhalas altehrwürdigen Kernunterweisungen.

Nachdem er nach Norden gereist war, traf er eine Emanation von Kalki Aja, der sich bereit erklärte, ihm die ersehnten Anweisungen sowie die höheren und höchsten Ermächtigungen zu gewähren. Im Laufe vieler Monate setzte Manjuvajra diese Anweisungen in die Praxis um und erlangte unglaubliche

Verwirklichungsgrade. Als sein Geist subtil genug wurde, konnte Manjuvajra direkt nach Shambhala reisen, wo er vom Kalki selbst ein vollständiges Praxissystem gemäß dem Kalachakra-Tantra erhielt.

Als Manjuvajra sein Gewahrsein in diesen groben Erfahrungsbereich zurückbrachte, gab er die Lehren an alle weiter, die zuhören wollten. Als vollendeter Mahasiddha anerkannt, wurde er weit und breit als der Große *Kalachakrapada* bekannt.

Von seinen vielen Schüler/innen war **Shri Bhadrabodhi** einer seiner engsten Schüler. Wie sein Meister war er ein berühmter Yogi und wurde oft als der *zweite Kalachakrapada* bezeichnet. Nachdem er die vollständige Erleuchtung durch die Vollendung der Sechs Vajrayogas erlangt hatte, gründete Shri Bhadra einen Kalachakra-Tempel an der berühmten Nalanda-Universität in Magadha, wo er viele Schüler das Kalachakra lehrte. Zwölf dieser Schüler sollen die höchste Verwirklichung des Regenbogenkörpers erreicht haben.

Obwohl es Shri Bhadra war, der die Kalachakra-Praxis in Nalanda etablierte, würde es sein Schüler sein, der seine Überlegenheit als *König des Tantra* bekräftigen würde. Der große Gelehrte und Praktizierende, bekannt als **Nalendrapa**, heftete einst die *Zehnfach Mächtige Kalachakra-Silbe* über dem Haupttor der Universität an. Unter das Symbol schrieb er einen kurzen Vers, der besagte:

Diejenigen, die den Urbuddha nicht verstehen, verstehen Kalachakra nicht. Diejenigen, die Kalachakra nicht verstehen, verstehen die Namen von Manjushri nicht. Diejenigen, die die Namen von Manjushri nicht verstehen, verstehen den Gewahrseinskörper von Vajradhara nicht. Diejenigen, die den Gewahrseinskörper von Vajradhara nicht verstehen, verstehen das Mantrayana nicht. Diejenigen, die das Mantrayana nicht verstehen, sind alle in zyklischer Existenz und befinden sich nicht auf dem Pfad des siegreichen Vajradhara. Vor diesem Hintergrund sollten sich alle reinen Lehrer auf den Urbuddha verlassen und alle reinen Schüler mitnehmen, die auf Befreiung bedacht sind.

Als Antwort auf seine Herausforderung debattierten über fünfhundert Nalanda-Gelehrte mit Nalendrapa und jeder wurde von seiner makellosen Logik besiegt. Auf diese Weise erkannten die angesehensten Meister das Kalachakra als die endgültige Bedeutung der Lehren des Buddha an. Eingeladen, Abt von Nalanda zu werden, wurde Nalendrapa zum Meister eines Ozeans von Schülern und es wird angenommen, dass während dieser Zeit die Anzahl der Menschen, die durch das Kalachakra hohe Verwirklichungen erlangten, größer war als durch alle anderen Systeme zusammen.

Von Nalanda aus breiteten sich die Kalachakra-Lehren nach außen aus. In der Zwischenzeit entwickelte sich in den tibetischen Provinzen Ü und Tsang eine buddhistische Wiederbelebung. Infolgedessen reisten viele Übersetzer nach Süden, um Belehrungen von den großen indischen Pandits und Mahasiddhas zu erbitten. Zu Beginn des elften Jahrhunderts hatte eine Reihe von Kalachakra-Praxislinien ihren Weg in die Schneeberge Tibets gefunden. Eine dieser Übertragungslinien war als die *Dro-Tradition der Sechs Vajrayogas* bekannt.

Diese Tradition durchströmte den großen **kaschmirischen Pandit Somanatha**. Somanatha stammte ursprünglich aus einer Brahmanenfamilie im Westen und war nach Nalanda gereist, um einen Kommentar zu einem Kalachakra-Text zu erhalten, den er während seiner früheren Studien kennengelernt hatte. Unter der Anleitung von Nalendrapa entwickelte sich Somanatha zu einem hoch verwirklichten Meister der Sechs Vajrayogas. Er kehrte schließlich in seine Heimat Kaschmir zurück, wo er nach Tibet eingeladen wurde, um bei der Übersetzung des *Makellosen Lichts* zu helfen.

In Tibet arbeitete Somanatha eng mit dem tibetischen Übersetzer **Drotön Sherab Drakpa** zusammen, von dem die Tradition ihren Namen hat. Während Dro Lotsawa sich darauf konzentrierte, die Kalachakra-Lehren in der tibetischen Sprache verfügbar zu machen, fokussierte sich ein anderer von Somanathas Schülern namens **Lhaje Gompa** darauf, diese Lehren in die Praxis umzusetzen. Als sich die unglaubliche Kraft ihrer Verwirklichungen verbreitete, versammelten sich viele Schüler, und unter ihnen war der große Gelehrte und Praktizierende **Drotön Namla Tsek** am vollendetsten. Unter der direkten Anleitung von Somanatha und Lhaje Gompa verbreitete Namla Tsek später die Kalachakra-Lehren in der Region Westtibet.

Zu dieser Zeit wurden die Kernunterweisungen für das Praktizieren der Sechs Vajrayogas geheim gehalten und in einer geflüsterten Übertragungslinie zwischen Meister/innen und Schüler/innen weitergegeben. Es ist bekannt, dass

Somanatha den vollständigen Pfad nur seinen drei Hauptschülern beibrachte. Die Überlieferungslinie wurde dann an **Yumo Mikyo Dorje** weitergegeben, der selbst ein vollendeter Mahasiddha wurde. Zusätzlich zu seinen vielen übernatürlichen Fähigkeiten ist Yumowa als einer der ersten Tibeter bekannt, der über seine direkte Erfahrung der tiefgründigen endgültigen Bedeutung schrieb, die auf seiner Praxis des Kalachakra-Tantra beruhte. Diese Schriften werden heute als Vorläufer für das spätere Werk großer Jonang-Meister wie Dolpopa Sherab Gyaltsen gewertet.

Nach Yumo wurde die Überlieferungslinie über zwei Generationen hinweg von seiner unmittelbaren Familie bewahrt. Die Lehren wurden zuerst an Yumos spirituellen und biologischen Sohn **Seachok Dharmeshvara** weitergegeben. Dharmeshvara war mit einem außergewöhnlichen Verstand ausgestattet und galt als Wunderkind. Schon in jungen Jahren schrieb er ausführliche Kommentare zu sehr schwierigen Abhandlungen und meisterte bis zu seinem zwanzigsten Lebensjahr alles, was sein Vater ihm beigebracht hatte. Dharmeshvaras Vermächtnis wurde dann an seine drei Kinder weitergegeben: **Namkha'i Özer, Machik Tulku Jobum** und **Sechen Namkha'i Gyaltsen**.

Während Namkha'i Özer ein bekannter Gelehrter und Autor verschiedener Texte wurde, wurde seine Schwester Machik Tulku Jobum eine hoch verwirklichte Yogini. Es wird behauptet, dass sie, als sie zum ersten Mal die Sechs Vajrayogas praktizierte, die Verwirklichung des ersten Yogas nach nur einem einzigen Tag erreichte. Am Ende der Woche hatte sie die vollständige Meisterschaft über alle ihre subtilen Winde erlangt. Die Erzählungen über ihre unglaublichen Siddhis verbreiteten sich überall. Der jüngere Bruder von Namkha'i Özer und Machik Jobum wurde ursprünglich mit schweren Hör- und Sprachbehinderungen geboren. Nur durch die Güte seiner Geschwister war Namkha'i Gyaltsen in der Lage, diese Einschränkungen zu überwinden und die höchsten Vollendungen zu erreichen.

Er gründete das *Kloster Semoche* in der Region Ölung in Zentraltibet. Zu dieser Zeit wurden die Beschränkungen der Überlieferungslinie etwas gelockert und man begann, die Sechs Vajrayogas öffentlicher zu lehren. Semochen gab die Lehren an seinen Herzensschüler **Jamyang Sarma Sherab Özer** weiter. Jamsar

Sherab war ursprünglich ein Schüler der Nyingma-Tradition und ließ sich durch eine Vision von Manjushri leiten, die ihm riet, Semoche aufzusuchen und Unterweisungen von ihm zu erbitten. Nachdem er alle Reifungsermächtigungen erhalten hatte, begab sich Jamsar Sherab in ein Retreat über die Sechs Vajrayogas und erreichte eine direkte Verwirklichung der endgültigen Bedeutung der Realität. Sein restliches Leben widmete er der Lehre der Kalachakra-Praktiken und gründete eine Reihe von abgelegenen Meditations-Einsiedeleien.

Ein anderer Schüler von Semochen, der allwissende **Chöku Özer**, wurde der Nachfolger von Jamsar Sherab. Als Reinkarnation des großen indischen Kalachakra-Meisters Shakyashri anerkannt, war Chöku Özer für seine unglaublich stabile Verwirklichung der unveränderlichen Glückseligkeit bekannt. Es wird behauptet, dass sein Geist niemals auch nur für einen Moment von dieser ursprünglichen Weisheit abwich.

Mitte des 13. Jahrhunderts erlebten die Kalachakra-Lehren in den Provinzen Ü und Tsang eine wahre Blütezeit. Es wurden mehr als siebzehn verschiedene Praxislinien der Sechs Vajrayogas verbreitet, ebenso wie eine Vielzahl von Kalachakra-Texttraditionen. Alle diese Überlieferungslinien wurden schließlich durch die enormen Anstrengungen von **Kunpang Thukje Tsondru** zu einem einzigen Vajra-Strom vereinigt.

Kunpangje studierte zunächst in der Sakya-Tradition, wo er die Kalachakra-Lehren gemäß der Ra-Linie erhielt. Er meisterte schnell seine Studien des Kommentars *Makelloses Licht* und reiste dann zum Kloster Kyangdur, um Belehrungen vom großen Chöku Özer zu erhalten. Dort wurde er in den tiefgründigen Pfad der Sechs Vajrayogas eingewiesen, wie er in der Dro-Linie dargelegt wird. Auf der Grundlage dieser Unterweisungen wurde Kunpangje ein höchst vollendeter Yogi.

Angetrieben von dem großen Bestreben, jeden Aspekt des Kalachakra zu meistern, reiste Kunpangje durch die Region und bat um die Übertragungen jeder einzelnen Kalachakra-Linie. Nachdem er sie alle erfolgreich zusammengetragen hatte, begab er sich in strikte Zurückgezogenheit, um ihre Anweisungen in die Praxis umzusetzen. Auf seiner Reise von Einsiedelei zu Einsiedelei blieb er in der Einsamkeit und meditierte über die tiefgründige Bedeutung der Lehren.

Aufgrund seiner unglaublichen Hingabe wurde Thukje Tsondru von vielen erleuchteten Wesen besucht, einschließlich der Kalki-Könige von Shambhala. Sie alle gewährten ihm unermesslichen Segen und ermächtigten ihn, die vollständigen Kalachakra-Lehren aufrechtzuerhalten.

Als ihn ein lokaler Geist einlud, sich im Jomonang-Tal niederzulassen, stimmte Thukje Tsondru zu und so wurde das Jonang-Bergretreat gegründet. Während er im Tal meditierte, verfasste er einen Wurzeltext für die Sechs Vajrayogas, und zum ersten Mal wurden die Kernunterweisungen schriftlich festgehalten. Die Nachricht von seinen Verwirklichungen verbreitete sich im ganzen Land. Schüler aus ganz Tibet strömten in das Bergretreat, um Anleitung von diesem unvergleichlichen Meister zu erhalten. Bald darauf wurden seine Anhänger als die *Glorreiche Jonang-Tradition* bekannt.

Kurz vor seinem Tod im Jahr 1313 ernannte Thukje Tsondru seinen Herzensschüler **Jangsem Gyalwa Yeshe** zum neuen Oberhaupt des Jonang Klosters. Ursprünglich ein Anhänger der Karma Kagyü Tradition, reiste Gyalwa Yeshe nach Jonang, als ihm der Karmapa von seinen starken karmischen Verbindungen mit dem großen Kalachakra-Meister erzählte. Erfüllt von grenzenlosem Vertrauen und Hingabe an Thukje Tsondru, widmete Gyalwa Yeshe sein Leben der Meditation über alles, was er empfangen hatte. Er blieb sieben Jahre auf dem Vajra-Thron von Jonang, bevor er die Verantwortung für die Überlieferungslinie auf seinen Dharmabruder übertrug.

Nachdem er intensiv innerhalb der Sakya-Tradition studiert hatte, wurde Yonten Gyatso vom Sakya-Thronhalter angewiesen, Thukje Tsondru als seinen Lehrer aufzusuchen. In den nächsten achtunddreißig Jahren erhielt Yonten Gyatso einen Ozean von Kalachakra-Belehrungen und erlangte eine Fülle von Realisationen im Vertrauen auf seine umfangreiche Praxis der Sechs Vajrayogas. Als sein Freund und Lehrer Gyalwa Yeshe in das Parinirvana überging, wurde Yonten Gyatso der nächste Thronhalter des Klosters Jonang.

Die sutrische Übertragungslinie des Zhentong-Madhyamaka

Als das Jonang Bergretreat gegründet wurde, war es im Wesentlichen eine

Gemeinschaft von Yogis und Yoginis, die sich den fortgeschrittenen Praktiken des Kalachakra-Tantra widmeten. Es war jederzeit möglich, über sechshundert Meditierende in den verschiedenen Einsiedeleien und Höhlen zu finden, die das Tal füllten. Die große Mehrheit dieser Praktizierenden erhielt ihre spirituelle Ausbildung in anderen Traditionen wie der Nyingma, Kadam, Sakya oder Kagyü. Erst mit der Ankunft des allwissenden Dolpopa Sherab Gyaltsen entwickelte das Jonang einen systematischen Klosterlehrplan, der seine Praktizierenden deutlich von den anderen Traditionen unterschied.

Während Dolpopa vor allem für seine wegweisenden philosophischen Ideen über die letztendliche Natur der Realität bekannt ist, waren alle seine Darlegungen fest in einer ungebrochenen Überlieferungslinie verwurzelt, die sich bis zu den Sutra-Lehren von Buddha Shakyamuni und dem Bodhisattva Maitreya zurückverfolgen lässt. Wir bezeichnen diese Lehren als die *Sutrische Übertragungslinie des Zhentong-Madhyamaka*, was so viel bedeutet wie „Die Sicht des mittleren Weges der Leerheit von anderem".

Den Kern dieser Sichtweise bildet die Lehre von der Buddhanatur, die vom **Buddha** während der *dritten Drehung des Dharmarades* dargelegt wurde. In dieser Tradition beschreiben die drei Drehungen eine schrittweise Reihenfolge der Entwicklung zur Verwirklichung der endgültigen Bedeutung, die der Buddha in Bezug auf die spirituelle Reife seiner Schüler/innen offenbart hat. In der ersten Drehung konzentriert sich der Buddha auf die vorläufige Wahrheit des abhängigen Entstehens. In der zweiten Drehung verweist er auf die letztendliche Natur der konventionellen Wahrheiten als eine Leerheit von einer inhärenten Selbstexistenz (Leerheit von Selbst). In der dritten Drehung enthüllt er schließlich die letztendliche Natur der Realität selbst als eine erhabene Leerheit, die leer von allen Formen begrifflicher Erfindungen ist (Leerheit von anderem).

Dieser Ansatz wurde auch von dem großen Pionier des Mahayana, **Arya Nagarjuna**, verfolgt. Ebenso wie der Buddha beschrieb Nagarjuna seine Lehren in drei fortschreitenden Sammlungen: die *Sammlung der Ratschläge*, die *Sammlung der Überlegungen zum mittleren Weg* und die *Sammlung der Lobpreisungen*. In dieser dritten Sammlung beschrieb Nagarjuna detailliert die Natur der letztendlichen Realität gemäß seiner Erfahrung der Buddhanatur. Obwohl spätere Gelehrte Nagarjuna hauptsächlich mit seinen Abhandlungen über die

Philosophie des mittleren Weges in Verbindung bringen, zeigt eine Untersuchung der Gesamtheit seiner Schriften deutlich seine tiefgründige Realisierung der Leerheit von anderem.

Im vierten Jahrhundert sollte ein zweiter großer Wegbereiter auftauchen, der auf den von Buddha und Nagarjuna geschaffenen Grundlagen aufbaute. Die umfassenden Lehren von **Arya Asanga** prägten nicht nur die Mahayana-Praxis in Indien, sondern revolutionierten auch die Vorstellung der Menschen von der letztendlichen Natur der Realität. In Asangas Tradition des Yogacara Madhyamaka wurde der Schwerpunkt darauf gelegt, wie man seinen konzeptuellen Geist durch Meditationspraktiken transzendieren kann. Dies war ein erfahrungsorientierter Ansatz, basierend auf den Lehren, die Asanga vom Bodhisattva Maitreya offenbart wurden.

Asanga erkannte, dass einige von Maitreyas Lehren zu tiefgreifend waren, um sie sofort zu verbreiten, und verbarg sie in einem Stupa. Dort sollten sie zu einer angemessenen Zeit entdeckt und empfangen werden. Sein restliches Lebens konzentrierte er sich auf die leichter zugänglichen Texte Maitreyas. Leider hat diese Vorgehensweise dazu geführt, dass viele seiner Lehren missinterpretiert und als alleinige Befürwortung einer Nur-Geist-Philosophie ausgelegt wurden. Erst viel später sollte die wahre Absicht seiner Lehren enthüllt werden.

Die Yogacara-Tradition wurde von einer Reihe von außergewöhnlichen „Gelehrten-Praktizierenden" wie **Vasubandhu**, **Dignaga**, **Sthiramati** und **Chandragomin** weitergetragen. Aufgrund der tiefgründigen Verwirklichungen und umfassenden Schriften dieser Meister wurden Asangas Lehren zur Grundlage für die Klosterlehrpläne der großen Universitäten wie Nalanda und Vikramashila. Von diesen berühmten Zentren buddhistischen Denkens aus wurden die Lehren Asangas an einen Ozean von Schülern weitergegeben, aus denen unzählige Zweige der Übertragungslinie hervorgingen.

Im elften Jahrhundert entdeckte ein vollendeter Yogi namens **Maitripa** die Lehren, die Asanga so viele hundert Jahre zuvor versteckt hatte. Mit dem Segen des Bodhisattva Maitreya begann er, diese Texte in Vikramashila zu lehren und gewann schnell eine treue Anhängerschaft. Gestützt auf die *Fünf Abhandlungen von Maitreya* konnte ein klares Verständnis für die Absicht hinter Asangas Lehren entwickelt werden, um damit die endgültige Bedeutung der letztendlichen

Realität zu enthüllen.

Maitripa gab die Lehren durch seine Schüler **Ratnakarashanti** und **Anandakirti** weiter. Es war Anandakirti, der in die westliche Region von Kaschmir reiste und die Lehren an den **kaschmirischen Gelehrten Sañjana** weitergab. Um den Verlust dieser Schatzlehren und Kernunterweisungen zu verhindern, machte sich Sañjana daran, sie zu verschriftlichen.

Als der tibetische Übersetzer Ngok Loden Sherab von den Lehren erfuhr, die Sañjana erhalten hatte, bat er um die Textübertragung von Maitreyas Abhandlung *Das erhabene Kontinuum*. Ihn begleitete ein älterer Tibeter namens Tsen Kawoche Drime Özer, der von Sañjana die tiefgründigen Kernunterweisungen erhalten wollte, um über die Lehren des Bodhisattva Maitreya zu meditieren. Da Ngok Lotsawa abreiste, bevor er diese Belehrungen erhalten konnte, suchte Drime Özer Hilfe bei einem anderen Übersetzer. **Zu Gawa'i Dorje** erklärte sich großzügig bereit, alle Lehren Sañjanas ins Tibetische zu übersetzen. Nachdem **Tsen Kawoche** die Kernunterweisungen von Gawa'i Dorje empfangen hatte, begann er sie in Tibet zu verbreiten. Zu dieser Zeit wurde die Übertragungslinie als die *kontemplative Tradition von Maitreya* bekannt.

Die Übertragungslinie gelangte im 12. Jahrhundert nach Tibet, zu einer Zeit, als die neuen Übersetzungsschulen gerade erst Gestalt annahmen. Von Tsen Kawoche wurde sie an **Dharma Tsondru** weitergegeben, einen Meister der Zhije-Linie von Padampa Sangye. Sie wurde dann als geflüsterte Überlieferungslinie an **Dolpa Nyen Yeshe Jungne**, **Jangchup Kyap** und **Zhonu Jangchup** aus der Kadam-Schule weitergegeben, die von dem großen indischen Meister Atisha Dipamkara gegründet worden war.

Schließlich wurde die Überlieferungslinie im großen Kadam-Kloster Narthang durch den Meister **Kyotön Monlam Tsultrim** etabliert. Sein Schüler **Chomden Rikpe Raldri** erlangte Berühmtheit, weil er eine der ersten Druckereien in Tibet gründete und daraufhin den kompletten tibetischen Kanon der Lehren und Kommentare des Buddha zusammenstellte und veröffentlichte.

Zu Beginn des 14. Jahrhunderts wurde die Überlieferungslinie in das Sakya-Kloster gebracht, nachdem Rikpe Raldris Schüler **Kyitön Jamyang Drakpa** Narthang aufgrund einer Reihe von politischen Problemen verlassen hatte. Seine Zeit in Sakya widmete er dem Unterrichten des Kalachakra-Tantra und der Abhandlungen von Maitreya. Es war Kyitönpa, der später einer der einflussreichsten Lehrer von Dolpopa wurde.

Das vereinigte System von Sutra und Tantra

Ab dem zehnten Jahrhundert erlebte Tibet als Ergebnis der Fluten von Dharma, die ins Land strömten, und der harten Arbeit engagierter Übersetzer eine spirituelle Renaissance. Bis zum vierzehnten Jahrhundert hatten die Ansichten der tibetischen Meister erheblich an Verfeinerung gewonnen und sie produzierten nun eine Vielzahl von Abhandlungen, die ihre einzigartigen Ansätze in Form von umfassenden philosophischen Systemen darlegten. Auf der Grundlage dieser Systeme wurden die Unterschiede zwischen den verschiedenen Schulen immer deutlicher.

Für die Jonang waren es die Schriften von **Dolpopa Sherab Gyaltsen**, die ihr einzigartiges Erbe definieren sollten. Geboren in der Region Dolpo in Westtibet, wuchs Sherab Gyaltsen in der Nyingma-Tradition auf. Als Sakya Lama Kyitönpa die Region auf seinem Weg nach Mustang besuchte, lief Dolpopa von zu Hause weg, weil seine Eltern es ihm untersagten, bei ihm zu studieren. Unter Kyitönpas direkter Anleitung zeichnete sich Dolpopa schnell in seinen Studien der Philosophie, Erkenntnistheorie, Psychologie und Kosmologie aus. Als Kyitönpa ins Sakya-Kloster zurückkehrte, würde Dolpopa ihm bald folgen.

Während seiner Zeit in Sakya studierte Dolpopa das Kalachakra-Tantra und die Werke von Maitreya und Asanga. Unter der Anleitung einiger der gelehrtesten Meister seiner Zeit wurde er als großer Gelehrter sowohl des Sutra als auch des Tantra anerkannt. Bald darauf wurde Dolpopa gebeten, ein Lehrer für die anderen Schüler in Sakya zu werden.

Mit einem unstillbaren Wunsch zu lernen, reiste Dolpopa häufig zu den zahlreichen Klöstern seiner Region, studierte unter den Meistern der wichtigsten Traditionen und nahm an vielen Debatten teil. Aufgrund seines unglaublich scharfsinnigen Intellekts und seines umfassenden Verständnisses für die ganze Bandbreite des Dharma wurde er oft als *kunkyen* bezeichnet, was „allwissend" bedeutet.

Im Alter von nur achtundzwanzig Jahren wurde Dolpopa der Thron des

Sakya-Klosters als dessen Abt angeboten. Seine Amtszeit war jedoch nur von kurzer Dauer, denn im kommenden Jahr besuchte er das Jomonang-Tal und traf sich mit dem geheimnisumwobenen Khetsun Yonten Gyatso. Dolpopa war von dem Verwirklichungsgrad, den die Jonang-Praktizierenden erreichten, so beeindruckt, dass er beschloss, sein Amt aufzugeben und sein Leben der Meditation zu widmen.

Nachdem er die vollständige Übertragung der Lehren von Yonten Gyatso erhalten hatte, begab sich Dolpopa in ein strenges Retreat und erlangte die Verwirklichung der ersten vier der Sechs Vajrayogas. In dieser Zeit entfaltete sich in seinem Geist die *Zhentong-Sichtweise*. Da er noch nicht bereit war, seine Entdeckung zu teilen, widmete er die folgenden Jahre der Verfeinerung seiner Ideen und der Vollkommenheit seiner Erfahrung der ersten drei Yogas. Als er schließlich das Retreat verließ, bat ihn Yonten Gyatso, den Vajra-Thron von Jonang zu übernehmen. Nach reiflicher Überlegung stimmte er zu, die Nachfolge von Yonten Gyatso anzutreten.

Von diesem Zeitpunkt an teilte Dolpopa seine Zeit zwischen Lehr- und Retreatphasen auf. Wie sein Meister Kyitönpa betonte er immer das Kalachakra und die Lehren von Maitreya. Unabhängig davon, welches Thema er lehrte, er verwies immer auf den großen Kommentar von Pundarika.

Als sein geliebter Meister Yonten Gyatso im Jahr 1327 starb, beschloss Dolpopa ihn zu ehren, indem er einen gewaltigen Stupa errichtete. Obwohl viele Menschen ihn und diese Mammutaufgabe für verrückt hielten, vollendeten Dolpopa und seine vielen Schüler/innen beharrlich das Projekt und schufen einen der größten Stupas in ganz Tibet. Während des Baus begann Dolpopa zum ersten Mal öffentlich seine Sichtweise der Leerheit von anderem zu unterrichten. Seine revolutionären Ideen lösten eine große Debatte aus, die Dolpopa dann dazu nutzte, seine Darlegung zu verdeutlichen und seine Position zu stärken.

Als Ergebnis dieses Prozesses verfasste Dolpopa sein Meisterwerk mit dem Titel *Berg-Lehre: Ein Ozean der endgültigen Bedeutung*. Dieser umfassende Text schöpfte aus einer großen Anzahl von Quellen, um Dolpopas kontroverse Anschauungen darzustellen und zu verteidigen. Innerhalb dieser einen Quelle zeigte er klar die gemeinsame Absicht aller Lehren des Buddha auf und vereinte damit die Sichtweise, die sowohl in den Sutras als auch in den Tantras zu finden ist.

Der allwissende Dolpopa Sherab Gyaltsen

Im Laufe der Jahre schrieb Dolpopa weiterhin eine Fundgrube an philosophischen und praktischen Texten, die zum Kernlehrplan für alle Jonang-Praktizierenden wurden. Mit der Unterstützung seiner vierzehn Herzensschüler breitete sich die Zhentong-Sichtweise in den Provinzen Ü und Tsang aus und es gab nur wenige, die Dolpopa nicht als ihren Lehrer betrachteten.

Während dieser Epoche wuchs die Jonang-Tradition selbst außerhalb des Jomonang-Tals. Viele von Dolpopas engsten Schülern erhielten entweder bestehende Klöster oder bauten sie mit Spenden, die sie erhielten. Ein bestimmter Schüler namens Ratnashri reiste in die östlichen Provinzen Amdo und Kham und gründete das Kloster Chöje in der Region von Dzamthang. Unter der Führung ihrer großen Meister wurden Hunderte Zweigklöster in den benachbarten Regionen errichtet und auf diese Weise etablierten die Jonang eine sehr starke Präsenz im Osten.

Nach Dolpopas Ableben im Jahr 1361 ging der Vajra-Thron der Jonang auf einen seiner engsten Schüler über. **Chokgyalwa Chokle Namgyal** führte die Tradition, die Dolpopa begonnen hatte, über fünfzehn Jahre lang fort, setzte sich für die Zhentong-Sicht ein und leitete eine immer größer werdende Gemeinschaft von engagierten Praktizierenden. Schließlich entschied er sich, sich zurückzuziehen und begab sich in die Einsiedelei von Se Karchung.

Der Nachfolger von Chokle Namgyal war der große Zhentong-Meister **Tsungmed Nyabön Kunga**. Nachdem er die meiste Zeit seines Lebens eng mit Dolpopa studiert hatte, verbrachte Nyabön Kunga einige Zeit damit, im Sakya-Kloster zu lehren, bevor er sein eigenes Kloster Tsechen gründete. Von seinem Sitz in Tsechen aus sammelte Nyabön Kunga eine große Anhängerschaft von Schülern an, die später die Jonang-Lehren verbreiteten.

Die Rime-Philosophie, die alle Vorurteile überwindet

Als gegensätzliche philosophische Ansichten in Zentraltibet an Boden gewannen, entschieden sich viele Jonang-Praktizierende für eine unvoreingenommene Herangehensweise, die den Wert der Vielfalt anerkannte, die innerhalb der großen Traditionen der damaligen Zeit zu finden war. Nyabön Kungas Herzensschüler **Drupchen Kunga Lodrö** trat in die Fußstapfen der großen Jonang-Meister vor ihm und verbrachte mehr als fünfzig Jahre in einsamer Zurückgezogenheit, um nicht nur das Kalachakra, sondern alle acht großen Praxislinien zu studieren und zu beherrschen. Anstatt sektiererische Spaltungen zu schüren, förderte er einen tiefen Respekt für jede Schule und die Notwendigkeit, über intellektuelle Debatten hinauszugehen, indem man seine Sichtweise auf Erfahrung gründete. Dieser Ansatz wurde dann von seinen Nachfolgern **Jamyang Konchok Zangpo**, **Namkha Chökyong** und **Panchen Namkha Palzang** vertreten.

Bis zum 16. Jahrhundert hatte sich unter der Führung von Namkha Palzangs Schüler **Lochen Ratnabadra** der Schwerpunkt innerhalb der Tradition vom philosophischen Studium weg verlagert und konzentrierte sich vorwiegend auf die meditative Praxis. Aufgrund des Reichtums an Überlieferungslinien, die nun innerhalb der Gemeinschaft vorhanden waren, war das Kloster Jonang zu einem Sammelpunkt für all jene geworden, die ihr Leben den yogischen Pfaden des buddhistischen Tantra widmen wollten, unabhängig von der Tradition, der sie zugehörten.

Diese Ära der unvoreingenommenen Weisheit wurde durch den großen Rime-Meister **Palden Kunga Drolchok** verkörpert. Einen großen Teil seines Lebens reiste er durch die Provinzen Ü und Tsang und sammelte Lehren aus jeder der großen Traditionen und setzte sie hingebungsvoll in die Praxis um. Er hatte eine besonders starke Verbindung zu den Shangpa Kagyü-Lehren der Dakini Niguma sowie auch zu den Kalachakra-Lehren der Sechs Vajrayogas. Nach dem Tod seines Wurzellehrers Lochen Ratnabhadra wurde Kunga Drolchok das neue Oberhaupt der Jonang-Tradition. Die nächsten zwanzig Jahre seines Lebens widmete er umfangreicher Lehrtätigkeit, der Retreat-Praxis und dem Schreiben von Texten. Eine seiner bedeutendsten Errungenschaften war die Erstellung der ersten nicht-sektiererischen Abhandlung, die als *Drolchoks wesentliche Unterweisungen* bekannt ist. In dieser Praxissammlung führte er die Kernunterweisungen der acht Praxislinien zu einem einzigen Text zusammen. Bevor er verstarb, übertrug Kunga Drolchok alles, was er erhalten hatte, an seine drei Herzensschüler: **Khenchen Lungrig Gyatso**, Khidrup Sangye Yeshe und Khiwang Jampa Lhundrup.

Einige Jahre nachdem Kunga Drolchok ins Parinirvana eingetreten war, wurde seine Reinkarnation als ein kleiner Junge namens Kunga Nyingpo erkannt. Es wird berichtet, dass er bereits ein Jahr nach seiner Geburt verkündete: „Ich bin Kunga Drolchok!" Die Nachricht von diesem außergewöhnlichen Wesen verbreitete sich unter seinen Schülern und wenige Jahre später wurde er von Lungrig Gyatso offiziell anerkannt. Als er in Kunga Drolchoks Kloster, Chölung Jangtse, inthronisiert wurde, erhielt er den Namen Drolwai Gönpo.

Als reinkarnierter Lama erhielt Drolwai Gönpo die bestmögliche Ausbildung von Kunga Drolchoks Hauptschülern. Gemeinsam gaben sie ihm die gleichen vielfältigen Unterweisungen, die sie von ihrem gütigen Meister erhalten hatten, und ließen seinen Geistesstrom so reifen, dass er zahllose Realisationen hervorbrachte. Besondere Inspiration fand er in den Schriften von Dolpopa, die er von Lungrig Gyatso erhielt. Im Alter von nur vierzehn Jahren begegnete er einem hochverwirklichten indischen Mahasiddha mit dem Namen Buddhaguptanatha. Erfüllt von enormem Vertrauen und Hingabe verbrachte Drolwai Gönpo viel Zeit damit, den seltenen Lehren dieses Meisters zuzuhören. Später arbeitete er mit anderen indischen Gelehrten und Adepten zusammen und übersetzte eine Reihe von Sanskrit-Texten ins Tibetische.

Aufgrund des starken Einflusses dieser indischen Meister wurde Drolwai Gönpo bald unter der Sanskrit-Version seines Namens, **Jetsun Taranatha**, bekannt. Seine Verbindungen zu Indien wurden weiter verstärkt, als er sich an sein Leben als indischer Mahasiddha Nakpopa erinnern konnte. Auf der Grundlage seiner Erinnerungen und der Geschichten, die ihm von Buddhaguptanatha erzählt wurden, verfasste Taranatha eine umfangreiche Geschichte von Indien, die auch heute noch als authentische Quelle verwendet wird.

Im Jahr 1588 wurde Taranatha als Oberhaupt der Jonang-Tradition inthronisiert und während er dort einmal im Jahr Belehrungen gab, wanderte er größtenteils durch das Land und besuchte unzählige Klöster und Einsiedeleien. Aufgrund seiner Diskussionen mit vielen Jonang-Praktizierenden erkannte er, dass sich eine Reihe von falschen Vorstellungen in Bezug auf Dolpopas ursprüngliche Darstellung der Zhentong-Sichtweise entwickelt hatten. Entschlossen, alle Verwirrung auszuräumen und die Reinheit der Jonang-Philosophie wiederzubeleben, verfasste Taranatha eine Reihe wichtiger Texte zum Thema der Leerheit von anderem. Dank seiner unermüdlichen Bemühungen wurden die Lehren von Dolpopa zu ihrem früheren Glanz zurückgeführt.

Die Umsetzung von Taranathas unermesslichen Aktivitäten, um das Gedeihen des Jonang-Dharma zu gewährleisten, machte ihn wie seinen Vorgänger zu einem wahren Rime-Meister. Er führte Kunga Drolchoks Bestrebungen fort und erweiterte dessen *Wesentliche Unterweisungen zu den 108 grundlegenden Anweisungen des Jonang*. Dieser umfassende Text wurde zur Hauptinspiration für viele Schriften des großen Jamgön Kongtrul Lodrö Thaye, der später im 19. Jahrhundert die Rime-Bewegung begründete.

Überleben angesichts der Verfolgung

Das siebzehnte Jahrhundert war eine Zeit großer Unruhen in Zentraltibet. Ausgedehnte Kriege zwischen den Clans von Ü und Tsang hatten zu starken politischen Spaltungen mit sektiererischen Rivalitäten und verschiedenen Formen der Verfolgung geführt. Im Gegensatz zu ihren Brüdern der Sakya-, Kagyü- und Gelug-Traditionen hatten die Jonang nie die politische Macht innegehabt und waren daher weitgehend in der Lage, eine Verwicklung in politische Unruhen zu vermeiden. Als Taranatha sich jedoch unter die Schirmherrschaft des regierenden Tsangpa-Königs begab, wurden die Jonang unglücklicherweise zum Ziel von dessen mongolischen Rivalen.

Nach Taranathas Tod im Jahr 1635 wurden die Jonang-Klöster Zentraltibets auf Befehl der Regierung in Lhasa systematisch in Gelug-Institutionen umgewandelt. Diese Umwandlung war Teil einer viel größeren Kampagne, um die Machtstellung des neuen Herrschers zu festigen und alle potenziellen Bedrohungen zu beseitigen. Um diesen Prozess zu legitimieren, wurde die Jonang-Lehre als „ketzerisch" bezeichnet und anschließend verboten.

Das Hauptzentrum der Jonang-Tradition befand sich zu dieser Zeit in Takten Damchö Ling. Diese klösterliche Universität war von Jetsun Taranatha errichtet worden und symbolisierte alles, wofür die Tradition stand. Trotz der tapferen Versuche von Taranathas Nachfolger **Kunga Rinchen Gyatso**, die Integrität des Lehrplans der Institution zu bewahren, erwies sich der externe Druck als zu stark. Schließlich entschied er sich, das Kloster zu verlassen und sich an einem abgelegenen Ort in strenge Zurückgezogenheit zu begeben. Im Jahr 1658 wurde das Kloster offiziell in Ganden Phuntsok Ling umbenannt.

Nach dem Verlust ihrer bedeutendsten Institution begannen viele

Der große Rime-Meister Jetsun Taranatha

Jonang-Praktizierende ostwärts nach Dzamthang zu wandern, wo der Jonang-Dharma weiterhin florierte. Aufgrund der Bemühungen von Linienmeistern wie **Khidrup Lodrö Namgyal** und **Drupchen Ngawang Trinle** wurde das Kloster Dzamthang Tsangwa neben den großen Klöstern Chöje und Tsechu gegründet. Diese drei Universitäten wurden das neue Herz der Jonang-Gemeinschaft.

Dzamthang Tsangwa erlangte unter der geschickten Führung von **Ngawang Tenzin Namgyal, Kunzang Trinle Namgyal** und **Konchok Jigme Namgyal** – den nachfolgenden Reinkarnationen des Klostergründers Lodrö Namgyal – schnell an Ansehen. Jeder von ihnen konzentrierte sich stark auf die Kernpraktiken der Tradition und betonte vor allem die Praxis der Sechs Vajrayogas des Kalachakra. Unter ihrer Führung gründeten die Jonang viele neue Klöster in den Regionen Golok und Amdo Ngawa, wodurch sie ihre Präsenz effektiv ausweiteten und ihr Überleben sicherten.

Im neunzehnten Jahrhundert schließlich erkannten eine Reihe großer Meister wie Jamyang Khyentse Wangpo und Jamgön Kongtrul Lodrö Thaye, dass aufgrund sektiererischer Rivalitäten viele wichtige Überlieferungslinien gefährdet waren, verloren zu gehen. Mit dem Wunsch, die reiche kulturelle Tradition, die Tibet von Indien geerbt hatte, zu bewahren, arbeiteten diese Meister unermüdlich daran, die Werte eines unvoreingenommenen Ansatzes zu fördern. Da die Jonang seit langer Zeit diese Philosophie gefördert hatten, stellten sie eine grundlegende Quelle für viele der seltenen Überlieferungslinien dar, die vom Aussterben bedroht waren.

Einer der Lehrer, auf den sich Jamgön Kongtrul stützte, war **Ngawang Chöpel Gyatso.** Nachdem er viele Jahre damit verbracht hatte, über die Kalachakra-Vollendungsstufe sowie die Nyingma-Lehren des Dzogchen und die Shangpa-Lehren der Niguma zu meditieren, wurde Chöpel Gyatso von Jigme Namgyal ausgewählt, seinen Platz als Vajrameister von Dzamthang Tsangwa einzunehmen. Chöpel Gyatso gab unzählige Belehrungen aller wichtigen Traditionen und war vor allem als „Tsangwa Gelong" bekannt. Ihm folgten seine drei Herzensschüler: **Ngawang Chökyi Pakpa, Ngawang Chöjor Gyatso** und **Ngawang Chözin Gyatso.**

Während alle drei als höchst verwirklichte Yogis berühmt waren, wurde Chözin Gyatso besonders für seine außergewöhnlichen Vollendungen anerkannt. Chözin Gyatso, der als Emanation des Bodhisattva Akashagarbha galt, wurde in jungen Jahren von Chöpel Gyatso ordiniert. Bald darauf ging er in ein strenges Retreat und praktizierte die Sechs Vajrayogas. Er erzielte sehr schnell Fortschritte in allen sechs Zweigen, wobei er auf jeder Stufe außergewöhnliche Realisationen erlangte. Er verfeinerte diese Verwirklichungen durch die Praxis des Abschneidens von Objekten (Chöd).

Nachdem Chözin Gyatso viele Jahre im Auftrag des Klosters Tsangwa gearbeitet hatte, entschied er sich für ein Retreat in der Einsiedelei von Tashi Lhari Tse, wo er eine ausgewählte Gruppe von sehr begabten Schülern in der Praxis der Sechs Vajrayogas anleitete. Zu seinen engsten Schülern gehörten **Ngawang Tenpa Rabgye**, Bamda Thubten Gelek Gyatso und Lama Tsoknyi Gyatso.

Tenpa Rabgye praktizierte seit seinem zwölften Lebensjahr mit Chözin Gyatso und war ein hoch qualifizierter Praktizierender der Kalachakra-Vollendungsstufe. Nach dem Tod seines Meisters zog Tenpa Rabgye ins Kloster Tsangwa, wo er unter einigen der größten Jonang-Meister seiner Zeit studierte. Nachdem er seine Studien abgeschlossen hatte, kehrte er in seine Heimatstadt zurück und ließ sich im Kloster Chayul nieder, dessen Abt er schließlich wurde.

In Chayul erhielt **Lama Lobsang Trinle** die vollständige Übertragungslinie von Tenpa Rabgye. Nachdem er alle gewöhnlichen und besonderen vorbereitenden Übungen praktiziert hatte, erhielt Lobsang Trinle alle reifenden Ermächtigungen und wurde dann in der Praxis der Sechs Vajrayogas angeleitet. Nach nur zwei Wochen erlangte er die zehn Zeichen des ersten Yogas. Im Anschluss an sein Retreat fuhr er unermüdlich mit seiner Praxis fort, während er das äußere Verhalten eines extrem reinen Mönchs beibehielt.

Im Alter von zweiunddreißig Jahren erkrankte Lobsang Trinle an Lepra und wurde sehr krank. Um diese Krankheit zu überwinden, ging er in ein strenges Retreat und widmete sich fünf Jahre lang der intensiven Vajrapani-Praxis. Während dieser Klausur erlebte er, wie seine Krankheit in Form von tausenden von Würmern aus seinem Körper austrat, die dann in die auf seinem Altar ausgelegten Opferkuchen übergingen. Mit der Zeit wurde er vollständig von seiner Lepra geheilt und die Opferkuchen nahmen außergewöhnliche medizinische Eigenschaften an.

Als er seinen Rückzug 1954 beendete, unterlag Tibet aufgrund des kommunistischen Einflusses Chinas enormen Veränderungen. Zu jener Zeit war er ein hoch verwirklichter Gelehrter und Praktizierender geworden und wurde daher eingeladen, der Lehrer von Ngawang Chözin Gyatsos Einsiedelei, dem Kloster Tashi Chöthang, zu werden. Als die kommunistische Regierung begann, dem tibetischen Volk Restriktionen aufzuerlegen, wurde die spirituelle Praxis immer schwieriger. Über einen Zeitraum von ungefähr fünfundzwanzig Jahren wurden viele Jonang-Klöster zerstört und ihre Mönche gezwungen, im Geheimen zu praktizieren. Lobsang Trinle verbrachte einen Großteil dieser Zeit damit, in verschiedenen Gemeinschaften als Heiler zu arbeiten, heimlich heilige Reliquien wie Statuen und Texte zu verwahren und den Dharma auf jede erdenkliche Weise zu schützen.

Nach dem Tod von Mao Zedong wurden viele Beschränkungen gelockert und die Mönche durften mit dem Wiederaufbau ihrer spirituellen Einrichtungen beginnen. Lobsang Trinle kehrte nach Tashi Chöthang zurück und konzentrierte seine Energie darauf, die nächste Generation von Lehrer/innen auszubilden, um sicherzustellen, dass die Überlieferungslinie nicht verloren ging. Durch die hingebungsvollen Bemühungen von Lamas wie ihm ist die Flamme des Jonang-Dharma stark geblieben und erblüht weiterhin in den östlichen Provinzen Tibets. Zum Zeitpunkt der Niederschrift dieses Bandes wird der Vajra-Thron von Dzamthang Tsangwa von der jüngsten Inkarnation von Lodrö Namgyal, Seiner Heiligkeit Jigme Dorje, gehalten.

ZUSAMMENFASSUNG

- Es gibt zwei Arten von Übertragungslinien: (1) eine Übertragungslinie, die die Übermittlung der Lehren zwischen Meister/in und Schüler/in darstellt, und (2) eine Verwirklichungslinie, die sich auf die manifesten Qualitäten im Geist der Menschen bezieht, die diese Lehren in die Praxis umsetzen.

- Die Arbeit mit einer spirituellen Übertragungslinie stellt eine Verbindung zu denjenigen her, die die Verwirklichungen entwickelt haben, die wir selbst zu entwickeln suchen. Sie dienen als Vorbilder, die den Geist inspirieren und unser Potenzial aufzeigen.

- Wir können Vertrauen in eine spirituelle Übertragungslinie entwickeln, indem wir uns mit den Geschichten vergangener Meister/innen vertraut machen, über ihre Qualitäten nachdenken und dann danach streben, diese Eigenschaften in unserem eigenen Geist zu erzeugen.

- Die Jonang-Shambhala-Linie repräsentiert die ununterbrochene Übertragung der Kalachakra-Lehren seit der Zeit des Buddha. Sie ist die einzige Übertragungslinie, die die Kernunterweisungen für die Praktiken der fortgeschrittenen Vollendungsstufe enthält.

- Die Jonang-Tradition ist ein einheitliches System, das aus der Kombination der sutrischen Linie des Zhentong Madhyamaka und der tantrischen Linie des Kalachakra-Tantra hervorgegangen ist.

- Die beiden Hauptlinienmeister für den Jonang sind der allwissende Dolpopa Sherab Gyaltsen und Jetsun Taranatha.

- Die Jonang-Tradition hat eine lange Geschichte in der Kultivierung einer unvoreingenommenen Philosophie gegenüber den Ansichten und Praktiken aller tibetischen Traditionen.

- Seit dem siebzehnten Jahrhundert gedeiht das Herz der Jonang-Tradition in den abgelegenen Regionen Osttibets. Die wichtigsten klösterlichen Einrichtungen von Chöje, Tsechu und Tsangwa befinden sich alle in Dzamthang, mit vielen Zweigklöstern, die in Gyalrong, Golok und Amdo Ngawa errichtet wurden.

KAPITEL DREI

Wie man authentischen Dharmalehrer/innen folgt

Das Erforschen der Lebenswege der großen Meister/innen der Überlieferungslinie vermittelt ein Verständnis für den erstaunlichen Nutzen, der durch das Praktizieren der Kalachakra-Lehren entstehen kann. Jede Geschichte weckt ein Gefühl der Ehrfurcht und des Erstaunens, da wir einen Einblick erhalten, wie diese Meister/innen ihre Hindernisse und Verblendungen überwanden, um außergewöhnliche Verwirklichungen zu erreichen. Ihre Lebensläufe inspirieren uns, eines Tages ihrem Vorbild zu folgen, was die Frage aufwirft, „Wer kann mir zeigen, wie man diesen Pfad beschreitet?"

Um eine Antwort zu finden, können wir uns an die Unterweisungen des Buddha im *Sutra von Ksitigarbha* wenden:

Beachtet, dass alle unermesslich guten Qualitäten und Aktivitäten des Buddha zur Transformation des Geistes der fühlenden Wesen aus dem echten Vertrauen auf den Dharmalehrer entstehen. Verlasst euch daher auf den Lehrer, steht ihm nahe, dient ihm und verehrt ihn, so wie ihr es bei allen Buddhas tun würdet.

Als der Buddha seinen Übergang ins Parinirvana vorbereitete, forderte er seine Schüler/innen auf, nicht traurig zu sein, und versicherte ihnen, sich weiterhin in Form von spirituellen Lehrer/innen zu manifestieren. Indem sie sich voller Vertrauen auf sie verließen, würden sie die Möglichkeit erhalten, alle seine erleuchteten Qualitäten zu erreichen. Auf diese Weise ermutigte er uns, spirituelle Lehrer/innen zu unserer Führung aufzusuchen.

Angesichts der heutigen Fülle von Büchern authentischer Lehrer/innen und verwirklichten Lamas, die online lehren, stellt sich uns eventuell die Frage über die Notwendigkeit von Lehrer/innen. Wir mögen annehmen, dass es ausreicht, den Dharma nur zu lesen und zu hören. Es gibt in der Tat viele wunderbare Möglichkeiten, sich Informationen über den Dharma anzueignen, aber es besteht ein erheblicher Unterschied zwischen dem intellektuellen Verstehen der Worte und dem Erkennen ihrer Bedeutung innerhalb der eigenen Erfahrung.

Seit anfangsloser Zeit ist unser Geist tief von karmischen Neigungen geprägt, die uns in der zyklischen Existenz gefangen halten. Um diesen endlosen Kreislauf zu durchbrechen, benötigen wir die Unterstützung und Anleitung von Lehrer/innen, die die Fähigkeit haben, die Lehren auf unsere spezifischen Bedürfnisse zuzuschneiden – sie an den dynamischen Zustand unseres Geistes anzupassen. Wie erfahrene Ärzt/innen kennen sie den Behandlungsverlauf und die zu verschreibende Medizin, die uns den größten Nutzen bringt. Aus diesem Grund ist die Entwicklung einer bedeutungsvollen Beziehung zu einem/r Lehrer/in ein wesentlicher Bestandteil, um echten Frieden und Harmonie zu erreichen.

Die enorme Komplexität der Praxis eines spirituellen Pfades ist ein weiterer Grund dafür, warum es so wichtig ist, Lehrer/innen zu haben. Ein Pfad wie Kalachakra ist voller Fallstricke und falscher Wege und kein einfacher Prozess. Da er zu immer subtileren Erfahrungsebenen führt, je tiefer man geht, kann man sich umso leichter verirren oder verwirrt werden. Mit dem Segen und der Anleitung authentischer spiritueller Lehrer/innen, die den Pfad in ihrem eigenen Geist verwirklicht haben, werden Sie besser darauf vorbereitet sein, die vielen Hindernisse auf Ihrer Reise zu überwinden. Sie werden den Fokus aufrechterhalten können und sich auf Ihr letztendliches Ziel zubewegen.

Für den Kalachakra-Pfad sind spirituelle Mentor/innen besonders wichtig, da alle fortgeschrittenen Praktiken nur durch qualifizierte Linienmeister/innen zugänglich sind, die die tiefgründigen Kernunterweisungen der Tradition besitzen. Diese Unterweisungen wurden von Generation zu Generation weitergegeben und stellen die wesentlichen Methoden dar, um authentische Realisationen zu erreichen. Die Lehrer/innen werden diese Unterweisungen nur Schüler/innen erteilen, von denen sie überzeugt sind, dass sie davon profitieren. Dazu müssen die Schüler/innen zunächst Zeit und Energie investieren, um eine sinnvolle und aufrichtige Beziehung zu einem/r Lehrer/in aufzubauen.

Eine solche Beziehung wird in drei Phasen aufgebaut: (1) zuerst prüfen wir mögliche Lehrer/innen und bewerten unsere Fähigkeit, von ihnen zu lernen; (2) dann üben wir uns in Hingabe, indem wir ihre Lehren in die Praxis umsetzen; und (3) indem wir ihren Qualitäten nacheifern, verwirklichen wir die Überlieferungslinie in unserem Geist. Wir werden uns nun jede dieser Phasen der Reihe nach ansehen.

QUALIFIZIERTE LEHRER/INNEN WÄHLEN

Im Laufe unseres normalen Lebens werden wir immer wieder mit wichtigen Meilensteinen konfrontiert, die es erfordern, dass wir unsere Vorlieben einschätzen und unsere Optionen bewerten. Bei der Berufswahl, dem Kauf eines Hauses oder der Gründung einer Familie gibt es eine Menge zu bedenken. Wenn das für weltliche Entscheidungen zutrifft, dann bedenken Sie die Bedeutung einer Entscheidung, die nicht nur dieses Leben, sondern auch alle unsere zukünftigen Leben beeinflussen wird, wie die Wahl von spirituellen Lehrer/innen.

Um den größten Nutzen aus der Arbeit mit spirituellen Lehrer/innen zu ziehen, muss eine Vertrauensbasis entwickelt werden. Diese Form des Vertrauens beruht nicht nur auf blindem Vertrauen, sondern auf einem klaren Verständnis der Art der Beziehung zwischen uns und unseren Lehrer/innen. Das Haupthindernis für die Erreichung dieses Vertrauensaspekts ist unser verblendeter Zweifel, der dazu führen kann, dass wir unsere Schritte auf dem Pfad hinterfragen und nicht offen für Veränderungen sind. Der erste Schritt auf unserer Reise muss daher sein, jegliche Zweifel bezüglich unseres/r Lehrer/in zu beseitigen.

Dies ist ein Prozess, der in der Regel nicht über Nacht geschieht. Es benötigt oft Zeit, um die Lehrer/innen kennenzulernen, da ihre Qualitäten nicht immer sofort für uns erkennbar sind. Manchmal denken wir vielleicht, dass die Lehrenden großartige Qualitäten haben, nur um dann zu entdecken, dass ihre Motivation nicht besonders rein ist. Genauso wie wir nicht nach dem ersten Date heiraten würden, sollten wir uns nicht überstürzt an spirituelle Lehrer/innen binden, bis wir das nötige Vertrauen entwickelt haben.

Davon abgesehen müssen wir auch darauf achten, nicht übermäßig kritisch zu urteilen. Skepsis kann zwar zu Beginn nützlich sein, aber wenn sie uns überwältigt, wird es einem/einer Lehrer/in unmöglich sein, unsere Erwartungen zu erfüllen. Wenn wir keine gesunde Meinung über unsere/n Lehrer/in entwickeln, werden wir uns nie an jemanden binden können. Springen wir von Lehrer/in zu Lehrer/in, werden unsere Beziehungen oberflächlich bleiben und uns nie die Gelegenheit geben, unser tieferes Potenzial zu realisieren.

Um diese Probleme zu überwinden, ist es wichtig, sich daran zu erinnern, dass spirituelle Lehrer/innen eine Voraussetzung für die Arbeit mit unseren eigenen Leiden sind. Da diese Arbeit innerlich und nicht äußerlich stattfindet, ist es weniger wichtig, wer die Lehrer/innen zu sein scheinen und was sie zu tun vorgeben, als die Wirkung, die sie auf unseren Geist haben. Wenn Sie nach der Zeit, die Sie mit einem/r bestimmten Lehrer/in verbracht haben, einen gewissen Nutzen erfahren, kann dies allein schon ausreichen, um eine Grundlage für Respekt und Hingabe zu schaffen.

ARTEN VON LEHRER/INNEN

Die aktive Suche nach spirituellen Lehrer/innen kann oft zu dem Irrtum führen, dass eine einzige Person in der Lage sein sollte, alle unsere Bedürfnisse zu erfüllen. Diese „Alles oder nichts"-Haltung kann zu Enttäuschungen führen und ein großes Hindernis für die Entwicklung einer konstruktiven Beziehung darstellen. Ein gesünderer Ansatz besteht darin, zu erkennen, dass wir im Laufe unseres Lebens viele verschiedene Arten von Lehrer/innen haben werden. Einige werden nur kurz in unser Leben kommen, während andere über viele Lebenszeiten hinweg immer wieder präsent sein werden. Unabhängig von der gemeinsamen Zeit verfügen Lehrer über die Fähigkeit, eine Ebene der Weisheit zu vermitteln, die unserem Geist Nutzen bringt. Im Hinblick auf den Nutzungsgrad, den wir uns erhoffen können, unterscheiden wir vier Haupttypen von Lehrer/innen:

1. **Weltliche Lehrer/innen:** Diese Art von Lehrer/in ist für die Vermittlung von Wissen verantwortlich, das uns hilft, in der äußeren Welt zu funktionieren. Dies konzentriert sich tendenziell auf Aspekte wie Sprache, soziale Fähigkeiten und Ausbildung für bestimmte Berufe. Der Nutzen, den wir von weltlichen Lehrenden erhalten, ist im Wesentlichen auf dieses Leben beschränkt.

2. **Dharmafreund/innen:** Der heilige Dharma kann als jedes Phänomen verstanden werden, das die Natur der Realität aufzeigt und als direktes Gegenmittel zur Unwissenheit wirkt. Indem wir über Dharma lernen, gewinnen wir Einsicht in unsere Erfahrung und entwickeln Weisheit,

wodurch die Ursachen für Befreiung geschaffen werden. Jede Person, die uns auf den heiligen Dharma aufmerksam macht, kann als „Dharmafreund/in" betrachtet werden.

Dharmafreund/innen müssen nicht unbedingt voll qualifizierte Meister/innen sein. Was sie als Lehrer/in auszeichnet, ist ein Dharmawissen, das wir nicht besitzen, und durch ihre Freundlichkeit haben wir die Möglichkeit, etwas Neues zu lernen. Sie können uns zum Beispiel zeigen, wie man meditiert, oder vielleicht Klarheit in ein schwieriges Thema bringen. Unabhängig davon, ob sie viele Weisheiten oder nur eine einzige Einsicht vermitteln – wenn ihr Einfluss dazu beiträgt, den Dharma in unserem Geist zu fördern, tragen sie aktiv zu unserem langfristigen Glück in diesem und in zukünftigen Leben bei.

3. **Spirituelle Mentor/innen:** Während alle spirituellen Mentor/innen Dharmafreund/innen sind, sind nicht alle Dharmafreund/innen spirituelle Mentor/innen. Der Hauptunterschied besteht darin, dass die spirituellen Mentor/innen authentische Linienhalter/innen sind, die uns lehren, wie wir auf dem Pfad vorankommen und wie wir den Dharma verwirklichen können. Um dies zu ermöglichen, müssen sie eine starke Zusammenarbeit mit ihren Schüler/innen entwickeln. Denn je besser sie uns kennen, desto eher sind sie in der Lage, Ratschläge zu geben, die unseren individuellen Bedürfnissen entsprechen.

Die enge Zusammenarbeit mit spirituellen Mentor/innen stärkt unsere karmische Verbindung erheblich und stellt sicher, dass wir unseren Lehrer/innen in der Zukunft wieder begegnen werden. Auf diese Weise begleiten uns authentische spirituelle Mentor/innen durch die einzelnen Leben, bis wir den höchsten Nutzen der vollkommenen Erleuchtung erreicht haben.

4. **Vajrameister/innen:** Die letzte Art von Lehrer/in ist eine ganz besondere Art von spirituellem/r Ratgeber/in. Während sie die gleichen Funktionen wie spirituelle Mentor/innen erfüllen, beseitigen Vajrameister/innen speziell die Unklarheiten, die uns daran hindern, unsere letztendliche Natur zu verwirklichen. Sie tun dies, indem sie verschiedene Techniken anwenden, die unsere gewohnten Muster herausfordern und die Unwissenheit unseres

Geistes durchtrennen.

Das Eingehen einer spirituellen Beziehung zu einem/r Vajrameister/in bringt eine größere Gewichtung mit sich als bei anderen Arten von Lehrer/innen. Da sie darauf beruht, dass die Schüler/innen den Lehrer/innen die Erlaubnis geben, alle Spuren ihres Festhaltens am Selbst vollständig zu beseitigen, müssen die Schüler/innen über genügend Geistesstärke verfügen, um einen solchen Prozess zu ertragen. Aus diesem Grund wird im Allgemeinen empfohlen, zunächst eine solide Grundlage im Dharma zu schaffen, bevor man eine Beziehung zu einem/r Vajrameister/in eingeht.

Der Hauptvorteil der Zusammenarbeit mit Vajrameister/innen liegt im schnellen Voranschreiten auf dem Pfad. Normalerweise bedarf es unzähliger Leben, Verwirklichungen zu erreichen, und nun bietet sich die Gelegenheit, diese in einer Lebensspanne zu ermöglichen. Das liegt an der Fülle von Möglichkeiten, die der oder die Lama schafft, um unser negatives Karma zu reinigen. Solange unser Mitgefühl für das Leiden fühlender Wesen stark genug ist, sollten wir kein Problem damit haben, kurzfristig Schwierigkeiten zu ertragen, da das langfristig garantiert unendliche Vorteile bringen wird.

Die frühen Phasen unseres Lebens konzentrieren sich im Allgemeinen darauf, eine weltliche Ausbildung von *weltlichen Lehrer/innen* zu erhalten. Wenn wir reifen, entwickelt sich oft ein Verlangen nach tieferem Sinn. Dies kann dazu führen, dass wir *Dharmafreund/innen* suchen, die ihre erworbene Weisheit teilen können.

Es ist nicht ungewöhnlich, dass Menschen viele Dharmafreund/innen haben, bevor sie schließlich den/die Lehrer/in treffen, zu dem/der sie eine starke Verbindung spüren. An diesem Punkt können sie mit solch einem/r Lehrer/in als ihrem/r *spirituellen Mentor/in* eine Beziehung aufnehmen, und mit der Zeit bauen Lehrer/in und Schüler/in durch ihre gemeinsamen Erfahrungen eine Grundlage des Vertrauens und der Weisheit auf.

Sofern die Lehrer/innen qualifiziert sind und die Schüler/innen eine starke altruistische Motivation entwickelt haben, kann eine *Vajra-Beziehung* eingegangen werden. Sobald Schüler/innen eine Verpflichtung gegenüber ihren *Vajrameister/innen* eingehen, gibt es kein Zurück mehr und alle Skepsis und Zweifel müssen beseitigt worden sein.

Da wir uns gerade erst auf den Pfad begeben, sollte unser Hauptanliegen darin bestehen, eine sinnvolle Beziehung zu authentischen spirituellen Ratgeber/innen aufzubauen. Die Entscheidung über das Eingehen einer Vajra-Beziehung sollte nicht übereilt getroffen werden. In dieser Phase ist es weitaus wichtiger, die richtigen Grundlagen zu schaffen, damit wir die Geistesstärke haben, eine solche Beziehung einzugehen, wenn sich die Gelegenheit der Zusammenarbeit mit einem/einer Vajrameister/in ergibt.

Übung 3.1 – Stellen Sie fest, wer in Ihrem Leben Ihre Lehrer/innen waren

- *Stellen Sie in einer entspannten Haltung einen neutralen Geist durch die Praxis der Achtsamkeit auf die Atmung her.*

- *Erinnern Sie sich an Ihre frühe Kindheit und gehen Sie die wichtigsten erlebten Phasen durch.*

- *Denken Sie an die verschiedenen Menschen, die Ihr Leben beeinflussten, von denen Sie gelernt haben oder auf irgendeine Weise angeleitet wurden.*

- *Erinnern Sie sich an die verschiedenartigen Lektionen, die Sie von ihnen gelernt haben. Zu welcher Art Lehrer/in würde jede Person gehören?*

- *Visualisieren Sie alle Lehrer/innen im Raum vor Ihnen. Wenn Sie möchten, gruppieren Sie sie auf eine für Sie sinnvolle Weise.*

- *Lassen Sie Ihren Geist im Gewahrsein aller Ihrer Lehrer/innen gemeinsam an einem Ort ruhen.*

Überprüfung der eigenen Qualitäten

Viele Menschen haben eine sehr festgelegte Vorstellung und Erwartung über das wechselseitige Verhalten zwischen Lehrer/in und Schüler/in und dem, was sie zu erhalten hoffen, wenn sie eine spirituelle Beziehung eingehen. Solche Vorurteile können zu einer bedingten Beziehung führen, weil sie den potenziellen Nutzen einschränken.

Indem wir zuerst über unsere eigenen Fähigkeiten nachdenken, gewinnen wir ein besseres Verständnis dafür, wo wir uns auf unserer spirituellen Reise befinden und mit welcher Art von Lehrer/in wir uns verbinden können. Dies bedeutet zu erkennen, welches Niveau von Lehren wir verstehen können und inwieweit wir bereit und befähigt sind, uns der Dharmapraxis zu widmen. Die Zusammenarbeit mit einem/einer Vajrameister/in erfordert unter anderem eine echte Inspiration, Erleuchtung zu erlangen, Begeisterung, den Dharma zu praktizieren, und eine unerschütterliche Hingabe gegenüber dem/der Lehrer/in. Ebenso wichtig sind großer Mut, starkes Vertrauen und die Bereitschaft zu Veränderung. Wenn Sie noch nicht über diese Eigenschaften verfügen, sollten Sie alles tun, um sie zu kultivieren. Es ist wichtig, sich selbst gegenüber immer ehrlich zu sein, um falsche Erwartungen zu vermeiden.

Um die guten Eigenschaften in anderen Menschen zu sehen, müssen wir bestimmte eigene Qualitäten kultivieren. Dies wird uns helfen, die Fähigkeiten bestimmter Lehrer/innen zu erkennen und Vertrauen in sie zu entwickeln. Es geht um folgende Qualitäten:

1. **Unvoreingenommenheit:** Wenn Sie Belehrungen folgen oder mit Lehrer/innen interagieren, sollten Sie immer eine aufgeschlossene Haltung einnehmen. Sobald Voreingenommenheit entsteht, werden Hindernisse erzeugt, die ein neutrales Hören des Lehrinhaltes verhindern. Zu Beginn ist es besser, möglichst viel aufzunehmen und zu viele Urteile zu vermeiden.

2. **Intelligenz:** Obwohl eine gewisse Offenheit Ihnen hilft Informationen zu sammeln, sollten Sie nicht alles Gehörte annehmen. Die stärkste Form des Vertrauens entsteht auf der Basis von fundierten Überlegungen und Erfahrungen. Aus diesem Grund sollten Sie tief über die erhaltenen Lehren nachdenken und beurteilen, ob sie für Ihren Geist nützlich sind oder nicht. Wenn Sie Weisheit in den Lehren erkennen, dann setzen Sie sie in die Praxis um und versuchen Sie, sie in Ihre Erfahrung zu übertragen. Kritisch zu überprüfen, was man annehmen und was man aufgeben soll, verhindert die Beeinflussung durch falsche Lehrer/innen.

3. **Eifer:** Es gibt kein zeitliches Kriterium dafür, wann Sie eine/n spirituelle/n

Mentor/in finden werden. Es kann Monate oder sogar Ihr ganzes Leben dauern. Das liegt einfach in der Natur Ihrer karmischen Verbindungen. Da sich Ihnen die Qualitäten eines/r Lehrer/in unter Umständen nicht sofort erschließen, müssen Sie die Beziehung möglicherweise eine ganze Zeit lang kultivieren. Wenn Sie das verstehen und Entschlossenheit aufbringen, werden Sie angesichts der Herausforderungen nicht aufgeben. Auch wenn Sie möglicherweise keine starke Verbindung zu spirituellen Ratgeber/innen haben, sollten Sie dennoch Ihre derzeitigen Dharmafreund/innen wertschätzen. Hegen Sie Vertrauen, dass sich Ihr Geist durch ihre Lehren weiterentwickelt. Eines Tages, wenn die Bedingungen zusammenkommen, wird Ihr/e spirituelle/r Mentor/in erscheinen.

Übung 3.2 – In den Spiegel schauen

- *Stellen Sie in einer entspannten Haltung einen neutralen Geist durch die Praxis der Achtsamkeit auf die Atmung her.*

- *Denken Sie einige Zeit über die folgenden Fragen nach. Betrachten Sie jede Zeile aus verschiedenen Blickwinkeln, bevor Sie zur nächsten übergehen.*

- *Warum wollen Sie eine/n spirituelle/n Mentor/in finden?*

- *Was erhoffen Sie sich von dieser Beziehung zu erreichen?*

- *Welche Eigenschaften sind Ihrer Meinung nach bei diesen Lehrer/innen wichtig?*

- *Betrachten Sie nun jede der folgenden Eigenschaften und bewerten Sie Ihre eigene Fähigkeit:*

  - *Sind Sie wertend und rechthaberisch oder halten Sie sich für aufgeschlossen? Denken Sie an Beispiele, indem Sie sich Ihre Beziehungen zu Familie und Freunden ansehen.*

  - *Sind Sie von Natur aus skeptisch oder fällt es Ihnen leicht, neue Ideen zu akzeptieren? Denken Sie an Beispiele, in denen Sie mit neuen Informationen konfrontiert wurden, die von Ihnen ein Umdenken verlangten. Wie haben Sie reagiert?*

  - *Beenden Sie, was Sie beginnen, oder geben Sie leicht auf?*

Denken Sie an verschiedene eigene Aktivitäten und wie Sie auf Herausforderungen oder Schwierigkeiten reagiert haben.

- *Ruhen Sie für einen Moment in allen aufkommenden Einsichten.*

Die Qualitäten der Lehrenden untersuchen

Nachdem Sie sich auf die Zusammenarbeit mit einem/einer Lehrer/in vorbereitet haben, können Sie nun mit der Prüfung der Lehrer/innen beginnen, denen Sie begegnen. In der heutigen Welt gibt es eine große Anzahl von Menschen, die behaupten, spirituelle Lehrer/innen zu sein. Während einige authentisch sind, sind es viele nicht. Die Notwendigkeit, zwischen beiden zu unterscheiden, wird immer wichtiger. Im Folgenden sind einige grundlegende Richtlinien aufgeführt, die Ihnen helfen, Ihre Zeit mit Bedacht einzusetzen.

Anzeichen falscher Lehrer/innen

Das Auftreten der folgenden Merkmale kann auf die Notwendigkeit hinweisen, sich von bestimmten Lehrer/innen zu distanzieren. Obwohl man unmöglich wissen kann, was in den Gedanken eines/einer Lehrer/in vorgeht, gibt es bestimmte Anzeichen dafür, dass ihre Lehren keinen wesentlichen Nutzen bringen.

1. **Unreine Absichten:** Auch wenn sich Lehrer/innen dem Studium, der Reflexion und der Meditation gewidmet haben, wenn sie das tun, um eine wichtige Position in ihrer spirituellen Gemeinschaft zu erlangen, spricht man von einer unreinen Absicht. Diese Lehrer/innen sind oft sehr auf ihren Ruf bedacht und tun alles, um ihren Status nicht zu verlieren. Da ihre Hauptanliegen weltlicher Natur sind, kümmern sie sich oft sehr wenig um die Ausbildung ihrer Schüler/innen. Wenn sie unterrichten, betonen sie ihre eigene Popularität, anstatt sich bestmöglich und hingebungsvoll den Interessen ihrer Schüler/innen zu widmen. Anstatt den Menschen zu helfen, Verblendungen zu überwinden, neigen diese Lehrer/innen dazu, deren Großzügigkeit für Spenden auszunutzen, indem sie das erzählen, was sie hören wollen. Diese Art von falschen Lehrer/innen ist leider sehr

verbreitet. Da ihre Lehren leicht zugänglich sind, ziehen sie oft eine große Anzahl von Menschen an, denen es an Unterscheidungsvermögen fehlt und deren blindes Vertrauen leicht manipuliert werden kann.

2. **Mangel an wahrer Verwirklichung:** Folgen die Lehrer/innen keiner authentischen Überlieferungslinie oder wurden sie nicht von authentischen Linienmeister/innen ausgebildet, sind sie für das Unterrichten innerhalb dieser Tradition nicht qualifiziert. Ihr charakteristisches Merkmal ist ihre Unfähigkeit, die Lehren zu beherzigen und sie in ihre Erfahrung einzubinden. Solche Lehrer/innen mögen akademische Qualifikationen haben, aber weil sie keine Realisationen entwickelt haben, bleibt ihr Geist verblendet und verringert ihre Fähigkeit, ausreichende Disziplin aufrechtzuerhalten. Äußerlich mögen sie zwar Liebe und Mitgefühl zeigen, aber innerlich können sie Hass und Eifersucht hegen und sind daher ungeeignet, Sie zur Erleuchtung zu führen. Sich auf diese Art von Lehrer/in zu verlassen, wird nur Ihre eigenen Verblendungen verstärken und Ihren Fortschritt auf dem Pfad stark behindern.

3. **Engstirnigkeit:** Diese Lehrer/innen sind nicht besonders gut qualifiziert, aber sobald sie eine Anhängerschaft angezogen haben, entwickeln sie großen Stolz und sogar Arroganz, indem sie ihre eigenen guten Eigenschaften übertreiben, ohne sich der Qualitäten wirklich authentischer Lehrer/innen bewusst zu sein. Man vergleicht sie mit einem Frosch, der sein ganzes Leben in einem Brunnen verbracht hat und sich der Existenz des großen Ozeans dahinter nicht bewusst ist. Solche Lehrer/innen neigen dazu, um Schüler/innen und Reichtum zu konkurrieren und konzentrieren ihre ganze Energie darauf, teure Denkmäler, Tempel und Stupas zu bauen. Sie sind nicht wirklich daran interessiert, etwas zu lehren, sondern nur großartige Darstellungen ihrer illusionsgleichen Größe zu schaffen.

Diese Art Lehrer/innen sind die Hauptursache für den Niedergang des Dharma in dieser Welt. Wie der allwissende Dolpopa einst verkündete: „Der Buddhismus wird in fünf Stufen untergehen, wobei die letzte wie ein Pfau ist, wo äußerlich alles schön aussieht, aber innen verfällt." Ebenso sagte der große Lama Tsongkhapa: „Meine Tradition des Buddhismus wird an Fülle verlieren, wenn meine Mönche und Tempel reich werden."

Als Dharma-Praktizierende liegt es in unserer Verantwortung, zu verhindern, dass der Dharma auf diese Weise degeneriert. Wir dürfen unser Vertrauen keinen betrügerischen Lamas, Mönchen, Nonnen oder Gemeinschaften schenken. Wir müssen daher unsere Intelligenz und unser Gewahrsein entwickeln, damit wir diese Anzeichen von Korruption erkennen und so weit wie möglich vermeiden können.

Anzeichen authentischer Lehrer/innen

In diesen degenerierten Zeiten ist es sehr selten, eine/n einzige/n perfekte/n spirituelle/n Mentor/in zu finden, der/die alle unsere Anforderungen erfüllt. Dies ist hauptsächlich auf unsere unreine Wahrnehmung zurückzuführen, die unseren Blick auf die tatsächlichen Qualitäten authentischer Lehrer/innen verdecken. Aus diesem Grund lohnt es sich, sich vor Beginn unserer Prüfung mit den anerkannten Qualitäten authentischer Lehrer/innen vertraut zu machen. Wie Arya Maitreya im *Schmuck der Mahayana-Sutras* sagte:

> *Stütze dich auf einen Mahayana-Lehrer, der diszipliniert, gelassen und durch und durch befriedet ist, der über gute Qualitäten verfügt, die die der Schüler übertreffen, der energisch ist, über eine Fülle von Schriftkenntnissen verfügt, liebevolle Fürsorge besitzt, eine gründliche Kenntnis der Realität und Geschicklichkeit bei der Unterweisung der Schüler aufweist und niemals die Inspiration verliert.*

Insgesamt können wir zehn Qualitäten identifizieren, die starke Anzeichen für authentische spirituelle Mentor/innen sind. Es ist sehr außergewöhnlich, Lehrer/innen mit all diesen Qualitäten zu finden. Wenn Sie das besondere Glück haben, dann sollten Sie diese von ganzem Herzen wertschätzen und sich ihnen bestmöglich widmen.

1. **Aufrechterhaltung der ethischen Disziplin:** Innerhalb der buddhistischen Traditionen Tibets wird die ethische Disziplin in drei Arten unterteilt: (1) die äußeren Gelübde der Selbstbefreiung, (2) die inneren Gelübde eines Bodhisattvas und (3) die geheimen Gelübde des Vajrayana. Idealerweise sollten wir uns spirituelle Mentor/innen suchen, die alle drei Ebenen der Gelübde einhalten. Solche Lehrer/innen sind qualifiziert, uns sowohl in

den vorbereitenden Übungen als auch in den fortgeschrittenen Praktiken anzuleiten und uns die Möglichkeit zu geben, die Erleuchtung innerhalb eines einzigen Lebens zu erlangen.

2. **Durch Meditation gezähmter Geist:** Spirituelle Mentor/innen sollten einige Zeit mit Meditation verbracht haben, um den Geist zu beruhigen und eine Grundlage für Gelassenheit zu schaffen. Im Idealfall haben sie den Zustand von Shamatha erreicht, aber dies ist nicht immer notwendig. Das Wesentliche ist, dass der Geist der Lehrer/innen ruhig, stabil und lebhaft klar ist, mit starker Achtsamkeit und einer scharfen Denkweise.

3. **Störende Geisteshaltungen sind durch und durch besänftigt:** Solange spirituelle Ratgeber/innen von verblendeten Geisteszuständen beherrscht werden, wird es für sie schwierig sein, anderen zu helfen. Wir sollten daher nach Lehrer/innen Ausschau halten, die geübt sind, die Stärke ihrer eigenen Verblendungen abzubauen und zumindest frei von starken Verblendungen wie Hass oder Eifersucht sind. Im Idealfall haben die Lehrer/innen Leerheit verwirklicht, die als Gegengift für alle verblendeten Geisteszustände wirkt.

4. **Verfügt über mehr Qualitäten als die Schüler/innen:** Die Qualitäten der spirituellen Mentor/innen müssen die der Schüler/innen übertreffen, damit diese von ihnen lernen können. Dabei ist es nicht notwendig, dass alle Qualitäten der Lehrer/innen die eigenen übertreffen. Die Überlegenheit von nur einer Qualität reicht aus, um Nutzen zu erhalten. Die Stärken der Lehrer/innen zu kennen, kann dazu beitragen, die Aufmerksamkeit auf bestimmte Aspekte zu lenken. Manchmal kann es notwendig sein, mit mehreren Lehrer/innen unterschiedlicher Fähigkeiten zu arbeiten. Dies kann Ihre Fähigkeit, eigene Begrenzungen zu überwinden, die Fruchtbarkeit Ihrer Beziehung und Ihren Fortschritt auf dem Pfad verbessern.

5. **Begeisterung für den Dharma:** Authentische spirituelle Mentor/innen konzentrieren ihre ganze Energie auf das Studium, die Praxis und das Lehren des Dharma. Sie sind leidenschaftlich, von den Lehren begeistert

und lieben es, sie zu teilen, wann immer sie können. Aufgrund ihres Enthusiasmus engagieren sie sich in vielen Dharma-Aktivitäten und sind bestrebt, ihren Schüler/innen Nutzen zu bringen. Solche Lehrer/innen sind in der Lage, ihre Schüler/innen zu inspirieren, den Dharma zu einer Priorität in ihrem Leben zu machen, und ihnen zu helfen, sich nicht in weltlichen Beschäftigungen zu verlieren.

6. **Fundierte spirituelle Ausbildung:** Die Lehren des Buddha sind weitreichend und tiefgründig und bieten eine breite Palette von Ratschlägen für eine große Vielfalt von Praktizierenden. Damit spirituelle Ratgeber/innen als Lehrer/innen effektiv sein können, müssen sie in der Lage sein, aus diesem Wissensschatz zu schöpfen, um sich auf die Bedürfnisse ihrer Schüler/innen einzustellen. Idealerweise bedeutet dies, dass sie viel Zeit mit dem Studium und der Reflexion der Schriften verbringen. Der wesentlichste Punkt ist jedoch nicht die Anzahl der Zitate, die sie auswendig lernen können, sondern vielmehr ihre Fähigkeit, die Bedeutung und Essenz der Lehre zu erfassen. Lehrer/innen, die keine großen Gelehrten sind, aber ein starkes Verständnis für den Dharma haben, können ihren Schüler/innen durchaus Nutzen bringen.

7. **Aufrichtige Fürsorge:** Der einzige authentische Grund, den Dharma zu lehren, ist zum Nutzen anderer. Aus diesem Grund ist es wichtig, Lehrer/innen zu suchen, die wirklich daran interessiert sind, ihre Schüler/innen wachsen zu sehen. Insofern es notwendig ist, werden sie ihre Hand reichen und den Schüler/innen auf jede erdenkliche Weise helfen. Ähnlich einem liebevollen Elternteil, das sein Kind erzieht, um es auf die Welt vorzubereiten, werden fürsorgliche Lehrer/innen sich nicht an ihre Schüler/innen klammern, sondern aus Liebe und Mitgefühl nur in deren bestem Interesse handeln.

8. **Verfügt über einen gewissen Grad an Verwirklichung:** Letztendlich besteht die Aufgabe spiritueller Mentor/innen darin, Sie zu Ihrer endgültigen Natur zu leiten. Dies ist jedoch unmöglich, insofern sie diese nie selbst erfahren haben. Obgleich es äußerst schwierig ist, den Grad der Verwirklichung der Lehrer/innen einzuschätzen, kann man durch genügend

gemeinsame Zeit ein Gefühl dafür entwickeln, wann sie einfach aus einem Text zitieren oder wann sie ihre eigene Einsicht darlegen. Entscheidend ist, sich nicht mit Lehrer/innen zu begnügen, die lediglich intellektuelles Wissen über tiefgründige Themen haben. Bedenken Sie, dass Lehrer/innen Realisationen erlangt haben müssen, um authentische Linienhalter/innen zu werden.

9. **Bewandert in der Kommunikation:** Um den Dharma effektiv zu vermitteln, sollten spirituelle Ratgeber/innen die Lehren auf eine Weise kommunizieren, die für die angesprochene Hörerschaft angemessen ist. Durch die Verwendung unterschiedlicher Ansätze können sie die beste Methode finden, um die Verwirrung der Schüler/innen zu beseitigen. Das bedeutet nicht, dass alle Lehrer/innen sehr wortgewandt und gebildet sein müssen, denn bei der Kommunikation geht es nicht um Quantität, sondern um Qualität. Einige der besten Lehrer/innen sind in der Lage, unglaubliche Weisheit mit nur wenigen einfachen Worten zu vermitteln.

10. **Unerschütterliche Beharrlichkeit:** Seit anfangsloser Zeit wandern fühlende Wesen in Samsara umher und haben folglich sehr starke Gewohnheiten angesammelt. Es bedarf großer Anstrengung, Zeit und einer enormen Menge an Wiederholungen, um unsere Denkweise zu verändern. Authentische spirituelle Mentor/innen verfügen über ein unglaubliches Maß an Ausdauer, das angesichts der Herausforderung niemals aufgibt. Ungeachtet der benötigten Zeit oder Aktivität in der Zusammenarbeit mit fühlenden Wesen sind solche Lehrer/innen bereit, sie von ihrem Leiden zu befreien. Ihre Motivation, anderen Nutzen zu bringen, geht nie verloren, selbst wenn sie sich vorübergehend zurückziehen, um sich neu zu besinnen oder ihre Fähigkeiten zu erweitern.

Da die Wahl spiritueller Mentor/innen vielleicht eine der wichtigsten Entscheidungen Ihres Lebens ist, werden die jetzt eingegangenen Verbindungen eine entscheidende Rolle dabei spielen, Sie in diesem und in zukünftigen Leben auf dem Pfad voranzubringen, bis Sie schließlich die Erleuchtung erreichen. Nehmen Sie sich bei der Wahl Ihrer Lehrer/innen daher genügend Zeit, bis Sie von ihren Fähigkeiten, Sie auf dem Pfad anleiten zu können, überzeugt sind.

Vor diesem Hintergrund ist es sehr selten, jemanden zu finden, der alle diese zehn Qualitäten verkörpert. Daher müssen wir darauf vorbereitet sein, mit jemandem zusammenzuarbeiten, der nicht perfekt ist. Solange die Lehrer/innen den Schüler/innen gegenüber überlegene Qualitäten besitzen, sich aufrichtig um ihr Wohlergehen kümmern und nur durch Liebe und Mitgefühl motiviert sind, gibt es eine solide Grundlage für Wachstum. Selbst wenn ihre Verwirklichungen nicht vollkommen sind, ermöglicht die Tatsache, dass Ihre spirituellen Mentor/innen innerhalb einer authentischen Überlieferungsline ausgebildet sind, den Schüler/innen den Zugang zur Weisheit dieser Überlieferungslinie und kann sie zur Erleuchtung führen. Unabhängig davon, welche Fehler Sie bei den Lehrer/innen wahrnehmen mögen, solange die Überlieferungslinie rein ist, können Sie sicher sein, dass die Lehren den Segen des Buddha enthalten.

Denken Sie zu guter Letzt immer daran, dass die effektivsten Lehrer/innen diejenigen sind, mit denen wir uns auf persönlicher Ebene identifizieren können. Solange wir uns als Mensch mit all unseren Unvollkommenheiten und Fehlern manifestieren, werden es auch unsere Lehrer/innen tun. Aufgrund unserer Ähnlichkeit ermöglichen wir Ihnen, eine Verbindung mit uns herzustellen, und das ist der höchste Ausdruck ihrer Güte. Kurz gefasst, erwarten Sie von Ihren Lehrer/innen nicht, dass sie übermenschlich sind, denn das Wertvollste ist ihr gewöhnlicher Aspekt, der uns zu echtem Frieden und Harmonie führen wird.

Übung 3.3 – Erinnern Sie sich an die Güte Ihrer Lehrer/innen

- *Stellen Sie in einer entspannten Haltung einen neutralen Geist durch die Praxis der Achtsamkeit auf die Atmung her.*

- *Vergegenwärtigen Sie sich im Raum vor Ihnen alle Lehrer/innen, die Ihr Leben bisher beeinflusst haben.*

- *Wählen Sie eine/n Lehrer/in und denken Sie über die verschiedenen Eigenschaften nach, die Sie bewundern und wie sie Ihr Leben beeinflusst haben.*

- *Betrachten Sie den Nutzen, den Sie durch diese Lehrer/innen erhalten habe.*

- *Wenn sich ein Gefühl der Dankbarkeit einstellt, lassen Sie Ihren Geist in diesem Gefühl ruhen, solange es anhält. Wenn es zu verblassen beginnt, konzentrieren Sie sich auf eine/n andere/n Lehrer/in und wiederholen den Vorgang.*

Eine Beziehung zu Lehrer/innen aufbauen

Sowohl sich selbst als auch Ihre Lehrer/innen gründlich zu untersuchen, schafft die Möglichkeit, eine gesunde spirituelle Beziehung einzugehen, deren Art sich stark von den gewöhnlichen Beziehungen unterscheidet, die wir normalerweise pflegen. Für gewöhnlich werden wir von einem gewissen Grad an Selbstbezogenheit angetrieben, bei dem wir das Gefühl haben, dass ein bestimmter Aspekt in unserem Leben fehlt. Deshalb suchen wir nach Beziehungen, die uns helfen, diese Lücke zu füllen. Das kann eine romantische Beziehung sein, um Gefühle der Einsamkeit zu unterdrücken, eine geschäftliche Beziehung, die uns hilft, unsere Ziele zu erreichen, oder eine Freundschaft, die unser Bedürfnis nach Unterstützung befriedigt.

Wenn eine Beziehung auf Selbstbezogenheit beruht, kann eine Person oft nur schwer Widrigkeiten und Probleme aushalten. Zum Beispiel ist der starke Anstieg der Zahl der geschiedenen Menschen in den Industrieländern ein starker Indikator dafür, dass die Grundlagen unserer Beziehungen anfällig und ungewiss geworden sind. In dem Moment, in dem eine Person unsere Bedürfnisse nicht mehr erfüllt, neigen wir dazu, sie zugunsten einer vermeintlich besseren aufzugeben.

Damit eine spirituelle Beziehung sinnvoll ist, müssen wir dieses Muster durchbrechen. Wir können nicht erwarten, dass spirituelle Mentor/innen einfach mit einem Zauberstab wedeln und unsere Probleme auf magische Weise verschwinden lassen, obwohl sie, wenn das möglich wäre, nicht zögern würden. So funktioniert es leider nicht. Der Zweck der Lehrer/innen in der Beziehung besteht darin, Bedingungen zu schaffen, unter denen wir als Individuen wachsen können. Es obliegt dann uns, tatsächlich die Ursachen für das Auftreten von Veränderungen zu schaffen.

Arten von Beziehungen von Lehrer/innen und Schüler/innen

Um eine starke und gesunde Beziehung zu Ihren spirituellen Mentor/innen zu kultivieren, kann es hilfreich sein, die Art und Weise zu betrachten, wie sich Beziehungen im Laufe der Zeit entwickeln. Wenn Interaktionen stattfinden und Erfahrungen geteilt werden, entwickelt sich eine Bindung zwischen Lehrer/in und Schüler/in. Je stärker diese Bindung wird, desto effektiver wird die Beziehung sein.

Babysitter und Baby

Auf dieser Beziehungsebene geht es den Schüler/innen darum, die Bedingungen ihres derzeitigen Lebens vorübergehend zu verbessern. Oftmals werden Personen durch Krisen auf die spirituelle Suche geführt. Sollten sich die Konzepte und Praxis jedoch als zu schwierig herausstellen, geben diese Schüler/innen schnell auf und suchen nach etwas Leichterem.

In solchen Fällen müssen geschickte Lehrer/innen behutsam wie Babysitter arbeiten, die sich um ein Kind kümmern. Bis der Geist der Schüler/innen stark genug ist, um ihre gewohnheitsmäßigen Neigungen anzugehen, müssen sich die Lehrer/innen damit begnügen, einfach Samen für die Zukunft zu pflanzen.

Seitens der Schüler/innen gibt es sehr wenig Hingabe gegenüber den Lehrer/innen. Sie lassen sich leicht von Äußerlichkeiten beeinflussen, und es braucht nur sehr wenig, um sie zu entmutigen. Damit die Beziehung über diese oberflächliche Ebene hinauswächst, müssen die Schüler/innen einen starken Wunsch entwickeln, tatsächlich Veränderungen in ihrem Leben vorzunehmen.

Verkäufer/innen und Kund/innen

Sobald Schüler/innen den Wunsch entwickeln, ihr Leben zu verbessern und tatsächliche Veränderungen in Betracht zu ziehen, werden sie viel empfänglicher für das, was die Lehrer/innen zu bieten haben. Es entwickelt sich eine gewisse Aufgeschlossenheit und sie sind zumindest bereit, über die in den Lehren vorgestellten Ideen nachzudenken.

Während dieser Phase versuchen die Schüler/innen sich aktiv Wissen anzueignen und sehen die Lehrer/innen als Quelle der Weisheit. Dies ist vergleichbar mit einer Kundin, die sich mit einem Verkäufer in Verbindung setzt, um Informationen zu sammeln, bevor sie mit einem Geschäft fortfahren. Es muss ein gegenseitiger Respekt zwischen beiden Seiten bestehen, bei dem die Lehrer/innen den Wunsch der Schüler/innen nach Wachstum und die Schüler/innen die Erfahrung der Lehrer/innen respektieren.

Die Hauptbeschränkung dieser Art von Beziehung besteht darin, dass die Schüler/innen zu stark an der Vorstellung festhalten können, zu wissen, was für ihr eigenes Wohlbefinden am besten ist, getreu dem Motto: Der/die Kund/in hat immer recht. Stolz neigt dazu, die Schüler/innen für bestimmte Unzulänglichkeiten blind zu machen und ihr spirituelles Wachstum zu verhindern. Indem man mehr Vertrauen in die Fähigkeit der Lehrer/innen entwickelt, die Dinge aus einer anderen Perspektive zu sehen, kann dies überwunden werden.

Geschwister einer Familie

Vertrauen wächst langsam auf der Grundlage von Erfahrung. Je mehr die Lehrer/innen ihre Vertrauenswürdigkeit unter Beweis stellen, desto eher werden die Schüler/innen bereit sein, sie um Rat zu bitten. Sobald das Vertrauen hergestellt ist, übernehmen die Lehrer/innen gegenüber den Schüler/innen die Rolle der Berater/innen. Obwohl die Schüler/innen noch sehr unabhängig sind, schätzen sie den Einfluss ihrer Lehrer/innen und berücksichtigen ernsthaft ihre Ratschläge.

Auf dieser Beziehungsebene sind die Lehrer/innen wie ein älteres Geschwisterkind. Die Verbindung ist jetzt viel stärker geworden und erlaubt es den beiden, immer schwierigere Ebenen der Unklarheit durchzuarbeiten. Spiritualität spielt nun eine große Rolle im Leben der Schüler/innen und sie haben tiefen Respekt und Bewunderung für die Lehrer/innen, die sie auf ihrem Pfad begleiten.

Wenn die Schüler/innen diesen Punkt erreichen, können die Lehrer/innen damit beginnen, ihre gewohnheitsmäßigen Verhaltensmuster anzugehen. Dazu verwenden sie eine breite Palette von Methoden, um den Schüler/innen zu helfen, ihre Qualitäten in einem viel schnelleren Tempo zu entwickeln. Auf beiden Seiten besteht ein erheblich stärkeres Engagement, da die Lehrer/innen die Bereitschaft ihrer Schüler/innen erkennen, die für die Veränderung erforderlichen Anstrengungen zu unternehmen.

Die einzige Beschränkung dieser Art von Beziehung hängt vom Grad des

Engagements der Schüler/innen ab. Grundsätzlich kommt es auf die Zeit an, die sie bereit sind, sich der Verwirklichung zu widmen. Je mehr Zeit sie investieren, desto mehr Nutzen erhalten sie sowohl kurzfristig als auch langfristig.

Mutter und Kind

Durch den Aufbau einer soliden Vertrauensbasis werden die Schüler/innen schließlich einen Punkt in ihrer spirituellen Entwicklung erreichen, wo sie die bedingungslose Liebe ihrer spirituellen Mentor/innen für ihr Wohlbefinden erkennen, ebenso wie die einer Mutter für ihr Kind. In diesem Stadium haben die Schüler/innen ein außergewöhnliches Maß an reiner Wahrnehmung entwickelt und empfinden eine große Hingabe gegenüber ihren Meister/innen.

Diese Beziehung ist gekennzeichnet durch ein unerschütterliches Vertrauen zwischen Schüler/innen und Lehrer/innen, das es den Lehrer/innen erlaubt, sehr geschickt mit den subtilen Verdunkelungen der Schüler/innen zu arbeiten. Damit dies erfolgreich gelingt, müssen sich die Schüler/innen vollständig hingeben und bereit sein, alles Notwendige zu tun, was zur Erleuchtung erforderlich ist. Danach kann es absolut keinen Zweifel an den Qualitäten der Lehrer/innen geben. Die Zeit für Skepsis ist schon lange überwunden.

Wenn die Schüler/innen alle Formen von Widerstand beseitigen, können die Lehrer/innen sie in ihre letztendliche Natur einführen. Diese direkte Erfahrung ist das, worauf die Schüler/innen hingearbeitet haben, und auf der Grundlage dieser Erfahrung können sie den Pfad sehr schnell vollenden.

Zu Beginn unserer Beziehung zu den Lehrer/innen kann der Wunsch bestehen, ihnen sehr nahe zu sein, um so viel wie möglich zu lernen. Obwohl diese Absicht gut ist, muss man behutsam vorgehen. In Tibet sagen wir oft: „Ein/e Lama ist wie ein Feuer. Wenn du zu nahe kommst, verbrennst du dich; wenn du zu weit weg bleibst, bekommst du nicht genug Wärme." Dies zeigt die Notwendigkeit, eine ausgewogene und gesunde Herangehensweise zu entwickeln. Wir wollen weder besessen oder abhängig von unseren Lehrer/innen sein, noch wollen wir uns ihnen gegenüber gleichgültig zeigen. Versuchen Sie, sich regelmäßig mit Ihren Lehrer/innen zu treffen, um die Verbindung aufrechtzuerhalten. Nutzen Sie aber auch die Gelegenheit, die erhaltenen Ratschläge zu verinnerlichen.

Wie man eine Dharmabeziehung eingeht

Viele unglückliche Missverständnisse können entstehen, wenn Unklarheiten über die Art der Beziehung bestehen, in der Lehrer/innen und Schüler/innen zusammenarbeiten. Die Teilnahme der Schüler/innen an formellen Ritualen wie Gelübdezeremonien oder Ermächtigungen kann für die Lehrer/innen ein Hinweis darauf sein, dass die Schüler/innen eine bestimmte Art von Beziehung eingehen möchte. Probleme können jedoch entstehen, wenn die Schüler/innen noch nicht bereit sind, zur nächsten Stufe überzugehen. Um dies zu vermeiden, ist es wichtig, Achtsamkeit für Ihre Handlungen zu entwickeln, um sicherzustellen, dass sowohl Sie als auch Ihre Lehrer/innen dieselbe Ansicht teilen.

Ob Sie sich auf die Lehrer/innen als Dharmafreund/innen, spirituelle Mentor/innen oder Vajrameister/innen beziehen, hängt letztlich von Ihrer eigenen Wahrnehmung ab. Insofern Sie die Lehrer/innen als Dharmafreund/innen betrachten, birgt dies keine besondere Verpflichtung, im Gegensatz zu den spirituellen Mentor/innen oder Vajrameister/innen. Sie sollten sich daher der entsprechenden Verpflichtungen bewusst sein, bevor Sie diese Beziehungen eingehen.

Um eine spirituelle Beziehung zu beginnen, ersucht man traditionell eine/n Lehrer/in formal darum oder nimmt an einer Gelübdezeremonie teil. In dem Moment, in dem Sie Gelübde von einem/r Lehrer/in erhalten, sollte diese/r als Ihr/e Gelübdelehrer/in angesehen werden. Dies bringt ein erwartetes Maß an Respekt und Hingabe mit sich, das die Grundlage für die Entwicklung einer spirituellen Beziehung bildet.

Um eine Beziehung mit Vajrameister/innen einzugehen, muss man an einer Ermächtigungszeremonie teilnehmen, die das Empfangen der tantrischen Gelübde beinhaltet. Auch wenn Sie sich nicht bereit fühlen, ein solches Maß an Verpflichtung einzuhalten, sollten Sie trotzdem teilnehmen. Solch eine Gelegenheit ist auf dieser Welt so selten, wir dürfen sie nicht verschwenden. Sorgen Sie sich daher nicht, ob Sie morgen in der Lage sein werden, die Gelübde einzuhalten, sondern konzentrieren Sie sich darauf, ein aufrichtiges Bestreben zu entwickeln, sie an diesem Tag einzuhalten. Auf diese Weise werden Sie den Segen der Zeremonie erhalten und die karmischen Samen legen, um die Gelübde in der Zukunft zu halten.

Denken Sie daran, dass die Entscheidung, ob Sie eine spirituelle Beziehung eingehen wollen oder nicht, immer bei Ihnen liegt. Niemand kann Sie dazu zwingen. Gleichzeitig müssen wir jedoch darauf achten, dass wir unsere Lehrer/innen nicht mit unseren Handlungen täuschen. Beurteilen Sie ehrlich, wo Sie auf Ihrer spirituellen Reise stehen, und wenn Sie Zweifel haben, suchen Sie die Kommunikation und besprechen das mit Ihren Lehrer/innen.

HINGABE AN IHRE LEHRER/INNEN ÜBEN

Sobald Sie eine/n spirituelle/n Mentor/in ausgewählt haben, besteht die nächste Phase der Praxis darin, wie Sie diesem Lehrer oder dieser Lehrerin tatsächlich folgen. An diesem Punkt sollten Sie genügend Vertrauen entwickelt haben, jemanden gefunden zu haben, der sich sowohl für Ihren jeweiligen Entwicklungsstand eignet sowie sich für Ihre spirituelle Zielerreichung einsetzt.

Qualifizierte Lehrer/innen können Ihnen in zweierlei Hinsicht nützen: (1) sie sind eine Quelle für die Übertragung von Lehren, die Sie mit der Überlieferungslinie verbinden; und (2) sie sind ein Objekt, das der Hingabe würdig ist und Sie zu tugendhaften Handlungen inspiriert. Das erste konzentriert sich auf die benötigte Weisheit, um Verwirklichungen zu erlangen, und das zweite ist die Methode, durch die diese Verwirklichungen erreicht werden.

Der Begriff *Hingabe* wurde in diesem Kapitel bereits mehrfach erwähnt, aber was bedeutet er konkret? Sich „hinzugeben" bezieht sich darauf, unseren Körper, unsere Rede und unseren Geist zu benutzen, um Handlungen auszuführen, die ein bestimmtes Objekt der Hingabe ehren oder erfreuen. Zum Beispiel könnten Sie sich Ihren Eltern hingeben, indem Sie ihre Wünsche ehren und die von ihnen gewünschten Handlungen ausführen. In ähnlicher Weise widmen Sie sich Ihren Lehrer/innen, indem Sie den Dharma praktizieren.

Zu verstehen, warum Hingabe so wichtig ist, bedeutet die Natur unserer Beziehung zu unseren spirituellen Mentor/innen zu verstehen. Die Beziehung entsteht auf der Grundlage des Wunsches, dauerhaften Frieden und Harmonie zu erreichen, indem man sich und andere von Leiden befreit. Diese Motivation definiert sowohl unsere Verbindung mit unseren Lehrer/innen als auch den Zweck unserer Aktivitäten. Durch die Praxis der Hingabe nutzen wir diese Verbindung als Unterstützung für die Entwicklung der Weisheit, die als Gegenmittel gegen die Unwissenheit wirkt, die derzeit unseren Geist beherrscht. Auf diese Weise ist der gesamte Pfad im Kontext der Hingabe an die spirituellen Mentor/innen enthalten.

Drei Möglichkeiten, den Lehrer/innen zu gefallen

Wenn wir die Qualität unserer Beziehungen zu anderen Menschen betrachten, basiert die überwiegende Mehrheit auf weltlichen Belangen wie der finanziellen Versorgung oder der Befriedigung eines emotionalen Bedürfnisses. Im Gegensatz dazu ist die Beziehung zu Ihrem/r spirituellen Mentor/in einzigartig, da sie die einzige Person sein wird, die Sie gezielt mit Ihrer inneren Weisheit verbindet. Karmisch gesehen macht dies sie zur bedeutendsten Person in Ihrem Leben. Aufgrund des Gewichts dieser Beziehung haben alle Handlungen im Zusammenhang mit spirituellen Mentor/innen einen unglaublichen Einfluss auf die erzeugten karmischen Neigungen. Wenn Sie auf diesem Weg schnell vorankommen möchten, sollten Sie sich daher der Zufriedenheit Ihrer Lehrer/innen widmen.

Ein skeptischer Geist könnte leicht falsche Vorstellungen über die Praxis der Hingabe entwickeln und sie als eine Form der Versklavung betrachten, bei der die Lehrer/innen die Schüler/innen zu ihrem eigenen Vorteil ausnutzen. Diese Sichtweise geht total am Sinn der Praxis vorbei, da es bei der Hingabe nicht darum geht, den Lehrer/innen einen Nutzen zu bringen, sondern den Schüler/innen. Durch den Akt der Darbringung an die Lehrer/innen entwickeln die Schüler/innen starke, tugendhafte Gewohnheiten, die in Form von wahrem Glück heranreifen werden. Die Lehrer/innen schaffen die Bedingungen, diese Opfergaben darbringen zu können und diese Gewohnheiten weiterzuentwickeln.

Insofern Sie sich ausreichend über die Authentizität der Lehrer/innen vergewissert haben, besteht überhaupt keine Gefahr, dass sie an Ihre Darbringungen Anhaftung entwickeln. Tatsächlich bereitet weltlicher Gewinn solchen Lehrer/innen keine Freude. Ihr einziger Wunsch besteht in der Befreiung der fühlenden Wesen von Leiden und so erfreuen sie sich über alles, was diesem

Ziel zuträglich ist. Sie freuen sich, zu sehen, dass ihre Schüler/innen bemüht sind, tugendhafte Qualitäten zu entwickeln, und sich dadurch der Erleuchtung annähern.

Um das Ende des Pfades zu erreichen, müssen wir enorme Mengen an Verdienst und Weisheit ansammeln. Nur die Vollkommenheit dieser beiden karmischen Neigungen wird uns zur Buddhaschaft führen. Die Praxis der Hingabe konzentriert sich daher auf drei Formen von Darbringungen, die speziell darauf ausgerichtet sind, diese Ansammlungen zu vervollständigen: (1) Praxis darbringen, (2) Dienste anbieten und (3) materielle Unterstützung anbieten. Während die erste Form dazu dient, Weisheit anzusammeln, geht es bei den letzten beiden Formen um die Ansammlung von Verdienst.

Praxis darbringen

Die wichtigste Darbringung, die wir den spirituellen Mentor/innen machen können, ist das Bemühen, durch die Dharmapraxis Verwirklichungen zu erreichen. Diese erreichen wir, indem wir die Lehren studieren, über ihre Bedeutung nachdenken und meditieren, um diese in unser Leben zu integrieren. Dadurch werden wir zu authentischen Linienhalter/innen mit der Fähigkeit, Weisheit an die nächste Generation von Praktizierenden weiterzugeben. Solange es Linienhalter/innen in dieser Welt gibt, wird der Dharma überleben und den fühlenden Wesen weiterhin Nutzen bringen. Zu wissen, dass der Dharma in der Welt gedeiht, erfüllt den Geist Ihrer spirituellen Lehrer/innen mit unermesslicher Freude und ist das größte Geschenk, das Sie ihnen jemals machen können.

Die Darbringung von Praxis findet jedes Mal statt, wenn Sie Ihre Handlungen der Erleuchtung widmen. Sie erfordert nicht, dass die Lehrer/innen Ihre Verwirklichungen in irgendeiner Weise bestätigen. Tatsächlich kann das Streben nach Anerkennung durch Ihre spirituellen Ratgeber/innen ein starkes Hindernis für Ihre Praxis darstellen, da es ein Gefühl von Stolz und Selbstbezogenheit nährt. Wir sollten nicht außerhalb unserer selbst nach Anerkennung suchen. Stattdessen sollten wir es dem Buddha gleichtun, der auf die Frage nach Beweisen für seine Verwirklichungen mit seinem Finger auf den Boden zeigte und die Erde als seinen Zeugen ausrief.

Übung 3.4 – Praxis in das Leben integrieren

- *Stellen Sie in einer entspannten Haltung einen neutralen Geist durch die Praxis der Achtsamkeit auf die Atmung her.*

- *Vergegenwärtigen Sie sich die spirituellen Lehrer/innen, denen Sie in Ihrem Leben begegnet sind.*

- *Für jede/n Lehrer/in:*

    - *Betrachten Sie die Belehrungen, die Sie erhalten haben.*

    - *Welche Praktiken beziehen sich auf diese Lehren?*

    - *Was sind die Vorteile dieser Praktiken?*

- *Überprüfen Sie jetzt die aktuellen Bedingungen Ihrer Lebenssituation. Welche Praktiken sind Ihrer Meinung nach momentan am wichtigsten für Sie?*

- *Welche Möglichkeiten erkennen Sie, diese für die Praxis zu nutzen?*

- *Entwickeln Sie eine starke Entschlossenheit, diese Chancen zu nutzen.*

- *Lassen Sie Ihr Gewahrsein in dieser Entschlossenheit ruhen.*

Dienste anbieten

Spirituelle Mentor/innen sind keine von Natur aus kraftvollen Objekte. Die Kraft entsteht dadurch, wie wir als Schüler/innen mit ihnen in Beziehung treten. Erkennen wir die Verbindung zwischen den Lehrer/innen und unserer eigenen inneren Wahrheit, wird jede Interaktion zu einer Gelegenheit, uns tiefer mit unserer Natur zu verbinden. Je mehr wir diese Verbindung stärken, desto wirkungsvoller werden die Lehrer/innen.

Die Praxis, Dienste anzubieten, wird von dieser Prämisse angetrieben. Hierbei setzen wir alle unsere Fähigkeiten von Körper, Rede und Geist ein, um die Aktivitäten der Lehrer/innen zu erleichtern. Das kann so einfach sein wie das Anbieten einer Tasse Tee, um ihren Durst zu stillen, oder es kann aufwendiger sein wie die Leitung eines Dharma-Zentrums in Ihrer Stadt oder Gemeinde.

Der Schlüssel zum effektiven Anbieten von Diensten liegt darin, zu erkennen, was Ihre Lehrer/innen zu erreichen anstreben und was sie brauchen, um diese Bestrebungen zu verwirklichen. Die meisten authentischen Lehrer/innen verbringen so viel Zeit wie möglich damit, sich mit Dharma-Aktivitäten zu beschäftigen, die entweder direkt oder indirekt die Lehren fördern oder lang anhaltenden Nutzen für fühlende Wesen bringen. In der Erkenntnis, dass weltliche Belange nur als Ablenkung für die Bestrebungen der spirituellen Mentor/innen dienen, könnten die Schüler/innen anbieten, für sie zu kochen, ihr Haus zu reinigen oder ihre Kleidung zu waschen. Auf diese Weise stellen sie sicher, dass ihre Lehrer/innen gesund bleiben, während sie gleichzeitig Zeit gewinnen, um sich weiter auf den Dharma zu konzentrieren.

Eine andere Möglichkeit, Dienste anzubieten, besteht in der ressourcenorientierten Nutzung eigener Fähigkeiten, um die Lehrer/innen bei der Verwirklichung ihrer Ziele zu unterstützen. Durch Kommunikation erhalten Sie ein klares Verständnis ihrer Vision und Ihrer eigenen Handlungsmöglichkeiten. Oftmals verhalten sich Schüler/innen passiv und warten darauf, dass ihre Lehrer/innen etwas von ihnen verlangen. Das erfordert seitens der Lehrer/innen viel Energie, die wichtigere Vorhaben haben, als ihre Schüler/innen zum Handeln zu bewegen. Aus dem aufrichtigen Wunsch heraus, nutzbringende Dienste anzubieten, kann eine Art Pflicht oder Last entstehen, was zu einer falschen Einstellung führt. Um das Beste aus dieser Praxis herauszuholen, müssen wir die Kontrolle über unser Handeln übernehmen und den Wunsch kultivieren, von innen heraus zu helfen. Auf diese Weise wird der Dienst für die Schüler/innen, die ihre Zeit und Mühe freiwillig zur Verfügung stellen, freudig und bedeutsam.

Zusätzlich zum direkten Dienst für unsere Lehrer/innen sollten wir auch überlegen, wie wir unserer spirituellen Gemeinschaft dienen können. Da die Gemeinschaft eine Erweiterung der Lehrer/innen ist, unterstützen wir sie aktiv, indem wir unseren Dharmabrüdern und -schwestern helfen, ihren Zweck zu erfüllen. Das könnte in Form von Freiwilligenarbeit in einem örtlichen Dharma-Zentrum geschehen, durch die Organisation von spirituellen Veranstaltungen, bei denen sich Menschen mit dem Dharma verbinden können, oder bei Bedarf einfach durch das Anbieten von Ratschlägen. So wie wir auf die Bedürfnisse unserer Lehrer/innen achten sollten, sollten wir auch die Bedürfnisse ihrer Schüler/innen berücksichtigen.

Übung 3.5 – Gelegenheiten ausfindig machen, um Unterstützung anzubieten

- *Stellen Sie in einer entspannten Haltung einen neutralen Geist durch die Praxis der Achtsamkeit auf die Atmung her.*

- *Vergegenwärtigen Sie sich den/die Lehrer/in, mit dem/der Sie sich am stärksten verbunden fühlen.*

- *Reflektieren Sie über die Aktivitäten dieses/r Lehrer/in. Betrachten Sie deren gegenwärtige Projekte und welche sie ggf. zukünftig angehen werden.*

- *Was bedarf es, um diese Aktivitäten zu erledigen? Bedenken Sie nicht nur die Hauptaktivitäten, sondern auch die vielen erforderlichen Bedingungen, um sich dieser Arbeit zu widmen.*

- *Verfügen Sie über Fähigkeiten, ihren Lehrer/innen bei der Erreichung ihrer Ziele nützlich zu sein?*

- *Wie können Sie vorgehen, um diese Fähigkeiten einzubringen?*

- *Entwickeln Sie den Wunsch, Ihre Dienste ehrenamtlich anzubieten.*

Materielle Unterstützung anbieten

Abhängig von den Bedingungen gibt es Zeiten, in denen wir dem Wunsch nach Beteiligung nicht nachkommen können. Auch wenn wir konstruktive Fähigkeiten besitzen, fehlt es uns vielleicht an Zeit oder Überzeugung, diese anzuwenden. Glücklicherweise gibt es die Option der indirekten Unterstützung, insofern eine Direkthilfe nicht möglich ist.

Ihr Fokus liegt in diesem Fall nicht auf den durchzuführenden Aktionen, sondern auf Ihren verfügbaren Ressourcen. Diese können als Bedingungen genutzt werden, andere bei ihrer Arbeit zu unterstützen. Indem sie z. B. Ihre Lehrer/innen mit Nahrung versorgen, schaffen Sie die Bedingungen, dass diese gesund und bei Kräften bleiben und somit zum Nutzen anderer arbeiten können.

Hinsichtlich getätigter Spenden müssen wir bemüht sein, alle falschen Vorstellungen zu beseitigen, die den Nutzen dieser großzügigen Handlung einschränken. Solange wir unsere Lehrer/innen vorher überprüft haben, sollten wir sicher sein, dass die Spenden für authentische Dharma-Aktivitäten verwendet werden. Das bedeutet, dass alles, was wir geben, zu einer Bedingung dafür wird, dass fühlende Wesen Erleuchtung erlangen können. Authentische Lehrer/innen freuen sich also nicht einfach darüber, Geld zu haben, sondern darüber, was sie damit tun können.

Sollten Sie das Gefühl haben, Ihren Lehrer/innen nicht zu vertrauen, müssen Sie dies ergründen. Bevor Sie Ihre Aufmerksamkeit auf die Fehler anderer lenken, beginnen Sie damit, Ihre eigene Einstellung zu überprüfen. Wie hindert Sie Ihre Wahrnehmung einer bestimmten Situation daran, Großzügigkeit zu praktizieren? Bringen diese Haltungen Ihnen oder anderen einen Nutzen? Schauen Sie sich Ihre Motivation genau an und versuchen Sie, die langfristigen Auswirkungen Ihres Handelns zu bedenken.

Für diejenigen, die üben möchten, materielle Unterstützung anzubieten, gibt es einige Vorschläge zur Maximierung des erzielbaren Nutzens:

1. **Bestellung von heiligen Objekten:** Diese Objekte sind Symbole für erleuchtete Qualitäten und inspirieren den Geist aller, die sie sehen. Es können Dinge wie Gemälde, Statuen oder Stupas sein. Durch Ihre Großzügigkeit könnten Sie den Kauf von Materialien fördern oder zu den Kosten für die Beauftragung eines Künstlers zur Herstellung des Objekts beitragen.

2. **Veröffentlichung von Büchern und Übersetzungen:** Durch das Schreiben von Büchern und die Übersetzung bestehender Texte wird der Dharma einem viel breiteren Publikum zugänglich gemacht. Sie können helfen, die Reichweite der Lehren zu vergrößern, indem Sie den Grundbedarf an Autoren und Übersetzern decken oder den Druck der Bücher selbst fördern.

3. **Sponsoring von engagierten Praktizierenden:** Sich dem Erreichen von Verwirklichungen zu widmen, bedeutet oft, dass man sein Engagement in

weltlichen Aktivitäten wie dem Führen eines Haushalts und dem Erzielen von Einkommen reduziert. Das bedeutet, dass engagierte Praktizierende sich stark auf die Großzügigkeit anderer verlassen müssen, um zu überleben. Sie können ihnen helfen, indem Sie ihre Lebenshaltungskosten sponsern, damit sie sich auf die formale Praxis konzentrieren können.

4. **Finanzierung von Veranstaltungen:** Lehrer/innen können nur fühlenden Wesen Nutzen bringen, mit denen sie zuvor Verbindungen aufgebaut haben. Indem Sie eine Unterweisung oder ein Retreat bezahlen, reduzieren Sie die Kosten der Veranstaltung und geben mehr Menschen die Möglichkeit, daran teilzunehmen. Dies schafft die Voraussetzungen dafür, dass die Lehrer/innen mehr Dharma-Verbindungen knüpfen können, die letztendlich die Ursache dafür sind, dass sie Erleuchtung erlangen.

5. **Bau von Tempeln und Retreatzentren:** Die Schaffung von Räumen, die der Dharmapraxis gewidmet sind, ist ein kraftvoller Weg, Menschen zusammenzubringen und ihren Geist auf tugendhafte Handlungen auszurichten. Die Unterstützung des Kaufs von Land oder des Baus von Gebäuden, die von einer spirituellen Gemeinschaft genutzt werden sollen, ist eine wunderbare Möglichkeit, den Dharma an einem bestimmten Ort zu etablieren.

Wenn Sie den aufrichtigen Wunsch haben, Großzügigkeit zu praktizieren, lohnt es sich, sich mit Ihren Lehrer/innen zusammenzusetzen und Ideen zu besprechen, wie Sie die vorhandenen Ressourcen optimal nutzen können. Da spirituelle Mentor/innen in der Regel einen viel umfassenderen Blick auf das haben, was erreicht werden soll, können sie Ihnen helfen, die geschickteste Vorgehensweise zu finden.

Übung 3.6 – Großzügigkeit kultivieren

- *Stellen Sie in einer entspannten Haltung einen neutralen Geist durch die Praxis der Achtsamkeit auf die Atmung her.*

- *Vergegenwärtigen Sie sich den/die Lehrer/in, mit dem/der Sie sich am stärksten verbunden fühlen.*

- *Betrachten Sie die Aktivitäten dieses/r Lehrer/in oder ihrer spirituellen Gemeinschaft.*

- *Überprüfen Sie Ihre derzeitige Situation und machen Sie eine Bestandsaufnahme Ihrer verfügbaren Ressourcen.*

- *Verfügen Sie über Ressourcen, die zur Umsetzung der Ziele Ihrer Lehrer/innen verwendet werden könnten?*

- *Denken Sie an den kurz- und langfristigen Nutzen, der sich aus Ihrer Unterstützung dieser Ziele ergeben würde.*

- *Entwickeln Sie den Wunsch, jede erdenkliche Unterstützung anzubieten.*

In Gegenwart der Lehrer/innen Achtsamkeit üben

Indem wir uns auf das Darbringen von Praxis, Dienstleistungen und materieller Unterstützung einlassen, haben wir die Möglichkeit, in kurzer Zeit Ozeane von Verdienst und Weisheit zu erzeugen. Dies ist nur möglich, wenn Sie eine starke tugendhafte Verbindung mit Ihren spirituellen Mentor/innen haben. Je stärker die Verbindung, desto wirkungsvoller ist die praktizierte Hingabe.

Um diese Bindung weiter zu stärken, sollten wir besonders darauf achten, dass unsere Beziehung nicht zu gewöhnlich und weltlich wird. Dies geschieht, indem wir Achtsamkeit üben, wann immer wir uns in der Gegenwart unserer spirituellen Mentor/innen befinden. Allein der Anblick Ihrer Lehrer/innen sollte ein erhöhtes Gewahrsein für Ihre Handlungen auslösen, um Respekt und Bewunderung für alles zu bewahren, was sie repräsentieren. Wir werden diese Praxis nun in Bezug auf Ihren Körper, Ihre Rede und Ihren Geist untersuchen.

Achtsamkeit auf Ihre Einstellung

Die Grundlage all unserer Handlungen ist der Geist, und deshalb müssen wir besonders achtsam sein, welche Haltung wir gegenüber unseren Lehrer/innen entwickeln. In Übereinstimmung mit der Überlieferungslinie gliedert sich die vorteilhafteste Einstellung, die wir gegenüber unseren Lehrer/innen haben können, in vier Aspekte:

1. **Erkennen Sie, dass Sie von einer großen Krankheit befallen sind:** Solange wir nicht erkennen, dass wir krank sind, werden wir nie wirklich nach einer Heilung suchen. Wir müssen daher intensiv darüber nachdenken, wie wir unter den zahllosen Gebrechen leiden, die unseren Geist seit anfangsloser Zeit konditioniert haben. Wir können es uns nicht leisten, selbstgefällig zu sein und uns vorzumachen, dass alles in Ordnung ist. Wenn wir unseren Blick nach innen wenden und uns selbst mit Ehrlichkeit betrachten, erkennen wir unsere grundsätzliche Unzufriedenheit mit der gegenwärtigen Situation, was uns die Motivation zur Veränderung liefert. Dieser Wunsch nach Veränderung ermöglicht uns für den Einfluss eines/r Lehrer/in offen zu sein.

2. **Erkennen Sie, dass Ihre Lehrer/innen wie große Heiler/innen sind:** Da Ihre spirituellen Mentor/innen das gesuchte Ergebnis bereits durch die Verwirklichung des Dharma in ihrer eigenen Erfahrung erreicht haben, qualifiziert sie dies dazu, Ihre Krankheiten zu heilen. Vergleichbar mit erfahrenen und spezialisierten Ärzt/innen sind sie die einzigen, die Ihnen helfen können. Dieser Aspekt unterstreicht die Qualitäten der Lehrer/innen und erklärt, warum wir unser Vertrauen in sie setzen sollten.

3. **Erkennen Sie, dass es ohne Ihre Lehrer/innen keine Heilung gibt:** Um unsere Leiden dauerhaft zu heilen, müssen wir jede Spur unserer Unwissenheit beseitigen. Um dies zu erreichen, haben wir keine andere Wahl, als uns auf eine/n Lehrer/in zu verlassen, der/die uns mit kompetentem Rat, wirksamer Medizin und effektiver Behandlung versorgen kann. Dieser Ansatz unterstreicht die Wichtigkeit der Zusammenarbeit mit einem/r Lehrer/in und verhindert, dass wir uns von falschen Zufluchtsquellen wie den acht weltlichen Dharmas ablenken lassen.

4. **Erkennen, dass die Lehren die einzige Heilung sind:** Die einzige Möglichkeit, eine Krankheit zu heilen, ist die Einnahme des Arzneimittels. Unabhängig davon, welche Anweisungen wir von unseren spirituellen Ratgeber/innen erhalten, müssen wir das Vertrauen und die Loyalität entwickeln, diesen Rat nach besten Kräften zu befolgen. Ungeachtet der Schwierigkeiten einer Behandlung, müssen wir Ausdauer aufbringen und

dürfen niemals aufgeben, damit wir das gesuchte Ergebnis auch erfahren.

Wenn wir diese vier Einsichten festigen, werden wir offen und empfänglich, vertrauensvoll, geduldig angesichts von Schwierigkeiten und sind bestrebt, den Nutzen zu vervielfachen. Ein solcher Geist schätzt natürlich die Anwesenheit der Lehrer/innen und wirkt als Schutz, um nicht in die üblichen Gewohnheitsmuster zu fallen.

Achtsamkeit auf Ihre Rede

In Gegenwart spiritueller Ratgeber/innen ist es wichtig, sowohl den Inhalt Ihrer Rede als auch die Art und Weise, wie Sie sprechen, zu berücksichtigen. Was Ersteres betrifft, versuchen Sie schweigsam zu sein, es sei denn, Sie haben etwas Sinnvolles mitzuteilen, und vermeiden Sie, sich auf sinnloses Geschwätz einzulassen. Wenn die Lehrer/innen ein Gespräch einleiten, dann reagieren Sie entsprechend, ohne jedoch Ihre Achtsamkeit zu verlieren.

Sie sollten die Lehrer/innen niemals offen vor anderen Schüler/innen kritisieren, da dies dazu führen kann, dass diejenigen mit schwacher Hingabe ihr Vertrauen verlieren. Wenn die Lehrer/innen jedoch um Kritik bitten, sollte diese immer in einer respektvollen Art und Weise und niemals aus Wut vorgetragen werden.

Seien Sie immer bemüht, das von den Lehrer/innen Vermittelte zu verstehen und vermeiden Sie voreilige Schlussfolgerungen. Scheuen Sie sich nicht davor, Fragen zu stellen, um Missverständnisse und Unklarheiten zu beseitigen. Wählen Sie Ihre Worte mit Bedacht, bevor Sie sprechen, und unterhalten Sie sich auf eine friedliche, entspannte und lockere Art und Weise. Generell sollte der Austausch so harmonisch wie möglich verlaufen.

Achtsamkeit auf Ihr Verhalten

Traditionelle Texte wie *Die fünfzig Verse der Guru-Hingabe* beschreiben eine Vielzahl von Methoden, die Schüler/innen anwenden können, um ihren Respekt, ihre Achtsamkeit und ihre Gewissenhaftigkeit in der Gegenwart ihrer Lehrer/innen zu erhöhen. Während einige dieser Methoden aus der Perspektive eines modernen Publikums ein wenig seltsam erscheinen mögen, werden gute Schüler/innen versuchen, die Essenz jeder einzelnen zu verstehen und dieses Verständnis auf den Kontext ihrer Beziehung anzuwenden.

Im Allgemeinen sollten wir versuchen, uns unserer Position im Verhältnis zu den Lehrer/innen und der Art und Weise, wie wir uns bewegen, gewahr zu sein. Wenn die Lehrer/innen stehen, sollten wir auch stehen. Wenn sie sitzen, können wir uns setzen, aber wenn möglich in einer niederen und niemals in einer erhöhten Position. Dies fördert ein Gefühl der Demut in ihrer Gegenwart.

In Begleitung der Lehrer/innen sollte man stets hinter ihnen und zu ihrer Linken gehen, da diese Position in traditionellen asiatischen Kulturen als respektvoll gilt. Handelt es sich um einen gefährlichen Weg oder falls Sie vorne gehen müssen, bitten Sie am besten um Erlaubnis.

Grenzen Sie ihre Bewegungen weitestgehend ein und beschränken Sie sie auf das Notwendigste. Vermeiden Sie gewaltsame Handlungen, wie z. B. lautes Klopfen an Türen oder das Zuschlagen von Türen. Achten Sie auf eine gute Körperhaltung und vermeiden Sie eine allzu lässige Körpersprache. Behandeln Sie alles sanft und vorsichtig, zeigen Sie Achtsamkeit für Ihre Handlungen. Versuchen Sie die Bedürfnisse Ihrer Lehrer/innen zu erahnen und ergreifen Sie Maßnahmen, diese zu erfüllen.

Gelingt es Ihnen, Ihre Achtsamkeit jederzeit aufrechtzuerhalten, werden Ihre spirituellen Mentor/innen ein ganz besonderer Teil Ihres Lebens werden und eine Beziehung kultivieren, die die notwendigen Voraussetzungen dafür schafft, auf Ihrer spirituellen Reise reifen zu können. Ignorieren Sie jedoch diese Richtlinien, wird Ihre Beziehung an Kraft verlieren und Sie werden feststellen, dass Ihre spirituellen Ratgeber/innen einfach nur weitere Personen in Ihrem Leben sind, die Ihnen keinen nennenswerten Nutzen mehr bringen. Aus diesem Grund müssen wir immer wachsam sein und diese Beziehung als einen kostbaren Teil unseres Lebens sehr sorgfältig pflegen.

DEN QUALITÄTEN IHRES/R LEHRER/IN NACHEIFERN

Je mehr Zeit wir mit jemandem verbringen, desto mehr werden wir von seinem Verhalten beeinflusst. Ob dies ein positiver oder negativer Einfluss ist, hängt von der Art der Eigenschaften ab, denen wir ausgesetzt sind. Wenn Sie beispielsweise viel Zeit mit einer Person verbringen, die ständig schwatzt und Unsinn redet, wird sich dieses Verhalten irgendwann auf Sie auswirken. Möglicherweise werden Sie von ihren Gewohnheitsmustern beeinflusst, und ohne es zu merken, übernehmen Sie diese Verhaltensweisen dann auch.

Glücklicherweise funktioniert der Vorgang der Beeinflussbarkeit auch mit positiven Eigenschaften. Wenn Sie den konstruktiven Mustern von Körper, Rede und Geist einer Person Aufmerksamkeit schenken, werden diese gewohnheitsmäßigen Neigungen in Ihrem eigenen Geist verstärkt und sie können beginnen, eine dominantere Rolle in Ihrem Leben zu spielen. Dies ist der Grundgedanke hinter Vorbildern. Wir orientieren unser Verhalten an den Menschen, die die Eigenschaften besitzen, die wir uns wünschen.

Im Fall unserer Lehrer/innen kann dieser Prozess manchmal zu negativen Ergebnissen führen, wenn wir unsicher sind, welche Eigenschaften wir uns aneignen sollen. Dieses Problem kommt von einer unreinen Sichtweise, die wir auf unsere spirituellen Mentor/innen projizieren. Aufgrund der Stärke unseres Karma erleben wir einige Aspekte unserer Lehrer/innen als wünschenswerte Eigenschaften und einige als unerwünschte Fehler. Unser Ziel sollte es dann sein, ihren Qualitäten nachzueifern und ihre Fehler zu ignorieren.

Solange Ihre Lehrer/innen nur eine gute Eigenschaft besitzen, können sie Ihnen Nutzen bringen, selbst wenn sie scheinbar einige Fehler aufweisen. Indem Sie ihre guten Eigenschaften nachahmen, werden Sie vielleicht feststellen, dass Aspekte, die Sie zuvor als Fehler wahrgenommen haben, jetzt als Qualitäten erscheinen. Das ist ein Zeichen dafür, dass Sie eine reinere, von Weisheit geprägte Sichtweise entwickeln. Wenn dies geschieht, werden sich noch mehr Qualitäten der Lehrer/innen zu manifestieren beginnen.

Es ist wichtig zu verstehen, dass es beim Ignorieren von Fehlern nicht darum geht, uns einzureden, dass sie nicht existieren. Wir müssen erkennen, dass das Auftreten von Fehlern in Relation zu unserer persönlichen Wahrnehmung steht. Wenn Sie beispielsweise gerne schlafen, kann die Tatsache, dass Ihre Lehrer/innen nicht viel schlafen, als Fehler angesehen werden. Ebenso könnten Sie Ihren Lehrer/innen einen Mangel an akademischer Ausbildung vorwerfen, falls Sie diesem besonderen Wert beimessen. Indem wir die relative Natur von Erscheinungen erkennen, können wir uns dafür entscheiden, unsere Energie nicht auf Aspekte zu richten, die unserem Geist keinen Nutzen bringen.

Übung 3.7 – Über die Qualitäten Ihrer Lehrer/innen nachdenken

- *Stellen Sie in einer entspannten Haltung einen neutralen Geist durch die Praxis der Achtsamkeit auf die Atmung her.*

- *Vergegenwärtigen Sie sich eine/n Lehrer/in, mit dem/der Sie sich besonders stark verbunden fühlen.*

- *Betrachten Sie die Eigenschaften, die Sie an Ihrem/r Lehrer/in am meisten bewundern.*

- *Für jede Qualität:*

   - *Versuchen Sie, sich an Beispiele zu erinnern, in denen Ihr/e Lehrer/in diese Qualität gezeigt hat.*

   - *Visualisieren Sie sich in ähnlichen Situationen und stellen Sie sich vor, dass sich diese Qualität auch in Ihnen manifestiert. Wie würden Sie sich verhalten?*

   - *Verstärken Sie Ihr Bestreben, diese Qualität selbst zu entwickeln.*

- *Beenden Sie Ihre Sitzung mit dem Wunsch, alle Qualitäten Ihres/r Lehrer/in zu erreichen.*

EINE GESUNDE BEZIEHUNG ZU IHREN LEHRER/INNEN AUFBAUEN

Die Zusammenarbeit mit einem/r Lehrer/in hat das Potenzial, eine der lohnendsten Erfahrungen zu sein, die Sie in Ihrem Leben machen werden. Wird die Lehrer/in-Schüler/in-Beziehung auf eine gesunde Weise entwickelt, kann sie eine unglaubliche Kraft haben. Leider können viele Faktoren zu Missverständnissen auf beiden Seiten führen. Es ist daher unerlässlich, sich in einer solchen Beziehung geschickt zu verhalten, indem Sie sich mit den in diesem Kapitel vorgestellten Punkten vertraut machen. Ich empfehle Ihnen, die folgenden Ratschläge zu beherzigen.

1. **Konzentrieren Sie sich auf die reine Motivation:** Wenn Sie Ihre Lehrer/innen beurteilen müssen, rate ich Ihnen, dies auf der Grundlage ihres wesentlichen Ziels zu tun. Besteht deren Absicht darin, Ihnen zu helfen, heilsame Qualitäten zu entwickeln und Ihre Selbstbezogenheit abzubauen, sollten Sie ihren Anweisungen buchstabengetreu folgen. Wenn ihre Hauptabsicht jedoch darin besteht, weltliche Werte zu kultivieren und materielle Besitztümer anzuhäufen, ist es unnötig, ihren Anweisungen zu folgen. Nehmen Sie sich die benötigte Zeit, um Ihre Absichten zu bestimmen. Danach entspannen Sie sich und versuchen sich auf die Arbeit der Dharmapraxis zu konzentrieren.

2. **Kommunizieren Sie immer offen und klar:** Bei der Zusammenarbeit mit Lehrer/innen, die aus einem anderen Kulturkreis stammen, sollten Sie sich bemühen, unangemessene Erwartungen zu vermeiden. Bedingt durch die spezifischen Ansichten über das Verhalten von Lehrer/innen, kann es für viele tibetische Lehrer/innen schwierig sein, sich den Ansichten westlicher Schüler/innen anzupassen. Aus diesem Grund ist es von entscheidender Bedeutung, eine offene und klare Kommunikation mit Ihren Lehrer/innen zu pflegen. Besprechen Sie gezielt die Erwartungen, die Sie möglicherweise entwickelt haben. Sie dürfen nicht davon ausgehen, dass Sie beide auf der gleichen Wellenlänge sind.

3. **Laufen Sie nicht vor Schwierigkeiten weg:** Damit eine spirituelle Beziehung dauerhaften Nutzen für die Schüler/innen bringt, muss die Verbindung mit den Lehrer/innen belastbar sein. Ein/e Lehrer/in, der/die seine/ihre Aufgabe versteht, wird die Schüler/innen ständig herausfordern, ihre Gewohnheitsmuster neu zu bewerten und ihre Weltanschauung zu verändern. Dies kann ein schwieriger Prozess sein und zu vielen Entbehrungen führen. Ähnlich wie ein Krebspatient eine lange und zermürbende Behandlungskur über sich ergehen lassen muss, um sich von seiner Krankheit zu befreien. Der Patient sollte, unabhängig vom Verhältnis von guten zu schlechten Tagen, die Behandlung bis zum Ende durchziehen. Auch wenn die Beziehung zu Ihren Lehrer/innen die Grenzen

Ihrer Geduld und Leistungsfähigkeit auf die Probe stellen, sollten Sie nicht aufgeben. Laufen Sie nicht gleich davon, wenn Sie sich überfordert fühlen und alles zu kompliziert erscheint. Besprechen Sie Ihre Schwierigkeiten mit den Lehrer/innen. Sie können Ihnen nur helfen, wenn sie informiert sind und die Kommunikation nicht abbricht.

4. **Lösen Sie Meinungsverschiedenheiten mit Weisheit:** Wenn Sie mit Meinungsverschiedenheiten konfrontiert sind, denken Sie ernsthaft über das Thema nach, bevor Sie vorschnelle Entscheidungen treffen. Unabhängig von der entwickelten Beziehungsebene, sollten Sie sich jederzeit frei fühlen, über eventuell auftretende Probleme zu sprechen. Denken Sie nur daran, dies in einer ruhigen und respektvollen Weise zu tun. Es sollte nicht wie bei einem wutentbrannten Kind zugehen, sondern wie bei zwei Erwachsenen, denen das Wohlergehen des anderen am Herzen liegt. Letztendlich müssen Sie jedoch lernen, sich auf Ihr eigenes Urteilsvermögen zu verlassen und auf der Grundlage einer guten Beobachtung und einer reinen Motivation zu handeln. Wenn Sie sich durch die Bitten Ihrer Lehrer/innen überfordert fühlen, sollten Sie ihnen dies auf respektvolle Art und Weise mitteilen. Entwickeln Sie einen Sinn für Gleichmut gegenüber der Situation und sehen Sie die Meinungsverschiedenheiten nicht als Fehler der Lehrer/innen an.

5. **Nutzen Sie jede Gelegenheit zum Lernen:** Aus meiner eigenen Erfahrung hilft es nicht, skeptisch und rechthaberisch zu sein, um perfekte spirituelle Mentor/innen zu finden. Eine starke Entschlossenheit, Unterweisungen zu erhalten, sowie Respekt und Dankbarkeit gegenüber denen, die ihre Weisheit teilen, sind die Arten von Qualitäten, die großen Nutzen bringen. In der Regel ist es am besten, so vorurteilsfrei wie möglich zu sein und nur sehr wenige Erwartungen zu haben. Entwickeln Sie einfach Ihre Wertschätzung für den Dharma und denken Sie daran, dass das Praktizieren der Lehren am wichtigsten ist.

Ich persönlich bin der Meinung, dass Sie jede Gelegenheit ergreifen sollten, Unterweisungen von authentischen Linienhalter/innen zu erhalten. Eine übermäßige Voreingenommenheit kann dazu führen, die Chance zu verpassen, die spirituellen Mentor/innen zu treffen, die tatsächlich am besten für Ihre Bedürfnisse geeignet sind. Anstatt Ihre Meinung ausschließlich auf den Ruf oder den Status der Lehrer/innen zu stützen, sollten Sie sich mehr auf Ihre persönliche Erfahrung mit ihren Unterweisungen und Ihre eigene Intuition konzentrieren. Ich bin zuversichtlich, dass Sie durch diese Art der Prüfung eine/n sachkundige/n, bescheidene/n, ehrliche/n und freundliche/n Lehrer/in finden werden, der/die direkt, provokativ und herausfordernd ist und dennoch offen und flexibel bleibt. Indem wir eine Beziehung zu solchen Lehrer/innen entwickeln, erkennen wir allmählich das Maß ihres Mitgefühls und ihrer Weisheit, auch wenn dies vielleicht nicht sofort offensichtlich ist.

ZUSAMMENFASSUNG

- Um die Segnungen der Überlieferungslinie und die Anweisungen zu erhalten, die unseren spezifischen Bedürfnissen entsprechen, müssen wir uns auf lebende Lehrer/innen verlassen.

- Es gibt drei Phasen, um eine starke spirituelle Beziehung zu einem/r qualifizierten Lehrer/in aufzubauen: (1) Auswahl der qualifizierten Lehrer/innen, (2) Hingabe an Ihre Lehrer/innen üben und (3) den Qualitäten Ihrer Lehrer/innen nacheifern.

- Im Laufe unseres Lebens werden wir mit verschiedenen Arten von Lehrer/innen arbeiten, die jeweils einen unterschiedlichen Nutzen für unseren Geist bringen. Es gibt vier Haupttypen, derer wir uns bewusst sein sollten: (1) weltliche Lehrer/innen, (2) Dharmafreund/innen, (3) spirituelle Mentor/innen und (4) Vajrameister/innen. Die Anzahl möglicher Lehrer/innen, die Sie haben können, ist unbegrenzt.

- Bevor wir eine/n Lehrer/in auswählen, sollten wir unsere eigenen Motivationen und Qualitäten untersuchen, um sicherzustellen, dass wir die richtige Einstellung haben. Insbesondere sollten wir die Eigenschaften (1) Unvoreingenommenheit, (2) Intelligenz und (3) Fleiß kultivieren.

- Bei der Untersuchung potenzieller Lehrer/innen sollten wir auf die Anzeichen falscher Lehrer/innen achten, wie z. B.: (1) unreine Absichten, (2) Mangel an wahren Verwirklichungen und (3) Engstirnigkeit. Wir sollten diese Art von Lehrer/innen so weit wie möglich meiden.

- Es gibt zehn Qualitäten, nach denen wir bei qualifizierten Lehrer/innen suchen sollten: (1) Aufrechterhaltung der ethischen Disziplin, (2) den Geist durch Meditation gezähmt, (3) störende Geisteshaltungen sind gründlich befriedet, (4) verfügt über mehr Qualitäten als die Schüler/innen, (5) Begeisterung für den Dharma, (6) fundierte spirituelle Ausbildung, (7) aufrichtige Fürsorge, (8) verfügt über einen gewissen Grad an Verwirklichung, (9) bewandert in der Kommunikation und (10) unerschütterliche Beharrlichkeit.

- Eine spirituelle Beziehung entwickelt sich mit der Zeit. Die Entwicklung dieser Beziehung kann in vier Phasen unterteilt werden: (1) Babysitter und Baby, (2) Verkäufer/innen und Kund/innen, (3) Geschwister in einer Familie und (4) Mutter und Kind.

- Hingabe zu praktizieren bedeutet, Ihren Körper, Ihre Rede und Ihren Geist in einer Weise einzusetzen, die Ihren spirituellen Mentor/innen zusagt. Es gibt drei Hauptwege, Hingabe zu praktizieren: (1) Praxis darbringen, (2) Dienst anbieten und (3) materielle Unterstützung anbieten.

- Wenn Sie sich in der Gegenwart Ihrer Lehrer/innen befinden, sollten Sie eine Haltung kultivieren, die (1) Sie selbst als kranken Patienten sieht, (2) Ihre/n Lehrer/in als große/n Heiler/in, (3) Ihre/n Lehrer/in als einzige Quelle der Lehren und (4) die Lehren als das einzige Heilmittel für Ihre Krankheit. Versuchen Sie, diese Haltung auszudrücken, indem Sie Achtsamkeit für Ihren Körper und Ihre Rede aufrechterhalten.

KAPITEL VIER

Zuflucht zu den Drei Juwelen nehmen
Die Grundlage aller Pfade

Im Leben verlassen wir uns ständig auf verschiedene Dinge oder Maßnahmen, um die gewünschten Ergebnisse zu erzielen. Wenn wir hungrig sind, verlassen wir uns auf Essen, um unseren Appetit zu befriedigen. Wenn wir müde sind, verlassen wir uns auf den Schlaf, um uns ausgeruht zu fühlen. Wenn wir verärgert sind, verlassen wir uns auf den Trost von Freund/innen. Für jedes Verlangen, das wir haben, gibt es etwas, zu dem wir Zuflucht nehmen. Wir wählen diese Dinge aus, weil sie uns Schutz vor der jeweiligen Situation oder dem Zustand bieten, den wir vermeiden möchten. Obwohl diese weltlichen Formen der Zuflucht uns helfen zu überleben, müssen wir eine tiefere Art der Zuflucht suchen, die die Fähigkeit hat, das Leiden vollständig zu entfernen.

Um eine Analogie zu verwenden, betrachten Sie einen Bergsteiger, der einen Berg besteigen möchte. Er plant sorgfältig den Weg, den er einschlagen will, und folgt dabei den Pfaden derer, die den Berg bereits vor ihm erfolgreich bezwungen haben. Außerdem nimmt er die Hilfe eines erfahrenen Bergführers in Anspruch, der mit allen Aspekten der Reise vertraut ist. Die Planung des Aufstiegs ist zwar ein wichtiger Schritt, aber nur ein Teil der Vorbereitung. Bevor er tatsächlich den Berg betritt, muss er die notwendigen Vorräte und Ausrüstung zusammentragen, die er unterwegs benötigt. Er benötigt Nahrung, die ihm die nötige Energie gibt, Kleidung, die ihn vor den Elementen schützt, eine Axt, um Stufen zu schlagen, und Seile, um schwierige Felswände zu erklimmen. Ohne diese Hilfsmittel gibt es keine Möglichkeit, den Gipfel zu erreichen.

Ebenso müssen wir bei unserer Suche nach unserer innersten Wahrheit die richtigen Voraussetzungen schaffen, um unseren Erfolg sicherzustellen. Bis jetzt haben wir drei sehr wichtige Stützen besprochen: (1) einen authentischen Pfad, der uns den Weg zeigt, (2) eine authentische Überlieferungslinie, die sicherstellt, dass unser Weg zu unserem Ziel führt, und (3) eine/n authentische/n spirituelle/n Mentor/in, der/die uns zeigt, wie wir sicher an diesem Ziel ankommen. Um unsere Vorbereitungen zu vervollständigen, müssen wir nun die richtigen Grundlagen in unserem Geistesstrom schaffen.

In Übereinstimmung mit den großen Meistern der Kalachakra-Linie gibt es keine Möglichkeit, Erleuchtung zu erlangen, ohne zuerst Zuflucht zu den sogenannten Drei Juwelen – Buddha, Dharma und Sangha – zu nehmen. Sie bilden die Grundlage, auf der wir alle Formen der Verwirklichung erlangen. Sie werden als „Juwelen" bezeichnet, weil sie so unglaublich kostbar und wertvoll sind. Wie wir weiter unten noch genauer besprechen werden, besteht die Essenz der Zufluchtnahme zu den Drei Juwelen darin, Vertrauen in unsere eigene, innewohnende Fähigkeit zu entwickeln und dieses Vertrauen als Unterstützung für unsere Praxis zu nutzen.

Anfänglich können Menschen Schwierigkeiten haben, diese Art von Vertrauen zu erzeugen. Die Verbindung zwischen der Natur eines Buddha und ihrer eigenen erleuchteten Natur herzustellen, liegt jenseits des Verständnisses und scheint nicht möglich. Glücklicherweise kann diese Sichtweise überwunden werden, indem man die Drei Juwelen aus verschiedenen Blickwinkeln untersucht, um eine breitere Perspektive zu entwickeln, die die Aktualität unseres Potenzials realisiert.

Unsere tiefe Gewöhnung daran, die Welt durch die Brille unseres Greifens nach einem Selbst zu sehen, stellt ein Hindernis für das von uns benötigte Vertrauen dar. Die Gesellschaft präsentiert uns viele Beispiele dafür, wie wir uns ständig mit anderen vergleichen; wie wir aussehen, wie wir uns verhalten und wer wir als Menschen sind. Oftmals stehen wir uns selbst und anderen kritisch und wertend gegenüber, was unseren Geist sehr defensiv und zerbrechlich macht. Je defensiver unsere Haltung wird, desto stärker klammern wir uns an ein falsches Gefühl von einem Selbst, das es uns nahezu unmöglich macht, uns selbst zu erkennen. Um unser intensives Festhalten zu lockern, müssen wir unsere Aufmerksamkeit vom Selbst wegbewegen, indem wir Vertrauen in etwas jenseits des Selbst entwickeln. Auf dem buddhistischen Pfad sind dieses Etwas die Drei Juwelen.

GRÜNDE FÜR DIE ZUFLUCHTNAHME

Damit der Akt der Zufluchtnahme Kraft in unserem Geist hat, ist es hilfreich, die Hauptursachen zu verstehen, die unseren Wunsch, Zuflucht zu nehmen, überhaupt erst motivieren. Für jedes Zufluchtsobjekt gibt es zwei Faktoren: (1) Angst vor etwas, das man vermeiden möchte, und (2) Vertrauen in etwas, das einen vor dieser Angst schützt. Wir werden uns nun jede dieser Ursachen genauer ansehen.

Angst

Wenn wir an Angst denken, haben wir in der Regel das Bild vor Augen, wie wir von emotionaler Angst und einem Gefühl der Hilflosigkeit überwältigt werden, das es schwierig macht, mit der Ursache unserer Angst umzugehen. Dies ist nicht die Art von Angst, die wir hier entwickeln wollen. Unser Ziel ist es, eine Art von Angst zu erzeugen, die auf einem klaren Verständnis der Natur unseres Leidens beruht und das Potenzial hat, als kraftvoller Auslöser für spirituelle Aktivität zu wirken. Im Allgemeinen können wir von drei Hauptängsten sprechen, die jemanden motivieren können, eine gültige Zufluchtsquelle zu suchen.

1. **Angst vor grobem Leiden:** Alle fühlenden Wesen sehnen sich danach, frei von Leiden zu sein, aber leider ist es die Realität unserer Leben, dass die Erfahrung von Leiden unvermeidbar ist. Diese grundlegende Angst vor Schmerz und Qual motiviert viele Menschen, eine Zufluchtsquelle zu suchen, die ihnen helfen kann, in größerem Frieden und Harmonie zu leben. Für einige beschränkt sich der Umfang ihrer Bestrebungen auf dieses Leben allein, während für andere der Blick über den Tod hinausgeht und das potenzielle Leiden berücksichtigt, das auch in zukünftigen Leben erfahren werden könnte.

2. **Angst vor Samsara:** Für diejenigen, die sich tiefer mit der Natur der Erfahrung befassen, ergibt sich die Erkenntnis, dass unsere Auffassung von Glück eigentlich eine Form von potenziellem Leiden ist. Die Art und Weise, wie wir unsere Realität interpretieren, sät ständig die Saat für unsere eigene Unzufriedenheit, und zu allem Übel tun wir dies seit

anfangsloser Zeit. Sobald wir erkennen, dass wir unser Leiden aufrecht-erhalten, entwickeln wir die Angst, unser selbst gemachtes Gefängnis weiter auszubauen. Aus dieser Angst entsteht der starke Wunsch, sich vollständig von allen groben und subtilen Formen des Leidens zu befreien. Eine solche Motivation sehnt sich danach, den endlosen Kreislauf der Existenz zu durchtrennen und dauerhaft wahres Glück zu erfahren.

3. **Angst vor dem Nirvana:** Während unsere persönliche Befreiung von der zyklischen Existenz sicherstellt, keine Leiden mehr zu erfahren, hilft dies nicht den unzähligen fühlenden Wesen, die in Samsara verbleiben. Angesichts der unendlichen Verbindungen von Liebe und Zuneigung, die wir mit den fühlenden Wesen über unzählige Leben hinweg entwickelt haben, ist es inakzeptabel, sie einem solchen Schicksal zu überlassen. Mit dem Wunsch, ausnahmslos allen fühlenden Wesen Nutzen zu bringen, entsteht die Angst, nur für sich selbst Frieden zu erlangen. Diese Angst motiviert einen Menschen, die Ursachen zu kultivieren, um ein vollständig erleuchteter Buddha zu werden.

Wenn wir den Umfang dieser drei Ängste betrachten, können wir sehen, dass die erste sich darauf konzentriert, nur unmittelbare Formen des Leidens zu vermeiden. Die zweite hat eine größere Reichweite, die ein viel größeres Verständnis der Natur der Realität einschließt, und die dritte umfasst eine noch breitere Sichtweise. Im Kontext des Kalachakra-Pfades müssen alle drei Ängste als Grundlage für die Entwicklung einer authentischen Erfahrung der Zuflucht vorhanden sein.

Übung 4.1 – Den Wunsch entwickeln, frei zu sein

- *Stellen Sie in einer entspannten Haltung einen neutralen Geist durch die Praxis der Achtsamkeit auf die Atmung her.*

- *Lassen Sie Ihr Leben Revue passieren und rufen Sie sich verschiedene Beispiele körperlicher Schmerzen ins Gedächtnis, die Sie persönlich erlebt haben. Lassen Sie die Erinnerungen lebhaft vor Ihrem geistigen Auge entstehen. Denken Sie nun an den Schmerz, den andere erlebt haben. Können Sie sich vorstellen, wie es sich anfühlen würde, diese Schmerzen zu ertragen? Entwickeln Sie den starken Wunsch, sich von dieser Art manifesten Leidens zu befreien.*

- *Erinnern Sie sich noch einmal an Ihre Vergangenheit und suchen nach Beispielen, in denen Sie geistige Qualen erlebt haben. Jetzt verlagern Sie Ihren Fokus auf die vielen Formen von Qualen, denen andere Menschen ausgesetzt waren. Stellen Sie sich vor, wie es wäre, diese Geisteszustände zu erleben. Entwickeln Sie den starken Wunsch, frei von allen Formen geistiger Qualen zu sein.*

- *Als Nächstes stellen Sie sich vor, in einem Metallkäfig gefangen zu sein, der von einem reißenden Fluss mitgerissen wird. Sie schnappen nach Luft, während Ihr Kopf immer und immer wieder unter Wasser gedrückt wird. Sie werden gewaltsam in alle Richtungen geschleudert, während der Käfig gegen die Felsen schmettert. Wie würden sich ein solches Horrorszenario und Kontrollverlust anfühlen?*

- *Betrachten Sie die Natur der zyklischen Existenz. Wie der Käfig hält diese Sie in einem endlosen Strom von Leiden gefangen. Die Wellen des tosenden Wassers sind wie das Karma, das jeden Moment Ihrer Erfahrung konditioniert, Sie in die niederen Bereiche bringt und nur gelegentlich Zeit zum Atmen gibt. Wollen Sie Ihre Existenz so verbringen? Erzeugen Sie das Bestreben, sich ein für alle Mal aus diesem Gefängnis zu befreien.*

- *Vergegenwärtigen Sie sich schließlich Ihre Freund/innen und Familie. Stellen Sie sich vor, wie sie alle in einem brennenden Gebäude gefangen sind und nach Ihrer Hilfe schreien. Was würden Sie tun? Würden Sie sie im Stich lassen? Oder würden Sie alles tun, was in Ihrer Macht steht, um sie zu retten?*

- *Genau wie Sie leiden die fühlenden Wesen in der zyklischen Existenz und genau wie Sie wollen sie frei sein, aber sie benötigen Ihre Hilfe. Erzeugen Sie ein starkes Bestreben, niemals aufzugeben, bis alle fühlenden Wesen frei von Leiden sind.*

- *Verweilen Sie in der Entschlossenheit, dies zu erreichen.*

Glaube

Um unsere Angst in konstruktive Aktivitäten zu lenken, müssen wir Vertrauen in unser Potenzial entwickeln, diese Ängste zu überwinden. Ohne Vertrauen riskieren wir, in Depressionen oder Apathie abzugleiten, was keinem Zweck dient und niemandem hilft. In diesem Zusammenhang handelt es sich nicht um blinden Glauben, vielmehr um einen Glauben, der auf Weisheit beruht. Unser Ziel ist es, ein Gefühl der Überzeugung zu entwickeln, das uns eine stabile Grundlage für die Praxis bietet. Es gibt drei Formen des Glaubens, mit denen wir dies tun können:

1. **Spontaner Glaube:** Spontaner oder impulsiver Glaube entsteht als ein vorübergehendes Gefühl der Inspiration, wenn wir an die unglaublichen Qualitäten der Buddhas und Bodhisattvas denken. Er gründet auf dem Zusammentreffen von Bedingungen, die einen bestimmten Geisteszustand auslösen, z. B. wenn eine Person einen großen Tempel betritt, der mit großartigen Statuen, Gemälden und heiligen Reliquien gefüllt ist. Er kann auch in der Gegenwart unserer Lehrer/innen auftreten oder wenn wir das Leben der großen Meister/innen der Überlieferungslinie kontemplieren. Während diese Glaubensform extrem kraftvoll sein kann, ist sie flüchtig und wird verloren gehen, wenn sich die Bedingungen ändern. Deshalb ist es wichtig, den spontanen Glauben als Antrieb zu nutzen, um tiefere und stabilere Formen des Glaubens zu entwickeln.

2. **Begründeter Glaube:** Wenn der spontane Glaube mit logischem Denken kombiniert wird, kann er sich zu einem begründeten Glauben entwickeln. Diese Art von Glauben erkennt den Vorteil, etwas Bestimmtes zu glauben, und ist auf dieser Grundlage bestrebt, heilsame Handlungen auszuführen. Wenn wir die Gründe für unseren Glauben erkennen, wird er stärker und stabiler. Je größer seine Stabilität ist, desto besser kann er allen Zweifeln widerstehen, die auf dem Weg auftreten können.

3. **Zuversichtlicher Glaube:** Durch den Akt des Überlegens beseitigen wir den Zweifel. Wenn wir keine Zweifel mehr haben, wird unser Glaube zu einem unerschütterlichen Vertrauen und wir sind in der Lage, unsere Überzeugungen vollständig in alle Aspekte unserer Erfahrung zu integrieren. Da Verwirklichungen eine Offenheit dafür erfordern, die Realität so zu erfahren, wie sie ist, ist nur diese Art von Vertrauen eine gültige

Grundlage, um den Pfad tatsächlich zu vollenden.

Wie der Buddha einst sagte,

„Oh Shariputra, die letzte Wahrheit wird allein durch Glaube verwirklicht."

Oder wie der große Meister Padmasambhava einst sagte,

„Der Glaube des totalen Vertrauens lässt den Segen in dich eindringen. Wenn der Geist frei von Zweifeln ist, kann alles, was du dir wünschst, erreicht werden."

Glaube ist wie ein Samenkorn, aus dem alles Positive wachsen kann, während ein Mangel an Glaube den Samen zerstören wird. Glaube gilt als unser kostbarster Schatz, denn ohne ihn kann nichts wirklich Erhabenes verwirklicht werden. Wenn zuversichtlicher Glaube vorhanden ist, können äußere Bedingungen nicht mehr relevant sein, wie die folgende Geschichte über den Zahn des Hundes zeigt:

Ein Kaufmann reiste einst von Tibet nach Bodhgaya in Indien, um seine Geschäfte zu erledigen. Seine Mutter bat ihn, ihr eine heilige Reliquie mitzubringen, damit sie die Kraft ihrer Praxis steigern konnte. Der Sohn vergaß jedoch den Wunsch seiner Mutter und kehrte mit leeren Händen nach Tibet zurück. Gerade als er das Haus seiner Mutter erreichte, erinnerte er sich an ihren Wunsch und so fand er einen Hundezahn, wickelte ihn in Seide und bereitete sich darauf vor, ihn seiner Mutter als einen der ureigenen Zähne des Buddha anzubieten. Anstatt ihm die befürchtete Vergeltung zu geben, war seine Mutter überglücklich und fuhr fort, den Zahn als Teil ihrer Praxis zu verehren. Die Kraft ihres Glaubens und ihrer Hingabe schuf alle notwendigen äußeren Bedingungen und der alte Hundezahn wurde in ein kraftvolles Objekt verwandelt. Schließlich wurde er zu einer kraftvollen heiligen Reliquie, aus der wundersame Perlen hervorgingen, so als ob es wirklich der Zahn des Buddha wäre. Die Frau starb mit großem Frieden und Freude, wobei viele glückverheißende Zeichen bei ihrem Tod von ihrer Befreiung zeugten. Es war die Kraft ihres Glaubens, die diese Errungenschaft schuf.

Wenn die Kraft unseres Glaubens uns für das alles durchdringende Mitgefühl der Buddhas öffnet, werden wir durch die Verbindung zu unserer eigenen erleuchteten Essenz gesegnet und unsere eigenen guten Eigenschaften nehmen auf natürliche Weise zu. Insofern wir wenig Glauben besitzen, wird dies eine kleine Menge an Segnungen hervorrufen. Großer Glaube hingegen wird einen konstanten Strom von Segnungen anziehen. Selbst heute, wenn Schüler/innen den Buddha oder die großen Meister/innen mit aufrichtigem Vertrauen und Hingabe anrufen, wird ihnen ihr Segen zuteil.

Übung 4.2 – Eine Frage des Glaubens

- *Stellen Sie in einer entspannten Haltung einen neutralen Geist durch die Praxis der Achtsamkeit auf die Atmung her.*

- *Erinnern Sie sich an Momente aus Ihrem Leben, in denen Sie sich von einer Person oder einem Ort besonders inspiriert fühlten. Denken Sie über die genauen Bedingungen dieses Augenblicks nach und wie sie zu Ihrer Reaktion beigetragen haben. Was hat Sie so inspiriert? Zu welchen Aktionen hat Sie diese Inspiration geführt?*

- *Überlegen Sie, wann Sie eine Idee gehört oder gelesen haben und mehr darüber erfahren wollten. Wie hat sich das auf Ihr Verständnis ausgewirkt, als Sie die Idee recherchiert haben? Hat es Ihren Glauben an die Idee gestärkt oder geschwächt?*

- *Denken Sie jetzt an verschiedene Glaubensinhalte, von deren Wahrheit Sie überzeugt sind. Woher kommt dieses Vertrauen? Welche Faktoren haben zu Ihrem Gefühl der Gewissheit beigetragen?*

- *Lassen Sie Ihr Gewahrsein in allen auftauchenden Schlussfolgerungen verweilen.*

DIE DREI JUWELEN

Ein spiritueller Pfad ist ein dynamischer Prozess der Wandlung, der von der Interaktion zwischen vielen voneinander abhängigen Komponenten bestimmt wird. So wie es keine einzelne Ursache für einen bestimmten Moment der Erfahrung gibt, so gibt es auch kein einzelnes Objekt der Zuflucht, auf das man sich verlassen kann. Auf welche Objekte wir uns konzentrieren und wie wir uns auf sie verlassen, hängt vom Stand unserer spirituellen Entwicklung ab.

Aus diesem Grund werden wir die Arbeit mit den Drei Juwelen anhand eines mehrstufigen Ansatzes untersuchen. Auf jeder Ebene wird eine andere Perspektive hervorgehoben, die genutzt werden kann, um zunehmend subtilere Schichten des Verständnisses zu enthüllen. In ihrer Gesamtheit bilden die drei Ebenen eine flexible Grundlage, die uns auf unserem Weg von Anfang bis Ende unterstützt.

Die äußeren Drei Juwelen

Wir beginnen aus der Perspektive von jemandem, der sich gerade auf den Pfad begibt und dessen Fokus darauf liegt, herauszufinden, welche Bedingungen notwendig sind, um diesen Pfad effektiv zu praktizieren. Wir können diese Bedingungen als die *äußeren Drei Juwelen* bezeichnen, da sie im Allgemeinen als äußere Unterstützung gesehen werden, auf die wir uns verlassen, um unser Potenzial zu verwirklichen.

Buddha

Das erste Juwel ist als das *Buddha-Juwel* bekannt. Auf einer vorläufigen Ebene bezieht sich dieses Juwel auf den historischen Buddha Shakyamuni, der sich in unserer Welt manifestierte und das Rad des Dharma zum Nutzen aller fühlenden Wesen drehte. Als Zufluchtsquelle ist der Buddha ein überragendes Vorbild, der gezeigt hat, wie man den Dharma praktiziert und was durch diese Praxis erreicht werden kann. Definitiv ist der Buddha die perfekte Manifestation unserer Buddhanatur. Er ist ein Ausdruck unserer innersten Fähigkeit und repräsentiert das unendliche Potenzial, das wir alle besitzen.

Wir können Vertrauen in den Buddha entwickeln, indem wir über seine erleuchteten Qualitäten nachdenken. Während diese Eigenschaften unendlich sind, können wir im Allgemeinen von vier Hauptkategorien sprechen:

1. **Erleuchteter Körper:** In Übereinstimmung mit den Mahayana-Schriften wurde die höchste Nirmanakaya-Form des Buddha mit den zweiund-dreißig Haupt- und achtzig Nebenmerkmalen eines edlen Wesens geschmückt. Jedes dieser Merkmale war das Ergebnis der Ansammlung von außerordentlichem Verdienst im Laufe von drei unzähligen Äonen.

Shakyamuni Buddha – Verkörperung der äußeren Drei Juwelen

In Übereinstimmung mit dem Vajrafahrzeug jedoch ist die Form des Buddha aufgrund seiner vollkommenen Verwirklichung der Leerheit unvorstellbar und folglich gibt es keine Grenze für die Menge der daraus resultierenden Manifestationen.

2. **Erleuchtete Rede:** Wenn der Buddha spricht, kommuniziert seine Weisheit mit allen Wesen in Übereinstimmung mit ihrem spezifischen Geist. Es heißt, wenn jedes fühlende Wesen innerhalb der sechs Bereiche ihm eine Frage stellte, würde er mit sofortigem Verständnis jedem mit einem einzigen Wort antworten. Unabhängig davon, wo sie sich befänden, würde seine Antwort in ihrer eigenen Sprache erfolgen und so, als stünde er direkt neben ihnen.

3. **Erleuchteter Geist:** Nachdem er die Vollkommenheit der Weisheit erreicht hat, besitzt der allwissende Geist des Buddha grenzenloses Wissen über alle Phänomene. Nur der Geist eines vollständig erleuchteten Buddha kann die unendliche Komplexität von Ursache und Wirkung kennen, die zu einem bestimmten Moment der Erfahrung beiträgt. Aufgrund der Vollkommenheit des großen Mitgefühls ist der Geist des Buddha mit einer unerschütterlichen Liebe für alle fühlenden Wesen erfüllt, die jeden Wunsch, im friedlichen Zustand des Nirvana zu verweilen, eindämmt.

4. **Erleuchtete Aktivitäten:** Auf der Grundlage der untrennbaren Qualitäten seines Körpers, seiner Rede und seines Geistes manifestiert sich der Buddha kontinuierlich zum Nutzen der fühlenden Wesen. Da er alle tugendhaften Qualitäten vollständig vervollkommnet hat, braucht er keine Optionen zu analysieren oder Entscheidungen zu treffen, um zu wissen, was zu tun ist. Stattdessen ist er völlig frei, sofort und spontan zu reagieren. Unabhängig davon, welche Bedingungen in einem bestimmten Moment vorliegen, tut er genau das, was erforderlich ist, um den fühlenden Wesen den größten Nutzen zu bringen. Ähnlich einer glänzenden Sonne leuchten seine Strahlen immerzu.

Indem wir die erleuchteten Qualitäten des Buddha studieren, lernen wir, dass Leiden nicht grundsätzlich notwendig ist. Durch das Erkennen seiner eigenen

Buddhanatur konnte der Buddha alle Verdunkelungen beseitigen und alle guten Eigenschaften vervollkommnen. Ausgestattet mit derselben Buddhanatur, haben auch wir diese Fähigkeit. Es ist möglich, unsere Begrenzungen zu überschreiten und vollständige Erleuchtung zu erfahren – den Zustand der Buddhaschaft zu erreichen. Das Vertrauen in diese Fähigkeit ist die Essenz dessen, was es bedeutet, Zuflucht zum Buddha zu nehmen.

Die eigentliche Schulung für die Zufluchtnahme zu Buddha besteht aus zwei Grundsätzen:

1. **Verlassen Sie sich nicht auf fühlende Wesen als endgültige Zufluchtsquelle:** Eine gründliche Analyse der Natur der zyklischen Existenz erzeugt die Erkenntnis, dass nichts, was in Samsara gefangen ist, die Fähigkeit hat, Sie vollständig aus Samsara zu befreien. Obwohl Sie vorübergehend Nutzen daraus ziehen können, sich auf fühlende Wesen zu verlassen, sind sie letztlich keine gültigen Quellen der Zuflucht. Selbst der mächtigste Gott ist immer noch durch Karma und Verblendungen konditioniert und daher grundsätzlich begrenzt. Aus diesem Grund ist die einzig gültige Zufluchtsquelle ein erleuchtetes Wesen, das sich erfolgreich von allen Formen der Begrenzung befreit hat. Wir können uns immer noch an weltliche Wesen um Hilfe wenden, aber wir sollten sie nicht als unsere endgültige Zufluchtsquelle betrachten.

2. **Die Symbole des erleuchteten Geistes verehren und respektieren:** Um unsere Achtsamkeit für unsere eigene Fähigkeit zur Erleuchtung zu stärken, sollten wir jede Gelegenheit nutzen, um physische Symbole des Buddha wie Statuen oder Gemälde zu ehren und zu respektieren. Verwechseln Sie diese Praxis nicht mit Götzenanbetung, denn eine Statue ist lediglich eine Bedingung, um Sie an die erleuchteten Qualitäten des Buddha zu erinnern. Indem Sie sich mit diesen Qualitäten vertraut machen, inspirieren Sie Ihren Geist und entwickeln tugendhafte Bestrebungen, die schließlich das Ergebnis der Erleuchtung hervorbringen werden. Genau genommen ist es dieser Prozess der Umwandlung, den Sie ehren. Jedes Mal, wenn Sie die Form eines Buddha sehen, sollten Sie sich entweder physisch vor Verehrung niederwerfen oder ein geistiges Gefühl von tiefem Respekt und Bewunderung hegen.

Übung 4.3 – Potenziale erforschen

- *Stellen Sie in einer entspannten Haltung einen neutralen Geist durch die Praxis der Achtsamkeit auf die Atmung her.*

- *Nehmen Sie sich einen Moment Zeit, um über Ihre gegenwärtige Lebenssituation nachzudenken. Berücksichtigen Sie verschiedene Aspekte, z. B. wo Sie leben, welche Aktivitäten Sie ausführen, mit wem Sie in Beziehung stehen und wer Sie als Person zu sein glauben.*

- *Ist Ihr Leben schon immer so gewesen, wie es jetzt ist? Wenn nicht, auf welche Weise ist es anders? Erinnern Sie sich an die wichtigsten Meilensteine, die Ihr jetziges Erleben geprägt haben. Betrachten Sie die potenziellen Möglichkeiten jeder dieser Schlüsselsituationen. Wie wäre Ihr Leben in einem anderen Szenario verlaufen?*

- *Erinnern Sie sich nun an die Lebensgeschichte des Buddha. Betrachten Sie einige der wichtigsten Meilensteine, die seine Erfahrung beeinflusst haben. Stellen Sie sich für jeden Punkt vor, wie Ihr Leben anders wäre:*

  - *Wenn Sie in der behüteten Umgebung einer königlichen oder adeligen Familie aufgewachsen wären, in der alle Ihre Wünsche erfüllt worden wären.*

  - *Wenn Sie die leidvolle Natur dieses Lebens erkannt hätten und sich nach mehr Sinn sehnten.*

  - *Wenn Sie alle weltlichen Belange aufgäben und sich der Praxis des heiligen Dharma widmeten.*

  - *Wenn Sie durch die Meditationspraxis tiefgründige Ebenen an Konzentration erreicht hätten und diese nutzten, um die Natur der Realität zu beobachten.*

- *Gibt es nach Ihrem Verständnis von Karma einen denkbaren Grund, warum Sie diese Situation nicht selbst erfahren konnten? Was hindert Sie daran, die Ursachen für diese Zustände zu schaffen?*

- *Ruhen Sie in allen sich ergebenden Schlussfolgerungen.*

Dharma

Das zweite Juwel ist das *Dharma-Juwel*. In diesem Zusammenhang bezieht sich das Wort Dharma auf alle Phänomene, mit Hilfe derer die Natur der Realität enthüllt werden kann. Auf der vorläufigen Ebene bezieht sich der Dharma auf die Lehren des Buddha, wie sie sich im gesprochenen Wort oder in geschriebenen Texten manifestieren. Diese Lehren stellen die verwendeten Methoden dar, uns mit dem heiligen Dharma vertraut zu machen, und erhalten daher den Namen Dharma. Auf einer tieferen Ebene bezieht sich Dharma auf die tatsächlichen Errungenschaften, die sich im Geist der Praktizierenden als Ergebnis der Praxis der Lehren manifestieren. Diese Errungenschaften sind vollständig integrierte Erkenntnisse über verschiedene Aspekte unserer letztendlichen Natur. Sie sind direkte Erfahrungen dessen, was wir unsere innerste Wahrheit nennen – die endgültige Bedeutung der Realität.

Wenn wir unsere innere Wahrheit erkennen, sind wir frei von allen Formen des Leidens, und damit dies geschieht, muss unser Geist frei von allen Formen der Verdunkelung sein. Konkret bezieht sich dies sowohl auf die leidbringenden Verdunkelungen, die unsere Existenz durch unsere Handlungen bedingen, als auch auf die kognitiven Verdunkelungen, die bestimmen, wie uns die Realität erscheint. Der Dharma ist sowohl die Methode zur Reinigung des Geistes als auch der Zustand des Geistes nach seiner Reinigung.

Der Dharma ist in der Lage, den Geist zu reinigen, weil Verdunkelungen von Natur aus etwas Hinzugekommenes sind – sie sind kein fester Bestandteil unseres Geistes. Sie existieren aufgrund der innewohnenden Fähigkeit des Geistes, sowohl Weisheit als auch Unwissenheit zu manifestieren. Sobald jedoch Unwissenheit Wurzeln schlägt, baut sie sich auf und verdeckt die grundlegende Reinheit des Geistes. Um den Geist daran zu hindern, Unwissenheit zu manifestieren, müssen wir ihn daran gewöhnen, in der Weisheit zu verweilen. Das Vertrauen in die innewohnende Reinheit der Buddhanatur und die Fähigkeit des Dharma, die Verdunkelungen zu beseitigen, die sie verbergen, bedeutet Zuflucht zum Dharma zu nehmen.

Die eigentliche Schulung für die Zufluchtnahme zum Dharma besteht aus zwei Grundsätzen:

1. **Aufhören, fühlende Wesen zu verletzen:** Die Wurzel unseres Leidens ist die Unwissenheit, die sich an ein inhärent existierendes Selbst klammert und dieses Selbst über alles andere wertschätzt. Auf der Grundlage dieser Selbstbezogenheit üben wir Verhaltensweisen aus, die unsere Voreingenommenheit verstärken und unsere Erfahrung der Realität konditionieren. Da die Essenz des Dharma darin besteht, den selbstsüchtigen Geist aufzulösen, müssen wir unseren Fokus weg vom Selbst und hin zu einer Haltung verschieben, die andere wertschätzt. Wir tun dies, indem wir erkennen, dass sich alle fühlenden Wesen danach sehnen, frei von Leiden zu sein und Glück zu erfahren. Mit einem Geist, der in Liebe und Mitgefühl wurzelt, entscheiden wir uns dafür, alle Handlungen aufzugeben, die den fühlenden Wesen Schaden zufügen, um ihnen zu helfen, ihre tiefsten Wünsche zu erfüllen. Auch wenn es in manchen Situationen unvermeidlich ist, fühlenden Wesen Schaden zuzufügen, müssen wir immer das starke Bestreben beibehalten, Gewaltlosigkeit zu praktizieren.

2. **Die Symbole der erleuchteten Rede verehren und respektieren:** Genau wie bei den Symbolen des Körpers des Buddha sollten wir auch den Symbolen seiner Rede Verehrung entgegenbringen. Das bedeutet insbesondere, dass wir alle Manifestationen der Lehren des Buddha als heilige Objekte behandeln. Wir tun dies, weil Artefakte wie Bücher Weisheit enthalten, die genutzt werden kann, um die Ursachen des Leidens zu beseitigen. Ohne diese Artefakte hätten wir nicht die Möglichkeit, auf diese Weisheit zuzugreifen, und ohne sie hätten wir nicht die Möglichkeit, wahres Glück zu erfahren. Aus tiefem Respekt vor der Transformation, die durch den Dharma hervorgerufen wird, sollten wir beim Umgang mit jeder Art von Dharmatext achtsam sein. Traditionell bedeutet dies, dass wir unsere Texte an einem Ehrenplatz aufbewahren, vorzugsweise erhöht und nicht auf dem Boden. Wir sollten auch vermeiden, über sie zu steigen oder auf sie zu treten. Wenn möglich, sollten wir sie in Stoff eingewickelt aufbewahren, um sie vor den Elementen zu schützen und sie so lange wie möglich zu erhalten. Indem man den Geist auf diese Weise trainiert, schafft man die Ursachen dafür, immer Zugang zu diesen Lehren

zu haben und somit auf dem Pfad voranzukommen.

Übung 4.4 – Entdecken Sie Ihre innere Reinheit

- *Stellen Sie in einer entspannten Haltung einen neutralen Geist durch die Praxis der Achtsamkeit auf die Atmung her.*

- *Suchen Sie nach Momenten in Ihrem Leben, in denen Sie starke Wut erlebt haben. Fühlen Sie immer diese Art von Wut? Wenn nicht, welche Bedingung löste diese Erfahrung aus? Welche Bedingungen beendeten diesen Zustand? Was sagt Ihnen diese Analyse über die Natur der Wut? Sind Sie Ihre Wut oder ist Wut etwas, das Sie haben?*

- *Wählen Sie andere verblendete Geisteszustände und analysieren Sie sie auf ähnliche Weise. Sind diese Verblendungen untrennbar mit Ihrer Person verbunden?*

- *Ruhen Sie in allen sich ergebenden Schlussfolgerungen.*

Sangha

Das dritte Juwel ist das *Sangha-Juwel*. Der Begriff *Sangha* bezieht sich wörtlich auf eine Gemeinschaft, die unsere Praxis des Dharma unterstützt. Auf der vorläufigen Ebene können wir zwei Arten von Gemeinschaften unterscheiden – einen edlen Sangha und einen gewöhnlichen Sangha. Der *edle Sangha* besteht aus denjenigen, die eine direkte Erfahrung der Natur der Realität in ihrem Geistesstrom verwirklicht haben. Wir können sie als *edle Wesen* bezeichnen. Sie haben ihre eigene innere Wahrheit durch ihre Dharmapraxis verwirklicht und sind daher gültige Zufluchtsquellen für diejenigen, die ihre Ebene der Verwirklichung noch nicht erreicht haben. Jedes Mitglied dieser Gemeinschaft hat das Potenzial, uns auf dem Pfad zu leiten.

Es ist ein großer Segen, sich auf ein Mitglied des edlen Sangha zu verlassen, aber wir können uns auch auf die kollektive Unterstützung eines *gewöhnlichen Sangha* verlassen. Ein solcher Sangha besteht aus mehreren fühlenden Wesen auf unterschiedlichen Entwicklungsstufen. Individuell fehlt ihnen die

Erkenntnis, um eine gültige Zufluchtsquelle zu sein, aber zusammen spielen sie eine wesentliche Rolle, um uns die benötigte Unterstützung zu geben, auf diesem Weg voranzukommen. Der gewöhnliche Sangha inspiriert uns, Tugend zu praktizieren und hilft uns, die Hindernisse zu überwinden, denen wir begegnen. Durch die Zugehörigkeit zu einer spirituellen Gemeinschaft stärken wir die Bedeutung des Dharma in unserem Leben und reduzieren den Einfluss weltlicher Belange.

Letztlich repräsentiert der Sangha die Untrennbarkeit der drei Körper des Buddha – Dharmakaya, Sambhogakaya und Nirmanakaya. Jeder von ihnen ist eine Manifestation der Buddhanatur und repräsentiert die Art und Weise, wie der erleuchtete Geist von verschiedenen Arten von Wesen erfahren wird. Während der Dharmakaya und der Sambhogakaya nur von Buddhas bzw. Bodhisattvas der zehnten Stufe erfahren werden können, sind die Nirmanakayas für alle Formen von fühlenden Wesen zugänglich.

Wenn wir uns auf die Nirmanakaya-Form von Buddha Shakyamuni beziehen, die alle Zeichen und Merkmale enthält, ist dies als sogenannte *höchste Emanation* bekannt. Diese Erscheinungsform kam um das 6. Jahrhundert (v. u. Z.) in die Welt und blieb ungefähr achtzig Jahre lang bestehen, bevor sie sich auflöste. Obwohl wir nicht das Karma hatten, um Lehren direkt von dieser Form zu erhalten, manifestiert sich der Buddha bis heute in einer unendlichen Reihe gewöhnlicher und für uns erfahrbarer Manifestationen.

Der entscheidende Punkt, den wir verstehen müssen, ist, dass in jeder einzelnen Emanation des Buddha die Gegenwart des erleuchteten Geistes eines Buddha mit all seinen Qualitäten vorhanden ist. Sie sind in der Tat niemals getrennt. Um Buddha zu erfahren, müssen wir nicht in die Vergangenheit reisen, sondern uns nur mit denen verbinden, die den Dharma in ihrem Geist verwirklicht haben. Wenn sich die Buddhanatur für uns auch nur teilweise manifestiert, erleben wir den Buddha und durch diese Erfahrung wird unser Geist dazu inspiriert, seinen Qualitäten nachzueifern.

Das Vertrauen in die erleuchteten Eigenschaften unserer Lehrer/innen und die potenziellen Qualitäten unserer spirituellen Gemeinschaft ist die Essenz der Zufluchtnahme zum Sangha. Sie konzentriert sich in erster Linie darauf, uns mit tugendhaften Einflüssen zu umgeben, die unsere Dharmapraxis unterstützen. Ohne diese Einflüsse in unserem Leben laufen wir Gefahr, in unsere untugendhaften Gewohnheiten zurückzufallen, die uns nur noch weiter an Samsara binden. Dharma zu praktizieren kann ein Kampf sein und erfordert großen Fleiß und Geistesstärke. Sich auf eine Gemeinschaft zu verlassen, die unsere Handlungen auf ein gemeinsames Ziel ausrichtet, ist daher äußerst nützlich. Selbst wenn wir auf dem Pfad straucheln, wird uns die Kraft einer solchen Gemeinschaft auf dem Pfad weiter voranbringen.

Die eigentliche Schulung für die Zufluchtnahme zum Sangha besteht aus zwei Grundsätzen:

1. **Verzichten Sie auf den Einfluss weltlicher Freund/innen:** Wenn Alkoholiker erkennen, dass sie ein Problem haben, und die Notwendigkeit anerkennen, ihre Sucht zu überwinden, umgeben sie sich nicht mit Menschen, die ständig trinken. Stattdessen suchen sie die Unterstützung von Menschen mit ähnlichen Absichten, die dieselben Erfahrungen teilen. In ähnlicher Weise müssen wir uns, sobald wir unsere Abhängigkeit von leidbringenden Geisteszuständen erkannt haben, von denjenigen distanzieren, die unsere Verblendungen verstärken. Wie weit wir uns distanzieren, hängt von unseren Beziehungsmustern zu den Menschen in unserem Leben und von der gegenwärtigen Stabilität des Geistes ab. Wenn wir eine Beziehung analysieren und feststellen, dass sie uns ausschließlich Schaden zufügt, sollten wir ernsthaft in Erwägung ziehen, diese Person ganz zu meiden. Bemerken wir jedoch, dass nur bestimmte Aktivitäten unsere Leiden verstärken, können wir es vermeiden, uns auf diese bestimmten Aktivitäten einzulassen. Der wichtigste Punkt ist, achtsam mit den Einflüssen in unserem Leben umzugehen und die Einflüsse zu minimieren, die der Dharmapraxis nicht förderlich sind.

2. **Die Symbole des erleuchteten Körpers verehren und respektieren:** Es ist sehr nützlich, über die Qualitäten des Buddha nachzudenken, jedoch nicht vergleichbar mit der Erfahrung, diesen Eigenschaften in sich selbst zu begegnen. Wenn wir nachforschen, wo sich diese Qualitäten am deutlichsten zeigen, stoßen wir auf spirituelle Mentor/innen, die sich auf

einem spirituellen Pfad befinden. Diese edlen Wesen sind eine direkte Manifestation des Buddha in einer Form, die wir erfahren und mit der wir arbeiten können. In Anerkennung dessen widmen wir uns ihnen und erweisen ihnen Verehrung, wann immer es möglich ist. Jedes Mal, wenn wir das tun, stärken wir die Anerkennung unseres eigenen Potenzials, uns aus Mitgefühl zum Wohle der fühlenden Wesen zu manifestieren. Obwohl wir uns auf die erleuchteten Qualitäten edler Wesen konzentrieren mögen, sollten wir auch die Symbole respektieren, die diejenigen darstellen, die dem Dharma gewidmet sind, nämlich die Roben eines Mönchs oder einer Nonne. Begegnen wir diesen Symbolen, sollten wir eine Haltung der Bewunderung entwickeln, die danach strebt, das eigene Leben dem Dharma zu widmen. Diese Technik dient der Schulung unseres Geistes, sodass es keine Rolle spielt, ob die Person tatsächlich Realisationen hat oder nicht. Das Betrachten der Symbole genügt, um unsere Achtsamkeit zu aktivieren, und wird uns letztendlich Nutzen bringen.

Übung 4.5 – Die Einflüsse in Ihrem Leben untersuchen

- *Stellen Sie in einer entspannten Haltung einen neutralen Geist durch die Praxis der Achtsamkeit auf die Atmung her.*

- *Vergegenwärtigen Sie sich eine Person, die Ihnen in Ihrem Leben wichtig ist. Stellen Sie sich diese Person im Raum vor Ihnen vor. Betrachten Sie nun die Art Ihrer Beziehung zu ihr. Welche Art von Aktivitäten unternehmen Sie gemeinsam? Was ist der Schwerpunkt dieser Aktivitäten? Welche Geisteszustände treten auf, wenn Sie sich mit ihnen beschäftigen? Wie fühlen Sie sich dabei? Welcher Nutzen ergibt sich aus Ihrer Interaktion mit dieser Person?*

- *Verweilen Sie in allen aufkommenden Schlussfolgerungen und lassen die Person dann wieder im Geist verblassen. Wiederholen Sie den Vorgang mit einer anderen Person. Fahren Sie auf diese Weise fort, bis Sie bereit sind, die Sitzung zu beenden.*

- *Können Sie auf der Grundlage dieser Erkenntnis irgendwelche Beziehungen ausmachen, die Sie als nicht förderlich empfinden? Welche Maßnahmen könnten Sie ergreifen, um deren Einfluss auf Ihr Verhalten zu minimieren?*

- *Gibt es ebenso Beziehungen, die Sie als sehr förderlich empfinden? Was können Sie tun, um diese Beziehungen in Ihrem Leben hervorzuheben?*

- *Entwickeln Sie den festen Willen, diese Beziehungen achtsam zu pflegen.*

Die inneren Drei Juwelen

Die nächste Analyseebene untersucht unsere eigenen inneren Qualitäten als Quelle unserer Zuflucht und ähnelt der Art und Weise, wie ein Kind von seinen Eltern gepflegt wird. Zu Beginn muss sich das Kind in allem auf seine Eltern verlassen. Mit zunehmender Erfahrung beginnt es, seinen eigenen Fähigkeiten mehr zu vertrauen. Je mehr Selbstvertrauen es entwickelt, desto weniger muss es sich auf seine Eltern verlassen.

In gleicher Weise nutzen wir die äußeren Drei Juwelen als Unterstützung, um unsere Fähigkeiten zu entwickeln, und verlagern schließlich unser Vertrauen auf die eigenen Qualitäten. Dies können wir durch die Schulung der *inneren Drei Juwelen* – Guru, Yidam und Dakini – erreichen. Wir können sie auch als die *Drei Wurzeln* bezeichnen, da sie die Wurzel bzw. die Essenz der Drei Juwelen darstellen.

Guru

Der/die *Guru* ist die Wurzel des Buddha. Auf der vorläufigen Ebene ist der/die Guru (der/die spirituelle/r Mentor/in) die Untrennbarkeit von Buddhas Weisheitsgeist und Formkörper, der sich Ihnen gegenüber manifestiert, um Sie in Ihrer Praxis anzuleiten und zu unterstützen. Davon abgesehen ist die Rolle, die der/die Guru in Ihrem Leben spielt, wichtiger als das, was er/sie ist.

Der/die Guru, den/die Sie sehen, ist wie ein Spiegelbild Ihres eigenen Potenzials – eine Reflexion der Fähigkeit der Buddhanatur. Aber wozu benötigen wir einen Spiegel? Ohne diesen Spiegel können wir den Schmutz in unserem Gesicht nicht wahrnehmen. Sobald wir erkennen, dass unser Gesicht verschmutzt ist, besteht die Möglichkeit, uns davon zu reinigen. Erst, wenn alle Unreinheiten entfernt sind, kommt unser wahres Gesicht zum Vorschein.

Auf diese Weise nutzen wir den äußeren Guru lediglich als vorläufige Methode, um eine Verbindung mit unserem inneren Guru zu entwickeln, der/die sich derzeit hinter Schichten der Verdunkelung verbirgt. Indem wir den Dharma praktizieren, entfernen wir diese Verdunkelungen und unser innerer Guru beginnt, sich in den Aspekten der inspirierten Intuition und des Vertrauens zu manifestieren. Das Vertrauen in unsere Intuition und in die Reinheit unserer eigenen Natur ist die Essenz der Zufluchtnahme zum/zur Guru.

Wie wir später erfahren werden, ist das Training zur Stärkung unserer Verbindung zum inneren Guru als *Guruyoga* bekannt. Diese kraftvolle Technik zielt darauf ab, unser Gewahrsein für unser eigenes erleuchtetes Potenzial zu erhöhen. Durch die Handlung, Bitten an den Guru zu richten, werden sie als untrennbar von unserer eigenen Buddhanatur gesehen. Gefolgt von einem Prozess der Ermächtigung, visualisieren wir unser eigenes Potenzial, das so gereift ist, dass es sich in unserer Erfahrung manifestieren wird. Dann ruhen wir mit unserem Gewahrsein in dieser Erfahrung, solange wir können. Jedes Mal, wenn wir dies tun, ist es, als würden wir unser Gesicht waschen und in den Spiegel schauen.

Übung 4.6 – Von Ihrem inneren Guru lernen

- *Stellen Sie in einer entspannten Haltung einen neutralen Geist durch die Praxis der Achtsamkeit auf die Atmung her.*

- *Erinnern Sie sich an einen Moment in Ihrem Leben, in dem Sie sehr heftig auf etwas reagiert haben, das Ihnen gesagt oder getan wurde. Konzentrieren Sie sich auf die Details der Situation und versuchen Sie herauszufinden, worauf Sie reagiert haben. Was ging Ihnen durch den Kopf? Warum war es Ihnen damals so wichtig? Wie hat es sich angefühlt, so zu reagieren? Was war das Ergebnis Ihrer Reaktion?*

- *Halten Sie ihre Reaktionen für angemessen, wenn Sie zurückblicken? Welche Probleme können Sie in Ihrer Reaktion erkennen? Wie hätte die Situation anders gehandhabt werden können? Was können Sie aus dieser Erfahrung über sich selbst lernen?*

- *Suchen Sie nach weiteren Beispielen, bei denen Sie durch Selbstreflexion eine tiefere Einsicht in sich selbst gewinnen konnten. Unter welchen Bedingungen sind diese Erkenntnisse entstanden? Welche Arten von Situationen schienen zu den größten Einsichten zu führen? Welche*

Auswirkungen hatten diese Einsichten auf Ihr Verständnis?

- *Betrachten Sie, wie unterschiedlich sich Ihr Gewissen in Ihrer Erfahrung widerspiegelt. Erinnern Sie sich an Beispiele und Situationen, in denen Sie entweder auf Ihr Gewissen gehört oder es ignoriert haben. Was ist häufiger der Fall?*

- *Ruhen Sie in allen sich ergebenden Schlussfolgerungen.*

Yidam

Der *Yidam* ist die Wurzel des Dharma. Das Wort *Yidam* ist ein tibetisches Wort, das frei übersetzt „Verbindung mit dem Geist" bedeutet. Während es bei der Arbeit mit dem Guru hauptsächlich darum geht, sich mit Ihrer endgültigen Natur zu verbinden, geht es beim Yidam darum, sich mit den Arten zu verbinden, in denen sich die Natur in Form von erleuchteten Qualitäten manifestiert.

Auf der vorläufigen Ebene ist der Yidam eine symbolische Form, die verschiedene erleuchtete Qualitäten repräsentiert. Diese Formen werden traditionell in den Formen von Weisheitsgottheiten dargestellt, die nicht mit weltlichen Göttern oder Göttinnen verwechselt werden sollten, die im Samsara gefangen sind. Sie repräsentieren den Sambhogakaya-Erfahrungsbereich. Da wir derzeit nicht die Fähigkeit haben, den Buddha in dieser Form wahrzunehmen, müssen wir uns stattdessen auf Gemälde und Statuen verlassen.

Aufgrund der unbegrenzten Fähigkeit unserer Buddhanatur, eine unendliche Anzahl von Qualitäten zu manifestieren, gibt es auch eine unendliche Anzahl von Yidam-Gottheiten. Jede Gottheit hebt eine bestimmte Sammlung von Qualitäten hervor. Zum Beispiel repräsentiert die Figur von Chenrezig hauptsächlich die Qualität des Mitgefühls, während die Figur von Vajrapani die Qualität der Kraft darstellt.

Die Hauptgottheit des Kalachakra-Pfades ist Kalachakra, der gewöhnlich in Vereinigung mit seiner Gefährtin Vishvamata dargestellt wird. Auf seine Essenz vereinfacht, repräsentiert Kalachakra die Vollständigkeit der *gesamten Realität* und umfasst daher alle potenziellen Qualitäten. Das bedeutet, dass Sie durch die Kalachakra-Praxis auch alle anderen Yidams miteinbeziehen. Konzentrieren Sie

Shri Kalachakra – Verkörperung der inneren Drei Juwelen

sich auf einen anderen Yidam, praktizieren Sie immer auch einen Aspekt von Kalachakra. Dies ist eines der einzigartigen Merkmale der Kalachakra-Praxis.

Der Yidam wirkt als eine Methode, um mit unserer Selbstwahrnehmung zu arbeiten. Normalerweise klammern wir uns an ein gewöhnliches Selbst mit gewöhnlichen Eigenschaften und nehmen die Welt in Bezug auf das Identitätsgefühl wahr, das wir durch unsere Erfahrungen geschaffen haben. Indem wir an dieser Identität festhalten, setzen wir unser eigenes Leiden und das Leiden der fühlenden Wesen um uns herum fort. Aus diesem Grund müssen wir diese gewöhnliche Identität als die Wurzel von Samsara aufgeben und eine neue Identität annehmen, die die wahre Natur unserer Realität widerspiegelt. Den Glauben an die eigene reine Identität zu entwickeln, ist die Grundlage der Zufluchtnahme zum Yidam.

Die dazu verwendete Praxis ist als *Gottheiten-Yoga* bekannt. Bei dieser Methode lösen die Praktizierenden zunächst ihre gewöhnliche Identität auf, indem sie ihre leere Natur erkennen und sie im Wesentlichen mit der Reinheit ihrer Buddhanatur verbinden. Dann visualisieren sie sich von dieser Realitätsebene aus in der Form der Gottheit, mit der sie gerade arbeiten. Das Ziel ist, die eigene Fähigkeit zu erkennen, die gleichen Qualitäten wie der Yidam zu entwickeln. Auf dieser Grundlage nehmen die Praktizierenden eine reine Sicht des Selbst an, das auf ihrer erleuchteten Natur basiert. Die Praxis wird beendet, indem diese Identität wieder aufgelöst wird, um sicherzustellen, dass die Realität dieser Form nicht als inhärent existierend festgehalten wird.

Man sagt, dass der Yidam die Wurzel des Dharma ist, da die Schaffung der Bedingungen für die Manifestation der eigenen erleuchteten Qualitäten das Ergebnis dieser Dharmapraxis ist. Auf diese Weise soll der Dharma die Erfahrung des Yidam hervorbringen. Denken Sie daran, dass die visuelle Form eines Yidams rein symbolisch ist und als geschicktes Mittel zur Manifestation der Qualitäten verwendet wird. Wenn jede Qualität manifestiert ist, ist der eigentliche Yidam vollendet worden.

Übung 4.7 – Das Selbst dekonstruieren

- *Stellen Sie in einer entspannten Haltung einen neutralen Geist durch die Praxis der Achtsamkeit auf die Atmung her.*

- *Betrachten Sie die Details Ihres physischen Körpers, wie seine Form, Größe und Farbe. Woraus besteht dieser Körper? Denken Sie an all die verschiedenen Komponenten, bis hin zur molekularen Ebene. Teilen Sie diese Komponenten in getrennte Anhäufungen auf, z. B. ein Stapel Eisen, ein Stapel Kalzium usw. Zerlegen Sie ihn und visualisieren Sie diese Stapel im Raum vor Ihnen. Gibt es irgendetwas in diesen Stapeln, was Sie als sich selbst bezeichnen würden?*

- *Betrachten Sie nun die verschiedenen Details Ihres Geistes. Denken Sie an alles, womit Sie sich identifizieren, wie Ihre Erinnerungen, Ihre Gedanken, Ihre Vorlieben und so weiter. Ist irgendeines dieser Dinge für sich genommen Sie? Untersuchen Sie dies genau, insofern Sie denken, ein solches gefunden zu haben. Alles im Geist wird von Moment zu Moment erlebt, was bedeutet, dass jeder Moment in einen Anfang, eine Mitte und ein Ende unterteilt werden kann. Welcher Teil sind Sie?*

- *Wenn Sie der Meinung sind, alle Möglichkeiten ausgeschöpft zu haben, beenden Sie Ihre Analyse und lassen Ihr Gewahrsein so lange wie möglich ruhen.*

Dakinis und Dharmabeschützer

Die Wurzel des Sangha ist die *Dakini*. In Bezug auf den äußeren Sangha denken wir an die Menschen, die Gefährten auf unserer spirituellen Reise sind. Sie unterstützen, beschützen und helfen uns, die vielen Hindernisse zu überwinden, die uns begegnen. Es ist nicht verkehrt, sich externe Unterstützung zu suchen, ebenfalls sollten wir unsere inneren Ressourcen nicht vernachlässigen.

Obwohl unsere Buddhanatur unter Schichten von Verdunkelungen verborgen liegt, können Lichtstrahlen immer noch durch die Risse scheinen. Diese Lichtstrahlen manifestieren sich innerhalb unserer Erfahrung in Form von Inspiration und innerer Weisheit. Wenn wir lernen, diese Erfahrungen zu erkennen, können wir sie als Unterstützung für unsere Praxis nutzen.

Vorläufig manifestieren sich diese Erfahrungen in Form friedlicher Gottheiten, die als *Dakinis* bekannt sind, oder in Form zorniger Gottheiten, die als *Dharmabeschützer* bekannt sind. Wenn wir physische Darstellungen wie Gemälde und Statuen verwenden, um solche Gottheiten darzustellen, dürfen wir nicht vergessen, dass sie auf eine viel tiefere Bedeutung hinweisen. Während einige hoch verwirklichte Wesen diese Gottheiten als externe Einheiten erfahren können, neigt die überwiegende Mehrheit der Praktizierenden dazu, sie auf einer eher symbolischen Ebene zu erleben.

Dakinis manifestieren sich oft in der Erfahrung von Geborgenheit und Unterstützung. Es ähnelt der Erfahrung eines Kindes, das sich in den Armen seiner Mutter umsorgt und geliebt fühlt. Wenn Sie mit Situationen konfrontiert werden, in denen Sie Ihre eigene Fähigkeit anzweifeln, unterstützt dieses Gefühl Ihre Praxis. Verblendeter Zweifel lähmt unsere Fähigkeit, auf dem Pfad voranzukommen, und veranlasst uns zu Selbstzweifel und Zeitverschwendung. Durch den Einfluss der Dakinis erinnern wir uns daran, dass Verwirrung nicht das ist, was wir wirklich sind, und dass wir in Wirklichkeit bereits alles haben, was wir brauchen, um sie zu überwinden. Wie eine Mutter, die unsere Hand hält, geben sie uns den benötigten Vertrauensschub, um erfolgreich zu sein.

Wenn sich verblendete Geisteszustände ausbreiten, können sie viele Hindernisse erzeugen, die uns zu überwältigen drohen. Solche Situationen erfordern die starke Unterstützung einer direkten Gegenkraft, um sie zu überwinden. Wenn wir unsere innewohnende Reinheit anzapfen, entwickeln wir ein Gefühl der inneren Stärke, und das ist die Manifestation der Dharmabeschützer. Im Kontext unseres spirituellen Pfades ist es entscheidend, sich auf Dharmabeschützer zu verlassen, um unsere tief sitzenden Missverständnisse herauszufordern. Je weiter wir auf dem Pfad sind, desto mehr wehrt sich unsere Selbstbezogenheit und versucht, sich selbst zu schützen. Indem wir uns mit der Kraft der Dharmabeschützer verbinden, halten wir unseren Kurs, ohne in verblendete Verhaltensmuster zurückzufallen.

Gemeinsam sind die Dakinis und Dharmabeschützer unsere vorderste Verteidigungslinie gegen die unzähligen Dämonen, die unser Geist heraufbeschwört. Wenn wir uns wirklich mit diesen Eigenschaften in uns verbinden, hören wir auf, an die Geschichte zu glauben, mit der unsere Verblendungen uns versorgen, und beginnen, auf unsere natürliche Fähigkeit zur Tugend zu vertrauen. Genau dieses Vertrauen bedeutet, Zuflucht zu den Dakinis und Dharmabeschützern zu nehmen.

Es gibt viele Praktiken, um sich mit Dakinis und Dharmabeschützern zu verbinden. Sie ähneln dem Gottheiten-Yoga insofern, als sie Visualisierungen beinhalten, allerdings visualisieren wir uns nicht als Dakini oder Dharmabeschützer. Der Fokus liegt stattdessen darauf, dem visualisierten Wesen Darbringungen und Bitten zukommen zu lassen. Diese Methode dient dazu, sich mit dem Gefühl von Geborgenheit und Unterstützung oder Stärke und Kraft zu verbinden. Obwohl die Sprache und die Bildersymbolik den Anschein erwecken mögen, als würden wir ein äußeres Wesen verehren, sollten wir uns daran erinnern, dass sowohl Dakinis als auch Dharmabeschützer Manifestationen unserer eigenen Natur sind. Die Bitte wird aus der Perspektive eines fühlenden Wesens vorgebracht, das Hilfe vom erleuchteten Aspekt seiner selbst benötigt.

Übung 4.8 – Hindernisse überwinden

- *Stellen Sie in einer entspannten Haltung einen neutralen Geist durch die Praxis der Achtsamkeit auf die Atmung her.*

- *Denken Sie an verschiedene Beispiele zurück, in denen Ihnen das Vertrauen in Ihre Handlungsfähigkeit fehlte. An Momente, in denen Sie von Zweifeln erfüllt waren. Wie hat sich dieser Zweifel auf Sie ausgewirkt? Waren Sie in der Lage, ihn zu überwinden? Wenn ja, wie haben Sie ihn überwunden? Welche Bedingungen gab es, die Ihnen geholfen haben, ihn zu überwinden?*

- *Betrachten Sie nun verschiedene Beispiele, wann Sie mit einer schwierigen Situation konfrontiert waren, die Sie überfordert hat. Wie hat es sich angefühlt? Wie haben Sie diese Herausforderung gemeistert? Woher haben Sie Ihre Energie geschöpft? Worauf haben Sie sich verlassen?*

- *Können Sie anhand dieser Beispiele Inspirationsquellen ausmachen, die Ihr Vertrauen und Ihre Entschlossenheit stärken?*

Die geheimen Drei Juwelen

Alle Zufluchtspraktiken sind vorläufiger Natur und bieten uns vorübergehenden Schutz vor den verschiedenen Ängsten, die in unserem Geist entstehen. Während wir mit jedem Zufluchtsobjekt arbeiten, können wir die durch unsere Ängste hervorgerufenen Beschränkungen beseitigen und sie schließlich ganz umwandeln. Letztendlich ist das Ziel der Zufluchtnahme jedoch, ein vollständig erleuchteter Buddha zu werden, bei dem wir sogar die Notwendigkeit der Zufluchtnahme überwinden.

Vor diesem Hintergrund konzentriert sich die letzte Schicht unserer Analyse auf die abschließende Stufe unserer geistigen Entwicklung. Diese ist vergleichbar mit einem Kind, das sein Zuhause verlässt und vollstes Vertrauen in seine eigenen Fähigkeiten hat, aufkommende Herausforderungen zu bewältigen. Als Erwachsene nutzen sie alle ihnen zur Verfügung stehenden Ressourcen und erreichen ihre Ziele in erster Linie durch die Kraft ihrer eigenen Entschlossenheit.

Durch diesen Reifungsprozess und die Arbeit mit den beiden vorangegangenen Zufluchtsebenen erreichen wir auf unserer Reise einen Punkt, an dem wir die einzigartigen Bedingungen vollständig nutzen können, die sich jetzt in unserer Erfahrung offenbaren. Durch den Einsatz außerordentlich geschickter Mittel lernen wir, diese Bedingungen zu nutzen, um die vielen daraus resultierenden Möglichkeiten anzunehmen.

Wenn wir von den *geheimen Drei Juwelen* sprechen, beziehen wir uns auf den subtilen Energiekörper der Kanäle, Winde und Essenzen. Durch die Arbeit mit diesen drei Elementen ist es möglich, die Bedingungen für bestimmte Geisteszustände zu erzeugen. Der subtile Körper wird als Zufluchtsort betrachtet, da er die Grundlage für die Entwicklung einer direkten Verwirklichung unserer erleuchteten Natur darstellt. Dies geschieht durch die wechselseitige Beziehung zwischen dem Geist und den Bewegungen der subtilen Energie im Körper.

Kanäle

Auf der subtilsten Ebene des dualistischen Geistes gibt es eine starke Verbindung zwischen dem Geist und der Energie. Die beiden werden oft als Pferd und Reiter bezeichnet; wohin das Pferd geht, folgt der Reiter und umgekehrt. Dies ist das Prinzip hinter der Anordnung des Netzwerks von Kanälen und Chakren, die

Der tantrische Yogi – Verkörperung der geheimen Drei Juwelen

die Struktur des feinstofflichen Körpers bilden.

Diese Struktur ist das energetische Äquivalent unserer karmischen Neigungen und bildet sich aufgrund der Gedankenmuster, die im Geist entstehen. Wenn sich diese Muster stabilisieren, bilden sie die Erscheinung von Kanälen. Dies ist vergleichbar mit der Art und Weise, wie eine wirbelnde Feuerfackel die Illusion eines Kreises erzeugt, oder wie die Bewegung von Autos bei Nacht wie Lichtströme erscheint, wenn man sie mit hoher Geschwindigkeit betrachtet. Da keine wirkliche physikalische Struktur gebildet wird, können diese Kanäle nicht durch physikalische Technologien erkannt werden, aber sie können vom Geist geschulter Praktizierender wahrgenommen werden.

Obwohl es unzählige Kanäle gibt, die den Körper durchdringen, lassen sie sich in drei zusammenfassen: (1) den linken Kanal, (2) den rechten Kanal und (3) den Zentralkanal. Diese Kanäle repräsentieren die vorherrschenden Muster, die den Geist in jedem beliebigen Moment konditionieren. Wenn der Geist im linken und rechten Kanal arbeitet, funktioniert er auf der Grundlage des grob-konzeptuellen Geistes. Abhängig von der Vorstellung des Geistes von einem Selbst ist die Welt in Phänomene unterteilt, die auf Anhaftung und Abneigung oder auf Dingen, die wir mögen und nicht mögen, beruhen. Wenn der Geist gleichmäßig zwischen den beiden ausbalanciert ist, besteht ein Gefühl der Neutralität. Solange der Geist den Mustern des linken und rechten Kanals folgt, wird die Wirklichkeit indirekt durch konzeptuelle Zuschreibungen erfahren, unabhängig von der dominierenden Seite.

Um Erleuchtung zu erlangen, müssen diese Zuschreibungen entfernt werden, damit die Realität so erfahren werden kann, wie sie ist. Dies erfordert den Rückgriff auf den Zentralkanal. Wenn der Geist im Zentralkanal fließt, wird der grobe Geist ruhend und ein subtiler, nicht-konzeptueller Geist manifestiert sich. Dualistische Erscheinungen von Subjekt und Objekt können immer noch auftreten, aber sie werden direkt, ohne zusätzliche Zuschreibungen, im gegenwärtigen Moment erlebt. Indem wir Vertrauen in die Notwendigkeit entwickeln, die Vermehrung der Gedanken zu durchtrennen, bedeutet dies, Zuflucht zu den Kanälen zu nehmen.

Übung 4.9 – Gewahrsein des gegenwärtigen Moments

- *Stellen Sie in einer entspannten Haltung einen neutralen Geist durch die Praxis der Achtsamkeit auf die Atmung her.*

- *Lassen Sie Ihren Blick mit geöffneten Augen im Raum vor Ihnen ruhen.*

- *Erlauben Sie Ihrem Gewahrsein, Ihre Sinne vollständig zu durchströmen, und nehmen Sie alles wahr, was in Ihrem Erfahrungsfeld erscheint.*

- *Verweilen Sie in der Reglosigkeit Ihres Geistes. Versuchen Sie die aufkommenden Erfahrungen nicht zu bewerten, sondern einfach zu beobachten.*

- *Konzentrieren Sie sich auf den gegenwärtigen Moment. Sollte Ihr Geist in die Vergangenheit oder Zukunft abschweifen, dann lassen Sie die Ablenkung los und bringen ihn sanft ins Jetzt zurück.*

- *Meditieren Sie auf diese Weise, bis Sie müde werden.*

Winde

Das oben beschriebene komplexe Netzwerk von Kanälen ist nicht festgelegt. Es ist ein dynamisches System, das sich aufgrund der Bewegungen des Geistes ständig verschiebt und anpasst. In vielerlei Hinsicht gleicht es einem Fluss, der durch eine Schlucht fließt. Wo immer das Wasser fließt, entsteht die Erscheinung eines Flusses. Wenn das Wasser auf ein Hindernis stößt, fließt es um dieses herum und verändert seinen ursprünglichen Lauf. In gleicher Weise werden die Erscheinungen von Kanälen durch den Fluss des Geistes erzeugt. Handelt der Geist gemäß seinen gewohnten Mustern, behält er eine stabile Struktur bei, aber wenn diese Muster gestört werden, verändert sich diese. Um zu erkennen, wie diese Veränderungen entstehen, müssen wir die Muster verstehen, die die Bewegung des Geistes bestimmen. Diese Muster werden als *Winde* bezeichnet.

Insgesamt gibt es zehn Arten von Winden, aber für unseren Zweck können wir von zwei Hauptgruppen sprechen: (1) die Wurzelwinde und (2) die Nebenwinde. Wenn die Winde auf bestimmte Weise durch die Kanäle fließen, entstehen verschiedene Erscheinungen. Im Allgemeinen sind die Wurzelwinde für die Erzeugung geistiger Erscheinungen verantwortlich, während die Nebenwinde hauptsächlich für grobe sensorische Erscheinungen zuständig sind.

Entstehen objektive Erscheinungen in unserem Geist, führt dies zu einer entsprechenden subjektiven Reaktion. Wenn der Geist nach dieser Reaktion greift, verstärkt er die Energie und veranlasst den Geist, sich zu bewegen. Wirkt das Greifen der Reaktion entgegen, ändert sich die Fließrichtung und der Geist strömt in einem anderen Muster.

Solange sich der Geist bewegt, werden weiterhin dualistische Erscheinungen entstehen. Aus diesem Grund muss die Bewegung des Geistes aufhören, um diese Erscheinungen zu stoppen. Dies wird erreicht, indem wir den Geist trainieren, nicht an den Erscheinungen festzuhalten. Leiten wir die Winde in den Zentralkanal, trennt das unseren grob-konzeptuellen Geist ab und erlaubt uns, mit sehr subtilen Erfahrungsebenen zu arbeiten. Durch das fortgesetzte Arbeiten mit immer intensiveren Erfahrungen lernen wir, in Stille zu verbleiben, ohne einer Erfahrung anzuhaften. Langsam lösen sich die Winde vollständig auf und wir halten den Geist in einem Zustand der Versenkung. Wenn wir auf die Notwendigkeit vertrauen, jegliches Festhalten an Erscheinungen zu durchtrennen, meint dies, Zuflucht zu den Winden zu nehmen.

Übung 4.10 – Den Geist in seinen natürlichen Zustand versetzen

- Stellen Sie in einer entspannten Haltung einen neutralen Geist durch die Praxis der Achtsamkeit auf die Atmung her.

- Lassen Sie Ihren Blick mit geöffneten Augen im Raum vor Ihnen ruhen.

- Ziehen Sie das Gewahrsein von Ihren Sinnen ab und richten Sie Ihren Fokus auf den Raum des Geistes. Wenn Sie dazu Hilfe benötigen, erzeugen Sie einfach einen Gedanken und beobachten, wie er aus dem Raum des Geistes entsteht, eine Zeit lang bleibt und sich schließlich wieder in den Raum des Geistes auflöst.

- Während Ihr Gewahrsein in der Stille ruht, beobachten Sie, wie geistige Phänomene wie Gedanken, mentale Bilder usw. im Geist entstehen und *sich wieder auflösen.*

- *Verfolgen Sie diese Phänomene nicht, sondern halten Sie stattdessen einen Gewahrseinsstrom aufrecht, der offen, weit und lebendig in die Meditation eingebunden ist – frei von Greifen und frei von Ablenkung.*

- *Beginnt sich der Geist abzulenken, kehren Sie zur Stille zurück und stellen Sie Ihre Achtsamkeit für den Raum des Geistes wieder her. Beobachten Sie dann weiter, was auch immer entsteht.*

- *Meditieren Sie auf diese Weise, bis Sie müde werden.*

Subtile Essenzen

Im Moment der Empfängnis kommen drei Komponenten zusammen: das genetische Material des Vaters, das genetische Material der Mutter und ein Bewusstseinsstrom. Aufgrund des intensiven Greifens bilden diese drei Aspekte eine sogenannte *subtile Essenz* oder einen Tropfen. Durch den Einfluss des Geistes spaltet sich schließlich die Zelle, die den Tropfen enthält, und das genetische Material wird zusammen in Verbindung zum Geist vervielfältigt. Innerhalb von neun Monaten wird dieser Vorgang unzählige Male wiederholt, wodurch sich ein Mensch bildet. Bis zur Geburt eines Babys haben sich die subtilen Essenzen effektiv auf jede Zelle im Körper ausgebreitet.

Während die meisten Winde scheinbar nur in einem Bereich des Körpers lokalisiert werden, erfüllt der *alles durchdringende Wind* jede Zelle vollständig und liefert den Mechanismus, durch den der Geist diese Zellen beeinflussen kann. Man kann sich das als eine Art Klebstoff vorstellen, der alles zusammenhält. Gedanklich entspricht dieser Wind dem ursprünglichsten Konzept eines angeborenen, substanziell existierenden Selbst. Gleich dem Wind ist dieses Konzept in allen dualistischen Gedanken angelegt und durchdringt daher alle Formen des Bewusstseins.

Solange der alles durchdringende Wind im Körper verteilt bleibt, wird der Geist weiterhin aus der Perspektive des dualistischen Bewusstseins arbeiten. Das bedeutet, dass, selbst wenn die Winde in den Zentralkanal gebracht werden und dort verweilen, es immer noch genug zu tun gibt. Um unser Bewusstsein vollständig zu transzendieren und in der inneren Wahrheit unseres ursprünglichen Gewahrseins zu verweilen, müssen wir alle subtilen Essenzen sowie den alles durchdringenden Wind sammeln und im Zentralkanal auflösen.

Diesen Prozess erreichen wir durch die Arbeit mit den Kanälen und Winden. Im gesamten Kanalsystem gibt es Knotenpunkte, an denen sich mehrere Kanäle in den Körper verzweigen. Diese Punkte sind als *Chakren* bekannt. Wenn die Winde im Zentralkanal dazu gebracht werden, genau in der Mitte dieser Chakren zu verweilen, tritt der Geist in einen Zustand der Versenkung ein, der die subtilen Essenzen aus den Bereichen um das Chakra aufnimmt. Je länger der Geist absorbiert bleibt, desto mehr Essenzen werden gesammelt und desto konzentrierter wird der Geist. Schließlich, wenn alle Essenzen an einem Punkt gesammelt sind, wird die subtilste Schicht des dualistischen Bewusstseins aufgelöst und das ursprüngliche Gewahrsein manifestiert sich. Da nur der Geist des nicht-dualistischen ursprünglichen Gewahrseins die Fähigkeit besitzt, die subtilsten Verdunkelungen vollständig zu beseitigen, ist dies die letztendliche Verwirklichung des Kalachakra-Pfades. Wenn wir der Notwendigkeit vertrauen, alle Formen des groben, subtilen und sehr subtilen dualistischen Geistes zu überwinden, bedeutet dies, Zuflucht in die subtilen Essenzen zu suchen.

Übung 4.11 – Geist und Raum verschmelzen lassen

* *Stellen Sie in einer entspannten Haltung einen neutralen Geist durch die Praxis der Achtsamkeit auf die Atmung her.*

* *Lassen Sie Ihren Blick mit geöffneten Augen im Raum vor Ihnen ruhen.*

* *Beim Ausatmen dehnen Sie Ihr Gewahrsein in den Raum aus und lassen jegliche Anspannung und alle fokussierte Objekte los. Erlauben Sie dem Geist, offen und weit zu werden.*

* *Beim Einatmen verstärken Sie sanft Ihre Präsenz und erhöhen Ihre Wahrnehmung auf den gegenwärtigen Moment, ohne den Geist anzuspannen.*

* *Wiederholen Sie diese sehr subtile Pendelbewegung. Lassen Sie dabei in den Raum los und schärfen Sie Ihr Gewahrsein. Lassen Sie den Atem im*

natürlichen Rhythmus fließen, ohne ihn zu kontrollieren.

- *Wenn sich die beiden Gefühle zu vermischen beginnen, lassen Sie die Atembewegung los und ruhen mit Ihrer Achtsamkeit in einem Geist, der völlig frei vom Greifen ist und den gegenwärtigen Moment lebendig wahrnimmt.*

- *Meditieren Sie auf diese Weise, bis Sie müde werden.*

BRINGEN SIE DIE DREI JUWELEN IN IHR LEBEN

Das Studium der äußeren, inneren und geheimen Formen der Drei Juwelen vermittelt uns ein grundlegendes Verständnis davon, was die Objekte der Zuflucht sind, welche Vorteile es hat, zu ihnen Zuflucht zu nehmen, und welche Praktiken jede Form der Zuflucht stärken. Obwohl Sie in diesem Stadium Ihrer spirituellen Entwicklung vielleicht noch nicht mit den tieferen Formen der Zuflucht arbeiten, kann eine Einführung dabei helfen, Ihrer Praxis einen Kontext zu geben und zu veranschaulichen, wie sich der Pfad mit der Zeit entwickelt.

Wenn wir betrachten, wie jede Art der Zuflucht der Praxisunterstützung dient, stellen wir fest, dass die äußere Zuflucht von Buddha, Dharma und Sangha hauptsächlich mit dem Ursachenpfad des Sutrayana verbunden ist. Die innere Zuflucht von Guru, Yidam und Dakini ist eng mit der Erzeugungsstufe verbunden, und die geheime Zuflucht der Kanäle, Winde und Essenzen ist mit der Vollendungsstufe verknüpft, die beide dem Ergebnispfad des Vajrayana angehören. Zusammen bilden sie einen vollständigen Pfad, der es Ihnen ermöglicht, nahtlos durch jede Praxisebene zu gehen, von den Grundlagen bis hin zur vollständigen Erleuchtung.

In Anbetracht dessen sollte unser Hauptaugenmerk zu Beginn des Pfades darauf liegen, die Präsenz der äußeren Drei Juwelen in unserem Leben zu etablieren. Damit dies gelingt, werden wir uns mit dem Training beschäftigen, das unser Vertrauen in die Drei Juwelen stärkt und unserer Praxis Kraft verleiht.

Drei ergänzende Richtlinien

Zusätzlich zu den bereits genannten sechs spezifischen Zufluchtsregeln, gibt es drei allgemeine Richtlinien, die die Qualitäten hervorheben, die wir in Bezug auf die Drei Juwelen entwickeln müssen. Ist jede Qualität in unserem Geist präsent, wird unsere Zuflucht stark sein und unsere Praxis in die richtige Richtung gelenkt werden.

1. **Respekt, Ehre und Verehrung:** Damit die Drei Juwelen einen Einfluss auf unseren Geist haben, müssen wir ein echtes Gefühl für ihre Anwesenheit in unserem Leben entwickeln. Wir tun dies, indem wir eine ehrfürchtige Haltung für alles entwickeln, was uns an ihre Qualitäten erinnert. Dies ist die Voraussetzung dafür, warum wir die Symbole des erleuchteten Körpers, der Rede und des Geistes des Buddha ehren. Je mehr wir nach den Drei Juwelen in unserem Leben Ausschau halten, desto mehr werden wir sie wahrnehmen und desto mehr werden sie unser Verhalten inspirieren und unterstützen.

   Nirgendwo sind die Drei Juwelen so offenkundig wie in unseren spirituellen Mentor/innen. Wenn wir lernen, den Körper unserer Lehrer/innen als Sangha, ihre Rede als Dharma und ihren Geist als Buddha zu betrachten, werden wir jedes Mal, wenn wir sie sehen, auch die Drei Juwelen erkennen. Diese Einstellung bringt die Drei Juwelen aus dem Bereich abstrakter Konzepte in eine Wirklichkeit, mit der wir direkt interagieren

   Die Lehrer/innen auf diese Weise wahrzunehmen, hilft Ihnen gegenüber eine unerschütterliche Hingabe aufrechtzuerhalten, die eifrig dazu beiträgt, den spirituellen Mentor/innen zu gefallen, und sich bemüht, diese Beziehungen in keiner Weise zu schädigen. Indem Sie sich den Drei Juwelen anvertrauen, wie sie von Lehrer/innen vertreten werden, werden Sie erkennen, dass alles Wohlbefinden aus ihrem Mitgefühl resultiert.

2. **Achtsamkeit gegenüber Segnungen:** Wenn wir uns der Drei Juwelen in unserem Leben bewusst sind, erhalten wir ihren Segen in Form von Inspiration und Zuversicht. Sich dieser Segnungen bewusst zu sein, stärkt unsere Verbindung zu ihnen und erlaubt uns, die unglaublichen

Möglichkeiten dieses Lebens zu erkennen, wie z. B. das außergewöhnliche Ereignis, den Drei Juwelen begegnet zu sein und die spirituelle Praxis auszuüben, anstatt unter dem Gewicht des intensiven negativen Karma begraben zu sein.

Wir können Achtsamkeit auf die Gegenwart der Drei Juwelen in unserem Leben anwenden, indem wir uns einfach in eine bestimmte Richtung bewegen. Gedenken Sie einen Moment der *fünf Buddhas der ursprünglichen Weisheit* und huldigen ihnen: (1) Wenn Sie nach Osten gehen, denken Sie an Buddha Amoghasiddhi; (2) wenn Sie nach Süden gehen, denken Sie an Buddha Ratnasambhava; (3) wenn Sie nach Norden gehen, denken Sie an Buddha Amitabha; (4) wenn Sie nach Westen gehen, denken Sie an Buddha Vairochana; (5) wenn Sie nach oben gehen, denken Sie an Buddha Akshobhya; (6) und wenn Sie nach unten gehen, denken Sie an Buddha Vajrasattva.

Jede dieser Buddha-Figuren repräsentiert einen anderen Aspekt unserer Buddhanatur. Indem Sie sich an sie erinnern, bekräftigen Sie, dass all Ihre Erfahrungen mit Sichtbarem, Geräuschen, Gerüchen, Geschmäckern, Empfindungen und Gedanken Manifestationen dieser Natur sind. Wohin Sie auch gehen und was immer Sie tun, alles hängt vom Segen dieser Buddhas ab.

3. **Dankbarkeit:** Erkennen wir, wie der Segen der Drei Juwelen jeden Aspekt unserer Erfahrung durchdringt, stellt sich auf natürliche Weise ein tiefes Gefühl der Dankbarkeit ein. Wenn uns etwas begegnet, das uns gefällt oder Freude bereitet, sollten wir uns bewusst sein, dass eine solche Erfahrung nur aufgrund der unglaublichen Güte der Drei Juwelen möglich ist.

    Dies können wir tun, indem wir die Gewohnheit entwickeln, unsere erfreulichen Erfahrungen den Drei Juwelen darzubringen. Bevor Sie beispielsweise eine Mahlzeit einnehmen, seien Sie sich ihrer gewahr und bieten ihnen die bevorstehende Nahrung und den Genuss geistig an. Gleichermaßen können Sie jede als schön empfundene Situation wie z. B. einen Sonnenaufgang oder einen klaren Vollmond darbringen. Wir können immer und überall Gelegenheiten finden, unsere Dankbarkeit gegenüber den Drei Juwelen auszudrücken.

Die Darbringungen dienen ausschließlich unserem eigenen Nutzen, da die Drei Juwelen eigentlich nichts von uns benötigen. Es ist einfach eine hilfreiche Methode, um Achtsamkeit für die Rolle der Buddhanatur in unserer Erfahrung herzustellen und gleichzeitig einen Geist des Nicht-Greifens und der Großzügigkeit zu fördern.

Wenn Sie auf diese Weise praktizieren können, werden diese Richtlinien schließlich zur zweiten Natur. Wenn Sie in der Lage sind, Ihr Verhalten selbst im Traum beizubehalten, ist dies ein sehr gutes Zeichen dafür, dass die Praxis Wurzeln geschlagen hat. Es zeigt, dass Sie eine authentische Zuflucht zu den Drei Juwelen entwickeln, die Sie schützen und den ganzen Weg zur Erleuchtung führen wird.

Ihre Verpflichtungen stärken

Die Zufluchtnahme zu den Drei Juwelen gilt als das Tor zum Eintritt in den buddhistischen Pfad. Diese Hauptbedingung unterscheidet Anhänger/innen des Buddhadharma von Anhänger/innen einer anderen Weisheitstradition wie dem Christentum oder dem Islam. Ob jemand Zuflucht genommen hat oder nicht, hängt ganz vom Zustand seines Geistes ab. Es beruht auf einer inneren Überzeugung und wird nicht von jemand anderem verliehen. Eine authentische Zuflucht ist das Ergebnis des starken Vertrauens zu den Zufluchtsobjekten und erfordert daher eine intensive Untersuchung ihrer Qualitäten.

Sollten Sie sich nach sorgfältiger Überlegung dazu entscheiden, den Lehren des Buddha zu folgen, besteht die Möglichkeit, an einer *Zufluchtszeremonie* teilzunehmen. In diesem kurzen Ritual können Sie Ihr Bekenntnis zum Pfad öffentlich zelebrieren und in Gegenwart Ihrer spirituellen Mentor/innen ablegen. Am Ende dieses Rituals ist es üblich, einen buddhistischen Namen von seinem/r spirituellen Lehrer/in zu erhalten, der den Beginn einer neuen Richtung in Ihrem Leben symbolisiert.

Neben der Verpflichtung, die *sechs Zufluchtsgelübde* und die *drei ergänzenden Richtlinien* einzuhalten, ist es auch üblich, dass Schüler/innen ein oder mehrere *Gelübde der persönlichen Befreiung* ablegen. Diese Gelübde werden für die Dauer eines einzigen Lebens abgelegt und befassen sich hauptsächlich mit dem Verzicht auf untugendhafte Handlungen des Körpers und der Rede. Da es eine separate Zeremonie für die Ordination von Mönchen und Nonnen gibt, konzentriert sich diese Zeremonie im Allgemeinen auf die sogenannten *fünf Gelübde der Laienpraktizierenden*:

1. Kein Töten
2. Kein Stehlen
3. Kein sexuelles Fehlverhalten
4. Kein Lügen
5. Keine Rauschmittel

Die ersten vier sind im Wesentlichen die gleichen wie die ersten vier Handlungen aus den *zehn untugendhaften Handlungen* (siehe das Thema Karma in Band Eins). Der einzige Unterschied besteht darin, dass wir hier eine ernsthafte Verpflichtung eingehen, diese Verhaltensweisen bis zu unserem Tod aufrechtzuerhalten. Da es den Menschen unterschiedlich schwerfällt, diese Gelübde einzuhalten, haben Schüler/innen die Möglichkeit, sich auf eines oder mehrere auszurichten, abhängig von dem Grad der Verpflichtung, den sie sich zutrauen. Zumindest müssen sich Schüler/innen dem Gelübde des *Nicht-Tötens* verpflichten, da sie durch die Zufluchtnahme zum Dharma bereits die Verpflichtung eingegangen sind, keine fühlenden Wesen zu verletzen.

Das fünfte Gelübde, der *Verzicht auf Rauschmittel*, soll die Schüler/innen davor bewahren, Bedingungen zum Brechen der anderen vier Gelübde zu schaffen. Unter dem Einfluss von Alkohol oder Drogen können unsere geistigen Fähigkeiten so beeinträchtigt werden, dass wir keine vernünftigen Entscheidungen mehr treffen können und untugendhafte Handlungen begehen. Es wird daher generell empfohlen, diese Substanzen aufzugeben. Da die Definition von Rauschmitteln variieren kann, gilt es als bewährte Praxis, die spezifischen Anweisungen der spirituellen Lehrer/innen zu befolgen, die einem das Gelübde abnehmen.

Auf der Grundlage der Laiengelübde können Sie sich entscheiden, die klösterliche Ordination anzustreben. Dies ist eine sehr weitreichende Entscheidung und sollte in enger Absprache mit Ihren spirituellen Mentor/innen getroffen werden. Obgleich es ein unglaublicher Segen ist, ein Mönch oder Nonne zu sein, benötigen Sie Zugang zu einer Klostergemeinschaft, die Sie in Ihrer Ausbildung unterstützt. Die Ordination ohne diese Unterstützung anzunehmen, führt im Allgemeinen dazu, dass Mönche oder Nonnen ihre Disziplin aufgeben, was sehr ernste karmische Konsequenzen mit sich bringt. Sollten Sie aufrichtig an dieser Ebene der Verpflichtung interessiert sein, besprechen Sie zuvor alle damit verbundenen Details mit Ihren spirituellen Mentor/innen.

Für diejenigen, die das Wesen des klösterlichen Verhaltens erfahren möchten, gibt es auch eine Methode, die Wurzelgelübde für einen begrenzten Zeitraum abzulegen. Diese Gelübde sind als die *acht Mahayanagelübde* bekannt. Ursprünglich wurde diese Praxis für Menschen in Machtpositionen wie Könige und Königinnen entwickelt, die nicht die Möglichkeit hatten, sich einer asketischen Lebensweise zu widmen. Die Gelübde werden normalerweise sehr früh am Morgen vor der Morgendämmerung abgelegt und dauern vierundzwanzig Stunden. Während dieser Zeit halten sich die Praktizierenden an acht Gelübde, wie etwa nur eine Mahlzeit vor dem Mittag zu sich zu nehmen. Diese Fastenmethode hilft, unsere Anhaftung an die Nahrung zu reduzieren und gleichzeitig die Bedingungen für einen klaren Geist zu schaffen, der für die Meditation vorbereitet ist.

ZUSAMMENFASSUNG

- Zuflucht zu nehmen bedeutet, die Objekte, die Ihre spirituelle Praxis am meisten unterstützen, klar zu bestimmen und Vertrauen in sie zu entwickeln. Auf allen buddhistischen Pfaden sind die Drei Juwelen die einzig gültige Grundlage, um Erleuchtung zu erlangen: (1) Buddha, (2) Dharma und (3) Sangha.

- Es gibt zwei Gründe, zu den Drei Juwelen Zuflucht zu nehmen: (1) Angst vor etwas, das man vermeiden möchte, und (2) Vertrauen in etwas, das einen vor dieser Angst schützt.

- Drei Arten von Angst können als nützlich für die Motivation zur spiri-tuellen Praxis angesehen werden: (1) Angst vor grobem Leiden wie Schmerz und Qualen; (2) Angst vor der bedingten Existenz von Samsara; und (3) Angst vor dem Verlassen der fühlenden Wesen durch das Verbleiben im

Nirvana.

- Glaube bedeutet, eine Überzeugung über einen Aspekt der Realität zu entwickeln. Es gibt drei Aspekte des authentischen Glaubens: (1) spontaner Glaube, der den Verstand inspiriert; (2) begründeter Glaube, der Zweifel ausräumt; und (3) zuversichtlicher Glaube, der unerschütterlich ist.

- Im Allgemeinen ist der Buddha der vollständig erleuchtete Lehrer, der Dharma ist die Lehre, die zur Erleuchtung führt, und der Sangha ist die Gemeinschaft, die uns in unserer Praxis unterstützt.

- Konkret können wir uns die Drei Juwelen auf unterschiedliche Weise vorstellen, je nachdem, auf welcher Stufe des Pfades wir uns gerade befinden. Vom Groben zum Subtilen gibt es (1) die äußeren Drei Juwelen von Buddha, Dharma und Sangha; (2) die inneren Drei Juwelen von Guru, Yidam und Dakini; und (3) die geheimen Drei Juwelen von Kanälen, Winden und Essenzen.

- Gemäß den äußeren Drei Juwelen bedeutet Zuflucht zum Buddha zu nehmen, das Vertrauen in unsere Fähigkeit als fühlende Wesen zu entwickeln, um Buddhaschaft zu erreichen. Die Richtlinien lauten: (1) Verlassen Sie sich nicht auf fühlende Wesen als endgültige Zufluchtsquelle und (2) verehren und respektieren Sie die Symbole des erleuchteten Geistes.

- Zuflucht zum Dharma zu nehmen bedeutet, das Vertrauen in unsere Fähigkeit zu entwickeln, durch das Praktizieren des Dharma alle Verdunkelungen aus unserem Geist zu entfernen. Die Richtlinien lauten: (1) aufhören, fühlende Wesen zu verletzen und (2) die Symbole der erleuchteten Rede verehren und respektieren.

- Zuflucht zum Sangha zu nehmen bedeutet, Vertrauen in die erleuchteten Qualitäten Ihrer Lehrer/innen und die potenziellen Qualitäten Ihrer spirituellen Gemeinschaft zu entwickeln. Die Richtlinien sind: (1) Verzichten Sie auf den Einfluss weltlicher Freund/innen und (2) verehren und respektieren Sie die Symbole des erleuchteten Körpers.

- Gemäß den inneren Drei Juwelen ist die Wurzel des Buddha der [männliche oder weibliche] Guru. Das bedeutet Vertrauen in die eigene Intuition und die Reinheit der eigenen Natur zu entwickeln.

- Die Wurzel des Dharma ist der Yidam und beinhaltet das Erkennen Ihrer eigenen Fähigkeit, erleuchtete Qualitäten zu manifestieren, und das

Entwickeln des Vertrauens, dass dies Ihre wahre Natur ist.

- Die Wurzel des Sangha sind die Dakinis und Dharmabeschützer. Das bedeutet Vertrauen in unsere Fähigkeit zu entwickeln, alle Hindernisse zu überwinden und unsere zugrunde liegende Reinheit zu enthüllen.

- Gemäß den geheimen Drei Juwelen sind die Kanäle die Essenz des Sangha. Das bedeutet den Glauben an die Notwendigkeit zu entwickeln, den konzeptuellen Geist zu durchtrennen, indem man sich auf den Zentralkanal stützt.

- Die Essenz des Dharma sind die Winde. Das bedeutet der Notwendigkeit zu vertrauen, alle Formen des Greifens zu durchtrennen, indem man die Winde im Zentralkanal auflöst.

- Die Essenz des Buddha sind die subtilen Essenzen. Das bedeutet der Notwendigkeit zu vertrauen, das dualistische Bewusstsein aufzugeben, indem die subtilen Essenzen im Zentralkanal gesammelt werden.

- Die äußeren, inneren und geheimen Drei Juwelen entsprechen den Praktiken des Sutrayana, der Erzeugungsstufe und der Vollendungsstufe.

- Es gibt drei ergänzende Richtlinien, die kultiviert werden sollten: (1) Respekt, Ehre und Verehrung; (2) Achtsamkeit gegenüber Segnungen; und (3) Dankbarkeit für ihre Güte.

- Wenn Sie Ihre Verpflichtung, den Lehren des Buddha zu folgen, vertiefen wollen, können Sie an einer Zufluchtszeremonie teilnehmen. Während dieser Zeremonie nehmen Sie öffentlich Zuflucht zu den Drei Juwelen und verpflichten sich, (1) die sechs Zufluchtsregeln, (2) die drei ergänzenden Richtlinien und (3) eines oder mehrere der fünf Laiengelübde einzuhalten.

TEIL ZWEI

Den Bodhisattva-Pfad betreten

KAPITEL FÜNF

Vorurteile mit Liebe und Mitgefühl überwinden

Nach dem *karmischen Gesetz von Ursache und Wirkung* wird für jede Handlung, die wir mit unserem Körper, unserer Rede und unserem Geist ausführen, ein Ergebnis erfahren, das in seiner Natur der Ursache ähnlich ist. Die Natur einer Handlung wird hauptsächlich von der Absicht des Geistes beeinflusst, der sie ausführt, und so bildet die Absicht die Verbindung zwischen einer Handlung und einem Verlangen. Wenn wir etwas tun wollen, veranlasst unsere Absicht uns, eine Handlung auszuführen, um dies zu ermöglichen. Sie wirkt wie ein Magnet, der unsere Aufmerksamkeit auf einen bestimmten Punkt lenkt, und unsere Handlung bewegt uns dann in diese Richtung.

Indem wir unsere Absicht ändern, ändern wir die Natur der Handlung. Stellen Sie sich zum Beispiel drei Personen vor, die dem Kalachakra-Pfad folgen. Die erste Person möchte mehr Frieden und Harmonie in ihrem gegenwärtigen Leben finden, die zweite wünscht sich völlig frei vom Kreislauf der bedingten Existenz zu sein, während die dritte den Zustand eines vollständig erleuchteten Buddha erreichen möchte. Während alle drei die gleichen Handlungen beim Praktizieren des Kalachakra-Pfades ausführen, werden sich Ihre erlebten Ergebnisse aufgrund der verschiedenen Absichten unterscheiden. Nur die dritte Person wird die Ursachen für die Erleuchtung schaffen.

Sobald wir durch die Praxis der Zuflucht eine starke Verbindung zu den Drei Juwelen hergestellt haben, wenden wir unsere Aufmerksamkeit daher darauf, die sinnvollste Motivation zu entwickeln. Diese Motivation stellt sicher, dass jede von diesem Punkt an ausgeführte Handlung uns dem letztendlichen Ziel näher bringt, unsere innere Wahrheit zu enthüllen.

DIE WICHTIGKEIT, BODHICITTA ZU ENTWICKELN

Die Einzigartigkeit von Kalachakra gegenüber anderen Praxissystemen beruht auf dem Fokus, das nicht-duale Gewahrsein zu manifestieren, das die tatsächliche Beschaffenheit der Realität kennt. Die einzige Motivation, die es ermöglicht eine solche Erfahrung zu erreichen, ist als *Bodhicitta* bekannt. Daher müssen wir Bodhicitta in unserem Geist erzeugen, um den Kalachakra-Pfad authentisch zu praktizieren.

Bodhicitta ist am Anfang, in der Mitte und am Ende des Pfades wichtig. Am Anfang definiert es unsere Handlungen als Ursachen für die Erleuchtung. So wie der Akt der Zufluchtnahme Praktizierende des Buddha-Dharma kennzeichnet, unterscheidet das Erzeugen der erhabenen Bodhicitta-Motivation Praktizierende des Großen Fahrzeuges (Mahayana) von Praktizierenden des Grundlagenfahrzeugs (Hinayana). Der Unterschied liegt zwischen dem Erreichen der individuellen Befreiung und dem Erreichen der vollständigen Erleuchtung. Nur das Mahayana enthält die notwendigen und geschickten Methoden, um die sehr subtilen Verdunkelungen zu entfernen, die den allwissenden Geist an seiner Manifestation hindern.

Bodhicitta ist in der Mitte wichtig, da es die treibende Kraft hinter all unseren Handlungen wird und alles, was wir tun, mit dem Wunsch durchdringt, Erleuchtung zum Nutzen aller fühlenden Wesen zu erlangen. Wenn diese Motivation spontan in unserem Geist auftaucht, sammeln wir Ozeane von Verdienst und Weisheit an und erfüllen damit die Hauptbedingungen für das Erreichen der Buddhaschaft. Aufgrund der enormen Tragweite bekommt unser Leben dann eine unglaubliche Bedeutung, die sicherstellt, dass wir nicht nur unsere eigenen Ziele, sondern auch die aller fühlenden Wesen erreichen werden.

Schließlich ist Bodhicitta am Ende wichtig, weil es das Ergebnis des Pfades selbst ist. Im Tibetischen lautet der Begriff für Bodhicitta *jangchup kyi sem*. Hier bezieht sich *jang* auf „vollständige Reinheit", *chup* bedeutet „totale Errungenschaft" oder „Meisterschaft" und *sem* bedeutet „Geist". Zusammen können sie als „die vollständige Beherrschung eines reinen Geistes" übersetzt werden. Auf diese Weise bezieht sich Bodhicitta auf einen Geist, der völlig frei von allen Verdunkelungen ist und jede gute Eigenschaft ohne Einschränkung manifestieren kann. Dies ist die eigentliche Bedeutung der Buddhaschaft.

DIE NOTWENDIGKEIT VON GROSSEM MITGEFÜHL

Das Herzstück von Bodhicitta ist der Wunsch, dass die fühlenden Wesen frei von Leiden sind. Wenn dieser Wunsch jeden ohne Vorliebe oder Voreingenommenheit umfasst, ist er als *großes Mitgefühl* bekannt. Insofern großes Mitgefühl im Geist vorhanden ist, tun wir natürlich alles in unserer Macht Stehende, um Nutzen zu bringen. Da es inakzeptabel ist, dass unsere geliebten fühlenden Wesen weiteren Schmerz ertragen müssen, übernehmen wir die Verantwortung, die Bedingungen zur Beendigung all ihrer Leiden zu schaffen.

Betrachten wir die schier unermessliche Zahl der fühlenden Wesen in den sechs Bereichen, kann es unmöglich scheinen, einen solchen Wunsch zu erreichen. Wenn es uns an großem Mitgefühl mangelt, wird unser Bodhicitta kraftlos sein und wir könnten dazu neigen, uns wieder nur unserem eigenen Wohlergehen hinzugeben. Indem wir großes Mitgefühl kultivieren, erhalten wir unsere Entschlossenheit aufrecht und bleiben standhaft, wenn wir mit dem Umfang der anstehenden Aufgabe und damit verbundenen Schwierigkeiten konfrontiert werden.

Darüber hinaus ist das bestimmende Merkmal eines vollständig erleuchteten Buddha das Erreichen des Dharmakaya-Weisheits-Wahrheitskörpers. Er verweilt nicht in Frieden, sondern manifestiert sich in zahllosen Formkörpern zum Nutzen aller fühlenden Wesen. Die Qualität, die diese Form des nicht-verweilenden Nirvana gewährleistet, ist großes Mitgefühl, denn ohne dieses würde sich ein Buddha nicht von einem Shravaka- oder Pratyekabuddha-Arhat unterscheiden.

Nachdem wir die Bedeutung der Entwicklung von großem Mitgefühl erkannt haben, müssen wir uns fragen, was seine Entstehung verhindert? Die Antwort lautet: *Selbstbezogenheit.* Voll qualifiziertes großes Mitgefühl ist völlig frei von allen Formen von Voreingenommenheit, und daher wird alles, was Voreingenommenheit erzeugt, das Ausmaß unseres Mitgefühls begrenzen.

Voreingenommenheit entsteht, wenn wir uns auf die Welt durch die Brille der Selbstbezogenheit beziehen. Das Festhalten an den fünf Aggregaten als einem inhärent existierenden Selbst spaltet unsere Welt in zwei Gruppen. Auf der einen Seite gibt es „mich" und auf der anderen Seite ist alles andere, das „nicht ich" ist. Selbstbezogen ist der Geist, der „mich" für das Wichtigste hält. Als Ergebnis dieser Sichtweise führen wir Handlungen aus, die die Wünsche des „Ich" oder des Selbst erfüllen. Wenn dem Selbst kalt ist, sucht es nach Wärme; wenn das Selbst hungrig ist, wünscht es sich Nahrung, und wenn das Selbst bedroht wird, schlägt es zur Verteidigung um sich. Solange der selbstbezogene Geist gegenwärtig ist, dreht sich alles um die Bedürfnisse des Selbst. Auch wenn diese Bedürfnisse vorübergehend mit denen unseres Umfeldes übereinstimmen mögen, sind sie oft widersprüchlich und führen unweigerlich zu Konflikten.

Es ist nicht möglich, authentisches Bodhicitta zu erzeugen, wenn es uns an großem Mitgefühl fehlt. Ohne zuvor unsere Selbstsucht zu beseitigen, können wir großes Mitgefühl nicht erfahren. Da der Buddha dies erkannte, lehrte er Methoden, um das Herz zu erweitern und unserer gewohnheitsmäßigen Tendenz der Selbstsüchtigkeit entgegenzuwirken. Diese Methoden stellen eine wichtige Vorstufe für das Training zur Erzeugung von Bodhicitta dar.

DAS GEGENMITTEL ZUR SELBSTBEZOGENHEIT – DIE VIER UNERMESSLICHKEITEN

Die Hauptmethode zur Beseitigung der Selbstbezogenheit besteht in der Kultivierung von vier Eigenschaften, die als die *vier Unermesslichkeiten* bezeichnet werden – Liebe, Mitgefühl, Freude und Gleichmut. Jede dieser Qualitäten entwickelt bedeutsame Verbindungen zu den fühlenden Wesen und baut die verblendeten Geisteszustände ab, die Selbstbezogenheit fördern. Sobald die

Qualitäten	Gegenmittel zu	Verwechslungsmöglichkeit
Liebe	Hass	Selbstsüchtige Zuneigung
Mitgefühl	Grausamkeit	Verzweiflung
Freude	Neid	Oberflächliches Vergnügen
Gleichmut	Anhafung und Abwehr	Gleichgültigkeit

Tabelle 5.1 - Die vier Unermesslichen

Mauer zwischen uns und anderen zu bröckeln beginnt, verstärken und erweitern sich diese Qualitäten, bis sie schließlich von Natur aus unermesslich werden.

Die Essenz dieser vier Qualitäten lässt sich am besten in dem Bittgebet ausdrücken:

Mögen alle fühlenden Wesen Glück erfahren und die Ursachen für Glück.
Mögen alle fühlenden Wesen frei sein von Leid und den Ursachen für Leid.
Mögen alle fühlenden Wesen nie getrennt sein von der Glückseligkeit, die frei von Leid ist.
Mögen alle fühlenden Wesen in Gleichmut verweilen, frei von Voreingenommenheit, Anhaftung und Abneigung.

Wir werden nun jede Zeile einzeln untersuchen, um Einsicht in ihre Natur zu entwickeln.

Liebe

Die erste Zeile drückt die Qualität der unermesslichen Liebe aus:

Mögen alle fühlenden Wesen Glück erfahren und die Ursachen für Glück.

In diesem Zusammenhang ist Liebe keine Emotion, sondern der Wunsch nach einem bestimmten Ergebnis. Insbesondere der Wunsch, dass alle fühlenden Wesen sowohl das vorübergehende Glück angenehmer Gefühle als auch das wahre Glück der Verbindung mit ihrer letztendlichen Natur erfahren. Dieses Streben erkennt, dass Glück auf der Grundlage bestimmter Ursachen und Bedingungen entsteht. Damit dieser Wunsch erfüllt werden kann, müssen die fühlenden Wesen die Ursachen für ihr eigenes Glück schaffen.

Dieses Verständnis unterscheidet sich deutlich von der Art und Weise, wie Liebe in unserem heutigen Kulturraum üblicherweise dargestellt wird. Was wir normalerweise als „Liebe" ansehen, ist oft in Anhaftung verwurzelt und da Anhaftung eine Hauptursache für Leiden ist, können solche Formen der Liebe nicht zu echtem Glück führen. Wenn wir lernen, Liebe von Anhaftung zu unterscheiden, können wir jegliche Art der Zuneigung, die wir empfinden, dazu nutzen, um wahre Liebe zu kultivieren. Im Allgemeinen können wir von fünf Hauptarten der Liebe sprechen:

1. **Besitzergreifende Liebe:** Dies bezieht sich auf eine Form der Liebe, die

von Begehrlichkeit, Stolz und oberflächlichen Anliegen befleckt ist. Sie zeigt sich in einer Liebe zu Objekten für eitle und egoistische Zwecke, mit dem einzigen Grund, sich selbst zufriedenzustellen. Weil diese Liebe so von Selbstbezogenheit verunreinigt ist, enthält sie sehr wenig Mitgefühl und besteht überwiegend aus Gefühlen des Besitzes und der Anhaftung. Indem wir die besitzergreifende Liebe erkennen, können wir lernen, sie vollständig aufzugeben, und dadurch Raum für andere Formen der Liebe schaffen.

2. **Romantische Liebe:** Dies ist die starke emotionale Form der Liebe, auf die wir uns normalerweise beziehen, wenn wir davon sprechen, dass zwei Menschen „verliebt" sind. Sie manifestiert sich als Anziehung, Leidenschaft und Verehrung gegenüber einer anderen Person und ist in der Regel mit Gefühlen der Glückseligkeit, des Stolzes und der Stärke des Fokus vermischt. Da sie im Allgemeinen auf egozentrischen Motivationen beruht, geht sie oft mit einem Gefühl der Besitzgier einher, das sich als Eifersucht äußert. All diese Faktoren machen die romantische Liebe sehr befangen.

Bedauerlicherweise hält die romantische Liebe selten lange an. Wenn sich zwei Menschen „verlieben", wird ihre Bindung häufig durch eine Anhänglichkeit an die Art und Weise, wie die andere Person sie fühlen lässt, zusammengehalten. Wenn sich die Bedingungen unvermeidbar ändern und dieses Gefühl verloren geht, fällt die Beziehung auseinander. In einer solchen Beziehung gibt es wenig echte Fürsorge und Mitgefühl für die andere Person.

Wenn ein Paar jedoch daran arbeitet, seine Verbindung auf der Grundlage von Mitgefühl zu kultivieren, kann dies die Tür zu Qualitäten wie Achtsamkeit, Fürsorge und Dankbarkeit öffnen. Dies ist ein Zeichen dafür, dass sich die romantische Liebe auflöst und eine stabilere Form der Liebe Gestalt annimmt. Auf diese Weise kann sich eine konstruktive und liebevolle Beziehung zwischen zwei Menschen entwickeln, die ihnen hilft, gemeinsam in Freude und Glück zu wachsen.

3. **Zuneigungsvolle Liebe:** Diese Form der Liebe ruft Gefühle von Wärme und Nähe gegenüber anderen Lebewesen hervor, die wir als liebenswert

wahrnehmen. Wir erleben diese Art von Liebe oft, wenn wir üblicherweise „niedlichen" Dingen wie Babys und Tieren begegnen, denen gegenüber wir uns sofort öffnen und Zuneigung empfinden.

Zuneigung kann auch dadurch entstehen, dass wir uns im Verlauf der Zeit mit einer anderen Person auseinandersetzen. Durch die Entwicklung von Vertrautheit bauen wir eine starke Bindung auf und sorgen uns ganz natürlich um ihr Wohlergehen, wie bei Freunden und Familie. Aufgrund ihrer Fähigkeit, Freude zu bringen, kann sie oft mit einer Anhaftung an diese Freude sowie mit einem gewissen Maß an Besitzdenken vermischt werden.

Insofern sie auf gesunde Weise genährt wird, indem man sich auf die Bedürfnisse der anderen Person konzentriert, ist diese Form der Liebe eine wunderbare Grundlage für die Entwicklung von Beziehungen. Wenn der Fokus jedoch zu egozentrisch wird, kann zuneigungsvolle Liebe schnell in besitzergreifende Liebe ausarten.

4. **Elternliebe:** Dies ist die Liebe, die Eltern für ihr Kind empfinden und die manchmal auch als „Mutterliebe" bezeichnet wird. Sie ist stark und beständig und hält oft ein ganzes Leben lang an. Wenn diese Form der Liebe vorhanden ist, gibt es in der Regel nur sehr wenige Bedingungen für die Beziehung. Was auch immer das Kind tut, verlieren die Eltern nicht das grundlegende Mitgefühl und die Fürsorge, die sie für das Kind empfinden.

Leider kann diese Form der Liebe sehr befangen sein, wenn sie mit Gefühlen von Besitz, Stolz und Anhaftung kombiniert wird. Je stärker die Anhaftung an das eigene Kind ist, desto weniger Liebe wird gegenüber denen empfunden, die es nicht sind, und das kann zu Handlungen führen, die anderen Leid bringen. Wenn diese Voreingenommenheit jedoch beseitigt werden kann, kann die elterliche Liebe auf eine größere Anzahl von Menschen ausgedehnt werden.

5. **Bedingungslose Liebe:** Diese Form der Liebe basiert auf einem tiefen Verständnis der Natur der Wirklichkeit und der Empathie für die Erfahrungen von fühlenden Wesen. Diese höchst fürsorgliche Natur

schätzt alle Formen des Lebens, unabhängig von ihrer Form oder Größe. Im Laufe unserer Geschichte können wir viele inspirierende Persönlichkeiten finden, die bedingungslose Liebe verkörpern. Zum Beispiel machten die großen Weisen Jesus, Mohammed und der Buddha Mitgefühl und Liebe zu einem zentralen Bestandteil ihrer Lehren. Als aktuelle Beispiele könnten wir Mutter Teresa oder Seine Heiligkeit den Dalai Lama nennen. Selbst wenn sie zu leiden schienen, blieben wegen ihrer unermesslichen Liebe zu den fühlenden Wesen ihre Herzen mit großer Freude und Mitgefühl erfüllt.

Grundlegend für diese Form der Liebe ist die Qualität, die alle fühlenden Wesen als gleichwertig mit sich selbst ansieht. Dies bedarf im Allgemeinen gründlicher Reflexion und Übung, um sie zu entwickeln, wobei einige außergewöhnliche Menschen mit dieser Qualität geboren werden. Die Gefühle von intensiver Fürsorge für andere entstehen bei ihnen auf natürliche Weise. Normalerweise ist dies ein Zeichen dafür, dass sie in früheren Leben ein beträchtliches Training absolviert haben.

Bedingungslose Liebe ist am stärksten, wenn sie mit Weisheit kombiniert wird, wodurch Ihre Fürsorge für andere aufrichtig, klar und stabil wird. Ohne Weisheit verlassen Sie sich eventuell nur auf Mitgefühl oder Mitleid, was es schwierig machen kann, eine Lösung zu finden, die letztlich den anderen Nutzen bringt. Daraus können Leiden resultieren, die Sie entmutigen oder Ihre Entschlossenheit schwächen. Sollte dies geschehen, wird Ihre Liebe vermindert und unwirksam. Anders betrachtet ist echte Fürsorge in Verbindung mit Weisheit die entscheidende Qualität der Haltung eines Bodhisattvas. Es ist eine Tapferkeit, die im Angesicht von Schwierigkeiten niemals aufgibt.

Von diesen fünf Formen der Liebe wirkt nur die bedingungslose Liebe als wirksames Gegenmittel gegen die Selbstbezogenheit. Sie wirkt speziell dem Leiden des Hasses entgegen, der Konflikte motiviert und die Spaltung zwischen fühlenden Wesen verstärkt. Während Hass darauf abzielt, zu verletzen, Beziehungen zu zerstören und Andersartige abzulehnen, versucht die Liebe zu fördern und zu helfen, indem sie Vielfalt zulässt und unsere voneinander abhängige Natur unterstützt.

Echte Liebe ist wie eine Vogelmutter, die sich um ihre Küken kümmert. Sie bietet ihnen ein weiches, bequemes Nest und beschützt sie mit der Wärme ihrer Flügel. Sie ist immer sanft und beschützt sie, bis sie bereit sind, wegzufliegen. Gleich einer Vogelmutter sollten wir in Gedanken, Worten und Taten zu allen Wesen der drei Bereiche freundlich sein.

Wir wissen, dass wir echte Liebe erzeugt haben, wenn wir den aufrichtigen Wunsch entwickeln, dass alle fühlenden Wesen Glück und Wohlergehen erfahren. Wir wissen, dass sie stabil ist, wenn wir unseren Wunsch nach ihrem Glück nicht verlieren, selbst wenn sie uns Schaden zufügen oder uns das Leben schwer machen.

Mit dieser Art von Liebe sind wir bestrebt, unseren Körper, unsere Rede und unseren Geist einzusetzen, um nützlich zu sein und auf jede erdenkliche Weise Unterstützung anzubieten. Wir versuchen unser Bestes zu tun, um jede Interaktion sinnvoll zu gestalten, indem wir harsche Worte vermeiden und uns auf eine Weise verhalten, die für die Beteiligten freundlich und angenehm ist. Ganz gleich, wie viel Nutzen wir bringen, wir erwarten keine Gegenleistung und geben uns einfach mit dem Wissen zufrieden, dass andere glücklich sind. Wenn wir diese Ebene der Güte in jedem Aspekt unseres Lebens erzeugen können, wird Hass keine Wurzeln schlagen.

Übung 5.1 – Meditation über liebende Güte

- *Stellen Sie in einer entspannten Haltung einen neutralen Geist durch die Praxis der Achtsamkeit auf die Atmung her.*

- *Vergegenwärtigen Sie sich Ihre Vision von wahrem Glück. Stellen Sie sich vor, dass Sie alle Bedingungen haben, die Sie brauchen, um wirklich aufzublühen, sowohl innerlich als auch äußerlich. Denken Sie an die Freude und Zufriedenheit, die Sie erleben würden. Entwickeln Sie großes Vertrauen, dass Sie die Fähigkeit haben, diesen Zustand zu erreichen.*

- *Visualisieren Sie dieses innere Potenzial in Ihrem Herzen, das sich als strahlend weiße Lichtkugel manifestiert. Auch wenn diese Kugel klein ist, ist sie die Quelle aller Tugend und Freude. Stellen Sie sich bei jedem*

Ausatmen vor, dass die Kugel Lichtstrahlen in alle Richtungen aussendet und Ihren Körper vollständig mit der Wärme von Frieden und Harmonie durchflutet.

- *Stellen Sie sich nun vor, dass sich das Licht nach außen ausbreitet und den Raum ausfüllt. Vergegenwärtigen Sie sich die fühlenden Wesen in Ihrer unmittelbaren Umgebung und stellen Sie sich vor, dass das Licht auch ihre Körper ausfüllt. Stellen Sie sich vor, dass sie alles Erforderliche erhalten, um ihre sehnlichsten Wünsche zu erfüllen und wahren, dauerhaften Frieden und Harmonie in ihrem Leben zu erfahren. Dabei hegen Sie den Wunsch: „Möget ihr gesund und glücklich sein! Möget ihr die Ursachen für Frieden und Harmonie erfahren!"*

- *Wiederholen Sie diesen Vorgang mit jedem Ausatmen, dehnen Sie die Lichtkugel aus und schließen Sie immer mehr fühlende Wesen ein. Stellen Sie sich vor, wie sie mit Freude und Zufriedenheit erfüllt sind, und verstärken Sie Ihr Bestreben.*

- *Fahren Sie auf diese Weise fort, bis Sie müde werden. Lösen Sie die Visualisierung schließlich auf und ruhen Sie ein paar Minuten in Ihrem Gewahrsein, bevor Sie die Meditation beenden.*

Mitgefühl

Die nächste Zeile drückt die Qualität des unermesslichen Mitgefühls aus:

Mögen alle fühlenden Wesen frei sein von Leid und den Ursachen für Leid.

Die Essenz des Mitgefühls ist der Wunsch, dass fühlende Wesen frei von Leiden sind. Aus der Perspektive der Person, die Mitgefühl empfindet, ist es eine starke Fürsorge für das Wohlergehen einer anderen. Genau wie bei der Qualität der Liebe entsteht das Leiden nicht isoliert, sondern manifestiert sich auf der Grundlage von Ursachen und Bedingungen. Damit jemand zukünftig frei von Leiden sein kann, muss er/sie daher frei von den Ursachen des Leidens sein.

Liebe und Mitgefühl ergänzen sich auf natürliche Weise und stellen zwei Seiten einer Medaille dar. Während sich die Liebe mit den Erfahrungen befasst, die wir Lebewesen wünschen, betont Mitgefühl das, von dem wir hoffen, dass sie es nicht erfahren. Der Hauptunterschied besteht darin, dass Liebe den fühlenden Wesen wünscht, ihr *Potenzial* zu erreichen, indem sie über weltliche Vergnügungen hinausgehen, um die Vollkommenheit von Frieden und Harmonie durch das Erreichen der vollständigen Erleuchtung zu verwirklichen. Mitgefühl arbeitet mit der *Aktualität* unseres Lebens, mit dem, was wir im gegenwärtigen Moment erleben. Liebe blickt also in die Zukunft, während Mitgefühl auf die Gegenwart konzentriert ist.

Wie bei der Liebe ist es leicht, Mitgefühl mit ähnlichen Vorstellungen zu verwechseln. Wie wir bereits besprochen haben, ist großes Mitgefühl das Herz von Bodhicitta. Um die Rolle, die Mitgefühl in unserer Motivation spielt, klar zu verstehen, kann es hilfreich sein, unsere Begrifflichkeiten zu klären. Im Folgenden sind einige Aspekte aufgeführt, die verschiedene Formen des Mitgefühls darstellen, die wir erfahren können:

1. **Empathie:** Dies ist ein Gefühl, das widerspiegelt, wie sich ein anderes Wesen fühlt. Da es kein Wunsch ist, kann es nicht als eine authentische Form des Mitgefühls betrachtet werden, aber es ist dennoch ein sehr wichtiger Bestandteil davon. Es ist schwierig, den Wunsch zu entwickeln, dass alle fühlenden Wesen frei von Leiden sind, wenn wir nicht in der Lage sind, uns mit ihrem Leiden zu verbinden. Deshalb müssen wir zuerst Zeit damit verbringen, für uns selbst den Wunsch zu entwickeln, frei von zyklischer Existenz zu sein, indem wir unser eigenes potenzielles Leiden betrachten. Diesen Wunsch können wir dann mit Einfühlungsvermögen ausweiten, sodass wir denselben Wunsch auch für alle anderen hegen.

2. **Sympathie:** Empathie schafft eine emotionale Verbindung zwischen dem Selbst und anderen. Wie wir auf dieses Gefühl reagieren, bestimmt, ob es sich um wahres Mitgefühl handelt. Wenn wir Leiden beobachten, uns aber hilflos oder unwillig fühlen, etwas dagegen zu tun, empfinden wir im Allgemeinen *Sympathie*. Dies manifestiert sich als Mitleid oder Kummer über die Notlage der betroffenen fühlenden Wesen. Obwohl wir mit ihnen fühlen und ihren Schmerz erkennen, wissen wir nicht, wie wir helfen können. Dieses Gefühl kann auftreten, wenn wir die Nachrichten sehen und von den Notlagen der Opfer eines Verbrechens oder von Flüchtlingen erfahren. Wir wünschen uns zwar, dass sie von ihrem Leid befreit werden,

aber wir haben keine Weisheit, um ihre Situation zu ändern. Diese Art von Reaktion kann sich mit der Zeit aufbauen und zu emotionalem Burnout oder sogar Depression führen. Da sie nicht mit einer Aktion verbunden ist, ist sie sowohl für uns selbst als auch für das Objekt unseres Mitgefühls von begrenztem Nutzen.

3. **Grobes Mitgefühl:** Wahres Mitgefühl ist immer mit Weisheit verbunden. Es sieht das Leiden und erkennt das Potenzial, sich davon zu befreien, und unternimmt auf dieser Grundlage Handlungen, um denjenigen zu helfen, die das Leiden erfahren. Die Ebene des Mitgefühls, die entsteht, ist abhängig von der Tiefe der Weisheit. Wenn Mitgefühl auf offensichtliche Formen von Leiden wie Armut, Hunger, Krieg oder Naturkatastrophen reagiert, nennen wir es *grobes Mitgefühl*. Es wird im Allgemeinen mit Krisenmomenten in Verbindung gebracht, wenn das Leiden zu intensiv ist, um es zu ignorieren. Oft motiviert es die Menschen dazu, ihre Zeit ehrenamtlich zur Verfügung zu stellen, um den Betroffenen direkt zu helfen, oder zu spenden, um ehrenamtliche Bemühungen zu unterstützen. Leider ist dies eine voreingenommene Art des Mitgefühls, denn sobald die Krise beendet oder überstanden ist, entzieht sie sich unserer Aufmerksamkeit, wir vergessen das Leiden und kehren zum Alltag zurück.

4. **Subtiles Mitgefühl:** Die nächste Ebene des Mitgefühls basiert auf dem Verständnis unseres Potenzials für Leiden. Es erkennt, dass wir anfällig für das Reifen der Erfahrungen dieser Ursachen sind, solange wir die Ursachen für Leiden in unserem Geistesstrom halten. Wie eine tickende Zeitbombe befinden wir uns immer an der Schwelle zu Schmerz und Qualen. Diese Art des Mitgefühls wird als *subtiles Mitgefühl* bezeichnet, weil es schwer wahrzunehmen ist. Im Gegensatz zum groben Leiden, das offensichtlich unerwünscht ist, verstehen viele Menschen nicht, wie ihre Anhaftung an weltliche Vergnügungen ihren Geist für Leiden konditioniert, und sehen daher keine Notwendigkeit, etwas dagegen zu unternehmen. Dieser Mangel an Gewahrsein führt dazu, dass sie sich auf Handlungen einlassen, die nur die Erfahrung von grobem Leiden in der Zukunft garantieren. Indem wir subtiles Mitgefühl entwickeln, werden

wir motiviert, den Menschen zu helfen, Tugend zu üben und dadurch die Ursache für zukünftiges Glück zu schaffen.

5. **Objektloses Mitgefühl:** Obwohl subtiles Mitgefühl unglaublich nützlich für fühlende Wesen sein kann, ist es dennoch in seiner Reichweite begrenzt, da es in einer dualistischen Sicht der Wirklichkeit verwurzelt ist. Wenn wir garantieren könnten, dass fühlende Wesen nie wieder untugendhafte Taten begehen, gäbe es kein Problem, aber leider ist das nicht der Fall. Die Realität ist, dass wir, solange wir unter der Kontrolle unseres Karma stehen, immer das Potenzial haben werden, die Ursachen für Leiden zu schaffen, was unweigerlich zur Erfahrung von Leiden führt. Um völlig frei von Leiden zu sein, müssen wir die dualistische Sichtweise vollständig aufgeben. Der Schlüssel zum Erreichen dieser Freiheit ist die Verwirklichung der Leerheit. Wenn sich subtiles Mitgefühl mit dieser Erkenntnis vermischt, wird es zu *objektlosem Mitgefühl*. Solches Mitgefühl erkennt die Notlage aller fühlenden Wesen an und wird daher nicht durch Voreingenommenheit oder Beschränkungen beeinflusst. Als solches wird es zur Grundlage dafür, dass das Mitgefühl in seiner Natur unermesslich wird und uns dazu motiviert, den Dharma zu praktizieren und Verwirklichungen zu erlangen. Nur durch die Verwirklichung des Pfades in unserer Erfahrung können wir jemals hoffen, andere zur Befreiung zu führen.

Von diesen fünf Qualitäten sind die ersten beiden Bedingungen dafür, dass wahres Mitgefühl entstehen kann. Ohne Empathie gibt es keine Verbindung und ohne Sympathie gibt es keinen Wunsch, dass das Objekt unseres Mitgefühls frei von Leiden ist. Die letzten drei werden dann auf der Grundlage der Weisheit, die wir in die Situation einbringen, und des entsprechenden Nutzens unterschieden. Damit Mitgefühl eine authentische Unterstützung für Bodhicitta sein kann, muss es auf der tiefsten Form des Mitgefühls beruhen – dem objektlosen Mitgefühl. Nur diese Form des Mitgefühls ist von der Weisheit geprägt, die die leere Natur der Realität erkennt, und daher kann nur objektloses Mitgefühl als Gegenmittel gegen die grundlegende Unwissenheit der Anhaftung an einem Selbst wirken.

Wir müssen besonders darauf achten, dass wir Sorge nicht mit Mitgefühl verwechseln. Wenn Mitgefühl keine Weisheit hat, kann es in Trauer ausarten, die eine intensivere Form der Traurigkeit ist, die schwer auf dem Geist lastet und zu einer pessimistischen und apathischen Sichtweise führt. Ihre Funktion ist das Gegenteil von der des Mitgefühls, denn sie erzeugt das Gefühl, dass alles sinnlos ist, und motiviert Sie daher nicht zum Handeln. Es ist eine selbstzerstörerische Haltung, die das Wohlergehen der fühlenden Wesen vergisst und dazu führt, von Gefühlen der Verzweiflung überwältigt zu werden.

Der Schlüssel, um zu vermeiden, von solchen Emotionen überwältigt zu werden, liegt darin, ein tiefgründiges Gewahrsein für die vielen Arten zu entwickeln, in denen wir selbst leiden. Indem wir die Weisheit entwickeln, die die Quelle unseres eigenen Leidens versteht, können wir die Möglichkeit erkennen, es zu überwinden. Wenn wir unser eigenes Leiden überwinden können, dann können das auch alle fühlenden Wesen. Das bedeutet, dass unabhängig von der Situation immer etwas getan werden kann, selbst wenn wir nur den Wunsch erzeugen, dass alle fühlenden Wesen frei von Leiden sein mögen. Allein dies trägt dazu bei, unsere Selbstbezogenheit abzubauen und erlaubt uns, unsere inneren Qualitäten zu entwickeln und schließlich die Erleuchtung zu erlangen. Schreiten wir auf diese Weise auf dem Pfad voran, entwickeln wir die Fähigkeit, jenen, die leiden, größeren Nutzen zu bringen.

Die Praxis des Mitgefühls kann uns von all unseren früheren negativen Handlungen reinigen und dem kostbaren Bodhicitta erlauben, sich zu entwickeln und zu wachsen. Wir müssen daher beharrlich über Mitgefühl meditieren, denn welche andere Wahl haben wir? Das Bild, das für die Meditation über Mitgefühl gegeben wird, ist das einer Mutter ohne Arme, deren Kind von einem Fluss weggeschwemmt wird. Wie unerträglich die Qual dieser so intensiv liebenden, aber hilflosen Mutter, ihr Kind zu retten! Sie läuft am Fluss entlang und weint herzzerreißend, während ihr strampelndes Kind von der Flut mitgerissen wird.

Alle Wesen der drei Bereiche ertrinken im Ozean von Samsara, genau wie das Kind im Fluss. Wir sollten unsere Herzen für den von ihnen erlebten Schmerz öffnen und erkennen, dass wir keine Möglichkeit haben, sie zu retten so wie wir jetzt sind. Meditieren Sie darüber und überlegen Sie, welche Maßnahmen Sie ergreifen können, um zu helfen. Haben Sie Vertrauen in Ihre Lehrer/innen und die Drei Juwelen und bitten Sie um ihre Anleitung, um diese Wesen von ihrem Leiden zu befreien.

Übung 5.2 – Meditation über Mitgefühl

- Stellen Sie in einer entspannten Haltung einen neutralen Geist durch die Praxis der Achtsamkeit auf die Atmung her.

- Beginnen Sie damit, Ihr Gewahrsein auf Ihre eigenen Erfahrungen zu lenken. Betrachten Sie verschiedene Beispiele für die Kämpfe, die Sie in Ihrem Leben erlebt haben. Dazu können Erfahrungen mit Krankheit gehören, aber auch geistige Kämpfe wie Angst und Unzufriedenheit. Nähren Sie Ihren Wunsch, frei von diesen Arten des Leidens zu sein. Stellen Sie sich vor, dass Ihr Geist von Frieden und Harmonie erfüllt ist und alle Spuren von Verlangen, Feindseligkeit und Verwirrung beseitigt sind.

- Wenden Sie nun Ihre Aufmerksamkeit einer geliebten Person oder Freund/innen zu, die derzeit Schwierigkeiten in ihrem Leben haben. Verbinden Sie sich wirklich mit der Person, indem Sie die Welt aus ihrem Blickwinkel sehen und sich vorstellen, was sie erleben muss. Kehren Sie zu Ihrer eigenen Perspektive zurück und verstärken Sie den Wunsch, dass diese Person von ihrem Leiden und dessen Ursachen befreit wird. Stellen Sie sich vor, dass sie Erleichterung von ihren Kämpfen findet und die Freiheit entwickelt, mehr Frieden und Harmonie in ihr Leben zu bringen.

- Betrachten Sie eine andere Person, die von verblendeten Geisteszuständen überwältigt wird, die sie zu untugendhaftem Verhalten verleitet. Denken Sie an die Folgen, die diese Art von Verhalten für diese Person hat. Versuchen Sie wieder, die Welt aus deren Perspektive zu sehen und sich in deren Verwirrung hineinzuversetzen. Lassen Sie eine starke Sehnsucht aufkommen, die sich wünscht, dass diese Person auf einen authentischen Pfad stößt, dem sie folgen kann, um diese geistigen Verblendungen zu überwinden. Stellen Sie sich vor, sie findet einen Pfad und beginnt die Ursachen für ihr Glück zu kultivieren.

- Erlauben Sie dieser Person, in den Hintergrund zu rücken, und öffnen Sie Ihr Gewahrsein, um alle Menschen auf der Welt einzuschließen. Nehmen Sie sich Zeit, alle zu bedenken, die Ihrem Geist erscheinen, einschließlich ganzer Menschengruppen, von denen Sie wissen, dass sie derzeit leiden. Erkennen Sie, dass wir alle Mitgefühl verdienen und entwickeln Sie den Wunsch: „Mögen sie frei von Leiden und dessen Ursachen sein! Mögen wir alle danach streben, Frieden und Harmonie in dieser Welt zu erreichen!"

- *Fahren Sie auf diese Weise fort, bis Sie müde werden. Lassen Sie die Visualisierung los und ruhen Sie ein paar Minuten in Ihrem Gewahrsein, bevor Sie die Meditation beenden.*

Freude

Die nächste zu kultivierende Qualität ist unermessliche Freude:

Mögen alle fühlenden Wesen nie getrennt sein von der Glückseligkeit, die frei von Leid ist.

Das Wesen der Freude besteht darin, sich am Wohlbefinden und Glück anderer zu erfreuen. Die Kultivierung dieser Eigenschaft bezieht sich im Allgemeinen auf zwei Aspekte: (1) sich am Glück anderer zu erfreuen und (2) sich an tugendhaften Handlungen zu erfreuen, die die Ursachen des Glücks sind. Jeder Aspekt bietet eine andere Art der Unterstützung für Ihre Praxis.

Der erste Aspekt ist nützlich, um der Frustration entgegenzuwirken, die aufgrund der Stärke unserer Gewöhnung an Untugend entstehen kann. Wenn wir uns zu sehr auf unsere zukünftigen Bestrebungen konzentrieren, können wir manchmal das Gefühl haben, nicht schnell genug voranzukommen. Es ist leicht, durch die noch anstehende und unbezwingbare Aufgabe entmutigt zu werden. Sich am Glück der fühlenden Wesen zu erfreuen, hilft, dieses Gefühl auszugleichen, den Geist zu inspirieren und uns daran zu erinnern, warum wir so hart arbeiten.

Mit dem zweiten Aspekt erkennen wir, dass die einzige Methode zum Erreichen von dauerhaftem, wahrem Glück in der Kultivierung von Tugend besteht. Wann immer wir jemanden sehen, der Tugend praktiziert, sind wir uns freudig bewusst, dass die Person die Ursachen für ihr eigenes zukünftiges Glück schafft. Das stärkt nicht nur unsere Sinnhaftigkeit, sondern fördert auch den Hang zu diesen Handlungen in unserem eigenen Geist und dadurch sammeln wir indirekt Verdienst an. Je mehr wir uns über eine bestimmte Art von Handlung freuen, desto mehr schätzen wir diese und desto wahrscheinlicher ist es, dass wir sie in der Zukunft ausführen werden.

Obwohl die Praxis des Sich-Freuens im Wesentlichen, unabhängig vom

Fokus, die gleiche ist, wird das daraus resultierende und erzeugte Verdienst erheblich variieren, je nachdem, über wessen Handlungen Sie sich freuen. Im Allgemeinen wird gesagt, dass Sie doppelt so viel Verdienst erzeugen, wenn Sie sich über diejenigen freuen, die spirituell weniger entwickelt sind als Sie selbst. Wenn Sie sich über diejenigen freuen, die gleich entwickelt sind, ist das Verdienst gleich, und wenn Sie sich über jemanden freuen, der weiter entwickelt ist als Sie selbst, wird die Hälfte des Verdienstes erzeugt. Diese Zahlen sind natürlich nicht allzu wörtlich zu nehmen, sie geben uns einfach eine Vorstellung von der Beziehung zwischen Objekt und Verdienst. Auf der Grundlage dieses Verständnisses können wir fünf Arten von Wesen identifizieren, die es wert sind, sich an ihnen zu erfreuen:

1. **Buddhas:** Ein vollständig erleuchtetes Wesen, ein Buddha, engagiert sich in grenzenlosen Aktivitäten zum Nutzen aller fühlenden Wesen. Ihr Mitgefühl umfasst nicht nur alle fühlenden Wesen, ihre Fähigkeit ist frei von allen Begrenzungen und kann sich daher in jeder benötigten Form manifestieren. Indem wir uns über den Nutzen erfreuen, den die Handlungen eines Buddha hervorbringen, erzeugen wir einen Ozean von Verdienst, der unsere Bestrebung, eigene erleuchtete Qualitäten zu verwirklichen, verstärkt.

2. **Bodhisattvas:** Auf einer sehr subtilen Ebene können wir die Bodhisattvas der zehnten Stufe betrachten, die unermessliche Qualitäten zum Nutzen der fühlenden Wesen ansammeln. Insbesondere können wir uns an den Handlungen der *Bodhisattva-Könige von Shambhala* erfreuen, die über diese Welt wachen und uns inspirieren, Kalachakra zu praktizieren. Auf einer gröberen Ebene können wir die Meister/innen der Bodhisattva-Linien betrachten, die gezeigt haben, wie man den Kalachakra-Pfad praktiziert, und die unzählige Menschen zur Tugendhaftigkeit inspiriert haben. Dazu gehört auch, sich an den erleuchteten Aktivitäten der eigenen *spirituellen Mentor/innen* zu erfreuen, die gütiger sind als alle Buddhas, weil sie in menschlicher Form direkt mit uns arbeiten. Indem wir uns auf diese Weise erfreuen, stärken wir unseren Wunsch, den Pfad zu praktizieren und alle Errungenschaften zu verwirklichen.

3. **Pratyeka- und Shravaka-Arhats:** Selbst wenn wir Nirvana nicht als persönliches Endresultat anstreben, sind diejenigen, die den Zustand eines vollständig befreiten Arhats erlangt haben, wahrhaft außergewöhnliche Wesen. Sie haben die Leerheit verwirklicht, alle leidbringenden Verdunkelungen beseitigt und einen Zustand erreicht, der völlig frei von groben und subtilen Formen des Leidens ist. Denken Sie nur an die enorme Tugend, die erforderlich ist, um diese Ebene der Errungenschaft zu erreichen. Indem wir uns an dieser Errungenschaft erfreuen, stärken wir unser Vertrauen, dass Befreiung möglich ist.

4. **Gewöhnliche fühlende Wesen:** Für fühlende Wesen, die den Pfad des Sehens noch nicht betreten haben, können wir uns über alle Formen der Tugend freuen, ob groß oder klein. So wie das junge Bettelmädchen, das die Ursachen für ihre eigene Erleuchtung schuf, als sie dem Buddha eine Handvoll Staub mit reiner Absicht darbrachte, so schaffen auch fühlende Wesen, die tugendhafte Taten vollbringen, die Ursachen für wahres Glück. Indem wir uns an den Tugenden dieser Wesen erfreuen, stärken wir unser Vertrauen, dass wir dem Tag näher kommen, an dem alle Wesen frei von Leiden sein werden.

5. **Sie selbst:** Wir sollten nicht vergessen, uns auch an unserer eigenen Tugend zu erfreuen. Jede tugendhafte Tat, die wir ausführen, sammelt mehr Verdienst und Weisheit an und bringt uns unserem Ziel der vollständigen Erleuchtung näher. Indem wir dies tun, entwickeln wir unsere Kapazität und Fähigkeit, den fühlenden Wesen mehr Nutzen zu bringen, was weitere Gelegenheiten schafft, sich zu erfreuen und noch mehr Verdienst zu erzeugen. Geschickt eingesetzt, ist die Freude an der eigenen Tugend eine wunderbare Möglichkeit, die Wirkung unseres Handelns zu vervielfachen. Achten Sie nur darauf, dass diese Praxis nicht in Selbstbeweihräucherung, Arroganz oder Eitelkeit abgleitet. Wir freuen uns nicht, weil wir eine erstaunliche Person sind, sondern weil unsere erschaffene Tugend zu erstaunlichen Ergebnissen führen wird.

Wenn man sich freut, ist es immer wichtig, sich daran zu erinnern, warum. Wir erfreuen uns an den Taten von erleuchteten Wesen, weil sie uns inspirieren.

Wir erfreuen uns an den Taten von fühlenden Wesen, weil wir uns um sie sorgen und wollen, dass sie glücklich sind. Und wir erfreuen uns an unseren eigenen Taten, weil wir anderen einen größeren Nutzen bringen wollen. Indem wir diese Motivationen mit der Erkenntnis der gegenseitigen Abhängigkeit unserer Handlungen verbinden, stellen wir sicher, dass unsere Freude wirklich effektiv ist.

Neben der Ansammlung großer Mengen an Verdienst hat die Praxis der Freude auch den Nutzen, den verblendeten Geist der Eifersucht zu durchtrennen. Freude ist wie ein stolzer Elternteil, der sieht, dass sein Kind in der Schule gut abschneidet. Anstatt neidisch auf ihren Erfolg oder ihr Glück zu sein, sind wir aufrichtig von ihren Errungenschaften begeistert, im Wissen, dass sie großen Nutzen erfahren werden. Es sollte überhaupt keine Spur von Konkurrenzdenken geben.

Übung 5.3 – Meditation über einfühlsame Freude

- *Stellen Sie in einer entspannten Haltung einen neutralen Geist durch die Praxis der Achtsamkeit auf die Atmung her.*

- *Vergegenwärtigen Sie sich eine vertraute Person, die Qualitäten von guter Laune und Wohlbefinden besitzt. Eine Person, deren Anwesenheit Sie durch ihre Haltung, Worte oder Taten inspiriert. Während Sie an diese Person denken, lassen Sie Ihr Herz sich für diese Freude öffnen. Ruhen Sie in diesem Gefühl der reinen Freude.*

- *Lenken Sie nun Ihre Aufmerksamkeit auf eine Person, die etwas Wunderbares in ihrem Leben erlebt hat. Denken Sie an die Situation und rufen Sie sich ins Gedächtnis, wie dieses Ereignis diese Person fühlen ließ. Öffnen Sie wieder das Herz und nehmen Sie an diesem Gefühl der Freude teil.*

- *Dann denken Sie an jemanden, der offensichtlich tugendhafte Eigenschaften hat. Jemanden, der Sie durch ihre Großzügigkeit, Freundlichkeit und Weisheit inspiriert. Erfreuen Sie sich an dessen Tugenden und an dem Nutzen, den diese Person Ihnen und anderen gebracht hat.*

- *Erinnern Sie sich abschließend an Situationen aus Ihrem eigenen Leben, die Sie als inspirierend für sich oder andere empfunden haben. Betrachten Sie die ausgeübten Tugenden und alle unternommenen Anstrengungen, um diese Tugenden zu kultivieren. Denken Sie an all die Menschen, die es Ihnen ermöglicht haben, diese Handlungen auszuführen, und ruhen Sie in dem Gefühl der Freude und der Dankbarkeit.*

- *Fahren Sie auf diese Weise fort, bis Sie ermüden.*

Gleichmut

Die letzte Zeile der Bestrebung betont schließlich den unermesslichen Gleichmut:

Mögen alle fühlenden Wesen in Gleichmut verweilen, frei von Voreingenommenheit, Anhaftung und Abneigung.

Der tibetische Begriff, der oft mit „Gleichmut" oder „Unparteilichkeit" übersetzt wird, ist *tang nyom*. Das Wort *tang* bedeutet „Nicht-Anhaftung" oder „Aufgeben", während das Wort *nyom* „geistige Ausgeglichenheit" bedeutet. Beide Aspekte weisen auf die Essenz eines Geistes hin, der ausgeglichen frei von Voreingenommenheit verweilt.

Bis zu diesem Punkt haben die Qualitäten der Liebe, des Mitgefühls und der Freude jeweils daran gearbeitet, die Voreingenommenheit unseres selbstbezogenen Geistes abzuschwächen. Durch die Meditation auf Liebe lernen wir, uns um fühlende Wesen zu kümmern, unabhängig davon, was sie für uns tun, indem wir die Begrenzung der Anhaftung aufgeben. Durch die Meditation auf Mitgefühl lernen wir, uns um fühlende Wesen zu kümmern, selbst wenn sie uns schaden, und geben so die Begrenzung der Abneigung auf. Durch die Meditation auf Freude lernen wir, uns am Glück anderer zu erfreuen und geben die Begrenzung der egozentrischen Eifersucht auf. Damit diese Qualitäten unermesslich werden, müssen wir uns nun auf den Gleichmut konzentrieren, der unsere Voreingenommenheit direkt auflöst und uns erlaubt, unsere Bestrebungen nach außen auszudehnen, um ausnahmslos alle fühlenden Wesen zu umfassen.

Dies wird erreicht, indem man eine geistige Ausgeglichenheit entwickelt, die alle Wesen als gleichwertig ansieht. Dieser Geisteszustand sollte nicht mit einem abgehobenen Gefühl der Gleichgültigkeit verwechselt werden. Der Gleichmut, den wir zu entwickeln versuchen, kommt aus der Kultivierung von

Liebe und Mitgefühl und ist von einer tiefgründigen Fürsorge für fühlende Wesen inspiriert. Diese Haltung ist ein allumfassender Aspekt, ähnlich einem großen Weisen, der ein Festmahl vorbereitet und die ganze Stadt dazu einlädt, unabhängig von Stand und Vermögen.

Alle Formen der Voreingenommenheit wurzeln in einem konzeptuellen Urteil, das die Überlegenheit eines Phänomens über ein anderes betrachtet. Da diese Urteile auf verschiedenen Arten der Unwissenheit beruhen, ist der einzige Weg, sie zu beseitigen, die Kultivierung von Weisheit bezüglich ihrer Natur. Aus diesem Grund wird Gleichmut in erster Linie durch analytische Meditation entwickelt, bei der wir erkennen, dass alle Voreingenommenheit lediglich ein Prozess geistiger Zuschreibung ist und dass wir im Grunde alle die gleiche Natur haben. Wir beginnen dann, uns mehr mit dieser Natur und weniger mit unseren projizierten Unterschieden zu verbinden und entwickeln so ein starkes Fundament, auf dem wir aufbauen können.

Übung 5.4 – Meditation über Gleichmut

- *Stellen Sie in einer entspannten Haltung einen neutralen Geist durch die Praxis der Achtsamkeit auf die Atmung her.*

- *Stellen Sie sich drei Personen im Raum vor Ihnen vor. Auf der linken Seite ist eine Person, der Sie sich nahe fühlen, jemand, den Sie als Freund/in oder geliebten Menschen bezeichnen würden. Rechts ist eine Person, mit der Sie in Konflikt stehen, jemand, den Sie als Feind/in oder Widersacher/in bezeichnen würden. Schließlich stellen Sie sich eine dritte Person vor, die Sie nur ein paar Mal getroffen haben, jemanden, den Sie als fremd bezeichnen würden. Vergegenwärtigen Sie sich jede Person so deutlich wie möglich und achten Sie auf ihre Anwesenheit, als ob sie wirklich da wäre.*

- *Beim Freund oder bei der Freundin beginnend überlegen Sie, wie sich Ihre Freundschaft entwickelt hat. Was hat Sie zusammengeführt? Wie hat sich Ihre Beziehung im Laufe der Zeit entwickelt? War sie immer angenehm oder hatten Sie Meinungsverschiedenheiten? Was macht Ihre Verbindung zu dieser Person stärker als Ihre Verbindung zu den anderen Personen?*

- *Richten Sie nun Ihre Aufmerksamkeit auf den/die Feind/in. Hatten Sie schon immer ein Problem mit dieser Person? Was ist an dieser Person, das Sie nur schwer akzeptieren können? Warum, glauben Sie, gibt es zwischen Ihnen beiden so viele Konflikte? Glauben Sie, dass jeder diese Person auf die gleiche Weise sieht wie Sie? Denken Sie an die Beziehung, die sie zu Familie und Freund/innen hat.*

- *Betrachten Sie jetzt die/den Fremde/n. Könnten Sie sich vorstellen, eine Freundschaft mit diesen Personen zu entwickeln? Welche Bedingungen müssten erfüllt sein, damit dies geschieht? Ebenso, was wäre nötig, damit diese Person zu einem/r Feind/in wird? Denken Sie an die möglichen Veränderungen, die diese Beziehung annehmen könnte.*

- *Stellen Sie sich für jede Person vor, wie Ihr/e Freund/in fremd oder sogar feind werden könnte. Denken Sie an Beispiele aus Ihrem Leben, wo dies geschehen könnte. Stellen Sie sich ebenfalls vor, wie Ihre Feind/innen fremd oder sogar freund werden könnten. Denken Sie auch hier an Beispiele. Spielen Sie mit verschiedenen möglichen Szenarien, wie sich Ihre Beziehung zu diesen drei Personengruppen verändern könnte.*

- *Um die Sitzung zu beenden, lassen Sie Ihr Gewahrsein in allen sich ergebenden Schlussfolgerungen ruhen.*

DIE URSACHEN VON BODHICITTA KULTIVIEREN

Die vier Unermesslichkeiten können als eine individuelle Methode praktiziert werden, um das Herz allmählich zu öffnen und die selbstbezogene Haltung aufzulösen. Jede Qualität wirkt in Zusammenarbeit mit den anderen, um einen außergewöhnlichen Grad an Ausgeglichenheit im Geist zu erreichen. Mit der Zeit werden die Bedingungen dafür geschaffen, dass Bodhicitta auf natürliche Weise entstehen kann.

Die beiden höchsten Meister, Asanga und Nagarjuna, erkannten beide die Wichtigkeit dieser Qualitäten als Grundlage für den Eintritt in den Mahayana-Pfad. Sie entwickelten jeweils kraftvolle Methoden zur Kultivierung von Liebe, Mitgefühl, Freude und Gleichmut, die den Prozess zur Verwirklichung von Bodhicitta schnell vorantreiben. Diese Methoden kamen in Form von zwei Hauptlinien nach Tibet:

1. **Asangas umfassende Überlieferung der Methode von Ursache und**

Wirkung in sieben Punkten: Diese Methode konzentriert sich hauptsächlich auf die Entwicklung einer starken emotionalen Bindung zwischen den Praktizierenden und den fühlenden Wesen. Sie hat ihren Namen von den sechs Meditationsstufen, die als Ursachen für das Ergebnis von Bodhicitta dienen. Der erste Schritt besteht darin, eine Grundlage der Zuneigung zu schaffen, die aus folgenden Überlegungen entsteht: (1) dem Erkennen der innigen Beziehungen zu den fühlenden Wesen seit anfangsloser Zeit, (2) der Kontemplation der vielen Vorteile, die wir von diesen fühlenden Wesen erhalten haben, und (3) der Entwicklung eines Gefühls der Dankbarkeit ihnen gegenüber mit dem aufrichtigen Wunsch, ihre Güte zurückzugeben. Sobald eine Verbindung entstanden ist, kultivieren die Praktizierenden die Qualitäten von (4) großer liebender Güte und (5) großem Mitgefühl, die sich beide durch (6) die altruistische Haltung auszeichnen, die persönlich die Verantwortung übernimmt, zum Nutzen der fühlenden Wesen zu arbeiten. Wenn richtig meditiert wird, führt dieser Prozess ganz natürlich zu dem außergewöhnlichen Ergebnis von (7) Bodhicitta – dem Bestreben, alle fühlenden Wesen zur vollen Erleuchtung zu bringen.

2. **Nagarjunas tiefgründige Überlieferungslinie des Austausches des Selbst mit anderen:** Die zweite Methode entstand durch den großen indischen Meister Shantideva basierend auf den Lehren von Nagarjuna. Während Asangas Methode gut für emotional orientierte Menschen geeignet ist, betont Nagarjunas Methode die Weisheit, indem sie die Natur unserer selbstbezogenen Einstellung betrachtet. Durch eine Reihe von analytischen Betrachtungen schaffen die Praktizierenden (1) eine Grundlage für Gleichmut, indem sie die Natur ihrer Beziehungen zu fühlenden Wesen untersuchen; (2) wenden sie sich von der Wertschätzung des Selbst ab, indem sie die Nachteile dieser Haltung analysieren; (3) wenden sie sich der Wertschätzung anderer zu, indem sie die Vorteile dieser Haltung analysieren; (4) entwickeln sie die Entschlossenheit, die Selbstbezogenheit vollständig aufzugeben und sich stattdessen auf das Wohlergehen der fühlenden Wesen zu konzentrieren; und (5) stärken sie

diese Entschlossenheit, indem sie große Liebe und Mitgefühl kultivieren. Da diese Methode darauf abzielt, die Unwissenheit der Selbstbezogenheit direkt zu durchtrennen, ist sie sehr effektiv, um Voreingenommenheit zu beseitigen und die Bedingungen für das Entstehen von Bodhicitta zu schaffen.

Durch die Unterweisungen des großen indischen Meisters Jowo Atisha fanden beide Überlieferungslinien ihren Weg in die sechs Haupttraditionen des tibetischen Buddhismus. Im Laufe der Zeit wurde es üblich, aus der Kraft beider Ansätze zu schöpfen, indem man beide Linien als einen vereinten Pfad praktiziert. Diese kombinierte Linie wird weitgehend als der effizienteste Weg zur Entwicklung von Bodhicitta anerkannt. Wir werden diesen Prozess nun als Unterstützung für Ihre eigenen Meditationen genauer untersuchen.

Ein Fundament des Gleichmuts schaffen

Jedes einzelne Wesen in den drei Bereichen, einschließlich uns selbst, wünscht sich vor allem anderen, glücklich und frei von Leiden zu sein. Trotz dieses unbestreitbaren Wunsches erkennen wir aufgrund unserer Unwissenheit nicht, dass das Ausführen schädlicher Handlungen unser Leiden nur weiterführt und dass wahres Glück nur durch das Ausüben tugendhafter Handlungen entsteht. Obwohl niemand Leiden erfahren möchte, erleben wir dieses ständig.

Um diese Wahrheit vollständig in unser Verständnis zu integrieren, müssen wir wiederholt darüber meditieren, dass alle Lebewesen dasselbe wollen wie wir, nämlich Glück erlangen und Leiden vermeiden. Dies hilft, die Einstellungen von Anhaftung und Abneigung auszumerzen, die wir anderen Wesen gegenüber haben können und die uns dazu bringen, sie zugunsten von uns selbst abzulehnen. Damit soll nicht gesagt werden, dass alle Lebewesen in Bezug auf ihre Eigenschaften gleich sind, aber im Grunde genommen sind wir alle von der gleichen Natur, und das ist die Gleichheit, auf die wir uns beziehen.

Indem wir mit diesem Punkt auf einer vorläufigen Ebene arbeiten, entwickeln wir langsam das Gefühl, dass wir alle gemeinsam in dieser Verwirrung stecken und dass es, egal in welcher Situation, immer eine Grundlage für die Stärkung unserer Verbindung zueinander gibt. Letztlich kommt das Gefühl der Einheit aus der Erkenntnis, dass unsere tiefgründigste Wahrheit im Wesentlichen dieselbe ist. Diese innewohnende Reinheit bindet uns in einem unendlichen Netz der gegenseitigen Abhängigkeit zusammen. Wenn wir diese Grundlage der Verbundenheit erkennen, verstehen wir, dass weder das Leiden noch das Glück anderer von unserem eigenen getrennt ist. Wir erkennen, dass, wenn andere leiden, wir unweigerlich auch leiden werden. Andererseits haben wir, wenn sie glücklich sind, auch die Möglichkeit, glücklich zu sein.

Übung 5.5 – Verbindung zu unseren gemeinsamen Bestrebungen herstellen

- *Stellen Sie in einer entspannten Haltung einen neutralen Geist durch die Praxis der Achtsamkeit auf die Atmung her.*

- *Denken Sie an eine Person, die weder Freund/in noch Feind/in ist, und deren Hintergrund und Lebensumstände Ihnen dennoch vertraut sind. Visualisieren Sie sie im Raum vor Ihnen und nehmen Sie sich Zeit, sie als Person wahrzunehmen. Betrachten Sie, wie sie sich genau wie Sie nur Glück und Leidensfreiheit wünscht. Verbinden Sie sich mit diesem grundlegenden Wunsch und lassen Sie alle Differenzen, die Sie vielleicht über diese Person empfinden, in den Hintergrund treten. Denken Sie daran, dass, obwohl sie keine große Rolle in Ihrem Leben spielt, ihr Glück genauso wichtig ist wie Ihr eigenes.*

- *Vergegenwärtigen Sie sich nun eine Person, von der Sie das Gefühl haben, dass sie ein wichtiger Teil Ihres Lebens und entscheidend für Ihr Wohlbefinden ist. Jemand, für den Sie große Zuneigung empfinden. Widmen Sie sich sorgfältig dieser Person und versuchen Sie, sich mit ihren Hoffnungen und Ängsten zu verbinden. Überlegen Sie, dass es, obwohl Sie eine liebevolle Beziehung zu dieser Person haben, unzählige Menschen gibt, die sich Ihnen gegenüber gleichgültig fühlen und sogar solche, die Sie aktiv ablehnen. Denken Sie darüber nach, dass diese Person keine wahre Quelle von Glück, Sicherheit oder Freude sein kann. Überlegen Sie, wie diese Qualitäten aus Ihrem eigenen Geist entstehen müssen.*

- *Dann denken Sie an eine Person, die darauf aus zu sein scheint, Ihnen Schaden zuzufügen oder Sie des Glücks zu berauben. Jemand, mit dem Sie einen Konflikt erleben. Verbinden Sie sich wieder mit dieser Person auf der Ebene ihrer grundlegenden Hoffnungen und Ängste. Denken Sie darüber nach, dass diese Person keine wirkliche Quelle von Qualen oder Ängsten ist. Überlegen Sie, wie all der Ärger und die Frustration, die Sie dieser Person gegenüber empfinden, in Ihrem eigenen Geist entstehen.*

- *Öffnen Sie nun Ihr Gewahrsein und erlauben Sie Ihrer Aufmerksamkeit, zu verschiedenen Menschen in Ihrem Leben zu wandern. Nehmen Sie sich einen Moment Zeit, um sich mit ihren Hoffnungen und Ängsten zu verbinden. Stärken Sie das Gefühl, dass wir auf dieser Ebene im Grunde alle gleich sind.*

- *Während Sie über diese Themen nachdenken, kann ein Gefühl der Ausgeglichenheit entstehen. In diesem Fall lassen Sie Ihr Gewahrsein so lange wie möglich in diesem Gefühl ruhen.*

Eine liebevolle Verbindung zu den fühlenden Wesen herstellen

Durch die Praxis des Gleichmuts reduzieren wir unsere Voreingenommenheit und gleichen unsere Beziehungen zu anderen aus. Von dieser essenziellen Grundlage aus können wir daran arbeiten, eine liebevolle und mitfühlende Haltung gegenüber fühlenden Wesen zu erzeugen, die sich um alle auf eine ausgeglichene und einheitliche Weise kümmert.

Alle Wesen als die eigene Mutter erkennen

Der Schlüssel zur Entwicklung unserer Zuneigung zu anderen liegt darin, die Natur der Beziehungen zu erkennen, die wir im Laufe der Zeit mit fühlenden Wesen hatten. Wenn wir dieses Leben betrachten, ist es einfach, die große Vielfalt der Wesen zu sehen, denen wir begegnet sind. Manche Menschen huschen nur für eine kurze Zeit durch unser Leben, wie Fremde, neben denen man im Zug sitzt, während andere, wie unsere Mutter, seit dem Moment unserer Geburt bei uns sind. Manche haben nur wenig Einfluss auf unser Leben, wie die Menschenmassen, denen wir auf dem Weg zur Arbeit begegnen, während andere unsere Sichtweise auf die Welt völlig verändern, wie z. B. die spirituellen Lehrer/innen, die wir an einem Wochenende besucht haben. Treten wir zurück und betrachten unser gesamtes Leben, ist die ungeheure Anzahl unserer erlebten Beziehungen enorm.

Dies ist jedoch nur ein Leben und nur das jüngste in einer langen Reihe von Leben, die in der zyklischen Existenz bis in anfangslose Zeit zurückreichen. Wenn wir die unendliche Natur unseres Geistesstroms betrachten, muss auch die Anzahl der Beziehungen, die wir mit fühlenden Wesen hatten, unendlich sein. Tatsächlich können wir für jedes fühlende Wesen, dem wir in diesem Leben begegnen, sicher sein, dass wir viele Arten von Beziehungen mit ihnen erlebt haben. Während sie manchmal Feind/innen oder Fremde waren, waren sie in vielen anderen Leben unsere liebsten Gefährt/innen; unsere Mütter, unsere Väter, unsere Geschwister und unsere liebsten Freund/innen.

Es ist von großem Nutzen, ein solches Verständnis zu entwickeln, da es eine Grundlage für den Aufbau von Liebe und Mitgefühl schafft und damit die Basis für den Geist des Bodhicitta bildet, der uns schließlich zur Erleuchtung führen wird. Ob uns fühlende Wesen jetzt nahestehen oder ob sie uns in der Vergangenheit Schaden zugefügt haben, ist unerheblich. Genauso wie der Streit, den wir mit unserer Mutter hatten, als wir fünf Jahre alt waren, nicht wichtig ist, können wir jemanden trotz Schwierigkeiten in der Vergangenheit immer noch lieben. Unser Ziel ist es, zu erkennen, dass sich unsere Beziehungen über die spezifischen Bedingungen von heute hinaus erstrecken und das Potenzial dieser Beziehungen nicht nur auf eine Richtung beschränkt ist.

Sobald wir ein Gespür für dieses erstaunliche Potenzial erlangt haben, können wir unsere Aufmerksamkeit speziell auf die Beziehung zwischen Mutter und Kind richten. Im Allgemeinen ist die Liebe einer Mutter zu ihrem Kind bedingungslos und sie würde gerne ihr Leben geben, um ihren Nachwuchs zu schützen. Da alle fühlenden Wesen in jeder möglichen Weise mit uns verwandt sind, haben sich alle fühlenden Wesen irgendwann im Kontinuum unserer Existenz auf die gleiche Weise um uns gekümmert, wie unsere Mutter sich in diesem Leben um uns gekümmert hat.

Die Beziehung zu unserer Mutter wird daher als traditionelles Beispiel für eine Person verwendet, die bedingungslose Liebe zu uns hat. Wenn jedoch Ihre Beziehung zu Ihrer Mutter nicht besonders inspirierend ist, versuchen Sie, sich auf eine Person zu konzentrieren, von der Sie das Gefühl haben, dass sie die meiste Liebe und Fürsorge für Ihr Wohlergehen zeigt, z. B. ein Vater, ein Großelternteil oder ein älteres Geschwister. Die Hauptsache ist, dass Sie sich mit einem Beispiel von jemandem verbinden, der Liebe und Mitgefühl in Ihrem Leben verkörpert.

Sich ihrer Güte bewusst sein

Der nächste Schritt besteht darin, über die Güte unserer Mutter in diesem Leben nachzudenken, als Vorlage für die Güte, die wir von allen fühlenden Wesen erhalten haben, als auch sie unsere Mütter waren. Güte bedeutet, Nutzen aus den Handlungen einer anderen Person zu ziehen, unabhängig davon, ob die nutzbringende Handlung bewusst vorgenommen wurde oder nicht. Das Erkennen von Güte kommt aus unserer eigenen Erfahrung. Traditionell betrachten wir vier Arten von Güte, die wir von unseren Müttern erhalten haben:

1. **Die Güte, unseren Körper zu erschaffen:** Mütter gehen während ihrer neunmonatigen Schwangerschaft durch unglaubliche Entbehrungen. Nur um uns auf die Welt zu bringen, ertragen sie körperliche Beschwerden und Schmerzen sowie auch emotionale Schwierigkeiten wie Angst vor der Geburt, Sorge um das Wohlergehen ihres Kindes und viele andere familiäre Belastungen. Darüber hinaus tun sie all dies mit wenig Rücksicht auf sich selbst. Als Ergebnis ihrer unglaublichen Anstrengung erhalten wir den Nutzen, einen kostbaren menschlichen Körper zu erlangen, den wir nutzen können, um Erleuchtung zu erlangen, indem wir den Dharma praktizieren.

2. **Die Güte, Leben zu geben, ohne uns sterben zu lassen:** Zum Zeitpunkt unserer Geburt waren wir völlig hilflos und konnten nichts für uns selbst tun. Auf uns allein gestellt, wären wir zweifellos gestorben. Als wir noch winzig und zerbrechlich waren, hatte unsere Mutter große Freude und Wonne daran, uns in ihrer Nähe zu halten, uns mit lebensspendender Milch zu füttern und uns mit ihrer süßen Stimme zu beruhigen. Durch ihren Schutz waren wir in Sicherheit und erhielten den Nutzen, aufzuwachsen.

3. **Die Güte, uns mit materiellem Bedarf zu versorgen:** Unsere Mutter hat sich vollständig um uns gekümmert und uns mehr bedingungslose Liebe

gegeben als irgendjemand sonst auf dieser Welt. Auch nach der Geburt und für viele folgende Jahre hat sie sich weiter um uns gekümmert, sie hat für Nahrung, Kleidung und Unterkunft gesorgt und sich um unsere Gesundheit und Erziehung gekümmert. Mütter sorgen sich nicht nur um das Aufwachsen ihrer Kinder, sondern auch um das Wohlergehen ihrer Enkel und Urenkel; ihre Fürsorge ist grenzenlos. Wenn ihr Kind krank ist, würde eine Mutter lieber selbst krank sein, und wenn die Familie arm ist, würde sie bereitwillig frieren oder hungern, um ihrem Kind das Wenige an Nahrung oder Kleidung zu geben, das sie hat. Sie kümmert sich nicht darum, ob ihr Kind undankbar ist, sie weiß nicht, ob ihr Kind ihr in der Zukunft Schaden zufügen wird oder ob es ein/e Feind/in aus einem früheren Leben war. Diese Dinge interessieren sie nicht, denn sie kümmert sich nur um das Wohl ihres Kindes. Als Ergebnis ihrer Güte wuchsen wir mit allem auf, was wir brauchten, um unser kostbares Leben als Grundlage für die spirituelle Praxis zu nutzen.

4. **Die Güte, uns die Wege der Welt zu zeigen:** Während wir von Babys zu Kleinkindern heranwuchsen, erfreute sich unsere gütige Mutter daran, uns zu zeigen, wie man selbst isst, uns beizubringen, wie man spricht, läuft, sich kleidet und Schnürsenkel bindet. Mit unendlicher Geduld lehrte sie uns, wie wir uns in der Gesellschaft anderer verhalten sollten, und überschüttete uns mit Liebe, egal wie schlecht wir uns benahmen. Sie brachte uns zur Schule, half uns bei den Hausaufgaben und kümmerte sich während unserer gesamten Teenagerzeit und sogar bis ins Erwachsenenalter um uns. Als Ergebnis ihrer Güte erleben wir den Nutzen der Muße, über die Natur unserer Existenz nachzudenken.

Besonders im Westen gibt es heutzutage viele Menschen, die eine konfliktreiche Beziehung zu ihren Eltern haben und ihnen oft die Schuld für ihre eigenen Fehler geben. Während es viele Gründe für elterliche Schwierigkeiten geben kann, ist eine Sichtweise der Schuldzuweisung eine sehr begrenzte Perspektive, mit der man Ursache und Wirkung verstehen kann. Sie berücksichtigt keine entfernten oder verborgenen Ursachen, die auf frühere Leben zurückgeführt werden können.

Es ist nicht logisch, unsere Eltern für alle unsere Unzulänglichkeiten verantwortlich zu machen, als ob sie die einzigen Schuldigen wären. Wenn dies der Fall wäre, würden verschiedene Kinder innerhalb einer Familie alle gleich aufwachsen. Die Realität der Situation ist, dass unsere Eltern lediglich eine Bedingung dafür sind, dass bestimmte Erfahrungen entstehen. Die Hauptursache dafür, wie wir uns zu diesen Erfahrungen verhalten, liegt in unserem eigenen Geist.

Von wenigen Ausnahmen abgesehen, versuchen Eltern, das Beste für ihre Kinder zu tun und sie auf jede erdenkliche Weise zu versorgen. Unabhängig davon, wie negativ wir unsere Eltern sehen mögen, gibt es nur wenige Menschen, die mehr für uns getan haben. Als Kinder haben wir von unseren Eltern mehr Güte erfahren als von fast allen anderen Menschen, denen wir je begegnet sind.

Wir sollten nicht der falschen Logik verfallen, alle unsere Probleme auf unsere Eltern zu schieben, aber gleichzeitig müssen wir auch das andere Extrem vermeiden, alle Schuld auf uns selbst zu nehmen. Alternativ können wir demütig unsere negativen Tendenzen anerkennen, uns aber darauf konzentrieren, unser unendliches Potenzial zu kultivieren, um gute Eigenschaften zu entwickeln. Es ist niemals förderlich, sich selbst zu beschuldigen und sich schuldig zu fühlen, noch jemand anderem die Schuld zu geben und in einem Zustand des Ärgers zu verharren. Beide Ansätze können auf lange Sicht großen Schaden anrichten. Andererseits ist es außerordentlich förderlich, eine starke Dankbarkeit gegenüber unseren Eltern zu entwickeln, besonders gegenüber unserer lieben Mutter. Diese Dankbarkeit kann dann auf Freund/innen, Verwandte und dann weiter auf jedes Lebewesen wie Menschen, Tiere und die vielen unsichtbaren Wesen, die in unzähligen früheren Leben unsere Mütter waren, ausgedehnt werden.

Indem wir über die Güte unserer Mütter kontemplieren, erweitern wir unsere innige Verbindung zu fühlenden Wesen und dies kann uns zu einem tiefgründigen Einheitsgefühl mit all denen um uns herum führen. Wir müssen unsere Betrachtungen nicht nur auf die Güte unserer Mutter beschränken, wir können auch auf andere liebevolle Beziehungen in unserem Leben schauen, wie z. B. zu unserem Vater, unseren Geschwistern, Partner/innen oder Freund/innen. Darüber hinaus ist es sogar von großem Nutzen, die von unbekannten Menschen erhaltene Güte zu erkennen, z. B. von denen, die unser Essen anbauen oder unsere Häuser errichten. Jeden Tag tragen zahllose fühlende Wesen zu Bedingungen bei, die letztendlich einen Nutzen für unser Leben bringen.

Wenn Sie bestimmten Menschen begegnen, mit denen es schwierig ist, auf diese Weise zu arbeiten, sollten Sie sich wieder darauf besinnen, Gleichmut zu entwickeln. Sobald Ihre Anhaftung oder Abneigung nachgelassen hat, sollte es leichter sein, an Beispiele ihrer Güte zu denken, wie z. B. bei der Person, die ständig mit Ihnen streitet und Ihnen das Leben schwer macht. Diese Person gibt Ihnen die Gelegenheit, sich in Geduld zu üben und Ihre guten Eigenschaften zu entwickeln, und so gesehen erweist sie Ihnen tatsächlich große Güte.

Der Wunsch, ihre Güte zu vergelten

Das tiefe Nachdenken über die Güte unserer lieben mütterlichen Wesen erzeugt ein enormes Gefühl der Dankbarkeit ihnen gegenüber. Die Menge an Nutzen, die wir über unzählige Leben hinweg von ihnen erhalten haben, ist wirklich erstaunlich. Wenn wir dies erkennen, werden wir inspiriert, diese Güte zu vergelten.

Diese Schuld sollte nicht als Last betrachtet werden, sondern als Grundlage für das Verständnis, dass unsere Beziehungen in zwei Richtungen fließen. Wenn eine Person einer anderen hilft, gibt es ein natürliches Verlangen, ihre Güte zu erwidern, was das Band der Beziehung stärkt und es beiden ermöglicht, der jeweils anderen Person auch in Zukunft zu nutzen. Je mehr wir diese Sehnsucht entwickeln, die Güte unserer lieben Mütter zu erwidern, desto offener werden wir für Gelegenheiten, ihnen Nutzen zu bringen.

Übung 5.6 – Die Güte anderer erwidern

- *Stellen Sie in einer entspannten Haltung einen neutralen Geist durch die Praxis der Achtsamkeit auf die Atmung her.*

- *Visualisieren Sie Ihre Mutter im Raum vor Ihnen. Verbringen Sie einige Zeit damit, das Gefühl zu verstärken, dass sie genau dort mit Ihnen ist. Reflektieren Sie nun über die Arten von Nutzen, die Sie von ihr erhalten haben. Beginnen Sie mit der Zeit im Mutterleib und gehen Sie langsam bis in die Gegenwart. Erinnern Sie sich an die Opfer, die Ihre Mutter gebracht hat, damit Sie gekleidet, ernährt und erzogen werden konnten. Denken Sie an die Entbehrungen, die sie ertragen musste. Bedenken Sie, dass dieses Leben, das Sie genießen, ohne Ihre liebe Mutter gar nicht existieren würde.*

- *Entwickeln Sie Ihr Gefühl der Dankbarkeit gegenüber Ihrer Mutter. Halten Sie inne und ruhen Sie in allen Gefühlen von Zuneigung oder Nähe, die aufkommen. Wenn die Gefühle verblassen, erinnern Sie sich erneut und ruhen darin. Fahren Sie auf diese Weise fort, bis das Gefühl sehr stark ist.*

- *Nun lassen Sie Ihre Mutter wieder verblassen und richten Ihren Fokus auf eine andere Person, der Sie sich nahe fühlen, vielleicht ein Familienmitglied oder eine/n Freund/in. Bedenken Sie, dass diese Person nicht immer diese besondere Rolle in Ihrem Leben gespielt hat. Seit anfangsloser Zeit hat sie Sie auf genau dieselbe Weise unterstützt und genährt wie Ihre Mutter in diesem Leben. Wenn Sie sich an die Güte Ihrer Mutter erinnern, lassen Sie das Gefühl der Verbundenheit wieder aufkommen. Verweilen Sie in diesem Gefühl.*

- *Fahren Sie damit fort, sich verschiedene Menschen vor Augen zu führen, und visualisieren Sie sie im Raum vor Ihnen. Erkennen Sie die Art Ihrer gegenwärtigen Beziehung und die Art Ihrer Beziehungen seit anfangsloser Zeit. Nutzen Sie diese als Grundlage, um sich an die Güte Ihrer Mutter zu erinnern und ruhen Sie dann in den Gefühlen, die dabei entstehen.*

- *Zum Beenden der Sitzung stellen Sie sich vor, Sie sind so weit das Auge reicht vollständig von fühlenden Wesen umgeben. Danken Sie daran, dass sie alle Ihre lieben Mütter gewesen sind, so wie ihre Mutter in diesem Leben. Entwickeln Sie ein starkes Verlangen, alles in Ihrer Macht Stehende zu tun, um diesen Wesen Nutzen zu bringen und die unendliche Güte zu erwidern, die sie Ihnen entgegengebracht haben.*

Sich selbst gegen andere austauschen

Bisher haben wir die Natur unserer Beziehung zu fühlenden Wesen erforscht, insbesondere die Kultivierung einer liebevollen Verbindung zwischen uns selbst und allen anderen. Wir müssen nun die Natur dieser beiden Entitäten genauer betrachten: das Selbst und die anderen. Normalerweise betrachten wir unser „Selbst" als wichtiger und messen den Gedanken an „Andere" weniger Gewichtung bei. An dieser Stelle brauchen wir nicht zu hinterfragen, warum das so ist, sondern erkennen einfach die Existenz dieser natürlichen Voreingenommenheit an. Dieses Gefühl, dass das Selbst wichtiger ist als andere, ist das, was wir als „Selbstbezogenheit" bezeichnet haben. Wenn wir diese Erfahrung klar identifiziert haben, können wir damit beginnen, ihre Natur zu analysieren.

Wenn wir uns darin üben, das Selbst gegen andere auszutauschen, beabsichtigen wir nicht, uns selbst davon zu überzeugen, dass die anderen dasselbe sind wie das Selbst. Es geht darum, das Gefühl, das wir für unser Selbst empfinden, auf andere zu übertragen, sie in unserem Leben an erste Stelle zu setzen und zu ihrem Nutzen zu handeln. Diese Veränderung der Einstellung ist die treibende Kraft hinter der Motivation des Bodhicitta und ist daher entscheidend für seine Entwicklung.

Die Nachteile der Selbstbezogenheit

Zuerst müssen wir die vielen Nachteile bedenken, die durch die Haltung entstehen, die das Selbst mehr wertschätzt als andere. Da die Wurzel aller Formen des Leidens die Selbstbezogenheit ist, ist der eigentliche Grund, warum wir Leiden erfahren, dass wir Handlungen mit dem einzigen Ziel ausgeführt haben, dem Selbst Glück zu bringen. Nehmen Sie zum Beispiel das Elend, das uns durch den Gebrauch von Waffen zugefügt wurde. Wir sind diesen unangenehmen Zuständen begegnet, weil wir in der Vergangenheit fühlenden Wesen Schaden zugefügt haben. Der einzige Grund, warum wir anderen diesen Schaden zufügen würden, ist, weil wir unser eigenes Glück mehr schätzen als das ihre.

Selbstbezogenheit ist nicht nur die Wurzel des Leidens, sie zerstört auch die Wurzeln unserer Tugend, indem sie die Bedingungen dafür schafft, dass wir ständig das Bedürfnis verspüren, das Selbst zu schützen. Anstatt in Harmonie mit den fühlenden Wesen um uns herum zu leben, fühlen wir uns ständig angegriffen, und das führt zu verblendeten Geisteszuständen wie Hass, Bosheit und Arroganz. Diese Arten der Verblendungen untergraben unsere Tugenden und verhindern, dass wir irgendeine Form von dauerhaftem Glück erfahren.

Aus dieser Perspektive wird deutlich, dass die Selbstbezogenheit im Zentrum all dessen steht, was wir vermeiden wollen. Es reicht nicht aus, diese Tatsache auf einer intellektuellen Ebene zu akzeptieren, wir müssen Zeit damit verbringen, über die Schwierigkeiten nachzudenken, die wir im Leben erlebt haben, und analysieren, welche Rolle die Selbstbezogenheit gespielt hat. Wenn dies aus Überzeugung geschieht, beginnt sich in uns eine starke Entschlossenheit zu entwickeln, die ungeachtet aller Mühen die Selbstbezogenheit aufgeben will.

Die Vorteile der Wertschätzung für andere

Indem wir den Geist von der Selbstbezogenheit abwenden, schaffen wir Raum in unserem Geist, um klarer über die Bedürfnisse anderer nachzudenken. Wenn wir eine aufrichtige Anteilnahme für das Wohlergehen anderer entwickeln, engagieren wir uns in Handlungen, die ihnen Nutzen bringen werden. Diese Verschiebung in der Ausrichtung führt zu tugendhaften Handlungen und erzeugt dadurch auch die Ursachen für das Erleben unseres eigenen Glücks.

Nehmen Sie zum Beispiel das Glück, das wir erfahren, wenn wir eine wertvolle menschliche Wiedergeburt erhalten. Diese Art von Wiedergeburt ist das Ergebnis des Praktizierens ethischer Disziplin, wovon ein großer Teil darin besteht, es zu unterlassen, fühlenden Wesen durch Handlungen des Körpers und der Rede Schaden zuzufügen. Wir vermeiden diese Arten von Handlungen, weil wir verstehen, dass fühlende Wesen nicht leiden wollen. Aufgrund unseres Gefühls der Fürsorge ihnen gegenüber ist es uns wichtig, nicht die Ursache für ihr Leiden zu sein.

Wir können auch die Menschen in der Welt beobachten, diejenigen, mit denen wir direkt interagieren, und diejenigen, von denen wir hören und über die wir etwas erfahren. Würden Sie lieber Zeit mit Menschen verbringen, die sich selbst wertschätzen, oder mit Menschen, die andere wertschätzen? Denken Sie an die egoistischste Person, die von Stolz und Arroganz zerfressen ist und jeden um sich herum für ihren persönlichen Vorteil benutzt. Vergleichen Sie diese nun mit dem Buddha, der sein Leben vollständig dem Nutzen der fühlenden Wesen gewidmet hat. Während die selbstsüchtige Person die Ursachen dafür schafft, für unzählige Äonen zu leiden, hat der Buddha die Erleuchtung erlangt und fährt fort, allen Nutzen zu bringen. Welches Ergebnis würden Sie vorziehen?

Das Erkennen des Geistes, der andere wertschätzt, ist der Schlüssel zum Erreichen von eigenem Glück und dem anderer. Er inspiriert uns, das Verlangen zu kultivieren, das Selbst gegen andere auszutauschen. Anfänglich mag dies schwer zu erreichen sein, aber wir beginnen mit dem Bestreben, das die Motivation schafft, sich auf die spirituelle Praxis einzulassen und größere Weisheit zu kultivieren. Schließlich, wenn wir die leere Natur unserer Wirklichkeit erkennen, gibt es nicht mehr den Anschein eines inhärenten Selbst, das es zu pflegen gilt. Wir sind dann völlig frei, unsere Liebe und unser Mitgefühl grenzenlos auf alle fühlenden Wesen auszudehnen.

Liebe und Mitgefühl stärken

Sobald wir den Vorsatz gefasst haben, unsere Selbstbezogenheit aufzugeben und den Geist zu kultivieren, der andere wertschätzt, können wir unseren Geist mit der Methode trainieren, die im Tibetischen als *Tonglen* bekannt ist. *Tong* bedeutet „geben" und *len* bedeutet „nehmen" und so beziehen sie sich zusammen auf die Praxis, den fühlenden Wesen Glück zu geben und ihr Leiden aufzunehmen. Indem wir diese beiden Aspekte in der formalen Meditation kultivieren, stärken wir die Liebe bzw. das Mitgefühl. Wenn diese Qualitäten stark genug sind, entsteht ganz natürlich das Bestreben, Erleuchtung zum Nutzen der fühlenden Wesen zu erlangen. Dies wird in dem folgenden Vers von Geshe Langri Thangpa wunderschön zusammengefasst:

> *Überlasse anderen Gewinn und Sieg,*
> *Nimm Verlust und Niederlage auf dich.*

Wann immer Sie Glück empfinden, kultivieren und intensivieren Sie dieses Gefühl und senden Sie es aus an alle anderen Wesen, damit auch sie an dieser Erfahrung teilhaben können. Wenn Sie ausatmen, lassen Sie Freude und Dankbarkeit in Form von liebevollem weißen Licht auf alle fühlenden mütterlichen Wesen herabströmen.

Wann immer Sie die Qualen des Leidens oder des Schmerzes spüren, verwandeln Sie diese in aufrichtiges Mitgefühl für alle Wesen, die ebenfalls ähnliche oder noch schlimmere Zustände als Sie erfahren. Entwickeln Sie den inbrünstigen Wunsch, dass sie von ihrem Schmerz befreit werden und nehmen Sie ihr Leiden auf sich. Ziehen Sie all ihr Leid in Form von dunklem Rauch in Ihr Herz und erlauben Sie ihm, Ihre Selbstbezogenheit aufzulösen und Ihr

Wesen in strahlende Offenheit zu verwandeln.

Wenn wir diese tiefgründige Praxis durchführen, kann es hilfreich sein, an die vier Arten von Austausch zu denken, die stattfinden:

1. **Der Austausch der Selbstbezogenheit:** Dies bezieht sich darauf, die Einstellung loszulassen, die das eigene Ich über alles andere stellt, und sie durch die Einstellung zu ersetzen, die andere als wichtiger betrachtet.

2. **Der Austausch dessen, was wertgeschätzt wird:** Dies bezieht sich darauf, die Einstellung loszulassen, die die eigenen Aggregate als das Selbst betrachtet, und sie durch einen Geist zu ersetzen, der die Aggregate anderer als die eigenen ansieht.

3. **Der Austausch von Glück und Leid:** Dies bezieht sich darauf, den Wunsch nach eigenem Glück loszulassen und ihn durch den Wunsch zu ersetzen, das Leiden anderer auf sich zu nehmen.

4. **Der Austausch von Untugenden und Tugenden:** Dies bezieht sich auf das Loslassen des Wunsches, die Ursachen für das eigene Glück anzusammeln und ersetzt ihn durch den Wunsch, anderen zu helfen, die Ursachen für ihr Glück zu erzeugen.

Auf diese Weise können wir, wann immer wir negative Gedanken oder Emotionen in unserem eigenen Geistesstrom wahrnehmen, diese als Erinnerung nutzen, um all die Leiden und das negative Karma der anderen auf uns zu nehmen und ihnen all unsere Tugend und unser Verdienst anzubieten. Welche bessere Methode könnten wir uns vorstellen, um unseren eigenen selbstbezogenen Geist zu überwinden?

Übung 5.8 – Die Praxis des Nehmens und Gebens

- *Stellen Sie in einer entspannten Haltung einen neutralen Geist durch die Praxis der Achtsamkeit auf die Atmung her.*

- *Denken Sie an eine Ihnen bekannte Person, die gerade eine schwierige Zeit durchmacht; vielleicht ist sie krank oder leidet an anderen Schwierigkeiten. Erlauben Sie ihr in Ihrem Geist zu erscheinen und verbinden Sie sich mit ihrer Gegenwart. Stellen Sie sich vor, dass dieses Wesen schon etliche Male ihre Mutter war und verbinden Sie sich mit der von ihr erfahrenen unglaublichen Güte. Erlauben Sie dem Verlangen, ihre Güte zu erwidern, sich in Ihrem Geist zu manifestieren.*

- *Bedenken Sie, wie diese Person sich lediglich wünscht, von ihrem Leiden frei zu sein und dauerhaft wahres Glück zu erfahren. Erzeugen Sie das Verlangen, diesen Wunsch zu erfüllen. Visualisieren Sie, dass sich dieser Wunsch als strahlende Lichtkugel in der Mitte Ihres Herzens manifestiert.*

- *Während Sie einatmen, stellen Sie sich vor, dass Sie all den Schmerz und die Trauer dieser Person in Form von schwarzem Rauch herausziehen. Der Rauch wird in die Lichtkugel an Ihrem Herzen eingesogen und dort vollständig aufgelöst. Stellen Sie sich vor, dass die Person Erleichterung von ihrem Leiden erfährt.*

- *Beim Ausatmen stellen Sie sich vor, dass Lichtstrahlen aus Ihrem Herzen ausströmen, die die Person vollständig mit Freude und Glückseligkeit erfüllen. Stellen Sie sich vor, dass sich ihr Geist beruhigt hat und frei von jeglichen Sorgen und Qualen ist.*

- *Fahren Sie auf diese Weise fort, indem Sie sich die Arten der von ihr erfahrenen Leiden vorstellen und entwickeln Sie den Wunsch, ihr diese Leiden abzunehmen. Ebenso wünschen Sie sich, ihr Ihre entwickelten Tugenden zu übertragen, damit sie zukünftig Glück erfahren kann.*

- *Sie können so lange bei dieser Person bleiben, wie es Ihnen beliebt. Sind Sie bereit weiterzugehen, erlauben Sie der Person sich aus Ihrem Geist zu entfernen und ruhen im offenen Gewahrsein, bis eine andere Person erscheint.*

- *Wiederholen Sie die Meditation, sooft Sie möchten.*

Vielleicht haben wir Angst, dass wir uns selbst Schaden zufügen, wenn wir das Leiden anderer auf uns nehmen. Das Einzige jedoch, dem eine solche Praxis jemals schaden könnte, ist unser selbstbezogener Geist. Wenn wir diese Praxis anfangs als schwierig empfinden, können wir auf der Ebene eines Wunsches beginnen und langsam die Stärke unserer Überzeugung aufbauen. Allmählich kann dies zu einer entschlossenen Absicht und Verpflichtung führen. Obwohl wir nicht sicher sein können, dass diejenigen, an die wir diese Praxis richten, irgendeinen Nutzen davon haben werden, können wir uns des Nutzens, den wir selbst erhalten, absolut gewiss sein.

ZUSAMMENFASSUNG

- Motivation bestimmt die Natur einer Handlung. Um sicherzustellen, dass unsere Praxis des Kalachakra-Pfades zur Erleuchtung führt, müssen wir eine Motivation entwickeln, die in der Natur der Erleuchtung liegt. Diese Motivation ist Bodhicitta – der Wunsch, uns selbst und alle fühlenden Wesen zur vollständigen Erleuchtung zu bringen.

- Bodhicitta ist wichtig: (1) am Anfang, wo es der Eingang zum Mahayana-Pfad ist, der zur Erleuchtung führt; (2) in der Mitte, wo es unsere Handlungen zu einem einzigen Zweck vereint und jede Tugend zu einer Quelle unermesslichen Verdienstes macht, wobei es uns auf dem Pfad vorantreibt; und (3) am Ende, wo es der Endzustand der Buddhaschaft ist, das Ergebnis des Pfades.

- Die Wurzel von Bodhicitta ist großes Mitgefühl, das die persönliche Verantwortung übernimmt, fühlende Wesen von ihrem Leiden zu befreien. Die Voreingenommenheit, die durch den selbstbezogenen Geist erzeugt wird, verhindert, dass diese Form des Mitgefühls entsteht.

- Das Gegenmittel gegen Selbstbezogenheit ist die Kultivierung der vier Unermesslichkeiten: (1) unermessliche Liebe, (2) unermessliches Mitgefühl, (3) unermessliche Freude und (4) unermesslicher Gleichmut.

- Liebe ist der Wunsch, dass andere das Glück und seine Ursachen erfahren. Es gibt fünf Arten von Liebe: (1) besitzergreifende Liebe; (2) romantische Liebe; (3) zuneigungsvolle Liebe; (4) Elternliebe und (5) bedingungslose Liebe. Von diesen fünf können die letzten beiden als Formen echter Liebe betrachtet werden.

- Mitgefühl ist der Wunsch, dass andere von Leiden und dessen Ursachen frei werden. Es gibt fünf Aspekte des Mitgefühls: (1) Empathie; (2) Sympathie; (3) grobes Mitgefühl; (4) subtiles Mitgefühl und (5) objektloses Mitgefühl. Die letzten drei Aspekte sind Formen wahren Mitgefühls.

- Freude ist die Haltung, sich am Glück und Wohlergehen anderer zu erfreuen. Indem wir uns an den Tugenden anderer erfreuen, erzeugen wir Verdienst im Geist. Es gibt fünf Objekte, die für die Praxis der Freude verwendet werden können: (1) Buddhas, (2) Bodhisattvas, (3) Pratyeka- und Shravaka-Arhats, (4) gewöhnliche fühlende Wesen und (5) Sie selbst.

- Gleichmut ist der Geist, der gleichmäßig und unvoreingenommen verweilt. Es ist die Qualität, die es jeder der anderen Qualitäten ermöglicht, unermesslich zu werden.

- Es gibt zwei Überlieferungslinien, die darauf ausgerichtet sind, die vier Unermesslichen auf eine sehr effiziente Weise zu kultivieren: (1) Asangas umfassende Überlieferung der Methode von Ursache und Wirkung in sieben Punkten und (2) Nagarjunas tiefgründige Überlieferungslinie des Austausches vom Selbst mit anderen. Beide Überlieferungslinien können kombiniert werden, um eine einheitliche Methode zu bilden: (1) ein Fundament des Gleichmuts schaffen; (2) Herstellen einer liebevollen Verbindung zu den fühlenden Wesen; (3) sich selbst gegen andere durch die Praxis des Nehmens und Gebens austauschen.

KAPITEL SECHS

Bodhicitta erzeugen
Der höchste Geist der Erleuchtung

Betrachten wir die Gesamtheit der 84.000 Unterweisungen des Buddha, können wir feststellen, dass sie alle aus einer Perspektive heraus geschickte Mittel sind, um entweder Bodhicitta in uns entstehen zu lassen oder diese Verwirklichung zu verstärken, bis die Erleuchtung erreicht ist. Der Geist des Bodhicitta ist daher die eigentliche Essenz des Pfades und wir sollten niemals dem Missverständnis verfallen, dass diese Praktiken in irgendeiner Weise minderwertig oder nur für Anfänger sind. Da alle nachfolgenden Praktiken auf der Zufluchtnahme und Bodhicitta als Grundlage beruhen, gibt es ohne sie keinen Weg zur Erleuchtung.

In diesen degenerierten Zeiten ist es schwierig, die Praktiken in der gleichen Weise umzusetzen, wie sie zur Zeit des Buddha gelehrt wurden, und so müssen wir darauf achten, ihre wesentliche Natur zu verinnerlichen. Indem wir uns mit der Essenz vertraut machen und uns von einem/r authentischen Lehrer/in durch die Kernunterweisungen leiten lassen, können wir die Lehren auf jede Situation anwenden, der wir begegnen. Dies ist im Fall von Bodhicitta besonders wichtig, da eine Transformation nur möglich ist, wenn wir unsere Einsicht in unsere Erfahrung integrieren.

Zu diesem Zweck werden wir nun die spezifischen Eigenschaften von Bodhicitta erforschen, um unser Verständnis für die Art und Weise, wie wir es in unsere Praxis integrieren können, zu verbessern. Wenn wir Klarheit über die Rolle entwickeln, die Bodhicitta auf jeder Stufe des Pfades spielt, werden wir einen kraftvollen Kontext für die folgenden Praktiken gewinnen. Indem wir uns die wesentlichen Punkte merken, werden wir wissen, wie wir von Anfang bis Ende fortschreiten können, ohne dabei verwirrt zu sein.

Im Hinblick auf die Haltung, die wir gegenüber diesen Lehren haben sollten, kann es hilfreich sein, sich an die Worte des großen Yogi Padampa Sangye zu erinnern:

Suche die Unterweisungen des Lehrers wie eine Falkenmutter ihre Beute, höre den Lehren zu wie ein Reh, das der Musik lauscht, meditiere über sie wie ein einfältiger Mensch, der Nahrung genießt, betrachte sie wie ein Nomade aus dem Norden, der Schafe schert, und erreiche ihr Ergebnis, wie die Sonne, die hinter den Wolken hervorkommt.

Wie der Falke sollten wir unermüdlich auf der Suche nach authentischen Unterweisungen sein, die uns helfen, jeden Aspekt unserer Erfahrung zu verstehen. Wie das Reh sollten wir unseren Geist mit der Weisheit dieser Unterweisungen füllen und alles andere in den Hintergrund treten lassen. Wie diejenigen mit einem einfachen Verstand, die nicht durch intellektuelle Beschäftigungen abgelenkt werden, sollten wir den Geschmack der Unterweisungen auskosten, indem wir sie in unsere Erfahrung einbringen, und wie der Nomade sollten wir kein einziges Stückchen des Dharma verschwenden; alles, was wir erhalten, sollten wir in die Praxis umsetzen.

Indem wir uns dem Studium, der Reflexion und der Meditation widmen, werden wir die Liebe und das Mitgefühl des Bodhicitta stetig ausweiten, verbunden mit dem Rückgang von Selbstbezogenheit und leidbringenden Geisteszuständen. Geben Sie sich nicht damit zufrieden, diese Lehren nur zu hören und intellektuell zu verstehen. Nehmen Sie sie aufrichtig als integralen Bestandteil Ihrer Praxis an und erlauben Sie ihnen, als Gesamterfahrung bis in die Tiefe Ihres Herzens vorzudringen!

DIE ZWEI EBENEN DES BODHICITTA

Aufgrund seiner Tiefgründigkeit manifestiert sich Bodhicitta auf vielen Ebenen und je nachdem, in welchem Kontext der Begriff verwendet wird, kann er sich auf verschiedene Aspekte beziehen. Um den Unterweisungen, die wir erhalten, einen Sinn zu geben, ist es nützlich, seine verschiedenen Kategorien im Auge zu behalten. Im Allgemeinen können wir von zwei Hauptebenen des Bodhicitta sprechen: (1) letztendliches Bodhicitta und (2) relatives Bodhicitta. Diese entsprechen den beiden Ebenen der letztendlichen und relativen Wahrheit.

Letztendliches Bodhicitta

Der Begriff *letztendliches Bodhicitta* ist ein Synonym für Buddhanatur, absolute Wirklichkeit, endgültige Bedeutung oder innere Wahrheit. Obwohl wir zahlreiche Begriffe verwenden können, sollten wir uns immer daran erinnern, dass sie sich alle auf dieselbe Essenz beziehen, nämlich den Dharmakaya-Geist eines vollständig erleuchteten Buddha.

In diesem Zusammenhang ist Bodhicitta der allwissende Geist, der in der erhabenen Leerheit verweilt, die mit allen erleuchteten Qualitäten erfüllt und völlig leer von allen Erschaffungen ist. Dieser Geist ist das eigentliche Ergebnis des Kalachakra-Pfades und ist buchstäblich der „Erleuchtungsgeist". Letztendliches Bodhicitta vollständig zu verwirklichen bedeutet, den Zustand der Buddhaschaft zu erlangen, und um dies zu erreichen, müssen wir alle Verdunkelungen beseitigen, die das Entstehen dieses Zustands verhindern.

Relatives Bodhicitta

Die Methode, die verwendet wird, um letztendliches Bodhicitta zu entfalten, ist der Wunsch, Erleuchtung zum Wohle aller fühlenden Wesen zu erlangen. Dieser Wunsch ist als *relatives Bodhicitta* bekannt und ist das, worauf wir uns im Allgemeinen beziehen, wenn wir den Begriff „Bodhicitta" verwenden. Dieser Wunsch nimmt gewöhnlich die Form eines Bittgebets an, wie z. B.:

Zum Wohle aller fühlenden Wesen werde ich den Zustand der vollständigen Buddhaschaft erreichen.

Dieses Bestreben setzt sich aus zwei Hauptkomponenten zusammen:

1. **Zweck:** Die erste Komponente betrifft die Absicht des Strebens und ist der Grund, warum wir die Erleuchtung erlangen wollen. Wie wir im vorigen Kapitel gesehen haben, ist eine solche Absicht das natürliche Ergebnis der Entwicklung von großer Liebe und Mitgefühl für fühlende Wesen. Wenn diese Qualitäten in unserem Geist vorhanden sind, haben wir ein überwältigendes Bedürfnis, unseren lieben fühlenden mütterlichen Wesen auf jede erdenkliche Weise zu helfen. Wir sehen, dass sie leiden, und wir sehnen uns danach, sie davon zu befreien.

2. **Methode:** Die zweite ist die aktive Komponente des Bestrebens. Wenn wir unsere gegenwärtige Fähigkeit analysieren, erkennen wir, dass wir durch unseren verblendeten Geist zu sehr eingeschränkt sind, um der unendlichen Anzahl von fühlenden Wesen, die unsere Hilfe benötigen, dauerhaften Nutzen zu bringen. Untersuchen wir, wer dazu befähigt ist, stellen wir fest, dass nur ein vollständig erleuchteter Buddha alle Begrenzungen beseitigt und alle erleuchteten Qualitäten verwirklicht hat. Um den Zweck zu erfüllen, fühlende Wesen von ihrem Leiden zu befreien, ist daher das Erreichen der Erleuchtung das einzige Mittel.

Während Bodhicitta üblicherweise als ein Bestreben beschrieben wird, müssen wir wissen, was Bodhicitta tatsächlich ist, um zu verstehen, wie es funktioniert, um unsere Praxis zu beleben. Wenn Sie sich an unser Studium der *buddhistischen Psychologie* in Band Eins der *Enthüllung der inneren Wahrhei*t erinnern, kann der Geist in den primären und sekundären Geist unterteilt werden. Der primäre Geist ist die Zusammensetzung vieler sekundärer Arten von Geist und stellt ein manifestes Bewusstsein dar. Um eine Analogie zu verwenden, sind die sekundären Arten des Geistes wie die Zutaten für eine Tasse Tee, während der primäre Geist die Erfahrung des Tees selbst ist.

Bodhicitta wird als ein primärer Geist betrachtet, der von bestimmten sekundären Arten des Geistes erzeugt wird. Das bedeutet, dass jedes Bewusstsein, das diese sekundären Arten des Geistes umfasst, als „Bodhicitta" bezeichnet werden kann. Liebe und Mitgefühl, die altruistische Absicht, die Verantwortung für das Wohlergehen aller fühlenden Wesen zu übernehmen, sowie die Entschlossenheit, Erleuchtung zu erlangen, um diese Absicht zu verwirklichen, sind alles sekundäre Geisteshaltungen. Wenn diese vier Geistesfaktoren vorhanden sind, dann ist es auch Bodhicitta.

Das ist wichtig zu verstehen, denn authentisches Bodhicitta entsteht spontan, beginnend beim Betreten des Mahayana-Pfades bis zum Moment des Erlangens der Erleuchtung. Das bedeutet nicht, dass Praktizierende in jedem Moment gezielt die Bestrebung von Bodhicitta erzeugen, aber indem sie implizit in jeder Handlung vorhanden ist, wirkt sie als Ursache für die Erleuchtung. Wenn wir uns beispielsweise einem Dharmabuch zuwenden, ist die explizite Motivation für das Lesen, Wissen für die Praxis zu erlangen. Die implizite Motivation ist jedoch, Erleuchtung zum Wohle der fühlenden Wesen zu erlangen. Auf diese Weise wird Bodhicitta zum grundlegenden Wunsch, in dem alle vorläufigen Wünsche enthalten sind.

Dieses verinnerlichte Streben nach Bodhicitta zeigt sich auch in der Art und Weise, wie wir an das Erreichen unserer Ziele herangehen. Da wir unser Selbst bereits gegen andere ausgetauscht haben, wird unsere Hauptmotivation zu dem Wunsch, das Ziel anderer zu erreichen. Durch unsere Weisheit erkennen wir jedoch, dass wir ihre Ziele nicht erreichen können, sofern wir nicht zuerst unser eigenes Potenzial verwirklichen. Nur dann werden wir die Fähigkeit haben, allen fühlenden Wesen Nutzen zu bringen. Dies ist vergleichbar mit einer Person im Flugzeug, die weiß, dass sie ihre eigene Sauerstoffmaske aufsetzen muss, bevor sie anderen Passagieren sicher helfen kann. Sobald wir das erkannt haben, können wir uns darauf konzentrieren, die Erleuchtung so schnell wie möglich zu erlangen.

Anhand dieser Diskussion können wir verstehen, dass die im vorherigen Kapitel vorgestellten Praktiken darauf ausgelegt sind, die notwendigen Bedingungen für das Entstehen von Bodhicitta zu schaffen. Leider geht Bodhicitta aufgrund der Unbeständigkeit dieser Erkenntnis verloren und muss erneut erzeugt werden, wenn die Bedingungen degenerieren. Aus diesem Grund ist der Eintritt in den Mahayana-Pfad durch das *spontane* Entstehen von Bodhicitta gekennzeichnet, ohne dass es durch Meditation erzeugt werden muss. Dies bedeutet die vollständige Integration von Bodhicitta in Ihren Geist, wo es als unterschwellige Grundlage für alle Ihre Handlungen wirkt. Wenn wir dies erreichen, werden wir eine gültige Grundlage, um als *Bodhisattva* betrachtet zu werden.

Bodhisattvas erfahren zwei Arten von relativem Bodhicitta:

1. **Anstrebendes Bodhicitta:** Dies ist der spontane Wunsch, Erleuchtung zum Wohle aller Wesen zu erlangen, und ist die Mindestanforderung, um als authentische/r Bodhisattva bezeichnet zu werden. Wenn diese Art von Bodhicitta zum ersten Mal entsteht, ist es zerbrechlich und insofern es nicht durch Praxis gestärkt wird, wird es degenerieren und kann schließlich verloren gehen. Glücklicherweise kann es im Geist immer wieder neu

generiert werden, indem man die Bedingungen erneut sammelt.

2. **Engagiertes Bodhicitta:** Wenn der Wunsch des anstrebenden Bodhicitta mit einer bestimmten Handlung kombiniert wird, wird er zu engagiertem Bodhicitta. Diese Art von Bodhicitta ist eine Geisteshaltung, die entschlossen ist, etwas zu tun, wie z. B. den Kalachakra-Pfad zu praktizieren, um die Erleuchtung zum Wohle aller Wesen zu erlangen. Es gibt Ihrem Bodhicitta ein Gefühl der Unmittelbarkeit und der Hingabe, das Sie dazu motiviert, sich im Wesentlichen in Handlungen zu engagieren.

Der Unterschied zwischen den beiden Arten kann mit der Idee verglichen werden, eine Reise unternehmen zu wollen und diese dann tatsächlich anzutreten. Während das anstrebende Bodhicitta ein wesentlicher Bestandteil des engagierten Bodhicitta ist, sollten wir uns nicht damit zufriedengeben, nur darum zu beten, eines Tages die Fähigkeit zu haben, alle Wesen zur Erleuchtung zu führen. Nur engagiertes Bodhicitta wird als direkte Ursache für das Erreichen der Erleuchtung wirken.

Bodhicitta zu erzeugen erfordert Anstrengung, besonders von denjenigen, die neu auf dem Pfad sind. Mit zunehmender Vertrautheit wird es jedoch immer natürlicher entstehen. Wenn wir unseren Geist reinigen und die Verdunkelungen beseitigen, verringert sich die erforderliche Anstrengung; dennoch werden wir uns weiterhin bemühen müssen, unser Bodhicitta zu nutzen, um die Ansammlungen von Verdienst und Weisheit zu vervollständigen. Schließlich, wenn Bodhicitta völlig spontan und frei entsteht, werden wir das Ende des Pfades erreicht und die Buddhaschaft erlangt haben.

ANSTREBENDES BODHICITTA ERZEUGEN

Wenn wir Klarheit über die Definition von Bodhicitta haben, ist der nächste Schritt, es im Geist zu erzeugen. Wir üben uns zuerst in der anstrebenden Form und gehen dann zum engagierten Bodhicitta über. Wenn wir auf diese Weise üben, wird sichergestellt, dass unser Bodhicitta gut entwickelt und kraftvoll genug ist, um unserer spirituellen Praxis als festes Fundament zu dienen

Ursachen für das Entstehen von Bodhicitta

Wie bei allen unbeständigen Phänomenen entsteht Bodhicitta als Ergebnis des Zusammentreffens bestimmter Ursachen und Bedingungen. Wenn wir also Bodhicitta in unserem Geist erfahren wollen, müssen wir die wesentlichen Ursachen ansammeln. Nach Arya Asanga ist Bodhicitta das Ergebnis von drei Vierergruppen: (1) vier Bedingungen; (2) vier Ursachen und (3) vier Stärken. Indem wir jede dieser Gruppen studieren, können wir erkennen, welche Ursachen derzeit in unserem Leben präsent sind und welche wir noch kultivieren müssen.

Vier Bedingungen

Die erste Gruppe von Ursachen beschreibt vier Bedingungen, die als Inspiration für den Wunsch, Erleuchtung zu erlangen, wirken. Es ist nicht notwendig, alle diese Bedingungen zu haben, da jede einzelne allein ausreicht, um diesen Wunsch in unserem Geist auszulösen, obgleich einige effektiver sind als andere. *Die vier Bedingungen zur Erweckung von Bodhicitta* sind:

1. **Das Erkennen der Qualitäten von Buddhas und Bodhisattvas:** Die erste Bedingung entsteht, wenn wir die erstaunlichen Qualitäten der Buddhas oder Bodhisattvas sehen oder hören und dazu inspiriert werden, genau wie diese großen Wesen zu werden. Wenn wir sehr viel Glück haben, werden wir vielleicht Zeuge der Entfaltung solcher Qualitäten in Form von übernatürlichen Kräften oder wundersamen Taten. In welcher Form auch immer sich diese Qualitäten manifestieren, sie wecken in uns den Gedanken, dass Erleuchtung etwas wirklich Unglaubliches ist und dass es sich um etwas handelt, das wir erreichen möchten.

2. **Den Lehren des Buddha zuhören:** Die zweite Bedingung tritt ein, wenn wir Dharmalehren lesen oder hören. In dieser Situation werden wir indirekt mit der Idee der Erleuchtung vertraut gemacht. Indem wir die Lehren in die Praxis umsetzen, erkennen wir die Möglichkeit der Erleuchtung, was unser Vertrauen in unser Potenzial stärkt. Daraus erwächst dann der Wunsch, dieses Potenzial zu verwirklichen und das Ergebnis der Erleuchtung zu erreichen.

3. **Erkennen, dass die Lehren in Gefahr sind, verloren zu gehen:** Die dritte Bedingung tritt mit der Erkenntnis auf, dass der Mahayana-Pfad verschwinden wird, wenn die Lehren nicht in den Geistesströmen der Praktizierenden umgesetzt werden. Hierdurch entsteht der Wunsch, Erleuchtung zu erlangen und ein/e qualifizierte/r Linienhalter/in zu werden, um die Lehren für zukünftige Generationen zu bewahren. Damit diese Bedingung eintreten kann, müssen wir bereits Respekt gegenüber den Mahayana-Lehren entwickelt haben oder Vertrauen in ihre Fähigkeit, den fühlenden Wesen Nutzen zu bringen.

4. **Erkennen, wie selten es ist, dass jemand Bodhicitta erzeugt:** Die vierte Bedingung erkennt, dass wir gegenwärtig in einem degenerierten Zeitalter leben und es daher unglaublich selten ist, dass Menschen ihr Leben dem Erreichen der Befreiung von Samsara widmen, geschweige denn der vollen und vollständigen Erleuchtung. Aus dieser Situation heraus entsteht der Gedanke, Erleuchtung zu erlangen, damit wir andere inspirieren können, ihr eigenes Potenzial zu verwirklichen.

Diese vier Bedingungen lassen den Wunsch entstehen, die Erleuchtung zu erlangen. Jedoch sind sie nicht ausreichend, um als voll qualifiziertes Bodhicitta zu gelten. Dazu müssen sie mit den Qualitäten der großen Liebe und des großen Mitgefühls kombiniert werden.

Vier Ursachen

Die nächste Gruppe von Ursachen identifiziert spezifische Bedingungen, die vorhanden sein müssen, damit Bodhicitta entstehen kann. Fehlt eine dieser Ursachen, bedeutet das, dass Ihr Bodhicitta nicht vollständig ausgebildet und daher nicht so kraftvoll sein wird. Die Vier Ursachen für das Erwecken von Bodhicitta sind:

1. **Eine spirituelle Überlieferungslinie:** Die erste Ursache ist, in ein Leben mit den notwendigen Bedingungen für die Praxis des Dharma hineingeboren zu werden, was gemeinhin als eine *kostbare menschliche Wiedergeburt* bezeichnet wird. Wenn diese Bedingungen nicht vorhanden sind, werden Sie dem Dharma nie begegnen und daher auch keine Gelegenheit haben,

ihn zu praktizieren.

2. **Von einem/r ausgezeichneten Lehrer/in unterstützt werden:** Die zweite Ursache ist die Begegnung und Zusammenarbeit mit einem/einer spirituellen Mentor/in, der/die in der Lage ist, Ihre Dharmapraxis zu unterstützen. Solche Lehrer/innen sollten die Kriterien qualifizierter spiritueller Mentor/innen erfüllen, wie sie weiter oben vorgestellt wurden. Damit die Lehrer/innen eine Ursache für die Entwicklung von Bodhicitta sein können, müssen sie Linienhalter/innen des Mahayana sein – entweder dem Sutrayana oder dem Tantrayana folgend.

3. **Mitgefühl gegenüber Lebewesen:** Die dritte Ursache besteht darin, die Qualität von wahrer Liebe und Mitgefühl zu besitzen. Damit diese Eigenschaften im Geist entstehen können, muss der/die anstrebende Bodhisattva in einem Bereich geboren werden, in dem es manifestes Leiden gibt. Ohne dieses Leiden gibt es keine Möglichkeit, das notwendige Mitgefühl zu entwickeln, und daher wird kein kraftvolles Bodhicitta entstehen.

4. **Sich nicht von Schwierigkeiten entmutigen lassen:** Anderen zu helfen ist nicht einfach, und Schwierigkeiten können Praktizierende leicht überwältigen und sie dazu bringen, ihre altruistische Absicht zu verlieren. Um dies zu überwinden, müssen angehende Bodhisattvas von Natur aus mutig, standhaft und mental stark sein.

Die ersten beiden Ursachen haben mit äußeren Bedingungen zu tun, während die zweiten beiden hauptsächlich innerer Natur sind. Auch wenn es ideal wäre, bereits mit diesen Ursachen in unser Leben hineingeboren zu werden, sollten wir nicht den Mut verlieren, wenn wir sie erst einmal ansammeln müssen. Insofern eine davon fehlt, können wir sinnvolle Bestrebungen entwickeln und tugendhafte Handlungen ausführen, um die Ursachen dafür zu schaffen, dass sich diese Bedingungen zukünftig manifestieren. Selbst wenn sie nicht in diesem Leben entstehen, können wir zumindest gewiss sein, dass sie im nächsten Leben entstehen werden.

Vier Stärken

Diese vier Ursachen betonen die Quelle unserer Inspiration für den Wunsch, Erleuchtung zu erlangen. Wie der Name schon sagt, beeinflussen diese vier Ursachen die Stärke des daraus resultierenden Wunsches. *Die vier Stärken des Erweckens von Bodhicitta* sind:

1. **Die eigene Stärke:** Dies ist die Stärke, die auf der Grundlage der Erfahrung unseres Potenzials entsteht. Wenn wir erkennen, dass wir unsere Unwissenheit durch Weisheit beseitigen oder den Geist durch Meditation trainieren können, glauben wir fest an unsere Fähigkeit, Erleuchtung zu erlangen.

2. **Die Stärke anderer:** Diese Stärke entsteht in Abhängigkeit vom Hören der Lehren oder vom Befolgen der Unterweisungen der spirituellen Ratgeber/innen. Sie ergibt sich hauptsächlich aus der geschickten Vermittlung des Lehrmaterials durch die Lehrer/innen oder dadurch, wie stark Sie sich mit der Logik der Lehren verbinden.

3. **Die Stärke der Ursache:** Diese Stärke entsteht auf der Grundlage der spirituellen Praxis, die in früheren Leben durchgeführt wurde. Wenn wir mit einer bestehenden Veranlagung zu Bodhicitta geboren werden, braucht es nur sehr wenig, damit wir es in diesem Leben wieder erzeugen. Manchmal reicht es schon aus, bestimmte Worte wie „Erleuchtung" zu hören, um diesen Wunsch wieder aufleben zu lassen.

4. **Die Stärke der Praxis:** Selbst wenn wir über keine bereits vorhandenen gewohnheitsmäßigen Neigungen für Bodhicitta verfügen, besteht immer die Möglichkeit, diesen Lehren zu begegnen und in Praktiken für seine Erzeugung eingewiesen zu werden. Indem wir uns auf diese Praktiken stützen, können wir dann die Veranlagung legen, in diesem und zukünftigen Leben Bodhicitta zu erzeugen. Es ist nie zu spät, damit zu beginnen.

Bodhicitta, das auf der Grundlage der Stärke anderer oder der Stärke der Praxis entwickelt wird, verwendet indirekte Methoden, um den Wunsch, Erleuchtung zu erlangen, zu nähren. Um sicherzustellen, dass unser Bodhicitta stabil, kraftvoll und unerschütterlich ist, ist es notwendig, entweder die eigene Stärke oder die Stärke der Ursache zu betonen. Idealerweise wollen wir uns jedoch auf alle vier stützen.

Bodhicitta tatsächlich erzeugen

Wenn alle Ursachen und Bedingungen zusammenkommen, entsteht der Wunsch, Bodhicitta zu erzeugen, auf natürliche Weise. Abhängig von den genauen Neigungen der Praktizierenden und den jeweils vorliegenden Bedingungen kann das entstehende Bodhicitta eine etwas andere Form annehmen. Im Allgemeinen unterscheiden wir *Drei Arten, wie sich Bodhicitta manifestiert*:

1. **Wie ein König:** Um effektiv zu regieren, ist die erste Priorität eines Königs, die Herrschaft über das Königreich zu etablieren. Nur dann wird er die Fähigkeit haben, seine Untertanen zu beschützen und sich um ihre Bedürfnisse zu kümmern. Ähnlich verhält es sich mit der Absicht, zuerst die eigene Buddhaschaft zu erlangen, um dann alle anderen zu ihrer Buddhanatur führen zu können. Dies bezeichnet man als „*Bodhicitta mit dem großen Wunsch erwecken*". Diese Art von Bodhicitta wird durch Buddha Shakyamuni verkörpert.

2. **Wie ein Schiffskapitän:** Ein Schiffskapitän übernimmt gekonnt das Ruder des Schiffes, damit alle Passagiere gemeinsam sicher am gewünschten Ziel ankommen. In ähnlicher Weise wird der Wunsch, gleichzeitig die Buddhaschaft für sich selbst und die aller Wesen zu erlangen, „*Bodhicitta durch innere Weisheit erwecken*" genannt. Diese Art des Bodhicitta wird von Bodhisattva Maitreya vorgelebt.

3. **Wie ein Schafhirte:** Ein Hirte geht hinter seiner Herde, treibt sie schützend voran und ruht nicht, bis jedes Schaf sicher nach Hause gekommen ist. In gleicher Weise wird die Haltung derjenigen, die alle Wesen der drei Bereiche in den Zustand der vollkommenen Buddhaschaft versetzen wollen, bevor sie ihn für sich selbst erreichen, „*das unvergleichliche Bodhicitta erwecken*" genannt. Dieser Stil des Bodhicitta wird durch die Bodhisattvas Manjushri und Avalokiteshvara veranschaulicht.

Auch wenn einige Gelehrte über die Wirksamkeit der einzelnen Stile debattieren, bin ich der Ansicht, dass alle drei hervorragend sind und gleichermaßen außergewöhnliche Ergebnisse erzielen. Obgleich wir im Allgemeinen sagen könnten, dass die Bestrebung des Hirten vielleicht die edelste und die Bestrebung des Königs wahrscheinlich die praktischste Form ist. Da wir uns den Stil des entstehenden Bodhicitta nicht aussuchen, sollten wir den unterschiedlichen Wegen unvoreingenommen gegenüberstehen. Beobachten Sie einfach Ihre natürlichen Tendenzen und nutzen diese Kategorien als eine Möglichkeit, Ihr Bewusstsein zu fokussieren und Ihre Entschlossenheit zu stärken.

Im Wesentlichen gibt es zwei Möglichkeiten, Bodhicitta zu erzeugen: (1) durch ein Ritual, das hauptsächlich zur Einführung neuer Neigungen für die Erzeugung von Bodhicitta verwendet wird, und (2) durch Meditation, bei der es mehr darum geht, bestehende Neigungen zu kultivieren.

Bodhicitta durch ein Ritual erzeugen

Nachdem wir den Geist ausgiebig in den vier Unermesslichen geschult haben, werden wir vielleicht feststellen, dass sich das anstrebende Bodhicitta spontan im Geist manifestiert. Dies ist ein Zeichen dafür, dass wir bestehende Neigungen aus früheren Leben haben, aber für diejenigen, die diesen Geist noch nie erzeugt haben, kann es hilfreich sein, dem Rat von Jowo Atisha zu folgen:

> *Diejenigen, die sich nach dem Erwecken von Bodhicitta üben wollen,*
> *Bemühen sich über eine lange Zeit*
> *Sich mit den vier Unermesslichen, Liebe und so weiter, vertraut zu machen.*
> *Dadurch beseitigen sie Anhaftung und Eifersucht*
> *Und erzeugen Bodhicitta durch ein reines Ritual.*

Um am *Ritual zur Erzeugung von anstrebendem Bodhicitta* teilzunehmen, benötigt man eine/n qualifizierte/n spirituelle/n Mentor/in, der/die gewillt ist, es zu verleihen. Da dieses Ritual das Ablegen von Gelübden und Verpflichtungen beinhaltet, sollten die Schüler/innen bereit sein, den/die spirituelle/n Mentor/in als Gelübdelehrer/in anzunehmen. Im Umkehrschluss bedeutet dies, dass der/die Lehrer/in selbst die Verpflichtungen einhalten muss, damit er/sie sie weitergeben kann. Als Voraussetzung für die Schüler/innen wird ein grundlegendes Verständnis von Bodhicitta sowie das aufrichtige Bestreben, es zu erzeugen, vorausgesetzt. Je mehr Begeisterung sie aufbringen, desto kraftvoller wird der Einfluss des Rituals auf ihren Geist.

Das eigentliche Ritual ist im Grunde eine geführte Meditation, bei der der/ die Gelübdelehrer/in Sie anleitet, Zuflucht zu nehmen, Verdienst durch das siebenteilige Gebet anzusammeln, Ihren Geist durch Reinigung Ihrer Haltung vorzubereiten, Bodhicitta zu erzeugen und sich dann mit den Gelübden vertraut zu machen, die aufrechterhalten werden sollten. Sobald Sie auf diese Weise Bodhicitta erzeugt haben, haben Sie eine Arbeitsgrundlage, auf der Sie mithilfe der Meditation aufbauen können.

Bodhicitta durch Meditation erzeugen

Unabhängig davon, ob Sie mit Neigungen arbeiten, die in früheren Leben entstanden sind, oder mit neu durch Rituale erworbenen Neigungen, besteht der Erzeugungsprozess von Bodhicitta im Grunde aus drei Teilen:

1. **Liebe und Mitgefühl kultivieren:** Den Unterweisungen aus dem vorherigen Kapitel folgend, stellen wir eine starke Verbindung von Liebe und Mitgefühl gegenüber allen fühlenden Wesen her. Durch die Praxis des *Nehmens und Gebens* können wir diese Qualitäten stärken, bis sie in ihrem Umfang wirklich unermesslich werden.

2. **Die altruistische Absicht kultivieren, den fühlenden Wesen zu helfen:** Sobald wir uns des großen Leidens, das die fühlenden Wesen ertragen, bewusst geworden sind, entsteht der brennende Wunsch, ihnen zu helfen. Wir übernehmen dann die Verantwortung, ihre unendliche Güte zu erwidern und ihnen zu helfen, sich von ihrem Leiden zu befreien. Je mehr wir dieses Verlangen pflegen, desto unerschütterlicher wird unsere Entschlossenheit und wir beschließen, alles uns Mögliche zu tun, um unseren lieben Müttern maximalen Nutzen zu bringen.

3. **Den Wunsch erzeugen, die Erleuchtung zu erlangen:** Ausgehend von dieser altruistischen Absicht stellt sich die Frage: „Was kann ich tun?" Wenn wir ehrlich zu uns selbst sind, erkennen wir, dass unser begrenzter Geist zu sehr von unserem Karma und unseren Verblendungen überwältigt

ist, um von nennenswertem Nutzen zu sein. Wir können höchstens den wenigen Wesen helfen, denen wir in diesem Leben begegnen, aber was ist mit den zahllosen Wesen in den niederen Bereichen oder den Bereichen der Götter? Um dem riesigen Ozean der fühlenden Wesen realistisch einen dauerhaften Nutzen zu bringen, müssen wir den allwissenden Geist eines Buddha erlangen. Nur dann können wir die Bedürfnisse eines jeden Wesens kennen und uns spontan zu ihrem Nutzen manifestieren.

Wenn wir auf diese Weise meditieren, bauen wir allmählich das Gefühl der festen Überzeugung auf, dass das Erreichen der Buddhaschaft nicht nur die beste Lösung ist, sondern auch wirklich möglich ist. Genau wie die Buddhas und Bodhisattvas der Vergangenheit haben wir alles, was wir brauchen, um die Verdunkelungen unseres Geistes zu entfernen und unser größtes Potenzial zu verwirklichen. Insofern wir Vertrauen an dieses Ergebnis entwickeln, werden die Segnungen der Buddhas und Bodhisattvas in unsere Herzen eintreten und Bodhicitta wird sich fest verwurzeln.

Übung 6.1 – Den Wunsch nach Erleuchtung erzeugen

- *Stellen Sie in einer entspannten Haltung einen neutralen Geist durch die Praxis der Achtsamkeit auf die Atmung her.*

- *Vergegenwärtigen Sie sich Ihre Mutter aus diesem Leben im Raum vor Ihnen und denken Sie:*

  „Diese Person, meine Mutter, hat sich vom Moment meiner Zeugung an mit großer Mühe um mich gekümmert. Weil sie Nöte wie Krankheit, Hunger und Schmerzen ertragen hat, weil sie mir Nahrung und Kleidung gegeben und mich gewaschen hat, wenn ich schmutzig war, und weil sie mich gelehrt hat, was gut ist, und mich von bösen Taten abbrachte, habe ich die Lehren des Buddha kennengelernt und praktiziere jetzt den Dharma. Welch überwältigende Güte!

  Nicht nur in diesem Leben, sondern in einer unendlichen Reihe von Leben hat sie das immer und immer wieder getan. Während sie sich für mein Wohlergehen eingesetzt hat, wandert sie selbst in Samsara und erfährt viele verschiedene Arten von Leiden.“

- *Reflektieren Sie diese Punkte, bis ein wahres Gefühl des tiefen Mitgefühls für Ihre liebe Mutter aufkommt. Nun dehnen Sie diese Liebe und dieses Mitgefühl nach außen aus, indem Sie sich verschiedene fühlende Wesen aus Ihrem Leben vergegenwärtigen und denken:*

  > *„Seit anfangsloser Zeit war jedes fühlende Wesen für mich eine Mutter, genauso wie meine jetzige Mutter. Jedes einzelne von ihnen hat mir geholfen und sich um mich gekümmert."*

  Beginnen Sie mit denen, die Ihnen am nächsten stehen, und weiten Sie dann Ihren Horizont auf diejenigen aus, die Ihnen fremd sind oder mit denen Sie sich im Konflikt befinden.

- *Wenn Sie eine Gleichmäßigkeit der Liebe und des Mitgefühls für all diese fühlenden Wesen empfinden, entwickeln Sie die Entschlossenheit, ihre Güte zu erwidern, und denken Sie:*

  > *„All diese Wesen, meine Eltern, erfahren nicht nur viele verschiedene Arten von Leiden und Frustration, ohne es zu beabsichtigen, sie tragen auch starke Samen für zukünftiges Leiden in sich. Wie bedauernswert! Was ist zu tun? Um ihre Güte zu erwidern, ist das Mindeste, was ich tun kann, ihnen dabei zu helfen, sie von Schmerz zu befreien und sie zufrieden und glücklich zu machen."*

- *Wenn sich der Wunsch, ihnen zu helfen, verstärkt und intensiviert, fahren Sie mit diesen Überlegungen fort:*

  > *„Was wünschen sich meine lieben Mütter? Genau wie ich wünschen sie sich, glücklich und frei von Leiden zu sein, und doch erschaffen wir aufgrund unserer Unwissenheit das genaue Gegenteil davon.*
  >
  > *Warum tun wir das? Die Ursache unseres Leidens ist nichts anderes als der selbstbezogene Gedanke, der seit anfangsloser Zeit die einzige Ursache für all die Negativität und das Leiden in unseren Leben ist.*
  >
  > *Die Buddhas und Bodhisattvas erkannten das selbstbezogene Denken als den Feind und strebten danach, es vollständig aufzugeben. Stattdessen widmeten sie sich der Kultivierung des Denkens, das andere wertschätzt. Das Ergebnis, das sie erreichten, war vollkommene Erleuchtung."*

- *Mit der festen Entschlossenheit, das selbstbezogene Denken aufzugeben und sich auf jedwede Weise dem Nutzen der fühlenden Wesen zu widmen, denken Sie:*

„All diese meine Eltern, die im Mittelpunkt meines Mitgefühls stehen, werden direkt durch Leiden und indirekt durch die Quellen des Leidens verletzt. Ich werde daher das gesamte Leiden aller meiner Mütter und alle störenden Emotionen und Handlungen, die die Quellen ihres Leidens sind, auf mich nehmen."

- *Stellen Sie sich vor, dass Sie mit jedem Einatmen alle Negativitäten und Verdunkelungen Ihrer lieben Mütter in Form von schwarzem Licht in Ihr Herz ziehen. Entwickeln Sie ein Gefühl großer Freude darüber, dass Sie in der Lage sind, sie von ihren Schmerzen und Qualen zu befreien. Während Sie dies tun, denken Sie:*

  „Ohne Bedauern sende ich all meine tugendhaften Handlungen und mein Glück der Vergangenheit, Gegenwart und Zukunft, meinen Wohlstand und meinen Körper an alle fühlenden Wesen, meine Eltern."

- *Mit jedem Ausatmen stellen Sie sich vor, dass Sie Ihre ganze Tugend und Weisheit in Form von strahlend weißem Licht aussenden, das alle fühlenden Wesen reinigt und heilt und ihnen alle Arten von Glück schenkt. Entwickeln Sie ein Gefühl der großen Freude darüber, dass sie dieses Glück erfahren.*

- *Fahren Sie auf diese Weise fort und verwenden Sie den Atemrhythmus, um Leiden aufzunehmen und Freude und Glück auszusenden. Nachdem Sie eine Zeit lang so meditiert haben, denken Sie:*

  „Diese Meditation des Nehmens und Gebens ist zwar äußerst wohltuend für meinen Geist, aber sie ist nur eine Visualisierung, und meine lieben Mütter leiden immer noch. Sie werden weiter leiden, bis sie vollständig von den Ursachen des Leidens – ihren karmischen Neigungen und verblendeten Geisteszuständen – befreit sind.

  Im Moment bin ich kaum in der Lage, mir selbst zu helfen, geschweige denn, meinen lieben Müttern dauerhaft wahres Glück zu bringen. Um ihnen wirklich zu helfen, muss ich den erleuchteten Zustand von Buddha Vajradhara erreichen.

  Deshalb werde ich den tiefgründigen Vajrayoga-Pfad des glorreichen Kalachakra studieren, darüber reflektieren und meditieren. Auf diese Weise werde ich alle meine Verdunkelungen beseitigen und in der Lage sein, unzähligen fühlenden Wesen der zehn Richtungen unermesslichen Nutzen und Wohlbefinden zu bringen."

- *Lösen Sie alle Visualisierungen auf und richten Sie Ihr Gewahrsein einfach auf das Gefühl der starken Entschlossenheit.*

Ihr Bodhicitta durch Ihr Verhalten stärken

Wenn wir erstmals den Wunsch nach Bodhicitta erzeugen, ist dieser noch kraftlos und kann daher schnell verschwinden. Um diesen Wunsch in all unsere Handlungen zu integrieren, muss er spontan als eine implizite Motivation entstehen. Erst dann kann er als eine voll qualifizierte Form von Bodhicitta betrachtet werden. Während des Bodhicitta-Rituals wird der/die Gelübdelehrer/in verschiedene Verhaltensweisen erklären, die wir befolgen sollten, um sicherzustellen, dass unsere Neigung zu Bodhicitta stärker wird und nicht nachlässt.

Verhindern des Abnehmens des Bodhicitta in diesem Leben

Um die Abnahme unseres Bodhicitta zu verhindern, ist es hilfreich: (1) über den Nutzen der Entwicklung von Bodhicitta nachzudenken; (2) das Streben nach Bodhicitta den ganzen Tag über zu erzeugen; (3) Verdienst anzusammeln und Negativitäten zu reinigen und (4) niemals irgendein fühlendes Wesen aufzugeben.

Wie der große Bodhisattva Atisha einst sagte:

Wenn der Nutzen der Bodhicitta-Absicht eine physische Form hätte, wäre jeder denkbare Raum zu klein, um diesen Nutzen zu beinhalten. Das daraus resultierende Verdienst ist weitaus größer als das Verdienst, das man durch Darbringen so vieler kostbarer Edelsteine, wie es Sandkörner im Fluss Ganges gibt, erwerben würde.

Sobald der Gedanke an Bodhicitta entsteht, ändern sich unsere Bezeichnung und unser Zweck und all die von uns angesammelte Tugend wird von dieser umfassenden altruistischen Absicht geleitet, trägt Früchte und wächst unaufhörlich. Dies ist weitaus vorteilhafter als Handlungen, die ohne Bodhicitta ausgeführt werden, bei denen die Ergebnisse nur einmal erfahren werden und sich dann erschöpfen. Darüber hinaus sollten wir verstehen, dass das Vorhandensein von relativem Bodhicitta allein zwar nicht ausreicht, um die Buddhaschaft zu erlangen, dass aber ohne dieses Bodhicitta nichts anderes von Nutzen ist, und dass daher eine von Bodhicitta geprägte Haltung äußerst vorteilhaft ist.

Wir können unsere Bodhisattva-Verpflichtung verstärken, indem wir unsere Bestrebung dreimal am Morgen und dreimal am Abend ausdrücklich auffrischen. Dies stärkt und steigert die Entwicklung von Bodhicitta in unserem Geistesstrom und hilft zu verhindern, dass es nachlässt. Ebenfalls sollten wir uns bemühen, Verdienst anzusammeln und jegliche negative Einstellung zu erkennen, die bestimmte fühlende Wesen des Mitgefühls für unwürdig betrachtet. Dieser Haltung wirken wir entgegen, indem wir uns wieder auf unsere Bodhicitta-Absicht besinnen. Ungeachtet aller aufkommenden Hindernisse sollten wir niemals unseren mutigen Wunsch, die Buddhaschaft zu erlangen, aufgeben und insbesondere bestrebt sein, niemals ein einziges Wesen aufzugeben.

Richtlinien zur Erzeugung von Bodhicitta in zukünftigen Leben

Wenn wir uns dazu verpflichten, Bodhicitta zu kultivieren, sprechen wir von einer Motivation, die sich bis zur Erlangung der Buddhaschaft erstreckt. Da diese Errungenschaft höchstwahrscheinlich viele Lebenszeiten in Anspruch nehmen wird, müssen wir über die Bedingungen dieses gegenwärtigen Lebens hinaus denken. Da wir nicht garantieren können, zum Zeitpunkt des Todes über das nötige Gewahrsein zu verfügen, um unsere Wiedergeburt zu steuern, müssen wir unseren Geist mit Qualitäten vertraut machen, die es erleichtern, Bodhicitta in zukünftigen Leben zu erzeugen. Dies wird uns erlauben, dort anzusetzen, wo wir im vorherigen Leben aufgehört haben, um unser Training fortzusetzen. Die Art und Weise, wie wir dies tun, besteht darin, die vier „schwarzen" Praktiken aufzugeben und die vier „weißen" Praktiken zu kultivieren.

Die vier schwarzen Praktiken aufgeben, die Bodhicitta schwächen

Die erste Gruppe enthält vier Verhaltensweisen, die wir so weit wie möglich vermeiden sollten, da sie in direktem Gegensatz zu den Ursachen für die Erzeugung von Bodhicitta wirken. Ohne Bedacht auf diese Praktiken hätten wir, selbst wenn wir Bodhicitta entwickeln wollten, keine Gelegenheit dazu.

Die *vier schwarzen Praktiken* sind:

1. **Die eigenen Lehrer/innen verwirren:** Wie wir gesehen haben, sind unsere Lehrer/innen die Quelle der Lehren und sie führen uns auf dem Pfad. Wenn wir unsere Beziehung zu ihnen durch den Akt der Täuschung beschädigen, schwächen wir die Stärke unserer karmischen Verbindung und schaffen Hindernisse, den Lehren in der Zukunft wieder zu begegnen.

2. **Anderen unberechtigte Schuldgefühle einreden:** Wenn wir diejenigen, die den Dharma praktizieren, absichtlich entmutigen, indem wir in ihnen Zweifel oder Verwirrung erzeugen, schaffen wir die Ursachen dafür, dass uns die notwendige Unterstützung für unsere Praxis vorenthalten wird.

3. **Diejenigen, die korrekt in das Mahayana eingetreten sind, beschimpfen oder verleumden:** Wenn wir einen Bodhisattva aus Ärger oder Hass verunglimpfen, stellen wir eine negative Verbindung zum Mahayana insgesamt her. Diese Neigung wirkt als direktes Hindernis für die Entwicklung des Vertrauens in das Mahayana. Ohne Vertrauen in den Pfad wird es keinen Wunsch geben, Bodhicitta zu erzeugen.

4. **Andere durch Täuschung und falsche Darstellungen manipulieren:** Insofern wir, während wir Hintergedanken hegen, absichtlich lügen oder die Realität falsch darstellen, um fühlende Wesen zu manipulieren, damit sie uns dienen, verstärken wir aktiv unsere Selbstbezogenheit. Diese Haltung ist ein direktes Hindernis für die Entwicklung des Wunsches, anderen zu nützen, der eine grundlegende Voraussetzung für die Erzeugung von Bodhicitta ist.

Indem wir diese vier Praktiken aufgeben, vermeiden wir grundsätzlich, unsere Beziehung zu den Drei Juwelen (Lehrer/innen, Lehren und Gemeinschaft), dem Mahayana-Pfad und den fühlenden Wesen zu schädigen. All diese Beziehungen sind entscheidend, um zu gewährleisten, dass wir in Zukunft die notwendigen Bedingungen für die Wiederverbindung mit Bodhicitta schaffen.

Die vier weißen Praktiken anwenden, die verhindern, dass Bodhicitta geschwächt wird

Die nächste Gruppe von Praktiken wirkt als direktes Gegenmittel zu den oben genannten schwarzen Praktiken. Sie verhindern nicht nur, dass sich unser Bodhicitta verschlechtert, sondern helfen auch, förderliche Bedingungen zu schaffen, damit Bodhicitta in zukünftigen Leben entstehen kann. Die *vier weißen Praktiken* sind:

1. **Alle Formen der Lüge vermeiden:** Lügen heißt täuschen, was das Gegenteil von Geradlinigkeit, Güte und Liebe ist. Indem wir jede Form der Täuschung vollständig vermeiden, stellen wir sicher, dass wir weder unsere Lehrer/innen noch irgendein anderes fühlendes Wesen täuschen. Stattdessen stärken wir unsere Beziehungen auf der Basis von Ehrlichkeit und Aufrichtigkeit. Dies ist das Gegenmittel zur ersten schwarzen Praxis.

2. **Anderen helfen, Dharma zu praktizieren:** Anstatt andere zu veranlassen, ihre Praxis aufzugeben, sollten wir einen unvoreingenommenen Geist kultivieren, der ständig daran arbeitet, andere in der authentischen Dharmapraxis zu bestärken. Ohne irgendeine Art von egozentrischer Motivation sollten wir sie dazu ermutigen, die Methoden anzuwenden, die für sie am nützlichsten sind. Dies ist das Gegenmittel gegen die zweite schwarze Praxis.

3. **Den Bodhisattvas Ehre und Respekt erweisen:** Indem wir diejenigen verehren, die Bodhicitta kultiviert haben, stellen wir eine starke Verbindung mit dem Mahayana-Pfad her, den die Bodhisattvas verkörpern. Diese Verbindung bildet die Grundlage dafür, diesen Lehren zu begegnen und Vertrauen in sie zu entwickeln. Dies ist das Gegengift zur dritten schwarzen Praxis.

4. **Eine altruistische Absicht gegenüber fühlenden Wesen pflegen:** Je mehr wir die fühlenden Wesen ehren und wertschätzen, desto mehr wünschen wir uns, ihnen Nutzen zu bringen. Diese Haltung stellt sicher, dass wir in zukünftigen Leben eine natürlich liebevolle und mitfühlende Veranlagung besitzen, die es uns leichter macht, uns mit anderen zu

verbinden und Bodhicitta zu entwickeln. Dies ist das Gegenmittel zur vierten schwarzen Praxis.

Indem Sie Achtsamkeit für diese vier Praktiken entwickeln, werden sich all Ihre Handlungen allmählich auf die Natur des Bodhicitta ausrichten und gleich dem Duft von Sandelholz, der das Gefäß durchdringt, in dem es aufbewahrt wird, wird auch Bodhicitta Ihren Geist durchdringen. Dieser Prozess stärkt und stabilisiert unser anstrebendes Bodhicitta, sodass es schließlich spontan entstehen wird.

Anstrebendes Bodhicitta wiederherstellen

Chenrezig – Der Buddha des Mitgefühls

Aufgrund der Kraft der negativen Gewöhnung können wir feststellen, dass unser anstrebendes Bodhicitta zu degenerieren beginnt. Wenn dies der Fall ist, verringert der Kraftverlust den Einfluss, den es auf unsere Aktivitäten hat. Glücklicherweise ist es relativ einfach, es wiederherzustellen. Vergegenwärtigen Sie sich zunächst die Verhaltensweisen, die Ihrer Ansicht nach zur Schwächung Ihres Bodhicitta beigetragen haben. Entwickeln Sie ein starkes Gefühl des Bedauerns, gefolgt von dem Wunsch, diese Handlungen in Zukunft zu vermeiden. Beenden Sie dies, indem Sie die Bestrebung nach Bodhicitta wieder erzeugen, entweder durch das Rezitieren von Gebeten oder durch Meditation, wie zuvor beschrieben. Denken Sie immer daran, dass es nie zu spät ist, den Geist des Bodhicitta zu erzeugen.

DEN GEIST MIT ENGAGIERTEM BODHICITTA SCHULEN

Die Trennlinie zwischen anstrebendem Bodhicitta und engagiertem Bodhicitta ist nicht immer leicht zu erkennen. Damit wir ein Gespür für die Unterscheidung entwickeln, können wir uns an vergangene ehrgeizige Ziele erinnern, wie z. B. den Wunsch, ein exotisches Land zu bereisen. Viele Jahre lang hielten wir an der Idee fest und dachten „eines Tages, eines Tages". Schließlich treffen Sie die Entscheidung, Ihren Traum in die Realität umzusetzen, und in diesem Moment haben Sie die Überzeugung begründet, ihn zu verwirklichen. Von diesem Zeitpunkt an ist Ihre gesamte Energie darauf gerichtet, Ihren Traum zu verwirklichen. Sie beschäftigen sich mit dem Kauf von Flugtickets, Buchen von Hotels und planen langsam Ihre Reiseroute. Sie beginnen Urlaubstage aufzuheben und sparen Geld für die Reise zusammen. Grundsätzlich tun Sie alles nur Mögliche, um Ihren Traum zu verwirklichen.

In ähnlicher Weise sieht das anstrebende Bodhicitta die Erleuchtung als etwas weit in der Zukunft Liegendes, während das engagierte Bodhicitta sie in die Gegenwart bringt. Es ist eine Haltung, die von dem Gefühl der Tatkraft und Zielstrebigkeit erfüllt ist. Sie wandelt alle unsere Handlungen in Unterstützungen, um unser letztendliches Ziel nach der vollständigen Erleuchtung zu erreichen. Sobald diese Geisteshaltung entsteht, passt alles in einen Zusammenhang und es gibt nichts Wichtigeres mehr als sich als Bodhisattva zu üben. Wenn dies geschieht, werden sogar Dinge wie Essen und Schlafen zur Unterstützung der Praxis und damit zu Ursachen für die Erleuchtung. Das ist der Grund, warum engagiertes Bodhicitta riesige Ansammlungen von Verdienst erzeugt, da jeder Moment, ob Sie sich dessen bewusst sind oder nicht, zu einer Quelle der Tugend wird.

Das Empfangen der Bodhisattva-Gelübde

Die Erzeugung von engagiertem Bodhicitta manifestiert sich in dem Moment, in dem wir die Praxisverpflichtungen gemäß den *Bodhisattva-Gelübden* übernehmen. Diese heiligen Verpflichtungen sollen uns dabei helfen, eine Lebensweise aufrechtzuerhalten, die in der Lage ist, Bodhicitta zu kultivieren und Verdunkelungen aus unseren Geistesströmen zu reinigen. Obgleich sie in viele Kategorien eingeteilt werden können, ist das zentrale Thema, die fühlenden Wesen wertzuschätzen und alles uns Mögliche zu tun, um ihnen Nutzen zu bringen. Verwirklichte Bodhisattvas, die dieses Prinzip vollständig verkörpern, werden natürlich alle Gelübde auf der Grundlage einhalten, diese in früheren Leben erhalten und praktiziert zu haben.

Die Bodhisattva-Gelübde werden im Allgemeinen durch ein kurzes Ritual verliehen. Es ist am besten, wenn Sie zumindest ein allgemeines Verständnis der Gelübde haben, um eine starke Überzeugung zu entwickeln, dass Sie sie erhalten haben. Je mehr Sie sich ihrer Details bewusst sind, desto mehr Einfluss wird das Ritual auf Ihren Geist haben und desto inspirierter werden Sie sein, sie einzuhalten. Im Folgenden werden dazu die *achtzehn Wurzelgelübde* dargestellt. Zudem gibt es *sechsundvierzig Zweiggelübde*, die in den nächsten sieben Kapiteln vorgestellt werden. Wenn Sie dieses Lehrmaterial studieren und darüber nachdenken, werden Sie eine starke Grundlage für das Ablegen der Bodhisattva-Gelübde haben.

Ergibt sich jedoch die Gelegenheit, die Bodhisattva-Gelübde zu erhalten, bevor wir die Chance hatten, sie zu studieren, sollten wir eine solche glückliche Situation unbedingt nutzen. Im *Konchok-Dala-Sutra* heißt es:

> *Unabhängig von den vergangenen Taten der Person, solange sie ein starkes Vertrauen in die Drei Juwelen hat und stark vom Weg der Bodhisattvas inspiriert ist, kann sie zweifelsohne die Bodhisattva-Gelübde erhalten.*

Mit großem Vertrauen in die Drei Juwelen und den Mahayana-Pfad stärken wir unser Bodhicitta jedes Mal, wenn wir die Gelübde empfangen. Dadurch werden wir motiviert, weiter zu studieren und zu praktizieren. Dies bringt größere Klarheit und macht jeden erneuten Erhalt der Gelübde noch kraftvoller.

Ein weiterer Vorteil, an einer Zeremonie teilzunehmen, liegt darin, die Gelübde von einem/r qualifizierten Gelübdemeister/in erhalten zu haben, sodass wir sie später beliebig oft wiederholen können, indem wir uns auf den Buddha und die Bodhisattvas als Zeugen berufen. Idealerweise wollen wir die Gelübde mindestens einmal am Tag ablegen. Die folgende Meditation kann genutzt werden, um diesen Zweck zu erfüllen.

Übung 6.2 – Die Bodhisattva-Gelübde ablegen

- *Stellen Sie in einer entspannten Haltung einen neutralen Geist durch die Praxis der Achtsamkeit auf die Atmung her.*

- *Visualisieren Sie im Raum vor Ihnen ein weites und offenes Feld mit einer unendlichen Anzahl von Buddhas, Bodhisattvas und Arhats sowie Ihren eigenen Lehrer/innen und den Meister/innen der Kalachakra-Linie. Stellen Sie sich vor, dass der Boden vollständig mit fühlenden Wesen erfüllt ist, die alle eine menschliche Form haben und Sie um Hilfe bitten. Mit dieser großen Versammlung als Zeugen wiederholen Sie das folgende Gebet dreimal:*

  > *„Ihr Gurus, Buddhas, Bodhisattvas und andere heilige Objekte der Zuflucht, bitte erhört mein Gebet. So wie die früheren erhabenen Wesen Bodhicitta erzeugten und schrittweise die Bodhisattva-Taten ausführten, so lege ich jetzt die Bodhisattva-Gelübde ab und gelobe, mich zu schulen und ihrem Vorbild zu folgen. Ich gelobe, Bodhicitta zu erzeugen und kontinuierlich die Bodhisattva-Taten zu praktizieren, um allen Wesen zu nützen.“*

- *Bestärken Sie Ihre Entschlossenheit mit jeder Wiederholung. Nach der letzten Wiederholung entwickeln Sie die Gewissheit, dass Sie nun die Bodhisattva-Gelübde erhalten haben. Empfinden Sie ein Gefühl großer Freude und Dankbarkeit, indem Sie den folgenden Abschnitt rezitieren:*

  > *„Heute ist mein menschliches Leben sehr kostbar geworden und von*

nun an bin ich ein Sohn oder eine Tochter der Bodhisattva-Familie geworden. Von nun an werde ich dieses Privileg niemals verschwenden. Ähnlich einem Blinden, der ein Juwel im Müllhaufen findet, bin ich durch einen winzigen Zufall in die Buddha-Familie eingetreten. Ich gelobe, mein Versprechen zu halten. Mögen die Götter, Halbgötter und alle anderen Wesen sich darüber freuen, dass ich die Bodhisattva-Gelübde in der Gegenwart der Buddhas, Bodhisattvas und aller fühlenden Wesen abgelegt habe."

- *Schließen Sie die Übung ab, indem Sie dieses Widmungsgebet rezitieren:*

  „Möge das kostbare Bodhicitta entstehen, das noch nicht entstanden ist.
  Und möge das, das bereits entstanden ist, nicht abnehmen, sondern weiter anwachsen."

Die achtzehn Wurzelgelübde

In Übereinstimmung mit den gemeinsamen Traditionen von Asanga und Nagarjuna gibt es *achtzehn Wurzelgelübde*, die ein/e Bodhisattva aufrechterhalten sollte. Diese Gelübde heben die zentralen Verhaltensweisen hervor, die Ihr Bodhicitta rein halten. Wenn Sie eines dieser Wurzelgelübde brechen, arbeiten Sie nicht mehr zum Nutzen der fühlenden Wesen und haben daher Ihr engagiertes Bodhicitta verloren. Solange Sie jedoch die fühlenden Wesen nicht vollständig aufgegeben haben, haben Sie Ihr anstrebendes Bodhicitta nicht verloren. Daher können Sie die Gelübde entweder in der Gegenwart der Gelübdelehrer/innen oder in der Gegenwart der in Ihrem Geist visualisierten Buddhas und Bodhisattvas erneuern.

Die vier Wurzelgelübde nach der Tradition von Asanga

Nach der Tradition von Asanga kann jedes Verhalten, das der reinen Übungspraxis eines Bodhisattvas nicht förderlich ist, als Wurzelverfehlung betrachtet werden. Alle derartigen Verfehlungen lassen sich in den folgenden vier Gelübden zusammenfassen:

1. **Behaupten, falsche Verwirklichungen zu haben:** Wir sollten es vollständig aufgeben, nach Lob, Gewinn oder Respekt zu streben, indem wir behaupten,

ein hoch verwirklichtes Wesen zu sein, oder die Leistungen anderer herabsetzen. Dieses Gelübde wird gebrochen, wenn wir fälschlicherweise behaupten, eine direkte Verwirklichung der Leerheit erlangt zu haben. Es ist eine spezifische Form der Lüge, bei der anderen vorgetäuscht wird, dass wir besondere Errungenschaften haben. Dabei ist es nicht notwendig, explizit zu behaupten, dass wir hohe Verwirklichungen erlangt haben, einfach nur den Eindruck zu erwecken reicht aus, um dieses Gelübde zu brechen.

2. **Materielle Unterstützung oder Unterweisungen verweigern:** Begegnen wir fühlenden Wesen, die unsere Hilfe benötigen, sollten wir nicht geizig sein und ihnen materielle Unterstützung, Dharmalehren oder spirituelle Hilfe vorenthalten. Wenn unsere Hilfe erbeten wird und wir sie ablehnen, obwohl wir die Mittel dazu haben, brechen wir dieses Gelübde. Wir sollten immer unser Bestes tun, um Großzügigkeit zu praktizieren, und die sich uns bietenden Gelegenheiten voll ausnutzen. Diejenigen, die uns um Unterweisungen bitten, sollten wir unterrichten, indem wir ihnen zeigen, wie man meditiert oder wie man durch Studium Weisheit entwickelt.

3. **Jemandem nicht vergeben, der sich entschuldigt hat:** Wenn uns jemand verletzt hat, sich aber aufrichtig für seine Taten entschuldigt, führt es zu einem Bruch dieses Gelübdes, wenn wir diese Entschuldigung nicht annehmen und statt dessen an Groll und Hass festhalten. Wir sollten fühlenden Wesen immer die Möglichkeit bieten, ihre Verfehlungen zu bekennen und ihr negatives Karma zu reinigen.

4. **Das Mahayana aufgeben und falsche Lehren verbreiten:** Dieses Gelübde wird gebrochen, wenn wir alle oder einen Teil der Mahayana-Lehren als falsch oder nicht authentisches Buddhadharma ablehnen. Einige können das enorme Ausmaß der Mahayana-Sichtweise nicht begreifen, was dazu führen kann, einige Ansichten als nicht-buddhistisch abzulehnen, wie z. B. die Lehren der zweiten und dritten Drehung des Dharmarades.

Im Wesentlichen helfen diese vier Gelübde den Praktizierenden, die vier Hauptverfehlungen zu überwinden, die als Hindernisse für Bodhicitta wirken: Anhaftung, Geiz, Hass und Verblendung. Wenn wir verhindern können, dass diese Fehler unsere Handlungen dominieren, haben wir eine starke Grundlage für jegliche Form der spirituellen Praxis.

Die vierzehn Wurzelgelübde nach der Tradition von Nagarjuna

In der Tradition von Nagarjuna sind die Wurzelgelübde in drei Kategorien unterteilt, die die Verhaltensweisen hervorheben, die verschiedene Personen in verschiedenen Positionen vermeiden sollten. Beachten Sie jedoch, dass diese Kategorien trotzdem für jeden gelten.

Die erste Gruppierung besteht aus fünf Handlungen, die eng mit denen verbunden sind, die Machtpositionen innehaben, wie z. B. Könige, Anführer oder Älteste. Solche Menschen sind oft mit großer Autorität ausgestattet und müssen sich daher besonders bewusst sein, wie sie ihre Macht einsetzen.

5. **Das Eigentum der Drei Juwelen stehlen:** Wir brechen dieses Gelübde, wenn wir irgendetwas stehlen, das den Drei Juwelen dargeboten wurde oder zu diesem Zweck bestimmt war. Andere zu bestehlen oder für den Sangha bestimmtes Material eigennützig zu verwenden, untergräbt das Vertrauen der Menschen und entzieht dem Sangha die Unterstützung, die er für die Dharmapraxis benötigt.

6. **Die Lehren ablehnen:** Zu kritisieren oder zu behaupten, dass irgendein Teil des Hinayana, Mahayana oder Vajrayana nicht Teil der Lehren des Buddha ist, führt zum Bruch dieses Gelübdes. Wir sollten keine Lehre des Buddha kritisieren oder verunglimpfen, da uns dies direkt davon abhält, den Nutzen dieser Lehren zu erhalten.

7. **Die Unmoralischen bestrafen:** Nötigen wir einen Mönch oder eine Nonne dazu, ihre Ordination aufzugeben, indem wir sie zwingen, die Roben abzulegen oder Handlungen zu begehen, die gegen ihre Ordinationsverpflichtungen verstoßen, dann brechen wir dieses Gelübde. Wir sollten unser Möglichstes tun, um die Menschen zu ermutigen, eine reine ethische Disziplin aufrechtzuerhalten und alle ihre begangenen Übertretungen zu reinigen.

8. **Taten mit direkter Vergeltung begehen:** Das Begehen eines der fünf

abscheulichen Verbrechen erzeugt das schlimmstmögliche negative Karma und führt zur Wiedergeburt im tiefsten Höllenbereich, ohne überhaupt in den Zwischenzustand einzutreten. Völlig vom Leiden verzehrt, hätten wir weder die Möglichkeit, Bodhicitta zu erzeugen, noch den fühlenden Wesen irgendeinen Nutzen zu bringen.

9. **Abwegige Ansichten behaupten:** Zu den falschen Ansichten gehört jeder Glaube, der die Existenz der Drei Juwelen, des Gesetzes von Ursache und Wirkung, der Zwei Wahrheiten, der Vier Edlen Wahrheiten, der zwölf Glieder des Abhängigen Entstehens usw. leugnet. Das Festhalten an solchen falschen Ansichten führt dazu, dass wir dieses Wurzelgelübde brechen, da wir nicht einmal in der Lage sind, uns selbst zu nützen, geschweige denn anderen. Wenn wir zum Beispiel das Gesetz des Karma leugnen, nehmen wir keine Rücksicht auf die Konsequenzen unserer Handlungen und schaffen dadurch weiterhin negatives Karma und werden andere verletzen.

Die nächste Gruppe umfasst eine Handlung, die eng mit denjenigen zusammenhängen, die mit der Betreuung oder Verwaltung einer bestimmten Region beauftragt sind, wie z. B. gewählte Beamte oder Verwalter.

10. **Einen Lebensraum, eine Stadt, eine Region oder eine Nation zerstören:** Wenn wir einen von Lebewesen bewohnten Ort vollständig zerstören, brechen wir dieses Wurzelgelübde. Die Zerstörung eines Lebensraumes, einer Stadt oder eines Landes, sei es mit Feuer, Bomben, schwarzer Magie oder irgendeinem anderen Mittel, wird viele Lebewesen töten. Das negative Karma, das durch diese Handlungen angesammelt wird, wird als ein Haupthindernis für die Erzeugung von Bodhicitta wirken

Die letzte Gruppierung besteht aus acht Handlungen, die eng mit gewöhnlichen Menschen verbunden sind.

11. **Den Ungeübten die Leerheit erklären:** Dieses Wurzelgelübde brechen wir, wenn wir das tiefgründige Thema der Leerheit denjenigen nahebringen, die noch nicht dafür bereit sind oder es eventuell gar nicht praktizieren wollen. Die Gefahr besteht darin, dass einige die Leerheit fälschlicherweise

als Nichts oder Nichtexistenz interpretieren und in das nihilistische Extrem verfallen, das die Beziehung zwischen Ursache und Wirkung leugnet. Die wahre Bedeutung der Leerheit des Selbst und der Phänomene ist sehr tiefgründig und schwer zu verstehen. Viele sind nur deshalb der Ansicht, dass der große Nagarjuna, der dieses System stark verbreitet hat, ein Nihilist war, weil sie die brillante Subtilität seiner Denkweise nicht erkennen. Wir sollten die endgültige Sicht der Natur der Phänomene daher nur mit denen teilen, die reif sind, sie zu verstehen.

12. **Jemand anderen dazu bringen, Bodhicitta aufzugeben:** Wenn wir Mahayana-Praktizierende davon überzeugen, sich dem Hinayana-Pfad zu widmen, stellt dies einen Bruch dieses Gelübdes dar. Wir könnten z. B. behaupten, dass Bodhicitta jenseits ihrer Fähigkeiten liegt und sie diese Praxis aufgeben sollten, um dem Hinayana-Pfad der individuellen Befreiung zu folgen.

13. **Jemanden dazu bringen, die grundlegenden Gelübde aufzugeben:** Wir dürfen andere nicht dazu bringen, ihre Gelübde der individuellen Befreiung aufzugeben, ob sie nun die 253 Ordensregeln eines Mönchs, die 362 Ordensregeln einer Nonne, die fünf oder acht Laiengelübde oder die Praxis der zehn Tugenden umfassen. Wir sollten niemals suggerieren, dass diese zu einem „minderen" System der Praxis gehören und für Mahayana-Praktizierende unwichtig sind. Beispielsweise sollten wir niemals jemanden dazu ermutigen, sein Gelübde zu ignorieren, keinen Alkohol zu trinken, indem wir andeuten, dass dieses Gelübde auf einer niedrigeren Ebene als die Vajrayana-Gelübde steht und daher zu vernachlässigen ist. Dieses Gelübde wird gebrochen, wenn wir andere dazu bringen, ihre Gelübde der individuellen Befreiung aufzugeben.

14. **Behaupten, dass das Grundlagenfahrzeug keine Verblendungen besiegt:** Wir brechen dieses Gelübde, wenn wir die Praktiken der Shravakas oder Pratyekabuddhas verunglimpfen und behaupten, sie seien unfähig, fühlende Wesen vom Leiden des Samsara zu befreien. Diese Kommentare müssen mit der Absicht gemacht werden, eine Person vom Grundlagenfahrzeug abzuwenden, damit ein Bruch des Gelübdes erfolgt.

15. **Sich selbst loben und andere abwerten:** Wenn wir aus Neid mit unseren Qualitäten prahlen und versuchen, andere Bodhisattva-Praktizierende zu kritisieren oder zu verunglimpfen, brechen wir dieses Gelübde. Wir sollten darauf achten, bescheiden zu bleiben und uns an den Tugenden anderer zu erfreuen.

16. **Die eigenen Verwirklichungen übertreiben:** Wenn wir aus Anhaftung fälschlicherweise behaupten, Verwirklichungen über verborgene Phänomene wie z. B. Leerheit erlangt zu haben, um Gunst oder Lob von anderen zu erhalten, dann haben wir dieses Gelübde gebrochen. Im Allgemeinen sollte man über seine Verwirklichungen nicht in der Öffentlichkeit sprechen. Das ist eine Angelegenheit, die Sie nur mit Ihrem/ Ihrer spirituellen Mentor/in besprechen sollten.

17. **Einen König veranlassen, eine Strafe zu verhängen:** Dieses Gelübde wird gebrochen, wenn Sie durch die öffentliche Verleumdung eines Mönchs oder einer Nonne bewirken, dass diese bestraft oder ihr Eigentum beschlagnahmt wird. Menschen diese Art von Härten aufzuerlegen, kann sie dazu bringen, ihre Gelübde der individuellen Befreiung aufzugeben.

18. **Besitztümer von Praktizierenden stehlen:** Wenn Sie sich verpflichtet haben, einen Meditierenden in einem strengen Retreat zu unterstützen, und beschließen, Ihr Versprechen wieder zurückzunehmen, oder Ihre Darbringungen jemandem anderen geben, der lediglich Texte rezitiert oder studiert, haben Sie dieses Gelübde gebrochen. Der einzige Weg, Leerheit zu verwirklichen, ist durch die Schulung des Geistes in der Meditation. Daher verhindern wir durch das Zurückziehen unserer Unterstützung, dass diese Bedingungen entstehen.

Das Brechen und Wiederherstellen von Bodhisattva-Gelübden

Um ein Wurzelgelübde zu brechen, müssen vier Bedingungen vorliegen: (1) Sie müssen erkennen, dass Ihr Verhalten einem Gelübde widerspricht; (2) Sie müssen absichtlich das Gelübde brechen wollen; (3) Sie müssen die Handlung vollständig ausführen; und (4) Sie müssen froh sein, die Handlung vollzogen zu haben. Ohne das Vorhandensein aller vier Bedingungen verlieren Sie Ihr engagiertes Bodhicitta nicht. Wenn dies jedoch der Fall ist, müssen Sie die Gelübde vor einem/r Gelübdelehrer/in erneut ablegen.

Nachdem wir die Gelübde eines Bodhisattvas abgelegt haben, sollten wir uns bemühen, sie so rein wie möglich zu halten. Wenn wir unsere Gelübde übertreten, sollten wir dies bereuen und schnell eine Reinigungsmethode praktizieren. Auf diese Weise wird unsere Entwicklung von Bodhicitta ständig voranschreiten und wir werden kein bedeutendes negatives Karma ansammeln.

Wenn wir eines der Bodhisattva-Wurzelgelübde brechen, können wir es auf verschiedene Weise wiederherstellen:

- Über die Leerheit meditieren.
- Den Buddhas und Bodhisattvas ein siebenteiliges Gebet darbringen.
- Die vier Kräfte des Vertrauens, der Reue, des Gegenmittels und des Vermeidens anwenden.

Die Reinigung ist ein zentraler Bestandteil der vorbereitenden Kalachakra-Praktiken, und daher werden die Techniken im letzten Teil dieses Buches ausführlicher besprochen. Für den Moment reicht es aus zu erkennen, dass wir durch aufrichtiges Bekennen und Wiederherstellen unserer Gelübde die karmischen Folgen unserer Handlungen wirkungsvoll reduzieren. Das bedeutet nicht, dass wir keine Folgen erfahren müssen, aber sie werden sich nicht vervielfachen.

Bitte lassen Sie sich nicht entmutigen und haben Sie keine Angst davor, diese Gelübde einzuhalten. Ob die Einhaltung dieser Gelübde als eine schwere Last empfunden wird oder etwas ist, das wir mit Leichtigkeit und Freude tun, hängt ganz von unserer geistigen Einstellung ab. Zumindest sollten wir unseren Wunsch bewahren, den fühlenden Wesen Nutzen zu bringen. Allein aus diesem Grund sollten wir uns bemühen, unsere Gelübde so gut wie möglich einzuhalten. Selbst wenn wir auf dem Weg straucheln, überwiegt der Nutzen, den wir daraus ziehen, bei weitem jede Schwierigkeit, die wir erfahren könnten.

Übung in den Sechs Vollkommenheiten

Betrachtet man die verschiedenen Arten von Praktiken, die ein Bodhisattva ausübt, gibt es buchstäblich unzählige Variationen. Das liegt daran, dass es zahllose fühlende Wesen gibt, die jeweils spezifische Bedingungen und daher spezifische Bedürfnisse haben. Ihnen zuliebe arbeitet ein Bodhisattva auf die Art und Weise, die für jedes fühlende Wesen am vorteilhaftesten ist, und hat daher Kenntnis von und ist vertraut mit vielen möglichen Methoden.

Wenn wir alle Bodhisattva-Praktiken zusammenfassen, können wir sechs Übungen identifizieren, die als die *Sechs Vollkommenheiten* bekannt sind: (1) Großzügigkeit, (2) ethische Disziplin, (3) Geduld, (4) freudige Anstrengung, (5) meditative Konzentration und (6) Weisheit. Diese Übungen umfassen alle Aktivitäten der Bodhisattvas von dem Moment an, in dem sie aktives Bodhicitta erzeugen.

In dieser Phase unserer Erläuterung werden wir ein allgemeines Verständnis für die Struktur der Sechs Vollkommenheiten entwickeln und welche Rolle jede Schulung auf dem Pfad spielt. Dann, im Laufe der nächsten sieben Kapitel, werden wir jede Vollkommenheit im Detail betrachten, ebenso wie die geschickten Mittel, mit denen wir unser Training zum Nutzen anderer einsetzen können. Obwohl die Lehren der Vollkommenheiten größtenteils auf dem Sutrayana basieren, werden sie uns einen bedeutenden Einblick in die Art und Weise geben, wie der Kalachakra-Pfad des Vajrayana diese Struktur nutzt, um effizient Erleuchtung zu erlangen.

Die definitive Anzahl der Vollkommenheiten

Wenn man es richtig versteht, gibt es im Mahayana nichts, was nicht von den Sechs Vollkommenheiten umfasst ist. Es ist wichtig, in diesem Punkt Vertrauen zu haben, denn der Glaube, dass etwas fehlt oder dass „etwas anderes" getan werden muss, erzeugt nur Zweifel. Solange Zweifel bestehen, besteht die Gefahr, dass wir uns dem Pfad nicht verpflichtet fühlen und dass es unserer Praxis an Kraft und Überzeugung fehlt. Ohne Überzeugung ist unsere Fähigkeit, tief in die endgültige Bedeutung der Lehren einzudringen, eingeschränkt und die Erleuchtung wird nur eine entfernte Möglichkeit. Aus diesem Grund werden wir Maitreyas Text *Ornament der Mahayana-Sutras* betrachten, der die definitive Anzahl der sechs Schulungen anhand von fünf Themen behandelt: (1) hoher Status; (2) Erfüllung von zwei Zielen; (3) Vollkommenheit der vollständigen Erfüllung der Ziele der anderen; (4) ihre Zusammenfassung des gesamten

Mahayana und (5) die drei Schulungen

Basierend auf hohem Status

Hoher Status hat diese hervorragenden Eigenschaften:
Wohlstand, Körper, Gefährten, die Fähigkeit, Handlungen auszuführen,
Niemals unter den Einfluss geistiger Verblendungen zu fallen,
Und das richtige Verständnis für Handlungen.

Der erste Grund, den Maitreya für das Bestehen von sechs Schulungen anführt, ist, dass sie alles sind, was wir brauchen, um sowohl unsere vorläufigen wie auch unsere endgültigen Ziele zu erreichen. Während unser letztendliches Ziel darin besteht, alle fühlenden Wesen zur Erleuchtung zu führen, müssen wir, um dieses Ziel zu erreichen, über einen langen Zeitraum hinweg eine Vielzahl von Methoden praktizieren. Wenn wir das Glück haben, in diesem Leben den außergewöhnlichen Methoden des Kalachakra-Pfades zu begegnen, ist das ein Zeichen dafür, dass wir in früheren Leben bedeutende Verdienste angesammelt haben. Es ist jedoch keine Garantie dafür, dass wir automatisch die Entschlossenheit und den Fokus besitzen, die notwendig sind, um in einem einzigen Leben die Erleuchtung zu erlangen.

Die Realität unserer Situation ist, dass wir wahrscheinlich mehrere Leben brauchen werden, um das endgültige Ergebnis zu manifestieren; deshalb dürfen wir die Kontinuität unserer Praxis zwischen den Leben nicht verlieren. Wenn wir nicht vorsichtig sind, können wir aufgrund des Einflusses des negativen Karma, das wir geschaffen haben, leicht in einem niederen Bereich wiedergeboren werden, wo wir Äonen von Schmerz und Qualen erleben werden, ohne die Möglichkeit, den Dharma zu praktizieren.

Um dies zu verhindern, müssen wir die Ursachen für das Erreichen einer kostbaren menschlichen Wiedergeburt schaffen. Das Praktizieren der Sechs Vollkommenheiten erzeugt sowohl die Ursachen für unser letztendliches Ziel der vollen Erleuchtung wie auch die Ursachen für unser vorübergehendes Ziel einer höheren Wiedergeburt. Wir tun dies auf die folgende Weise:

1. **Großzügigkeit:** Indem wir andere mit dem versorgen, was sie brauchen, werden wir mit den Ressourcen geboren, die wir brauchen. Nahrung

und Reichtum werden uns zur Verfügung stehen, um die Handlungen zu unterstützen, die wir uns wünschen.

2. **Ethische Disziplin:** Indem wir keine fühlenden Wesen schädigen, negative Handlungen vermeiden und Tugenden kultivieren, werden wir mit einem schönen menschlichen Körper geboren und mit einem langen Leben ausgestattet.

3. **Geduld:** Indem wir andere mit Güte behandeln, selbst wenn sie uns schaden, schaffen wir die Ursachen dafür, dass wir von einer angenehmen Umgebung und hilfreichen Begleitern umgeben sind. Die Menschen werden sich auf natürliche Weise von unserer Ausstrahlung angezogen fühlen.

4. **Freudige Anstrengung:** Wenn wir uns bemühen, das zu beenden, was wir begonnen haben, werden wir alles erreichen, was wir uns wünschen.

5. **Meditative Konzentration:** Indem wir den Geist durch Meditation zähmen, werden wir in zukünftigen Leben nicht von unseren Verblendungen überwältigt und können den Dharma effektiv praktizieren.

6. **Weisheit:** Indem wir uns dem Studium, der Reflexion und der Meditation widmen, werden wir mit einem großen Interesse am Lernen, einem offenen Geist und einem scharfen Intellekt geboren werden. Dies wird uns erlauben, die tiefgründigen Lehren zu verstehen und auf dem Pfad voranzuschreiten.

Während diese Qualitäten ausreichen, um eine erstaunliche Wiedergeburt hervorzubringen, gibt es einen zusätzlichen Nutzen, wenn man die Sechs Vollkommenheiten im Kontext des Kalachakra-Pfades praktiziert. Aufgrund seiner einzigartigen Verbindung zum Erhabenen Reich von Shambhala werden diejenigen, die den Kalachakra-Pfad praktizieren, auch die Ursachen dafür schaffen, unter wirklich außergewöhnliche Bedingungen geboren zu werden, in denen das Erreichen der Erleuchtung in einem einzigen Leben garantiert ist.

Basierend auf der Erfüllung von zwei Zielen

Diejenigen, die nach den Zielen der Wesen streben
Arbeiten an Geben, Nicht-Schaden und Geduld;

Und erfüllen vollständig ihre eigenen Ziele
Mit Stabilisierung und Befreiung, zusammen mit ihrer Grundlage.

Der zweite Grund für die definitive Anzahl der Sechs Vollkommenheiten ist, dass sie alles Erforderliche beinhalten, um das eigene Ziel und das Ziel der anderen zu erreichen. In diesem Zusammenhang sind Großzügigkeit, ethische Disziplin und Geduld die Ursachen für das Erreichen der Ziele anderer, und meditative Konzentration und Weisheit sind die Ursachen für das Erreichen des eigenen Ziels. Um beides zu erreichen, wird freudige Anstrengung eingesetzt.

Die Grundlage für diese Einteilung ist die Erkenntnis, dass wir unabhängig vom Grad unserer Verwirklichung eine karmische Verbindung zu anderen haben müssen, um ihnen zu nützen. Ohne diese gibt es keine Grundlage für die Kommunikation und der Geist der anderen wird für unseren Einfluss nicht empfänglich sein. So schafft Großzügigkeit die Grundlage für positive Beziehungen, weil wir unsere lieben Mütter mit allem versorgen, was sie brauchen. Beziehungen werden durch ethische Disziplin bewahrt, weil wir es vermeiden, sie in irgendeiner Weise zu verletzen, und Geduld stellt sicher, dass wir fühlende Wesen nicht aufgeben, selbst wenn sie uns Schwierigkeiten oder Schaden zufügen. Diese drei Qualitäten stärken die Bindung zwischen uns und anderen und schaffen ein starkes Fundament für Freundschaft und eine Verbindung, die die Möglichkeit bietet, ihnen in der Zukunft zu nutzen.

Das Ausmaß des Nutzens, den wir einem fühlenden Wesen bringen können, hängt von dem Grad der Verwirklichung ab, den wir erreicht haben. Je mehr Verdunkelungen wir in unserem Geist haben, desto begrenzter sind unsere Möglichkeiten, anderen zu helfen. Durch meditative Konzentration sind wir in der Lage, die subtilen Formen der Erfahrung zu erkennen und Einsicht in die letztendliche Natur der Realität zu gewinnen. Nur diese Einsicht ist in der Lage, alle groben und subtilen Verdunkelungen dauerhaft zu beseitigen, sodass wir anderen wirklich von Nutzen sein können.

Basierend auf dem Perfektionieren der vollständigen Erfüllung der Ziele anderer

Indem wir die Armut anderer lindern und ihnen nicht schaden,
Geduld mit ihrem Übel haben, uns nicht entmutigen lassen durch das, was

sie tun,
Sie erfreuen und gut zu ihnen sprechen,
Erfüllst du die Ziele der anderen, was wiederum deine eigenen erfüllt.

Der dritte Grund ist, dass die Sechs Vollkommenheiten nicht nur die vorübergehenden Ziele der anderen erfüllen, sondern auch ihr endgültiges Ziel. Durch Großzügigkeit helfen wir ihnen, das Leiden der Armut zu vermeiden. Durch ethische Disziplin helfen wir ihnen, das Leiden zu vermeiden, verletzt zu werden. Unsere Praxis der Geduld bedeutet, dass wir keine Vergeltung üben, wenn sie uns Schaden zufügen, und unser freudiges Bemühen stellt sicher, dass wir ständig daran arbeiten, ihr Leben zu verbessern. All dies wird als vorübergehender Nutzen betrachtet, der vorübergehende Ziele unterstützt.

Letztlich werden wir uns auf der Grundlage unseres Bodhicitta nicht damit zufriedengeben, den fühlenden Wesen nur vorübergehendes Glück zu verschaffen. Wir wollen auch die Fähigkeit haben, sie auf einen spirituellen Pfad zu führen, damit sie ihre eigenen Verdunkelungen beseitigen und sich von den Konditionierungen ihres Karma befreien können. Durch die Schulung in meditativer Konzentration erreichen wir eine Vielzahl von übersinnlichen Fähigkeiten, die es uns ermöglichen, unsere Schüler/innen zu inspirieren, Vertrauen in die Lehren zu haben, und als Ratgeber/innen effektiver zu sein. Wenn dies mit der Kraft der Weisheit kombiniert wird, können wir unsere Schüler/innen in den besten Methoden anleiten, um Fortschritte auf dem Pfad zu erzielen.

Basierend darauf, dass sie das gesamte Mahayana umfassen

Das gesamte Mahayana ist zusammengefasst in:
Sich nicht an den Mitteln erfreuen,
Ehrfurcht, nicht auf zwei Arten entmutigt zu sein,
Und den Yogas frei von Konzeptualität.

In diesem vierten Vers weist Maitreya darauf hin, dass alle Mahayana-Praktiken in den Sechs Vollkommenheiten enthalten sind und wir daher, um das Mahayana wirklich zu praktizieren, die Sechs Vollkommenheiten praktizieren müssen. Durch Großzügigkeit geben wir die Anhaftung an Ressourcen auf und sind zufrieden mit dem, was wir haben. Ohne den Wunsch, Reichtum anzuhäufen, sind wir in der Lage, die Gelübde einzuhalten und Respekt für unsere ethische Disziplin zu gewinnen. Mit Geduld vermeiden wir es, uns von Dingen entmutigen zu lassen oder durch Schwierigkeiten, die von fühlenden Wesen verursacht werden. Mit freudiger Anstrengung lassen wir uns nicht von der Zeit entmutigen, die wir brauchen, um die beiden Ziele für uns selbst und andere zu erreichen. Durch Meditation lernen wir, den Geist zu beruhigen und uns in einen nicht-konzeptuellen Zustand zurückzuziehen, und durch Schulung in Weisheit lernen wir, diesen nicht-konzeptuellen Geist als Grundlage für die Einsicht in die Natur der Wirklichkeit zu nutzen.

Basierend auf den drei Schulungen

Der Eroberer hat zu Recht Sechs Vollkommenheiten präsentiert
In Bezug auf die drei Schulungen: drei sind die ersten,
Zwei der sechs sind mit den beiden letzten verbunden,
Eine ist in allen drei enthalten.

Schließlich zeigt Maitreya, dass die gesamte buddhistische Praxis in den *drei Schulungen* der ethischen Disziplin, der meditativen Konzentration und der Weisheit enthalten ist. Wenn diese drei Schulungen in sechs unterteilt werden, kommen wir zu den Sechs Vollkommenheiten. Die ethische Disziplin wird in drei Bereiche unterteilt: Großzügigkeit, ethische Disziplin und Geduld. Großzügigkeit wird hier als Voraussetzung für das Entstehen ethischer Disziplin betrachtet, weil man ohne sie zu sehr von weltlichen Belangen eingenommen ist, um Disziplin richtig üben zu können. Geduld dient als Unterstützung der ethischen Disziplin, da sie dabei hilft, sie über die Zeit aufrechtzuerhalten. Die letzten beiden Vollkommenheiten der meditativen Konzentration und Weisheit entsprechen direkt der zweiten und dritten Schulung. Freudige Anstrengung wird wiederum in allen Schulungen verwendet, um das eigene Ziel und das Ziel anderer zu erreichen.

Die definitive Reihenfolge der Vollkommenheiten

Der Buddha hatte sehr spezifische Gründe dafür, die Sechs Vollkommenheiten in ihrer besonderen Reihenfolge darzustellen. Wie Maitreya im „*Schmuck der*

Mahayana-Sutras" schrieb:

> *Die zweite entsteht in Abhängigkeit von der ersten;*
> *Weil einige niedriger und höher sind,*
> *Weil sie grob und subtil sind,*
> *Darauf beruht die entsprechende Reihenfolge.*

Die erste Zeile dieses Verses betrifft die Reihenfolge, in der die Vollkommenheiten im Geist entstehen, und stellt fest, dass die früheren Schulungen die Grundlagen für die folgenden schaffen. Wenn wir Großzügigkeit entwickeln, sind wir in der Lage, ethische Disziplin zu praktizieren. Durch die Praxis ethischer Disziplin unterlassen wir es, andere zu verletzen und sind auf natürliche Weise geduldig, wenn sie uns verletzen. Zeigen wir uns im Angesicht von Widrigkeiten geduldig, können wir kontinuierlich üben, was zu freudiger Anstrengung führt. Mit Beharrlichkeit erlangen wir meditative Konzentration. Durch das Erreichen einer perfekten Stabilisierung des Geistes sind wir in der Lage, die letztendliche Natur der Realität zu erfahren.

Die erste Zeile dieses Verses bezieht sich auf die Reihenfolge, in der die Vollkommenheiten im Geist entstehen, und stellt fest, dass die früheren Schulungen die Grundlagen für die folgenden schaffen. Wenn wir Großzügigkeit entwickeln, sind wir in der Lage, ethische Disziplin zu üben. Durch die Praxis ethischer Disziplin unterlassen wir es, andere zu verletzen, und sind auf natürliche Weise geduldig, wenn sie uns verletzen. Wenn wir im Angesicht von Widrigkeiten geduldig sind, können wir kontinuierlich üben, was zu freudigem Bemühen führt. Mit Ausdauer erlangen wir meditative Konzentration. Durch das Erreichen einer perfekten Stabilisierung des Geistes sind wir in der Lage, die letztendliche Natur der Wirklichkeit zu erfahren.

Der zweite Punkt konzentriert sich auf die Beziehung der Vollkommenheiten auf der Grundlage der Überlegenheit. In diesem Zusammenhang werden die früheren Schulungen als niedrigere Verwirklichungen angesehen als die späteren. So wird zum Beispiel gesagt, dass die Praxis der Großzügigkeit der Praxis der ethischen Disziplin unterlegen ist. Das bedeutet einfach, dass die höheren Schulungen in der Lage sind, tiefere und tiefgründigere Verwirklichungen zu schaffen, was die Weisheit zur überlegensten Schulung macht.

Letztlich können wir die Reihenfolge der Vollkommenheiten in Bezug auf ihre Subtilität betrachten, wobei die früheren Schulungen gröber sind als die späteren. Dies ähnelt der Idee von höher und niedriger, nur dass in diesem Fall die Betonung auf der Ebene der Wirklichkeit liegt, zu der jede Schulung Zugang gewährt. Die subtilste Ebene der Realität ist nur durch die Vollkommenheit der Weisheit zugänglich.

WIE SICH BODHICITTA MIT DER ZEIT ENTWICKELT

Das Verständnis der Sechs Vollkommenheiten auf der Grundlage sowohl ihrer Anzahl als auch ihrer Reihenfolge zeigt, wie sie als dynamisches System von Praktiken zusammenwirken, mit denen außergewöhnliche Verwirklichungen erreicht werden können. Wir werden nun unsere allgemeine Diskussion über Bodhicitta vervollständigen, indem wir untersuchen, wie die Schulung in den Sechs Vollkommenheiten den Geist schrittweise reinigt, was durch die vier Entwicklungsstufen veranschaulicht wird, die ein Bodhisattva während des Prozesses der Verwirklichung der Buddhaschaft durchläuft.

Bodhicitta erwecken durch anstrebende Praxis

Nachdem wir unseren Geist in Liebe und Mitgefühl geschult und eine voll qualifizierte Form des anstrebenden Bodhicitta erzeugt haben, ist unser Eintritt in den Mahayana-Pfad vollzogen. Im Zusammenhang mit den Fünf Pfaden der Erlangung (siehe Band Eins) können wir sagen, dass wir den Mahayana-Pfad der Ansammlung betreten haben. Während wir auf den Pfaden der Ansammlung und Vorbereitung fortschreiten, ist unser Bodhicitta die Motivation, die unsere spirituelle Praxis inspiriert. Wir müssen jedoch weiterhin aufmerksam bleiben, um zu verhindern, dass unser anstrebendes Bodhicitta schwächer wird. Es gibt vier Gleichnisse, die verwendet werden, um Bodhicitta auf dieser Ebene zu beschreiben:

1. **Erde – Anstreben:** Wenn wir auf dem Pfad beginnen, verlassen wir uns stark auf das anstrebende Bodhicitta. Es ist wie die Erde, die ein solides Fundament bietet, auf dem wir eine stabile Praxis aufbauen können.

2. **Gold – Stabilität:** Um die Buddhaschaft zu erreichen, muss unser Anstreben gestärkt werden, damit es stabil bleibt, während wir auf dem gesamten Pfad voranschreiten. Dies wird mit Gold verglichen, das im Gegensatz zu anderen Metallen nicht anläuft und in dem Sinne unveränderlich ist, dass es dieselben Eigenschaften hat, egal ob es poliert oder direkt aus dem Boden gewonnen wird. In gleicher Weise muss unser Anstreben unabhängig von den Bedingungen unverfälscht bleiben.

3. **Zunehmender Mond – allmähliche Verfeinerung:** Durch hingebungsvolle Praxis wird unser Bodhicitta gestärkt und wird zunehmend tiefer und reicher. Obwohl wir unser letztendliches Bodhicitta anfangs nicht sehen können, wird es sich schließlich in seiner ganzen Strahlkraft manifestieren. Dieser Prozess wird mit der schmalen Sichel des zunehmenden Mondes verglichen, die langsam zum strahlenden Vollmond heranwächst.

4. **Feuer – Verdunkelungen bereinigend:** Um auch nur den kleinsten Aspekt des letztendlichen Bodhicitta zu verwirklichen, müssen wir große Anstrengungen unternehmen, um unseren Geist vorzubereiten und unsere Verdunkelungen zu beseitigen. Wie ein brennendes Feuer verzehrt unsere Praxis der Sechs Vollkommenheiten unsere Verblendungen und beseitigt die Hindernisse, die unser letztendliches Bodhicitta daran hindern, sich zu manifestieren.

Bodhicitta erwecken durch reine Absicht

Indem wir Bodhicitta auf der vorherigen Ebene erwecken, gelangen wir zur Erkenntnis der Leerheit von inhärenter Existenz und betreten somit den Pfad der Einsicht, auf dem wir nun als Arya-Bodhisattva gelten. Dann folgt der Pfad der Gewöhnung, auf dem unsere Praxis der Sechs Vollkommenheiten unsere Verwirklichung des letztendlichen Bodhicitta stetig verfeinert. Mit der Kultivierung jeder Stufe wird mehr von seiner grenzenlosen Natur enthüllt, bis es vollständig manifest wird. Die Gleichnisse, die verwendet werden, um das Fortschreiten des Bodhicitta auf dieser Stufe darzustellen, sind:

5. **Schatz – Großzügigkeit:** Wenn wir Großzügigkeit in Verbindung mit

der Verwirklichung der Leerheit praktizieren, schaffen wir die Ursachen für unerschöpflichen Reichtum und Güte. Dies wird mit einem Schatz verglichen, der so wertvoll ist, dass er den fühlenden Wesen in der Zukunft großen Nutzen bringen kann.

6. **Juwelenmine – ethische Disziplin:** Während Großzügigkeit das Geben an andere betrifft, hilft uns ethische Disziplin, unseren eigenen Geist zu reinigen. Durch die Kraft unserer Verwirklichung der Leerheit durchschneiden wir unsere groben Verdunkelungen und lassen mehr von unserer innewohnenden Reinheit zum Vorschein kommen. Dies ist vergleichbar mit dem Graben in einer Juwelenmine, die die Quelle großer Schätze ist.

7. **Ozean – Geduld:** Durch die Kraft unserer Verwirklichung der Leerheit gibt es keine Angst mehr, von fühlenden Wesen verletzt zu werden, und deshalb kann die Geduld wachsen und sich ausdehnen wie ein riesiger Ozean.

8. **Vajra – freudige Bemühung:** Wenn wir beginnen, mehr von unserer wahren Natur zu erfahren, streben wir natürlich kontinuierlich danach, unsere Verwirklichung des letztendlichen Bodhicitta zu verbessern. Diese unerschütterliche Entschlossenheit wird mit einem Vajra verglichen, der die Qualität hat, unzerstörbar zu sein.

9. **Berg – Meditation:** Durch die Kraft der Meditation auf die Leerheit tilgen wir alle Formen des groben Greifens vollständig und erreichen eine unerschütterliche Stabilität des Geistes, gleich einem Berg.

10. **Medizin – Weisheit:** Schließlich beseitigen wir durch die Meditation über die Vollkommenheit der Weisheit erfolgreich die subtilen Verblendungen, die unsere Erfahrung der vollendeten Natur der Wirklichkeit verdunkelt haben. Diese partielle Erfahrung der erhabenen Leerheit wird mit der Medizin verglichen, die das Heilmittel für alle Leiden ist.

11. **Spirituelle/r Mentor/in – geschickte Mittel:** Indem wir diese Weisheit zum Wohle anderer anwenden, verfeinern wir unsere Erfahrung von Bodhicitta weiter. Dies wird mit den spirituellen Mentor/innen verglichen, die für uns eine Quelle unvorstellbaren Nutzens sind.

Vollständig gereiftes Bodhicitta erwecken

Bis zu diesem Punkt war unsere Verwirklichung des letztendlichen Bodhicitta durch verblendete Verdunkelungen verschleiert und aus diesem Grund werden die vorherigen sieben Stufen als unreine Stufen betrachtet. Obwohl wir uns immer noch auf dem Pfad der Gewöhnung befinden, gilt unser Bodhicitta mit der vollständigen Beseitigung der Verblendungen nun als voll ausgereift und es bedarf keiner Anstrengung mehr, es aufrechtzuerhalten. Der Schwerpunkt verlagert sich dann auf die Beseitigung der subtilen kognitiven Verdunkelungen, die verhindern, dass sich der allwissende Geist manifestiert. Drei Gleichnisse werden verwendet, um diesen letzten Prozess zu beschreiben:

12. **Wunscherfüllendes Juwel – Kraft:** Durch die untrennbare Verbindung der Vollkommenheit von Weisheit und Methode entsteht eine enorme Kraft, die unzähligen fühlenden Wesen Nutzen bringt. Als solche wird sie mit einem wunscherfüllenden Juwel verglichen.

13. **Sonne – Gebet:** Indem wir unsere Verwirklichung der erhabenen Leerheit immer weiter verfeinern, wächst unsere Fähigkeit schließlich so weit, dass sie unseren Bestrebungen entspricht, und was immer wir für Gebete machen, können wir auch tatsächlich erreichen. Dies ist vergleichbar mit der Sonne, deren Licht alles Leben gedeihen lässt.

14. **Melodie – ursprüngliche Weisheit:** Wenn unsere Verwirklichung der erhabenen Leerheit vollendet ist, verweilen wir beständig in der ursprünglichen Weisheit und werden ein Bodhisattva der zehnten Stufe. Dies wird mit einem wohlklingenden Lied verglichen, das allen, die es hören, Freude bereitet.

Bodhisattvas der zehnten Stufe haben ihr eigenes Ziel erreicht, alle vorübergehenden Verdunkelungen auszulöschen. Um das Ergebnis eines voll erleuchteten Buddha perfekt zu manifestieren, müssen nur noch die Ansammlungen von Verdienst und Weisheit vervollständigt werden. Es gibt fünf Gleichnisse, die sich auf ihre unermesslichen Aktivitäten beziehen:

15. **König – übersinnliche Wahrnehmungen:** Wenn unsere Verwirklichung der

erhabenen Leerheit mit der Manifestation übersinnlicher Wahrnehmungen kombiniert wird, gibt es keine Grenzen für unser Handeln. Wir haben die vollständige Kontrolle über unsere Wirklichkeit und können manifestieren, was immer nötig ist, um fühlende Wesen zu führen. Dies ist vergleichbar mit einem mächtigen König, der tun kann, was immer er will.

16. **Königliche Schatzkammer – Vereinigung von Shamatha und Vipashyana:** Wenn unsere Verwirklichung der erhabenen Leerheit mit der Vereinigung von ruhigem Verweilen und besonderer Einsicht kombiniert wird, gibt es keinen Aspekt der Wirklichkeit, den wir nicht potenziell erfassen können. Obwohl wir noch keinen allwissenden Geist erlangt haben, der gleichzeitig alle Phänomene kennt, gibt es nichts, was wir nicht wissen können, wenn wir unseren Geist darauf richten. Wir sind daher in der Lage, fühlende Wesen genau so zu führen, wie es nötig ist. Dies ist vergleichbar mit der Schatzkammer eines Königs, aus der er Reichtümer an alle seine Untertanen verteilen kann.

17. **Große Autobahn – die fünf Pfade:** Indem wir unsere Verwirklichung der erhabenen Leerheit mit dem Pfad zur Erleuchtung verbinden, stellen wir sicher, dass alle unsere Handlungen zu dem Ergebnis führen, ein vollständig erleuchteter Buddha zu werden, wie eine große Autobahn, die von allen Buddhas der Vergangenheit befahren wurde und von allen Buddhas der Zukunft befahren werden wird.

18. **Pferd – objektloses Mitgefühl:** Indem wir unser großes Mitgefühl perfekt mit unserer Erkenntnis der erhabenen Leerheit verbinden, erreichen wir ein Mitgefühl, das völlig frei von Begrenzungen und völlig frei von Voreingenommenheit ist. Wie ein kraftvolles Pferd wird uns dieses Mitgefühl durch die letzten Phasen der Verfeinerung tragen, bis wir die Buddhaschaft erreichen.

19. **Natürliche Quelle – Verinnerlichung der Lehren:** Wenn wir jeden Aspekt der Lehren des Buddha vollständig integriert haben, sind sie uns in jedem Moment gegenwärtig, sodass alle unsere Handlungen ein Ausdruck unserer Verwirklichung werden, wie eine natürliche Quelle, aus der ständig Wasser fließt und alle Durstigen nährt.

Bodhicitta erwecken frei von allen Verdunkelungen

Indem wir uns vollständig daran gewöhnen, in der Verwirklichung der erhabenen Leerheit zu verweilen, während wir uns immer noch zum Wohle der fühlenden Wesen manifestieren, entfällt die Notwendigkeit, uns in irgendeiner Weise anzustrengen. Wir manifestieren uns spontan als ein vollständig erleuchteter Buddha und treten in den Pfad des Nicht-mehr-Lernens ein. Dies ist das letztendliche Ergebnis, das die beiden Ziele des Selbst und der anderen erfüllt. Drei Gleichnisse werden verwendet, um diesen Zustand zu beschreiben:

20. **Harfe – erleuchtete Rede:** Die Rede eines Buddha lässt den Geist der fühlenden Wesen reifen, indem sie sie zu ihrer eigenen erleuchteten Natur führt. Da sich jeder danach sehnt, diese Lehren zu hören, wird sie mit der schönen Melodie einer Harfe verglichen, die ihre Zuhörer in ihren Bann zieht.

21. **Fluss – erleuchteter Körper:** Wie das mühelose Fließen eines Flusses, der sich den Konturen der Landschaft anpasst, manifestiert ein Buddha mühelos unendliche Formkörper, die die Bedürfnisse der fühlenden Wesen erfüllen.

22. **Wolke – erleuchteter Geist:** Mit seinem objektlosen Mitgefühl, das sich spontan zum Wohle der fühlenden Wesen manifestiert, ist der Geist des Buddha wie eine große Regenwolke, die das Land nährt und die notwendige Nahrung für alles Leben bereitstellt, damit es existieren und gedeihen kann. Er ist die Quelle grenzenloser Manifestationen, die wie Regentropfen fallen.

ZUSAMMENFASSUNG

- Es gibt zwei Formen von Bodhicitta: (1) letztendliches Bodhicitta, das die Verwirklichung der essenziellen Natur der Wirklichkeit ist, und (2) relatives Bodhicitta, das das Bestreben ist, Erleuchtung zum Wohle aller fühlenden Wesen zu erlangen. Relatives Bodhicitta ist die Methode, um das letztendliche Bodhicitta zu offenbaren.

- Es gibt zwei Aspekte des relativen Bodhicitta: (1) den Zweck, alle fühlenden Wesen vom Leiden zu befreien und (2) die Methode, den Zustand der Buddhaschaft zu erlangen.

- Relatives Bodhicitta kann in zwei Arten unterteilt werden: (1) anstrebendes Bodhicitta, das den Wunsch darstellt, Erleuchtung zum Wohle aller Wesen zu erlangen, und (2) engagiertes Bodhicitta, das diesen Wunsch als Motivation für die Praxis des Dharma nutzt.

- Die vier Bedingungen, die das Bestreben, Erleuchtung zu erlangen, hervorrufen: (1) die Qualitäten von Buddhas und Bodhisattvas erkennen; (2) den Lehren des Buddha zuhören; (3) erkennen, dass die Lehren in Gefahr sind zu verschwinden und (4) erkennen, wie selten es ist, dass jemand Bodhicitta erzeugt.

- Die vier Ursachen, die das Entstehen von anstrebendem Bodhicitta unterstützen, sind: (1) eine spirituelle Überlieferungslinie; (2) von einem/r ausgezeichneten Lehrer/in unterstützt werden; (3) Mitgefühl gegenüber den Lebewesen und (4) sich nicht von Schwierigkeiten entmutigen lassen.

- Die vier Stärken, die die Stabilität des eigenen Bodhicitta beeinflussen, sind: (1) die eigene Stärke; (2) die Stärke von anderen; (3) die Stärke der Ursache und (4) die Stärke der Praxis.

- Die drei Arten, wie sich Bodhicitta manifestiert, sind: (1) wie ein König; (2) wie ein Schiffskapitän und (3) wie ein Hirte.

- Bodhicitta kann auf zwei Arten erzeugt werden: (1) durch eine rituelle Zeremonie, die von eine/r qualifizierten Linienhalter/in verliehen wird, oder (2) durch Meditation über Liebe und Mitgefühl.

- Die Gebote für das anstrebende Bodhicitta umfassen: (1) Kontemplation über die Vorteile der Entwicklung von Bodhicitta, (2) sechsmal am Tag Bodhicitta zu erzeugen und (3) den Gedanken der Selbstsucht aufzugeben. Um sicherzustellen, dass Ihr Bodhicitta in zukünftigen Leben nicht degeneriert, sollten Sie (1) die vier schwarzen Praktiken aufgeben und (2) die vier weißen Praktiken kultivieren.

- Wenn das anstrebende Bodhicitta stabil wird, sollten Sie engagiertes Bodhicitta erzeugen, indem Sie zuerst die Bodhisattva-Gelübde von einem/r qualifizierten Linienhalter/in erhalten. Es gibt achtzehn Wurzelgelübde und sechsundvierzig Zweiggelübde.

- Um ein Gelübde zu brechen, müssen Sie: (1) erkennen, dass Ihr Verhalten einem Gelübde widerspricht; (2) bewusst wünschen, das Gelübde zu brechen; (3) die Handlung bis zur Vollendung ausführen; und (4) zufrieden damit sein, die Handlung beendet zu haben.

- Sobald engagiertes Bodhicitta entstanden ist, sollten Sie die Sechs Vollkommenheiten praktizieren: (1) Großzügigkeit, (2) ethische Disziplin, (3) Geduld, (4) freudige Anstrengung, (5) meditative Konzentration und (6) Weisheit.

- Die Sechs Vollkommenheiten enthalten alles, was Sie brauchen, denn: (1) sie schaffen die Ursachen für höhere Wiedergeburten; (2) sie erfüllen nicht nur Ihr eigenes Ziel, sondern auch die Ziele anderer; (3) sie helfen anderen, ihre vorübergehenden und letztendlichen Ziele zu erreichen; (4) sie enthalten alle Mahayana-Praktiken; und (5) sie enthalten die drei Schulungen.

- Es gibt vier Stufen von Bodhicitta, die sich im Laufe der Zeit entwickeln: (1) Erwecken von Bodhicitta durch anstrebendes Üben; (2) Erwecken von Bodhicitta durch ausgezeichnete und vollkommen reine Absicht; (3) Erwecken von vollständig gereiftem Bodhicitta und (4) Erwecken von Bodhicitta, das frei von allen Verdunkelungen ist.

KAPITEL SIEBEN

Durch Großzügigkeit Anhaftung loslassen

Aus Liebe und Mitgefühl entwickeln große Ärzt/innen den Wunsch, ihren Patient/innen Gutes zu tun. Aber egal wie rein ihre Motivation ist, wenn sie sich nicht das nötige Wissen und die Fähigkeiten angeeignet haben, können sie möglicherweise mehr Schaden anrichten als Gutes tun. Ähnlich verhält es sich, wenn wir keine Zeit und Mühe darauf verwenden, unseren Geist zu zähmen und unsere guten Eigenschaften zu kultivieren, dann können wir nur begrenzt den Lebewesen helfen. Aus diesem Grund besteht die nächste Stufe unserer Praxis darin, uns in den *Sechs Vollkommenheiten* Großzügigkeit, ethische Disziplin, Geduld, freudige Anstrengung, meditative Konzentration und Weisheit zu üben.

Während der Kalachakra-Pfad spezifische Techniken für die Arbeit mit jeder dieser Qualitäten anbietet, werden wir sie zunächst in einem allgemeinen Kontext studieren, um ein breiteres Verständnis für ihren Zweck zu erlangen, ein größeres Vertrauen in den Bodhisattva-Pfad zu entwickeln und unseren Wunsch zu stärken, engagiertes Bodhicitta zu praktizieren, indem wir die Bodhisattva-Gelübde ablegen. Diese Haltung wird dann eine starke Stütze für die formale Praxis der Kalachakra-Vorbereitungen sein, die im letzten Teil dieses Buches ausführlich beschrieben werden.

Für jede Vollkommenheit werden wir eine Analyse in fünf Punkten anwenden: (1) Definition der zu kultivierenden Qualität; (2) Gründe, diese Qualität zu praktizieren; (3) Unterteilungen der Qualität; (4) wie man praktiziert und (5) Ergebnisse der Praxis.

WAS BEDEUTET GROSSZÜGIGKEIT?

Die Qualität der Großzügigkeit ist, wie bei allen Vollkommenheiten, keine physische Handlung, sondern eher ein Geisteszustand. Es ist *eine Geisteshaltung, die danach strebt, alle eigenen Ressourcen vollständig und ohne Anhaftung zu geben.* Ob eine Handlung als großzügig angesehen werden kann, hängt ganz vom Vorhandensein dieser Motivation ab. Wenn wir aus Anhaftung an persönlichen Gewinn oder Ansehen geben, kultivieren wir keine Großzügigkeit.

Da Großzügigkeit im Geist entsteht, ist sie nicht von der tatsächlichen Linderung von Armut abhängig. Wenn dies der Fall wäre, könnten wir nicht sagen, dass die Buddhas diese Qualität perfektioniert hätten, denn es gibt unzählige Wesen, die in Armut leben. Bei der Schulung in Großzügigkeit geht es mehr darum, wie wir auf die Wirklichkeit der Armut reagieren und viel weniger um unsere Fähigkeit, jedes fühlende Wesen auf dem Planeten zufriedenzustellen. Dies entspringt der Weisheit, die weiß, dass das Leiden der fühlenden Wesen ein Ergebnis des Karma ist, das sie geschaffen haben. Um das Problem ihrer Armut wirklich zu lösen, müssen wir ihnen daher helfen, die Ursachen für Wohlstand zu schaffen.

Es gibt zwei Hauptaspekte des Geistes der Großzügigkeit:

1. **Fehlende Anhaftung an den eigenen Besitz oder Körper.** Anstatt uns stark an unseren Besitz und unseren Körper zu klammern, verstehen wir, dass sie nur durch die Güte anderer entstanden sind, und sehen sie als vorübergehende Unterstützung für unsere Praxis. Diese Haltung wirkt als direktes Gegenmittel gegen den *Gedanken, der nach einem Selbst greift* und an Dingen als „Ich" oder „Mein" festhält.

2. **Die Bereitschaft, die eigenen Ressourcen zu geben.** Diese Haltung entsteht aus dem Erkennen der Bedürfnisse von fühlenden Wesen und unserem Zugang zu Ressourcen, um diese Bedürfnisse zu erfüllen. Sie nimmt die Form eines Wunsches an, unsere Ressourcen zu verwenden, um ihnen Nutzen zu bringen. Da sein Fokus darauf liegt, unseren Besitz abzugeben, ist er ein direktes Gegenmittel gegen den Geist des *Geizes*.

Wenn diese beiden Qualitäten vervollkommnet sind, sind wir bereit, alles zu geben, was wir haben, einschließlich unseres eigenen Körpers, um anderen Nutzen zu bringen. Diese außergewöhnliche Form der Großzügigkeit wird in einer Geschichte aus einem der früheren Leben des Buddha illustriert, als er als junger Prinz geboren wurde. Als er mit seinen beiden Brüdern durch den

Wald wanderte, stieß er auf eine Tigerin, die einen Wurf Jungtiere zur Welt gebracht hatte. Da sie keine Nahrung finden konnte, war die Tigerin extrem ausgehungert und schwach geworden. Als der junge Prinz erkannte, dass sie ohne Nahrung entweder sterben oder ihre eigenen Jungen fressen würde, wurde sein Herz von Mitgefühl erfüllt. Als die drei ihren Weg fortsetzten, konnte der junge Prinz nicht aufhören, an die Tigerin und ihre Jungen zu denken. Er dachte darüber nach, dass sie Fleisch essen musste, um wieder zu Kräften zu kommen, aber dass es nicht akzeptabel war, das Leben eines anderen zu nehmen. Daraufhin entwickelte er das starke Verlangen, ihr seinen Körper anzubieten. Er verabschiedete sich von seinen Brüdern, kehrte dorthin zurück, wo die Tigerin lag, und ohne die geringste Anhaftung an sein eigenes Leben gab er sich selbst zum Fressen hin. Aufgrund dieses außergewöhnlichen Opfers entstand eine unglaublich enge Bindung zwischen diesen Wesen. Viele Leben später sollte diese Verbindung reifen, als die Tigerin und die Jungen als die asketischen Yogis geboren wurden, die die ersten Schüler des Buddha wurden, nachdem er die Erleuchtung erlangt hatte.

Für die meisten Menschen wäre dieses unglaubliche Maß an Großzügigkeit extrem schwer zu verwirklichen. Ein solcher Akt erfordert ein außerordentliches Maß an Weisheit und Mitgefühl, absolut keine Anhaftung an den eigenen Körper, ein unerschütterliches Vertrauen in das Gesetz des Karma und eine Sichtweise, die wirklich die Natur von Tod und Wiedergeburt versteht. Aus diesen Gründen wird diese Form der Großzügigkeit im Allgemeinen nur für hoch verwirklichte Bodhisattvas empfohlen.

Auch wenn wir vielleicht noch nicht die perfekte Motivation haben, bedeutet das nicht, dass wir unsere Praxis der Großzügigkeit aufschieben müssen. Wenn wir wissen, worauf wir achten müssen, gibt es viele Aspekte in unserem Leben, die wir als Unterstützung nutzen können, um die Haltung der Großzügigkeit in unserem Geist zu stärken. Selbst wenn unsere Handlungen nur einen kurzfristigen Nutzen für dieses Leben erzielen, bringen sie uns unserem letztendlichen Ziel näher und sind daher absolut lohnenswert.

GRÜNDE, DIE VOLLKOMMENHEIT DER GROSSZÜGIGKEIT ZU PRAKTIZIEREN

Es kann hilfreich sein, über die Gründe für die Ausübung einer bestimmten Praxis nachzudenken. Das Abwägen der Vor- und Nachteile stärkt unsere Entschlossenheit zu praktizieren und verschafft uns die Klarheit, die wir brauchen, damit sie effektiv ist.

Im Falle der Großzügigkeit sind die Haupthindernisse, die wir überwinden müssen, die der *Anhaftung* und des *Geizes*, die unser Leben durch unser extremes Greifen nach unserem Körper und unseren Besitztümern durchdringen. Die Sammlung von Dingen, mit denen wir uns umgeben, bildet die Grundlage für unser Identitätsgefühl. Der Körper wird als „Ich" und die Besitztümer werden als „Mein" angesehen. Dieses Festhalten ist bei physischen Objekten am offensichtlichsten, aber wir können auch viele Beispiele für die Anhaftung an geistige Konstrukte erkennen, wie unser Land, unsere politischen Ansichten, unsere Jobs und Beziehungen.

Eine natürliche Folge unseres Anhaftens ist Geiz. Wir sehen unsere Lieblingsjacke oder unser Lieblingsbuch als eine Erweiterung unserer selbst an und wollen sie daher nicht teilen. Es wäre so, als ob man einen Teil von sich selbst weggeben würde, ohne die Garantie, ihn jemals zurückzubekommen. Diese Trennungsangst kann für viele Menschen zu schwer zu akzeptieren sein, sodass wir uns stattdessen dafür entscheiden, alles zu horten, was wir jemals besessen haben, und Kisten mit „Andenken" in unserem Zuhause ansammeln. Selbst wenn wir sie nicht mehr brauchen, versuchen wir, unsere Anhaftung mit dem Gedanken zu rechtfertigen, dass wir sie vielleicht eines Tages brauchen könnten.

Hierin liegt der große Nachteil, denn das Herz des Geizes beruht auf dem selbstsüchtigen Gedanken, der es für wichtiger hält, dass Sie glücklich sind als andere. Das gilt nicht nur für das gegenwärtige Glück, sondern auch für das zukünftige. Für den Geist des Geizes ist es besser, seine Besitztümer für eine mögliche Situation aufzusparen, als sie zur Erfüllung der Bedürfnisse von jemandem in der Gegenwart zu verwenden. Wenn wir das tun, berauben wir andere des vorübergehenden Glücks und schaffen auch die Ursachen für unser eigenes zukünftiges Leiden.

Das Wesen des Geizes besteht darin, zu verhindern, dass andere von unseren Besitztümern profitieren, indem wir alles für uns behalten und dafür kämpfen, sie vor anderen zu schützen. Das karmische Ergebnis dieses Geistes ist, dass wir im Reich der hungrigen Geister wiedergeboren werden, wo uns ständig die elementarsten Lebensgrundlagen fehlen. Ohne Nahrung und Wasser wird unser Geist von einem endlosen Strom von Begierden gequält, die niemals befriedigt werden können. Unter solchen Umständen gibt es absolut keine Möglichkeit, den Dharma zu praktizieren. Selbst wenn wir das Glück haben, in ein menschliches Leben hineingeboren zu werden, wird es an Ressourcen mangeln und das, was wir haben, ist ständig in Gefahr, uns weggenommen oder zerstört zu werden.

Der Einfluss von Anhaftung und Geiz ist wie das Leben in einer Burg mit massiven Steinmauern, umgeben von einem unüberwindbaren Graben. Die Barrieren sind zwar wirksam, um Menschen draußen zu halten, aber sie hindern uns auch daran, die Burg zu verlassen, isolieren uns von der Welt und zerstören unsere Fähigkeit, mit anderen in Verbindung zu treten. Ohne diese Verbindung werden unsere Liebe und unser Mitgefühl nicht wachsen und wir werden nicht in der Lage sein, unser Potenzial zu entfalten. Um unsere Bodhicitta-Motivation wirklich zu entfalten, müssen wir daher diese Verblendungen aufgeben.

Die beste Methode, dies zu tun, ist die Praxis der Großzügigkeit. Indem wir den Wunsch kultivieren, anderen zu geben, wirken wir direkt dem Geiz entgegen und schwächen unsere Anhaftung. Anstatt an unseren Besitztümern festzuhalten, bemühen wir uns, sie zum Wohle anderer einzusetzen. Wenn wir sehen, dass die Bedürfnisse anderer erfüllt werden, können wir große Freude und Glück erleben.

Wenn wir unser Leben auf diese Weise leben, werden wir, wenn der Tod naht, in dem Wissen zufrieden sein, dass wir das Beste aus den Möglichkeiten gemacht haben, die wir erhalten haben. Wenn wir uns den Bedürfnissen anderer widmen, können wir sicher sein, dass wir in unseren zukünftigen Wiedergeburten großen Wohlstand erfahren werden. Diese Ressourcen werden es uns ermöglichen, ein langes und gesundes Leben zu führen, in dem wir unsere Praxis der Großzügigkeit fortsetzen und den fühlenden Wesen noch mehr Nutzen bringen können.

DIE UNTERTEILUNGEN DER GROSSZÜGIGKEIT

Anhand verschiedener Kriterien können wir die Praxis der Kultivierung von Großzügigkeit in verschiedene Kategorien einteilen. Wenn wir die Natur des Praktizierenden betrachten, gibt es die Großzügigkeit von Laien, die in der Welt leben, und die Großzügigkeit, die von Nonnen und Mönchen praktiziert wird, die außerhalb der Welt leben. Aufgrund der besonderen Bedingungen ist jede/r in der Lage, auf unterschiedliche Weise zu geben. Ein Hausherr, der für ein Gehalt arbeitet, ist beispielsweise eher in der Lage, materielle Gaben wie Nahrung oder finanzielle Unterstützung zu geben, als ein Mönch oder eine Nonne, die auf ein Einkommen verzichtet hat und daher eher in der Lage ist, Belehrungen oder spirituelle Unterstützung zu geben.

Es ist wichtig, auf die Situationen zu achten, in denen wir uns befinden, denn das Fehlen einer bestimmten Bedingung bedeutet nicht, dass wir Großzügigkeit nicht auf eine andere Art und Weise praktizieren können. Indem wir die verschiedenen Bereiche der Praxis studieren, können wir Klarheit über unsere Optionen gewinnen, was uns hilft, das Beste aus den sich bietenden Gelegenheiten zu machen.

Wenn wir Großzügigkeit in Bezug auf den erhaltenen Nutzen unterteilen, können wir von drei Formen sprechen: (1) die Großzügigkeit, Dharma zu geben; (2) die Großzügigkeit, Furchtlosigkeit zu geben und (3) die Großzügigkeit, materiellen Wohlstand zu geben. Davon ist das Geben von Dharma die einzige Form der Großzügigkeit, die den fühlenden Wesen langfristigen Nutzen bringt und ihnen hilft, die Ursachen für echtes Glück und letztlich die Erleuchtung zu schaffen. Die beiden anderen Formen bringen kurzfristigen Nutzen, indem sie ihre Bedürfnisse in diesem Leben erfüllen.

Dharma geben

Von allen Quellen des Reichtums in dieser Welt sind die Weisheit und die Erkenntnisse, die wir durch authentische Dharma-Praxis entwickeln, bei weitem die kostbarsten und wertvollsten. Sie versetzen uns in die Lage, unsere Verdunkelungen zu beseitigen und bilden die Grundlage dafür, den fühlenden Wesen zu helfen, Freiheit vom Leiden zu erlangen.

Wenn wir unsere Weisheit mit anderen teilen, praktizieren wir die *Großzügigkeit des Gebens von Dharma*. Das kann die Übertragung von Lehren sein, das Erteilen von Ermächtigungen oder einfach ein Ratschlag. Alles, was fühlenden Wesen hilft, die Vorteile des Dharma zu erfahren, kann als Geschenk des Dharma betrachtet werden.

Um den Nutzen unseres Geschenks zu gewährleisten, sollten wir die folgenden Punkte berücksichtigen:

1. **Gültige Empfänger:** Wir sollten den Dharma nur an diejenigen weitergeben, die aufrichtig den Wunsch hegen, ihn zu praktizieren. Wenn es ihnen an Respekt gegenüber den Lehren oder den Lehrer/innen mangelt, sind sie kein gültiges Gefäß für die Lehren. In solchen Situationen können die Lehren der Person keinen Nutzen bringen und sie dazu veranlassen, auf eine Weise zu handeln, die andere dazu bringen könnte, das Vertrauen in die Lehren zu verlieren. Eine gute Möglichkeit, die Entschlossenheit der Schüler/innen zu testen, besteht darin, zu warten, bis sie um Unterweisungen ersuchen, bevor Sie diese erteilen.

2. **Richtige Motivation:** Wenn wir Unterweisungen geben, sollten wir dies nur aus dem Wunsch heraus tun, den beteiligten Menschen Nutzen zu bringen. Wir sollten alle weltlichen Motivationen wie das Ansammeln von Reichtum, Ruhm oder Ehre vermeiden. Da der einzige Zweck des heiligen Dharma darin besteht, Leiden zu lindern, ist die einzig gültige Motivation Mitgefühl.

3. **Ohne Fehler:** Wir sollten nur den authentischen Dharma lehren, den wir von qualifizierten Lehrer/innen erhalten haben, und idealerweise nur das, was wir selbst praktiziert und in unsere Erfahrung aufgenommen haben. Wenn wir in einem Bereich noch keine Verwirklichungen erreicht haben, sollten wir zumindest sicherstellen, dass wir den Dharma ohne Fehler weitergeben, indem wir uns auf die Lehren der Meister/innen der Überlieferungslinie verlassen.

4. **Angemessene Unterweisungen erteilen:** Wenn wir den Dharma weitergeben, müssen wir auf die Bedürfnisse der Person achten. Nicht jede/r ist

für jede Art von Unterweisung bereit und so müssen wir darauf achten, keine Verwirrung zu stiften, indem wir fortgeschrittene Themen lehren, bevor die notwendigen Grundlagen entwickelt wurden. Zu wissen, welche Unterweisungen für eine bestimmte Situation angemessen sind, ist eine wichtige Fähigkeit, die wir haben sollten, bevor wir das Gelernte weitergeben.

5. **Andere zum Praktizieren inspirieren:** Die Art und Weise, wie wir den Dharma weitergeben, sollte inspirierend für diejenigen sein, die ihn hören. Die Erfahrung sollte die Person dazu ermutigen, das Gehörte in die Praxis umzusetzen. Unser Verhalten sollte von Ehrfurcht vor den Lehren zeugen, sie klar und zugänglich für die Zuhörerschaft machen und sie in einer sauberen und angenehmen Umgebung präsentieren.

In dieser Zeit der Degeneration ist eine effektive Übertragung des Dharma schwierig. Da es nur wenige Menschen mit authentischen Verwirklichungen gibt, besteht ein hohes Risiko, Fehler einzubringen. Wie der große Kadampa-Geshe Dromtonpa einmal sagte:

Es ist nutzlos für einen Anfänger, der weder über Erfahrung noch Verwirklichung verfügt, zu versuchen, anderen mit dem Dharma zu helfen. Von ihm können keine Segnungen erlangt werden, so wie aus einem leeren Gefäß nichts ausgegossen werden kann.

Allerdings können wir, auch wenn wir noch nicht in der Lage sind, die Großzügigkeit des direkten Gebens von Dharma zu praktizieren, immer noch anderen dabei helfen. Das kann durch das Übersetzen von Texten geschehen oder dadurch, dass Sie Ihren Lehrer/innen helfen, in ihren Dharma-Aktivitäten erfolgreich zu sein, indem Sie Ihr Bestmögliches beitragen, um den Lehren zum Gedeihen zu verhelfen. Dies wird Ihnen selbst und anderen unermesslichen Nutzen bringen.

Furchtlosigkeit geben

Solange wir in der zyklischen Existenz gefangen sind, müssen wir uns mit der unbeständigen Natur von Ursachen und Bedingungen auseinandersetzen. Das bedeutet, egal wie glücklich wir uns jetzt fühlen mögen, früher oder später werden unweigerlich die Bedingungen dafür auslaufen und das Glück wird sich in Unzufriedenheit wandeln. Tief im Inneren sind wir uns dieses Vorgangs bewusst, denn es ist ein Muster, das wir alle seit anfangsloser Zeit immer wieder erlebt haben. Aufgrund dieser Vertrautheit mit dem Leiden des Wandels empfinden wir instinktiv ein Gefühl der Angst oder Besorgnis, das Vergnügen, das wir erleben dürfen, nicht aufrechterhalten zu können.

Von allen Dingen, die wir fürchten, ist die Angst, unser Leben zu verlieren, am stärksten. Der Wunsch zu überleben ist in der Tat so stark, dass er Menschen dazu bringt, sich sehr leicht auf untugendhafte Handlungen wie Töten, Stehlen oder Lügen einzulassen. In den meisten Kulturen macht es den Anschein, dass jede Handlung als gerechtfertigt angesehen wird, um am Leben zu bleiben, wenn dieses von jemandem bedroht ist.

In dieser Erkenntnis helfen wir fühlenden Wesen, frei von Angst zu leben, wenn wir ihnen Bedingungen bieten können, die ihr Leben unterstützen. Dies wird die *Großzügigkeit des Gebens von Furchtlosigkeit* genannt und kann von der Rettung des Lebens eines Wesens bis zur Bereitstellung eines sicheren Schlafplatzes reichen. Tatsächlich wird alles, was die Angst beseitigt, als Geschenk der Furchtlosigkeit betrachtet. Allgemein gesagt gibt es drei Aspekte, vor denen wir Schutz bieten können:

1. **Tiere:** Das Tierreich ist voll von Raubtieren, die extrem gefährlich sein und in Sekundenschnelle töten können. Sich zu bemühen, andere davor zu schützen, von giftigen Kreaturen gebissen oder von fleischfressenden Bestien zerrissen zu werden, ist eine Form des Schutzes. Dies kann so einfach sein, wie eine Fliege, die in einem Spinnennetz gefangen ist, zu befreien oder über eine Schafherde zu wachen. Es kann auch die Einrichtung von Tierschutzgebieten oder sicheren Zonen umfassen, in die Raubtiere nicht eindringen können.

2. **Menschen:** Aufgrund ihrer hohen Intelligenz sind Menschen besonders gefährlich. Wenn ihr Geist von Verblendungen beherrscht wird, kann die Intelligenz dazu benutzt werden, anderen Wesen erheblichen Schaden zuzufügen. Denken Sie an das Leiden von Nutztieren wie Hühnern,

Schweinen und Kühen, das von Menschen verursacht wird. Sich zu bemühen, diejenigen zu schützen, die in Gefahr sind, von Menschen getötet oder verletzt zu werden, ist eine zweite Form des Schutzes.

3. **Unbelebte Dinge:** Schließlich gibt es eine Vielzahl von Problemen, die sich aus der Interaktion mit unserer physischen Umgebung ergeben, wie z. B. Felsstürze, Tsunamis, Erdbeben, Tornados usw. Indem wir Menschen Schutz vor den Elementen bieten, schützen wir sie vor Schaden und dem möglichen Verlust ihres Lebens.

Bei Tieren und Menschen ist es wichtig, mit Mitgefühl für beide Seiten zu handeln. Wir sollten zwar unser Möglichstes tun, um diejenigen zu schützen, die missbraucht oder verletzt werden, aber wir dürfen niemals unsere Liebe zu denen aufgeben, die den Schaden verursachen. Da diejenigen, die untugendhafte Handlungen begehen, Ursachen für noch mehr zukünftiges Leid schaffen, sind sie unseres Mitgefühls ebenso wert. Insofern wir helfen können, ihr Verhalten zu korrigieren, kann auch dies als eine Form des Schutzes vor Leid angesehen werden.

Helfen wir jemandem ohne Angst zu leben, wird sein Geist beruhigt und er kann in Harmonie mit den Menschen um ihn herum leben. Für Menschen ist dies besonders wichtig, denn es öffnet die Tür zum Dharma, beseitigt den ständigen Kampf ums Überleben und schafft die Möglichkeit zu praktizieren.

Materiellen Reichtum geben

Die letzte Form der Großzügigkeit besteht darin, das unmittelbare Leiden der fühlenden Wesen durch die Bereitstellung materieller Ressourcen zu lindern. Ein direktes Beispiel dafür ist, hungrige Bettler/innen mit Essen zu versorgen. Ein indirektes Beispiel ist die finanzielle Unterstützung für jemanden, der sich der Tugend verschrieben hat. Welche Form auch immer das Geben annimmt, das Wesentliche besteht darin, alle Ihnen verfügbaren Ressourcen zu nutzen, um die Bedürfnisse anderer zu erfüllen. Wir nennen dies die *Großzügigkeit des Gebens von materiellem Reichtum*.

Bei dieser Art von Großzügigkeit können wir von zwei Kategorien von Objekten sprechen, die gegeben werden können:

1. **Innere Objekte:** Diese Objekte beziehen sich auf den Körper der Person, die Großzügigkeit praktiziert. Dazu gehört das Spenden von Teilen Ihres Körpers, um von anderen genutzt zu werden, wie im Falle einer Organspende, einer Blutspende oder sogar das Opfern des eigenen Lebens, um andere zu retten. Wie wir bereits besprochen haben, ist es äußerst schwierig, sein Leben für andere zu geben, und sollte nur von denjenigen versucht werden, die bereits eine hohe Stufe der Verwirklichung erlangt haben. Sie können jedoch Ihren Körper anbieten, indem Sie den Bedürfnissen anderer dienen, wie zum Beispiel als Assistent.

2. **Äußere Objekte:** Alle anderen Objekte, die von Ihnen selbst verschieden sind, werden als äußere Objekte betrachtet; um jedoch eine gültige Grundlage für das Geben zu sein, müssen Sie das angebotene Objekt besitzen. Das bedeutet, dass Sie das Eigentum anderer Leute nicht weggeben sollten, es sei denn, diese bitten Sie darum. Wenn Sie äußere Objekte verschenken, können Sie entweder das Eigentum vollständig aufgeben und das Objekt an die Empfänger/innen übertragen, oder Sie können die Empfänger/innen das Objekt benutzen lassen, während Sie das Eigentum behalten. In jedem Fall sollte es den Empfänger/innen überlassen bleiben, wie sie das Objekt verwenden, ohne dass das Geschenk an Bedingungen geknüpft ist.

Von diesen beiden sind äußere Objekte leichter zu geben als innere Objekte. Wenn die Erfahrung des Geizes stark ist, arbeiten Sie zuerst daran, Ihre Anhaftung an Ihren Besitz zu verringern. Sie können langsam beginnen, indem Sie die Dinge weggeben, die Sie nicht mehr brauchen, und so die Stärke der Großzügigkeit in Ihrem Geist aufbauen. Wenn der Wunsch, anderen zu helfen, wächst, können Sie in Erwägung ziehen, Ihre Zeit ehrenamtlich für andere einzusetzen. Auf diese Weise wird Großzügigkeit schließlich Ihren Geiz und Ihre Selbstbezogenheit überwinden.

Um diesen Prozess zu veranschaulichen, können wir an den Buddha und den geizigen König denken. Eines Tages trat ein König an den Buddha heran und bat um seinen Rat. Er sagte dem Buddha, dass er zwar seinen Untertanen helfen wolle, es aber nicht ertragen könne, sich auch nur von einer einzigen

Goldmünze aus seiner riesigen Schatzkammer zu trennen. Der Buddha sagte dem König, er solle sich keine Sorgen machen und statt seine Reichtümer zu verschenken, solle er sich darin üben, mit der rechten Hand zu geben und mit der linken Hand zu nehmen, danach solle er mit der linken Hand geben und mit der rechten nehmen. Zufrieden mit dem Rat kehrte der König in seinen Palast zurück und begann zu üben, indem er ein Goldstück zwischen seinen Händen hin und her schob. Durch diese einfache Handlung wurde der König mit dem Akt des Gebens vertraut, reduzierte langsam seine Abneigung, und Großzügigkeit wurde in seinem Geist geboren.

WIE MAN GROSSZÜGIGKEIT PRAKTIZIERT

Das Praktizieren von Großzügigkeit basiert darauf, Gelegenheiten wahrzunehmen, der eigenen Anhaftung und dem Geiz entgegenzuwirken, und diese Gelegenheiten dann durch den Akt des Gebens zu nutzen. In erster Linie ist es ein geistiges Training, das sowohl *Wachsamkeit* erfordert, um uns unserer Handlungen bewusst zu werden, wie auch *Achtsamkeit*, um sich an die verschiedenen Aspekte des Trainings zu erinnern. Nehmen Sie sich zu Beginn Zeit, um sich mit den folgenden Themen vertraut zu machen, da sie Ihrem Verhalten eine Form geben werden.

Wissen, wann man geben sollte

Ob ein Akt der Großzügigkeit einen dauerhaften Nutzen bringt, hängt davon ab, wie viel Weisheit wir in den Vorgang einbringen können. Da jede Situation anders sein wird, müssen wir unsere Fähigkeit entwickeln, zu beurteilen, was in einem bestimmten Kontext zu geben angemessen ist. Um uns zu helfen, weise zu unterscheiden, können wir vier allgemeine Szenarien betrachten:

1. **Unangenehm und nicht nützlich:** Wenn das Geben eines Geschenks das unmittelbare Leiden des Empfängers nicht lindert und keinen langfristigen Nutzen bringt, sollten wir vom Geben Abstand nehmen. Es ist besser zu warten, bis sich die Bedingungen ändern, damit Ihr Geschenk nicht verschwendet wird. Ein Beispiel wäre, Menschen, die an Hunger leiden, einen Fernseher zu schenken. Dieses Geschenk wird ihren Hunger nicht

lindern und könnte möglicherweise dazu führen, dass sie eine Anhaftung an ihre Besitztümer entwickeln, die ihr Leiden in der Zukunft noch vergrößert.

2. **Angenehm und nicht nützlich:** Wenn das Geschenk zwar vorübergehend Freude bereitet, aber langfristig nicht förderlich ist, ist es besser, auf das Schenken zu verzichten. Wenn man beispielsweise einem Alkoholiker einen Drink spendiert, wird er sich für den Moment besser fühlen, durch das Stillen seines Suchtverhaltens wird es ihm jedoch erschwert, von seiner Sucht loszukommen.

3. **Unangenehm und nützlich:** Wenn ein Gegenstand das Leiden einer Person kurzfristig nicht lindert, ihr jedoch langfristig gesehen zum Erleben von Glück verhelfen kann, dann ist das Geschenk nutzbringend. Die Verabreichung einer unangenehmen medizinischen Behandlung mit dem Ergebnis der Gesundung wäre ein Beispiel dafür. Das Wichtigste dabei ist, den jeweiligen Ausgleich zu bedenken. Idealerweise überwiegt der spätere Nutzen die vorübergehenden Unannehmlichkeiten.

4. **Angenehm und nützlich:** Wenn das Geben eines Geschenks sowohl eine vorübergehende Linderung des Leidens wie auch einen langfristigen Nutzen bringt, ist dies unbedingt lohnenswert. Zum Beispiel könnten Sie Dharma-Praktizierenden Nahrung anbieten. Indem Sie ihre Körper versorgen, schaffen Sie die Voraussetzungen dafür, dass sie weiterhin den Dharma praktizieren können. Das wiederum nährt ihren Geist und hilft, die Ursachen zu schaffen, sich und andere vom Leiden zu befreien.

In allen vier Szenarien ist der entscheidende Faktor, wie viel Nutzen aus dem Geschenk gezogen wird. Vorübergehende Freuden sind zwar schön, aber sie sind von Natur aus flüchtig und lösen daher keine langfristigen Probleme. Sie bieten allenfalls eine kurze Entlastung, ähnlich einem Pflaster. Um anderen einen dauerhaften Nutzen zu bringen, müssen wir sorgfältig über die karmischen Auswirkungen unseres Geschenks nachdenken. Schauen Sie über die physischen Auswirkungen hinaus und denken Sie darüber nach, wie sich die Handlung auf den Geist sowohl der empfangenden Person als auch der gebenden Person auswirken wird.

Eine sinnvolle Motivation für das Geben

Wenn Sie ein Geschenk anbieten, kommt es nicht auf die Größe an, sondern auf den Geist, mit dem es gegeben wird. Damit Ihr Akt der Großzügigkeit wirklich von Nutzen ist, muss er aus einer tugendhaften Motivation heraus erfolgen. Sie können diese Motivation stärken, indem Sie über die folgenden Punkte nachdenken:

1. **Zweck:** Damit der Akt des Gebens als Bodhisattva-Praxis angesehen werden kann, sollte er in die größere Motivation Ihres Bodhicitta integriert werden. Sie können dies erreichen, indem Sie erkennen, dass Sie durch den Akt der Großzügigkeit sowohl Verdienst wie auch Weisheit ansammeln. Diese Ansammlungen werden die Ursachen dafür schaffen, dass Sie die Buddhaschaft erreichen und letztendlich allen fühlenden Wesen dauerhaften Nutzen bringen.

2. **Objekt:** Damit der Akt des Gebens frei von Anhaftung ist, sollten Sie die Einstellung kultivieren, das Objekt als Leihgabe von fühlenden Wesen zu betrachten. Als Bodhisattva sollten Sie die Einstellung pflegen, dass Sie nichts besitzen und dass jeglicher Besitz nur geliehen ist, bis es an der Zeit ist, ihn zurückzugeben. Diese Einstellung zu entwickeln hilft uns, unsere besitzergreifende Vorstellung loszulassen, dass Objekte uns gehören, und fördert das Gefühl der Dankbarkeit gegenüber anderen, die uns freundlicherweise beschenkt haben.

3. **Empfänger/in:** Damit der Akt des Gebens frei von Selbstbezogenheit ist, sollten Sie die Empfänger/innen so betrachten, als ob sie Ihre geistigen Freund/innen wären. Unsere gewöhnliche Einstellung konzentriert sich gerne auf den Nutzen, den wir anderen bringen, was zu einem Gefühl des Stolzes führt, „ein guter Mensch" zu sein. Hierbei ist es wichtiger zu erkennen, dass die Empfänger/innen Ihres Geschenks dadurch, dass sie ein Bedürfnis nach Hilfe auslösen, Sie dabei unterstützen, sich von Ihrer Anhaftung und Ihrem Geiz zu lösen. Auf diese Weise sind Sie es, der/die den wirklichen Nutzen aus der Handlung zieht. Dies wird Ihre

Wertschätzung für fühlende Wesen erhöhen und Ihre Bindung zueinander stärken.

Zu vermeidende Einstellungen

Eine auf Weisheit basierende Motivation kann dazu führen, dass Ihr Verdienst exponentiell zunimmt, aber auch das Gegenteil ist der Fall. Wenn Ihre Einstellung auf verblendeten Denkweisen beruht, wird Ihr Verdienst ernsthaft eingeschränkt und Sie können sogar die Ursachen für weiteres Leiden schaffen. Es ist daher lohnenswert, sich mit den hindernden Einstellungen vertraut zu machen, die unsere Praxis der Großzügigkeit in ihrer Effektivität einschränken.

1. **Falsche Ansichten:** Praktizieren wir Großzügigkeit auf der Grundlage falscher Annahmen, schränken wir automatisch das Potenzial der Handlung ein. Insbesondere sollte man die falsche Ansicht vermeiden, anzunehmen, dass unser Akt des Gebens keine Ergebnisse bringen wird. Egal wie klein unser Geschenk ist, wenn es mit der richtigen Absicht gemacht wird, wird es auf jeden Fall eine Ursache für zukünftiges Glück werden. Anders zu denken missachtet das karmische Gesetz von Ursache und Wirkung und macht die Handlung sinnlos.

   Eine weitere falsche Sichtweise ist die Annahme, dass das Ausüben von Großzügigkeit allein ausreicht, um Erleuchtung zu erlangen. Wenn es so wäre, hätte der Buddha nicht die anderen fünf Vollkommenheiten gelehrt. Auch wenn die Konzentration auf Wohltätigkeit äußerst nützlich ist, so ist sie doch von vorläufiger Natur. Um über das bloße Anbieten vorübergehender Hilfe hinauszugehen, müssen wir die Wurzel unseres Leidens durchtrennen und dauerhaften Frieden und Harmonie erreichen. Großzügigkeit ist ein Teil dieses Prozesses.

2. **Stolz:** Wir müssen vermeiden, Stolz in Bezug auf unser Geben zu entwickeln. Wenn wir in eine wettbewerbsorientierte Geisteshaltung verfallen, verschlechtert sich unsere Motivation und wir werden keine authentische Großzügigkeit mehr praktizieren. Vermeiden Sie es, Handlungen der Großzügigkeit als Mittel zur Verbesserung Ihres Status und zum Angeben zu verwenden, weil diese Art des Denkens die Selbstsucht steigert und

den Zweck des Trainings zunichte macht. Versuchen Sie, stets bescheiden zu bleiben und erkennen Sie, dass Sie sich wirklich glücklich schätzen können, die Gelegenheit zum Geben zu haben.

3. **Entmutigung:** Nach einer großzügigen Handlung können wir ein Gefühl der Reue entwickeln, vielleicht aufgrund der Entbehrung, die dadurch entsteht, das Gegebene nicht mehr zu besitzen. Wenn wir eine tugendhafte Handlung bedauern, schmälern wir ihre Kraft und begrenzen ihren potenziellen Nutzen. Um diese Form des Bedauerns zu vermeiden, ist es wichtig, mit einem freudigen Geist zu schenken, der den langfristigen Nutzen dieser Handlung erkennt und sich anschließend daran erfreut. Ganz gleich, wie schwierig die Dinge für uns werden mögen, wenn wir alles im Blick behalten, werden unsere Verdienste weiter zunehmen.

4. **Voreingenommenheit:** Großzügigkeit sollte niemals dazu dienen, fühlende Wesen zu kontrollieren oder zu bestrafen, und unsere Entscheidung, wem wir helfen, sollte nicht auf Voreingenommenheit beruhen. Ungeachtet dessen, wie sich eine Person uns gegenüber verhält, sollten wir unseren Gleichmut bewahren und alles nur Mögliche tun, um ihr zu helfen.

5. **Erwartungen:** Großzügigkeit ist keine finanzielle Investition oder ein Geschäft, an das wir gewinnorientierte Erwartungen knüpfen. Sollten wir diese Art von Erwartung haben, ist diese nicht mehr auf den Nutzen anderer ausgerichtet, sondern auf unseren eigenen Vorteil. Versuchen Sie immer, frei zu geben ohne Ergebnisse zu erwarten, und seien Sie einfach zufrieden mit dem Nutzen, den die Empfänger/innen erhalten.

6. **Wunsch nach Erfüllung:** Wir müssen aufpassen, dass wir nicht vorübergehende Ziele zu unserer Hauptmotivation machen. Auch wenn Großzügigkeit förderliche Bedingungen für zukünftige Leben schafft, sollten diese samsarischen Bedingungen nicht die Motivation für unser Handeln sein. Obwohl wir es zu schätzen wissen, wenn sich solche Bedingungen ergeben, sind sie nicht die treibende Kraft, warum wir geben. Unsere Motivation sollte darüber hinausgehen und darin bestehen, alle Wesen durch das Erreichen der vollen Erleuchtung vollständig von samsarischen Bedingungen zu befreien.

Wie man wirklich gibt

Sobald wir eine sinnvolle Motivation entwickelt haben, die frei von verblendeten Einstellungen ist, sind wir bereit, unser Geschenk zu geben. Während diese Einstellung sicherstellt, dass unsere Handlung uns selbst Nutzen bringt, wollen wir den Nutzen für die Person maximieren. Vorzugsweise sollten sie einen direkten Nutzen daraus ziehen, aber wir sollten auch den langfristigen Nutzen betrachten, eine tugendhafte Verbindung zu einem/einer Bodhisattva aufzubauen.

Die Art und Weise, wie wir geben, bestimmt die Gesamtqualität der Erfahrung im Geist der Empfänger/innen. Handelt es sich um eine angenehme Erfahrung, wird die hergestellte Verbindung stark sein, wenn sie aber unangenehm ist, werden sie sich natürlich zurückziehen und die Verbindung wird geschwächt. Wenn wir schließlich die Buddhaschaft erreichen, werden die Wesen, mit denen wir starke positive Verbindungen hergestellt haben, diejenigen sein, die den größten Nutzen von uns erhalten. Daher müssen wir besonders achtsam mit unserem Verhalten während des Aktes des Gebens sein. Im Folgenden sind allgemeine Richtlinien aufgeführt, die zu berücksichtigen sind:

1. **Seien Sie freundlich:** Wann immer Sie ein Geschenk überreichen, tun Sie dies mit einer freundlichen Miene. Ihr Gesicht sollte entspannt und ruhig sein, nicht finster oder wütend aussehen und, wenn möglich, lächeln Sie und genießen Sie aufrichtig die Handlung. Sofern Sie bereits über den Nutzen Ihres Handelns nachgedacht haben, sollten Sie ganz von selbst glücklich erscheinen, anstatt sich verstellen zu müssen.

2. **Zeigen Sie Respekt:** Denken Sie immer daran, die Person mit Dankbarkeit und Respekt zu behandeln. Indem die Empfänger/innen Ihre Geschenke annehmen, beweisen sie wirklich außerordentliche Güte und Sie erhalten dadurch den größten Nutzen. Deshalb sollten Sie sich beim Übergeben des Geschenks verbeugen oder es auf eine respektvolle Art und Weise überreichen, die den Gepflogenheiten entspricht. Vermeiden Sie es, Anzeichen von Verachtung oder Arroganz zu zeigen.

3. **Übergeben Sie das Geschenk persönlich:** Nach Möglichkeit sollten Sie Ihre Geschenke persönlich überreichen. Dadurch können Sie eine stärkere

karmische Verbindung mit den Empfänger/innen herstellen, denn es ist ein Moment des Zusammenkommens zur selben Zeit und am selben Ort.

4. **Geben ohne zu schaden:** Der Akt des Gebens sollte der Person in keiner Weise schaden. Auch wenn manche Geschenke zunächst unangenehm sein mögen, sollten sie auf mitfühlende Weise überreicht werden, um den Schmerz und das Leiden der Empfänger/innen zu minimieren. Tun Sie alles, was Sie können, um den Geist der/des Beschenkten zu beruhigen und dafür zu sorgen, dass sie/er sich so wohl wie möglich fühlt.

5. **Ertragen Sie alle Schwierigkeiten:** Ganz gleich, mit welchen Schwierigkeiten Sie konfrontiert werden, Sie sollten sich immer an der Gelegenheit erfreuen, Großzügigkeit praktizieren zu dürfen. Verübeln Sie es der anderen Person nicht, wenn Sie Schwierigkeiten erfahren, denn das schadet Ihrer karmischen Verbindung zu ihr.

Durch Beachtung dieser Punkte beim Geben wird eine starke Verbindung zwischen Ihnen und der Person hergestellt, die eine Grundlage dafür bietet, ihr auch in Zukunft Nutzen zu bringen. Auf diese Weise ist selbst eine kurze Begegnung mit Bettler/innen auf der Straße eine wunderbare Gelegenheit, Verdienst und Weisheit anzusammeln.

Geben durch Visualisierung

Für diejenigen, die nicht über die materiellen Mittel zum Geben verfügen, ist der Einsatz von Visualisierungen als geschicktes Mittel zur Reduzierung von Anhaftung und Geiz eine weitere Möglichkeit, Großzügigkeit zu praktizieren. Die Grundstruktur für das Darbringen von Opfergaben in der Meditation ist: (1) Auswahl der/des Empfängerin/s, (2) Erzeugung von Opfergaben und (3) Darbringung der Opfergaben. In Bezug auf die Art der/des Empfängerin/s können wir zwei Hauptansätze unterscheiden:

1. **Erleuchtete Wesen:** Um unsere Anhaftung zu reduzieren, kann es sehr nützlich sein, einer erleuchteten Versammlung Darbringungen anzubieten. Nachdem Sie das Zufluchtsfeld im Raum vor sich visualisiert haben, vergegenwärtigen Sie sich verschiedene Dinge, die Sie genießen,

Mandala-Darbringung als geschickte Methode zur Praxis der Großzügigkeit

bewundern oder an die Sie Anhaftung empfinden, wie gutes Essen, eine schöne Umgebung oder moderne Technologie. Sobald Sie die Objekte der Darbringung visuell generiert haben, lassen Sie diese anwachsen, indem Sie sich vorstellen, wie sie sich vervielfältigen und den gesamten Raum um Sie herum ausfüllen. Mit einem Geist, der sich der Fehler der Anhaftung und des Nutzen der Großzügigkeit gewahr ist, übergeben Sie dem erleuchteten Feld Ihre Darbringungen und visualisieren, wie sie sich in reinem weißen Licht auflösen. Wiederholen Sie diesen Vorgang immer und immer wieder und verwenden Sie dabei alle Objekte, die Ihnen in den Sinn kommen.

2. **Fühlende Wesen:** Um unseren Geiz zu reduzieren, kann die Arbeit mit fühlenden Wesen geeigneter sein, weil sie direkter mit unserer selbstbezogenen Einstellung arbeitet. Hier liegt der Schwerpunkt auf der Stärkung unseres Wunsches, ihnen Nutzen zu bringen, indem wir ihre Bedürfnisse und Wünsche erfüllen. Vergegenwärtigen Sie sich die Personen, auf die Sie sich konzentrieren möchten, das kann eine Person sein, die Sie kennen, oder auch eine Gruppe von Menschen. Verbringen Sie einige Zeit damit, über ihre Situation nachzudenken und herauszufinden, was sie benötigen, und überlegen Sie, wie Sie ihr Leiden sowohl kurz- als auch langfristig lindern könnten. Visualisieren Sie, dass Sie diese Bedingungen erzeugen, und während Sie sie anbieten, stellen Sie sich vor, dass ihr Leiden verschwindet und durch dauerhaftes wahres Glück ersetzt wird. Entwickeln Sie große Freude an ihrem Glück. Fahren Sie auf diese Weise fort, indem Sie über fühlende Wesen in verschiedenen Situationen nachdenken und sich vorstellen, dass Sie in der Lage sind, ihre Wünsche zu erfüllen.

Hindernisse für die Praxis der Großzügigkeit

Selbst wenn wir mit den Lehren über das Praktizieren von Großzügigkeit vertraut sind, können manchmal Schwierigkeiten auftreten, während wir versuchen, sie anzuwenden. Um uns dabei zu helfen, diese zu überwinden, hat Arya Asanga vier Hindernisse, mit denen wir wahrscheinlich konfrontiert werden, und ihre jeweiligen Gegenmittel identifiziert:

1. **Nicht an den Akt des Gebens gewöhnt sein:** Das erste Problem, mit dem wir konfrontiert sein können, ist, dass uns der Gedanke, unseren Reichtum und unsere Ressourcen zu teilen, vielleicht einfach nicht in den Sinn kommt. Wenn sich uns eine Gelegenheit zum Geben bietet, schenken wir ihr keine Beachtung und entwickeln so nicht den Wunsch zur Praxis. Dem kann abgeholfen werden, indem wir Zeit damit verbringen, über die Nachteile von Anhaftung und Geiz und die Vorteile von Großzügigkeit nachzudenken. Je mehr Zeit wir mit diesen Überlegungen verbringen, desto mehr Gewahrsein bringen wir in unsere Erfahrung und stärken unseren Wunsch, zu geben.

2. **Nicht genügend geeignete Objekte zum Geben haben:** Obwohl wir Großzügigkeit praktizieren möchten, haben wir vielleicht das Gefühl, dass uns die Mittel dazu fehlen. Daher halten wir stärker an unserem Besitz fest und wehren uns gegen die Idee, ihn mit anderen zu teilen. Obwohl es wichtig ist, unsere Grundbedürfnisse zu befriedigen, sollten wir uns bewusst sein, dass wir aufgrund unseres früheren Geizes und unserer Anhaftung weniger Ressourcen haben. Anstatt unsere Armut immer weiter fortzusetzen, können wir, indem wir über die Vorteile der Kultivierung von Großzügigkeit nachdenken, nach und nach daran arbeiten, die Ursachen für Wohlstand zu schaffen. Es lohnt sich also, die Bemühungen des Gebens, soweit es uns möglich ist, auf uns zu nehmen, auch wenn wir anfänglich etwas Unbehagen empfinden.

3. **Gier nach schönen Dingen:** Wenn wir Zugang zu einer Fülle von Ressourcen haben, besteht die Gefahr, dass wir an einigen Besitztümern mehr hängen als an anderen. Wir mögen glücklich sein, Dinge wegzugeben, die wir nicht wollen, aber es fällt uns schwer, uns von denen zu trennen, die wir schön oder attraktiv finden. Aufgrund dieser Anhaftung verstärken wir unsere Selbstsucht, anstatt Großzügigkeit zu üben. Wir können dieses Hindernis überwinden, indem wir über die vergängliche Natur unserer Besitztümer nachdenken und das Leiden bedenken, das durch Anhaftung entsteht.

4. **Verlangen nach zukünftigem Wohlstand:** Dieses Hindernis entsteht, wenn wir zu viel Wert auf samsarisches Vergnügen legen, unser primäres Ziel aus den Augen verlieren und uns von dem Wunsch nach vorübergehendem Glück mitreißen lassen. Handlungen der Großzügigkeit sind dann keine Ursachen mehr, um Erleuchtung zu erlangen, sondern beschränken uns stattdessen darauf, in der zyklischen Existenz zu bleiben. Um dies zu überwinden, können wir über die leere Natur von positiven karmischen Ergebnissen wie Reichtum und Vergnügen nachdenken. Wenn wir ihre vergängliche und substanzlose Natur verstehen, werden wir sie nicht mehr vorrangig betrachten und unsere Aufmerksamkeit wieder auf Bodhicitta richten.

Zweiggelübde in Bezug auf die Vollkommenheit der Großzügigkeit

Als Teil unserer Verpflichtung, die Bodhisattva-Gelübde aufrechtzuerhalten, gibt es insgesamt sechsundvierzig Zweiggelübde, die eingehalten werden sollten, um Verhaltensweisen zu vermeiden, die der Essenz der Schulung widersprechen. Sieben dieser Gelübde beziehen sich speziell auf die Praxis der Großzügigkeit. Ihre Essenz ist das *Bestreben, Anhaftung abzubauen, indem man sich auf die Bedürfnisse anderer konzentriert.* Die Gelübde bestehen darin, die folgenden Handlungen nicht zu begehen:

1. **Die drei Arten der Verehrung der Drei Juwelen nicht ausüben:** Nachdem wir die Bodhisattva-Gelübde abgelegt haben, ist es notwendig, Verdienst anzusammeln. Wir sollten daher täglich Zuflucht zu den Drei Juwelen nehmen, indem wir Darbringungen und Niederwerfungen mit unserem Körper machen, Gebete mit unserer Rede darbringen sowie Gedanken der Dankbarkeit und Hingabe mit unserem Geist.

2. **Der Begierde ungehemmt freien Lauf lassen:** Wenn wir uns nicht selbst davon abhalten, aus Verblendungen heraus zu handeln oder den Begierden nachzugeben, werden wir niemals wahre Zufriedenheit erfahren und ständig nach materiellen Annehmlichkeiten und den Genüssen der zyklischen Existenz greifen.

3. **Unsere spirituell Älteren nicht respektieren:** Ältere sind diejenigen, die erfahrenere Bodhisattvas sind und die Bodhisattva-Gelübde vor uns abgelegt haben. Sie sind Objekte des Respekts und daher würdige Objekte der Darbringung. Wenn wir ihnen nicht den nötigen Respekt erweisen, brechen wir dieses Zweiggelübde.

4. **Sich weigern, auf Fragen zu antworten:** Wenn uns jemand, der uns aufrichtig vertraut, eine Frage stellt und wir es aus Faulheit oder mangelnder Güte versäumen, eine angemessene Antwort zu geben, haben wir dieses Zweiggelübde gebrochen. Dies gilt auch für jede Gelegenheit, bei der wir es vermeiden, Fragen zum Dharma oder zu anderen Angelegenheiten zu beantworten.

5. **Eine Einladung nicht annehmen:** Wenn wir eine Einladung ohne triftigen Grund ablehnen, haben wir gegen dieses Gelübde verstoßen. Das Gelübde bezieht sich speziell auf die Ablehnung einer Einladung aufgrund einer Haltung des Stolzes oder der Ansicht, dass wir zu angesehen sind, um mit Menschen niedrigerer Klassen verbunden zu sein. Oder wir glauben, dass Menschen mit einer höheren Position auf uns herabschauen, wenn wir mit solchen Personen gesehen werden. Es ist jedoch akzeptabel, eine Einladung abzulehnen, wenn wir einen guten Grund dafür haben.

6. **Gold und andere Formen von Reichtum nicht annehmen:** Kein Gold und andere Formen von Reichtum annehmen: Wenn ein Wohltäter aufrichtig Gold, Silber, Geld oder andere wertvolle Gegenstände anbietet, bedeutet die Ablehnung mit einer Haltung der Bosheit, des Zorns, der Faulheit, des falschen Stolzes oder der „heiligen Armut", dass wir dieses Zweiggelübde gebrochen haben.

7. **Sich weigern, Suchende den Dharma zu lehren:** Die Weigerung aus Mangel an Interesse, diejenigen zu unterrichten, die wirklich lernen und praktizieren wollen, wäre ein Verstoß gegen dieses Gelübde, solange es sich um etwas handelt, das Sie qualifiziert sind zu lehren. Es gibt triftige Gründe, keine Belehrungen zu erteilen, wie z. B. zu beschäftigt zu sein, nicht mit der Materie vertraut zu sein, anzunehmen, dass die Zeit dafür

nicht ausreicht oder dass es der Person an Vertrauen mangelt. In diesen Fällen ist es akzeptabel, nicht zu lehren, aber die Weigerung, den Dharma aus einem anderen Grund zu lehren, bricht dieses Gelübde.

Integration aller Sechs Vollkommenheiten

Um die *Vollkommenheit der Großzügigkeit* zu verwirklichen, sollte jeder Akt des Gebens alle sechs Bodhisattva-Vollkommenheiten einschließen: (1) für die *Großzügigkeit der Großzügigkeit* sollten wir uns nach Kräften bemühen, Großzügigkeit zu praktizieren, um den fühlenden Wesen Nutzen zu bringen; (2) für die *ethische Disziplin der Großzügigkeit* sollten wir die mit Großzügigkeit verbundenen Zweiggelübde einhalten und sicherstellen, dass wir jedes Verhalten vermeiden, das Anhaftung oder Geiz fördert; (3) für die *Geduld der Großzügigkeit* sollten wir bereit sein, jede Schwierigkeit zu ertragen, die aufgrund unserer Praxis der Großzügigkeit entsteht; (4) für die *freudige Anstrengung der Großzügigkeit* sollten wir Freude daran haben, immer danach zu streben, die Bedürfnisse anderer zu erfüllen; (5) für die *meditative Konzentration der Großzügigkeit* sollten wir unseren Fokus darauf richten, anderen Nutzen zu bringen, indem wir Achtsamkeit und Wachsamkeit kultivieren; und (6) für die *Weisheit der Großzügigkeit* sollten wir die trügerische Natur der gegebenen Objekte erkennen, ebenso wie die der Geber/innen und der Empfänger/innen der Gabe. Sind all diese Aspekte vorhanden, werden sie zu den beiden erleuchteten Ansammlungen von Verdienst und Weisheit beitragen, die die Ursachen für das Erreichen der Buddhaschaft sind.

DIE ERGEBNISSE DES PRAKTIZIERENS VON GROSSZÜGIGKEIT

Das endgültige Ergebnis des Praktizierens von Großzügigkeit ist das Erreichen der beiden Ziele des Selbst und der Anderen durch das Erreichen der vollständigen Erleuchtung. Vorläufig hilft jede Form der Großzügigkeit bei der Reinigung des Geistes und bereitet die Grundlage für das Praktizieren der nachfolgenden Vollkommenheiten. Durch die Praxis der *Großzügigkeit des Gebens von materiellem Reichtum* wird der Geist vom Geiz befreit, der an Objekten festhält und sich nicht von ihnen trennen will. Dies beseitigt dann das Verhalten, materielle Besitztümer zu horten, die nur dazu dienen, das Festhalten an einem Selbst zu verstärken. Indem man die *Großzügigkeit des Gebens von Furchtlosigkeit* praktiziert, wird der Geist der fühlenden Wesen beruhigt und ihr Leben wird verlängert. Die *Großzügigkeit, den Dharma zu geben*, schützt den Geist der fühlenden Wesen vor verblendeten Zuständen, die die Ursache für ihr Leiden sind. Durch die ersten beiden schaffen wir den fühlenden Wesen das vorübergehende Glück dieses Lebens, während die dritte sie im wahren Glück zukünftiger Leben verankert.

Das endgültige Ergebnis der Praxis der Großzügigkeit ist das Erreichen der beiden Ziele des Selbst und der Anderen durch das Erreichen der vollen und kompletten Erleuchtung. Vorläufig trägt jede Form der Großzügigkeit zur Läuterung des Geistes bei und bereitet den Boden für das Praktizieren der nachfolgenden Vollkommenheiten. Durch die Praxis der Großzügigkeit des Gebens von materiellem Reichtum wird Ihr Geist von dem Geiz befreit, der sich fest an Objekte klammert und nicht von ihnen getrennt werden will. Dadurch wird das Horten von materiellen Besitztümern, das nur dazu dient, das eigene Greifen zu verstärken, beseitigt. Wenn Sie die Großzügigkeit des Gebens von Furchtlosigkeit praktizieren, wird Ihr Geist beruhigt und ihr Leben verlängert. Die Großzügigkeit, den Dharma zu geben, schützt den Geist fühlender Wesen vor verblendeten Zuständen, die die Ursachen für ihr Leiden sind. Durch die ersten beiden führen wir fühlende Wesen in das vorübergehende Glück dieses Lebens, während die dritte sie in das wahre Glück zukünftiger Leben einführt.

Nach Arya Asanga gibt es zehn Aspekte, die das Erreichen einer vollkommen reinen Form der Großzügigkeit durch eine/n Bodhisattva kennzeichnen:

1. **Zögert nicht:** Sobald sich eine Gelegenheit ergibt, machen Bodhisattvas sofort und ohne zu zögern ein Geschenk. Sie empfinden ein großes Gefühl der Dringlichkeit, die Bedürfnisse des fühlenden Wesens zu erfüllen.

2. **Wird nicht von falschen Ansichten beeinflusst:** Bodhisattvas sind völlig frei von falschen Ansichten, wie z. B. der Annahme, dass ihre Handlungen keine Folgen haben werden, dass das Verursachen von Schaden Dharma ist oder dass Großzügigkeit allein ausreicht, um Erleuchtung zu erlangen.

3. **Gibt keine Dinge, die aufgespart wurden:** Bodhisattvas warten nicht

darauf, würdige Geschenke aufzusparen, um sie zukünftig als eine große Darbringung zu verwenden. Stattdessen setzen sie alle ihre Ressourcen ein, um den fühlenden Wesen sofortigen Nutzen zu bringen.

4. **Ist frei von Überheblichkeit:** Bodhisattvas bieten alle Geschenke mit einem bescheidenen Geist ohne Konkurrenzdenken an. Ihr Geist ist völlig frei von dem Stolz zu denken, sie seien aufgrund ihrer Großzügigkeit überlegen.

5. **Ist uneigennützig:** Bodhisattvas zeigen kein Verlangen nach Ruhm oder Ansehen als Ergebnis ihrer Handlungen der Großzügigkeit. Solche Aspekte werden als belanglos angesehen und daher zeigen Bodhisattvas kein Interesse daran.

6. **Ist frei von Niedergeschlagenheit:** Bodhisattvas erfreuen sich an allen Handlungen der Großzügigkeit, ob sie nun von ihnen selbst oder von anderen ausgeführt werden. Wenn sie geben, ist ihr Geist am Anfang, in der Mitte und am Ende mit Freude erfüllt.

7. **Ist beim Schenken nicht kleinlich:** Nach sorgfältiger Abwägung ihrer Möglichkeiten bieten Bodhisattvas den fühlenden Wesen immer die besten und hervorragendsten Objekte an und sind glücklich, einen bescheidenen Lebensstil zu führen, wenn es anderen zugutekommt.

8. **Ist frei von Abneigung:** Bodhisattvas bewahren einen gleichmütigen Geist, der frei von Voreingenommenheit und Verblendung gegenüber den Empfänger/innen ihres Geschenkes ist. Sie empfinden gegenüber jedem Wesen dasselbe Mitgefühl, unabhängig von ihrer gegenseitigen Beziehung.

9. **Erwartet keine Gegenleistung:** Zu jeder Zeit ist der Geist der Bodhisattvas mit Mitgefühl gegenüber fühlenden Wesen erfüllt und sie erwarten keine Gegenleistung für ihr Geschenk. In der Erkenntnis, dass sich alle nach Glück sehnen, erfüllt es sie mit Freude, anderen dabei behilflich zu sein.

10. **Sucht nicht nach karmischer Reifung:** Bodhisattvas betrachten die Ergebnisse allen Karma, ob tugendhaft oder untugendhaft, als völlig substanzlos und letztendlich wertlos. Deshalb klammern sie sich nicht

an positive Ergebnisse wie eine höhere Wiedergeburt oder halten den Überfluss an Ressourcen für etwas Besonderes. Ihr Fokus liegt immer auf dem übergeordneten Ergebnis der vollständigen Erleuchtung aller fühlenden Wesen.

ZUSAMMENFASSUNG

- Großzügigkeit ist der Geist, der den Wunsch hat, die eigenen Ressourcen ohne Anhaftung vollständig zum Wohle der fühlenden Wesen einzusetzen. Sie hat zwei Komponenten: (1) das Fehlen von Anhaftung an den eigenen Besitz oder Körper und (2) die Bereitschaft, die eigenen Ressourcen an andere zu geben.

- Großzügigkeit zu praktizieren ist das Gegenmittel gegen Anhaftung und Geiz. Diese beiden verblendeten Geisteszustände sind die Wurzel der Selbstsucht und müssen überwunden werden, um Erleuchtung zu erlangen.

- Es gibt drei Arten von Großzügigkeit, in denen wir uns üben können, abhängig von unseren persönlichen Bedingungen: (1) die Großzügigkeit, Dharma zu geben; (2) die Großzügigkeit, Furchtlosigkeit zu geben, und (3) die Großzügigkeit, materiellen Besitz zu geben. Während die erste Großzügigkeit den Wesen in zukünftigen Leben Glück bringt, sind die beiden letzten Arten auf das Glück dieses Lebens ausgerichtet.

- Wenn Sie den Dharma mit anderen teilen, sollten Sie darauf achten, dass: (1) die Empfänger/innen den aufrichtigen Wunsch haben, zu praktizieren; (2) Ihre Motivation in wahrem Mitgefühl wurzelt; (3) die Unterweisung, die Sie weitergeben, fehlerfrei ist; (4) die Unterweisung für die Zuhörerschaft angemessen ist und (5) die Unterweisung in einer Weise gegeben wird, die die Zuhörer zur Praxis inspiriert.

- Beim Geben von Furchtlosigkeit geht es darum, fühlende Wesen davor zu schützen, von (1) wilden Tieren, (2) Menschen oder (3) unbelebten Dingen wie den Elementen verletzt oder getötet zu werden.

- Beim Geben von materiellem Besitz besteht das Ziel darin, fühlende Wesen von unmittelbarem Leid zu befreien, indem man seine physischen Ressourcen teilt. Dies kann geschehen in Form von: (1) inneren Objekten, die sich auf den Körper der Geber/innen beziehen, oder (2) äußeren

Objekten, die als Besitz der Geber/innen angesehen werden. Beide Arten von Objekten können dauerhaft oder vorübergehend gegeben werden.

- Bevor Sie geben, sollten Sie prüfen, ob es klug ist, dies zu tun. Die Entscheidung, ob Sie geben sollten oder nicht, sollte eher auf dem langfristigen Nutzen als auf dem vorübergehenden Vergnügen gründen.

- Die richtige Motivation zum Geben besteht aus drei Teilen: (1) der Zweck sollte darin bestehen, Erleuchtung zum Wohle aller fühlenden Wesen zu erlangen; (2) es sollte keine Anhaftung an das Objekt bestehen und (3) die Geber/innen sollten die Empfänger/innen als eine Art spirituelle Freund/innen betrachten.

- Folgenden Haltungen sollten wir vermeiden: (1) falsche Ansichten, die das Potenzial für die Entwicklung von Großzügigkeit einschränken; (2) Stolz, der die Selbstsucht verstärkt; (3) Entmutigung, die uns veranlasst, Handlungen der Großzügigkeit zu bereuen; (4) Voreingenommenheit, die uns davon abhält, bestimmten Wesen zu geben; (5) Erwartungen, die beeinflussen, wie wir geben, und (6) der Wunsch nach weltlichen Ergebnissen, die unfähig sind, uns zur Erleuchtung zu führen.

- Wenn Sie tatsächlich etwas Materielles geben, sollten Sie: (1) freundlich sein; (2) respektvoll sein; (3) das Geschenk persönlich überreichen; (4) keinen Schaden anrichten und (5) alle auftretenden Schwierigkeiten ertragen. Das stellt sicher, dass Sie eine starke karmische Verbindung zu den Empfänger/innen haben, und dient als Grundlage dafür, ihnen zukünftig wieder Nutzen bringen zu können.

- Können Sie nichts Materielles anbieten, dann visualisieren Sie es. Sie können erleuchteten Wesen Darbringungen anbieten, um Ihre Anhaftung zu verringern, oder Sie können fühlenden Wesen Opfergaben darbringen, um Ihren Geiz zu verringern.

- Es gibt vier Hindernisse, Großzügigkeit zu praktizieren: (1) es nicht gewohnt sein, zu geben; (2) nicht über genügend geeignete Objekte verfügen; (3) Gier nach schönen Dingen und (4) Wunsch nach zukünftigem Reichtum.

- Es gibt sieben Zweiggelübde, welche Verhaltensweisen man in Bezug auf das Praktizieren von Großzügigkeit vermeiden sollte: (1) die drei Arten der Verehrung der Drei Juwelen nicht ausüben; (2) der Begierde unkontrolliert ihren Lauf lassen; (3) unsere spirituell Älteren nicht respektieren; (4) sich weigern, auf Fragen zu antworten; (5) eine Einladung nicht annehmen; (6) Gold und andere Formen von Reichtum nicht annehmen und (7) sich weigern, Suchenden den Dharma zu lehren.

- Ein/e Bodhisattva mit reiner Großzügigkeit hat zehn Aspekte: (1) zögert nicht; (2) wird nicht von falschen Ansichten beeinflusst; (3) gibt keine Dinge, die aufgespart wurden; (4) ist frei von Überheblichkeit; (5) ist uneigennützig; (6) ist frei von Niedergeschlagenheit; (7) ist beim Schenken nicht kleinlich; (8) ist frei von Abneigung; (9) sucht keine Gegenleistung; und (10) strebt nicht nach karmischer Reifung.

KAPITEL ACHT

Verhalten umwandeln mit ethischer Disziplin

Die Schulung in der *Vollkommenheit der Großzügigkeit* reduziert unsere Selbstsucht und öffnet die Tür zu einer direkteren Arbeit zum Wohle der fühlenden Wesen. Ohne diesen entscheidenden Schritt kümmert sich unser Geist wenig um das Leiden anderer und ist stattdessen mehr auf die Ansammlung von Dingen zu unserem eigenen Vergnügen fixiert. Indem wir die Vorteile der Großzügigkeit erkennen und den Wunsch entwickeln, sie in unserem Leben anzuwenden, können wir lernen, wie wir unsere inneren und äußeren Ressourcen nutzen können, um Leiden zu lindern. Auch wenn unsere Lieben anfangs im Mittelpunkt unserer Praxis stehen, können wir unseren Interessenbereich über die Grenzen unserer unmittelbaren Familie und Freund/innen hinaus erweitern. Wenn wir uns selbst als Teil eines größeren Kontextes sehen, gewinnen wir eine Perspektive darauf, wie unser Verhalten alle Menschen, denen wir begegnen, beeinflussen kann.

Dieser Öffnungsprozess führt naturgemäß zur nächsten Schulung – der *Vollkommenheit der ethischen Disziplin*. Während die Großzügigkeit den Akt des Gebens betont, erweitert die ethische Disziplin die Praxis auf eine breitere Palette von Handlungen, die eine tugendhafte Struktur für den Umgang mit den Wesen Ihrer Umgebung bietet. Indem wir uns auf die Art unserer Beziehungen zu anderen konzentrieren, wird ein Fundament der Harmonie geschaffen, die andere Formen der Schulung leichter zugänglich macht.

WAS BEDEUTET ETHISCHE DISZIPLIN?

Ethische Disziplin ist der *Geist, der den Wunsch hat, anderen keinen Schaden mehr zuzufügen* sowie die Ursachen dafür aufzugeben. Es ist eine Haltung, die das Wohlergehen der fühlenden Wesen schätzt und darauf bedacht ist, sie in Frieden und Harmonie leben zu lassen. Auf der Grundlage eines fürsorglichen

Geistes der Liebe und des Mitgefühls erkennt jemand, der sich in ethischer Disziplin übt, seine gegenseitige Abhängigkeit zu den fühlenden Wesen an und übernimmt so die Verantwortung dafür, wie sich seine Handlungen auf sie auswirken. Dieser Geist hat zwei Hauptaspekte:

1. **Akzeptanz:** Die Buddhas und Bodhisattvas haben Übungen identifiziert, die nicht nur dazu dienen, anderen nicht zu schaden, sondern ihnen auch lang anhaltenden Nutzen zu bringen. Wenn wir die Weisheit erkennen, die in den Lehren vorgeschriebenen Verhaltensweisen anzunehmen, kann man sagen, dass wir „eine Disziplin angenommen" haben. Diese Akzeptanz nimmt die Form eines Bestrebens an, eine erlernte Schulung aufrechtzuerhalten und sie dann in die Praxis umzusetzen.

2. **Entschlossenheit:** Wenn sie kultiviert wird, verleiht uns ethische Disziplin die Fähigkeit, Tugend zu praktizieren und verblendete Geisteszustände zu vermeiden. Nachdem wir den Wert einer bestimmten Schulung als nützlich erkannt haben, bezieht die ethische Disziplin ihre Kraft aus der Verpflichtung, die Schulung aufrechtzuerhalten, und aus der Stärke der Entschlossenheit, ihre Ergebnisse zu manifestieren.

Diese beiden Qualitäten der Akzeptanz und der Entschlossenheit sind Ihnen vielleicht vertraut, denn sie sind ein Beispiel dafür, wie wir zwischen anstrebendem und engagiertem Bodhicitta unterschieden haben. Zunächst haben wir die Ausbildung in Bodhicitta akzeptiert, indem wir die Qualitäten der Liebe und des Mitgefühls kultiviert und über die Vorteile der Entwicklung der altruistischen Absicht, Erleuchtung zu erlangen, nachgedacht haben. Dann haben wir durch die Stärkung unserer Entschlossenheit unsere Bestrebung aktiviert und uns verpflichtet, die Schulung einer/s Bodhisattva/s in die Praxis umzusetzen. Solange wir diese Akzeptanz und Entschlossenheit nicht aufgeben, können wir sagen, dass die Bodhisattva-Schulung ein Teil unserer ethischen Disziplin ist.

Bei unserem Studium des Kalachakra-Pfades haben wir viele verschiedene Arten von Übungen kennengelernt, und sie alle dienen als Unterstützung für den Aufbau unserer ethischen Disziplin. Ob sie Teil unserer Disziplin werden, hängt in erster Linie davon ab, ob wir sie als nützlich akzeptieren und entschlossen sind, sie zu praktizieren.

Die Art und Weise, wie sich ethische Disziplin entwickelt, ist wie der Werkzeugkasten von Handwerker/innen. Die Art der benötigten Werkzeuge hängt von dem Ziel ab, das sie erreichen möchten. Wenn das Ziel darin besteht, ein Haus zu bauen, finden Sie vielleicht eine Nagelpistole, ein Maßband und eine Säge, während Installateur/innen, die einen undichten Wasserhahn reparieren, andere Werkzeuge wie Schraubenschlüssel, Isolierband und Unterlegscheiben benötigen. Das Vorhandensein oder Fehlen von Werkzeugen hat einen direkten Einfluss auf die Arten der Arbeiten, die ausgeführt werden können.

In ähnlicher Weise werden die Schulungen, die wir in unserem Leben betonen, einen direkten Einfluss auf die Fähigkeit unserer Handlungen haben. Da wir bestrebt sind, den fühlenden Wesen den größtmöglichen Nutzen zu bringen, sollten wir uns bemühen, Schulungen anzuwenden, die uns dabei helfen, dieses Ziel zu erreichen. Ethische Disziplin ist also unser Werkzeugkasten und die Schulungen sind unsere Werkzeuge. Je vielfältiger die Schulungen sind, die wir in unsere Disziplin einbauen, desto effektiver werden wir anderen helfen.

GRÜNDE FÜR DIE PRAXIS DER VOLLKOMMENHEIT ETHISCHER DISZIPLIN

Die ethische Disziplin beinhaltet den gesamten Pfad, der dazu führt, alle Verdunkelungen aufzugeben und alle erleuchteten Qualitäten zu manifestieren. Da es unser Bodhicitta-Ziel ist, alle Wesen zur Buddhaschaft zu führen, müssen alle Wesen in die ethische Disziplin eingebunden werden. Dazu ist es notwendig, dass wir die Disziplin für uns selbst übernehmen, denn nur dann können wir die Vorteile dieser Disziplin richtig demonstrieren.

Ethische Disziplin ist nicht nur grundlegend für das Erreichen des Pfades, sondern bildet auch ein Gefäß für alle unsere anderen Praktiken. Ohne sie gibt es keine Struktur in unseren Aktivitäten, was es erschwert, Kontinuität in der Praxis zu erreichen. Sie verbindet unsere Absicht mit unseren Handlungen, gibt unseren Aktivitäten einen Sinn und hilft uns, eine beständige Geisteshaltung aufrechtzuerhalten, die dem Erreichen von Verwirklichungen förderlich ist.

Darüber hinaus hilft uns das Praktizieren ethischer Disziplin, die *Angst* aus unserem Leben zu entfernen. Diese Art von Angst basiert auf dem Gefühl, dass das eigene Ich in Gefahr ist und verursacht eine Unruhe im Geist, die uns daran hindert, Frieden in unserem Leben zu finden. Genau wie ein Vogel, der ständig seinen Kopf in alle Richtungen drehen muss, um nach Raubtieren Ausschau zu halten, leben auch wir in einem ständigen Zustand der Angst und Anspannung.

Um diese Angst zu überwinden, ist es notwendig, ihre Ursache zu erkennen. Seit anfangsloser Zeit haben wir aufgrund der Kraft unserer Selbstbezogenheit den fühlenden Wesen einen endlosen Strom von Leid zugefügt. Wir haben immer wieder direkt zu ihrem Leiden beigetragen oder die Bedingungen für ihr Leiden geschaffen. Dies baut eine Spannung zwischen uns und unseren Opfern auf. Da wir anderen Schaden zugefügt haben, erwarten wir auf einer instinktiven Ebene, dass andere uns Schaden zufügen, so wie sie es bei unzähligen Gelegenheiten getan haben. Folglich durchdringt ein allgemeines Gefühl des Unbehagens und mangelnden Vertrauens alles, was wir sagen und tun.

Solange diese Angst vorhanden ist, wird es nicht möglich sein, vollendete meditative Konzentration zu erreichen. Ohne einen völlig stabilen Geist können wir die letztendliche Natur der Wirklichkeit nicht direkt erfahren und daher wird die Erleuchtung nicht erreichbar sein. Der gesamte Pfad beruht daher auf ethischer Disziplin als Mittel gegen die Angst, verletzt zu werden.

Die Art und Weise, wie ethische Disziplin dies bewirkt, besteht darin, den Fokus vom eigenen Ich auf die Wünsche der anderen zu verlagern. Einfach ausgedrückt: Da andere keinen Schaden erleiden wollen, unterlassen wir Handlungen, die ihnen Schaden zufügen. Wir beginnen, die Stärke unserer Selbstsucht zu verringern und unsere Beziehungen zu anderen auf positive Weise zu gestalten. Wenn wir für andere keine Bedrohung mehr darstellen, hören sie naturgemäß auf, eine Bedrohung für uns zu sein. Wenn die Grundlage unserer Beziehung die gegenseitige Sorge um das Wohlergehen anderer ist, werden Spannungen abgebaut und erlauben den Qualitäten der Liebe und des Mitgefühls, sich zu manifestieren und ein Gefühl der Ungefährlichkeit hervorzurufen.

Der Hauptvorteil des Übens ethischer Disziplin besteht darin, dass unser Geist sich beruhigt und wir uns auf tugendhafte Eigenschaften konzentrieren können. Das hilft uns zweifellos, in diesem Leben erfolgreich zu sein, ist im Moment des Todes aber absolut entscheidend. Wenn wir mit einem ruhigen und gefassten Geist in den Prozess des Übergangs eintreten, können wir sicher sein, dass unsere nächste Wiedergeburt segensreich sein wird. Wenn wir dem Tod jedoch mit einem von Angst überwältigten Geist begegnen, werden wir wahrscheinlich unsere Selbstsucht aktivieren, was möglicherweise zu einer Wiedergeburt in einem unglücklichen Erfahrungsbereich führt.

DIE UNTERTEILUNGEN DER ETHISCHEN DISZIPLIN

Ethische Disziplin ist wie ein Behältnis für die drei Arten von Schulungen, die wir praktizieren: (1) die Schulung in der Vermeidung von untugendhaften Handlungen; (2) die Schulung im Ansammeln von tugendhaften Qualitäten und (3) die Schulung, anderen Nutzen zu bringen.

Diese drei Schulungen sind von ihrer Natur her aufeinander aufbauend, weil die vorherigen Schulungen die Grundlage für die späteren bilden. Indem wir uns von unserer Gewöhnung an Untugend befreien und ein Verhalten entwickeln, das unsere Handlungen in Körper, Rede und Geist zügelt, erzeugen wir das Verdienst, das unseren Geist auf Tugend ausrichtet. Wenn wir dann aktiv daran arbeiten, tugendhafte Qualitäten wie Mitgefühl und Weisheit anzusammeln, verbessern wir unsere persönlichen Fähigkeiten und schaffen die Voraussetzungen dafür, anderen Nutzen zu bringen. Die Praxis der nachfolgenden Schulungen ist nicht von der Beherrschung der vorherigen abhängig. Wir müssen uns nur unseres aktuellen Entwicklungsstandes bewusst sein und unseren Schwerpunkt auf die Schulung legen, die am besten geeignet ist.

Vermeidung von untugendhaftem Verhalten

Die erste Schulung ist die Übung in der *Vermeidung von untugendhaftem Verhalten*. Da sie die Grundlage für alle anderen Praktiken bildet, denkt man im Allgemeinen an diesen Aspekt, wenn es um ethische Disziplin geht. Die Hauptmethode, die in dieser Schulung angewendet wird, ist die Praxis des Einhaltens von Gelübden. Allgemein gesagt ist ein Gelübde ein Versprechen, auf ein bestimmtes Verhalten zu verzichten. Der Grund, warum wir uns zu einem solchen Versprechen verpflichten, ist unsere Erkenntnis, dass bestimmte Verhaltensweisen anderen Schaden zufügen. Wenn uns das Verständnis fehlt,

269

um die Ursachen des Schadens, der aus einer Handlung resultiert, direkt zu identifizieren, vertrauen wir auf eine gültige Zufluchtsquelle, wie z. B. den Buddha, der lehrt, dass ein solches Verhalten schädlich ist und daher vermieden werden sollte.

Auf einer tieferen Ebene stellt ein Gelübde einen sehr subtilen Einfluss auf den Geist dar und bildet eine nicht-physische Grenze, die durch die Absicht, unser Versprechen zu halten, geschaffen wird. Einerseits haben wir Verhaltensweisen, die wir als nutzbringend akzeptieren, und andererseits Verhaltensweisen, die wir als schädlich ablehnen. Dieser grundlegende Sinn für richtig und falsch, der uns dabei hilft, weise Entscheidungen zu treffen, ist der „ethische" Teil der ethischen Disziplin.

Man könnte annehmen, dass die Natur der Gelübde, die Praxis der Tugend gegenüber der Untugend zu bevorzugen, eine Form der Voreingenommenheit darstellt. Schaffen wir also einen Widerspruch, weil Voreingenommenheit etwas ist, das wir aufgeben müssen? Es ist wahr, dass wir unseren Geist letztendlich vollständig von allen Formen der Voreingenommenheit befreien müssen, jedoch ist die Verwendung von Gelübden zum Zügeln unserer Handlungen nur von vorübergehender Natur. Sie werden benötigt, solange unser Geist an die untugendhaften Verhaltensweisen gewöhnt ist, die unsere Buddhanatur daran hindern, sich zu manifestieren. Wenn wir auf dem Pfad fortschreiten, integrieren wir die Essenz der Gelübde in unsere Erfahrung und anstatt unser Verhalten kontrollieren zu müssen, manifestiert es sich ganz natürlich auf tugendhafte Weise. Unsere Notwendigkeit für Gelübde wird dann immer subtiler, bis sie auf natürliche Weise entstehen.

Der Kalachakra-Pfad, den wir erforschen, gehört zum Vajra-Fahrzeug, wie es im tibetischen Buddhismus gelehrt wird. Innerhalb dieses Systems gibt es drei Ebenen von Gelübden, die für die Ausbildung in ethischer Disziplin verwendet werden: (1) die Gelübde der persönlichen Befreiung, (2) die Bodhisattva-Gelübde und (3) die tantrischen Gelübde. Wir werden uns nun die Grundstruktur jeder Gruppe von Gelübden ansehen, um einen Einblick zu gewinnen, wie sie uns eine Grundlage für die Kalachakra-Praxis bieten. Einzelheiten zu den ersten beiden Gruppen von Gelübden werden in anderen Teilen dieses Buches besprochen und die dritte Gruppe wird im dritten und letzten Band dieser Reihe behandelt.

Die Gelübde der persönlichen Befreiung

Wie der Name schon sagt, befassen sich die Gelübde der persönlichen Befreiung damit, die Bedingungen für ein Individuum zu schaffen, um sich von der zyklischen Existenz des Samsara zu befreien und den dauerhaften Frieden des Nirvana zu erreichen. Die Hauptmethode zur Erlangung der persönlichen Befreiung besteht darin, die mit unserem Körper und unserer Rede ausgeführten Handlungen zu zügeln, was als *äußeres Verhalten* bezeichnet wird. Durch die Entwicklung einer strengen Disziplin, die auf *Gewaltlosigkeit* und der Meditationspraxis basiert, schaffen die Praktizierenden der Gelübde der persönlichen Befreiung die Bedingungen, um ihre Verblendungen vorübergehend zu unterdrücken, was die Verwirklichung der selbst-losen Natur der Wirklichkeit und das Erreichen der Befreiung vom Leiden ermöglicht. Wenn wir die Arten von Praktizierenden betrachten, die diese Art von Gelübden aufrechterhalten, können wir von zwei Hauptgruppierungen sprechen:

1. **Ordinierte:** Praktizierende, die sich an den *monastischen Kodex des Buddha* (Vinaya) halten, gelten als Personen, die das weltliche Leben von Laienpraktizierenden aufgegeben haben. Anstatt ihr Leben dem Erreichen weltlicher Ziele zu widmen, konzentrieren sie ihre Energie auf die spirituelle Praxis. Für Mönche oder Nonnen gibt es im Allgemeinen zwei Stufen der Ordination: (1) die *Novizenordination*, die aus 36 Gelübden besteht, und (2) die *volle Ordination*, die aus 253 Gelübden für Mönche und 364 Gelübden für Nonnen besteht.

   Der Großteil der Gelübde, die im monastischen Kodex aufgeführt sind, sind sogenannte *vorgeschriebene Gelübde*. Sie entstanden aus verschiedenen Richtlinien, die der Buddha vorgab, um das Verhalten der klösterlichen Gemeinschaft zu regulieren. Die meisten wurden entworfen, um die Harmonie innerhalb der Gemeinschaft zu gewährleisten und eine förderliche Umgebung für die Praxis des Dharma zu schaffen. Sie beinhalten, wie man isst, sich kleidet und wie man sich in verschiedenen Situationen verhält.

2. **Laien:** Praktizierende, die einem weltlichen Leben nachgehen, werden als Haushälter/innen oder Laien bezeichnet. Da sie nicht im Kontext einer

monastischen Gemeinschaft leben, folgen sie nicht den Zweiggelübden des monastischen Kodex. Stattdessen konzentrieren sie sich hauptsächlich auf die fünf Wurzelgelübde, die den Körper und die Rede zügeln, um die *gewöhnlichen Untugenden* zu vermeiden. Dazu gehören Aspekte wie Nicht-Töten und Nicht-Stehlen. Das Verhalten ähnelt zwar der Praxis der Enthaltung von den zehn Untugenden, aber was sie zu Gelübden macht, ist das Versprechen, sich dieser Handlungen für den Rest des eigenen Lebens zu enthalten.

Die fünf Wurzelgelübde können sowohl in reiner wie auch in unreiner Form abgelegt werden. *Reines Verhalten* bedeutet, sich zu allen fünf Gelübden in Kombination mit dem Zölibat zu verpflichten. Unreines Verhalten bedeutet, eine beliebige Kombination von einem oder mehreren Gelübden ohne das Zölibat abzulegen. Diejenigen, die die Gelübde des reinen Verhaltens abgelegt haben, gelten nicht mehr als Laien, weil sie den Wunsch, eine Familie zu gründen, aufgegeben haben. Da sie sich weder an den monastischen Kodex halten noch in einer klösterlichen Gemeinschaft leben, werden sie als eine Zwischenstufe zwischen Laien und Ordinierten angesehen.

Die Gelübde der persönlichen Befreiung werden mit Stein verglichen, da ihr Schwerpunkt auf physischen Handlungen liegt, die zu brechen erhebliche Anstrengungen erfordert. Obwohl sie leicht beschädigt werden können, ist es schwierig, sie vollständig zu verlieren. Wenn sie jedoch gebrochen werden, ist es sehr schwer, sie in diesem Leben wiederherzustellen.

Die Bodhisattva-Gelübde

Die Einhaltung der Gelübde der persönlichen Befreiung ist die minimale Grundlage, die erforderlich ist, um die Ursachen für das Erreichen einer glücklichen Wiedergeburt in der Zukunft zu schaffen. Je mehr Gelübde man aufrechterhält, desto mehr Verdienst sammelt man an und desto günstiger werden die Bedingungen für die Praxis der Tugend. Da jedoch das Vermeiden von Schaden der einzige Schwerpunkt ist, wird die Fähigkeit, die Buddhaschaft zu erreichen, nicht unterstützt. Dies erfordert, dass die Motivation des Bodhicitta in unser Verhalten einfließt und dass wir unser Verhalten so erweitern, dass es ein verstärktes Engagement für die fühlenden Wesen beinhaltet. Wie wir in den vorherigen Kapiteln gesehen haben, sind die Bodhisattva-Gelübde in zwei Teile unterteilt:

1. **Wurzelgelübde:** Dies sind die Kerngelübde, die sicherstellen sollen, dass die Motivation des Bodhicitta nicht verloren geht. Ihre wesentliche Natur ist es, die *fühlenden Wesen niemals aufzugeben*. Ihr Fokus liegt daher darauf, unsere Beziehung zu den fühlenden Wesen zu schützen, indem wir die Stärke unseres Mitgefühls aufrechterhalten. Basierend auf der Herangehensweise ihrer Überlieferungslinie, identifizieren verschiedene Meister bestimmte Variationen der Gelübde. Im Allgemeinen können wir von *achtzehn Wurzelgelübden* sprechen – vier Gelübden von Asanga und vierzehn Gelübden von Nagarjuna.

2. **Zweiggelübde:** Diese Gelübde stellen die Richtlinien dar, die ein Bodhisattva benutzt, um seine Schulung in den anderen beiden Formen der ethischen Disziplin zu unterstützen. Von den sechsundvierzig Nebengelübden beziehen sich vierunddreißig auf die Schulung zur Erlangung tugendhafter Eigenschaften und zwölf auf die Schulung, anderen Nutzen zu bringen. Diese entsprechen den Praktiken der *Schulung in den Sechs Vollkommenheiten* und den *vier Methoden, um Anhänger zu gewinnen*.

In Bezug auf die Praxis geht es bei den Bodhisattva-Gelübden hauptsächlich darum, förderliche Geisteszustände aufrechtzuerhalten, die als Stütze für tugendhafte Handlungen dienen, bekannt als *inneres Verhalten*. Da die Bodhisattva-Gelübde geistiger Natur sind, sind sie subtiler als die Gelübde der persönlichen Befreiung. Diese Form der Praxis kann mit Silber verglichen werden, das, wenn es beschädigt ist, mit den richtigen Werkzeugen ohne große Schwierigkeiten repariert werden kann. Auch wenn es leicht ist, einen untugendhaften Gedanken zu entwickeln, ist es auch leicht, den Fehler zu korrigieren, indem man einen tugendhaften Gedanken entwickelt.

Die tantrischen Gelübde

Die Bodhisattva-Gelübde funktionieren auf einer groben Bewusstseinsebene, um sicherzustellen, dass unser Geist in der Tugend verweilt, wenn wir mit fühlenden Wesen interagieren. Sie sind zwar wirksam, um geschickt mit der konventionellen Wirklichkeit zu arbeiten, aber die Ansammlung von Verdienst und Weisheit, die sie hervorbringen, ist im Vergleich zu den subtilen Methoden des buddhistischen Tantra relativ langsam. Wenn man sich ausschließlich auf die Bodhisattva-Gelübde verlassen würde, bräuchte man ungefähr drei endlose Äonen, um den Pfad zu vollenden – ein Äon, um die Verwirklichung der Leerheit zu erreichen, ein Äon, um die verblendeten Verdunkelungen zu beseitigen, und ein Äon, um die kognitiven Verdunkelungen zu entfernen. Mit den geschickten Mitteln des Tantra ist es möglich, dasselbe Ergebnis innerhalb einer einzigen Lebensspanne zu erreichen.

Die tantrischen Gelübde erleichtern diesen Prozess, indem sie die Entwicklung der *reinen Sichtweise* unterstützen. Dies ist die Fähigkeit der Praktizierenden, ihre Erfahrungen als Grundlage für die Verwirklichung ihrer eigenen letztendlichen Natur zu nutzen. Diese Gruppe von Gelübden besteht sowohl aus Gelübden wie auch aus Versprechen. Der Unterschied besteht darin, dass ein Gelübde ein Verhalten identifiziert, das man zu vermeiden verspricht, während ein Versprechen ein Verhalten beschreibt, das man anzunehmen verspricht. Insgesamt können wir drei Arten von Gelübden unterscheiden, die in der tantrischen Praxis angewendet werden:

1. **Tantrische Verpflichtungen:** Die Grundlage für das Praktizieren von Tantra sind die tantrischen Verpflichtungen oder *Samaya*, welche Versprechen sind, die uns an die verschiedenen Aspekte unserer Buddhanatur erinnern. Indem wir ihnen gegenüber achtsam bleiben, entwickeln wir eine enge Bindung an die letztendliche Natur der Wirklichkeit, die dann dazu genutzt werden kann, Unwissenheit schnell zu beseitigen und unsere ursprüngliche Weisheit zu manifestieren. Dies ist die Essenz der reinen Sichtweise. Im Kalachakra gibt es drei Gruppen von Versprechen: (1) die *gewöhnlichen Versprechen der fünf Buddhafamilien*; (2) die *außergewöhnlichen Versprechen der sechs Buddhafamilien* und (3) die *Vajra-Versprechen der Kalachakra-Vollendungsstufe*.

2. **Wurzelgelübde:** Im Moment sind wir zutiefst daran gewöhnt, die Welt

mit den Augen unserer Unwissenheit zu sehen. Diese gewöhnliche Sichtweise begrenzt unsere Wahrnehmung und hindert uns daran, unsere erleuchteten Qualitäten zu manifestieren. Durch das Praktizieren der tantrischen Wurzelgelübde entwickeln wir eine größere Achtsamkeit in Bezug auf bestimmte Objekte, sodass wir effektiv lernen können, wie wir das Entstehen unserer gewöhnlichen Sichtweise verhindern können. Es gibt *vierzehn Wurzelgelübde* in Übereinstimmung mit dem System des Kalachakra.

3. **Zweiggelübde:** Abhängig vom praktizierten Tantrasystem gibt es auch eine Reihe von Nebengelübden, die sich darauf beziehen, was vermieden werden soll. Dies stellt sicher, dass wir die notwendigen Voraussetzungen haben, den Pfad korrekt zu praktizieren. Im Fall von Kalachakra beinhaltet dies die *fünfundzwanzig Verhaltensweisen* und die *acht schweren Vergehen*.

Von allen Gelübden gelten die tantrischen Gelübde als die subtilsten und sind daher als das *geheime Verhalten* bekannt. Diese Subtilität macht sie auch zu den am leichtesten zu brechenden Gelübden, aber glücklicherweise sind sie auch am leichtesten zu reparieren. Aus diesem Grund werden sie mit Gold verglichen, das biegsam ist und sich leicht formen lässt.

Alle drei Gelübde gemeinsam praktizieren

Die Darstellung als drei einzelne Gruppen von Gelübden kann zu dem weit verbreiteten Missverständnis führen, dass es sich um drei getrennte Formen des Verhaltens handelt, während tatsächlich jede Gruppe von Gelübden auf der vorhergehenden aufbaut. Um zum Beispiel die Bodhisattva-Gelübde richtig zu praktizieren, muss man die Gelübde der persönlichen Befreiung praktizieren, denn ohne das Aufgeben von untugendhaften Handlungen von Körper und Rede ist es unmöglich, effektiv mit dem Geist zu arbeiten. Ebenso müssen wir, um mit der endgültigen Natur zu arbeiten, die in den tantrischen Gelübden betont wird, die Bodhisattva-Gelübde praktizieren, um sicherzustellen, dass wir nicht von selbstsüchtigen Haltungen beherrscht werden.

Die richtige Betrachtungsweise der Gelübde wird durch die Beziehung zwischen den Sternen, dem Mond und der Sonne veranschaulicht. In einer klaren Nacht leuchten die Sterne hell und füllen den Himmel, aber sie werden durch den Aufgang des Vollmondes überstrahlt. Wenn die Sonne aufgeht, überstrahlt ihr Glanz das Licht des Mondes und der Sterne vollständig. Obwohl die Sonne am hellsten ist, bedeutet das nicht, dass das Licht des Mondes oder der Sterne aufhört zu scheinen. Die Gelübde der persönlichen Befreiung sind wie die Sterne, die Bodhisattva-Gelübde sind wie der Mond und die tantrischen Gelübde sind wie die Sonne. Auch wenn Praktizierende eine Praxisebene gegenüber einer anderen bevorzugen, praktizieren sie, wenn sie geschickt sind, alle drei gleichzeitig.

Ein weiteres traditionelles Gleichnis für die Unterschiede zwischen den Gruppen von Gelübden ist die Betrachtung einer giftigen Pflanze. Eine Herangehensweise besteht darin, die Pflanze als giftig zu identifizieren und sie daher vollständig zu meiden – das ist die Herangehensweise der Gelübde der persönlichen Befreiung. Die zweite Herangehensweise besteht darin, zu erkennen, dass das Gift unter den richtigen Bedingungen mit anderen Substanzen vermischt werden kann, um eine kraftvolle Medizin zu bilden – dies ist die Herangehensweise der Bodhisattva-Gelübde. Der letzte Ansatz besteht darin, zu erkennen, dass das Gift selbst, geschickt eingesetzt, direkt verwendet werden kann, genau wie bei den Federn eines Pfaus, die durch den Verzehr von Gift entstehen – dies ist der Ansatz der tantrischen Gelübde. Während wir auf dem Pfad fortschreiten, entwickeln wir die Fähigkeit, auf zunehmend geschicktere Weise mit unserem Gift umzugehen.

Ansammeln tugendhafter Qualitäten

Die *Schulung im Ansammeln tugendhafter Qualitäten* besteht aus allen tugendhaften Praktiken, die wir in Übereinstimmung mit den Lehren ausführen. Damit unsere Handlungen zum Ziel der Erleuchtung beitragen, sollten wir sicherstellen, dass die Handlung zu Beginn, in der Mitte und am Ende des Pfades tugendhaft ist. Das bedeutet, dass wir zu Beginn jeder Praxis die *tugendhafte Motivation* des Bodhicitta erzeugen sollten. Während wir eine *tugendhafte Handlung* ausführen, sollten wir dazu Achtsamkeit und Gewahrsein aufrechterhalten, und wenn diese beendet ist, sollten wir eine *tugendhafte Widmung* nutzen, um unser Verdienst so zu lenken, dass es zur Ursache dafür wird, dass alle fühlenden Wesen vollkommen frei von Leiden werden.

Der Kalachakra-Meister Lama Lobsang Trinle
war bekannt für seine reine ethische Disziplin

In Bezug auf den Kalachakra-Pfad, wie er in der Jonang-Shambhala-Tradition praktiziert wird, gibt es zehn spezifische tugendhafte Handlungen, die wir anstreben sollten:

1. Kontemplation über die vier Überzeugungen der Entsagung

2. Praxis der Hingabe an den Guru und die Linien-Lamas

3. Zuflucht zu den Drei Juwelen nehmen

4. Kultivieren der vier Unermesslichen und Bodhicitta erzeugen

5. Reinigung des Geistes durch Vajrasattva-Rezitation

6. Verdienst ansammeln mit Mandala-Darbringungen

7. Bittgebete an den Guru richten

8. Rezitation des Innewohnenden Kalachakra-Sadhana

9. Meditation der Drei Isolationen

10. Praxis der Sechs Vajrayogas

In diesen zehn Handlungen ist alles enthalten, was wir brauchen, um alle Verdunkelungen zu beseitigen, alle tugendhaften Qualitäten in unserem Geistesstrom zu manifestieren und die Buddhaschaft innerhalb eines einzigen Lebens zu erreichen. Wir sollten uns daher so gut wie möglich mit diesen Praktiken vertraut machen, damit wir sie in unsere Erfahrung integrieren können.

Den fühlenden Wesen Nutzen bringen

Die letzte Form der Schulung innerhalb der Praxis der ethischen Disziplin ist die *Schulung, fühlenden Wesen Nutzen zu bringen*. Diese besteht darin, die bereits entwickelten Qualitäten auf elf Arten anzuwenden, um den elf Arten von Wesen Nutzen zu bringen:

1. **Sinnvolle Aktivitäten unterstützen**, um denjenigen zu helfen, die unmittelbare und direkte Unterstützung benötigen.

2. **Passende Anleitung bieten**, um denjenigen zu helfen, die nicht wissen, wie sie erreichen können, was sie sich wünschen.

3. **Dankbarkeit für erhaltene Wohltaten zeigen und diese dann vergelten**,

um denen zu helfen, die materielle oder geistige Unterstützung benötigen.

4. **Schutz vor Gefahren bieten**, um denen zu helfen, die in Angst leben.

5. **Kummer vertreiben**, um denen zu helfen, die im Elend leben.

6. **Gegenstände**, die für den Lebensunterhalt benötigt werden, zur Verfügung stellen, um Menschen, die in Armut leben, zu unterstützen.

7. **Eine sichere Unterkunft bereitstellen**, um denjenigen zu helfen, die derzeit keinen Schlafplatz haben.

8. **Anderen entgegenkommen**, um denen zu nützen, die sich Freund/innen oder angenehme Gefährten/innen wünschen.

9. **Diejenigen ermutigen**, die den Wunsch haben, etwas zu praktizieren, das sie zum Nirvana oder zur Erleuchtung führt.

10. **Fehlverhalten unterdrücken**, um denjenigen zu helfen, die derzeit einen falschen Weg einschlagen oder ihre Ausrichtung umkehren müssen.

11. **Wunderkräfte ausüben**, um denjenigen zu helfen, die außergewöhnliche oder wundersame Hilfe benötigen.

Zusätzlich zu diesen Handlungen sollten wir uns auch besonders bemühen, andere durch unser Verhalten zum Praktizieren von Dharma zu inspirieren. Dies beinhaltet: (1) das Vermeiden von ungezähmten Handlungen des Körpers wie z. B. unnötiges Herumhüpfen oder andere hektische Bewegungen; (2) das Vermeiden von ungezähmten Handlungen der Rede wie z. B. das Sprechen von nutzlosen oder harschen Worten und (3) das Vermeiden von ungezähmten Handlungen des Geistes wie z. B. das Verlangen nach den acht weltlichen Dharmas oder das Entwickeln von Anhaftung an Faulheit.

WIE MAN ETHISCHE DISZIPLIN PRAKTIZIERT

Die Schulung in ethischer Disziplin ist ein sehr umfangreiches Thema, das alle vorläufigen Methoden umfasst, die wir anwenden, um Erleuchtung zu erlangen. Zudem ist der gesamte Pfad in den drei Bodhisattva-Disziplinen enthalten – Untugend zu vermeiden, Tugend zu kultivieren und anderen zu nutzen. Die

Methoden, Tugend zu kultivieren und anderen Nutzen zu bringen, werden in den kommenden Kapiteln weiter ausgeführt, daher konzentrieren wir uns vorerst auf die Disziplin der Vermeidung von Untugend durch die Arbeit mit Gelübden.

Die Schulung zur Vermeidung von Untugend besteht aus zwei Schritten: (1) dem Aufbau einer Verpflichtung zur Praxis einer bestimmten Disziplin und dann (2) der Aufrechterhaltung dieser Disziplin. Indem wir die Gelübde auf diese Weise anwenden, formen wir unseren Geist so, dass er das Erreichen sowohl der vorläufigen wie auch der endgültigen Ergebnisse der Praxis unterstützt.

Sich zu einer ethischen Disziplin verpflichten

Ein Gelübde wird im Geist verankert, wenn wir eine feste Entschlossenheit entwickeln, unser Leben in Übereinstimmung mit diesem Gelübde zu leben. Es ist eine bewusste Entscheidung, die aus der Abwägung der Vorteile des Einhaltens einer bestimmten Form der Disziplin und der Nachteile des Nicht-Einhaltens resultiert. Die stärksten Gelübden sind diejenigen, bei denen wir uns die Zeit nehmen, sorgfältig zu überlegen und tief darüber nachzudenken, welche Rolle eine ethische Disziplin in unserer Praxis spielen wird und warum sie wichtig ist.

Jede Gruppe von Gelübden verwendet unterschiedliche Methoden, um diese Qualität der Entschlossenheit zu erzeugen. Im Fall der Bodhisattva-Gelübde werden wir ermutigt, sie zu studieren, bevor wir uns ihnen verpflichten, wohingegen die Gelübde der persönlichen Befreiung und die tantrischen Gelübde üblicherweise ohne gezieltes Vorwissen darüber erteilt werden. Dieser Ansatz kann kontraintuitiv erscheinen, bis wir die Logik hinter der Praxis verstehen.

Die erste Gruppe von Gelübden, die wir etablieren müssen, sind die *Gelübde der persönlichen Befreiung*. Sie werden auf der Grundlage des Vertrauens zu den Drei Juwelen abgelegt, das durch Reflexion über die Nachteile der zyklischen Existenz und die Vorteile der Befreiung entwickelt wird. Diese Analyse führt zum Ergebnis der *Entsagung*, die ein starker Wunsch ist, sich von Samsara zu befreien. Es ist Entsagung, die uns dazu antreibt, eine spirituelle Zuflucht zu suchen und unser Vertrauen auf ihre Führung zu setzen. Wie bei kranken Menschen, die bei qualifizierten Ärzt/innen Heilung suchen, müssen sie die genauen Inhaltsstoffe der Medikamente nicht kennen, sondern nur, dass sie sie einnehmen müssen.

Die zweite Gruppe von Gelübden sind die *Bodhisattva-Gelübde* und ihre Grundlage ist das engagierte Anstreben von Bodhicitta. Da die Dauer dieser Gelübde vom Moment ihrer Ablegung bis zum Erreichen der Erleuchtung, wenn ihre Essenz spontan wird, andauert, müssen wir möglicherweise unsere Bodhicitta-Verpflichtung für Milliarden von Leben einhalten. Um dies zu tun, müssen wir ein unerschütterliches Vertrauen haben, das eine solch immense Verpflichtung vollständig versteht. Wenn der weitere Pfad unklar ist, wird es uns schwer fallen, an die Möglichkeit der Erleuchtung zu glauben. Daher werden wir vor dem Ablegen der Gelübde ermutigt, den Pfad so detailliert wie möglich zu studieren. Je vertrauter wir mit der Schulung sind, desto mehr wird unsere Zuversicht wachsen und uns die notwendige Entschlossenheit geben.

Schließlich haben wir die *tantrischen Gelübde*, die auf der Grundlage einer äußerst kraftvollen Form von Bodhicitta abgelegt werden. Diese Motivation entsteht, wenn die Liebe und das Mitgefühl der Bodhisattvas so intensiv werden, dass sie die Vorstellung, dass fühlende Wesen auch nur einen Moment länger leiden, nicht ertragen können. Aufgrund dieses tiefen Gefühls der Dringlichkeit suchen sie nach den geschicktesten Methoden, um so schnell wie möglich die Buddhaschaft zu erlangen. Sie entwickeln dann großes Vertrauen in die Praxis des Vajrayana, die dieses Ergebnis innerhalb eines einzigen Menschenlebens hervorbringen kann. Da von uns bereits erwartet wird, dass wir sowohl die Gelübde der persönlichen Befreiung wie auch die Bodhisattva-Gelübde einhalten, sollten wir zum Zeitpunkt des Ablegens der tantrischen Gelübde bereits eine starke Grundlage der Entsagung und des Bodhicitta haben. Wenn diese beiden Aspekte mit der Reflexion über die Vorteile der Tantra-Praxis kombiniert werden, entwickeln wir eine sehr starke Entschlossenheit, die entsprechenden Gelübde abzulegen. Unsere Entschlossenheit sollte so stark sein, dass wir zu allem Nötigen bereit sind, um unser eigenes Ziel und das Ziel der anderen zu erreichen.

Idealerweise würden wir zuerst Zeit damit verbringen, die notwendige Entschlossenheit für die Ebene der Disziplin zu entwickeln, auf die wir uns gerade konzentrieren. Dann würden wir qualifizierte Lehrer/innen suchen, die uns die entsprechenden Gelübde verleihen. In diesen degenerierten Zeiten kann dieser Prozess jedoch schwierig sein und die Gelegenheiten, Gelübde zu erhalten, sind sehr selten. Aus diesem Grund müssen wir geschickt vorgehen, wenn wir unsere Gelübde ablegen.

Wenn sich die Gelegenheit ergibt, Gelübde von authentischen Lehrer/innen zu erhalten, sollten Sie diese Gelegenheit immer nutzen. Manchmal haben Menschen Angst, Gelübde abzulegen, sei es aus Sorge um ihre Fähigkeit, sie einzuhalten, oder vielleicht aus Angst um ihr Wissen darüber. Konzentrieren Sie sich stattdessen auf die Gegenwart, verstärken Sie Ihre Bestrebung und machen Sie sich keine Sorgen darüber, was in der Zukunft eintreten könnte oder nicht. Freuen Sie sich einfach über die Chance, kraftvolle karmische Veranlagungen zu schaffen, und versuchen Sie, Gelübde nicht als Last zu betrachten. Betrachten Sie sie als einen Segen, den Sie zu erhalten anstreben, und wenn Ihre Bestrebung aufrichtig ist, wird der erhaltene Nutzen unermesslich sein.

Denken Sie außerdem daran, dass die Arbeit mit Gelübden nicht nur schwarz oder weiß ist. Die Entwicklung reiner ethischer Disziplin ist ein Prozess, der Zeit braucht, um gemeistert zu werden. Entscheidend dafür ist die Aufrechterhaltung Ihres Bestrebens, die Gelübde einzuhalten. Da wir noch nicht vollkommen sind, werden wir straucheln und Fehler machen, aber wir sollten nicht aufgeben und mit Entschlossenheit weiter üben, unabhängig davon, wie lange es dauert.

Sobald Sie eine höhere ethische Disziplin wie die Bodhisattva-Gelübde oder die tantrischen Gelübde eingegangen sind, ist es wichtig, nicht in der Öffentlichkeit mit Menschen darüber zu sprechen, die kein Vertrauen in Ihren Pfad haben. Es besteht nicht nur die Möglichkeit, dass spiritueller Stolz über Ihre Disziplin entsteht, sondern auch die Gefahr, dass diejenigen, die Ihre Worte hören, den Zweck hinter dem Verhalten missverstehen und folglich negativ über Sie sprechen. Um diese Menschen davor zu schützen, extrem untugendhaftes Karma zu erzeugen, ist es besser, Ihre Disziplin als Privatangelegenheit zwischen Ihnen und Ihren spirituellen Mentor/innen zu behandeln.

Bewahrung Ihrer Disziplin

Nachdem Sie eine Reihe von Gelübden von einem/r qualifizierten Lehrer/in erhalten haben, verlagert sich Ihre Praxis der ethischen Disziplin darauf, diese Gelübde so rein wie möglich zu halten. Indem Sie Ihre Gelübde studieren, werden Sie sich der Verhaltensweisen bewusst, die aufgegeben werden sollten.

Sie können dann Ihr Wissen anwenden, um die *fünf Arten der Achtsamkeit* zu kultivieren:

1. **Achtsamkeit auf die Vergangenheit:** Bei dieser Praxis denken Sie über in der Vergangenheit begangene Handlungen nach. Dies kann als täglicher Rückblick auf Ihr Verhalten oder als allgemeine Kontemplation auf der Grundlage Ihres Verständnisses von Karma geschehen. Hierbei geht es darum, Schäden an Ihren Gelübden zu erkennen und dann die entsprechenden Schritte zu unternehmen, um jegliche Negativität zu bereinigen. Darauf folgt die Wiederherstellung der Reinheit Ihrer Disziplin in Übereinstimmung mit der Ebene des Gelübdes, mit der Sie arbeiten.

2. **Achtsamkeit auf die Zukunft:** Dies ist die Praxis der Analyse Ihrer täglichen Muster, um mögliche Situationen zu erkennen, in denen Sie wahrscheinlich Ihre Gelübde brechen werden. Indem Sie auf diese Weise meditieren, stärken Sie Ihre Achtsamkeit für die Gegenwart und werden eher in der Lage sein, Übertretungen oder Fehler zu vermeiden.

3. **Achtsamkeit auf die Gegenwart:** Dies ist ein Gewahrsein des gegenwärtigen Augenblicks, das wachsam für alle Verstöße ist, die auftreten können. Wenn Ihre Gelübde in irgendeiner Weise beschädigt werden, sollten Sie sofort Schritte unternehmen, um die Negativität zu reinigen und Ihre Disziplin wiederherzustellen.

4. **Achtsamkeit, die im Voraus geübt wird:** Bemühen Sie sich, regelmäßig über den Nutzen des Einhaltens Ihrer Gelübde und die Fehler, sie zu brechen, zu meditieren. Dadurch wird Ihre Entschlossenheit gestärkt, Ihre Gelübde rein zu halten und Ihre Achtsamkeit wird erhöht, um Ihre Disziplin zu bewahren.

5. **Achtsamkeit, die zugleich praktiziert wird:** Je stärker Ihre Entschlossenheit ist, desto achtsamer sind Sie in Bezug auf Ihre Disziplin. Das verschafft Ihnen ein natürliches Gewahrsein dafür, was Sie in einer bestimmten Situation tun oder lassen sollten, und schwächt Ihre gewohnheitsmäßigen Tendenzen, untugendhaft zu handeln.

Diese Praxis wird es Ihnen ermöglichen, einen kontinuierlichen Fluss der

Achtsamkeit aufrechtzuerhalten und Ihre Disziplin jederzeit zu bewahren. Indem Sie Ihre Gelübde auf diese Weise halten, erzeugen Sie eine außergewöhnliche Menge an Verdienst, die Sie auf dem Pfad voranbringen wird.

Zweiggelübde in Relation zur Vollkommenheit der ethischen Disziplin

Von den sechsundvierzig Zweiggelübden gibt es neun, die sich speziell auf die Praxis der ethischen Disziplin beziehen. Die Essenz dieser Gelübde ist, *sich der spirituellen Praxis zum Nutzen der fühlenden Wesen zu widmen*. Indem wir unsere Disziplin zum Herzstück unseres Handelns machen, geben wir unserem Leben einen Sinn und helfen, das Leiden anderer zu lindern. Die Gelübde bestehen darin, die folgenden Verhaltensweisen aufzugeben:

1. **Sich von denjenigen abwenden, die unmoralisch sind:** Dieses Gelübde wird gebrochen, wenn wir uns weigern, denjenigen zu vergeben oder zu helfen, deren Disziplin und moralische Selbstbeherrschung nachgelassen haben. Wir sollten erkennen, dass solche Menschen Rat benötigen, und versuchen, ihnen dabei zu helfen, ihre Schuld zu lindern und ihr Verhalten zu ändern, wenn sie es wünschen. Wir sollten sie nicht mit Verachtung behandeln oder ignorieren, denn es sind diejenigen, die von ihren Leiden überwältigt werden, für die wir das meiste Mitgefühl empfinden sollten.

2. **Sich nicht in einer Weise schulen, die in anderen Vertrauen weckt:** Aus dem Wunsch heraus, andere zu inspirieren, Tugend zu praktizieren, sollten wir immer versuchen, ein äußeres Verhalten aufrechtzuerhalten, das mit den Gelübden der persönlichen Befreiung übereinstimmt. Dies ist die Grundlage unserer Praxis und sollte niemals aufgegeben werden.

3. **Wenige Aktivitäten zum Wohle der fühlenden Wesen ausüben:** Auch wenn wir uns in den Gelübden der persönlichen Befreiung üben, müssen wir dies in einer Weise tun, die mit den Bodhisattva-Gelübden übereinstimmt. Das bedeutet, dass unsere Bodhicitta-Motivation immer Vorrang hat. Im Gegensatz zu den Praktizierenden des Grundlagenfahrzeugs sollten Bodhisattvas sich immer dem Wohlergehen der fühlenden Wesen

gewahr sein. Wenn Sie die klösterlichen Gelübde abgelegt haben, sollten Sie sich daher nicht an jene Regeln halten, die Sie davon abhalten, für das Wohl anderer zu arbeiten.

4. **Nicht mit Mitgefühl handeln:** Die Disziplin der Bodhisattvas ist immer kontextabhängig, was bedeutet, dass sie in der Lage sein müssen, sich an veränderte Situationen anzupassen. Wenn wir mit großer Weisheit ausgestattet sind und feststellen können, dass das Brechen der Gelübde der persönlichen Befreiung den fühlenden Wesen Nutzen bringen würde, sollten wir dies tun. Werden wir zum Beispiel Zeuge einer sozialen Ungerechtigkeit, bei der eine mächtige Person ständig fühlende Wesen missbraucht oder ihnen Schaden zufügt, und wir verfügen über die Autorität, zu handeln, ist es unsere Verantwortung, diese Person aus ihrer Machtposition zu entfernen. Auch wenn dies eine Form des Nehmens von etwas ist, das nicht freiwillig gegeben wurde, müssen wir handeln, um den Schaden für fühlende Wesen abzuwenden. Dies schließt den Schaden ein, den der Täter sich selbst zugefügt hat, indem er in seinem Geist untugendhafte Veranlagungen erzeugt hat. Wir sollten diese Handlungen von Körper oder Sprache nur vornehmen, wenn es absolut keine Alternative gibt. Hierbei müssen wir immer einen mitfühlenden Geist für die fühlenden Wesen bewahren, gegen die wir handeln.

5. **An falschen Formen des Lebensunterhalts festhalten:** Sobald wir Bodhicitta entwickelt haben, müssen wir alle Formen des Lebensunterhalts aufgeben, die auf fünf falschen Haltungen beruhen: (1) Heuchelei, wobei man Reichtümer ansammelt, indem man sich anderen gegenüber falsch darstellt; (2) Schmeichelei, wobei man andere lobt, um deren Vermögen zu erlangen; (3) Einschüchterung, wobei man versucht, andere durch Andeutungen dazu zu bringen, einem ihr Vermögen zu geben; (4) Unterdrückung, wobei man anderen Schaden androht, damit sie einem ihr Vermögen geben; und (5) Belohnungen suchen, wobei man versucht Reichtum zu erlangen, indem man kleine Geschenke macht in der Hoffnung auf größere Gegenleistungen. Aufgrund der Umstände ist es vielleicht nicht möglich, diese Formen des Lebensunterhalts sofort aufzugeben.

In diesem Fall sollten wir ein starkes Bestreben entwickeln und Schritte unternehmen, um unsere Situation zu ändern, damit wir sie in Zukunft aufgeben können.

6. **Sich auf geistige Erregung und übermäßige Belustigungen einlassen:** Im Allgemeinen sollten wir es vermeiden, uns oberflächlichen Aktivitäten wie Unterhaltung, Sport und Trinken hinzugeben, da sie dazu führen können, dass der Geist mit Unruhe, Unwissenheit oder einem Mangel an Achtsamkeit erfüllt ist. Aufregungen dieser Art stellen ein Hindernis für die Dharmapraxis dar und verhindern das Erreichen jeglicher Art von stabiler Konzentration, indem unsere Anhaftung verstärkt wird. Wenn wir ständig scherzen, singen, tanzen und trinken, können wir uns nicht konzentrieren, lenken andere ab und werden wahrscheinlich Opfer negativer Handlungen, wie z. B. andere zu verspotten. Außerdem verschwenden solche Aktivitäten Zeit, die konstruktiv für die Dharmapraxis genutzt werden könnte. Es ist akzeptabel, zu singen, Musik zu hören, zu lachen und zu scherzen, wenn wir einen guten Grund dafür haben, dies zu tun. Wenn wir uns mit Mitgefühl und Liebe entspannen oder andere entspannt und glücklich machen wollen, dann können Singen, Scherzen und Ähnliches nützlich sein. Dieses Gelübde bezieht sich hauptsächlich darauf, diese Dinge unwissend unter der Kontrolle von Aufregung und Unwissenheit zu tun.

7. **Samsara mit Selbstgefälligkeit betrachten:** Da der Geist des Bodhicitta darauf ausgerichtet ist, das Wohl der fühlenden Wesen zu erreichen, könnte man die falsche Vorstellung entwickeln, dass Bodhisattvas nicht nach Nirvana streben und sich den Verbleib in Samsara wünschen. Dies ist eine falsche Ansicht, denn in Samsara zu bleiben bedeutet, unter der Herrschaft von Leiden zu stehen, während Nirvana zu erlangen bedeutet, völlig frei von ihnen zu sein. Es ist einem Bodhisattva unmöglich, Erleuchtung zu erlangen, ohne zuvor alle seine Verblendungen zu beseitigen. Deshalb sollten wir, auch wenn Befreiung nicht das Ziel eines Bodhisattvas ist, nach der Disziplin streben, die uns dabei hilft, die Verblendungen aufzugeben.

8. **Einen schlechten Ruf nicht vermeiden:** Da wir wissen, dass unser äußeres

Verhalten einen großen Einfluss auf den Geist fühlender Wesen haben kann, müssen wir alles in unserer Macht Stehende tun, um zu vermeiden, dass wir einen schlechten Ruf bekommen oder unnötige Kritik auf uns ziehen. Wenn die Menschen das Vertrauen in uns als Praktizierende verlieren, wird unsere Verbindung beschädigt, wodurch es für uns schwieriger wird, ihnen Nutzen zu bringen. Das bedeutet nicht, dass wir Handlungen aufgeben sollten, von denen wir wissen, dass sie tugendhaft sind, weil der verblendete Geist anderer sie als unangenehm empfindet. Auch wenn manche Menschen den Nutzen eines langfristigen Retreats nicht zu schätzen wissen, ist das kein Grund, damit aufzuhören. Wir sollten stattdessen entschlossener sein, die Vorteile aufzuzeigen, damit ihr Geist von falschen Vorstellungen befreit werden kann.

9. **Eine unangenehme Maßnahme nicht anwenden:** Wenn die negativen körperlichen und sprachlichen Eigenschaften einer Person durch energische Methoden überwunden werden können, wir uns aber stattdessen dafür entscheiden, Schmeicheleien zu verwenden, um ihr Gesicht zu wahren, brechen wir dieses Gelübde. Wir sollten uns nach Kräften bemühen, all unser Können und unsere Weisheit einzusetzen, um geeignete Methoden für diejenigen zu finden, die negative Handlungen begehen, wie z. B. ihre Gelübde brechen oder anderen Schaden zufügen. Wo immer möglich, sollten wir ihnen beibringen, wie man negatives Karma reinigt, wie zum Beispiel durch die Vier Kräfte zur Reinigung. Indem wir solche Methoden selbst praktizieren, gehen wir mit gutem Beispiel voran.

Alle Sechs Vollkommenheiten integrieren

Um die *Vollkommenheit der ethischen Disziplin* zu erreichen, müssen wir alle Sechs Vollkommenheiten in unsere Praxis einbinden: (1) für die *Großzügigkeit der ethischen Disziplin* sollten wir die Disziplin mit dem Ziel praktizieren, den fühlenden Wesen Nutzen zu bringen; (2) für die *Disziplin der ethischen Disziplin* sollten wir uns immer in den drei Formen der Disziplin üben, unsere Gelübde aufrechterhalten und danach streben, den Kalachakra-Pfad zu praktizieren; (3) für die *Geduld der ethischen Disziplin* sollten wir uns nicht von Schwierigkeiten entmutigen lassen, die mit dem Praktizieren einhergehen können, wie z. B. dem Aufgeben dessen, woran wir hängen; (4) für die *freudige Anstrengung der ethischen Disziplin* sollten wir immer danach streben, Tugend zu kultivieren, und uns darüber freuen, dass wir die Gelegenheit haben, die drei Formen der Disziplin zu praktizieren; (5) für die *meditative Konzentration der ethischen Disziplin* sollten wir ein ständiges Gewahrsein unserer Handlungen aufrechterhalten und sicherstellen, dass wir uns auf eine Art und Weise verhalten, die mit den Gelübden übereinstimmt, für die wir uns entschieden haben, sie einzuhalten; und (6) für die *Weisheit der ethischen Disziplin* sollten wir uns stets der trügerischen Natur des Handelnden, der ausgeführten Handlung und des Objekts, das im Mittelpunkt der Handlung steht, bewusst sein, weil nichts davon inhärent existiert. Wenn Sie die Sechs Vollkommenheiten auf diese Weise integrieren, können Sie sicher sein, dass Ihre Praxis der ethischen Disziplin Sie schnell zum Zustand eines vollständig erleuchteten Buddha führen wird.

DIE ERGEBNISSE DER AUSÜBUNG ETHISCHER DISZIPLIN

Letztendlich besteht das Ergebnis der ethischen Disziplin der Bodhisattvas darin, alle fühlenden Wesen, einschließlich sich selbst, zur vollständigen Erleuchtung eines Buddha zu führen. Auf der vorläufigen Ebene gibt es allgemeine und spezifische Ergebnisse. Im Allgemeinen brauchen wir keine Angst vor fühlenden Wesen zu haben, weil wir uns bemühen, ihnen nicht zu schaden, und unser Geist daher in einem Zustand der Zufriedenheit verweilt. Dieses Gefühl der Freude und inneren Ruhe trägt uns durch den Sterbeprozess. Da unser Geist im Moment des Todes nicht von Verblendungen getrübt wird, können wir ihm ohne Angst begegnen, was natürlich zu einer günstigen Wiedergeburt in Bereichen führt, in denen sich andere Bodhisattvas manifestieren. Das bedeutet, dass wir die Chance haben, dem Dharma wieder zu begegnen und unsere Praxis der Disziplin fortzusetzen, und so die Kontinuität unserer Praxis bis zur Erleuchtung aufrechtzuerhalten.

Untersuchen wir die einzelnen Arten der ethischen Disziplin, können wir von drei spezifischen Ergebnissen sprechen. Durch das Praktizieren der *Disziplin des*

Unterlassens von Untugend erreichen wir als Ergebnis große geistige Stabilität. Aufgrund unserer Ethik beseitigen wir die Ursachen für die Furcht vor fühlenden Wesen, was es uns ermöglicht, in Harmonie mit den Menschen um uns herum zu leben und weniger Angst zu empfinden, die den Geist stört. Dieses Ergebnis ist die Grundlage, um später meditative Konzentration zu erreichen.

Indem wir die *Disziplin der Erlangung tugendhafter Qualitäten* praktizieren, befreien wir unseren Geist aktiv von Verdunkelungen und schaffen die Voraussetzungen dafür, dass sich erleuchtete Qualitäten in unserer Erfahrung manifestieren können. Je mehr Qualitäten sich manifestieren, desto mehr Fähigkeiten haben wir, den fühlenden Wesen Nutzen zu bringen. Diese Qualitäten ermöglichen es uns, große Mengen an Verdienst und Weisheit anzusammeln und so die Voraussetzungen dafür zu schaffen, dass wir uns als ein vollständig erleuchteter Buddha manifestieren können.

Schließlich bauen wir durch die Praxis der *Disziplin, fühlenden Wesen zu nutzen,* kraftvolle karmische Verbindungen zu fühlenden Wesen auf, auf die wir zurückgreifen können, um ihnen auch in Zukunft Nutzen zu bringen. Diese Verbindungen bilden die Grundlage dafür, dass wir das Verhalten anderer beeinflussen und sie auf dem Pfad anleiten können. Diese Disziplin räumt auch mit dem selbstbezogenen Denken auf, das unser Potenzial begrenzt.

Laut Arya Asanga lassen sich Bodhisattvas, die reine ethische Disziplin erreicht haben, an den folgenden zehn Merkmalen erkennen:

1. **Richtiges Annehmen der Disziplin:** Bodhisattvas nehmen ganz natürlich eine ethische Disziplin an, mit dem Wunsch, weltliche Belange aufzugeben und sich der Erleuchtung zu widmen.

2. **Frei von Bedauern:** Bodhisattvas erkennen klar den Nutzen der Praxis von ethischer Disziplin und sind frei vom geringsten Bedauern, das sich nicht darum kümmert, sich mit Nicht-Tugend zu beschäftigen, oder von unberechtigtem Bedauern, das sich an der Tugend stört.

3. **Frei von Faulheit:** Durch die Aufrechterhaltung ihrer Disziplin entwickeln Bodhisattvas große Ausdauer in all ihren Handlungen und vermeiden, in Faulheit zu verfallen.

4. **Von Achtsamkeit durchdrungen:** Bodhisattvas besitzen durch die vollkommene Praxis der fünf zuvor beschriebenen Formen der Achtsamkeit ein ständiges Gewahrsein ihrer ethischen Disziplin.

5. **Richtig gewidmet:** Bodhisattvas erkennen die Begrenztheit weltlicher Bestrebungen und widmen sich daher nicht dem Versuch, einen Nutzen in Samsara zu erzielen. Sie widmen sich voll und ganz dem Erreichen der Erleuchtung durch reine spirituelle Praxis.

6. **Geprägt von vorzüglichem Verhalten:** Indem sie die Regeln ihrer ethischen Disziplin befolgen, sind die Handlungen der Bodhisattvas immer ausgezeichnet und stellen ein würdiges Beispiel dar, dem andere folgen können.

7. **Eingebettet in eine vortreffliche Lebensführung:** Bodhisattvas beschäftigen sich niemals mit falschen Formen des Lebensunterhalts, die den fühlenden Wesen Schaden oder Qualen bringen. Stattdessen engagieren sie sich ständig in Handlungen, die Tugend fördern und anderen Nutzen bringen.

8. *Haben die beiden Extreme aufgegeben:* Bodhisattvas haben das Extrem der Befriedigung eigener Wünsche, bei dem der Geist von der Sehnsucht nach Sinnesfreuden verzehrt wird, und das Extrem der Selbstkasteiung, bei dem Geist und Körper als Form der asketischen Praxis leiden müssen, vollständig aufgegeben. Stattdessen praktizieren sie auf eine ausgewogene Weise, die diese beiden Extreme vermeidet.

9. *Haben alle Formen von falschen Ansichten aufgegeben:* Nachdem sie sich der reinen ethischen Disziplin gewidmet haben, erlangen Bodhisattvas direkte Einsicht in die Natur der Wirklichkeit und haben daher alle falschen Vorstellungen, die ihre Fähigkeit verdunkeln und ihre Praxis verfälschen, beseitigt.

10. **Halten eine ungebrochene Akzeptanz aufrecht:** Die Entschlossenheit der Bodhisattvas, die drei Arten der Bodhisattva-Disziplin zu praktizieren, ist unerschütterlich. Sie gewöhnen sich so sehr an diese Praktiken, dass sie ungeachtet der benötigten Leben zum Erreichen ihres Zieles niemals aufgeben werden.

ZUSAMMENFASSUNG

- Ethische Disziplin ist der Geist, der darauf abzielt, anderen keinen Schaden mehr zuzufügen und auch dessen Ursachen beseitigt. Es gibt zwei Aspekte: (1) eine bestimmte Schulung als nützlich zu akzeptieren und (2) die Entschlossenheit, diese Schulung zu praktizieren.

- Die Geistesplage, die wir mit ethischer Disziplin hauptsächlich zu überwinden versuchen, ist die Angst vor Vergeltung, die von untugendhaften Handlungen herrührt, die fühlenden Wesen schaden. Indem wir uns darauf konzentrieren, harmonische Beziehungen zu anderen zu kultivieren, beseitigen wir die Angst und unser Geist kann zur Ruhe kommen.

- Die ethische Disziplin der Bodhisattvas kann in drei Arten von Schulungen unterteilt werden: (1) die Schulung, untugendhafte Handlungen zu unterlassen; (2) die Schulung, tugendhafte Qualitäten anzusammeln und (3) die Schulung, den fühlenden Wesen Nutzen zu bringen.

- Die Schulung im Unterlassen von Untugenden besteht darin, mit Gelübden zu arbeiten, um das eigene Verhalten von Körper, Rede und Geist so zu gestalten, dass es dem Pfad förderlich ist. Es gibt drei Gruppen von Gelübden, die auf dem Kalachakra-Pfad verwendet werden: (1) die Gelübde der persönlichen Befreiung, (2) die Bodhisattva-Gelübde und (3) die tantrischen Gelübde. Alle drei Gelübde sollten als ein System praktiziert werden, wobei die höheren Gelübde die niedrigeren Gelübde miteinbeziehen.

- Die Schulung des Ansammelns tugendhafter Qualitäten besteht darin, spirituelle Praktiken auszuüben, die uns helfen, unseren Geist an Tugendhaftigkeit zu gewöhnen. Es gibt zehn Praktiken, die den Schwerpunkt des Kalachakra-Pfades bilden: (1) vier Überzeugungen der Entsagung; (2) Hingabe an den Guru und die Linien-Lamas; (3) Zuflucht nehmen; (4) Bodhicitta erzeugen; (5) Vajrasattva-Reinigung; (6) Mandala-Darbringung; (7) Guruyoga; (8) Gottheiten-Yoga; (9) Meditation der Drei Isolationen und (10) die Sechs Vajrayogas.

- Die Schulung, fühlenden Wesen Nutzen zu bringen, besteht darin, zum Nutzen von elf Arten von fühlenden Wesen zu arbeiten: (1) denjenigen, die sofortige und direkte Hilfe benötigen; (2) denjenigen, die nicht wissen, wie sie das, was sie sich wünschen, erreichen können; (3) denjenigen, die materielle oder spirituelle Unterstützung benötigen; (4) denjenigen, die in Angst sind; (5) denjenigen, die in Not sind; (6) denjenigen, die in Armut leben; (7) denjenigen, die auf Reisen einen Platz zum Bleiben brauchen; (8) denjenigen, die Freunde oder angenehme Gefährten/innen suchen; (9) denjenigen, die etwas praktizieren wollen, das sie zum Nirvana oder zur Erleuchtung führt; (10) denjenigen, die sich auf einem falschen Weg befinden und die Richtung ändern müssen, und (11) denjenigen, die außergewöhnliche, wundersame Hilfe benötigen.

- Die Arbeit mit Gelübden besteht aus zwei Hauptschritten: (1) der Verpflichtung, eine bestimmte Disziplin zu praktizieren, und dann (2) zu lernen, wie man diese Disziplin tatsächlich einhält.

- Es gibt neun Zweiggelübde, um ethische Disziplin zu üben. Sie beinhalten die Vermeidung der folgenden Verhaltensweisen: (1) Sich von denjenigen abwenden, die unmoralisch sind: (2) sich nicht in einer Weise schulen, die in anderen Vertrauen weckt; (3) wenige Aktivitäten zum Wohle der fühlenden Wesen ausüben; (4) ohne Wohlwollen handeln; (5) an falschen Formen des Lebensunterhalts festhalten; (6) sich auf geistige Erregung und übermäßige Heiterkeit einlassen; (7) Samsara mit Selbstgefälligkeit betrachten; (8) einen schlechten Ruf nicht vermeiden; und (9) eine belastende Maßnahme nicht anwenden.

- Ein/e Bodhisattva mit reiner ethischer Disziplin hat zehn Aspekte: (1) hat sich die Disziplin richtig angeeignet; (2) ist frei von Bedauern; (3) ist frei von Faulheit; (4) ist von Achtsamkeit durchdrungen; (5) ist auf richtige Weise engagiert; (6) folgt einem vorzüglichen Verhalten; (7) ist einer vortrefflichen Lebensführung verschrieben; (8) hat die beiden Extreme aufgegeben; (9) hat alle Formen falscher Ansichten aufgegeben; und (10) hält eine ungebrochene Akzeptanz aufrecht.

KAPITEL NEUN

Sich angesichts von Schwierigkeiten in Geduld üben

Die Schulung in der *Vollkommenheit der ethischen Disziplin* befasst sich hauptsächlich damit, zu lernen, unsere Handlungen in Körper, Rede und Geist auf weise und nützliche Art einzusetzen. Indem wir unser Verhalten auf tugendhafte Weise gestalten, schaffen wir die Ursachen zukünftigen Glücks für uns und andere. Dieser Prozess ähnelt Landwirt/innen, die Samen in ein Feld pflanzen; wir investieren jetzt unsere Zeit und Energie, damit wir eines Tages eine reichhaltige Ernte einfahren können.

Eines der größten Probleme, mit dem wir in unserer Praxis konfrontiert sind, besteht darin, dass wir nicht unbelastet beginnen können. Unser Geist ist vollständig mit untugendhaften Neigungen gefüllt, die die Ursachen für eine Vielzahl von Leiden sind. Genauso wie der Versuch, in ein Feld voller Steine zu pflanzen, die die Samen am Wachsen hindern, erzeugen unsere untugendhaften Neigungen erhebliche Schwierigkeiten und Hindernisse, die uns davon abhalten, unsere Ziele zu erreichen.

Ohne die Fähigkeit, mit der Reifung unseres negativen Karma zu arbeiten, wird es schwierig, unsere Disziplin aufrechtzuerhalten. Statt Tugend zu kultivieren, werden wir wahrscheinlich in unsere alten, untugendhaften Gewohnheiten zurückfallen. Deshalb benötigen wir die nächste Schulung der *Vollkommenheit der Geduld*. Die Praxis ist unerlässlich, um uns die nötige Geistesstärke zu geben, um die vielen Herausforderungen und Schwierigkeiten zu bewältigen, denen wir auf dem Pfad begegnen werden. Wenn es uns an Geduld fehlt, können wir leicht entgleisen und haben kaum eine Chance, unsere Tugend heranreifen zu lassen.

WAS BEDEUTET GEDULD?

Geduld ist der *Geist, der als Reaktion auf leidvolle Erfahrungen in Gleichmut verweilen kann.* Diese Qualität wirkt als direkte Gegenkraft zur Aufrechterhaltung unseres Karma, indem sie auf Leiden nicht mit Untugend reagiert. Stattdessen reagiert sie mit einem Gefühl der Leichtigkeit und des Mitgefühls und schafft so die Grundlage für das Entstehen von Tugend. Wir können uns Geduld wie eine Person vorstellen, die in der Mitte eines reißenden Flusses steht. Obwohl ihr das Wasser gegen die Beine prallt, behält sie ihre Position bei und lässt sich nicht von der Strömung mitreißen.

Das Wesen der Geduld besteht darin, drei Arten von Handlungen zu unterlassen:

1. **Ärger:** Dies ist der verblendete Geist der Abneigung, der eine bestimmte Erfahrung ablehnt und sie als Leiden bezeichnet. Ärger übertreibt die negativen Eigenschaften des wahrgenommenen Objekts und macht es dann fälschlicherweise als Hauptursache für das Leiden verantwortlich. In Form einer mentalen Reaktion konditioniert er den Geist darauf, zukünftig auf ähnliche Erfahrungen genauso zu reagieren.

2. **Vergeltung für Schaden:** Auf der Grundlage von Ärger könnten wir den Wunsch entwickeln, einer Person oder Sache, die wir für die Ursache unserer Erfahrung halten, Leid zuzufügen. Wenn uns beispielsweise jemand schlägt, antworten wir mit einem Gegenschlag, oder wenn unsere Gefühle durch beleidigende Worte verletzt werden, revanchieren wir uns mit Beleidigungen. Es ist eine Auge-um-Auge-Mentalität, die in unserem Geist untugendhafte Neigungen erzeugt und gleichzeitig anderen Schaden zufügt, was das genaue Gegenteil der ethischen Disziplin ist, die wir zu kultivieren versuchen.

3. **Groll hegen:** Dies ist der Geist, der den Ärger nicht loslässt. Es ist wie eine Schleife, in der das Gefühl des Leidens immer und immer wieder im Geist abgespielt wird. Dabei verstärkt es jedes Mal unseren Ärger und schwächt die Verbindung zu der Person, die wir für unsere Erfahrung verantwortlich machen.

Indem wir uns aktiv von diesen Handlungen abwenden, schützen wir unseren Geist vor ihren zerstörerischen Auswirkungen und geben uns die Möglichkeit, tugendhafte Neigungen zu entwickeln. Unser Ziel ist es nicht, die äußere Welt daran zu hindern, uns zu schaden, sondern zu erkennen, dass die Ursachen unseres Leidens unserem eigenen Geist entspringen. Daher müssen wir uns innerlich auf den wahren Feind – unseren Ärger – konzentrieren, um die Erfahrung von Leid zu beenden. Wenn wir die Grundursache beseitigen, werden wir unabhängig von den entstehenden Bedingungen kein Leiden mehr erfahren.

Während wir auf dem Pfad voranschreiten, wird sich die Qualität unserer Geduld auf der Grundlage der Methoden entwickeln, die wir zu ihrer Erzeugung verwenden. Am Anfang entsteht unsere Geduld hauptsächlich durch sorgfältiges Abwägen der Vor- und Nachteile einer Reaktion mit Ärger. Indem wir unterscheidende Weisheit anwenden, bauen wir einen Widerstand gegen den Ärger auf, der es uns ermöglicht, die Qualität der Geduld zu erfahren. Sobald wir die leere Natur der abhängigen Phänomene erkennen, sehen wir die trügerische Natur unserer Erfahrung, sodass sie nicht länger die Macht hat, uns zu beeinflussen. Geduld entsteht dann als natürliche Folge unserer Sichtweise. Indem wir uns an diese Erkenntnis gewöhnen, wird die Voreingenommenheit, die sich nach Glück sehnt und Leiden fürchtet, geschwächt. An diesem Punkt erlangen wir ein tiefes Gefühl des Gleichmuts gegenüber allen Erfahrungen, und der Ärger hat nicht länger die Fähigkeit, uns zu beeinflussen. Schließlich sind wir mit der Realisation der erhabenen Leerheit, die die absolute Natur der Realität ist, völlig frei von dualistischen Begrenzungen, und es gibt nichts mehr, wovor wir uns fürchten müssten.

GRÜNDE, DIE VOLLKOMMENHEIT DER GEDULD ZU PRAKTIZIEREN

Um Erleuchtung zu erlangen, muss sich unser Geist vollständig an Tugend gewöhnen. Diese Gewöhnung wird als *Ansammlung von Verdienst* bezeichnet. In Verbindung mit der *Ansammlung von Weisheit* werden alle Ursachen für die Manifestation des Zustands eines vollständig erleuchteten Buddha angesammelt. Da diese Ansammlungen so wichtig für unser letztendliches Ziel sind, müssen wir alles in unserer Macht Stehende tun, um sie vor Degeneration zu schützen.

Es gibt zwei Aspekte, die den Verlust unseres erzeugten Verdienstes verursachen können: (1) nicht gewidmetes Verdienst und (2) Ärger. Während es leicht ist, unsere Verdienste zu widmen, ist die Überwindung des Ärgers wesentlich herausfordernder; denken wir jedoch tief über seine Natur nach, werden wir die zerstörerische Wirkung verstehen, die er auf unseren Geist hat. Wenn wir die Nachteile des Ärgers gegenüber den Vorteilen der Geduld abwägen, entwickelt sich die Entschlossenheit, Geduld zu üben, was uns die Fähigkeit gibt, das Verdienst zu schützen, das wir durch unsere Praktiken der Großzügigkeit und ethischen Disziplin schaffen.

Wie kommt es also, dass Ärger so zerstörerisch ist? In einem einzigen Augenblick kann Ärger große Mengen an Verdienst zerstören, weshalb er in den traditionellen Texten mit einem Waldbrand verglichen wird, der alles auf seinem Weg vollständig verzehrt. Was den Ärger so gefährlich macht, ist seine explosive Energie, die sehr schnell zu untugendhaften Handlungen motivieren kann und gleichzeitig starke Bedingungen schafft, die das Heranreifen von Tugend verhindern. Das bedeutet, dass sich die Wirksamkeit unserer Tugend verringert und sich unser Geist an eine gestörte Beziehung zur Realität gewöhnt.

Das Maß der Auswirkung von Ärger auf Ihren Geist hängt von seiner Intensität und dem Objekt ab, auf das der Ärger gerichtet ist. Aufgrund seiner leidbringenden Natur unterbricht der Ärger die Verbindung zu seinem Bezugsobjekt – je intensiver der Ärger, desto stärker die Trennung. Wenn Sie schon einmal einen heftigen Streit mit Freund/innen oder Familienmitgliedern hatten, wissen Sie, wie stark der Bruch der Verbindung sein kann.

Indem wir uns durch Ärger von einer Person trennen, trennen wir uns oft auch von den Menschen, die wir mit ihr verbinden. Zum Beispiel können nach einer schwierigen Trennung oder Scheidung Freund/innen und sogar die Familie gezwungen sein, Partei zu ergreifen. Auch wenn wir den anderen Mitgliedern des Netzwerks nichts Böses wollen, kann auf einer unbewussten Ebene eine gewisse Abneigung bestehen, weil sie mit dem Objekt unseres Hasses in Verbindung stehen. Da wir uns der Natur der Vernetzung nicht entziehen können, hat Ärger das Potenzial, in kurzer Zeit eine große Anzahl von Beziehungen zu beeinflussen.

Dieser Effekt wird besonders gefährlich, wenn sich unser Ärger gegen ein kraftvolles Objekt wie Bodhisattvas, unsere spirituellen Mentor/innen oder Vajrameister/innen richtet. Da diese Wesen ausschließlich zum Wohle der fühlenden Wesen arbeiten, schädigt es indirekt alle, denen sie dienen, wenn wir ihnen aus Ärger heraus Schaden zufügen. Je größer das Netzwerk von Wesen ist, die mit dem Objekt unseres Ärgers verbunden sind, desto zerstörerischer wird die Wirkung sein. Da wir nicht erkennen können, wer ein/e Bodhisattva ist, müssen wir sehr vorsichtig sein, wenn wir unseren Geist von Ärger beherrschen lassen.

Ungeachtet des Objekts unseres Ärgers ist es unmöglich, echtes Bodhicitta zu haben, sobald er in unserem Geist Wurzeln geschlagen hat. Solange der Ärger vorhanden ist, werden Liebe und Mitgefühl unterdrückt, und ohne diese verkümmert Bodhicitta und stirbt. Erleuchtung kann sich ohne Bodhicitta nicht manifestieren und stattdessen werden Selbstbezogenheit und Voreingenommenheit anwachsen, was dazu führt, dass wir Ozeane von untugendhaftem Karma schaffen, die uns an die zyklische Existenz binden.

Indem wir uns jedoch in Geduld üben, stärken wir unsere Toleranz gegenüber der Erfahrung von Leiden, was die Intensität unseres Ärgers verringert und unsere Reaktionen entschärft, bevor sie eine Chance haben, uns selbst oder anderen Schaden zuzufügen. Wenn der Ärger zurückgehalten wird, können sich Qualitäten wie Liebe und Mitgefühl manifestieren, die auf natürliche Weise zur Ausübung von Tugend führen. Freundschaftliche und unterstützende Beziehungen entwickeln sich leicht und werden von einem Gefühl des Friedens begleitet, in dem nicht nur wir, sondern auch die uns umgebenden fühlenden Wesen zufrieden sind. Leben wir unser Leben auf diese Weise, können wir ohne Bedauern sterben und eine Wiedergeburt in einem höheren Bereich erreichen, der von Harmonie und Schönheit geprägt ist.

DIE UNTERTEILUNGEN DER GEDULD

Der Schlüssel zur Vermeidung von Wut liegt in der Entwicklung eines starken Gewahrseins dafür, warum Wut nie eine angemessene Reaktion ist, und darin, die Bedingungen, die sie auslösen, zu erkennen und sich mit ihnen vertraut zu machen. Zunächst ist die Stärke unserer Entschlossenheit erforderlich, um einen Widerstand aufzubauen, der unseren gewohnten Reaktionen als Gegenkraft dient. Mit der Zeit können wir jedoch konstruktive Gewohnheiten entwickeln und die Aspekte, die unseren Ärger einst auslösten, verlieren vollständig ihre Macht.

In Bezug auf unsere Praxis der Geduld können wir von drei allgemeinen Kategorien sprechen, die eine Reaktion des Ärgers hervorrufen können: (1) wenn uns jemand Schaden zufügt; (2) wenn wir aufgrund unserer eigenen Handlungen Leid erfahren; und (3) wenn wir mit Zweifeln an unserer Fähigkeit, die Realität zu erkennen, konfrontiert werden. Jede dieser Situationen hat das Potenzial, Gefühle der Frustration oder sogar des Hasses hervorzurufen. Während sich die erste Situation speziell mit dem Leiden befasst, das in Abhängigkeit von anderen entsteht, geht es bei den letzten beiden eher um das Leiden, das bei der Dharmapraxis entsteht.

Geduld, die den von anderen zugefügten Schaden erträgt

Der selbstbezogene Geist ist extrem darauf fixiert, alles zu schützen, was wir als „Ich" oder „Mein" betrachten. Dazu gehören unser physischer Körper und unsere Besitztümer ebenso wie unsere Eigenschaften, unsere Vorlieben und Abneigungen. Es erstreckt sich sogar auf diejenigen, mit denen wir uns eng verbunden fühlen, wie unsere Freund/innen, Familie und Partner/innen. All diese Dinge bilden das, was gemeinhin als unsere *persönliche Identität* bezeichnet wird.

Wenn ein anderes fühlendes Wesen einen Aspekt dieser Identität bedroht, empfindet der selbstbezogene Geist Unbehagen und Angst. Er nimmt die Täter/innen sofort als Feind/innen wahr, und in der Folge entwickelt er ein Gefühl der Voreingenommenheit gegen sie. Auf der Grundlage dieser Voreingenommenheit fühlt sich der selbstbezogene Geist glücklich, wenn die Feind/innen leiden, und ist unzufrieden, wenn sie Glück erfahren. Um dem entgegenzuwirken, müssen wir die *Geduld, die den von anderen zugefügten Schaden erträgt*, entwickeln.

Wir tun dies, indem wir neun Themen betrachten, die als die *vier Punkte* und die *fünf Vorstellungen* bekannt sind, wie sie in den *Stufen eines Bodhisattvas* von Arya Asanga dargestellt werden. Versuchen Sie, über jedes dieser Themen nachzudenken und verwenden Sie Beispiele aus Ihrem eigenen Leben, um die Überzeugung zu entwickeln, den Geist aufzugeben, der Wesen als Feind/innen betrachtet und ihnen Leid wünscht.

Die vier Punkte

Der erste Themenkomplex befasst sich mit dem Leiden, das wir erfahren. Indem wir seine Natur und den Schaden analysieren, den unsere Ungeduld gegenüber der Erfahrung von Leiden in unserem Geist anrichtet, können wir die Stärke unseres Ärgers verringern und ein größeres Gefühl von Gleichmut entwickeln. Wir sollten immer über diese Punkte nachdenken, wenn wir intensives, andauerndes oder lang anhaltendes Leiden aufgrund der Handlungen anderer erfahren.

1. **Leiden ist die Schuld meines eigenen Karma.** Alle bedingten Erfahrungen sind das Ergebnis von karmischen Neigungen, die im Geist gespeichert wurden. Sie entstehen im Zusammenhang mit den Handlungen, die wir in der Vergangenheit ausgeführt haben, und obwohl ein fühlendes Wesen zu den Bedingungen für das Heranreifen einer Neigung beitragen kann, sind sie nicht die Hauptursache für unsere Erfahrung. Ob wir ihre Handlungen als Leiden empfinden, hängt ganz von unserem Geisteszustand ab, daher ist es unangebracht, sie als Feind zu betrachten, der unser Leiden verursacht. Der wahre Feind ist der selbstbezogene Geist, der unsere untugendhaften Handlungen überhaupt erst motiviert hat. Das ist der Geist, den wir aufgeben müssen.

2. **Ungeduld oder Ärger ist eine Ursache für Leiden.** Wenn wir auf Leiden mit Ungeduld oder Ärger reagieren, erzeugen wir untugendhafte Neigungen, die in der Zukunft in Form von Leiden reifen werden. Da sich das Karma ausweitet, ist es sicher, dass die Ergebnisse dieser Handlungen wesentlich schlimmer sein werden als das Leid, das wir gegenwärtig erfahren. Wie töricht ist es, einem anderen gegenüber bösen Willen zu hegen, wenn wir selbst den größeren Schaden verursachen! Wenn wir uns wirklich nach Glück sehnen, müssen wir Ungeduld und Ärger aufgeben.

3. **Leiden ist der Grundzustand von allen fühlenden Wesen.** Alle unbeständigen Phänomene, die aus Ursachen und Bedingungen entstehen, haben die Natur des Leidens. Da sich die fühlenden Wesen dieser Tatsache nicht bewusst sind, klammern sie sich an Erscheinungen und fügen anderen Schaden zu. Da wir den Dharma kennengelernt haben, sind wir in der

Lage, die Natur der zyklischen Existenz zu erkennen, und können daher mangelndes Gewahrsein nicht als Ausrede benutzen. Nur weil uns jemand aus Unwissenheit Schaden zufügt, heißt das nicht, dass wir in derselben Unwissenheit handeln sollten. Da wir der Weisheit begegnet sind, haben wir eine Wahl, die sie nicht haben.

4. **Bodhisattvas widmen sich dem Wohl anderer.** Spirituelle Praktizierende, die sich ihrer eigenen persönlichen Befreiung widmen, erkennen, dass es notwendig ist, ihren Geist in einen Gleichmut zu versetzen, der frei von Anhaftung und Abneigung ist, um Zustände tiefer meditativer Versenkung zu erreichen. Obwohl solche Praktizierende nur nach ihrem eigenen Wohl streben, wissen sie, wie wichtig es ist, Geduld zu üben. Wie viel wichtiger muss Geduld dann für diejenigen sein, die für das Wohlergehen aller fühlenden Wesen praktizieren? Wenn wir aufrichtig wünschen, dass die fühlenden Wesen frei von Leiden sind, wie können wir dann in Erwägung ziehen, ihnen Schaden zuzufügen?

Die fünf Vorstellungen

Der zweite Themenkomplex befasst sich mit fühlenden Wesen, die uns Schaden zufügen. Indem wir die Bedingungen dieser fühlenden Wesen und unsere Beziehung zu ihnen analysieren, können wir die Stärke des aufkommenden Ärgers entschärfen und unsere Verbindung zu ihnen stärken. Wenn wir diese Vorstellungen als Ergebnis intensiver Meditation annehmen, werden wir den Schaden, den uns Freund/innen, Feind/innen oder Fremde zufügen, mit Freude ertragen.

1. **Erkennen, dass das Wesen Ihnen in früheren Leben nahe gestanden hat:** Dies ist nicht das erste Mal, dass Sie dem Wesen begegnen, das Ihnen gegenwärtig Schaden zufügt. In der Vergangenheit war dieses Wesen Ihre engste Bezugsperson, mit der Sie unzählige Erfahrungen geteilt haben, und aufgrund ihrer unendlichen Güte haben Sie unermesslichen Nutzen von ihr erhalten. Nachdem Sie ihre lange gemeinsame Geschichte erkannt haben, verstehen Sie, dass sie Ihnen jetzt nur schaden, weil ihr Geist verwirrt ist. Auch wenn sie sich in ihrem Verhalten irren, ist das

kein Grund, sie aufzugeben. Da wir alle Fehler gemacht haben, sollten wir Mitgefühl für ihr gegenwärtiges Leiden kultivieren und alles uns Mögliche tun, um ihnen zu helfen.

2. **Erkennen, dass das Wesen eine bloße Ansammlung von Aggregaten ist:** Wenn Sie die Natur der Person, die Ihnen Schaden zufügt, betrachten, erkennen Sie, dass sie lediglich eine Ansammlung von Aggregaten ist, die aufgrund von Ursachen und Bedingungen zusammengekommen sind. Es gibt keine inhärent existierende Person, die Ihnen Schaden zufügt. Genauso wenig, wie wir uns über den Wind ärgern würden, weil er weht, oder über die Sonne, weil sie scheint, warum sollten wir uns über ein Wesen von trügerischer Natur ärgern, das in Übereinstimmung mit seinem Karma handelt?

3. **Erkennen, dass das Wesen unbeständig ist:** Dieses Wesen, das geboren wurde und gegenwärtig in Ihrem Leben existiert, ist nur ein vorübergehendes und unbeständiges Phänomen, das dem Tod unterliegt. Daher wird die Zeit kommen, in der sich dieses Wesen nicht mehr in Ihrer Erfahrung manifestiert. Welchen Nutzen hat es also, etwas zu verletzen, das von Natur aus vergänglich und substanzlos ist?

4. **Erkennen, dass alle fühlenden Wesen in einem Zustand des Leidens verweilen:** Für alle, die in der zyklischen Existenz verweilen, ist das Leben mit den drei Formen des Leidens erfüllt – dem Leiden des Schmerzes, dem Leiden der Veränderung und dem alles durchdringenden Leiden. Genau wie wir wünschen sich diese Wesen, frei von Leiden zu sein. Wenn sie uns Schaden zufügen, ist das ein Beweis dafür, dass ihr Geist von Täuschungen überwältigt ist, da sie davon überzeugt sind, dass ihre Handlungen ihnen Glück bringen werden, während sie stattdessen nur ihr Leiden aufrechterhalten. Hegen Sie mit einem Herzen voller Mitgefühl den Wunsch, ihnen Nutzen zu bringen und nicht zu schaden.

5. **Betrachten Sie alle Wesen mit einer Haltung der Liebe und des Mitgefühls:** Nachdem Sie große Liebe und Mitgefühl kultiviert haben, haben Sie einen außergewöhnlichen Geist entwickelt, der danach strebt,

zum Nutzen der fühlenden Wesen Erleuchtung zu erlangen. Die Person, die Ihnen Schaden zufügt, ist eines der fühlenden Wesen, die Sie zu schützen und zu helfen versprochen haben, so gut Sie können. Es macht daher keinen Sinn, ihnen schaden zu wollen.

Sie können über diese Themen einzeln oder nacheinander meditieren, je nachdem, was für Sie am effektivsten ist. Es ist eine gute Idee, sich die Logik hinter jeder Kontemplation zu vergegenwärtigen und dann eine der beiden Gruppen als kurze Meditation zu verwenden, um die Themen lebendig im Gedächtnis zu behalten. Wenn Sie sich mit ihnen vertraut gemacht haben, können Sie in dem Moment, in dem Gedanken des Ärgers auftauchen, auf die Kontemplationen zurückgreifen, die Ihnen am besten als Heilmittel dienen.

Geduld, die das Leiden erträgt

Die zweite Form der Geduld, die wir entwickeln müssen, ist die *Geduld, die das Leiden erträgt*, und sich speziell auf das Leiden bezieht, das als Ergebnis unserer Überzeugung, den Dharma zu praktizieren, entsteht. Es ist ein Irrglaube zu denken, dass die Dharmapraxis leicht sein wird und uns immer ein gutes Gefühl gibt. Der Dharma hat den Zweck, Verdunkelungen zu beseitigen, und ein solcher Prozess ist nicht unbedingt ein angenehmer.

Wir erfahren Schwierigkeiten als unmittelbares Ergebnis unserer Praxis, weil der Dharma unseren Geist aktiv reinigt. Während wir Verdunkelungen beseitigen, reift unser negatives Karma oft in Form von leichtem Leiden in diesem Leben heran, und obwohl wir unser gegenwärtiges Leiden als intensiv und unerträglich empfinden mögen, ist es im Vergleich zu dem Leiden, das wir in zukünftigen Leben erfahren würden, wesentlich schwächer.

Es kann hilfreich sein, sich daran zu erinnern, dass unsere Fähigkeit, mit Leiden umzugehen, ein starker Indikator dafür ist, dass der Dharma in unserem Geist Wurzeln schlägt. Anstatt also Schwierigkeiten als etwas zu betrachten, das vermieden werden muss, können wir sie als Schmuck oder als Kampfnarben ansehen, die uns daran erinnern, wie weit wir gekommen sind. Diese Erfahrungen stellen unsere Entschlossenheit ständig auf die Probe und stärken unsere Zielstrebigkeit. Je widerstandsfähiger wir werden, desto weiter können wir auf unserem Weg voranschreiten.

Die folgenden Themen untersuchen die verschiedenen Arten von Leiden, die beim Praktizieren auftreten. Indem wir über sie nachdenken, können wir Achtsamkeit für die Notwendigkeit, Geduld zu kultivieren, aufrechterhalten:

1. **Unterhalt:** Für diejenigen, die ihr weltliches Leben aufgegeben haben, um sich der klösterlichen Disziplin zu widmen, gibt es vier Dinge, die für den Lebensunterhalt benötigt werden: (1) klösterliche Roben, (2) gespendete Nahrung, (3) Betten und Sitze und (4) Medizin. Geduld zu entwickeln bedeutet in diesem Zusammenhang, die Widrigkeiten zu ertragen, die entstehen, wenn man zu wenig von diesen Dingen hat, sie in falschen Mengen besitzt, wenn man sie auf respektlose Weise erhält oder wenn sie von schlechter Qualität sind.

2. **Weltliche Bedingungen:** Solange wir uns nicht von der zyklischen Existenz befreien, werden wir von Ursachen und Bedingungen beherrscht und deshalb werden wir unweigerlich mit neun Formen des Leidens konfrontiert werden: (1) Verlust von materiellen Dingen; (2) in Verruf geraten; (3) für Dinge beschuldigt werden, die man nicht getan hat; (4) körperliche Schmerzen erfahren; (5) das Vergehen dessen, was vergänglich ist; (6) ständige Trennung von dem, was verschwindet; (7) stetiges Altern; (8) Krankheit ertragen und (9) den Tod erfahren. Wenn wir diese Leiden als unvermeidlichen Teil der weltlichen Existenz anerkennen, lernen wir, sie zu akzeptieren und die nötige Geduld zu entwickeln, um sie zu ertragen.

3. **Körperliches Verhalten:** Im Laufe des Tages wechseln wir zwischen vier Grundpositionen: (1) Gehen, (2) Stehen, (3) Sitzen und (4) Liegen. Jede dieser Positionen kann zu Leiden führen, wenn sie zu lange oder zu unpassenden Zeiten eingenommen wird. Indem wir jede dieser Aktivitäten als Unterstützung für unsere Praxis nutzen, können wir die Geduld entwickeln, alle auftretenden Schwierigkeiten zu ertragen.

4. **Am Dharma festhalten:** Wenn wir eine ethische Disziplin annehmen, um uns von Untugend zu enthalten, Tugend zu kultivieren oder zum Nutzen anderer zu arbeiten, führt die Aufrechterhaltung dieser Disziplin

zur Erfahrung von unterschiedlichen Schwierigkeiten. Aktivitäten wie Darbringungen an die Drei Juwelen, das Studium der Lehren, das Nachdenken über ihre Bedeutung und das Meditieren über die Erfahrung erfordern Zeit und Energie. Die Ausführung solcher Handlungen kann oft schwierig sein, aber wir sollten diese Bestrebungen niemals aufgeben.

5. **Die Lebensweise eines Bettelmönchs/einer Bettelnonne:** Für diejenigen, die sich einem hauslosen Leben widmen wollen, gibt es acht Aspekte, die eine Herausforderung darstellen werden: (1) Ihre körperliche Erscheinung wird unattraktiv sein; (2) Ihre Kleidung wird unattraktiv sein; (3) Sie werden als Außenseiter/in betrachtet werden, weil Sie sich entgegen den weltlichen Konventionen verhalten; (4) Sie werden für Ihren Lebensunterhalt auf andere angewiesen sein; (5) da Sie das Horten weltlicher Besitztümer aufgegeben haben, werden Sie sich um Dinge wie Roben und Ihre Versorgung bemühen müssen; (6) da Sie das Gelübde des Zölibats abgelegt haben, werden Sie keine sinnlichen Vergnügungen erleben; (7) Sie werden auf die Teilnahme an verschiedenen Formen oberflächlicher Unterhaltung verzichten und (8) sich nicht auf eine Weise verhalten, die sinnlose Belustigung oder Vergnügen beinhaltet. Indem Sie diese Leiden als Teil des erbrachten Opfers anerkennen, um den Dharma intensiv zu praktizieren, entwickeln Sie die Geduld, die verschiedene Formen von Entbehrungen gerne erträgt.

6. **Ermüdung beim Verfolgen des Ziels:** Nachdem man sich tugendhaften Aktivitäten gewidmet hat, kommt es häufig zu Gefühlen der Erschöpfung oder Müdigkeit. Selbst wenn wir uns müde oder geistig ausgelaugt fühlen, sollten wir niemals das Bemühen aufgeben, unsere Disziplin aufrechtzuerhalten. Die Entwicklung von Geduld gegenüber Müdigkeit basiert auf der Erkenntnis der Kostbarkeit dieses menschlichen Lebens und seiner Unbeständigkeit. Da wir wissen, dass wir in Zukunft vielleicht keine Gelegenheit zur Praxis haben werden, sind wir nicht bereit, in unseren Bemühungen nachzulassen.

7. **Im Interesse anderer handeln:** Die Arbeit zum Nutzen der elf Arten von fühlenden Wesen kann zu vielen Arten von Schwierigkeiten führen.

Um angesichts dieser Leiden Geduld zu entwickeln, müssen wir unsere Liebe und unser Mitgefühl gegenüber den fühlenden Wesen stärken, um zu verhindern, dass unsere Selbstbezogenheit unseren Geist beherrscht.

8. **Regelmäßige Aktivitäten:** Für diejenigen, die nach weltlichen Konventionen leben, gibt es viele Leiden, die sich aus dem Versuch ergeben, einen Haushalt zu führen. Dazu gehören die täglichen Aktivitäten, die im Zusammenhang mit dem Beruf und der Verpflichtung gegenüber der Familie erledigt werden müssen.

Ungeachtet unserer jeweiligen Situationen können wir uns bemühen, unsere Aktivitäten in Ursachen der Erleuchtung umzuwandeln und dem erlebten Leiden einen Sinn zu geben, anstatt uns durch Schwierigkeiten von unserer Dharmapraxis abbringen zu lassen. Es kann eine lohnende Übung sein, unsere persönliche Routine zu untersuchen und, wenn wir Schwierigkeiten erkennen, über konstruktive Wege nachzudenken, sie in den Kontext unserer spirituellen Reise einzubringen.

Geduld, die durch Betrachtung der Realität gewonnen wird

Die letzte Form der Geduld befasst sich mit einer subtilen Form des Leidens, die auf der Grundlage des Unwissens über die Natur der Realität entsteht. Wenn wir mit der spirituellen Praxis beginnen, sehen wir uns im Wesentlichen mit dem Unbekannten konfrontiert. Der Dharma lenkt unsere Aufmerksamkeit auf bestimmte Aspekte der Wirklichkeit und bietet uns einen Weg, uns mit ihr vertraut zu machen. Da wir diese Realität noch nie zuvor erfahren haben, müssen wir Vertrauen in die Lehren haben, uns zu leiten. Fehlende Klarheit über das, was wir tun, verursacht Zweifel, wenn wir mit den Herausforderungen konfrontiert werden, eine andere Sichtweise anzunehmen. Das manifestiert sich in einer Form von Unbehagen, die uns von der Praxis abhalten kann.

Gelingt es uns nicht, eine Toleranz für diese Art von Leiden zu entwickeln, kann dies zu einem allmählichen Verfall unseres Vertrauens und zu einem Verlust an Entschlossenheit führen. Oft entwickelt sich eine Abneigung gegen unsere Praxis, und schließlich geben wir sie vielleicht ganz auf. Ohne Praxis können wir unsere Gewöhnung an die Unwissenheit nicht überwinden, deshalb ist es wichtig zu lernen, wie wir unsere Unsicherheit beseitigen und eine unerschütterliche Überzeugung davon entwickeln können, warum wir praktizieren.

Nach Arya Asanga gibt es acht Themen, über die wir Gewissheit entwickeln sollten. Wenn wir uns die Zeit nehmen, sie zu studieren, darüber nachzudenken und zu meditieren, können wir geistige Klarheit entwickeln, die uns helfen kann, mit Zuversicht und Begeisterung zu praktizieren.

1. **Die tugendhaften Qualitäten der Drei Juwelen:** Ein starkes Vertrauen zu den Drei Juwelen als unsere Zufluchtsobjekte ist die Grundlage für das Praktizieren des buddhistischen Pfades. Wenn wir uns nicht sicher sind, warum die Drei Juwelen würdige Zufluchtsobjekte sind, welche Qualitäten sie haben oder warum sie für unsere Praxis wichtig sind, wird unsere Dharmapraxis vage und schwach bleiben und keine wirkliche Kraft haben, uns zu leiten. Je mehr wir verstehen, welche Rolle die Drei Juwelen in unserem Leben spielen, desto mehr Unterstützung können wir aus ihnen ziehen.

2. **Die Natur der Realität:** Dies bezieht sich speziell auf die Entwicklung einer direkten Verwirklichung der beiden Wahrheiten, der konventionellen und der letztendlichen Realität. Diese Verwirklichung zu erlangen erfordert ein beträchtliches Maß an Vertrauen in das, was wir zu erreichen versuchen, und weshalb es der Schlüssel zum Erreichen der Erleuchtung ist. Diese Verwirklichung ist besonders schwierig, da sie die Wahrnehmung des inhärent existierenden Selbst, das die Grundlage unserer samsarischen Existenz ist, direkt bedroht. Aufgrund unserer selbstbezogenen Einstellung ist eine Schädigung dieses Selbst unangenehm und beängstigend. Wir können diese Form des Leidens überwinden, indem wir die verschiedenen Aspekte unserer philosophischen Sichtweise studieren, um ein konzeptuelles Modell zu entwickeln, das die Natur der Realität genau darstellt. Mit diesem Modell als Grundlage können wir ohne Vorbehalte meditieren, bis wir diese Realität direkt erfahren.

3. **Die große Kraft der Buddhas und Bodhisattvas:** Wenn wir zum ersten Mal von den erstaunlichen Qualitäten der Buddhas und Bodhisattvas

erfahren, kann es schwierig sein, sich vorzustellen, dass wir eines Tages genau wie sie sein könnten. Selbst wenn wir große Bewunderung für diese außergewöhnlichen Wesen empfinden, fehlt uns vielleicht das Vertrauen in unsere eigene Buddhanatur. Wir können diesen Zweifel ausräumen, indem wir unser tiefstes und tiefgründigstes Potenzial studieren. Wenn wir verstehen, wie der Pfad funktioniert, um den Grund in das Ergebnis zu verwandeln, entwickeln wir Vertrauen in unsere grundlegende Fähigkeit.

4. **Ursachen:** Bis wir unsere Verdunkelungen vollständig beseitigt haben, sind wir Ursachen und Bedingungen unterworfen. Unser spiritueller Weg basiert auf dem Verständnis dieser Ursachen, um auf geschickte Weise ein erwünschtes Ergebnis zu manifestieren. Wenn wir uns der Ursachen, die zu einem bestimmten Phänomen oder einer Erfahrung beitragen, nicht bewusst sind, fehlt uns die Fähigkeit, mit ihnen zu arbeiten. Je mehr wir also die kausalen Faktoren verstehen, die uns beeinflussen, desto mehr Möglichkeiten haben wir, unsere Erfahrungen zu verändern.

5. **Ergebnisse:** Ebenso ist das Erkennen der karmischen Folgen unserer Handlungen eine wirksame Methode, um unser Verhalten in der Gegenwart zu zügeln. Wenn wir uns nicht sicher sind, welche Folgen eine Handlung haben wird, entstehen Zweifel daran, was wir tun oder lassen sollten. Diese Ungewissheit raubt unserer Praxis die Überzeugung und macht sie erheblich instabiler.

6. **Das Ziel, das man selbst erreichen muss:** Im Falle der Bodhisattvas wird das Erreichen der vollen Erleuchtung es ihnen ermöglichen, den fühlenden Wesen den größten Nutzen zu bringen und ihr Ziel zu erfüllen, diese Wesen zur Buddhaschaft zu führen. Damit dieses Ziel in unserem Geist Kraft hat, brauchen wir Vertrauen in die Gründe, warum es notwendig ist, sowohl die verblendeten wie auch die kognitiven Verdunkelungen zu entfernen. Wenn wir erkennen, dass wir unsere tiefste Bestrebung nur dann erreichen können, wenn wir ein Buddha werden, werden wir uns mit nichts Geringerem zufriedengeben.

7. **Die Mittel, um dieses Ziel zu erreichen:** Ein klares Ziel zu haben ist

307

ein entscheidender Schritt, aber ohne zu verstehen, wie wir von unserer aktuellen Lage dorthin gelangen, wo wir sein möchten, wird dies unmöglich sein. Wenn wir keine Klarheit über den Weg haben, der uns zur Erleuchtung führt, zweifeln wir an unseren Handlungen und scheitern daran, uns für unsere Praxis einzusetzen. Wie ein Hund, der seinen Schwanz jagt, laufen wir im Kreis und kommen nicht voran. Deshalb sind das Studium der Stufen des Pfades und das Verständnis der Zwischenverwirklichungen, die jede Phase unterstützen, von grundlegender Bedeutung, um unser Ziel zu erreichen.

8. **Der Bereich dessen, was man wissen muss:** Der Buddha gab nach seiner Erleuchtung eine große Anzahl von Lehren. Die Vertrautheit mit der gesamten Breite seiner Sichtweise ermöglicht es uns, die zusammenhängende Natur seiner Lehren zu verstehen und zu erkennen, wie alles zusammenpasst. Wenn uns das Verständnis für die Vollständigkeit der Lehren fehlt, neigen wir dazu, eine enge Sichtweise zu entwickeln, die sich nur auf einen Aspekt der Realität konzentriert. Dies schränkt unsere Fähigkeit ein, die endgültige Bedeutung der Lehren des Buddha zu erkennen, und begrenzt den Nutzen, den wir den fühlenden Wesen bringen können. Auch wenn wir persönlich einige Unterweisungen für wirksamer halten als andere, sollten wir uns aufgrund der unterschiedlichen Bedürfnisse der fühlenden Wesen der vielen verfügbaren Ansätze gewahr sein.

Diese acht Themen decken ein beträchtliches Wissensgebiet ab, und da von uns nicht erwartet wird, dass wir alles auf einmal wissen, zeigt diese Liste auf, wo wir mit unserer Untersuchung beginnen können. Wir entwickeln zunächst ein allgemeines Verständnis, indem wir uns einfach mit den wichtigsten Konzepten vertraut machen, die wir als Grundlage für unser Verhalten nutzen können. Im Laufe der Zeit formen und verfeinern wir dieses Verständnis und überprüfen es gleichzeitig anhand unserer Erfahrungen. Auf diese Weise räumen wir unsere Zweifel aus dem Weg und entwickeln die nötige Klarheit. Dadurch wächst unser Wissen über die Wirklichkeit und unsere Fähigkeit, mit ihr zu arbeiten.

WIE MAN SICH IN GEDULD SCHULT

Die Praxis der Geduld beinhaltet die Entwicklung von drei Formen des Gewahrseins: (1) Gewahrsein der zerstörerischen Natur des Ärgers, (2) Gewahrsein der nützlichen Natur des Leidens und (3) Gewahrsein der Weisheit, die in den Lehren dargestellt wird. Jede von ihnen liefert die Methode zur Entwicklung der entsprechenden, oben beschriebenen Art von Geduld.

Wachsamkeit gegenüber Ärger aufrechterhalten

Wenn wir über die zerstörerische Natur des Ärgers nachdenken, erkennen wir, wie kontraproduktiv er für unsere Ziele ist und warum es so wichtig ist, ihn um jeden Preis zu vermeiden. Entwickeln wir den sinnvollen Wunsch, frei davon zu sein, gibt uns dieses Bestreben eine Gegenkraft, die wir nutzen können, um unseren Ärger zu schwächen und Geduld zu entwickeln.

Der Schlüssel zur Schulung mit Ärger liegt darin, sein Entstehen zu erkennen und ihn dann so schnell wie möglich zu reinigen. Dies erfordert, dass wir äußerst wachsam sind, wann immer wir mit fühlenden Wesen interagieren, insbesondere mit solchen, die wir sehr gut kennen und die geschickt darin sein können, unsere Schwachstellen aufzudecken. Aufgrund ihrer Vertrautheit wissen sie oft, wie sie „unsere Knöpfe drücken" können und stellen Auslöser für die Entstehung von Ärger dar.

Ganz gleich, wie sehr wir uns auf die Erfahrung des Ärgers vorbereiten, im Eifer des Gefechts können wir uns dennoch dabei ertappen, wie wir Dinge tun oder sagen, die wir später bereuen. Aufgrund der Stärke unserer Gewohnheiten ist dies zu erwarten. Anstatt uns dafür zu bestrafen, sollten wir erkennen, dass der Umgang mit unseren destruktiven Verhaltensweisen ein Prozess ist, bei dem wir sehr sorgfältig vorgehen müssen. Schöpfen Sie Mut, indem Sie über die Vorteile der Geduld nachdenken, und schöpfen Sie Kraft aus dem Wissen, dass diese Schulung zu Ihrem größeren Ziel, der Erleuchtung, beiträgt.

Schließlich sollten Sie sorgfältig darauf achten, aufkommenden Ärger zu reinigen, damit sich seine negativen Auswirkungen nicht im Geist ausbreiten. Entwickeln Sie ein starkes Gefühl des Bedauerns für Ihre ausgeführten Handlungen, indem Sie ihre Fehler erkennen und eingestehen, dass sie unklug waren. Erinnern Sie sich an Ihr Vertrauen zu den Drei Juwelen und stärken Sie Ihre Entschlossenheit, Tugend zu kultivieren und den fühlenden Wesen Nutzen zu bringen, indem Sie eine spirituelle Praxis ausüben, die auf Liebe und Mitgefühl beruht. Beenden Sie Ihre Reinigung, indem Sie den festen Entschluss fassen, diese destruktiven Handlungen nicht mehr zu begehen.

Das Leiden als Grundlage für Wachstum nutzen

Normalerweise sehen wir Leiden als etwas an, das es zu vermeiden gilt. Wir unternehmen unglaubliche Anstrengungen, um zu verhindern, dass es auftritt, dennoch passiert es unweigerlich. Der Buddha erkannte, dass das Leiden eine natürliche Folge unserer falschen Sichtweise der Welt ist, und solange wir unsere Sichtweise nicht ändern, werden wir das nicht Gewollte weiterhin erleben. Anstatt das Leiden um jeden Preis zu vermeiden, können wir daher versuchen, es in etwas Nützliches umzuwandeln, das uns hilft, auf dem Pfad voranzukommen. Dies kann geschehen, indem wir über den folgenden Nutzen des Leidens nachdenken:

1. **Leid motiviert uns, Befreiung zu erlangen:** Wenn wir in einer destruktiven Gewohnheit feststecken, bemerken wir oft nicht, welchen Schaden wir uns selbst damit zufügen. Aufgrund unseres mangelnden Gewahrseins sehen wir einfach keinen Grund, uns zu ändern. Manchmal braucht es eine Krise intensiven Leidens, um uns unserer Probleme bewusst zu werden und uns aus unserer Selbstgefälligkeit aufzurütteln. Leiden kann uns also eine neue Perspektive geben und uns helfen zu erkennen, was in unserem Leben wirklich wichtig ist. Es gibt uns Energie und motiviert uns, Entsagung von den Ursachen unseres Leidens zu entwickeln, was die Grundlage aller spirituellen Praxis bildet.

2. **Leiden zerstört Arroganz:** Ein weiterer Grund, warum wir die Probleme in unserem Leben nicht angehen, ist, dass wir nicht nach Hilfe suchen. Wenn wir es zulassen, dass sich unser Ego mit Stolz und Arroganz aufbläht, entwickeln wir ein falsches Gefühl der Sicherheit, das uns glauben lässt, wir wüssten alles. Leiden lässt diesen Stolz schwinden, indem es uns zeigt, dass wir verletzlich sind, und durch seine demütigende Wirkung

beginnen wir, nach Antworten zu suchen und uns dafür zu öffnen, andere um Anleitung zu bitten. Ohne diese Bereitschaft, zu lernen, kann es auf dem Pfad keinen Fortschritt geben.

3. **Leiden fördert die Gewissenhaftigkeit:** Wenn wir das karmische Gesetz von Ursache und Wirkung verstehen, erkennen wir, dass unsere gegenwärtige Erfahrung das Ergebnis unserer vergangenen Handlungen ist und unsere zukünftige Erfahrung das Ergebnis unserer gegenwärtigen Handlungen sein wird. Dieses Prinzip hebt die Tatsache hervor, dass wir die Schöpfer unserer eigenen Erfahrungen sind, sodass wir uns dafür interessieren, wann und warum wir leiden. Dies führt uns dazu, die Ursachen zu erforschen und zu der Erkenntnis zu gelangen, dass wir nicht leiden müssen. Dadurch werden wir ermutigt, einen Pfad zu praktizieren, auf dem wir die Ursachen unseres Leidens bewusst aufgeben.

4. **Leiden stärkt unser Verlangen nach Glück:** Glück können wir nur im Zusammenhang mit unserem Leiden erkennen. Je stärker das Leiden ist, desto offensichtlicher wird die Erfahrung von Glück. Deshalb ist es so schwierig, den Dharma in den Bereichen der Götter zu praktizieren. Umgeben von so viel Vergnügen fehlt diesen Wesen selbst der grundlegendste Bezugspunkt, um ihr Leidenspotenzial zu verstehen. Das hindert sie daran, nach einer tieferen, tiefgründigeren Ebene des Glücks zu suchen.

5. **Leiden bietet uns eine Grundlage für Empathie:** Ohne selbst eine bestimmte Erfahrung gemacht zu haben, ist es schwierig, sich in diejenigen hineinzuversetzen, die so etwas erlebt haben. Stellen Sie sich zum Beispiel vor, Sie könnten jemandem, der blind geboren wurde, die Erfahrung des Sehens erklären. Da wir in unserem eigenen Leben eine Reihe von Leiden erfahren, können wir uns auch in das Leiden anderer einfühlen und es als Grundlage für die Entwicklung von Liebe und Mitgefühl nutzen. Ohne ein gewisses Maß an gemeinsamer Erfahrung wäre eine solche Verbindung unmöglich.

Jeder dieser fünf Punkte gibt uns die Möglichkeit, dem Leiden, das wir erfahren, einen Sinn zu geben. Während das Leiden selbst keine guten Eigenschaften hat, kann unsere Haltung ihm gegenüber eine außerordentlich positive Wirkung auf unseren Geist haben. Wenn wir erst einmal gelernt haben, wie wir unser Leiden betrachten, verwandeln sich die Schwierigkeiten, die sich aus unserer Praxis ergeben, von Hindernissen in Unterstützungen für unsere spirituelle Entwicklung.

Ungewissheit durch Studium beseitigen

Zweifel entstehen, weil uns die Gewissheit über das, was wir tun, fehlt. Die einzige Möglichkeit, ihn abzubauen, ist, die Lehren zu studieren und sich damit vertraut zu machen, wie alles zusammenpasst. Wir tun dies, indem wir zunächst ein grundlegendes Modell für den Pfad entwickeln und dann die Details hinzufügen. Ähnlich einem Bildhauer, der mit Ton arbeitet, wird eine allgemeine Form festgelegt, die langsam verfeinert wird, bis die fertige Form erreicht ist.

Wie viel Studium jede/r einzelne betreiben muss, hängt weitgehend von seinem/ihrem geistigen Reifegrad ab. Für manche reicht eine Einführung in eine bestimmte Lehre aus, um sofort Vertrauen zu entwickeln. Dies ist ein Zeichen für starke Neigungen, die sich aus der Praxis in früheren Leben entwickelt haben. Sobald eine solche Person daran erinnert wurde, was sie tun muss, kann sie sich darauf konzentrieren, die Lehren zu praktizieren und Verwirklichungen zu erreichen.

Diejenigen, die sich noch nicht auf dieser Ebene befinden, müssen ihr Wissen in Gewissheit und Vertrauen umwandeln, um effektiv praktizieren zu können. Am Anfang sollten Sie es einfach halten, indem Sie mit dem Wesentlichen beginnen und dann die Komplexität nach Bedarf steigern. Indem Sie sich auf das Wesentliche konzentrieren und es in Ihre Erfahrung bringen, können Sie ein Gefühl für die Praxis entwickeln und feststellen, ob es irgendwelche Zweifel gibt. Wenn das der Fall ist, können Sie sich durch Studium neue Informationen beschaffen und über das neue Material nachdenken, indem Sie sich mit den Bedenken, die Sie haben, auseinandersetzen. Sobald die Zweifel ausgeräumt sind, fahren Sie mit der Praxis fort. Dieser Zyklus kann sooft wie nötig wiederholt werden, bis keine Zweifel mehr aufkommen.

Es ist nicht ungewöhnlich, dass Menschen ihre Praxis auf einen fiktiven Zeitpunkt in der Zukunft verschieben, wenn alles perfekt sein wird. Da wir jedoch die Fähigkeit entwickeln können, jeden Zustand in eine Unterstützung für die Praxis umzuwandeln, können wir stattdessen daran arbeiten, den Dharma jetzt in unser Leben zu bringen. Es ist ein dynamischer Prozess, der ständige Überarbeitung und Anpassung erfordert, aber wenn wir uns nicht die Chance geben, den Dharma tatsächlich zu erfahren, wird er nur zu einer weiteren intellektuellen Übung mit wenig Nutzen für unseren Geist.

Zweiggelübde in Bezug auf die Vollkommenheit der Geduld

Es gibt vier Zweiggelübde, die sich auf die Schulung in Geduld beziehen. Ihre Essenz besteht im *Vermeiden, dass Beziehungen zu fühlenden Wesen aufgrund von Ärger beschädigt werden*, indem man sich darauf konzentriert, die Harmonie dieser Beziehungen zu schützen. Die Gelübde lauten wie folgt:

1. **Für Schaden keine Vergeltung üben:** Es gibt vier Disziplinen, um Geduld und Selbstbeherrschung zu kultivieren. Sie lauten: (1) auf Ärger nicht mit Ärger reagieren; (2) auf körperlichen Schaden nicht mit körperlichem Schaden reagieren; (3) auf Kritik nicht mit Kritik reagieren; und (4) auf Streit nicht mit Streit reagieren. Wir sollten die Achtsamkeit für diese vier Bedingungen, unter denen Ärger entsteht, aufrechterhalten und uns bemühen, unsere Reaktionen zu zügeln.

2. **Diejenigen ignorieren, die verärgert wurden:** Wir dürfen den Ärger anderer nicht weiter antreiben, indem wir diejenigen, die sich über uns ärgern, vernachlässigen oder ignorieren. Anstatt uns abzuschotten, sollten wir versuchen, mit ihnen zu kommunizieren und ihren Ärger zu zerstreuen. Wenn wir anderen ein Problem bereiten oder sie verdächtigen, uns zu verletzen, und dann aus Stolz, Faulheit, Bosheit oder anderen Gründen die Situation nicht bereinigen, obwohl die Möglichkeit einer Entschuldigung besteht, dann brechen wir dieses Gelübde.

3. **Sich weigern, eine Entschuldigung anzunehmen:** Wenn andere uns Schaden zufügen und dann gestehen oder sich aufrichtig entschuldigen, wir aber aufgrund von Bosheit oder Groll ihre Entschuldigung nicht annehmen, haben wir dieses Zweiggelübde gebrochen. Dieses Gelübde ist

dem dritten Wurzelgelübde ähnlich, außer dass die vier zuvor genannten Bedingungen hier nicht erforderlich sind, um es zu brechen.

4. **Dem Ärger unkontrolliert freien Lauf lassen:** Wir brechen dieses Gelübde, wenn wir uns nicht bemühen, aufkommende Wutimpulse gegenüber anderen zu kontrollieren, sondern diese ungehemmt weiterlaufen lassen.

Integration aller Sechs Vollkommenheiten

Um die *Vollkommenheit der Geduld* zu erreichen, müssen wir praktizieren und dabei das Gewahrsein aller Sechs Vollkommenheiten aufrechterhalten: (1) für die *Großzügigkeit der Geduld* sollten wir Geduld aus dem Wunsch heraus schulen, die fühlenden Wesen von den Leiden zu befreien, die ihnen aufgrund von Ärger zugefügt werden; (2) für die *ethische Disziplin der Geduld* sollten wir in Übereinstimmung mit den Zweiggelübden handeln, die sich auf die Geduld beziehen, während wir auch die verschiedenen Schulungen aufrechterhalten; (3) für die *Geduld der Geduld* sollten wir die Schwierigkeiten akzeptieren, die als Ergebnis der Praxis der Vollkommenheit der Geduld entstehen; (4) für die *freudige Anstrengung der Geduld* sollten wir immer danach streben, unsere Geduld zu stärken, ungeachtet der Schwierigkeiten, denen wir gegenüberstehen; (5) für die *meditative Konzentration der Geduld* sollten wir immer achtsam gegenüber Ärger und Leiden sein und Gewahrsein in unsere Handlungen bringen; und (6) für die *Weisheit der Geduld* sollten wir uns immer an die illusionsgleiche Natur erinnern: des Leidens, das wir erfahren, des Wesens, das das Leid verursacht und des Wesens, das das Leid erfährt. Auf diese Weise wird unsere Praxis zur Vollkommenheit der Geduld führen, die frei von allen Formen des Greifens ist und in vollkommenem Gleichmut verweilt.

DIE ERGEBNISSE DER PRAXIS DER GEDULD

Indem wir uns in Geduld üben, schaffen wir die Ursachen, um Erleuchtung zu erlangen. Unser Geist kann sowohl in diesem als auch in zukünftigen Leben in einem Zustand der Gelassenheit verweilen, weil wir keine Vergeltungsschläge gegen andere Menschen ausführen. Nachdem wir Widerstandskraft entwickelt haben, können wir allen auftauchenden Schwierigkeiten ohne Furcht oder Zweifel begegnen. Da unser Geist ruhig und gefasst ist, lassen wir uns nicht auf untugendhafte Handlungen ein, die nur unser eigenes Leid und das der anderen aufrechterhalten. Wir sind stattdessen damit beschäftigt, Tugend zu kultivieren und jedem, dem wir begegnen, Glück zu bringen. Wann immer Leiden in unserer Erfahrung auftaucht, betrachten wir es als Unterstützung für die Praxis und als Grundlage für Sympathiegefühle gegenüber fühlenden Wesen.

Arya Asanga sagte, man kann Bodhisattvas, die reine Geduld erreicht haben, an neun Merkmalen erkennen:

1. **Üben keine Vergeltung:** Ganz gleich, welches Leid ihnen zugefügt wird, Bodhisattvas rächen sich nie aus Ärger. Stattdessen ertragen sie gerne Schwierigkeiten zum Nutzen der fühlenden Wesen.

2. **Entwickeln keinen Ärger:** Der Geist der Bodhisattvas verweilt in einem Gleichmut, der frei von Anhaftung und Abneigung ist. Sie sind niemals feindselig oder böswillig gegenüber denen, die ihnen Schaden zufügen.

3. **Hegen keinen Groll:** Weil Bodhisattvas in keiner Weise am Ärger festhalten, wird er nicht in ihrem Geist aufrechterhalten. Auch wenn Ärger sich gelegentlich aufgrund von Ursachen und Bedingungen manifestiert, löst er sich schnell auf und hinterlässt keine Spuren.

4. **Sind bereit zu helfen, selbst wenn sie geschädigt wurden:** Bodhisattvas sind immer bereit, fühlenden Wesen zu helfen, unabhängig davon, wie sie sich ihnen gegenüber verhalten. Wenn sich die Gelegenheit ergibt, Nutzen zu bringen, werden sie sie ergreifen.

5. **Sind bereit, sich mit denen zu versöhnen, die ihnen Schaden zugefügt haben:** Wenn Bodhisattvas sehen, dass ihre Beziehung zu einem fühlenden Wesen beschädigt wurde, werden sie versuchen, sie wiederherzustellen. Ganz gleich, wie schwer der Schaden ist, der ihnen zugefügt wurde, sie werden immer bereit sein, den Täter/innen zu vergeben.

6. **Freuen sich niemals über das Leiden anderer:** Der Geist der Bodhisattvas ist frei von dem bösen Willen, der ihren Feind/innen Leid wünscht. Stattdessen hegen sie gleichermaßen Mitgefühl für alle Wesen und

wünschen sich, dass sie frei von Leiden und dessen Ursachen sind.

7. **Empfinden starke Scham und Reue gegenüber Ungeduld:** Wenn Bodhisattvas angesichts extremer Schwierigkeiten jemals Ungeduld erfahren, verspüren sie ein starkes Gefühl der moralischen Beschämung und den Wunsch, ihre Ungeduld sofort zu reinigen.

8. **Empfinden ausgeprägtes Mitgefühl:** Das Mitgefühl der Bodhisattvas erstreckt sich auf alle fühlenden Wesen, und sie haben auf einer sehr tiefgründigen Ebene Mitgefühl für deren Nöte.

9. **Frei von Anhaftung an den Begierdebereich:** Weil sie sich der endlosen Kämpfe bewusst sind, die die fühlenden Wesen im Begierdebereich erleiden, halten die Bodhisattvas keine Anhaftung an dessen Vergnügungen.

ZUSAMMENFASSUNG

- Geduld ist die Geisteshaltung, die in der Lage ist, als Reaktion auf die Erfahrung von Leiden in Gleichmut zu verweilen. Die Schulung in Geduld besteht aus (1) dem Unterlassen von Ärger, (2) dem Unterlassen von Vergeltung und (3) keinen Groll zu hegen.

- Der Hauptgrund, sich in Geduld zu schulen, besteht darin, unsere Gewöhnung an die Abneigung zu beseitigen, die uns zu untugendhaften Handlungen verleitet und verhindert, dass unsere tugendhaften Neigungen heranreifen.

- Die Geduld kann in drei Arten unterteilt werden: (1) die Geduld, die von anderen zugefügten Schaden erträgt; (2) die Geduld, die Leiden erträgt und (3) die Geduld, die durch Nachdenken über die Realität gewonnen wird. Die erste Art konzentriert sich darauf, unsere Beziehung zu fühlenden Wesen zu schützen, während die letzten beiden Arten uns helfen, die Schwierigkeiten zu überwinden, denen wir bei der Dharmapraxis begegnen.

- Um die Geduld, die den von anderen zugefügten Schaden erträgt, zu entwickeln, müssen wir die Nachteile des Ärgers aus zwei Perspektiven betrachten: (1) aus der Perspektive, wie sich der Ärger auf unseren Geist auswirkt, und (2) aus der Perspektive, wie der Ärger unsere Beziehungen zu anderen beeinflusst.

- Um die Geduld, die das Leiden erträgt, zu entwickeln, müssen wir unser Gewahrsein für die vielen Arten von Leiden stärken, die wir als Ergebnis unserer Praxis erfahren. Diese sind in acht unterteilt: (1) Leiden durch das Ansammeln der Unterstützung für die Praxis; (2) Leiden durch weltliche Bedingungen; (3) Leiden durch körperliches Verhalten; (4) Leiden durch das Festhalten am Dharma; (5) Leiden durch die Lebensweise als Bettelmönch/Bettelnonne; (6) Leiden durch Ermüdung beim Verfolgen des Ziels; (7) Leiden durch Handlungen im Interesse anderer und (8) Leiden durch unsere regelmäßigen Aktivitäten.

- Um die Geduld, die man durch Nachdenken über die Realität erlangt, zu entwickeln, müssen wir Zweifel über acht Wissensbereiche beseitigen: (1) die tugendhaften Qualitäten der Drei Juwelen; (2) die Natur der Realität; (3) die große Kraft der Buddhas und Bodhisattvas; (4) die Ursachen; (5) die Ergebnisse; (6) das zu erreichende Ziel; (7) die Methode zum Erreichen dieses Ziels und (8) über den Bereich all dessen, was zu wissen ist.

- Sie können sich in Geduld schulen, indem Sie ein Gewahrsein entwickeln für (1) die zerstörerische Natur des Ärgers, (2) die nützliche Natur des Leidens und (3) die Weisheit, die in den Lehren dargestellt wird.

- Es gibt vier Zweiggelübde für die Schulung in Geduld: (1) keine Vergeltung für Schaden üben; (2) diejenigen ignorieren, die sich über uns ärgern; (3) sich weigern, eine Entschuldigung anzunehmen und (4) dem Ärger unkontrolliert freien Lauf lassen.

- Bodhisattvas mit reiner Geduld besitzen neun Aspekte: (1) üben keine Vergeltung; (2) entwickeln keinen Ärger; (3) hegen keinen Groll (4) sind bereit zu helfen, selbst wenn sie geschädigt wurden; (5) sind bereit, sich mit denen zu versöhnen, die ihnen geschadet haben; (6) freuen sich niemals über das Leiden anderer; (7) empfinden starke Scham und Reue gegenüber der Ungeduld; (8) empfinden ausgeprägtes Mitgefühl und (9) sind frei von Anhaftung an den Begierdebereich.

KAPITEL ZEHN

Freudige Anstrengung kultivieren, um Ihre Ziele zu erreichen

Auf jeder Reise besteht der Schlüssel zum Erreichen des Ziels darin, mehr Schritte vorwärts als rückwärts zu machen – eine einfache Gleichung, die auch für die spirituelle Praxis gilt. In der Erkenntnis, dass leidbringende Emotionen wie Ärger und Hass uns nur in die falsche Richtung schicken, schulen wir uns in der *Vollkommenheit der Geduld*. Dies unterbricht den Fluss unserer gewohnheitsmäßigen Negativität und gibt uns die Möglichkeit, tugendhafte Neigungen zu entwickeln. Wenn wir uns richtig anstrengen, beginnt die Tugend die Oberhand zu gewinnen, und der Schwung unserer Praxis verlagert sich zu unseren Gunsten.

Die Energie, die benötigt wird, um diesen Wandel zu bewirken, wird durch die Praxis der *Vollkommenheit der freudigen Anstrengung* erzeugt, die wie der Motor eines Bootes ist, der es stromaufwärts treibt. Während der Motor an Kraft gewinnt, wird unsere Gewöhnung an die Tugend verstärkt, bis sie schließlich so stark wird, dass keine Gefahr mehr besteht, zurückzufallen. Mit weniger Widerstand in unserem Geist verringert sich die Anstrengung, die wir aufbringen müssen, und während wir uns unserem Ziel nähern, wird die Tugend mühelos und entsteht natürlich und spontan.

WAS BEDEUTET FREUDIGE ANSTRENGUNG?

Bevor wir uns an einer Aktivität beteiligen, müssen wir zunächst die Absicht entwickeln, dies zu tun. Dann verstärken wir diese Absicht durch Festhalten, bis sie zu einer Handlung führt. Diese Fokussierung der Energie wird als *Anstrengung* bezeichnet und kann auf jede Art von Handlung gerichtet sein, ob tugendhaft oder nicht. Wenn wir von *freudiger Anstrengung* sprechen, beziehen wir uns auf eine ganz bestimmte Art von Anstrengung, die als Katalysator für

Verwirklichungen wirkt. Sie kann definiert werden als der *Geist, der Freude daran hat, sich anzustrengen, um Tugend zu praktizieren.*

Diese besondere Form der Anstrengung ist eine wichtige Voraussetzung für die Aufrechterhaltung ethischer Disziplin. Ohne sie wird die spirituelle Praxis schwierig und es fehlt die notwendige Überzeugung, um Verwirklichungen zu erlangen. Es gibt zwei Aspekte der freudigen Anstrengung, mit denen wir uns vertraut machen müssen:

1. **Freude empfinden:** Der erste Aspekt ist ein Glücksgefühl, das sich aus der Anstrengung des Praktizierens ergibt. Diese Freude kommt aus dem Verständnis der Natur der eigenen Praxis und dem Nutzen, den sie bringen wird. Wenn wir sehen, dass unsere Handlungen wirklich außergewöhnliche Ergebnisse hervorbringen können, werden wir von einem Gefühl der Zufriedenheit und des Glücks erfüllt. Dieses Gefühl ist wichtig, um unseren Wunsch zu stärken, die Handlung in Zukunft zu wiederholen. Fehlt dieses Gefühl, kann sich unsere Praxis langweilig oder ermüdend anfühlen.

2. **Streben nach Tugend:** Der zweite Aspekt ist das Bemühen, Tugend zu praktizieren. In diesem Zusammenhang bezieht sich Tugend auf jede Handlung, die auf authentischer Weisheit beruht. Durch die Kultivierung von Tugend beseitigen wir die Unwissenheit und bringen uns der Realität näher. Indem wir uns bemühen, Tugend zu praktizieren, konzentrieren wir unsere Energie auf die Ursachen von wahrem Glück und schaffen so die Voraussetzungen dafür, dass Freude entstehen kann.

Wenn beide Aspekte in unserer Praxis präsent sind, energetisieren wir unseren Geist effektiv und schaffen eine positive Rückkopplungsschleife. Je mehr wir uns anstrengen, desto mehr Freude erleben wir, und je mehr Freude wir erleben, desto mehr Anstrengung unternehmen wir. Diese Feedback-Schleife erzeugt eine Dynamik, durch die der Geist seine gewohnheitsmäßige Tendenz zur Unwissenheit überwinden kann.

Wie wir die von uns erzeugte Energie nutzen, ist ein entscheidender Bestandteil für eine erfolgreiche Praxis. Da wir wissen, dass jede Aktivität, die wir ausüben, uns sowohl körperlich wie auch geistig erschöpft, müssen wir geschickt entscheiden, wo wir unsere Zeit und unsere Anstrengungen investieren. Die Schulung in freudiger Anstrengung ist speziell darauf ausgerichtet, unsere Energie auf tugendhafte Aktivitäten zu lenken, und zwar auf eine selbsttragende Art und Weise, die uns nicht nur dazu motiviert, mehr zu praktizieren, sondern auch dazu beiträgt, unser Interesse aufzufrischen und unser Engagement aufrechtzuerhalten.

GRÜNDE, DIE VOLLKOMMENHEIT DER FREUDIGEN ANSTRENGUNG ZU PRAKTIZIEREN

Das größte Hindernis für die Kultivierung freudiger Anstrengung ist *Faulheit*. Dies ist die Eigenschaft des Geistes, die an untugendhaften Aktivitäten hängt. Da wir unsere Unwissenheit unzählige Leben lang aufrechterhalten haben, sind wir zutiefst an Aktivitäten gewöhnt, die uns entweder daran hindern, Tugend zu kultivieren, oder die verblendete Denkweisen aktiv verstärken. Diese Situation ist vergleichbar mit dem Feststecken im Treibsand, der uns fesselt, gefangen hält und uns langsam nach unten zieht und uns leiden lässt.

Wenn wir mit dem Praktizieren beginnen, äußert sich die Faulheit in allen möglichen Ausreden, die uns davon abhalten, überhaupt anzufangen. Es ist ein Geist, der zögert und die Praxis aufschiebt, bis sich die Bedingungen in irgendeiner Weise verbessern. Wenn wir zum Beispiel eine Familie großziehen, reden wir uns vielleicht ein, dass wir bei all dem, was für die Kinder zu tun ist, keine Zeit mehr zum Üben haben. Oder wir haben einen anspruchsvollen Job und denken, dass wir die Zeit zum Üben finden werden, wenn wir genug Geld verdient haben, um es uns gut gehen zu lassen. Was auch immer die Ausrede ist, das Endergebnis ist, dass wir das Potenzial für die Praxis in jedem Moment unserer Erfahrung nicht sehen. Wenn wir den Weg des geringsten Widerstands gehen, verhalten wir uns der Welt gegenüber weiterhin so, wie wir es schon immer getan haben, und verpassen so das Potenzial.

Durch die Schulung in freudiger Anstrengung konzentrieren wir uns auf den Nutzen des Praktizierens von Tugend und entwickeln das starke Bestreben, unsere Grenzen zu überwinden. Unterstützt durch die Kraft des Bodhicitta entwickeln wir die Entschlossenheit, unser Bestes zu geben. Auch wenn unsere Umstände nicht perfekt sind, nehmen wir doch die zahlreichen Gelegenheiten zum Praktizieren wahr und erkennen, dass Nichtstun keinen Nutzen bringt.

Sobald wir unseren anfänglichen Hang zum Aufschieben beim Praktizieren überwunden haben, manifestiert sich die Faulheit in Form von *Langeweile*, d. h. der Geist ist mit den gegenwärtigen Bedingungen unzufrieden und sehnt sich nach Veränderung. Sie entsteht vor allem durch die Art unserer Schulung, denn um unseren Geist an die Tugend zu gewöhnen, müssen wir immer wieder üben, bis sie uns zur zweiten Natur wird. Diese Wiederholung kann dazu führen, dass der ungezähmte Geist unruhig wird, und wenn es dem Geist an Stabilität mangelt, sucht er nach Aktivitäten, die ihn anregen. Viele Menschen vertreiben sich die Langeweile zum Beispiel mit Essen, Fernsehen, Musikhören oder Treffen mit Freunden. Was auch immer die Ablenkung ist, diese Form der Faulheit unterbricht die Kontinuität unserer Praxis und hindert uns daran, Verwirklichung zu erreichen. Anstatt in die Tiefen unserer Erfahrung vorzudringen, sitzen wir an der Oberfläche und treten auf der Stelle, was dazu führt, dass unsere Praxis schwach und instabil wird und wir sie leicht aufgeben können, wenn die Bedingungen schwierig werden.

Wenn wir durch die Schulung in freudiger Anstrengung Ausdauer entwickeln, stärken wir aktiv unsere Verbindung zur Tugend und steigern unsere positiven Eigenschaften. Es sind diese Qualitäten, die unserem Geist Freude bringen und es sind die vorläufigen Errungenschaften, die uns helfen, Vertrauen zu gewinnen und zu spüren, dass Transformation möglich ist. Sobald wir bemerken, dass wir ein wenig liebevoller, mitfühlender oder disziplinierter sind, werden wir ermutigt, weiter zu praktizieren. Die Freude an diesem Prozess lenkt unsere Aufmerksamkeit von unseren negativen Gewohnheiten ab, lässt uns mit Enthusiasmus auf unsere Ziele hinarbeiten und gibt uns die Chance, tugendhafte Gewohnheiten zu entwickeln und auf dem Pfad voranzukommen.

Jede Aktivität, bei der es darum geht, die Bedingungen für eine zukünftige Erfahrung zu schaffen, erfordert naturgemäß Ausdauer, um sie abzuschließen. Komplexe Aktivitäten erfordern viel Zeit und Mühe, da sie viele „bewegliche Teile" beinhalten, die richtig platziert werden müssen, bevor das Endergebnis erreicht werden kann. Dies erfordert die Fähigkeit, die Entschlossenheit von Beginn bis zum Ende durchzuhalten. Die größte Herausforderung dabei ist die Faulheit, die sich in Form von Selbstzweifeln und Entmutigung äußert. Je länger der Prozess dauert, desto schwieriger ist es für den Geist, seine Absicht aufrechtzuerhalten, und wenn wir unser Ziel aus den Augen verlieren, geben wir die Tätigkeit auf, bevor sie abgeschlossen ist.

Freudige Anstrengung hält uns konzentriert und hilft uns, diese Arten von Faulheit zu vermeiden. Anstatt nur Teile unvollständiger Verwirklichungen anzusammeln, entwickeln wir eine Dynamik, die uns bis zur Vollkommenheit jeder Qualität tragen kann. Dies wird erreicht, indem wir geschickt mit kurzfristigen Aktivitäten arbeiten, die zu langfristigen Zielen beitragen. Indem wir kleine Schritte machen, bleiben wir aufmerksam für die Gegenwart und verzetteln uns nicht in dem, was in der Zukunft kommen könnte. Unser Ziel ist es, uns daran zu gewöhnen, das zu beenden, was wir beginnen, unabhängig vom Umfang der Aufgabe. Während wir Fortschritte machen, entwickelt sich dann die Zuversicht, dass wir eines Tages unser endgültiges Ziel, die Erleuchtung, erreichen werden.

Auf diese Weise ist die Beharrlichkeit der freudigen Anstrengung eine grundlegende Qualität am Anfang, in der Mitte und am Ende unserer Praxis. Sie ist der Faden, der alle unsere Handlungen auf dem Pfad miteinander verknüpft, der die Grundlage mit dem Ergebnis verbindet und es ermöglicht, unser größtes Potenzial zu manifestieren. Wenn wir uns eifrig bemühen, diese eine Qualität zu vervollkommnen, manifestieren sich alle anderen Qualitäten ganz natürlich als Ergebnis unserer Praxis.

DIE UNTERTEILUNGEN DER FREUDIGEN ANSTRENGUNG

Die einzige Möglichkeit, der Faulheit entgegenzuwirken, besteht darin, Ausdauer zu kultivieren, indem wir einen Widerstand gegen die Faulheit und eine Anziehung zum Praktizieren der Tugend entwickeln. Da sich das Zweite natürlich aus dem Ersten ergibt, werden wir die drei Arten der Beharrlichkeit untersuchen, die wir brauchen, um unsere Faulheit zu unterdrücken und zu beseitigen: (1) rüstungsgleiche Beharrlichkeit, (2) Beharrlichkeit des richtigen Verhaltens und (3) Beharrlichkeit des ständigen Enthusiasmus. Diese Arten der freudigen Anstrengung bieten eine Grundlage, um den Fluss unserer gewohnheitsmäßigen Tendenzen umzukehren, und ermöglichen uns ein schnelles Vorankommen auf dem Pfad.

Rüstungsgleiche Beharrlichkeit

Bodhisattvas werden manchmal auch als *mitfühlende Krieger* bezeichnet, weil sie gegen ihren selbstbezogenen Geist und dessen Armee von Verblendungen kämpfen. Sie sind innere Krieger, die erkennen, dass die wahren Feinde im Geist liegen, und deshalb ihr Leben der Dharmapraxis widmen. Sie sind unermüdlich, voller Mut und lassen nie von ihrer Entschlossenheit ab, den fühlenden Wesen dauerhaften Nutzen zu bringen.

Die Verwendung einer Ausdrucksweise, die sich auf Krieg, Kampf und Feinde bezieht, mag wie eine unnötige Analogie erscheinen, die dem mitfühlenden Verhalten der Bodhisattvas und ihrem Wunsch nach Frieden und Harmonie widerspricht. Es ist zwar richtig, dass wir einen gleichmütigen Geist der Liebe für alle fühlenden Wesen kultivieren sollten, aber wir sollten auch niemals die Kraft von leidbringenden Geisteshaltungen wie Hass, Anhaftung oder Unwissenheit akzeptieren oder unterschätzen. Sie sind die eigentlichen Ursachen für das Leiden aller Wesen, und wenn sie nicht direkt bekämpft werden, werden sie uns weiterhin an die zyklische Existenz binden. Aus der Weisheit heraus, die den Schaden sieht, den wir als Ergebnis unserer Verblendungen ertragen, müssen wir alles in unserer Macht Stehende tun, um sie zu bekämpfen und zu beseitigen.

Die erste Art der Beharrlichkeit entspringt dieser kämpferischen Entschlossenheit, niemals aufzugeben, bis alle fühlenden Wesen vom Leiden befreit sind. Um dies zu entwickeln, müssen wir unserem Geist ein Gefühl der Dringlichkeit geben und unseren Wunsch stärken, Erleuchtung zu erlangen. In Zeiten des Krieges geht es um Leben und Tod, und die Menschen tun alles Notwendige, um zu überleben. Unglücklicherweise, ohne zu erkennen, wo die wahren Feinde liegen, bringen sie sich am Ende gegenseitig um und verursachen unvorstellbares Leid für sich selbst. Bodhisattvas haben die gleiche Bereitschaft zu kämpfen, aber sie richten ihre ganze Energie auf die wahre Quelle des Konflikts. Es herrscht kein Zorn gegenüber irgendjemandem, kein Wunsch, anderen zu schaden, sondern nur die Stärke des Geistes, der nicht aufgibt, ungeachtet der aufkommenden Schwierigkeiten, die man ihm zufügt. Diese Art

Manjuvajra – Der Große Kalachakrapada, der sich mit Ausdauer für die Rückgewinnung der Kalachakra-Lehren aus Shambala einsetzte

von Entschlossenheit schafft eine Rüstung, die uns angesichts von Widrigkeiten schützt und uns eine größere Fähigkeit verleiht, unsere Handlungen zu vollenden und unsere Ziele zu erreichen. Dies wird als *rüstungsgleiche Beharrlichkeit* bezeichnet.

Wir können diese Art von Ausdauer an weltlichen Beispielen wie olympischen Sportler/innen, wissenschaftlichen Forscher/innen oder Unternehmer/innen erkennen. Sie setzen sich ehrgeizige und herausfordernde Ziele, die sie für wichtig halten, und lassen sich durch die harte Arbeit und die lange Zeit, die für die Verwirklichung ihrer Träume erforderlich ist, nicht entmutigen. Diejenigen, die solche Bedingungen als die Natur ihres Ziels akzeptieren können, haben die besten Aussichten auf Erfolg. Sie halten an ihrem Wunschergebnis fest und lassen sich durch nichts davon abbringen. Wenn eine solche Entschlossenheit für weltliche Aktivitäten entwickelt werden kann, stellen Sie sich den Nutzen vor, wenn man sie auf das Erreichen der Erleuchtung ausrichtet.

Der Schlüssel zur Entwicklung einer solchen Entschlossenheit liegt darin, eine klare Vision davon zu haben, warum die Erleuchtung notwendig ist, und tief über Bodhicitta nachzudenken, um es zum treibenden Prinzip in unserem Leben zu machen. Das bedeutet nicht, dass wir Mönche oder Nonnen werden müssen, die in abgelegenen Einsiedeleien leben, sondern einfach, dass wir uns bemühen müssen, unser Bodhicitta in jede unserer Handlungen einzubringen. Wir sollten jede Herausforderung wie ein Sprungbrett betrachten, das uns unserem Ziel näher bringt, ganz gleich, wie lange es dauert, ganz gleich, wie unüberwindbar die Hindernisse erscheinen mögen, wir sollten niemals aufgeben. Wir haben keine Wahl, wir müssen für unsere Freiheit kämpfen.

Der Zweck der Kultivierung dieser mutigen Denkweise ist es, der Entmutigung entgegenzuwirken, die entstehen kann, wenn wir das enorme Ausmaß dessen bedenken, was die Erleuchtung mit sich bringt. Die Schriften sprechen von drei zahllosen Äonen, um das notwendige Verdienst und die Weisheit anzusammeln, die zum Erreichen der Buddhaschaft erforderlich sind. Sie sprechen auch von der unendlichen Anzahl von fühlenden Wesen, die ständig leiden. Beide Aussagen können überwältigende Gefühle der Entmutigung hervorrufen, doch was ist die Alternative? Wenn wir nichts tun, werden wir garantiert weiter leiden, so wie wir es seit anfangsloser Zeit getan haben. Wenn wir uns aber bemühen, die Erleuchtung zu erlangen, arbeiten wir zumindest auf eine Zukunft hin, in der sich wahrer Frieden und Harmonie manifestieren können. Wie klein der Schritt auch sein mag, solange er in die richtige Richtung geht, können wir zuversichtlich sein, dass wir eines Tages an unserem Ziel ankommen werden.

Akzeptieren wir die eingeschlagene Reise, ist es viel nützlicher, sich auf die täglich erzielten Erfolge zu konzentrieren, anstatt sich um alles Unerledigte zu sorgen. Jede Person, der wir helfen, jede Minute, die wir meditieren, jeder tugendhafte Gedanke, jeder Aspekt unserer Praxis wird zu einer Grundlage für die Entwicklung von Freude. Auf diese Weise kann ein/e Bodhisattva voller Glück und Zufriedenheit durch das Leben gehen. Auch wenn es zweifellos Schwierigkeiten und Mühen geben wird, sind auch diese ein wichtiger Teil der Reise. Wenn wir uns auf den Prozess einlassen, kann uns nichts davon abhalten, unser Ziel zu erreichen.

Lassen Sie sich niemals von der Tiefgründigkeit, der benötigten Zeit oder der Größe Ihres Ziels entmutigen. Vergleichen Sie es mit den Erzählungen über die großen Lehrer/innen, Buddhas und Bodhisattvas und zweifeln Sie nicht an Ihrer Fähigkeit, dasselbe wie sie zu erreichen. Sie alle wurden zu diesen großen Wesen, indem sie Fleiß und Beharrlichkeit beibehielten. Auch wenn wir vielleicht noch nicht auf ihrer Ebene stehen, als ihre Schüler/innen bleibt uns keine Wahl, außer ihrem Vorbild zu folgen. So wie sie mit großen Schwierigkeiten konfrontiert waren, werden auch wir ähnliche Kämpfe erleben, von denen wir uns ebenfalls erholen können.

In diesem Moment haben wir eine kostbare menschliche Geburt gefunden, wir sind einem/r authentischen spirituellen Lehrer/in begegnet und wir erhalten deren Kernunterweisungen. Jetzt, wo wir diese unglaubliche Gelegenheit haben, Dharma tatsächlich praktizieren zu können, sollten wir alle Mühen auf uns nehmen, ja sogar unser Leben dafür riskieren, anstatt uns entmutigen zu lassen oder das Vertrauen zu verlieren.

Die Beharrlichkeit des rechten Verhaltens

Die zweite Art der Beharrlichkeit bezieht sich darauf, wie wir das Praktizieren unserer Disziplin aufrechterhalten. Wie wir bereits erwähnt haben, sind alle

Praktiken des Pfades in den drei Schulungen enthalten: (1) Zurückhaltung von Untugend, (2) Kultivierung von Tugend und (3) Nutzen für andere. Um unsere Ziele zu erreichen, müssen wir daher das entwickeln, was als *Beharrlichkeit im rechten Verhalten* bekannt ist, was einfach die Gewöhnung an tugendhafte Aktivitäten ist. Diese Art der Beharrlichkeit wird durch die Kultivierung von drei Arten des Fleißes erreicht:

1. **Beharrlichkeit, leidbringende Emotionen zu vermeiden:** Die Verblendungen sind die Grundursache unseres Leidens und deshalb müssen wir alles tun, um zu verhindern, dass sie unseren Geist beherrschen. Durch den Einsatz von Wachsamkeit und Achtsamkeit halten wir ständig Wache, um zu verhindern, dass die Verblendungen entstehen. Diese Haltung ähnelt einem Wachmann, der ein kostbares Juwel beschützt, der wachsam bleiben muss und keinen Moment ruht.

2. **Beharrlichkeit, Tugend zu erreichen:** Um Tugend erfolgreich zu kultivieren, müssen wir uns in fünf Qualitäten schulen: (1) Wir müssen uns *beharrlich* anstrengen, indem wir wiederholt tugendhafte Handlungen mit Körper, Rede und Geist ausführen; (2) wir müssen *mit Hingabe* praktizieren, indem wir sofort mit Freude und Inspiration handeln und die sich bietenden Gelegenheiten in vollem Umfang nutzen; (3) wir müssen *unerschütterlich* in unserer Entschlossenheit sein, alle Schwierigkeiten zu überwinden, die sich aus der Praxis ergeben; (4) wir müssen uns *anstrengen, ohne zurückzublicken*, ungeachtet wie schwierig die Situation auch werden mag; und (5) wir müssen *frei von Arroganz sein* und dürfen in Bezug auf unsere Praxis nicht hochmütig werden.

3. **Beharrlichkeit zum Wohle der fühlenden Wesen:** Die Wurzel allen Glücks ist der Geist, der andere wertschätzt. Um unseren Wunsch zu erfüllen, ihnen Nutzen zu bringen, sollten wir eine Form von Fleiß kultivieren, die ständig auf die Bedürfnisse anderer achtet und nach Möglichkeiten sucht, ihnen zu helfen, wo immer wir können. Manchmal bedeutet dies direkt zu handeln, indem wir fühlenden Wesen durch Wohltätigkeit helfen, ein andermal bedeutet es indirekt zu handeln, um die Qualitäten zu kultivieren, durch die wir in Zukunft mehr Menschen nutzen können.

Es ist leicht, ein ganzes Menschenleben zu verschwenden, indem man weltlichen Aspekten den Vorrang gegenüber der Dharmapraxis einräumt. Oft nehmen wir uns vor zu praktizieren und erfinden immer neue Ausreden, das auf den nächsten Tag zu verschieben. Dann wachen wir eines Tages auf und stellen fest, dass wir nicht mehr in der Lage sind, den Dharma richtig zu praktizieren. Die ständige „Geschäftigkeit", die uns in sich wiederholenden weltlichen Aktivitäten gefangen hält, ist eine Form der Faulheit, die uns nach falschen oder verzerrten Prioritäten handeln lässt. Die Beharrlichkeit des rechten Verhaltens ist das Gegenmittel für diese Art von Faulheit.

Daher sollten wir versuchen, weltliche Aktivitäten aufzugeben und noch heute aktiv zu werden. Wir sollten unser Bestes geben und uns bemühen, unsere Selbstbezogenheit zu reduzieren und den Menschen um uns herum zu dienen. Sobald wir diesen Wunsch, zu praktizieren, verspüren, sollten wir nicht zögern oder uns von Faulheit überwältigen lassen, sondern sofort mit dem Dharma zu arbeiten beginnen!

Die Beharrlichkeit des ständigen Enthusiasmus

Die letzte Art der Beharrlichkeit lässt sich am einfachsten als ständiger Hunger nach dem Praktizieren des Dharma beschreiben. Sie ist bekannt als die *Beharrlichkeit des ständigen Enthusiasmus*, weil sie unser Verlangen antreibt, Verdienst und Weisheit anzusammeln. Es ist ein Geist, der immer danach strebt, mehr Dharmawissen zu erwerben, weitere Tugenden zu kultivieren und größere Verwirklichungen zu erreichen.

Nachdem wir diese Beharrlichkeit verinnerlicht haben, geben wir uns nicht mehr damit zufrieden, ein paar kleine gute Taten zu machen, wie kurze Retreats oder einige Gebete. Ein Teil unseres Geistes denkt immer an die nächste Praxis oder die nächste gute Tat, und wir haben niemals das Gefühl, genug getan zu haben. Wir dürfen zu keiner Zeit selbstgefällig werden, denn bis der Zustand der Erleuchtung erreicht ist, müssen vergangene negative Handlungen und Neigungen noch beseitigt und heilsame Qualitäten gestärkt werden. Wir sollten stattdessen daran arbeiten, unsere Praxis kraftvoll, gewissenhaft und beständig zu machen, genau wie die Wellen eines großen Ozeans, die das Boot ans Ufer tragen.

Intelligenz allein reicht zwar nicht aus, um unsere Ziele zu erreichen, aber wenn sie von freudiger Anstrengung begleitet wird, schafft sie die Voraussetzungen für außergewöhnliche Praktizierende. Indem wir uns bemühen, den Dharma zu verstehen und angesichts von Schwierigkeiten durchzuhalten, wird sich allmählich Freude entwickeln und die Schwierigkeiten werden auf natürliche Weise nachlassen.

WIE MAN FREUDIGE ANSTRENGUNG PRAKTIZIERT

Die Schulung in freudiger Anstrengung basiert auf der Arbeit mit den Bedingungen, die unseren Wunsch, Tugend zu praktizieren, beeinflussen. Wenn wir erfolgreich die Bedingungen beseitigen, die unsere Praxis behindern und die unterstützenden Bedingungen ansammeln, üben wir ganz natürlich die erforderliche Anstrengung aus, um das Praktizieren aufrechtzuerhalten.

Denken Sie daran, dass Ausdauer und Fleiß geistige Phänomene sind, und weil sie im Geist entstehen, konzentriert sich die Schulung darauf. Äußere Bedingungen tragen zwar zu unserer Fähigkeit zu praktizieren bei, sind aber immer zweitrangig. Die primären Bedingungen sind die geistigen Faktoren, mit denen wir in der Meditation arbeiten.

Beseitigung ungünstiger Bedingungen

Wie wir in diesem Kapitel besprochen haben, ist Faulheit das Haupthindernis für die Aufrechterhaltung unserer Praxis. Sie kann sich auf drei Arten manifestieren: (1) die Faulheit des Aufschiebens, (2) die Faulheit der Ablenkung und (3) die Faulheit der Entmutigung. Für jede dieser Arten von Faulheit müssen wir spezifische Gegenmittel anwenden.

Die Faulheit des Aufschiebens

Aufschieben tritt auf, wenn wir trotz des Wissens um den großen Nutzen der Dharmapraxis in diesem Moment nicht praktizieren wollen. Wir schieben unsere Praxis auf, um uns um etwas zu kümmern, das wir für dringender oder wichtiger halten. Im Wesentlichen entsteht dies, weil wir dem Praktizieren keine

Priorität einräumen und fälschlicherweise denken, genug Zeit zu haben und es daher vernünftig ist, es auf später zu verschieben.

Das Gegenmittel gegen diese Art von Faulheit ist die Meditation über Unbeständigkeit. Eine ausführlichere Darstellung dieses Themas finden Sie in Band Eins dieser Reihe, aber wir können das Material in drei grundlegende Kontemplationen zusammenfassen:

1. **Entwickeln Sie die Gewissheit, dass Sie definitiv sterben werden:** In diesem Moment haben Sie einen kostbaren menschlichen Körper, der das Ergebnis des Zusammentreffens vieler verschiedener Ursachen und Bedingungen ist. Wenn sich diese Bedingungen trennen, kann Ihr Leben nicht mehr aufrechterhalten werden und Sie werden sterben. Niemand kann dem Tod entkommen, und von dem Moment an, in dem wir geboren werden, nähern wir uns diesem unvermeidlichen Moment. Geben Sie daher den Gedanken auf, dass Sie unbesiegbar sind, und widmen Sie sich der Dharmapraxis.

2. **Die Ungewissheit, wann Ihr Tod eintreten wird:** Auch wenn wir die Gewissheit unseres Todes akzeptieren, haben wir keine Ahnung, wann er eintreten wird. Der Tod kann jeden Moment eintreten. Welche Garantie haben Sie also, dass Sie nicht heute sterben werden? Unser Körper ist äußerst zerbrechlich und fast alles kann zu einer Ursache werden, unser Leben zu beenden. Wenn wir nicht auf den Eintritt unseres Todes vorbereitet sind, versäumen wir die Chance, den Prozess für die Praxis zu nutzen, und werden stattdessen vom Leiden verzehrt. Wir sollten daher die wenige Zeit, die uns noch bleibt, nicht verschwenden und sofort Dharma praktizieren.

3. **Erkennen Sie, dass nur der Dharma Ihnen zum Zeitpunkt des Todes helfen wird:** Wenn der Tod eintritt, werden Sie von allem in diesem Leben getrennt werden. All Ihre Besitztümer, Ihre Freund/innen und Familie, sogar Ihr kostbarer Körper werden verloren gehen. Nichts von dem, was Ihnen lieb und teuer ist, wird Ihnen nach dem Tod von Nutzen sein. Die einzigen Dinge, die in Ihr nächstes Leben mitgenommen werden, sind die karmischen Neigungen, die Sie in Ihrem Geist geschaffen haben. Zögern

DIE ENTHÜLLUNG DER INNEREN WAHRHEIT

Sie und verbringen Ihre Zeit damit, Untugend zu kultivieren, werden Sie großes Leid erfahren; wenn Sie sich jedoch dem Dharma widmen, werden Sie Ihr Glück in diesem und in zukünftigen Leben sicherstellen. Es sollte für Sie nichts Wichtigeres geben als das Praktizieren des Dharma.

Je mehr wir über diese Punkte nachdenken, desto weniger Anziehungskraft haben weltliche Belange auf uns. Dann entwickelt sich eine intensive Angst, dieses Leben zu vergeuden, die unserer Faulheit entgegenwirkt und uns antreibt, unsere gegenwärtigen Bedingungen voll auszunutzen. Wir sollten das Gefühl pflegen, dass dieses Leben unglaublich kostbar und selten ist, angefüllt mit wirklich außergewöhnlichen Gelegenheiten. Wie eine Person unter extremem Termindruck haben wir keine Zeit zu verschwenden.

Die Faulheit der Ablenkung

Ablenkung entsteht durch Anhaftung an Sinnesfreuden. Da wir unser Potenzial für dauerhaftes, wahres Glück nicht erkennen, schenken wir nur den Dingen Aufmerksamkeit, die uns vorübergehende Befriedigung bringen. Diese eingeschränkte Sichtweise hindert uns daran, ein höheres Ziel anzustreben und verzehrt unser Leben mit sinnlosen Aktivitäten. Wir mögen annehmen, dass wir die Ursachen für unser Glück schaffen, aber in Wirklichkeit sind sie die Ursachen für zukünftiges Leiden, und dieser grundlegende Fehler lenkt uns von der Dharmapraxis ab und bindet uns an die zyklische Existenz.

Das Gegenmittel gegen diese Art von Faulheit besteht darin, über die leidvolle Natur der zyklischen Existenz nachzudenken und das Potenzial des Geistes ernsthaft zu betrachten. Wenn wir über die Ergebnisse des Praktizierens des Dharma meditieren, finden wir keinen Grund, uns so sehr auf vorübergehende Vergnügungen zu fixieren. Mit einer umfassenderen Sichtweise können wir den großen Nutzen des Strebens nach wahrem Glück erkennen.

Je intensiver wir uns mit dem Studium vertraut machen, wie der Grund, der Pfad und das Ergebnis zur Erleuchtung führen können, desto mehr Vertrauen und Kraft bringen wir in unsere Überzeugung und Praxis ein. Ein solches Vertrauen hält uns auf unser Ziel fokussiert und verhindert, dass wir uns von Ablenkungen abhalten lassen.

Die Faulheit der Entmutigung

Selbstzweifel ist eine subtile Art von Faulheit, die unsere Bemühungen hemmt, bevor wir überhaupt anfangen. Die Ursache dafür ist ein mangelndes Gewahrsein unseres Potenzials. Wenn wir von den unglaublichen Ergebnissen der Dharmapraxis hören, vergleichen wir sie oft mit unseren eigenen gegenwärtigen Bedingungen, und für viele ist es schwer vorstellbar, jemals die Vollkommenheit der Buddhas erreichen zu können. Das Ziel ist weit entfernt und der Weg scheint voller unüberwindlicher Hindernisse zu sein, sodass es kein Wunder ist, dass wir so leicht entmutigt werden.

Wenn wir diese Art von Zweifel hegen, kann es unseren Geist schnell dazu veranlassen, Bodhicitta aufzugeben. Das Gegenmittel, um diese Art von Faulheit zu vertreiben, ist die Kontemplation über die Natur der drei Arten von Entmutigung, die üblicherweise auftreten:

1. **Entmutigung über das Ziel:** Der Zweifel an der eigenen Fähigkeit, Erleuchtung zu erlangen, erfordert die Meditation über die Buddhanatur. Der Buddha lehrte, dass jedes einzelne fühlende Wesen die Natur besitzt, ebenfalls ein Buddha zu werden, und somit sind auch Sie Teil dieser Buddhafamilie. Sie haben also genau die gleiche Grundlage, die durch das Praktizieren des Pfades gereinigt werden kann, um genau das gleiche Ergebnis zu erzielen. Alles, was Sie brauchen, ist die Anstrengung, Tugend zu praktizieren, damit Sie definitiv die vollständige Erleuchtung erlangen werden.

2. **Entmutigung bezüglich der Mittel zur Erreichung des Ziels:** Sie müssen nicht nur Vertrauen in Ihre eigenen innewohnenden Fähigkeiten entwickeln, sondern auch in Ihre Fähigkeit, den Pfad zu gehen. Dies kann geschehen, indem Sie über das Leiden meditieren, das Sie im Zusammenhang mit weltlichen Aktivitäten ertragen haben. Denken Sie an alles, was Sie in diesem Leben und in den zahllosen Leben davor durchgemacht haben, und was Sie dafür vorzuweisen haben. Jetzt, da Sie diese unglaubliche Gelegenheit haben, den Dharma zu praktizieren und die Ursachen für wahres Glück zu schaffen, sollten Sie es nicht wenigstens versuchen? Obwohl es anfangs schwierig sein wird, wird es mit der Zeit

leichter werden, und durch harte Arbeit und Entschlossenheit werden Sie zweifellos auf dem Pfad vorankommen.

3. **Entmutigung darüber, grenzenlose Wiedergeburten annehmen zu müssen:** Diese Art von Entmutigung entsteht, wenn wir fälschlicherweise glauben, dass Bodhisattvas die Leiden von Samsara für unzählige Äonen ertragen müssen. Es stimmt zwar, dass Bodhisattvas so lange Wiedergeburten wählen, bis alle fühlenden Wesen von Leiden befreit sind, aber das bedeutet nicht, dass sie selbst leiden. Wie die großen Arhats des Grundlagenfahrzeugs haben die Arya-Bodhisattvas ihre leidvollen Tendenzen vollständig abgetrennt und können daher in Samsara verweilen, ohne davon betroffen zu sein. Wenn man das versteht, spielt es keine Rolle, wie lange sie in Samsara verweilen müssen; es genügt zu wissen, dass sie den fühlenden Wesen nützen.

In all diesen Situationen können wir sehen, dass Entmutigung aus unserer Unwissenheit in Bezug auf einen Aspekt unserer Erfahrung resultiert. Aus diesem Grund besteht ein allgemeines Gegenmittel zur Beseitigung der Faulheit der Entmutigung darin, sich die Mühe zu machen, den Pfad zu studieren und ein kristallklares Gewahrsein dafür zu entwickeln, wie alle Teile zusammenpassen. Auf diese Weise wissen wir genau, was wir zu einem bestimmten Zeitpunkt tun, sodass wir nicht der Entmutigung nachgeben.

Günstige Bedingungen schaffen

Sobald wir die verschiedenen Arten von Faulheit effektiv beseitigt haben, sind wir in einer guten Position, um wirklich große Mengen an Verdienst zu erzeugen. Die Kultivierung der folgenden vier tugendhaften Eigenschaften kann uns bei diesen Bemühungen helfen: (1) Bestreben, (2) Standhaftigkeit, (3) Freude und (4) Verzicht. Diese Eigenschaften geben uns die Kraft, angesichts von Schwierigkeiten durchzuhalten, und schaffen eine solide Grundlage für unsere Praxis.

Die Kraft des Bestrebens

Jegliches Handeln beginnt mit Verlangen. Wenn wir von Verlangen sprechen, meinen wir normalerweise etwas, das wir wegen seines potenziell schädlichen

Charakters vermeiden wollen. In diesem Zusammenhang beziehen wir uns jedoch auf unseren Wunsch, Tugend zu praktizieren, der als *Bestreben* bekannt ist. Solange wir uns auf unserem spirituellen Weg befinden, sind Bestrebungen ein wesentlicher Teil unserer Praxis, denn sie bewegen uns in die richtige Richtung.

Ein starkes Bestreben, den Dharma zu praktizieren, bedeutet, dass wir aufrichtig an der Praxis interessiert sind und ihren Wert verstehen, während wir unsere Disziplin aufrechterhalten wollen. Wenn uns dieses grundlegende Bestreben fehlt, können wir in Apathie oder einen allgemeinen Mangel an Enthusiasmus abgleiten. Aus diesem Grund sollten wir über die Natur des *karmischen Gesetzes von Ursache und Wirkung* nachdenken. Wenn wir verstehen, wie Karma funktioniert, erkennen wir, auf welche Weise das individuelle Praktizieren zu unserem Erreichen der vollen Erleuchtung beiträgt. Konzentrieren wir uns auf die daraus resultierenden Vorteile, wird unser Bestreben gestärkt, bis es stark genug ist, um uns zu motivieren, tatsächlich tugendhafte Handlungen auszuführen.

Die Kraft der Standhaftigkeit

Die spirituelle Praxis verlangt von uns Entschlossenheit und *Standhaftigkeit* angesichts von Hindernissen. Selbst wenn wir ein starkes Bestreben entwickelt haben, etwas zu tun, kann es sein, dass wir bald nach dem Beginn feststellen, dass die Bedingungen nicht mehr angenehm sind und wir auf Schwierigkeiten stoßen. Das kann uns oft aus der Bahn werfen und dazu führen, dass wir aufgeben und unser Ziel ändern. Ein solches Verhalten bedeutet, dass wir immer wieder unsere Richtung ändern und folglich nur geringfügig auf dem Pfad vorankommen.

Um die nötige Standhaftigkeit zu entwickeln, können wir analysieren, ob wir in der Lage sind, eine Aktion zu Ende zu führen, bevor wir sie beginnen. Sind wir uns unsicher, ob wir sie zu Ende führen können, ist es eventuell besser, nicht damit anzufangen und uns stattdessen auf leichtere Aufgaben zu konzentrieren. Mit jeder Aufgabe, die wir zu Ende bringen, wächst unser Selbstvertrauen und gibt uns Kraft, was uns ermöglicht, größere Projekte sicher anzugehen. Die beste Art von Aktivität ist eine, die uns herausfordert und dennoch machbar ist. An etwas Unmöglichem zu arbeiten, wird am Ende nur zu einer Übung in Frustration führen. Wenn wir wissen, wofür wir unsere Energie investieren, bauen wir unsere Überzeugung auf und erreichen dadurch viel.

Die Kraft der Freude

Bewaffnet mit der Kraft des Bestrebens und der Standhaftigkeit wird es relativ einfach, unsere Energie auf tugendhafte Aktivitäten zu konzentrieren. Um diese Qualitäten zu stärken, können wir die *Freude* nutzen, d. h. den Geist, der von dem Gedanken an eine tugendhafte Tätigkeit begeistert und mit Vergnügen erfüllt ist, wenn er diese Handlungen ausübt. Dieses glückselige Gefühl schafft einen unersättlichen Geist, der motiviert ist, kontinuierlich zu praktizieren. Diese Unersättlichkeit gibt uns Enthusiasmus und lässt uns immer wieder zur Praxis zurückkommen, um mehr zu tun.

Während die Anhaftung an weltliches Vergnügen ein Hindernis für die Praxis darstellt, wirkt das starke Verlangen nach der Freude, die aus der Tugend entsteht, als Unterstützung für das Erreichen der Erleuchtung. Das liegt daran, dass diese Art von Freude eine Art von wahrem Glück ist, das aus dem Handeln in Übereinstimmung mit der Realität entsteht. Da sie nicht auf Unwissenheit beruht, verbindet sie uns mit unserer tieferen Natur. Wir können die empfundene Freude verstärken, indem wir uns aktiv über jede Tugend freuen, die wir ausüben. Dies vervielfacht nicht nur die Wirkung der Tugend auf unseren Geist, sondern veranlasst uns auch dazu, dieselbe Handlung zukünftig wieder zu genießen.

Die Kraft des Loslassens

Generell geht es bei der Schulung in freudiger Anstrengung darum, sich kontinuierlich und energisch anzustrengen, wobei wir darauf achten müssen, dass wir diese Schulung auf ausgewogene Weise angehen. Wenn wir uns zu wenig anstrengen, werden wir unsere Faulheit nie überwinden, aber wenn wir uns zu sehr anstrengen, können wir uns überanstrengen, was zu körperlicher und geistiger Ermüdung führt. Die kluge Art, freudige Anstrengung zu praktizieren, besteht im Gewahrsein unseres Energieniveaus und benötigter Ruhephasen.

In den meisten Fällen ist es besser, über einen längeren Zeitraum hinweg kontinuierlich zu arbeiten als sporadisch. Versuchen Sie, jeden Tag eine gewisse Zeit an Ihrem Projekt zu arbeiten, solange bis Sie spüren, müde zu werden. Wenn Sie schlafen müssen, dann schlafen Sie, und wenn Sie essen müssen, dann essen Sie. Tun Sie alles Nötige, um Ihre Energie zu regenerieren und sich wieder klar zu konzentrieren, damit Sie Ihr Projekt schließlich fertigstellen können.

Um Ihre Zeit bestmöglich zu nutzen, ist es gut, eine Reihe von Nebenaktivitäten zu finden, die Ihnen helfen, Ihre „Batterien wieder aufzuladen". Ein Spaziergang zum Beispiel kann eine wunderbare Möglichkeit sein, sich zu bewegen und die Umgebung zu wechseln. Auch das Lesen eines Buches oder das Anhören von Unterweisungen kann sehr nützlich sein. Versuchen Sie einen Weg zu finden, um Tugend in jede Ihrer Aktivitäten einzubringen, sodass Sie selbst in der Ruhephase immer noch Ursachen für Erleuchtung schaffen. Sobald Sie Ihren Körper und Geist erfolgreich energetisiert haben, sollten Sie sofort zu Ihrer Haupttätigkeit zurückkehren. Seien Sie wachsam und vermeiden Sie, dass sich Faulheit einschleicht.

Die Absicht, sich anzustrengen

Nachdem wir die Bedingungen, die unsere Praxis behindern, beseitigt und die fördernden Bedingungen kultiviert haben, gehen wir zur Schulung in freudiger Anstrengung über, indem wir ethische Disziplin üben. Diese besteht aus zwei Aspekten: (1) zu verhindern, dass die Verblendungen den Geist beherrschen, und (2) Zerstörung der Verblendungen durch Anwendung ihrer Gegenmittel. Während der erste Aspekt die Entwicklung von Weisheit durch Studium und Reflexion betont, befasst sich der zweite hauptsächlich mit unserem Verhalten. Ohne diese beiden Aspekte werden wir nur langsam Fortschritte erzielen.

Darüber hinaus ist es wichtig, eine Disziplin zu entwickeln, die das richtige Gleichgewicht zwischen Studium und Praxis hat, ohne einen extremen Ansatz zu verfolgen, der sich zu sehr auf das eine über dem anderen konzentriert. Wenn wir unsere ganze Zeit damit verbringen, zu studieren und nie zu praktizieren, werden wir vielleicht sehr gelehrt, schaffen es aber nicht, unseren Geist zu zähmen. Das führt dazu, dass wir uns in untugendhaften Handlungen verlieren und unseren Geist mit den Ursachen für Leiden füllen. Ebenso kann es, wenn wir unsere ganze Zeit ohne Studium der Praxis widmen, zu einem Mangel an Klarheit über unsere Praxis führen, was zu Verwirrung und verminderter Wirksamkeit führt.

Den Geist durch Anstrengung gefügig machen

So wie wir jetzt sind, sind unser Geist und unser Körper unnütz. Auch wenn wir etwas Tugendhaftes tun wollen, sind wir entweder körperlich nicht dazu in der Lage oder die Macht unserer Geistesplagen überwältigt uns. Durch die Schulung in freudiger Anstrengung reinigen wir den Geist, indem wir unsere Disziplin aufrechterhalten. Dies bringt unseren Körper und unseren Geist auf natürliche Weise in Einklang, gibt uns eine größere Kontrolle über unser Tun und verleiht uns genügend Willensstärke, um in unserem Leben sinnvolle Entscheidungen zu treffen.

Zu Beginn erfordert es erhebliche Anstrengungen, um bestehende Gewohnheiten zu durchbrechen. Mit der Zeit wird die erforderliche Anstrengung geringer, da wir größere Kontrolle erlangen. Wie bei einem gut erzogenen Haustier brauchen Körper und Geist nur ein wenig Anstrengung, um das Geforderte umzusetzen. Wenn Sie beharrlich sind, werden Sie Ihren Körper und Ihren Geist vollständig beherrschen und dann ist keine Anstrengung mehr erforderlich. Sie müssen nur den Wunsch formen und Ihr Geist und Körper werden entsprechend reagieren. Das ist die Bedeutung der Vollkommenheit freudiger Anstrengung.

Zweiggelübde in Bezug auf die Vollkommenheit freudiger Anstrengung

Drei der sechsundvierzig Zweiggelübde beziehen sich auf die Schulung in freudiger Anstrengung, und ihre Essenz besteht *in dem Bestreben, seine Zeit immer tugendhaft zu nutzen.* Indem wir der Faulheit nicht nachgeben, stellen wir sicher, dass unsere Praxis weiter anwächst und sich entwickelt. Die Gelübde bestehen darin, die folgenden Verhaltensweisen zu vermeiden:

1. **Versammeln einer Anhängerschaft mit dem Wunsch nach Gewinn und Ehre:** Wenn wir einen Kreis von Anhänger/innen und anderen Menschen mit dem egozentrischen Ziel versammeln, Respekt, Ruhm, Gewinn, Lob oder Sicherheit zu erlangen, haben wir dieses Zweiggelübde gebrochen. Statt nach weltlichen Belangen zu streben, sollten unsere Anstrengungen

auf der Grundlage einer sinnvollen und tugendhaften Motivation basieren.

2. **Faulheit und dergleichen nicht beseitigen:** Zu den drei Arten von Faulheit gehören Untätigkeit, Anhaftung an nutzlosen oder negativen Handlungen und ein Mangel an Vertrauen oder Entmutigung. Sie hindern uns daran, im Rahmen unserer Möglichkeiten zu handeln. Wenn wir aufgrund von Faulheit tagsüber übermäßig viel schlafen, uns aber nicht bemühen, diese Angewohnheit zu beseitigen, dann brechen wir dieses Zweiggelübde. Bedenken Sie, dass Faulheit nicht nur Untätigkeit bedeutet, sondern auch das aktive Ausüben nutzloser oder negativer Aktivitäten, die unsere spirituelle Praxis degenerieren lassen.

3. **Sich mit Anhaftung an oberflächlichem Gerede beteiligen:** Wenn wir unsere Zeit damit verschwenden, mit Anhaftung über berühmte Menschen, Politik, Krieg, Beziehungen, Scheidungen, Verbrechen usw. zu tratschen, brechen wir dieses Gelübde. Wir sollten uns immer bemühen, unsere Rede auf sinnvolle Weise einzusetzen, um anderen Nutzen zu bringen.

Integration aller Sechs Vollkommenheiten

Die *Vollkommenheit der freudigen Anstrengung* wird durch die gleichzeitige Arbeit mit allen Sechs Vollkommenheiten erreicht: (1) für die *Großzügigkeit der freudigen Anstrengung* sollten wir freudige Anstrengung aus dem Wunsch heraus praktizieren, andere zur Kultivierung von Tugend zu inspirieren; (2) für die *ethische Disziplin der freudigen Anstrengung* sollten wir die Zweiggelübde aufrechterhalten und speziell daran arbeiten, unsere Faulheit zu überwinden; (3) für die *Geduld der freudigen Anstrengung* sollten wir uns nicht von den Schwierigkeiten entmutigen lassen, die sich aus dem Bestreben nach Fleiß ergeben; (4) für die *freudige Anstrengung der freudigen Anstrengung* sollten wir immer bemüht danach streben, den fühlenden Wesen Nutzen bringen zu können; (5) für die *meditative Konzentration der freudigen Anstrengung* sollten wir auf unsere Gewöhnung an Faulheit achten und wachsam sein, damit sie uns nicht beherrscht; und (6) für die *Weisheit der freudigen Anstrengung* sollten wir uns ständig bewusst sein, dass die Natur der Handelnden, die fleißig Handlungen ausführen, die Natur der Handlungen, die von diesen Handelnden ausgeführt werden, und die Natur des Objekts, für das die Handlungen ausgeführt werden, illusionsgleich sind, weil nichts davon inhärent, von sich aus existiert. Wenn man auf diese Weise geschickt praktiziert, wird freudige Anstrengung schnell reifen und vollkommen werden.

DIE ERGEBNISSE DER PRAXIS IN FREUDIGER ANSTRENGUNG

Ohne die Anstrengung, unsere Verdunkelungen zu beseitigen, gibt es keine Möglichkeit, erleuchtete Qualitäten zu manifestieren. Deshalb können durch die Kraft der Schulung in freudiger Anstrengung alle unsere vorübergehenden und endgültigen Ziele verwirklicht werden. Es ist die freudige Anstrengung, die die Dynamik erzeugt, die uns bis zum Ende unserer Reise tragen wird. Durch das Praktizieren von *rüstungsgleicher Beharrlichkeit* wird unser Geist frei von Entmutigung sein und angesichts aller Schwierigkeiten stark und stabil bleiben – wir werden nie müde werden, Tugend zu praktizieren. Durch die Praxis der *Beharrlichkeit in rechtem Verhalten* werden unsere leidbringenden Emotionen nachlassen, was unseren Geist beruhigt, und wir werden niemals von unserer Praxis der Tugend ablassen. Letztendlich wird die Schulung in der *Beharrlichkeit des ständigen Enthusiasmus* zu einer freudigen Erfahrung von Tugend führen, die es uns leicht macht, jederzeit zu praktizieren.

Nach Arya Asanga können Bodhisattvas, die reine freudige Anstrengung verwirklicht haben, mit den folgenden Eigenschaften beschrieben werden:

1. **Angemessen:** Bodhisattvas bemühen sich stets, die Achtsamkeit für die in ihrem Geist auftauchenden Verblendungen aufrechtzuerhalten. Sie erkennen deren Natur sofort und wenden das für die Situation am besten geeignete Gegenmittel an, um zu verhindern, dass die Verblendungen sich verstärken.

2. **Erfahren:** Bodhisattvas sind in dem Sinne erfahren, dass sie ihren Geist vollständig mit der Dharmapraxis vertraut gemacht haben. Durch kontinuierliche Anstrengung verstehen sie genau, wie sie jederzeit praktizieren

können, und zweifeln nie an ihrer Fähigkeit, dies mit Vertrauen und Entschlossenheit zu tun.

3. **Frei von Nachlässigkeit:** Bis zur Erlangung ihrer Buddhaschaft bewahren Bodhisattvas den Geist eines/r Anfänger/in und erkennen, dass es immer mehr zu lernen gibt. Sie sind weder mit ihrem Fortschritt noch mit der Tiefe ihrer spirituellen Qualitäten zufrieden und tun daher alles, um ihr Verständnis zu verbessern und zu entwickeln.

4. **Gut informiert:** In der Erkenntnis, dass Weisheit der Schlüssel zur Überwindung der Unwissenheit ist, streben Bodhisattvas danach, geistige Klarheit über alle Arten von Phänomenen zu erlangen. Sie suchen nach Quellen der Weisheit, seien es erhabene Wesen oder ihre eigenen inneren Fähigkeiten, und es gibt kein Thema, das Bodhisattvas nicht erlernen möchten.

5. **Praktizieren je nach der Situation:** Aufgrund ihres tiefgründigen und umfassenden Wissens sind sich Bodhisattvas darüber im Klaren, was sie in jedem Moment praktizieren müssen. Sie sind sich ihres Geisteszustands äußerst bewusst und wissen, was in den unterschiedlichen aufkommenden Situationen den größten Nutzen bringt. Insbesondere verstehen sie, wo sie in Bezug auf die spirituelle Entwicklung stehen, und sind daher in der Lage, gemäß einem Pfad zu praktizieren.

6. **Wahrnehmung von Zeichen:** Bodhisattvas unternehmen große Anstrengungen, um meditative Ausgeglichenheit über die Natur der Realität zu praktizieren und können in der Folge die Zeichen des ruhigen Verweilens und der besonderen Einsicht beobachten, aufrechterhalten und erreichen. Durch diese Anstrengung erkennen Bodhisattvas die Wirklichkeit, wie sie ist.

7. **Frei von Niedergeschlagenheit:** Nachdem sie ausgiebig studiert und ihren Geist durch das Nachdenken über die Bedeutung der Lehren inspiriert haben, lassen sich Bodhisattvas niemals von den Schwierigkeiten entmutigen, die durch die Dharmapraxis entstehen. Bodhisattvas erkennen das große Potenzial, das sie besitzen, streben immer nach Höherem und geben

sich nie mit unvollständigen Erkenntnissen zufrieden.

8. **Ohne Mängel:** Bodhisattvas sind bestrebt, die Bedingungen zu schaffen, um eine authentische meditative Praxis zu fördern. Dazu gehören das Bewachen der drei Tore von Körper, Rede und Geist, die Regulierung der Nahrungsaufnahme, die Achtsamkeit auf das Schlafverhalten und vieles mehr. Sie tun alles in ihrer Macht Stehende, um all ihre Handlungen auf das Erreichen von Verwirklichungen auszurichten.

9. **Ausgeglichen:** Im Wissen, dass es unmöglich ist, eine Praxis aufrecht-zuerhalten, die entweder zu intensiv oder zu lax ist, bemühen sich Bodhisattvas um ein perfektes Gleichgewicht. Sie handeln mit Umsicht, um Lustlosigkeit oder Überanstrengung zu vermeiden. Sie sind entspannt, aber ausdauernd, und setzen ihre Bemühungen kontinuierlich fort.

10. **Widmen sich der großen Erleuchtung:** Ganz gleich, welche Handlungen Bodhisattvas vornehmen, sie versäumen es nie, das entstandene Verdienst zu widmen. Dies stellt sicher, dass alle ihre Handlungen zur Ansammlung von Verdienst und Weisheit beitragen und somit die Ursachen für das Erreichen der Buddhaschaft werden.

ZUSAMMENFASSUNG

* Freudige Anstrengung ist der Geist, der Freude daran hat, sich zu bemühen, Tugend zu praktizieren. Sie besteht aus zwei Teilen: (1) dem freudigen Gefühl, das entsteht, wenn man sich auf die spirituelle Praxis einlässt, und (2) der Entschlossenheit, die die Tugend wertschätzt und danach strebt, sie sooft wie möglich zu praktizieren.

* Das Haupthindernis für freudige Anstrengung ist die Faulheit, die mit untugendhaften Aktivitäten verbunden ist. Zu Beginn lenkt sie unseren Geist ab und hindert uns daran, mit der Praxis zu beginnen. In der Mitte unterbricht sie die Kontinuität unseres Praktizierens und schwächt unsere Entschlossenheit. Am Ende entmutigt sie uns, unsere Handlungen bis zur Vollendung zu verfolgen.

* Freudige Anstrengung wirkt als Gegenmittel zur Faulheit. Zu Beginn

lenkt sie unsere Aufmerksamkeit auf den Nutzen der Praxis und hilft uns, Entschlossenheit zu kultivieren. In der Mitte hilft sie, unsere Kontinuität zu bewahren, indem sie uns Kraft gibt, Hindernisse zu überwinden. Am Ende beseitigt sie Zweifel und sorgt für das benötigte Vertrauen, um Begonnenes zu beenden.

- Es gibt drei Arten von Beharrlichkeit, die in der Schulung der freudigen Anstrengung kultiviert werden: (1) rüstungsgleiche Beharrlichkeit, (2) Beharrlichkeit im richtigen Verhalten und (3) Beharrlichkeit im ständigen Enthusiasmus.

- Rüstungsgleiche Beharrlichkeit ist die Haltung eines/r mitfühlenden Krieger/in, der/die sich weigert, den Kampf gegen den Feind der Selbstbezogenheit und andere leidbringende Geisteszustände aufzugeben. Es ist eine unerschütterliche Entschlossenheit, die standhaft und zielstrebig ist.

- Die Beharrlichkeit des rechten Verhaltens ist die freudige Anstrengung, die bei der Praxis in den drei Schulungen der ethischen Disziplin ausgeübt wird. Sie beruht auf der Kultivierung der drei Arten von Fleiß: (1) Fleiß, um leidbringende Emotionen zu vermeiden; (2) Fleiß, um Tugend zu erreichen und (3) Fleiß, um fühlenden Wesen zu nützen.

- Die Beharrlichkeit des ständigen Enthusiasmus ist die Haltung, die sich danach sehnt, den Dharma zu praktizieren, und sich mit den erzielten Erfolgen niemals zufrieden gibt.

- Es gibt vier Aspekte in der Schulung von freudiger Anstrengung (1) Beseitigung ungünstiger Bedingungen; (2) Schaffen günstiger Bedingungen; (3) Entwicklung eines auf die Praxis ausgerichteten Geistes und (4) Gefügigmachen von Körper und Geist.

- Um den ungünstigen Zustand der Faulheit zu beseitigen, müssen wir mit jeder Art von Faulheit arbeiten: (1) Beseitigen Sie die Faulheit des Aufschiebens, indem Sie über die Unbeständigkeit meditieren; (2) beseitigen Sie die Faulheit der Ablenkung, indem Sie über das Leiden meditieren und (3) beseitigen Sie die Faulheit der Entmutigung, indem Sie über die Natur des Ziels, die Methode zur Erreichung des Ziels und die dafür benötigte Zeit meditieren.

- Um günstige Bedingungen zu schaffen, müssen wir vier tugendhafte Eigenschaften kultivieren: (1) ein starkes Bestreben zu praktizieren; (2)

eine unerschütterliche Standhaftigkeit angesichts von Schwierigkeiten; (3) das Gefühl der Freude an allen tugendhaften Aktivitäten und (4) das Loslassen, das weiß, wie man sich ausruht, wenn man erschöpft ist.

- Um einen auf die Praxis ausgerichteten Geist zu entwickeln, sollten wir: (1) die Weisheit entwickeln, die verhindert, dass Verblendungen den Geist beherrschen, und (2) uns auf Verhaltensweisen einlassen, die Verblendungen zerstören, indem wir ihre Gegenmittel anwenden.

- Durch eine lange und konsequente Schulung in freudiger Anstrengung werden Körper und Geist auf natürliche Weise gefügig.

- Es gibt drei Zweiggelübde, die sich auf die Schulung in freudiger Anstrengung beziehen: (1) Versammeln einer Anhängerschaft mit dem Wunsch nach Gewinn und Ehre; (2) Faulheit und dergleichen nicht beseitigen; und (3) sich mit Anhaftung an oberflächlichem Gerede beteiligen.

- Bodhisattvas mit reiner freudiger Anstrengung weisen zehn Eigenschaften auf: (1) angemessen; (2) erfahren; (3) frei von Faulheit; (4) gut informiert; (5) praktizieren je nach Situation; (6) Wahrnehmung der Zeichen; (7) frei von Niedergeschlagenheit; (8) ohne Mängel; (9) ausgeglichen und (10) der großen Erleuchtung gewidmet.

KAPITEL ELF

Mit Meditation die Wirklichkeit beobachten

Wenn wir mit der Schulung in den Sechs Vollkommenheiten beginnen, besteht unsere größte Herausforderung darin, die Bedingungen zu schaffen, die es uns ermöglichen, unseren Geist zu beruhigen. Aufgrund von Verblendungen wie Anhaftung und Abneigung ist unser Geist ruhelos und abgelenkt und rast von Objekt zu Objekt, so wie ein Affe von Baum zu Baum springt. In diesem ständigen turbulenten Zustand der Verwirrung bleibt unsere wahre Natur vor uns verborgen, und nur die Weisheit, die die Natur der Wirklichkeit erkennt, kann diese durch Unwissenheit verursachten Verdunkelungen beseitigen. Um diese Weisheit effektiv zu erzeugen, müssen wir unseren Geist schulen.

Die Wurzel unseres Leidens ist der Geist der Unwissenheit, der an einer Wirklichkeit festhält, die nicht auf diese Art und Weise existiert. Aus dieser Wurzel entsteht Anhaftung, die die Qualitäten eines Objekts inhärent existierend als Teil des Objekts wahrnimmt, und aufgrund dieser Anhaftung entwickeln wir den Geist der Abneigung. Solange diese abgeleiteten Verblendungen nicht gezähmt werden, können wir nicht direkt mit der Wurzel arbeiten. Da die Abneigung von der Anhaftung abhängt, reduzieren wir unsere Abneigung automatisch, wenn wir unsere Anhaftung anvisieren. Aus diesem Grund beginnt unsere Schulung mit *Großzügigkeit*.

Mit der Schwächung unserer Anhaftung ist der Geist weniger anfällig dafür, in alle Richtungen gezogen und zerstreut zu werden, und wird empfänglicher dafür, in der Tugend zu verweilen. Durch die Schulung der *ethischen Disziplin* arbeiten wir mit unserem Verhalten daran, die Macht der Verblendungen weiter zu verringern und die Qualität unseres Geistes zu stärken. Wenn wir die Saat der Tugend säen, befinden wir uns in größerer Harmonie mit unserer Umgebung und verringern die Ursachen für Ablenkungen, sodass sich unser Geist nicht mehr bedroht fühlt und wir in der Lage sind, in einem friedlichen

Zustand zu verbleiben.

Aufgrund der riesigen Ansammlungen negativer karmischer Neigungen, die wir in unserem Geist aufgebaut haben, ist es nicht einfach, diesen Frieden zu bewahren. Früher oder später, wenn die Bedingungen zusammentreffen, reifen diese Neigungen in der Form von Leiden heran. Die Schulung in *Geduld* gibt uns die geistige Stärke, unser Gleichgewicht im Angesicht von Not und Widrigkeiten aufrechtzuerhalten.

Der Geisteszustand, der aus diesen drei Schulungen resultiert, ist ein Zustand des Gleichmuts, der friedlich in einem Zustand der Tugend ruht. Für einen solchen Geist sind die groben Verblendungen weitgehend verschwunden und er ist bereit für die Schulung in der *Vollkommenheit der meditativen Konzentration*. Der Schwerpunkt dieser Schulung liegt darin, die Meditation als eine Methode zur Verfeinerung der Qualität des Geistes zu nutzen, um die Erfahrung von immer subtileren Schichten der Wirklichkeit zu ermöglichen.

WAS BEDEUTET MEDITATIVE KONZENTRATION?

Das Sanskrit-Wort für „meditative Konzentration" lautet *Samadhi*, was so viel bedeutet wie „einsgerichtet in Tugend verweilen" und sich auf optimale mentale Zustände bezieht, die als Grundlage für die Beobachtung der Realität dienen. Die verschiedenen Arten von Samadhi hängen von der Subtilität des Geistes ab und davon, worauf dieser Geist gerichtet ist. Jede davon ist wie eine andere Art von Linse. Einige ermöglichen es uns, auf kurze Distanzen zu sehen, während andere uns erlauben, weit darüber hinauszusehen. Verändern wir die Qualität der Linse, verändern sich die Arten von Phänomenen, die wir beobachten können. Die Arten von Samadhi, die ein Bodhisattva entwickeln kann, sind zu zahlreich, um sie hier aufzuzählen, aber sie lassen sich alle in zwei Hauptkategorien zusammenfassen:

1. **Shamatha:** Die Essenz von *Shamatha* ist es, einsgerichtet und ohne Ablenkung auf einem tugendhaften Objekt zu ruhen. Solange der Geist in dieser Art von Samadhi verweilt, sind Verblendungen wie Anhaftung und Abneigung völlig inaktiv. Was die Ebenen von Samadhi innerhalb dieser Kategorie unterscheidet, ist das Ausmaß, in dem sehr subtile Formen von

Unwissenheit aktiv bleiben.

2. **Vipashyana:** Die Essenz von *Vipashyana* besteht darin, die verschiedenen Aspekte der Wirklichkeit klar zu unterscheiden ohne konzeptuelle Gebilde darüberzulegen. Wenn der Geist in dieser Art von Samadhi verweilt, kann er die Wirklichkeit erkennen, wie sie ist, und ist daher in der Lage, Einsicht in ihre Natur zu entwickeln. Diese Arten von Samadhi werden auf der Grundlage der Arten von Phänomenen unterschieden, auf die sie sich konzentrieren, z. B. die Entwicklung von Samadhi, der die leere Natur abhängiger Phänomene klar unterscheidet, oder Samadhi, der die Grundlage dieser Leerheit – die endgültige Bedeutung der Soheit – klar unterscheidet.

Um den Samadhi von Vipashyana zu erfahren, ist es notwendig, zunächst einen vorbereitenden Samadhi von Shamatha zu erlangen. Solange unsere Verblendungen aktiv sind, füllen Konzepte den Geist und projizieren sich über die Wirklichkeit, wodurch ihre wahre Natur verdeckt wird. Nur wenn wir die konzeptuellen Bewegungen des Geistes unterbrechen, können wir die Realität so beobachten, wie sie ist.

Sobald der Samadhi von Shamatha erreicht ist, kann die Vipashyana-Praxis genutzt werden, um die verbleibenden Schichten subtiler Unwissenheit zu entfernen. Dies hat den Effekt, dass unser Samadhi verfeinert wird und uns erlaubt, noch subtilere Ebenen der Wirklichkeit zu erfahren. Wenn wir lernen, in diesen hoch konzentrierten mentalen Zuständen zu verweilen, verändert sich unsere Sichtweise der Wirklichkeit und unsere Beziehung zu den Erscheinungen verändert sich drastisch. Anstatt die Welt durch die Linse der Unwissenheit zu betrachten, beginnen wir, sie mit den Augen der Weisheit zu sehen.

GRÜNDE, DIE VOLLKOMMENHEIT DER MEDITATION ZU PRAKTIZIEREN

Ein Geist, dem es an Konzentration mangelt, ist von Natur aus zerstreut. Gedanken entstehen wie die blubbernden Blasen in kochendem Wasser. Greifen wir nach diesen Gedanken, wird eine Kettenreaktion ausgelöst, die eine weitere Ausbreitung der Gedanken bewirkt, bis unser Geist schließlich mit einem endlosen Meer von Konzepten gefüllt ist. Diese unaufhörliche Bewegung verhindert, dass der Geist für längere Zeit an einem Ort ruht.

Ein traditionelles Beispiel für einen ungeschulten Geist ist eine Butterlampe in einem zugigen Raum. Wenn der Wind weht, flackert die Kerzenflamme, verliert an Kraft und wirft Schatten, die es schwierig machen, etwas klar zu sehen. Wird der Wind schwächer, bleibt die Flamme stabil und brennt hell, sodass ihr Licht den ganzen Raum ausfüllt und uns erlaubt, ohne Verdunkelung zu sehen.

Wenn der Geist von Konzepten überflutet wird, wirft er viele Schatten, die uns daran hindern, das vollständige Bild der Wirklichkeit zu sehen. Dieser Informationsmangel führt dazu, dass wir falsche Vorstellungen entwickeln, die unser Verständnis noch weiter verzerren. Mit steigender Verwirrung wird unser Fassungsvermögen extrem eingeschränkt, weil wir vom vollen Potenzial unserer Erfahrung getrennt sind. Dieser Mangel an Weisheit und Methode macht es uns schwer, fühlenden Wesen wirklich von Nutzen zu sein.

Durch die Schulung in meditativer Konzentration durchtrennen wir das Greifen, das unsere Verblendungen antreibt, und wenn diese aufhören, löst sich die Entstehung von Gedanken auf natürliche Weise auf. Dieser Prozess ermöglicht es uns, das Grundbewusstsein auf eine präzisere und unvermittelte Weise zu erfahren. Da der daraus resultierende Geist weniger Beschränkungen aufweist als das grobe Bewusstsein, fungiert er als perfekter Ausgangspunkt, um die vielen Aspekte der Wirklichkeit zu erforschen und transformative Weisheit zu entwickeln.

Die Entwicklung von Stabilität in tiefen Konzentrationszuständen ermöglicht es uns, hellseherische oder übersinnliche Fähigkeiten zu manifestieren. Obwohl diese Kräfte nicht das Ziel unserer Schulung sind, sind sie äußerst hilfreich, um anderen Nutzen zu bringen. Wie der große Meister Atisha in seinem Text *Lampe für den Pfad zur Erleuchtung* sagte:

So wie ein Vogel mit unentwickelten
Flügeln nicht in den Himmel fliegen kann,
Können diejenigen ohne die Kraft der höheren Wahrnehmung
Nicht für das Wohl der Lebewesen arbeiten.

Das Verdienst, das an einem einzigen Tag erworben wird
Von jemandem, der höhere Wahrnehmung besitzt,
Kann nicht einmal in hundert Leben erlangt werden
Von jemandem ohne solch höhere Wahrnehmung.

Diejenigen, die schnell die Ansammlungen
Für volle Erleuchtung vervollständigen wollen,
Werden höhere Wahrnehmung
Durch Anstrengung erlangen, nicht durch Faulheit.

Meditative Konzentration ist der Schlüssel zu bedeutenden Fortschritten auf dem Pfad, da sie nicht nur unser Gewahrsein dessen, was möglich ist, erweitert, sondern uns auch die Chance bietet, eine dauerhafte Transformation zu erreichen, indem sie die Wurzel unserer Täuschungen anvisiert. Da wir sie als grundlegend für unsere spirituelle Reise anerkennen, müssen wir uns mit diesen phänomenalen Geisteszuständen hingebungsvoll vertraut machen.

DIE UNTERTEILUNGEN DER MEDITATIVEN KONZENTRATION

Wie bereits erwähnt, lässt sich die meditative Konzentration aufgrund der unzähligen potenziellen Objekte, auf die sich das einsgerichtete Gewahrsein konzentrieren kann, unendlich aufteilen. Für unsere Zwecke werden wir drei Arten der Konzentration untersuchen, die als Unterstützung für unsere Entwicklung auf dem spirituellen Pfad dienen. Dies sind die Geisteszustände, die gemeistert werden müssen, um volle Erleuchtung zu erlangen.

Die Konzentration des Verweilens in einem Zustand der Gelassenheit

Wenn wir die Erfahrungen der fühlenden Wesen auf der Grundlage der Konzentrationsebenen, die sie manifestieren können, unterteilen, sprechen wir von drei Bereichen: (1) dem Begierdebereich, (2) dem Formbereich und (3) dem formlosen Bereich. Ein Gewahrsein der Art der Konzentration, die diesen Bereichen entspricht, kann uns helfen, den effektivsten Geisteszustand zu finden, um die gewünschten Ergebnisse zu erzielen.

Konzentrationen im Begierdebereich

Konzentrationen im Begierdebereich sind eine teilweise oder instabile Verwirklichung von Shamatha. Es gibt neun Aufmerksamkeitszustände, die den verschiedenen Konzentrationsgraden entsprechen, die diejenigen erfahren, die sich in der Meditation schulen:

1. **Platzieren des Geistes:** Bei dieser Konzentration richten wir unsere Aufmerksamkeit angestrengt auf ein Objekt. Da sie extrem instabil ist, müssen wir die Verbindung immer wieder neu herstellen, denn der Geist ist wesentlich länger abgelenkt, als er sich tatsächlich mit dem Objekt beschäftigt.

2. **Kontinuierliches Platzieren:** Wenn der Geist stabiler wird, werden die Zeiträume, in denen man sich mit dem Objekt beschäftigt, länger. In dieser Konzentration können wir das Gewahrsein des Objekts zwischen einigen Sekunden und mehreren Minuten aufrechterhalten. Während die diskursiven Gedanken abnehmen, ist immer noch eine beträchtliche Anstrengung erforderlich, um das Gewahrsein wieder auf das Objekt zu lenken, wenn wir abgelenkt werden.

3. **Stückhaftes Platzieren:** Mit der Zeit kehrt sich das Gleichgewicht zwischen Gewahrsein und Ablenkung um. Wir können unseren Fokus jetzt länger aufrechterhalten und nehmen bewusster wahr, wenn diese Aufmerksamkeit verloren geht. Gelegentlich verlieren wir unser Meditationsobjekt vollständig, können die Verbindung aber mühelos wiederherstellen.

4. **Geschlossenes Platzieren:** Dies ist eine Konzentration, bei der unsere Aufmerksamkeit so stark ist, dass wir unser Objekt nicht mehr verlieren. Selbst wenn sich unser Hauptaugenmerk vorübergehend entfernt, bleibt ein Teil des Geistes immer noch des Objekts gewahr. An diesem Punkt haben sich die groben, diskursiven Gedanken aufgelöst und erlauben uns, mit subtilen geistigen Erfahrungen zu arbeiten.

5. **Disziplinierung:** Wenn sich der Geist von den Sinnesreizen zurückzieht

und sich nach innen wendet, erleben wir einen Auflösungsprozess, ähnlich dem, der beim Einschlafen stattfindet. Wenn wir hier tiefer gehen, besteht die Gefahr, dass wir einfach in die Bewusstlosigkeit abgleiten. Diese Konzentration vertreibt daher subtiles Sinken und Dumpfheit, indem sie das Gewahrsein intensiviert und die lebendige Klarheit des Geistes hervorhebt.

6. **Befriedung:** Ähnlich einem Pendel, das seine Richtung wechselt, riskieren wir, die Bedingungen für subtile Unruhe zu schaffen, wenn wir unsere Aufmerksamkeit zu sehr intensivieren. Diese Konzentration findet ein sehr subtiles Gleichgewicht zwischen Unruhe und Sinken, das es uns ermöglicht, mindestens eine Stunde lang in einem Zustand kontinuierlicher Konzentration zu bleiben. In diesem Stadium ist der Geist unglaublich stabil und lebhaft klar.

7. **Vollständige Befriedung:** Indem man in der vorherigen Konzentration verweilt, kommt der Geist in seinen natürlichen Zustand zurück. Subtile Hindernisse können gelegentlich auftauchen, aber sie werden schnell beseitigt und der Geist wird wieder ins Gleichgewicht gebracht. Sowohl die Intensität als auch die Dauer von Ablenkungen werden minimal.

8. **Einsgerichtetheit:** Nachdem wir uns gründlich mit der Meditationspraxis vertraut gemacht haben, erreichen wir einen Zustand der Konzentration, in dem wir einsgerichtet auf dem Meditationsobjekt verweilen, ohne uns zu Beginn der Sitzung besonders anstrengen zu müssen. Einmal mit dem Objekt verbunden, ist es möglich, bis zu drei Stunden lang ununterbrochen auf ihm zu verweilen.

9. **Gleichmut:** Dieser Geisteszustand ist der Gipfel dessen, was mit den Konzentrationen im Begierdebereich erreicht werden kann. Nachdem wir mit unserem Meditationsobjekt so vertraut geworden sind, können wir uns ohne Anstrengung einsgerichtet konzentrieren und der Geist kann etwa vier Stunden lang ununterbrochen auf dem Objekt verweilen, völlig ungestört von groben und subtilen Hindernissen. Diese Konzentration ist auch als „Zugang zu Shamatha" bekannt, da sie uns an die Schwelle

der Konzentrationen des Formbereichs bringt.

Obwohl keiner dieser Zustände als vollwertige Form von Shamatha gilt, sind sie alle äußerst hilfreich, um den Geist zu stärken und unsere Praxis zu erleichtern. Wenn wir jeden dieser Zustände meistern, wird unser Geist zunehmend stabiler und klarer, und wir werden erfolgreicher in allen Aktivitäten, denen wir uns widmen.

Konzentrationen im Formbereich

Nachdem wir den neunten Aufmerksamkeitszustand erreicht haben, können wir, indem wir uns weiterhin mit dieser Konzentrationsebene vertraut machen, schließlich eine große Veränderung in unserem subtilen energetischen System erfahren. Dies markiert den Übergang zwischen dem Begierdebereich und dem Formbereich der Erfahrung. Er ist durch fünf Qualitäten gekennzeichnet:

1. **Einsgerichtet:** Der Geist bleibt vollständig in seinem Fokus versenkt, ohne Bewegung oder Ablenkung des Gewahrseins.

2. **Geschmeidig:** Der physische Körper wird extrem leicht und geschmeidig, was es ermöglicht, für unbestimmte Zeit beschwerdefrei zu sitzen. Wenn sich der Körper behaglich fühlt, ist der Geist mit Glückseligkeit erfüllt.

3. **Mühelos:** Mit der körperlichen Geschmeidigkeit kommt auch die geistige Geschmeidigkeit. Der Geist wird so flexibel, dass er seine Aufmerksamkeit mühelos auf alles Gewünschte richten kann.

4. **Frei von Verblendungen:** Obwohl die Wurzelverblendungen nicht beseitigt werden, sind sie vorübergehend inaktiv, solange wir im Zustand der Versenkung bleiben. Dies gibt uns eine unglaubliche Gelegenheit, den Dharma ohne die Verzerrung durch verblendete Geisteszustände zu praktizieren.

5. **Frei von Sinneswahrnehmungen:** Wenn wir in Konzentrationen des Form- oder formlosen Bereichs versenkt sind, sind wir vollständig von allen groben Sinneswahrnehmungen zurückgezogen. Das bedeutet, dass wir Anblicke, Geräusche usw. nicht mehr durch unseren physischen

Körper wahrnehmen, weil wir vollständig auf die geistige Sphäre der Erfahrung fokussiert sind.

Sobald wir die erste Konzentration des Formbereichs erreicht haben, sagt man, dass wir „Shamatha erreicht" haben. Unser Geist ist nun vollkommen effizient, sodass er dazu benutzt werden kann, tiefgründige Einsicht in die Natur der Realität zu entwickeln. Obwohl diese Erkenntnis sehr kraftvoll ist, kann sie noch weiter verfeinert werden, um noch größere Ebenen der Subtilität zu erreichen. Dieser Verfeinerungsprozess führt zu vier Ebenen der Konzentration:

1. **Untersuchung und Analyse:** In diesem Stadium sind alle leidbringenden Zustände des konzeptuellen Geistes inaktiv, sodass nur noch tugendhafte und neutrale Geisteszustände verbleiben, die zur Analyse der verschiedenen Aspekte der Realität genutzt werden können.

2. **Freude und Glückseligkeit:** In diesem Zustand hört die Fähigkeit auf, Absichten zu bilden, und der Geist verweilt in einem fortwährenden Zustand der glückseligen Versenkung mit dem Objekt der Analyse.

3. **Ein- und Ausatmung:** Ohne die Bewegungen des konzeptuellen Geistes wird der Energiefluss unglaublich subtil, wodurch sich das Festhalten an subjektiven Gefühlen der Glückseligkeit auflöst und eine direktere Manifestation des Objekts der Konzentration zum Vorschein kommt.

4. **Frei von acht Fehlern:** Schließlich gelangt der Geist in einen Zustand der Konzentration, der frei von den acht Fehlern ist: (1) von körperlichem Leiden; (2) geistigem Leiden; (3) Analyse; (4) Untersuchung; (5) Freude; (6) Glückseligkeit; (7) Einatmung und (8) Ausatmung. An diesem Punkt hört der Atem vollständig auf und der Geist verweilt in einem Zustand der unerschütterlichen Gelassenheit auf dem Objekt.

Die erste dieser vier Konzentrationen ist für die groben Ebenen von Vipashyana sehr nützlich, in denen wir aktiv verschiedene Arten von Phänomenen erforschen. Sobald ein Aspekt der Wirklichkeit klar erkannt wurde, können die folgenden drei Konzentrationen dazu verwendet werden, den Geist gründlich mit der Erfahrung vertraut zu machen. Da die letzte Konzentration frei von allen außer den subtilsten Arten des Festhaltens ist, wird sie als die beste Grundlage zur Verfeinerung unserer Verwirklichungen angesehen.

Konzentrationen im formlosen Bereich

Die Konzentrationen im Formbereich sind eine gute Grundlage für Vipashyana, da sie eine sehr subtile Beziehung zwischen Subjekt und Objekt aufrechterhalten. Dies erlaubt uns, unseren Geist mit einem Minimum an konzeptueller Einmischung auf verschiedene Aspekte der Wirklichkeit zu richten. Wenn wir jedoch zu immer subtileren Ebenen der Konzentration fortschreiten, lösen sich die objektiven Erscheinungen vollständig auf und wir werden mit einer rein subjektiven Erfahrung des Nichts zurückgelassen, die als der *formlose Bereich* bezeichnet wird. Da es ihr an jeglichem Sinn für Fokussierung mangelt, wird sie allgemein als ineffektiv angesehen, um Einsicht in die Natur der Realität zu entwickeln, weil sie einfach zu subtil ist. Es gibt vier Ebenen der Versenkung, die mit diesem Bereich verbunden sind: (1) unendlicher Raum; (2) unendliches Bewusstsein; (3) weder Existenz noch Nichtexistenz und (4) überhaupt nichts. Da diese Konzentrationen große Mengen an Verdienst verbrauchen, sollten sie von Bodhisattvas, deren Ziel es ist, den fühlenden Wesen zu helfen, vermieden werden, weil sie nur dazu dienen, unsere spirituelle Praxis hinauszuzögern.

Die Konzentration der Ansammlung guter Qualitäten

Durch die beständige Schulung in meditativer Konzentration werden die Qualitäten des Geistes auf natürliche Weise verfeinert, was zu einer Reihe von Errungenschaften führt, die zum Nutzen fühlender Wesen angewendet werden können. Wenn diese Geisteszustände mit den Schulungen des Grundlagen- und Großen Fahrzeugs kombiniert werden, kommen wir zu zwei Hauptarten von Errungenschaften: (1) gewöhnlichen und (2) außergewöhnlichen.

Gewöhnliche Errungenschaften

Die erste Gruppe von Errungenschaften haben die Shravaka- und Pratyekabuddha-Praktizierenden des Grundlagenfahrzeugs gemeinsam, ebenso wie die nicht-buddhistischen Traditionen, die sich in meditativer Konzentration schulen. Sie entstehen als Ergebnis des Verweilens in den Konzentrationen des Formbereichs. Im Allgemeinen können wir von *fünf weltlichen Formen der höheren Wahrnehmung* sprechen:

1. **Kenntnis wundersamer Kräfte:** Diese Kraft verleiht den Bodhisattvas die Fähigkeit, sich zwischen verschiedenen Erfahrungsbereichen zu bewegen und dadurch den fühlenden Wesen, die sich in diesen Bereichen aufhalten, Nutzen zu bringen.

2. **Kenntnis des Geistes anderer:** Diese Kraft befähigt die Bodhisattvas, die Geisteszustände fühlender Wesen wahrzunehmen, was es ihnen ermöglicht, ihre Lehren speziell auf den Geist ihrer Zuhörer abzustimmen.

3. **Das göttliche Ohr:** Dies ist eine Art von Hellhörigkeit, die es den Bodhisattvas ermöglicht, geistig zu hören, was in entfernten Erfahrungsbereichen geschieht. Diese Kraft kann genutzt werden, um Unterweisungen von den Buddhas und Bodhisattvas der reinen Bereiche zu erhalten.

4. **Kenntnis von früheren Leben:** Dies ist die Fähigkeit, sich an die Menschen, Orte und Ereignisse zu erinnern, zu denen Bodhisattvas in der Vergangenheit starke karmische Verbindungen hatten, was es ihnen ermöglicht, ihre Erfahrungen abzurufen und sie in der Gegenwart zu nutzen.

5. **Das göttliche Auge:** Dies ist eine Art von Hellsichtigkeit, die den Bodhisattvas die Fähigkeit verleiht, zu erkennen, wie das Karma eines Wesens potenziell reifen könnte. Es kann genutzt werden, um zukünftige Erfahrungszustände vorherzusagen.

Auf der Grundlage der höheren Wahrnehmungen können Bodhisattvas die *acht gewöhnlichen Siddhis* ausführen:

1. **Siddhi des himmlischen Bereichs:** Bodhisattvas können ihren Geist von ihrem Körper trennen und in andere Erfahrungsbereiche reisen. Dies ist gemeinhin als *Astralprojektion* bekannt.

2. **Siddhi des Schwertes:** Diese Kraft verhindert, dass Bodhisattvas von Feind/

innen verletzt werden. Es handelt sich um eine Art der *Unbesiegbarkeit*.

3. **Siddhi der Pille:** Durch die Segnung bestimmter Pillen ist es möglich, fühlende Wesen daran zu hindern, Bodhisattvas wahrzunehmen, was im Grunde eine Art von *Unsichtbarkeit* darstellt.

4. **Siddhi der Schnellfüßigkeit:** Durch die Segnung ihrer Stiefel können Bodhisattvas in einem Augenblick große Entfernungen zurücklegen. Diese Kraft kann auch zum *Schweben* verwendet werden.

5. **Siddhi der Vase:** Nachdem Bodhisattvas eine Vase oder Truhe gesegnet haben, sind sie in der Lage, alles Enthaltende zu vermehren. Wenn die Vase zum Beispiel mit Wasser gefüllt wurde, wird sie grenzenlos Wasser erzeugen.

6. **Siddhi des Yaksha:** Dies ist die Fähigkeit, Geister und Dämonen zu beherrschen. Solche Wesen können dann eingesetzt werden, um Aufgaben zu erledigen, die normalerweise viel Zeit in Anspruch nehmen würden.

7. **Siddhi des Elixiers:** Diese Kraft ermöglicht es den Bodhisattvas, eine extrem lange Lebensdauer zu erlangen sowie ihre Jugend und Schönheit zu erhalten.

8. **Siddhi des Balsams der magischen Sicht:** Nachdem man einen Balsam gesegnet und auf die Augen aufgetragen hat, erhält man die Fähigkeit, durch physische Materie zu sehen. Dies kann genutzt werden, um Objekte unter der Erde oder in Felsen aufzuspüren.

Obwohl die gewöhnlichen Siddhis Praktizierende sehr mächtig machen, dürfen sie im Kontext des Bodhisattva-Pfades nur dazu verwendet werden, fühlende Wesen zu inspirieren und zu unterstützen. Sie sollten nur als nützliche Werkzeuge betrachtet werden, die unsere Fähigkeit, Nutzen zu bringen, erweitern und niemals als Selbstzweck dienen.

Außergewöhnliche Errungenschaften

Die zweite Gruppe von Errungenschaften ist spezifisch für Bodhisattvas, die sich in den Sechs Vollkommenheiten üben. Während diese Praktizierenden auf dem Pfad der Gewöhnung fortschreiten, entwickeln sie schließlich eine voll ausgereifte Form von Bodhicitta. Ab der achten Stufe beginnen sie, die *zehn erleuchteten Kräfte* zu manifestieren:

1. **Macht über das Leben:** Durch die Vollkommenheit der Großzügigkeit erlangen Bodhisattvas die volle Kontrolle über ihre Lebensspanne. Diese Kraft erlaubt es ihnen, solange zu leben, wie sie gebraucht werden, um fühlenden Wesen Nutzen zu bringen.

2. **Macht über materielle Dinge:** Mit vollkommener Großzügigkeit erlangen sie auch die Kontrolle über alle Arten von Materie und können daher alle erwünschten Objekte materialisieren, indem sie nur an sie denken.

3. **Macht über Handlungen:** Aufgrund ihrer vollkommenen ethischen Disziplin beherrschen sie ihren Körper und ihren Geist vollständig und können daher jede Handlung ausführen, die von ihnen benötigt wird.

4. **Macht über Geburt:** Durch vollkommene Disziplin können Bodhisattvas so viele Geburten manifestieren, wie zur Erfüllung ihrer Wünsche notwendig sind. Sie können auch die genaue Zeit und den Ort wählen, an dem jede Geburt stattfinden wird.

5. **Macht über Bestrebungen:** Durch die Vollkommenheit der Geduld erlangen Bodhisattvas die Fähigkeit, die Wünsche der fühlenden Wesen zu erfüllen, indem sie unzählige Welten mit unzähligen Emanationen manifestieren.

6. **Macht über das Gebet:** Aufgrund der Vollkommenheit der Anstrengung wird alles, worum Bodhisattvas beten, manifest werden. Sie können fühlenden Wesen außerordentlichen Nutzen bringen, indem sie ihre Bestrebungen so gestalten, dass sie den Bedürfnissen anderer entsprechen.

7. **Macht über den Geist:** Infolge ihrer Vollkommenheit in der meditativen Konzentration erlangen sie die Meisterschaft über alle Zustände der Versenkung. Dies befähigt sie dazu, unbegrenzt in jedem erwünschten Zustand zu verweilen.

8. **Macht über Wunder:** Aufgrund ihrer Vollkommenheit der meditativen

Konzentration können sie uneingeschränkte Wunder in jeglicher Form manifestieren.

9. **Macht über Weisheit:** Nachdem sie die vollkommene Weisheit erlangt haben, erkennen sie alle Phänomene der Vergangenheit, Gegenwart und Zukunft ohne Anhaftung und ohne Beschränkung.

10. **Macht über Dharma:** Durch die Vollkommenheit der Weisheit wissen Bodhisattvas genau, welche Lehren den fühlenden Wesen den größten Nutzen bringen werden. Daher können sie den Dharma genau im richtigen Moment und auf unverfälschte Weise übermitteln.

Wenn Bodhisattvas der zehnten Stufe diese Kräfte einsetzen, um fühlenden Wesen grenzenlosen Nutzen zu bringen, erzeugen sie riesige Mengen an Verdienst, das selbst die subtilsten Arten von kognitiven Verdunkelungen beseitigt. Durch diesen Prozess der außerordentlichen Verfeinerung erreichen sie schließlich die höchste Vollendung eines vollständig erleuchteten Buddha.

Die Konzentration des Handelns zum Wohle fühlender Wesen

Wenn Bodhisattvas meditative Konzentration durch die Vereinigung von Shamatha und Vipashyana erreichen, haben sie die direkte Verwirklichung der Leerheit erlangt. Vom Eintritt in den Pfad des Sehens bis hin zum Pfad des Nicht-mehr-Lernens schulen sich Bodhisattvas zum Wohle der fühlenden Wesen im Erzeugen von Emanationen.

Eine *Emanation* ist eine Erscheinung, die im Geist eines fühlenden Wesens als Ergebnis des Einflusses des Geistes eines anderen Wesens entsteht. Wir besitzen diese Fähigkeit bereits auf eine sehr begrenzte Art und Weise. Wenn wir in unserem täglichen Leben anderen fühlenden Wesen begegnen, projiziert unser Geist ein bestimmtes Selbstbild, das von den uns umgebenden Wesen wahrgenommen wird. Das ist nichts, was wir bewusst tun, sondern eher eine instinktive Angewohnheit, und normalerweise können wir aufgrund unseres intensiven Festhaltens am Selbst nur eine Form manifestieren. Wenn wir die Leerheit verwirklichen, löst sich unser Festhalten am Selbst auf und gibt uns die Fähigkeit, viele Formen zu manifestieren. Verfeinern wir dann unsere Verwirklichung und nähern uns der Buddhaschaft, haben wir die Fähigkeit, grenzenlose Formen in zahllosen Bereichen zu erzeugen.

Jede dieser Emanationen manifestiert sich, um die spezifischen Bedürfnisse der fühlenden Wesen zu erfüllen und ist nicht auf komplexe Organismen wie Menschen oder Tiere beschränkt. So können sich Bodhisattvas beispielsweise als Baum manifestieren, um denen Schatten zu spenden, die unter der Hitze der Sonne leiden. Sie könnten sich auch als Wasser für diejenigen manifestieren, die durstig sind, oder als Bett für Wesen, die sich ausruhen müssen. Die Möglichkeiten sind wirklich grenzenlos.

Durch den geschickten Einsatz ihrer Emanationen erfüllen Arya-Bodhisattvas die Bedürfnisse jeder der elf Arten von fühlenden Wesen, die im Kapitel über ethische Disziplin beschrieben sind. Je mehr Emanationen sie beherrschen, desto mehr fühlende Wesen können sie unterstützen und desto mehr Verdienst können sie erzeugen.

WIE MAN MEDITATIVE KONZENTRATION PRAKTIZIERT

Die Schulung in meditativer Konzentration basiert auf formalen Meditationstechniken, um Vertrautheit mit immer subtileren Geisteszuständen zu entwickeln. Wenn wir lernen, in diesen Zuständen im Gleichgewicht zu verweilen, erlangen wir die oben beschriebenen Qualitäten und Fähigkeiten.

Der Prozess, um dies zu erreichen, hat vier Stufen: (1) Sammeln der Bedingungen für die Meditation, indem man sich von Ablenkungen zurückzieht; (2) Herstellen der einsgerichteten Konzentration durch Shamatha-Meditation; (3) Analysieren der Natur der Wirklichkeit durch Vipashyana-Meditation und (4) Meditieren über die Vereinigung von Shamatha und Vipashyana.

Sich von Ablenkungen zurückziehen

Bis zu diesem Punkt hat die Schulung in den Sechs Vollkommenheiten ein erhebliches Engagement mit fühlenden Wesen beinhaltet. Während wir an den Beziehungen zu unseren Mitmenschen gearbeitet haben, lag unser Schwerpunkt darauf, unseren Geist zu disziplinieren, um unsere Verblendungen der Anhaftung und Abneigung zu reduzieren. Wenn wir in die nächste Phase unserer Schulung eintreten, müssen wir uns vorübergehend von fühlenden Wesen isolieren, um tiefe Zustände meditativer Versenkung zu erfahren.

Dies ist aufgrund der Natur der Praxis notwendig, weil die meditative Konzentration durch einen Prozess des Rückzugs erreicht wird. Gegenwärtig erleben wir die Welt aus der Perspektive eines Wesens aus dem Begierdebereich, dessen Geist auf einer groben Ebene operiert, die hauptsächlich durch unsere fünf Sinne konditioniert wird. Um Shamatha zu erreichen, müssen wir uns vollständig aus dem Begierdebereich zurückziehen und in der subtilen geistigen Sphäre des Formbereichs verweilen.

Eine engagierte Lebensweise erfordert die Interaktion mit fühlenden Wesen, was unser Gewahrsein an den Begierdebereich bindet. Um dies zu überwinden und meditative Konzentration zu entwickeln, müssen wir diese Lebensweise vorübergehend aufgeben, indem wir in Einsamkeit leben, weit entfernt von weltlichen Ablenkungen. Dies bringt drei Vorteile mit sich:

1. **Ausgezeichnete Darbringung an die Buddhas:** Die Einsamkeit mit Bodhicitta als Motivation zu suchen bedeutet, dass wir aktiv daran arbeiten, die Ursachen für das Erreichen der Erleuchtung zu schaffen. Dies ist eine würdige Darbringung für die Buddhas und erfreut sie mehr als unendliche Darbringungen von Nahrung und Reichtum.

2. **Entsagung von Samsara:** Indem wir in Einsamkeit leben, ziehen wir unser Interesse von den acht weltlichen Belangen zurück. Das stärkt unsere Entsagung und hält uns davon ab, unsere Anhaftungen zu verstärken.

3. **Rasch Konzentration erlangen:** Ohne die äußeren Ablenkungen, die das Leben in einem Dorf, einem Vorort oder einer Stadt mit sich bringt, ist es viel einfacher, sich nach innen auf den Geist zu richten. Dies fördert die Kontinuität der Praxis und hilft uns, die meditative Konzentration in relativ kurzer Zeit zu erreichen.

Sobald der Wunsch nach einem Leben in der Einsamkeit feststeht, müssen wir einen Ort finden, der in angemessener Entfernung zu einer größeren Siedlung liegt. Er sollte weit genug entfernt sein, um frei von Störungen zu sein, aber nahe genug, um Zugang zu Vorräten zu haben. Zudem sollte er Sicherheit vor wilden Tieren und Ähnlichem bieten. Er sollte nicht gesundheitsschädlich sein, damit Sie einen gesunden Zustand beibehalten können. Wenn möglich, ist es ebenfalls von Vorteil, von einer kleinen Gruppe von Menschen mit ähnlicher Motivation umgeben zu sein, die sich der gleichen Praxis widmen. Finden Sie einen solchen Ort, sollten Sie besondere Anstrengungen unternehmen, um die richtige Einstellung zu kultivieren. Dabei gibt es fünf Punkte zu beachten:

1. **Ohne Erwartungen:** Versuchen Sie zu vermeiden, Erwartungen an die Entwicklung Ihrer Meditationspraxis zu stellen. Ihr Geist sollte auch frei von Verlangen nach Dingen wie Kleidung und Essen sein.

2. **Seien Sie zufrieden:** Ganz gleich, welche Bedingungen Sie vorfinden, kultivieren Sie einen Geist, der mit dem zufrieden ist, was Sie haben. Das reduziert die Entwicklung von Wünschen, die Ihren Geist nur ablenken.

3. **Geben Sie Aktivitäten auf:** In der Einsamkeit sollten Sie weltliche Aktivitäten aufgeben und Ihre Energie auf die spirituelle Praxis konzentrieren. Wenn Sie die einsgerichtete Konzentration entwickeln, sollten Sie alles vermeiden, was diskursives Denken fördert.

4. **Behalten Sie Ihre Disziplin bei:** Halten Sie alle Ihre Gelübde so rein wie möglich, denn wenn Sie Ihre Disziplin aufrechterhalten, wird der Geist auf natürliche Weise entspannt. Das Erreichen von Ergebnissen wird dann viel schneller erfolgen.

5. **Durchtrennen Sie alle begehrlichen Gedanken:** Erkennen Sie die Rolle, die Begierde und Verlangen bei der Vermehrung von Gedanken spielen, kontemplieren Sie Themen wie Vergänglichkeit und Leiden, um ihren Einfluss auf Ihren Geist zu verringern. Diese Art der Entsagung ist unerlässlich, um eine Konzentration im Formbereich zu erreichen.

Wenn Sie diese Bedingungen erfüllen, haben Sie eine solide Grundlage, um meditative Konzentration zu entwickeln. Bis Sie die einsgerichtete Konzentration von Shamatha erreicht haben, sollten Sie in Isolation verbleiben und Tag und Nacht fleißig daran arbeiten.

Einsgerichtete Meditation entwickeln

Der nächste Schritt zur Vollkommenheit unserer meditativen Konzentration besteht darin, ihre Grundlage, *Shamatha*, zu schaffen. Unter der Anleitung Ihrer Lehrer/innen sollten Sie ein Objekt der Konzentration wählen, auf das Sie meditieren wollen. Obwohl es buchstäblich unzählige Objekte gibt, die als Grundlage für die Entwicklung der einsgerichteten Konzentration verwendet werden können, lehrte der Buddha im Allgemeinen vier Klassen von tugendhaften Meditationsobjekten: (1) das alles durchdringende Objekt; (2) die Befriedung des Verhaltens; (3) die Objekte des Gelernten und (4) die Reinigung von Verblendungen.

Das alles durchdringende Objekt

Die erste Kategorie basiert auf dem Erreichen von Shamatha, indem die Natur des Geistes als Objekt der Meditation verwendet wird. Da alle Phänomene im Geist entstehen, werden wir, indem wir uns mit der Natur des Geistes vertraut machen, auch mit der Natur aller Phänomene vertraut. Durch Analyse können wir mit diesem Objekt arbeiten, um die Natur des Geistes zu identifizieren, oder wir verweilen einfach in dieser immer gegenwärtigen Natur.

Eine weitere sehr verbreitete Methode, mit dem Geist zu arbeiten, ist die Verwendung eines tugendhaften geistigen Bildes wie einer Buddhafigur oder einer Meditationsgottheit. Jedes einzelne Detail dieser symbolträchtigen Formen birgt eine tiefere Bedeutung, an die wir uns erinnern, insofern wir sie präsent halten. Aufgrund ihrer Komplexität kann es zunächst einige Zeit dauern, um ein klares Bild zu entwickeln. Aber sobald eine gewisse Stabilität erreicht wurde, können sie eine effektive Grundlage für das Erreichen von Shamatha sein.

Die Befriedung des Verhaltens

Die zweite Kategorie arbeitet mit sechs Objekten, die die Gegenmittel für die Wurzelverblendungen sind. Diese Meditationen können besonders hilfreich für diejenigen sein, die eine starke Neigung zu einem bestimmten Geistesgift haben, das oft ein großes Hindernis für das Erreichen von Shamatha darstellt. Mit Ausnahme des letzten Objekts besteht die Anweisung darin, zunächst die analytische Meditation zu verwenden, um das Gegenmittel für das gewählte Geistesgift zu finden. Durch diese Meditation wird ein Geisteszustand erreicht, der frei von dieser Verblendung ist, und dieser Zustand ist das eigentliche Objekt der Meditation. Sobald es sich manifestiert hat, ruhen Sie im Gewahrsein dieser Erfahrung. Die sechs Geistesgifte und ihre Gegenmittel sind:

1. **Anhaftung:** Um Anhaftung entgegenzuwirken, meditieren Sie darauf, den physischen Körper als hässlich und ekelhaft wahrzunehmen. In Verbindung mit ausgiebiger Kontemplation über seine unbeständige Natur verringert sich die Erfahrung der Anhaftung auf natürliche Weise und wird durch das Gefühl des Gleichmuts ersetzt. Lassen Sie Ihr Gewahrsein in diesem Gefühl ruhen.

2. **Hass:** Um intensivem Hass und Abneigung entgegenzuwirken, meditieren Sie über liebende Güte gegenüber fühlenden Wesen. Nachdem Sie ausgiebig über den durch andere erhaltenen Nutzen nachgedacht haben, entwickeln Sie eine unermessliche Liebe zu allen Wesen, unabhängig von Ihrer Beziehung zu ihnen. Lassen Sie Ihr Gewahrsein in dem aufkommenden Gefühl der Verbundenheit verweilen.

3. **Unwissenheit:** Um dem Zustand der Unwissenheit entgegenzuwirken, meditieren Sie über das Thema des abhängigen Entstehens. Studieren und analysieren Sie die Natur der zyklischen Existenz aus verschiedenen Blickwinkeln, bis ein Vertrauen in die Wahrheit, wie die Wirklichkeit existiert, entsteht. Lassen Sie Ihr Gewahrsein in dem Gefühl der Gewissheit ruhen.

4. **Eifersucht:** Um der Eifersucht entgegenzuwirken, die aus der Abneigung gegen das Glück anderer entsteht, meditieren Sie über die Gleichstellung von Ihnen und anderen. Die Kontemplation darüber, dass alle fühlenden Wesen frei von Leiden sein wollen und sich nach anhaltendem wahrem Glück sehnen, wirkt dem selbstbezogenen Geist entgegen und stärkt den Wunsch, dass alle Wesen glücklich sein sollen. Lassen Sie Ihr Gewahrsein in dem entstehenden Gefühl der Freude ruhen, wenn Sie über das Glück anderer nachdenken.

5. **Stolz:** Um dem Stolz entgegenzuwirken, der sich selbst für wichtiger hält als andere, meditieren Sie über den Austausch des Selbst gegen andere. Denken Sie über die Nachteile der Wertschätzung des Selbst und die Vorteile der Wertschätzung anderer nach und üben Sie sich darin, ihre Leiden anzunehmen und ihnen Ihr Glück zu geben. Lassen Sie Ihr Gewahrsein im Zustand des Gleichmuts, der sich aus diesem Prozess ergibt, ruhen.

6. **Gleich starke Verblendungen oder diskursive Gedanken:** Wenn alle Ihre Geistesgifte ähnlich stark ausgeprägt sind, meditieren Sie, indem Sie sich auf die taktilen Empfindungen konzentrieren, die mit dem Strom des Atems verbunden sind.

Die Objekte des Gelernten

Die dritte Kategorie von Objekten bezieht sich darauf, das eigene Studium und die eigene Reflexion als Objekt der Meditation zu nutzen. Hierbei liegt der Schwerpunkt auf dem Studium, von Themengebieten wie den fünf Aggregaten, den achtzehn Elementen, den zwölf Sinnesgrundlagen und den zwölf Gliedern des abhängigen Entstehens, sowie auf einer vollständigen Untersuchung dessen, was man annehmen und was man aufgeben sollte. Dies ist ein analytischer Ansatz, um Shamatha zu erreichen, der sorgfältiges Nachdenken über verschiedene Themen erfordert, bis eine Schlussfolgerung oder ein Gefühl der Gewissheit erreicht ist. Wenn dies geschieht, lassen Sie Ihren Geist in diesem Gefühl ruhen und machen Sie sich mit Ihrem Verständnis des Dharma vertraut.

Die Reinigung von Verblendungen

Diese letzte Kategorie verwendet die Meditation über die Konzentration selbst als Objekt. Es geht hauptsächlich darum, die Fehler eines Geistes zu erkennen, dem die Qualitäten einer bestimmten Konzentration fehlen, und ihn mit einem Geist zu vergleichen, der mit diesen Qualitäten ausgestattet ist. Diese Kontemplation erzeugt den Wunsch, die Konzentration zu erreichen, die dann als Meditationsobjekt verwendet wird. Es ist dem weiter unten beschriebenen weltlichen Vipashyana sehr ähnlich, weil es einen niedrigeren Zustand der

Konzentration aufgibt, um einen höheren Zustand zu erreichen.

Indem Sie fleißig mit einem dieser Objekte praktizieren, werden Sie durch die neun Aufmerksamkeitszustände fortschreiten und an der Grenze des Begierdebereichs ankommen. Dort werden Sie körperliche und geistige Geschmeidigkeit erlangen, indem Sie sich gründlich mit dem Zustand der einsgerichteten Konzentration vertraut machen. Sobald eine authentische Verwirklichung von Shamatha erreicht ist, sind Sie bereit, zur Vipashyana-Praxis überzugehen.

Die Natur der Wirklichkeit analysieren

Mit der Kraft der einsgerichteten Konzentration kann die Wirklichkeit aufmerksam beobachtet werden, um Einsichten in ihre Natur zu entwickeln. Dies ist als Vipashyana oder Einsichtsmeditation bekannt. Innerhalb des buddhistischen Systems können wir vier Arten von *Vipashyana* unterscheiden, die von verschiedenen Praktizierenden verwendet werden, um verschiedene Aspekte der Wirklichkeit zu erforschen:

Das Vipashyana der Nicht-Buddhisten

Diese Art von Vipashyana wird praktiziert, um die eigene Verwirklichung von Shamatha zu verfeinern und so immer subtilere Stufen der Versenkung zu erreichen. Da sie nicht zur Befreiung aus Samsara führt, wird sie als weltlicher Pfad betrachtet. Im buddhistischen Kontext wird diese Art von Vipashyana verwendet, um die vierte Stufe der Konzentration im Formbereich zu erreichen, die die subtilste Ebene des Geistes ist, die immer noch in der Lage ist, die Wirklichkeit zu analysieren.

Das Vipashyana der Nicht-Buddhisten beruht auf der Anwendung von sieben geistigen Prozessen. Diese sind: (1) *genaues Unterscheiden von Eigenschaften*, um die positiven und negativen Qualitäten jeder Erfahrungsstufe zu bestimmen; (2) *Entwickeln von Überzeugung*, um den Geist auf die höheren Erfahrungsstufen auszurichten; (3) *vollständige Distanzierung* von den gröberen Erfahrungsebenen, um in einem höheren Konzentrationszustand zu verweilen; (4) *Erlangen von Freude* an den höheren Konzentrationen durch zunehmende körperliche und geistige Geschmeidigkeit; (5) *genaues Untersuchen von Objekten*, um festzustellen, ob der Geist frei von den Verblendungen der niederen Konzentrationen ist; (6) das *Engagement*, bei dem die notwendigen Gegenmittel angewandt werden, um jegliche Verblendungen der niederen Konzentrationen zu beseitigen; und (7) das *Ergebnis des Engagements*, das der Geist ist, der in einem Zustand frei von den Verblendungen der niederen Konzentrationen ruht. Indem Sie diese Prozesse auf Ihre Erfahrung anwenden, wird der Geist effektiv von groben Phänomenen abgewandt und zu immer friedlicheren Geisteszuständen hingeführt.

Das Vipashyana des Grundlagenfahrzeug

Die nächste Art von Vipashyana wird gemäß den Lehren des Grundlagenfahrzeugs praktiziert. Sie ist speziell für Praktizierende geeignet, die die persönliche Befreiung aus Samsara erreichen wollen. Ihr Schwerpunkt liegt auf der Aufgabe der grundlegenden Unwissenheit, die an einem inhärent existierenden Selbst festhält, und die Hauptmethode ist die Kontemplation über die *Vier Edlen Wahrheiten*: (1) die Wahrheit des Leidens; (2) die Wahrheit des Ursprungs des Leidens; (3) die Wahrheit der Beendigung des Leidens und (4) die Wahrheit des Pfades, der zur Beendigung führt.

Jede dieser Wahrheiten kann in weitere vier unterteilt werden, was insgesamt sechzehn Aspekte ergibt. Für die Wahrheit des Leidens gibt es (1) Vergänglichkeit; (2) Leiden; (3) Leerheit und (4) Selbstlosigkeit. Für den Ursprung des Leidens gibt es die Aspekte (5) Entstehung, (6) Ursache, (7) Bedingung und (8) Erzeugung. Die Aspekte der Beendigung des Leidens sind (9) Beendigung, (10) Frieden, (11) Vortrefflichkeit und (12) Heraustreten. Der Pfad besteht aus den Aspekten (13) Pfad; (14) Argumentation; (15) Errungenschaft und (16) vollständige Freiheit.

Durch sorgfältige Beobachtung ihrer Erfahrung festigen Praktizierende dieser Stufe jede Erkenntnis in ihrem Geist und verweilen einsgerichtet darin, indem sie sich gründlich mit ihr vertraut macht. Im Gegensatz zum Vipashyana der Nicht-Buddhisten, das die Verblendungen nur vorübergehend unterdrückt, schneidet diese Methode tatsächlich die Wurzel des Übels ab und verhindert so, dass die Verblendung jemals wieder entsteht.

Das Vipashyana des Großen Fahrzeugs

Für die Bodhisattva-Praktizierenden des *Großen Fahrzeugs* reicht die Erkenntnis der *Selbstlosigkeit der Person* nicht aus, um die subtilen kognitiven Verdunkelungen zu beseitigen, die die Ursache für die Wahrnehmung der Wirklichkeit als inhärent existent sind. Aus ihrem großen Mitgefühl heraus meditieren Bodhisattvas über die *Selbstlosigkeit der Phänomene*, um die Natur aller abhängigen Erscheinungen zu erkennen und dadurch volle Erleuchtung zu erlangen.

Die Hauptmethode dafür ist die Meditation über die Leerheit, und obwohl es innerhalb jeder Tradition unterschiedliche Ansätze gibt, beinhalten sie im Allgemeinen die sorgfältige Analyse von Erscheinungen auf der Grundlage verschiedener logischer Argumente. Zum Beispiel gibt es die Logik von *einem und vielen*, die besagt, dass, wenn eine einzelne Entität nicht als inhärent existent gefunden werden kann, es dann unmöglich ist, dass viele Entitäten inhärent existent sind. Am Beispiel einer Hand sehen wir, dass sie aus vielen Teilen besteht, z. B. aus Fingern, Handfläche, Fleisch, Muskeln und Knochen. Abgesehen von diesen Teilen ist keine Hand zu sehen, was beweist, dass die Erscheinung einer Hand nur eine geistige Zuschreibung ist, die auf die Grundlage ihrer Teile projiziert wird. Dieses Verständnis gilt für alle Phänomene, die vom dualistischen Geist wahrgenommen werden.

Eine weitere kraftvolle Logik ist die des *abhängigen Entstehens*, die besagt, dass alles, was in Abhängigkeit von Ursachen und Bedingungen entsteht, per Definition nicht inhärent existieren kann. Nehmen wir das Beispiel der Reflexion in einem Spiegel. Sie kann nur in Abhängigkeit von den Eigenschaften des Spiegels und der Bedingung, dass jemand vor dem Spiegel steht, entstehen. Nimmt man die Bedingungen weg, kann die Erscheinung einer Reflexion nicht entstehen. Die Eigenschaften des Spiegelbildes können sich auch ändern, indem man die Eigenschaften des Spiegels verändert. Da alle Erscheinungen, die wir erleben, auf dem Zusammentreffen verschiedener Ursachen und Bedingungen beruhen, sind sie nicht inhärent vorhanden, genau wie die Reflexion im Spiegel.

Die Grundstruktur dieser Art von Vipashyana besteht darin, das Objekt der Negation zu identifizieren und es dann zu benutzen, um die verschiedenen Logiken durchzuarbeiten. Während Sie über seine leere Natur nachdenken, wird sich die Erscheinung des Objekts schließlich wieder in den Geist auflösen und Sie mit einer Abwesenheit des Objekts zurücklassen. Lassen Sie den Geist in diesem raumähnlichen Gewahrsein ruhen, bis die Erscheinung als Ergebnis Ihrer gewohnheitsmäßigen Tendenzen zurückkehrt. Je vertrauter Sie mit diesem Prozess werden, desto mehr wird ihr Greifen abgeschwächt. Ohne Greifen hören die Verblendungen auf zu entstehen und die Konditionierung des Karma wird schließlich gereinigt.

Das Vipashyana des Vajrafahrzeugs

Das Vajrafahrzeug erkennt die Verwendung von Logik zur Feststellung von Leerheit als eine sehr kraftvolle Methode an, allerdings ist sie eine vergleichsweise langsame Methode, um eine direkte Verwirklichung der Leerheit zu entwickeln. Da sie sich auf den groben konzeptuellen Geist stützt, ist das Ergebnis immer noch ein Konzept, das den Aspekt der Leerheit annimmt, und obwohl es ein sehr subtiles Konzept ist, ist es nicht die Leerheit selbst. Um die Leerheit tatsächlich zu verwirklichen, ist es notwendig, die Konzepte vollständig aufzugeben.

Aus diesem Grund tendieren die Methoden des Vajrafahrzeugs dazu, einen nicht-konzeptuellen Ansatz zu betonen. Der Fokus wird nach innen auf den Geist gerichtet, der die Grundlage für alle Erfahrungen bildet, aber wenn man nach dem festen, inhärent existierenden Geist sucht, kann man ihn nicht finden. Stattdessen taucht er ganz natürlich als eine mit Potenzial gefüllte Leere auf, die weder ein bestimmtes Ding noch ein Nichts ist. Diese Natur wird als ein tiefgründiges Gefühl von Frieden und Glückseligkeit erfahren.

Das Hauptmerkmal, das diesen Ansatz auszeichnet, ist die Abwesenheit des Versuchs, einen bestimmten Zustand herzustellen oder zu erzeugen. Es gibt kein Urteil darüber, was akzeptiert und was aufgegeben werden sollte. Alles ist im Bereich der Erfahrung vereinheitlicht, und daher wird alles zu einer Instanz des Geistes, die genutzt werden kann, um seine zugrunde liegende Natur zu erkennen. Wenn wir den Umfang unserer Erfahrungen direkt untersuchen, stellen wir fest, dass selbst leidbringende Geisteszustände eine reine Natur haben. Sie sind nicht vom Geist getrennt, und wenn wir den Prozess genau untersuchen, durch den sie entstehen, verweilen und sich auflösen, können wir diese reine Natur direkt erfahren.

Nach der Beobachtung der Natur der objektiven Erfahrung verlagert sich der Fokus dann auf das Subjekt selbst. Indem wir die Natur der/s Wissenden untersuchen, wird die falsche Vorstellung des Festhaltens am Selbst durchtrennt und damit auch die Wurzel der Unwissenheit beseitigt. Wenn der Prozess des Wissens als leer erfahren wird, erkennen wir die Unteilbarkeit von Gewahrsein und Leerheit. Auf diese Weise stellt das Vajrafahrzeug die Selbstlosigkeit der Phänomene und die Selbstlosigkeit der Person fest, ohne auf konzeptuelle Analysen zurückgreifen zu müssen.

Die Vereinigung von Shamatha und Vipashyana

Weder Shamatha noch Vipashyana sind für sich genommen ausreichend, um Erleuchtung zu erlangen. Die Natur von Shamatha ist es, einsgerichtet zu ruhen – nichts umzuwandeln oder zu verändern, sondern einfach friedlich zu verweilen. Auch wenn Verblendungen vorübergehend unterdrückt werden, werden sie nicht ausgelöscht, weshalb Shamatha allein nicht ausreicht, um Befreiung zu erlangen.

Die Eigenschaft von Vipashyana ist es, klar zu erkennen, wie die Wirklichkeit existiert. Da die Weisheit, die die wahre Natur der Wirklichkeit erkennt, verhindert, dass Unwissenheit entsteht, ist sie in der Lage, die Ketten zu sprengen, die uns an die zyklische Existenz binden. Ohne die Wurzel der Unwissenheit hören wir auf, neues Karma zu erzeugen, und schließlich wird unser Geist von allen Verdunkelungen gereinigt. Das reicht zwar aus, um uns vom Leiden zu befreien, schafft aber nicht alle Voraussetzungen, um ein vollständig erleuchteter Buddha zu werden.

Obwohl der Geist sowohl eines Buddha als auch eines Arhats ständig in einem Zustand des Friedens verweilt, besteht der Unterschied zwischen ihnen darin, dass ein Buddha unzählige Formkörper manifestiert, während ein Arhat dies nicht tut. Dieser Unterschied ergibt sich aus der Vervollständigung der Ansammlung von Verdienst und Weisheit. Grundlegend für diesen Prozess ist die Fähigkeit, den Geist gleichzeitig in einem wahren Samadhi-Zustand ruhen zu lassen, während er noch Aktivitäten nachgeht; dies ist bekannt als die *Vereinigung von Shamatha und Vipashyana*.

Wenn Shamatha zum ersten Mal erreicht wird, zieht sich der Geist von den groben Ebenen des Bewusstseins zurück und verweilt im unkonfigurierten Aspekt des Grundbewusstseins. Er ist in der Lage, diese einsgerichtete Qualität aufrechtzuerhalten, weil der Geist so subtil geworden ist; sobald wir jedoch aus der Meditation aufstehen, ist der Geist wieder mit Sinnesinformationen beschäftigt und verliert die Qualität seiner Konzentration. Gleichermaßen verweilt der Geist in vollständiger Versenkung auf diese Wahrheit, wenn wir zum ersten Mal die Leerheit erkennen. Wenn wir aus der Meditation aufstehen, haben wir keine direkte Erfahrung der Leerheit mehr, sondern nur noch eine Erinnerung an diese Erfahrung.

Das Ziel der Übung, Shamatha und Vipashyana zu vereinen, ist, die während der Meditation entstehenden Erfahrungen mit denen zu vermischen, die nach der Meditation entstehen. Wenn wir das beherrschen, können wir zu jedem Zeitpunkt den gleichen Grad an Versenkung aufrechterhalten, unabhängig von der Aktivität, mit der wir beschäftigt sind. Der Schlüssel liegt darin, den Geist so zu konditionieren, dass, wann immer Shamatha entsteht, auch der Geist von Vipashyana entsteht, sodass beide miteinander verschmelzen.

Nach der Sutra-Tradition wird diese Vereinigung durch den Wechsel zwischen analytischer Meditation und verweilender Meditation erreicht. Zuerst analysiert man ein Thema mit unterscheidender Weisheit und lässt dann sein Gewahrsein in der Schlussfolgerung ruhen. Wenn die Einsicht verblasst, kehrt man zur begrifflichen Analyse zurück. Während dieses Prozesses wechselt der Geist ständig zwischen der Bewegung von Vipashyana und der Stille von Shamatha. Dadurch werden die beiden effektiv vermischt und mit der Fähigkeit ausgestattet, die jeweils andere auszulösen. Durch gewissenhafte Praxis wird der Punkt erreicht, an dem der eigentliche Analyseprozess ausreicht, um die Geschmeidigkeit von Shamatha zu manifestieren. Wenn dies geschieht, kann ein kontinuierlicher Konzentrationsfluss aufrechterhalten werden, unabhängig davon, ob der konzeptuelle Geist aktiv ist oder nicht.

Aus der Sicht der tantrischen Tradition wird die Vereinigung durch das Verständnis der Beziehung zwischen zwei Aspekten des Geistes – Gewahrsein und Erscheinungen – erreicht. Wie Wellen auf dem Ozean erzeugt der Geist ständig Erscheinungen, die die Aufmerksamkeit des Gewahrseins ergreifen und es in Bewegung setzen. Der Shamatha-Aspekt unserer Praxis besteht darin, dass das Gewahrsein in Stille verweilt, frei vom Festhalten an irgendwelchen Erscheinungen, die auftreten können. Der Vipashyana-Aspekt besteht im Gewahrsein, dass die auftretenden Erscheinungen keine inhärente Existenz haben. Auf diese Weise schließt die Praxis der Meditation über die Natur des Geistes automatisch beide Aspekte von Shamatha und Vipashyana ein und führt daher zur Verwirklichung ihrer Vereinigung. Aus dieser Perspektive ist es unerheblich, ob man sich in formeller Meditation befindet oder nicht, da alle Erfahrungen die gleiche Gelegenheit bieten, die Natur des Geistes zu verwirklichen.

Zweiggelübde in Bezug auf die Vollkommenheit der Konzentration

Es gibt drei Gelübde, die sich auf die Schulung in meditativer Konzentration beziehen. Ihre Essenz ist das *Streben nach meditativer Konzentration zum Nutzen der fühlenden Wesen*. Indem wir die Vereinigung von Shamatha und Vipashyana herstellen, durchtrennen wir die Wurzeln unserer Unwissenheit und verwirklichen den Zustand eines vollständig erleuchteten Buddha. Aus diesem Grund sollten wir die folgenden Verhaltensweisen aufgeben:

1. **Das Versäumnis, eingerichtete Konzentration zu üben:** Da wir Konzentration entwickeln müssen, brechen wir dieses Gelübde, wenn wir uns aus Vorsatz, Stolz oder Faulheit weigern, Unterweisung und Rat zu suchen, wie wir sie entwickeln können, oder wenn wir uns weigern zu praktizieren, nachdem wir Unterweisung erhalten haben. Wir sollten uns bemühen, zuzuhören, zu studieren und zu meditieren, um die einsgerichtete Konzentration zu entwickeln.

2. **Das Versäumnis, die Hindernisse für die meditative Konzentration zu beseitigen:** Es gibt fünf Hindernisse für die einsgerichtete Konzentration, die überwunden werden müssen: (1) Faulheit; (2) Vergessen der Meditationsanweisungen; (3) Dumpfheit und Unruhe; (4) zu wenig Anwendung und (5) zu viel Anwendung. Wenn man sich nicht bemüht, diese Hindernisse zu überwinden, wenn sie auftauchen, bricht man dieses Zweiggelübde.

3. **Freude über die Zustände der meditativen Versenkung als eine gute Eigenschaft ansehen:** Wenn wir hohe Zustände der meditativen Versenkung erreichen, erfährt der Geist ein enormes Maß an Glückseligkeit. Wenn diese Glückseligkeit zu einem Objekt der Anhaftung wird, kann sie zu einem großen Hindernis für das Erreichen der Erleuchtung werden, weil wir unsere Zeit in der Meditation mit Glückseligkeit verbringen, anstatt uns zu bemühen, unsere Konzentration zur Beseitigung der Unwissenheit einzusetzen. Wenn die Glückseligkeit selbst zum Hauptziel unseres Praktizierens wird, haben wir dieses Gelübde gebrochen. Wir müssen immer danach streben, unsere Konzentration als Mittel zur Ansammlung von Weisheit zu nutzen und den fühlenden Wesen Nutzen zu bringen.

Integration aller Sechs Vollkommenheiten

Um die *Vollkommenheit der meditativen Konzentration* zu erreichen, müssen wir alle Sechs Vollkommenheiten einbeziehen: (1) für die Großzügigkeit der meditativen Konzentration sollten wir fühlende Wesen anleiten, wie man meditiert, und ihnen helfen, Zustände der Konzentration zu erreichen; (2) für die *ethische Disziplin der meditativen Konzentration* sollten wir die Zweiggelübde aufrechterhalten und uns dem Praktizieren der Meditation in der Einsamkeit widmen; (3) für die *Geduld der meditativen Konzentration* sollten wir unsere Praxis nicht aufgeben, bis wir Stabilität in der Vereinigung von Shamatha und Vipashyana erreicht haben; (4) für die *freudige Anstrengung der meditativen Konzentration* sollten wir uns Tag und Nacht bemühen, den Geist mit meditativen Zuständen vertraut zu machen; (5) für die *meditative Konzentration der meditativen Konzentration* sollten wir die Meditation mit Achtsamkeit und Wachsamkeit praktizieren und nicht zulassen, dass wir abgelenkt werden; und (6) für die *Weisheit der meditativen Konzentration* sollten wir erkennen, dass die meditierende Person, der Akt der Meditation und das Objekt, über das meditiert wird, alle völlig leer von inhärenter Existenz sind. Auf diese Weise wird im Geist vollkommene meditative Konzentration entstehen.

DIE ERGEBNISSE DER PRAXIS VON MEDITATIVER KONZENTRATION

Wenn wir in einer bestimmten meditativen Konzentration verweilen, sei es Shamatha, Vipashyana oder deren Vereinigung, verweilen wir in einem Zustand des Geistes, der bestimmte Qualitäten manifestiert. Die endgültige Art der meditativen Konzentration ist dann die Vajra-ähnliche Konzentration eines vollständig erleuchteten Buddha und ist der Zustand des *nicht-verweilenden Nirvana*, der das Ergebnis der Praxis des Pfades ist.

Auf der vorläufigen Ebene können wir von einer Reihe verschiedener Zustände sprechen, die als Sprungbrett zum Erreichen der vollständigen Erleuchtung dienen. Dies sind die verschiedenen Errungenschaften, die wir erreichen, indem wir uns der Praxis widmen. Indem wir die *Konzentration des Verweilens in einem Zustand der Mühelosigkeit* erreichen, erlangen wir Meisterschaft über unseren Körper und Geist und können uns mühelos zwischen den Ebenen der Subtilität bewegen. Durch die *Konzentration auf das Ansammeln guter Qualitäten* entwickeln wir übersinnliche Wahrnehmungen und Kräfte, die uns befähigen, geschickter mit fühlenden Wesen zu arbeiten. Daraus ergibt sich ganz natürlich die *Konzentration des Handelns zum Nutzen fühlender Wesen*, in der unsere Fähigkeit zur Emanation von Formen exponentiell wächst und uns die Fähigkeit verleiht, unzähligen Wesen Nutzen zu bringen.

Wie es in den *Stufen eines Bodhisattva* beschrieben wird, weisen Bodhisattvas, die reine meditative Konzentration erreicht haben, die folgenden Merkmale auf:

1. **Halten nicht an der Freude der Versenkung fest:** Bodhisattvas erkennen die Grenzen der meditativen Konzentrationen der drei Bereiche. Daher halten sie sich nicht an den Gefühlen von Freude und Glückseligkeit fest, die beim Verweilen in diesen Zuständen entstehen.

2. **Haben keine Verblendungen:** Da Bodhisattvas in einem kontinuierlichen Zustand der Versenkung verweilen, ruhen die Verblendungen und können das Verhalten der Bodhisattvas nicht beeinflussen.

3. **Haben eine reine Vorbereitung:** Durch die Praxis von Shamatha und Vipashyana erreichen Bodhisattvas eine Vereinigung, die eine wahre

Grundlage für das direkte Erleben der leeren Natur der Wirklichkeit bildet.

4. **Haben ein reines Hauptstadium erlangt:** Bodhisattvas werden als edle Wesen betrachtet, weil sie eine direkte Verwirklichung der Leerheit erlangt haben. Von diesem Moment an sind alle ihre Handlungen rein und werden zu Ursachen für das Erreichen der Erleuchtung.

5. **Haben eine reine Ebene erreicht, die höher und besser ist als das Hauptstadium:** Durch die hervorragende Schulung in den Sechs Vollkommenheiten erreichen Bodhisattvas eine voll ausgereifte Form von Bodhicitta, das in der erhabenen Leerheit verweilt, erfüllt mit allen erleuchteten Qualitäten, und es ihnen ermöglicht, den fühlenden Wesen grenzenlosen Nutzen zu bringen.

6. **Haben den Eintritt, das Verweilen in und das Heraustreten aus Zuständen der einsgerichteten Konzentration gemeistert:** Bodhisattvas können ohne Anstrengung jeden benötigten Geisteszustand erzeugen.

7. **Können Konzentrationszustände ohne Anhaftung nutzen:** Auch wenn sich Bodhisattvas vollständig vom Verweilen in Zuständen der Versenkung abgewandt haben, können sie diese weiterhin als geschickten Teil ihrer Praxis verwenden.

8. **Haben die Meisterschaft über die übersinnliche Wahrnehmung erlangt:** Bodhisattvas haben ihren Geist vollständig geschult, sodass sie nicht mehr darauf beschränkt sind, die Wirklichkeit durch die Sinne zu erfahren. Sie haben eine voll qualifizierte yogische Wahrnehmung entwickelt, die die Grundlage für eine Vielzahl von Errungenschaften bildet.

9. **Haben alle Arten von falschen Ansichten beseitigt:** Aufgrund ihrer besonderen Einsicht kennen die Bodhisattvas die Wirklichkeit, wie sie ist, und werden nicht mehr von falschen Ansichten wie dem Festhalten an den Aggregaten als Selbst beherrscht.

10. **Haben die beiden Verdunkelungen aufgegeben:** Da Bodhisattvas die leere Natur aller Phänomene erkannt haben, haben sie sowohl die leidbringenden Verdunkelungen als auch das subtilere Greifen der kognitiven

Verdunkelungen beseitigt. Dies schafft die Ursache dafür, dass Bodhisattvas alle Objekte des Wissens erfahren können.

ZUSAMMENFASSUNG

- Meditative Konzentration ist der Geist, der eingerichtet in der Tugend verweilt. Es gibt zwei Arten der Konzentration: (1) die Shamatha-Konzentration, bei der das eingerichtete Verweilen auf einem tugendhaften Objekt im Vordergrund steht, und (2) die Vipashyana-Konzentration, bei der man die Wirklichkeit so erkennt, wie sie ist, frei von begrifflichen Überlagerungen. Wir müssen zuerst Shamatha entwickeln, bevor wir Vipashyana entwickeln können.

- Das Haupthindernis für die Entwicklung meditativer Konzentration ist der zerstreute Geist, der sich ständig in der Ausbreitung von Gedanken verliert. Diese Gedanken werden durch das Greifen angeregt und sind die Grundlage, auf der sich die Verblendungen entwickeln.

- Durch die Schulung in Meditation wird der Geist darauf trainiert, das Greifen aufzugeben, was die Ausbreitung von Gedanken unterbindet und ein nicht-begriffliches Gewahrsein der Wirklichkeit entstehen lässt.

- Die Konzentration des Verweilens in einem Zustand der Mühelosigkeit bezieht sich auf die zunehmend subtileren Ebenen der eingerichteten Konzentration, die durch die Praxis der Shamatha-Meditation erreicht werden. Sie werden dem zugehörigen Erfahrungsbereich zugeteilt. Im Allgemeinen können wir von drei Arten von Konzentration sprechen: (1) Konzentrationen im Begierdebereich, (2) Konzentrationen im Formbereich und (3) Konzentrationen im formlosen Bereich. Während die Konzentrationen im Begierdebereich zu zerstreut sind, sind die Konzentrationen im formlosen Bereich zu subtil. Die optimale Konzentration wird im Formbereich erreicht.

- Die Konzentration der Ansammlung guter Qualitäten bezieht sich auf die verschiedenen Errungenschaften, die als Ergebnis des Verweilens in tiefen Zuständen meditativer Konzentration entstehen. Es gibt die allgemeinen Errungenschaften, zu denen die fünf weltlichen Formen der höheren Wahrnehmung und die acht gewöhnlichen Siddhis gehören.

Diese Errungenschaften können von jedem erreicht werden, der Shamatha erlangt. Die außergewöhnlichen Errungenschaften beziehen sich auf die zehn erleuchteten Kräfte, die auf der Grundlage der Vereinigung von Shamatha mit Vipashyana entstehen. Diese sind einzigartig für Praktizierende des Bodhisattva-Pfades.

- Die Konzentration des Handelns zum Wohle fühlender Wesen bezieht sich auf die Fähigkeit, Formkörper zum Nutzen anderer hervorzubringen. Es ist eine Fähigkeit, die von Arya-Bodhisattvas entwickelt wird, die eine direkte Verwirklichung der Leerheit erfahren haben.

- Die Schulung in meditativer Konzentration ist in vier Stufen unterteilt: (1) Ansammeln der Bedingungen für die Meditation, indem man sich von Ablenkungen zurückzieht; (2) Herstellen der einsgerichteten Konzentration durch Shamatha-Meditation; (3) Analysieren der Natur der Wirklichkeit durch Vipashyana-Meditation und (4) Meditieren über die Vereinigung von Shamatha und Vipashyana.

- Die mit der meditativen Konzentration verbundenen Zweiggelübde sind das Vermeiden der folgenden Handlungen: (1) die einsgerichtete Konzentration zu unterlassen; (2) die Hindernisse für die meditative Konzentration nicht zu beseitigen und (3) die Freuden der Zustände meditativer Versenkung als eine gute Qualität ansehen.

- Bodhisattvas mit reiner meditativer Konzentration haben zehn Eigenschaften: (1) halten nicht an der Freude der Versenkung fest; (2) haben keine Verblendungen; (3) haben eine reine Vorbereitung; (4) haben ein reines Hauptstadium erlangt; (5) haben eine reine Ebene erreicht, die höher und besser ist als das Hauptstadium; (6) haben den Eintritt, das Verweilen in und das Heraustreten aus Zuständen der einsgerichteten Konzentration gemeistert; (7) können Konzentrationszustände ohne Anhaftung nutzen; (8) haben die Meisterschaft über die übersinnliche Wahrnehmung erlangt; (9) haben alle Arten von falschen Ansichten beseitigt und (10) haben die beiden Verdunkelungen aufgegeben.

KAPITEL ZWÖLF

Das Entwickeln von Weisheit durch die Zhentong-Sichtweise

Als der Buddha in Indien zu lehren begann, war die Wissenschaft des Samadhi bereits von einer langen Tradition von Yogis und Yoginis praktiziert worden. Die Schulung in Shamatha war also keine buddhistische Erfindung. Der große Beitrag, den der Buddha leistete, bestand darin, die Konzentrationen des Shamatha als Grundlage für die Erforschung der Natur der Wirklichkeit zu nutzen. Er erkannte, dass das Verweilen in den subtilen Bereichen der Glückseligkeit keine wahre Freiheit von Samsara bringen würde und dass, ohne die Wurzel der Unwissenheit abzuschneiden, die Leiden irgendwann zurückkehren und die Konzentration der Praktizierenden brechen würden. Wenn jedoch diese fortgeschrittenen Zustände der Versenkung mit tiefgründiger Weisheit kombiniert werden, können die Konzentrationen von Vipashyana erzeugt werden, um letztendlich Befreiung zu erlangen. Die Schulung in der *Vollkommenheit der meditativen Konzentration* befasst sich in diesem Zusammenhang in erster Linie mit der Verfeinerung der Qualität des Geistes. Es geht im Wesentlichen darum, wie der Geist die Wirklichkeit erfährt.

Was der Geist tatsächlich wahrnimmt, hängt weitgehend davon ab, wie viel Weisheit wir in unsere Erfahrung einbringen. Mit nur wenig Weisheit wird unsere Sichtweise eng und begrenzt sein und uns nur Teilaspekte der Wirklichkeit sehen lassen. Wenn wir uns die Zeit nehmen, Wissen anzusammeln und es auf unsere Erfahrungen anzuwenden, weitet sich unser Blickwinkel und wir erhalten Einblick in eine Realität, die viel umfassender und tiefgründiger ist.

Zu diesem Zweck dreht sich die Schulung in der *Vollkommenheit der Weisheit* darum, eine philosophische Sichtweise zu entwickeln, die wir dann nutzen können, um die vollständige Erleuchtung zu erlangen. Obwohl Weisheit die letzte der Sechs Vollkommenheiten ist, sollten wir diese Praxis nicht bis zum Ende des Pfades aufschieben. Weisheit wird in jeder Phase unserer Reise benötigt, und je früher wir damit beginnen, unser Gewahrsein für diese Themen zu kultivieren, desto größer ist der Nutzen, den wir daraus ziehen.

WAS BEDEUTET WEISHEIT?

Der Begriff *Weisheit* bezieht sich auf einen *Geist, der in der Lage ist, die Merkmale der Wirklichkeit klar zu unterscheiden.* Es ist unsere Fähigkeit, der Welt einen Sinn zu geben und das, was wir erleben, zu interpretieren. Auf der Grundlage einer solchen Weisheit ist es möglich, Phänomene zu erkennen. Dieses Wissen beeinflusst unser Handeln und hilft uns, sinnvolle Absichten zu entwickeln, die unsere gegenwärtigen und zukünftigen Erfahrungen prägen können. Der Geist der Weisheit kann unter zwei Aspekten betrachtet werden:

1. **Gewahrsein / Achtsamkeit:** Dies ist die grundlegende Qualität des Geistes, die Phänomene kennt. Die Arten von Phänomenen, die wir erkennen können, hängen von der Subtilität unseres Gewahrseins ab. Wenn das Gewahrsein abgelenkt und dumpf ist, ist die Menge an möglichem Wissen begrenzt. Mit der Schulung in der Meditation wird unser Gewahrsein stärker und lebendiger, sodass wir Phänomene wahrnehmen können, die uns vorher verborgen waren. Wir können uns die Achtsamkeit wie eine Fackel vorstellen; je heller sie leuchtet, desto mehr können wir sehen.

2. **Unterscheidung:** Dies ist die Qualität des Geistes, die zwischen verschiedenen Erscheinungen im Geist unterscheidet. Da sie die Isolierung von Erscheinungen in getrennte Phänomene erfordert, basiert sie auf dem Greifen und ist daher von Natur aus vorläufig. Wir nutzen die Unterscheidung, um begriffliche Modelle zu entwickeln, die erklären, wie ein Phänomen existiert.

Durch diese beiden Qualitäten entwickeln wir eine *Sichtweise*, die darstellt, wie wir die Wirklichkeit erleben. Diese Sichtweise wird immer von der Ebene des Gewahrseins abhängen, auf der die Sichtweise entwickelt wurde. Wenn sich unser Gewahrsein beispielsweise auf einer groben Ebene bewegt, die durch die Sinnesorgane vermittelt wird und sich auf äußere Phänomene konzentriert, entwickeln wir eine Sichtweise, die dieser Erfahrungsebene entspricht. Schulen wir unseren Geist in der Meditation, werden wir mit subtileren Erfahrungsebenen vertraut und unsere Sichtweise ändert sich entsprechend. Auf diese Weise sind Ansichten nicht statisch, sondern äußerst dynamisch und verändern sich ständig je nach Kontext.

GRÜNDE ZUR PRAXIS DER VOLLKOMMENHEIT DER WEISHEIT

Weisheit hat einen Zweck: die Beseitigung von Unwissenheit. Um die Notwendigkeit, Weisheit zu kultivieren, zu verstehen, müssen wir wissen, warum Unwissenheit ein solches Problem ist. Aus diesem Grund werden wir nun untersuchen, wie Unwissenheit entsteht und wie Weisheit ihr entgegenwirkt.

Obwohl es viele verschiedene Möglichkeiten gibt, unwissend zu sein, sind die beiden Arten von Unwissenheit, die direkt für unser Leiden verantwortlich sind, (1) innewohnende Unwissenheit und (2) unterscheidende Unwissenheit. Die erste kann als ein grundlegendes Nichtwissen beschrieben werden, das aus einem Mangel an Fokus entsteht. Sie wird als innewohnende Unwissenheit bezeichnet, weil sie gemeinsam mit der letztendlichen Natur der konventionellen Wirklichkeit auftritt. Wir können sie als das Potenzial für die Entstehung von Unachtsamkeit betrachten. Dies ist möglich, weil die Natur der Unwissenheit Leerheit ist und daher nicht von Natur aus in irgendeiner Weise festgelegt – es besteht immer die Möglichkeit, dass wir durch die Darstellungen unseres eigenen Geistes abgelenkt werden.

Auf der Grundlage der innewohnenden Unwissenheit entwickeln wir *unterscheidende Unwissenheit*. Dies ist eine falsche Wahrnehmung, die entsteht, weil wir nicht erkennen, dass die Erscheinungen von der gleichen Natur sind wie unser Geist. Die subtilste Variante dieser Art von Unwissenheit ist das grundlegende Unterscheidungsvermögen des Selbst-Gewahrseins, dieses Gefühl des „Ich bin". In dem Moment, in dem diese Art des Greifens auftritt, werden alle Erscheinungen in Bezug auf dieses Konzept des Selbst wahrgenommen und so entsteht der dualistische Geist.

Wenn sich der Geist daran gewöhnt, die Welt aus der Perspektive eines Selbst zu sehen, beginnen sich zusätzliche Verdunkelungen anzusammeln.

Da wir uns der Entwicklung dieses Prozesses nicht bewusst sind, sehen wir nicht, welche Auswirkungen unser Greifen hat. Je länger wir in dieser Art von Unwissenheit verweilen, desto mehr dominiert sie unsere Erfahrung, und bald können wir uns nicht einmal mehr an eine Zeit erinnern, in der dies nicht unsere Wirklichkeit war. Dies ist eines der Hauptprobleme der Unwissenheit. Da sie aus der Unachtsamkeit heraus entsteht, erkennen wir sie erst, wenn es zu spät ist. Erst wenn wir auf unser unnötiges Leiden aufmerksam gemacht werden, erkennen wir die Notwendigkeit, unsere Unwissenheit zu beseitigen. Diese intensive Gewöhnung daran, die Welt aus einer dualistischen Perspektive zu sehen, wird als *kognitive Verdunkelung* bezeichnet.

Aufgrund der Wirkkraft dieser Verdunkelungen greift unser Geist nach verschiedenen Erscheinungen als intern oder extern. Wir bauen dann ein Identitätsgefühl um das Selbst herum auf und konditionieren unsere Beziehung zu dem, was wir als anders betrachten. Mit dieser Art von Unterscheidung entwickeln wir einen Geist, der das Selbst über alles andere stellt, und aus diesem Geist entstehen verwirrte und verblendete Ideen, die als *leidbringende Verdunkelungen* bekannt sind. Die Wurzel aller Leiden ist ein Geist voller Voreingenommenheit, Unausgeglichenheit und Verlangen.

Während die kognitiven Verdunkelungen die Grundlage für die Ansammlung von Karma bilden, formen die leidbringenden Verdunkelungen unser Greifen auf eine Weise, die zu Leiden führt. Durch Weisheit können wir lernen, wie wir damit aufhören, den Geist aufrechtzuerhalten, der diese Verdunkelungen unterstützt. Dies geschieht auf zweierlei Weise: (1) die Natur der Wirklichkeit zu erkennen und (2) sich an diese Erkenntnis zu gewöhnen.

Wir nutzen unsere Fähigkeit, zwischen den Phänomenen zu unterscheiden, um ein Gewahrsein dafür zu entwickeln, wie die Wirklichkeit tatsächlich existiert. Solange dieses Gewahrsein im Geist vorhanden ist, werden unsere falschen Vorstellungen nicht aufkommen. Wir schulen uns in dieser Weisheit, um uns an sie zu gewöhnen, sodass sie jeden Moment unserer Erfahrung durchdringt. Indem wir eine unerschütterliche Achtsamkeit entwickeln, die sich niemals von der Wahrheit der Realität ablenken lässt, beseitigen wir das Potenzial für das erneute Aufkommen von Unwissenheit.

DIE UNTERTEILUNGEN DER WEISHEIT

In Übereinstimmung mit unserer Bodhicitta-Motivation praktizieren wir die Sechs Vollkommenheiten, um zwei Ziele zu erreichen. Wir streben danach, unser eigenes Ziel der vollständigen Erleuchtung zu erreichen, um das Ziel der anderen zu erfüllen – die Freiheit von Leiden. Um dies zu erreichen, müssen wir sowohl Verdienst als auch Weisheit ansammeln.

Zum Erreichen dieser Ziele sind drei Arten von Weisheit erforderlich: (1) die Weisheit, die die Natur der letztendlichen Realität erkennt; (2) die Weisheit, die die fünf Zweige des Lernens kennt, und (3) die Weisheit, die die Ziele der fühlenden Wesen verwirklicht. Alle drei liefern das benötigte Wissen, um unsere Verdunkelungen zu beseitigen und die beiden erleuchteten Körper eines Buddha zu manifestieren. Die erste Art von Weisheit lässt den Dharmakaya-Wahrheitskörper eines Buddha entstehen, und die letzten beiden tragen zur Manifestation der zahllosen Rupakaya-Formkörper eines Buddha bei.

Die Weisheit, die die Natur der letztendlichen Wirklichkeit erkennt

Der gesamte Pfad läuft auf eine Sache hinaus – die Beseitigung aller Unwissenheit, damit sich unsere ursprüngliche Natur voll entfalten kann. Die Methode, um dies zu erreichen, ist die Kultivierung der Weisheit, die die Wirklichkeit erkennt, *wie sie ist*. Indem wir in dieser Weisheit verweilen, durchtrennen wir vollständig unsere Unwissenheit und lösen die Konditionierung unseres Karma auf, um uns schließlich vom Leiden der zyklischen Existenz zu befreien.

Eine solche Weisheit ist unglaublich tiefgründig und schwer zu verwirklichen. Der Buddha erkannte, dass verschiedene fühlende Wesen unterschiedliche Stufen der spirituellen Reife hatten, und wusste, dass geschickte Mittel notwendig waren, um andere effektiv zur Wahrheit zu führen. Aus diesem Grund entschied er sich für eine schrittweise Schulung seiner Schüler/innen, die sich auf die Bedürfnisse der Einzelnen konzentrierte. Die Herangehensweise des Buddha wurde im Sutra *Die Lehren über das große Mitgefühl des Tathagata* beschrieben:

O Kind der Überlieferungslinie, Juweliere nehmen zum Beispiel ein unpoliertes

Juwel aus einer Juwelenmine. Sie waschen es gründlich mit einer starken Sodalösung und wischen es mit einem Haartuch ab. Dennoch geben sie sich damit nicht zufrieden; danach waschen sie es mit einer starken Quecksilberlösung und reiben es mit Wolle ab. Damit geben sie sich immer noch nicht zufrieden, tränken es im Saft eines stark wirksamen Krautes und reinigen es gründlich mit einem feinen Tuch. Nach dem Polieren wird das Juwel, das frei von Verunreinigungen ist, Katzenaugenedelstein genannt.

Genauso, o Kind der Überlieferungslinie, bewirkt auch der Tathagata, nachdem er den unreinen Grundbestandteil aller fühlenden Wesen erkannt hat, dass fühlende Wesen, die sich sehr an der zyklischen Existenz erfreuen, durch Lehrreden über Unbeständigkeit, Selbstlosigkeit, Unreinheit und Unruhe entmutigt werden. Also führt er sie in die Übungen der höheren Disziplin ein.

Der Tathagata beendet damit nicht seine Anstrengungen; danach bringt er sie dazu, die eigene Seinsweise des Tathagata zu verstehen, indem er über Leerheit, Zeichenlosigkeit und Wunschlosigkeit spricht. Jedoch beendet ein Tathagata damit nicht seine Anstrengungen; danach bringt er fühlende Wesen verschiedener Naturen dazu, das Land eines Tathagata zu betreten, indem er über das unumkehrbare Rad der Lehre spricht, über die vollständige Reinigung der drei Sphären. Nachdem sie das Land eines Tathagata betreten und dessen Wesenheit erkannt haben, werden sie „unübertroffener Segen" genannt.

In dieser Passage können wir eine dreifache Methode erkennen. Zunächst zeigt der Buddha seinen Schüler/innen, wie sie ihre Anhaftung an die zyklische Existenz durchtrennen können, gefolgt davon, wie sie sich vom Greifen, das sie daran bindet, lösen. Schließlich zeigt er ihnen, wie sie im erleuchteten Zustand der Buddhanatur verweilen können, indem sie ihre Erfahrungen gründlich reinigen. Für jede dieser Stufen hielt der Buddha spezifische Lehrreden, die betonten, was die Schüler/innen hören mussten, um auf dem Pfad voranzukommen.

Wenn wir diese Lehrreden in Gruppen zusammenfassen, erhalten wir die *drei Drehungen* des Dharmarades. Jede Drehung konzentriert sich auf ein bestimmtes Thema, das für Praktizierende auf einer bestimmten Entwicklungsstufe geeignet ist. Dieser Rahmen wird im Sutra *Aufdecken des Gedankens* klar dargelegt:

Zu Beginn drehte der überweltliche Sieger in der Gegend von Varanasi im

Rehpark namens „Darlegung des Weisen" ausführlich ein Rad der Lehre für diejenigen, die sich im Fahrzeug der Hörer übten. Fantastisch und wunderbar, wie es zuvor auf der Welt weder von Mensch noch Gott auf vergleichbare Weise gedreht wurde, indem er die Aspekte der Vier Edlen Wahrheiten lehrte. Darüber hinaus kann dieses Rad der Lehre, das der überweltliche Sieger ausführlich gedreht hat, noch übertroffen werden, bietet eine Gelegenheit [zur Widerlegung], erfordert Interpretation und dient als Grundlage für Kontroversen.

Nur auf der Grundlage der Naturlosigkeit der Phänomene und der Abwesenheit von Entstehen, der Abwesenheit von Beendigung, der Ruhe von Anfang an und von Natur aus jenseits von Kummer drehte der überweltliche Sieger ein zweites Rad der Lehre für diejenigen, die sich mit dem Großen Fahrzeug beschäftigen, ganz fantastisch und wunderbar, durch den Aspekt des Sprechens über Leerheit. Darüber hinaus kann dieses Rad der Lehre, das der überweltliche Sieger gedreht hat, noch übertroffen werden, bietet eine Gelegenheit [zur Widerlegung], erfordert Interpretation und dient als Grundlage für Kontroversen.

Nur auf der Grundlage der Naturlosigkeit der Phänomene und der Abwesenheit von Entstehen, der Abwesenheit von Beendigung, der Ruhe von Anfang an und von Natur aus jenseits von Kummer drehte der überweltliche Sieger ein drittes Rad der Lehre für diejenigen, die sich mit allen Fahrzeugen beschäftigten, die eine gute Unterscheidung besitzen, fantastisch und wunderbar. Dieses Rad der Lehre, das der überweltliche Sieger gedreht hat, ist unübertrefflich, bietet keinen Anlass [zur Widerlegung], ist von endgültiger Bedeutung und dient nicht als Grundlage für Kontroversen.

Gestützt auf die drei Drehungen stellte der Buddha einen Weg zur Reinigung von groben, subtilen und sehr subtilen Verdunkelungen zur Verfügung, die unsere Fähigkeit einschränken und uns daran hindern, uns als voll erleuchteter Buddha zu manifestieren. Innerhalb dieses Pfades werden die ersten beiden Drehungen als vorläufig betrachtet, während die letzte Drehung als endgültig anerkannt wird. Dies wird in den eigenen Worten des Buddha sehr deutlich ausgedrückt.

Leider gibt es aufgrund der Anhaftung an eigene Sichtweisen diejenigen, die einige der Lehren des Buddha ablehnen und behaupten, dass die zweite Drehung endgültig, die dritte Drehung jedoch vorläufig ist. Da die dritte Drehung lehrt,

*Arya Asanga – Der große Pionier des Yogachara-Madhyamaka,
der die erhabenen Lehren des Bodhisattva Maitreya verbreitete*

dass Erfahrung „nur Geist" ist, argumentieren sie, dass dies automatisch zu den philosophischen Grundsätzen der Cittamatra-Schule gehört, die gemeinhin als begrenzter angesehen wird als die Philosophie des Mittleren Weges der Madhyamaka-Schule.

Diese Schlussfolgerung zeigt einen Mangel an Verständnis für die Bedeutung der dritten Drehung. Der Buddha lehrte jede Drehung als ein Fortschreiten von Unwissenheit zu Weisheit, wobei jede höhere Stufe die Lehren der vorangegangenen Stufen einbezieht. Dem Sutra zufolge ist die erste Drehung für diejenigen geeignet, die sich dem „*Fahrzeug der Hörer*" widmen, die zweite für diejenigen, die sich dem „*Großen Fahrzeug*" widmen, und die dritte für diejenigen, die sich „*allen Fahrzeugen*" widmen. Das bedeutet, dass die dritte Drehung für diejenigen geeignet ist, deren Geistesströme durch die Praxis der beiden vorherigen Fahrzeuge bereits gereift sind.

Obwohl es wahr ist, dass die dritte Drehung Lehren präsentiert, die für die Cittamatra-Schule zentral wurden, bedeutet dies nicht, dass sie ausschließlich Cittamatrin sind. Um die endgültige Natur der dritten Drehung authentisch zu verstehen, müssen wir die Sichtweise des Mittleren Weges als Grundlage haben. Die Existenz von Individuen, die eine Lehre falsch interpretieren, ist kein gültiger Grund, sie als vorläufig zu bezeichnen. Wäre dies der Fall, würde die Tatsache, dass einige den Mittleren Weg als nihilistisch interpretieren, bedeuten, dass auch er vorläufig ist. Dies würde zu der absurden Schlussfolgerung führen, dass keine der Lehren des Buddha endgültig ist.

Die erste und zweite Drehung werden als vorläufig betrachtet, weil sie beide die Wirklichkeit auf eine unvollständige Weise darstellen. In der ersten Drehung wird das, was leer vom Selbst ist, als nicht leer vom Selbst dargestellt – alles wird aus der Perspektive der konventionellen Wahrheit von Ursache und Wirkung betrachtet. In der zweiten Drehung wird das, was nicht leer vom Selbst ist, als leer vom Selbst dargestellt – alles, einschließlich der letztendlichen Wahrheit, wird als leer vom Selbst betrachtet. Erst in der dritten Drehung wird das, was leer von sich selbst ist, als leer von sich selbst dargestellt und das, was nicht leer von sich selbst ist, als nicht leer von sich selbst – anstatt die beiden Wahrheiten zu vermischen, werden sie klar unterschieden. Dies ist das Kriterium dafür, ob eine Lehre als endgültig angesehen werden sollte oder nicht. Wenn wir dies verstehen, verlassen wir uns auf die klaren Beschreibungen der dritten Drehung als unseren Leitfaden für die Entwicklung einer Sichtweise über die letztendliche Natur der Wirklichkeit.

Um unserem Praxissystem einen Kontext zu geben, ist es zunächst notwendig, eine gewisse Vertrautheit mit den Kernkonzepten zu entwickeln, die wir verwenden können, um die Natur der Wirklichkeit zu diskutieren. Obwohl es viele Wege gibt, die verschiedenen Aspekte unserer Erfahrung zu verstehen, werden wir dem Rat von Jetsun Taranatha folgen, der das Studium der *fünf Dharmas*, der *drei Naturen* und der *sieben Arten der Leerheit* empfahl. Diese Lehren werden hauptsächlich im *Sutra des endgültigen Kommentars über die Absicht* und im *Sutra über das Herabsteigen nach Lanka* dargelegt, die beide zu den *zehn Sutras der endgültigen Bedeutung* gehören, die Teil der *dritten Drehung des Dharmarades* sind.

Die fünf Dharmas

Wenn wir das Wesen der Wirklichkeit verstehen wollen, müssen wir zunächst klären, was wir mit dem Begriff „Wirklichkeit" meinen. In diesem Zusammenhang beziehen wir uns auf zwei Aspekte unserer Erfahrung: (1) alles, dessen wir uns *tatsächlich* bewusst sind, und (2) alles, dessen wir uns *potenziell* bewusst sein könnten. Ein Phänomen wird als „real" betrachtet, wenn die Möglichkeit besteht, es zu erkennen. Wenn es keine Möglichkeit gibt, ein Phänomen zu erkennen, gibt es in diesem System keinen Grund, es als real zu betrachten.

Als der Buddha die Grenzen dessen untersuchte, was gewusst werden kann und was nicht, stellte er fest, dass es nur fünf Arten von Phänomenen gibt, die sich potenziell dem Geist manifestieren können. Er sprach über diese Dharmas im *Sutra über das Herabsteigen nach Lanka*:

Der Buddha sagte zu Mahamati: „Zu den Unterscheidungsmerkmalen der fünf Dharmas, der Existenzweisen, der Arten des Bewusstseins und der beiden Arten des Nicht-Selbst gehören Name und Erscheinung, Projektion, reine Weisheit und Soheit. Wenn Praktizierende diese kultivieren und den Bereich der persön- lichen Verwirklichung des Buddha-Wissens erreichen, transzendieren sie die Ansichten über Ewigkeit und Vernichtung sowie Existenz und Nichtexistenz und verweilen in der Glückseligkeit der Meditation über das, was gegenwärtig ist und was vor ihnen erscheint. Mahamati, weil sie sich nicht bewusst sind, dass die fünf Dharmas, die Existenzweisen, die Arten des Bewusstseins und die zwei Arten des Nicht-Selbst Wahrnehmungen ihres eigenen Geistes sind, stellen sich die Narren eine äußere Existenz vor, nicht aber die Weisen."

Was der Buddha vorschlägt, ist ein äußerst pragmatischer Ansatz zum Verständnis der Wirklichkeit. Anstatt nach außen auf eine äußere Welt zu schauen, die Sie nie wirklich erlebt haben, konzentrieren Sie sich nach innen auf das, was im Geist entsteht. Das ist Ihre Realität, und sie gründlich zu kennen, wird Ihnen ewigen Frieden und Harmonie bringen. Zu diesem Zweck identifiziert er fünf Dharmas, die wir verstehen müssen: (1) Erscheinungen, (2) Namen, (3) Projektionen, (4) Soheit und (5) reine Weisheit.

Erscheinungen

Dies sind die objektiven Erscheinungen, die im Geist entstehen und als Formen oder Merkmale wahrgenommen werden. Es gibt fünf Arten von Bewusstsein, die den verschiedenen Arten von Sinneswahrnehmungen entsprechen: (1) die Erscheinung von Gestalt und Form für ein *visuelles Bewusstsein*; (2) die Erscheinung von Klängen für ein *auditives Bewusstsein*; (3) die Erscheinung von Gerüchen für ein *olfaktorisches Bewusstsein*; (4) die Erscheinung von Geschmäckern für das *gustatorische Bewusstsein*; und (5) die Erscheinung von Empfindungen für das *taktile Bewusstsein*.

Namen

Auf der Grundlage dieser Erscheinungen konstruieren wir die Vorstellung einer äußeren Wirklichkeit, die von fühlenden Wesen bewohnt wird. Treten Erscheinungen auf, erkennt der Geist Erfahrungsmuster und grenzt sie durch die Kraft der Bezeichnung von anderen Mustern ab. Wenn wir beispielsweise eine „runde, bauchige" Erscheinung sehen, die das enthält, was uns als „Wasser" und „Blumen" erscheint, bezeichnen wir es als „Vase". Indem wir Namen auf diese Weise verwenden, ziehen wir Linien um verschiedene Arten von Erscheinungen und trennen sie als unterschiedliche Teile unserer Realität. Die Namen selbst sind Teil des konzeptuellen Geistes des *groben geistigen Bewusstseins*. Mit der Zeit sammeln sich diese Begriffe an und bilden eine detaillierte Beschreibung unserer Erfahrung, die sowohl die äußere Welt der objektiven Erfahrungen wie auch die innere Welt der subjektiven Erfahrungen beschreibt. Unsere gesamte Vorstellung davon, wer wir sind, basiert auf diesem ausgedehnten Netzwerk von Konzepten.

Projektionen

Sobald eine Erscheinung benannt wurde, beschäftigt sich der Geist mit der Erscheinung, indem er eine begriffliche Beziehung zwischen den beiden herstellt. Wann immer die Erscheinung entsteht, projiziert der Geist eine Sammlung von Konzepten darauf und lässt sie schließlich beide miteinander verschmelzen. Wenn dies geschieht, nimmt der Geist die Erscheinung als ein selbst-existentes Objekt wahr, das tatsächlich die projizierten Eigenschaften besitzt. An diesem Punkt nimmt das *verblendete Bewusstsein* Gestalt an. Wenn ein Geist Eigenschaften auf Erscheinungen projiziert, die nicht mit der Art und Weise übereinstimmen, wie die Realität wirklich existiert, wird diese Wirklichkeit verzerrt und führt zu Leiden.

Soheit

Namen und Erscheinungen sind zwar erfahrbar, aber keine von beiden existiert unabhängig von ihrer eigenen Seite. Je mehr wir die Natur dieser Phänomene untersuchen, desto mehr stellen wir fest, dass sie nur in Abhängigkeit von momentanen Ursachen und Bedingungen entstehen. Durch sorgfältige Analyse lösen sie sich schließlich alle wieder in den Geist auf und wir bleiben mit einer innewohnenden Erfahrung zurück, die falsche Projektionen transzendiert – dies ist als *Soheit* bekannt. Sie ist das, was übrig bleibt, nachdem der konzeptuelle Geist aufgehört hat.

Soheit kann durch fünf Qualitäten beschrieben werden: (1) Sie ist *rein*, weil ihre Natur niemals befleckt oder in irgendeiner Weise verändert wird, ganz gleich, welche vorübergehenden Phänomene aufzutreten scheinen; (2) sie ist *allgegenwärtig*, weil alle relativen Erfahrungen auf der Grundlage von Soheit entstehen; (3) sie *existiert aus sich selbst heraus*, weil alle Qualitäten der Soheit von Natur aus vorhanden sind und nicht auf der Grundlage von Ursachen und Bedingungen entstehen; (4) sie ist dauerhaft, weil es keinen Moment gibt, in dem die Qualitäten der Soheit nicht entstehen; und (5) sie ist *wahrhaftig etabliert*, weil sie das Erfahrungsobjekt eines unverzerrten, ursprünglichen Gewahrseins ist.

Reine Weisheit

Soheit ist der eigentliche Grund, aus dem alle Erfahrungen entstehen. Da die Soheit völlig frei von jeglicher Begrenzung ist, hat sie das Potenzial, als Grundlage sowohl für Unwissenheit als auch für Weisheit zu dienen. Wenn der konzeptuelle Geist durch ein Netzwerk von falschen und verblendeten Projektionen mit der Soheit in Verbindung steht, dann entsteht die Soheit als das *Grundbewusstsein*. Diese Art von Geist sammelt karmische Neigungen an und bestimmt die Natur der Erfahrung.

Durch ihr unendliches Mitgefühl haben die Buddhas uns mit Lehren versorgt, die wir studieren und über die wir meditieren können, um ein korrektes Verständnis zu entwickeln, frei von falschen Projektionen. Mit diesem Wissen können wir das verblendete Bewusstsein entfernen und unsere karmischen Neigungen auflösen, sodass die wahre Natur des Grundbewusstseins enthüllt wird und wir die Realität der Soheit erfahren. Das Verweilen in der nicht-dualistischen Einheit von Soheit und korrektem Wissen ist die eigentliche Bedeutung des Erreichens des Dharmakaya eines Buddha. Ein solcher Zustand ist völlig frei von Verdunkelungen und verhindert, dass die hinzugekommenen Befleckungen der Unwissenheit jemals wieder auftauchen.

Die drei Naturen

Durch das Studium der fünf Dharmas können wir ein grundlegendes Modell dafür erkennen, wie Unwissenheit entsteht und was erforderlich ist, um diese Unwissenheit zu beseitigen. Wenn wir die Beziehungen zwischen den fünf Arten von Phänomenen weiter analysieren, können wir von *drei Naturen* oder Existenzweisen sprechen. Diese Naturen repräsentieren den *Grund*, der gereinigt werden muss, den *Pfad*, der zur Reinigung dieses Grundes verwendet wird, und das *Ergebnis* dieser Reinigung. Aus der Perspektive des Kalachakra werden diese Naturen durch die Realitäten des äußeren, inneren und erleuchteten anderen repräsentiert. Wie es im *Sutra des definitiven Kommentars über die Absicht* heißt:

Gunakara, es gibt drei Naturen von Phänomenen. Was sind diese drei? Sie sind die zugeschriebene Natur, die von anderen abhängige Natur und die sorgfältig begründete Natur.

Gunakara, was ist die Natur durch Zuschreibung von Phänomenen? Es ist das, was als Name oder Symbol in Bezug auf das eigene Sein oder die Attribute der Phänomene zugeschrieben wird, um anschließend eine beliebige Konvention zu bezeichnen.

Gunakara, was ist die von anderen abhängige Natur der Phänomene? Es ist einfach das abhängige Entstehen von Phänomenen. Es ist wie folgt: Weil dies existiert, entsteht jenes; weil dies erzeugt wird, wird jenes erzeugt. Es reicht von: „Aufgrund der Bedingung der Unwissenheit [entstehen] gestaltende Faktoren", bis hin zu: „Auf diese Weise entsteht die ganze große Ansammlung von Leiden."

Gunakara, was ist die sorgfältig begründete Natur der Phänomene? Es ist die Soheit der Phänomene. Durch Fleiß und durch richtige geistige Anwendung erlangen Bodhisattvas die Verwirklichung und kultivieren die Verwirklichung [der sorgfältig begründeten Natur]. Somit ist es das, was [alle Stufen] bis zur unübertroffenen, vollständigen, vollkommenen Erleuchtung begründet.

Wir werden uns nun jede dieser Naturen genauer ansehen, um ein Gefühl dafür zu bekommen, wie sie mit den fünf Dharmas zusammenhängen.

Die zugeschriebene Natur

Die erste Ebene der Wirklichkeit, mit der wir uns vertraut machen müssen, ist die *zugeschriebene Natur*. Dies ist die Realität, die durch das Zusammenwirken von Erscheinungen und Namen entsteht. Es ist die Überlagerung von Konzepten, die sich ergeben, wenn man nach Erscheinungen greift, als ob sie genauso existierten, wie sie dem Geist erscheinen. Der Buddha vergleicht diese Natur mit Defekten, die entstehen, wenn die Augen vom grauen Star betroffen sind. Wenn die Augen eines Menschen getrübt sind, sieht er Dinge, die nicht wirklich da sind. Diese falschen Wahrnehmungen haben nie unabhängig voneinander existiert, und sobald der graue Star entfernt ist, kann diese Wahrheit gesehen werden. Es gibt zwei Arten von zugeschriebenen Naturen:

1. **Wahrgenommen:** Dies sind die zugeschriebenen Naturen, die alle objektiven Erscheinungen darstellen. Sie reichen von den Erscheinungen der

verschiedenen Sinnesorgane bis hin zum Geist selbst, wenn man ihn als Objekt der Aufmerksamkeit betrachtet. Während sie alle als separate Entitäten zu existieren scheinen, entstehen sie im Geist als Ergebnis des Zusammentreffens von Ursachen und Bedingungen. Sie sind tatsächlich die Artefakte eines Geistes, der die Wirklichkeit durch die Brille der Täuschung erlebt.

2. **Wahrnehmender:** Diese zweite Kategorie stellt die subjektiven Erscheinungen dar, die wir als ein Selbst identifizieren. Es ist das Gefühl, eine substanziell existierende Entität zu sein, die eine Vielzahl von Eigenschaften besitzt. Diese zugeschriebenen Naturen sind lediglich Konzepte, die eine Beziehung herstellen zwischen dem, was wahrgenommen wird, und dem Geist, der als wahrnehmend erfahren wird.

Mit diesen zugeschriebenen Naturen haben wir die Grundlage für ein dualistisches Denken, das die Wirklichkeit als ein Zusammenwirken zwischen Subjekt und Objekt betrachtet. Wenn wir jedoch diese Beziehung untersuchen, sehen wir, dass alles, was wir als Teil des Selbst betrachten, in Wirklichkeit aus objektiven Erscheinungen besteht. Was sie subjektiv macht, ist lediglich unser Festhalten an ihnen als „Ich" und „Mein". Die Unterscheidung selbst wird zugeschrieben und entbehrt daher jeder eigenen Essenz.

Als Beispiel dafür, wie sich die Zuschreibung manifestiert, können wir die Erscheinung einer Hand nehmen. Wenn Sie jetzt auf Ihre Hand schauen, werden Sie verschiedene Formen und Farben sehen. Dieses besondere Muster von Form und Farbe ist Ihnen vertraut und Sie kennen es unter dem Namen „Hand". Aber wenn wir nach der eigentlichen Hand suchen, welcher Teil ist dann die Hand? Ist der Daumen die Hand? Ist einer der Finger die Hand? Was ist mit der Handfläche oder dem Handrücken? Ist einer von ihnen die Hand? Wenn keiner dieser Teile die Hand ist, wo existiert dann die Hand?

Ziel dieser Analyse ist es, klar zu unterscheiden zwischen dem, was „Name" und was „Erscheinung" ist. Je mehr wir die Natur unserer Zuschreibungen untersuchen, desto willkürlicher wird der Prozess. Dies gilt nicht nur für die Worte, mit denen wir die Dinge bezeichnen, sondern auch für die Bedeutungsebenen, die mit diesen Worten verbunden sind. Wie ein Haus, das aus Sand gebaut ist, sind sie instabil und unterliegen dem Wandel. Wir können die Welt an einem Tag auf eine bestimmte Weise interpretieren und am nächsten Tag eine völlig andere Perspektive haben.

Die abhängige Natur

Wenn wir die zugeschriebene Natur unserer Erfahrung analysieren, stellen wir fest, dass alle Begriffe, die wir verwenden, um der Welt einen Sinn zu geben, keine Essenz haben. Suchen wir beispielsweise nach „Hand", können wir sie nicht finden. Würden wir jedoch die Zuschreibung „Hand" auflösen, bliebe die bloße Erscheinung, die als Grundlage für die Zuschreibung „Hand" dient, bestehen. Dies ist die *abhängige Natur*. Sie ist das, was als Ergebnis von Ursachen und Bedingungen entsteht, und sie ist die Grundlage, auf der alle Zuschreibungen gemacht werden. Innerhalb der Kategorie der abhängigen Naturen können wir von zwei Arten sprechen:

1. **Unrein:** In dem Moment, in dem der Geist ein „Selbst" zuschreibt, schreibt er auch ein „Anderes" zu. Das bedeutet, dass ein Geist, der unter dem Einfluss einer vom Wahrnehmenden zugeschriebenen Natur arbeitet, die Wirklichkeit automatisch aus einer dualistischen Perspektive erlebt. Da diese Sichtweise die Grundlage ist, auf der falsche Projektionen entstehen, wird sie als *unrein* bezeichnet.

2. **Rein:** Indem wir alle drei Naturen gründlich untersuchen, ist es möglich, die falschen Zuschreibungen eines inhärent existierenden Selbst zu beseitigen. Wenn wir dies tun, erfahren wir die abhängige Natur ohne die Verzerrung durch konzeptuelle Überlagerungen. Es werden weiterhin Erscheinungen entstehen, aber sie sind nicht in Bezug auf das Selbst konditioniert und tauchen daher ganz natürlich auf, verweilen eine Zeit lang und lösen sich dann wieder im Geist auf. Da diese Natur frei von Verzerrungen ist, wird sie als *rein* bezeichnet.

Ob unrein oder rein, diese beiden abhängigen Naturen sind damit verbunden, wie wir die dynamische Beziehung zwischen Gewahrsein und Erscheinungen verstehen. Während die erste eine Interpretation ist, die auf Unwissenheit beruht, entsteht die zweite als Ergebnis von Weisheit. Wenn das Gewahrsein nach den

Erscheinungen greift, entsteht eine unreine Sichtweise, aber wenn es im Nicht-Greifen verweilt, entsteht eine reine Sichtweise.

Folglich ist die abhängige Natur der Erfahrung nicht festgelegt. Wie sie sich manifestiert, hängt von der Sichtweise ab, die zu einem bestimmten Zeitpunkt vorhanden ist, sodass wir durch Veränderung der Sichtweise auch die Wahrnehmung ändern. Der Buddha vergleicht dies mit einem makellosen, klaren Kristall, der im roten Licht wie ein Rubin erscheint. Unter grünem Licht sieht er wie ein Smaragd aus und unter goldenem Licht erscheint er wie Gold. Indem man die Farbe ändert, verändert der Kristall sein Aussehen. Dies ist die Natur des Grundbewusstseins, das eine neutrale Grundlage ist, die auf unendlich viele Arten interpretiert werden kann.

Indem wir über die abhängige Natur nachdenken, erkennen wir, dass alle Phänomene, die von einem dualistischen Bewusstsein wahrgenommen werden, leer von inhärenter Existenz sind. Stattdessen existieren sie als ein dynamischer Prozess sich ständig verändernder Bedingungen, die die Qualität der Erfahrung formen. Wenn wir ein größeres Gewahrsein für diese Natur entwickeln, können wir die Art und Weise, wie unsere Erfahrung entsteht, beeinflussen und so die Möglichkeit für echten Frieden und Harmonie in unserem Leben schaffen.

Die sorgfältig begründete Natur

Sobald der Geist durch die Erkenntnis gereinigt wurde, dass die Natur durch Zuschreibung nicht innerhalb der abhängigen Natur existiert, kann sich die Realität der Soheit manifestieren. Dies ist die letztendliche Ebene der Wirklichkeit und die Grundlage, auf der die abhängige und die zugeschriebene Natur entstehen. Es gibt zwei Möglichkeiten, die sorgfältig begründete Natur der Soheit zu manifestieren:

1. **Unveränderlich:** Dies ist die tatsächliche Natur der Soheit, wie sie von einem nicht-dualistischen Geist erfahren wird, der völlig frei von allen Arten der Zuschreibung ist. Ohne die Konditionierung durch konzeptuelle Vorstellungen verweilt der Geist in einem erhabenen Zustand, der mit unendlichem Potenzial gefüllt ist. Er wird *unveränderlich* genannt, weil das Gewahrsein frei von Greifen ist und sich daher niemals von der glückseligen Erfahrung des gegenwärtigen Augenblicks entfernt.

2. **Unverzerrt:** Wenn Soheit aus der Perspektive einer reinen Sichtweise erfahren wird, wird das als *makellose Weisheit* bezeichnet. Dieser Geist ist eigentlich eine abhängige Natur, da er eine sehr subtile dualistische Trennung aufrechterhält, die einen Bezugspunkt für die Unterscheidung von Erscheinungen darstellt. Der Unterschied zwischen dieser Natur und gewöhnlichen, zugeschriebenen Naturen ist, dass es keine Vorstellung von einem realen Selbst und somit keine Unwissenheit gibt. Alle Phänomene werden als reine Manifestationen der Soheit erfahren.

Dann löst sich der dualistische Geist vollständig auf, Gewahrsein und Erscheinungen werden untrennbar und man sagt, sie seien *nicht-dual*, wie Wasser in Wasser, sie vermischen sich gründlich. Während das Gewahrsein in der Stille verweilt, bringt sein spontanes Strahlen unzählige Erscheinungen hervor. Ungeachtet der Form, die diese Erscheinungen annehmen, werden sie niemals als getrennt von der Soheit erlebt. Stattdessen wird alles als Gottheiten der letztendlichen, makellosen Weisheit verstanden.

Bei näherer Betrachtung lassen sich alle drei Naturen zu zwei zusammenfassen. Die abhängige Natur kann je nach Sichtweise entweder als eine zugeschriebene Natur oder als eine sorgfältig begründete Natur erfahren werden. Zugeschriebene Naturen entsprechen den trügerischen Wahrheiten der konventionellen Wirklichkeit, während die sorgfältig begründete Natur der endgültigen Wahrheit der letztendlichen Wirklichkeit entspricht.

Die sieben Arten von Leerheit

Angesichts der Erkenntnis, dass wir die abhängige Natur derzeit auf der Grundlage einer unreinen Sichtweise erfahren, stellt sich die Frage, was wir dagegen tun können. Wie können wir unsere Sichtweise reinigen, damit wir die Soheit unverfälscht erfahren? Die Antwort lautet: *Leerheit.*

Unsere Verwirrung ist das Ergebnis der Ansammlung vieler falscher Projektionen, und da sie nur als Zuschreibungen existieren, fehlt ihnen jegliche substanzielle Essenz. Unglücklicherweise ist es aufgrund unserer Gewöhnung an diese Konzepte sehr schwierig, die von ihnen erzeugten Schichten von Verdunkelungen zu durchtrennen. Indem wir die Leerheit der verschiedenen

Arten von Phänomenen erkennen, können wir diese Schichten abschälen und dadurch unsere Wahrnehmung von der Wirklichkeit reinigen.

Je nachdem, mit welcher Realitätsebene wir arbeiten, gibt es verschiedene Arten von Leerheit, die wir berücksichtigen müssen. Im *Sutra über das Herabsteigen nach Lanka* erklärt der Buddha:

> *Mahamati, kurz gesagt, gibt es sieben Arten von Leerheit: (1) die Leerheit von Eigenschaften; (2) die Leerheit von Selbstexistenz; (3) die Leerheit der Phänomene; (4) die Leerheit der Nicht-Phänomene; (5) die Leerheit der Unbeschreiblichkeit; (6) die große Leerheit der letztendlichen Wahrheit des Buddha-Wissens und (7) die Leerheit des gegenseitigen Ausschlusses.*

Von diesen sieben bezieht sich eine auf die Realität der zugeschriebenen Naturen, drei beziehen sich auf die abhängigen Naturen und drei auf die sorgfältig begründete Natur. Ein klares Verständnis dieser Beziehungen liefert uns eine Methodik, die wir als Pfad zum Praktizieren nutzen können.

Die Leerheit der zugeschriebenen Naturen

Obwohl wir uns darauf konzentrieren, die Weisheit zu entwickeln, die die letztendliche Natur der Wirklichkeit erkennt, können wir die Tatsache nicht ignorieren, dass wir in einer Welt leben, in der begriffliche Zuschreibungen eine große Rolle spielen. Letztendlich existieren Zuschreibungen nicht so, wie sie erscheinen, aber auf einer vorläufigen Ebene können sie dennoch sehr nützlich sein, um unsere spirituelle Praxis zu unterstützen.

Wenn die zugeschriebene Natur der Objekte, die wir wahrnehmen, nicht analysiert wird, ist es immer noch möglich, sie zu nutzen, um Funktionen zu erfüllen. Sehen wir zum Beispiel etwas, das wie ein Stuhl aussieht, können wir es als Sitzgelegenheit verwenden und es erfüllt somit die Funktion eines Stuhls. Würden wir nicht erkennen, dass es sich um einen geeigneten Platz zum Sitzen handelt, würden wir es nicht als „Stuhl" bezeichnen. Das Wissen, wie man zwischen den Funktionen verschiedener Erscheinungen unterscheiden kann, um unsere Wünsche zu erfüllen, bezeichnet man als *konventionelle Weisheit*.

Die Grundlage für diese Art von Weisheit ist eine besondere Art von Leerheit, die als die *Leerheit des gegenseitigen Ausschlusses* bekannt ist. Dies ist die Erkenntnis, dass ein bestimmtes Phänomen in Bezug auf ein anderes nicht vorhanden ist, wie zum Beispiel die Erkenntnis, dass es in einem Raum voller Mönche keine Elefanten gibt. Wir könnten auch erkennen, dass es dort, wo Licht ist, keine Dunkelheit gibt, oder dass es dort, wo „kurz" ist, kein „lang" gibt. Diese Art von Leerheit ist als Grundlage für die Unterscheidung über die Eigenschaften eines bestimmten Phänomens nützlich. Diese Unterscheidungen ermöglichen es uns, die Wirklichkeit auf viele geschickte Arten zu handhaben.

Stellen Sie sich zum Beispiel eine Situation vor, in der Sie eine hilfsbedürftige Person wahrnehmen. Ohne die Fähigkeit, zwischen der Person und den Merkmalen der Situation zu unterscheiden, wären Sie nicht in der Lage, zum Nutzen dieser Person zu handeln. Alle tugendhaften Handlungen, die auf dem Pfad ausgeführt werden, beruhen auf dem Unterscheidungsvermögen, das auf dieser Art von Leerheit basiert. Ohne dieses vermischt sich alles und wird unklar, was zu weiterer Verwirrung führt.

Wir sollten jedoch nicht vergessen, dass die Entwicklung von konventionellem Wissen von Natur aus vorläufig ist. Es ist nur nützlich, solange wir vom Greifen nach Zuschreibungen beherrscht werden. Da wir diese Zuschreibungen schließlich vollständig transzendieren müssen, ermahnt uns der Buddha, diese Art von Leerheit zu vermeiden. Wir dürfen nicht zulassen uns mit Wissen zufriedenzugeben, das uns nicht direkt von der zyklischen Existenz befreit. Unser Hauptaugenmerk sollte daher auf der Entwicklung einer tieferen Weisheit durch die Kontemplation der übrigen sechs Arten von Leerheit liegen.

Die Leerheit der abhängigen Naturen

Indem wir die absolute Natur der zugeschriebenen Phänomene analysieren, können wir eine Weisheit entwickeln, die versteht, wie die konventionelle Wirklichkeit tatsächlich existiert. Um unsere Sichtweise zu läutern, ist es zunächst notwendig, ein Gewahrsein für drei Arten von Leerheit zu entwickeln, was die Grundlage für die Beseitigung bestimmter Missverständnisse bildet, die dazu dienen, unsere Verwirrung aufrechtzuerhalten.

Die erste ist die *Leerheit von Eigenschaften*. Dies bezieht sich auf die Erkenntnis, dass die Grundlage der Zuschreibung leer von den auf sie projizierten Zuschreibungen ist. Zum Beispiel liefert die abhängig entstehende Erscheinung einer Form im visuellen Bewusstsein die Grundlage für die Zuschreibung von Namen wie „Apfel", „rot" und „Essen". Wenn wir jedoch nach diesen Bezeichnungen in der tatsächlichen Erscheinung suchen, können wir sie nicht finden. Indem wir Vertrautheit mit dieser Art von Leerheit entwickeln, können wir den Irrglauben beseitigen, dass Erscheinungen und Namen dieselbe Entität sind.

Obwohl es relativ leicht zu erkennen ist, dass Namen Zuschreibungen sind, ist es viel schwieriger zu erkennen, dass die Erscheinungen selbst von Natur aus auch Zuschreibungen sind. Wenn eine Erscheinung auftaucht, haben wir sofort das Gefühl, dass sie aus sich selbst heraus existiert und sich als Ergebnis ihrer eigenen Eigenschaften manifestiert. Das ist der Geist, der nach der Selbstexistenz der Erscheinung greift. Auch wenn wir akzeptieren, dass das Etikett „Apfel" in der Erscheinung nicht existiert, scheint die Erscheinung dennoch Qualitäten zu haben, die es angemessen erscheinen lassen, als „Apfel" bezeichnet zu werden; sie behält eine gewisse „Apfelartigkeit" bei. Um dieses Missverständnis auszuräumen, müssen wir uns mit der *Leerheit von Selbstexistenz* vertraut machen, was eine gründliche Untersuchung der abhängigen Natur der Erscheinung beinhaltet.

Nehmen wir das Beispiel eines Tisches. Was ist die Grundlage dafür, einer bestimmten Erscheinung den Namen „Tisch" zuzuschreiben? Wenn wir die Bedeutung von Tisch betrachten, könnten wir sagen, vier Beine und eine Platte. Was passiert, wenn wir eines der Beine wegnehmen? Ist es dann immer noch ein Tisch? Ja, obwohl er wahrscheinlich nicht sehr funktionell ist und wir ihn jetzt einen kaputten Tisch nennen können. Wenn wir ein weiteres Bein entfernen, ist es dann immer noch ein Tisch? Wie viele Beine müssen wir wegnehmen, bevor wir ihn nicht mehr als Tisch bezeichnen?

Dies zeigt, dass die Erscheinung als gültige Grundlage der Zuschreibung vom Zusammentreffen verschiedener Ursachen und Bedingungen abhängig ist. Wenn die Bedingungen vorhanden sind, funktionieren sie als Grundlage für die Zuschreibung, und wenn sich die Bedingungen auflösen, ist die Zuschreibung nicht mehr gültig. Dies beweist, dass die Grundlage nicht aus sich selbst heraus existiert; denn wenn sie es täte, würde sie immer als Grundlage für die Zuschreibung dienen.

Diese ersten beiden Arten der Leerheit bilden die Grundlage für die Erkenntnis der leeren Natur der objektiven Phänomene. Indem wir mit ihnen arbeiten, unterbrechen wir unser Greifen nach der äußeren Wirklichkeit und schaffen die Möglichkeit, die subtilere Natur unserer subjektiven Erfahrung zu erforschen. Es ist unser Festhalten an dieser inneren Wirklichkeit, die die eigentliche Wurzel der Unwissenheit ist, die uns an die zyklische Existenz fesselt.

Um das Festhalten am Selbst aufzulösen, müssen wir die *Leerheit der Phänomene* betrachten. Dies ist die Leerheit, die erkennt, dass es kein substanzielles, inhärent existierendes Selbst gibt, das innerhalb der psycho-physischen Aggregate existiert. Nachdem wir den Geist, der nach dem Selbst greift, identifiziert haben, untersuchen wir, ob das wahrgenommene Selbst dasselbe ist oder sich von den Aggregaten unterscheidet. Durch eine gründliche Untersuchung der Aggregate kommen wir zu dem Schluss, dass dieses wahrgenommene Selbst unmöglich existieren kann.

Damit diese Meditationen die Kraft haben, unsere gewohnheitsmäßigen Tendenzen zu durchtrennen, müssen sie mit der einsgerichteten Konzentration von Shamatha und Vipashyana verbunden werden. Nur dann können wir die Leerheit der Phänomene direkt erfahren. Wenn wir in der Lage sind, uns mit dieser Wirklichkeit vertraut zu machen, löst sich unsere Gewohnheit, nach den Aggregaten als einem Selbst zu greifen, auf und die abhängige Natur kann als völlig leer von der zugeschriebenen Natur gesehen werden.

Die Leerheit der sorgfältig begründeten Natur

Mit der Weisheit, die die Leerheit der abhängigen Naturen erkennt, hört das Greifen nach Erscheinungen auf und Phänomene werden nicht mehr als inhärent existierende Entitäten, sondern als illusionsgleiche Manifestationen des Geistes gesehen. Diese Erkenntnis reicht aus, um die zyklische Existenz zu beenden; um jedoch die vollkommene Erleuchtung zu erlangen, bleibt noch einiges zu tun.

Der nächste Schritt auf unserer Reise besteht darin, uns mit der sorgfältig begründeten Natur der Soheit vertraut zu machen. Indem wir lernen, die Wirklichkeit aus der Perspektive der Soheit zu erfahren, werden die sehr subtilen Spuren unserer karmischen Gewöhnung beseitigt und wir erreichen den erleuchteten Zustand eines Buddha, frei von allen Arten der Begrenzung. Dazu müssen wir den Geist transzendieren, der die Wirklichkeit aus der Perspektive eines dualistischen Bewusstseins wahrnimmt.

Das erste Hindernis auf dem Weg dorthin ist der Irrglaube, dass das Grundbewusstsein die letztendliche Natur der Wirklichkeit ist. Um dieses Hindernis zu überwinden, müssen wir die *Leerheit der Nicht-Phänomene* erkennen, d. h. die Leerheit, die erkennt, dass die dualistischen Erscheinungen abhängiger Naturen aus der Perspektive der Soheit nicht existieren. Soheit ist nicht-dualer Natur, frei vom Bezugspunkt eines Subjekts, das Objekte erlebt.

Wir können uns das ähnlich einer träumenden Person vorstellen. In der Realität des Traums üben sie verschiedene Aktivitäten aus und erleben anschließend Gefühle von Glück und Leid. Eines Tages wird ihr Traum luzide und alles, was sie dann erleben, nimmt einen illusionsgleichen Charakter an. Da sie erkennen, dass sie nur träumen, halten sie den Traum nicht für real und können ihn erleben, ohne dass sie leiden müssen. Beim Aufwachen erkennen sie, dass die Welt, die sie gerade erlebten, nur in ihrem eigenen Geist existierte, weil es sich um einen Traum handelte.

Ebenso sind die Erscheinungen eines dualistischen Geistes trügerisch und von traumgleicher Natur. Wenn wir nach ihnen als real greifen, erfahren wir Leiden, aber wenn wir unser Greifen loslassen, hören sie auf, unsere Erfahrung zu bestimmen. Ob wir an den Erscheinungen festhalten oder nicht, ändert jedoch nichts an der Tatsache, dass wir immer noch träumen. Indem wir Soheit erkennen, erwachen wir tatsächlich zu der Wirklichkeit, dass keine dieser Unterscheidungen aus der Perspektive der sorgfältig begründeten Natur jemals existiert hat.

Wenn wir diese Art von Leerheit realisieren, entwickeln wir den Wunsch, unsere dualistische Perspektive zu transzendieren. Das erfordert die Beseitigung des sehr subtilen Greifens, das den konzeptuellen Geist zusammenhält. Um zu verstehen, wie dies möglich ist, müssen wir das raumähnliche Gewahrsein betrachten, das das Ergebnis der Analyse von zugeschriebenen Naturen ist.

Indem wir die Wirklichkeit eines beliebigen Phänomens untersuchen, kommen wir schließlich zu der Erkenntnis, dass es dieses Phänomen gar nicht gibt. Wenn wir unseren Geist in dieser Abwesenheit ruhen lassen, ist der Geist frei vom Greifen nach dem untersuchten Phänomen. Man sagt, dass es sich um eine nicht-bestätigende Negation handelt, weil nichts explizit bejaht wird, wenn man das Objekt der Analyse negiert. Es wird einfach als nicht existent erkannt.

In diesem Stadium besteht die Gefahr, dass wir die bloße Abwesenheit als etwas inhärent Reales begreifen. Da die Abwesenheit alles ist, was bleibt, können wir denken, dass sie alles sein muss, was existiert. Diese Art des Denkens hindert den Geist daran, die Soheit zu erfahren, indem sie ihn in einem unkonfigurierten Aspekt des Grundbewusstseins festhält und so effektiv eine Mauer im Geist schafft. Glücklicherweise ist die Erscheinung einer Abwesenheit einfach eine weitere dualistische Erscheinung und kann daher ebenfalls analysiert werden, was zu einer Erkenntnis der Leerheit der Leerheit führt.

Wenn wir die Leerheit einer bloßen Abwesenheit erkennen, haben wir alles explizite Festhalten an Erscheinungen beseitigt. Der letzte Schritt besteht darin, auch das implizite Festhalten zu beseitigen. Damit etwas eine Abwesenheit ist, bedarf es einer impliziten Vorstellung von dem, was abwesend ist. Erkenne ich zum Beispiel, dass es in meinem Zimmer keinen Elefanten gibt, erfordert dies ein Gewahrsein dessen, was ein Elefant ist. Ebenso gibt es ein implizites Gewahrsein des Konzepts der inhärenten Existenz, wenn wir die Abwesenheit der inhärenten Existenz erkennen. Auch wenn wir uns explizit auf eine bestimmte Art von Phänomenen konzentrieren, kann es dennoch mehrere implizite Verbindungen geben. Das liegt einfach in der Natur unseres begrifflichen Denkens, in dem Konzepte mit weiteren Konzepten verknüpft sind.

Um die sorgfältig begründete Natur der Realität zu erkennen, müssen wir daher die *Leerheit der Unbeschreiblichkeit* begreifen. Dies ist die Tatsache, dass die Soheit völlig frei von allen Konzepten ist, sowohl explizit wie auch implizit. Da diese Art von Leerheit per Definition über Konzepte hinausgeht, können wir keine begrifflichen Methoden anwenden, um sie zu erzeugen. Stattdessen müssen wir uns auf nicht-begriffliche meditative Techniken verlassen, wie zum Beispiel die Meditation des *Yogacara-Madhyamaka* oder die Praktiken der Vollendungsstufe der *Sechs Vajrayogas*.

Das Durchtrennen der konzeptuellen Bewegung des dualistischen Geistes lässt die letzten verbleibenden Barrieren fallen, sodass die Brillanz dieser Soheit zum Vorschein kommen kann. Die volle Ausstrahlung der sorgfältig begründeten Natur wird jedoch nicht sofort erfahren, es braucht Zeit, um die gewohnheitsmäßigen Neigungen aufzulösen, die sich seit anfangsloser Zeit aufgebaut haben.

Wie bei einem großen Gebäude, das abgerissen wird, wird es durch das Dynamit in Schutt und Asche gelegt, wobei die Trümmer noch beseitigt werden müssen. Erst wenn der Platz frei ist, kann etwas Neues gebaut werden. In ähnlicher Weise ist das Erkennen der Leerheit abhängiger Naturen das Dynamit, das die Fundamente unseres dualistischen Geistes zerstört und ihn zum Einsturz bringt. Das Verweilen in dieser Soheit beseitigt das sehr subtile Greifen, das den konzeptuellen Geist zusammenhält. Ohne diese Bindungen lösen sich die Neigungen vollständig auf.

Das Ruhen dieses Geistes in einem Zustand, der völlig frei von allen Arten konzeptueller Vorstellungen ist, wird als die *große Leerheit der letztendlichen Wahrheit des Buddha-Wissens* bezeichnet. Es ist die ursprüngliche Weisheit, die die Soheit so wahrnimmt, wie sie ist. Diese Art von Leerheit ist keine bloße Abwesenheit, wie sie von einem in meditativem Gleichgewicht befindlichen Geist erfahren wird, sondern ein endloses Feld von erleuchteten Qualitäten – ein unendlicher Bereich von Möglichkeiten. Dieser Zustand ist nichts anderes als unsere Buddhanatur und sie ist die Weisheit, die die letztendliche Natur der Wirklichkeit erkennt – die tatsächliche Vollkommenheit der Weisheit.

Die Weisheit, die die fünf Zweige des Lernens kennt

Sobald Bodhisattvas ihren dualistischen Geist transzendieren, indem sie die Weisheit entwickeln, die die letztendliche Natur der Wirklichkeit erkennt, agieren sie nicht mehr auf der Ebene konzeptueller Konstrukte. Das bedeutet, dass sie sich nicht auf Entscheidungen einlassen, „dies" oder „das" zu tun, weil alle ihre Handlungen völlig spontan sind, gleich den Strahlen einer hell leuchtenden Sonne.

Ob ein fühlendes Wesen diese Sonnenstrahlen wahrnehmen kann, hängt davon ab, ob es sich in der Nähe der Sonne befindet. Obgleich die Sonne immer scheint, kann die Wärme der Strahlen nicht gespürt werden, wenn es bewölkt ist. Aus diesem Grund unternehmen Bodhisattvas außerordentliche Anstrengungen, um Verbindungen zu fühlenden Wesen aufzubauen, damit sie nach ihrer Erleuchtung in der Lage sein werden, allen dauerhaften Nutzen zu bringen.

Die Methode, diese Verbindungen herzustellen, besteht im Lehren des

Dharma. Um ein/e effektive/r Lehrer/in zu sein, sind jedoch sowohl Wissen wie auch Fähigkeiten erforderlich. Aus diesem Grund widmen sich Bodhisattvas dem Studium der *fünf Zweige des Lernens*, bis sie die Buddhaschaft erreichen:

1. **Die innere Wissenschaft:** Dieser Wissensbereich umfasst alle Dharma-Lehren, und durch sein Studium ist es möglich, die Natur der Wirklichkeit zu erkennen und echte Ursachen für die Entstehung von Frieden und Harmonie zu schaffen. Als Bodhisattvas studieren wir die innere Wissenschaft, um unsere eigenen Verdunkelungen zu beseitigen und auch andere dazu anzuleiten, dasselbe zu tun. Aufgrund der unendlichen Variationen des Karma, die fühlende Wesen besitzen, müssen wir die Methoden studieren, die sowohl für andere wie auch für unseren eigenen Geist von Nutzen sein werden. Es ist daher wichtig, einen nicht-sektiererischen Ansatz zu entwickeln, der eine breite Sichtweise schafft, die die Bedürfnisse aller einbeziehen kann. Wenn eine Idee einem bestimmten Geistestyp potenziell Nutzen bringen könnte, lohnt es sich, sie zu lernen.

2. **Die Wissenschaft der Logik:** Auf unserem Pfad kann Zweifel zu einem großen Hindernis für das Erlangen von Verwirklichungen werden. Wenn es uns an Gewissheit mangelt, kann man leicht falsche Ansichten entwickeln, die uns daran hindern, die Wahrheit unserer Wirklichkeit zu erkennen. Durch die Wissenschaft der Logik lernen wir, das Argumentieren als Gegenmittel für diese Art von Zweifel einzusetzen. Beruht unser Verständnis auf logischen Überlegungen, werden unsere Ideen klar und präzise formuliert, was uns zu effektiveren Lehrer/innen macht, die unsere Schüler/innen bei der Überwindung ihrer eigenen Zweifel anleiten können.

3. **Die Wissenschaft der Grammatik:** Zu wissen, was man sagt, ist eine Sache, aber zu wissen, wie man es sagt, ist eine andere. Kommunikation ist ein wesentlicher Bestandteil der effektiven Anleitung anderer. Ohne die Fähigkeit, unser Publikum auf ansprechende Weise zu erreichen, geht die Bedeutung unserer Worte verloren. Durch das Studium der Grammatik lernen wir, wie man mit Lauten und Worten Ideen eine Form geben kann. In Fächern wie Poetik lernen wir, den Geist anderer mit Worten zu inspirieren, über die bloße Übermittlung von Informationen hinauszugehen

und eine tiefere Ebene der Erfahrung zu erreichen. Dazu gehört auch das Erlernen einer Vielzahl von Sprachen, um die Kommunikation mit Menschen aus verschiedenen Kulturen zu ermöglichen.

4. **Die Wissenschaft der Medizin:** Es ist schwierig zu lernen, wenn unser Geist und unser Körper aus dem Gleichgewicht geraten sind und Krankheiten entstehen, die sowohl die Konzentration wie auch das Erreichen des eigenen Ziels behindern. Das Studium der Wissenschaft der Medizin ermöglicht es uns, dieses Leiden zu lindern. Die Kenntnis sowohl des grobstofflichen physischen Körpers wie auch des feinstofflichen Energiekörpers bedeutet zu wissen, wie wir Ungleichgewichte in diesen Systemen diagnostizieren und behandeln können. Dies verschafft den Patient/innen vorübergehende Erleichterung und gibt ihnen die Möglichkeit, den Dharma zu praktizieren, um eine langfristige Lösung zu finden.

5. **Die Wissenschaft des Handwerks und der Berufe:** Das Praktizieren des Dharma erfordert bestimmte Bedingungen und zumindest ein gewisses Maß an Freizeit, in der man praktizieren kann. Diese Freizeit entsteht, wenn unsere Grundbedürfnisse nach Nahrung, Unterkunft und Ähnlichem gedeckt sind. Sobald diese unmittelbaren Bedürfnisse erfüllt sind, kann der Geist seine Aufmerksamkeit auf das richten, was wirklich wichtig ist. Wir brauchen daher einen bestimmten Beruf, um den Bedürfnissen der Gesellschaft, in der wir leben, gerecht zu werden. Dabei unterstützt uns die Gesellschaft und versorgt uns mit dem, was wir zum Überleben brauchen. Als Bodhisattvas sollten wir versuchen, uns auf Berufe zu konzentrieren, die den Menschen helfen, ihre weltlichen, aber auch ihre spirituellen Bedürfnisse zu erfüllen. Indem wir zum Beispiel lernen, wie man Buddhastatuen baut, schaffen wir die Voraussetzungen dafür, dass die Menschen mit den Zeichen und Merkmalen eines erleuchteten Wesens vertraut werden, legen kraftvolle karmische Neigungen in ihrem Geist ab und unterstützen ihre Dharmapraxis. Wir sollten natürlich jede Beschäftigung vermeiden, die fühlenden Wesen in irgendeiner Weise direkt schadet.

Von diesen fünf Wissenschaften liefert die erste das Wissen, um die eigenen

Ziele und die Ziele der anderen zu erreichen, und die letzten vier liefern die unterstützenden Bedingungen, um anderen zu helfen. In diesen fünf Zweigen ist alle Weisheit enthalten, die in der Welt bekannt ist. Wir brauchen nicht alles zu wissen, um uns von unseren Verblendungen zu befreien, aber je mehr wir wissen, desto größer ist unsere Fähigkeit, anderen zu helfen. Da diese im Mittelpunkt unserer Praxis stehen, sollten wir uns bemühen, alles Benötigte zu lernen, um sie wirksam auf dem Pfad zu führen.

Die Weisheit, die die Ziele der fühlenden Wesen verwirklicht

Durch unser Studium der fünf Zweige des Lernens erwerben wir eine Fülle von Wissen, das den fühlenden Wesen Nutzen bringen kann. Einfach nur etwas zu wissen, ist jedoch nicht genug. Wir müssen auch wissen, wann wir dieses Wissen anwenden sollen. Der einzige Weg, wirklich zu wissen, wie man auf eine bestimmte Situation reagieren sollte, ist durch Erfahrung.

Betrachten Sie den Unterschied zwischen jemandem, der frisch von der Universität kommt, und jemandem, der seinen Beruf schon seit vielen Jahren ausübt. Welchen Einfluss hat ihre Erfahrung auf ihre Entscheidungen? Eine Person mit mehr Erfahrung wird in der Regel widerstandsfähiger gegenüber Veränderungen sein, da sie ihre Fähigkeiten beherrscht und weiß, wie sie sie in jeder auftretenden Situation anwenden kann. Sie kann sich auf eine Weise anpassen, die ein Neuling nicht kann.

Dies ist das Grundprinzip hinter den erleuchteten Aktivitäten des Buddha. Der Grund, warum ein Buddha sich in genau der Art manifestieren kann, die benötigt wird, liegt darin, dass er vollständige Meisterschaft über alle Arten von Aktivitäten erlangt hat. Angetrieben von ihrem großen Mitgefühl unternehmen Bodhisattvas über einen langen Zeitraum hinweg enorme Anstrengungen, um die notwendigen Erfahrungen zu sammeln. Indem sie sich gründlich daran gewöhnen, den elf Arten von fühlenden Wesen zu helfen, verinnerlichen sie ihr Verhalten so weit, dass sie nicht mehr darüber nachdenken müssen. Wenn sich die Notwendigkeit ergibt, handeln sie einfach.

Dies ist die Weisheit, die wir entwickeln müssen, um das *nicht-verweilende Nirvana* eines vollständig erleuchteten Buddha zu erreichen. Ohne diese

Weisheit verweilt der Geist einsgerichtet in der Soheit und manifestiert keine Formkörper. Dies ist das Ergebnis, das ein Arhat des Grundlagenfahrzeugs erreicht und entspricht der siebten Stufe eines Arya-Bodhisattvas. Anstatt im Nirvana zu ruhen, durchläuft ein Bodhisattva die letzten drei Stufen, indem er zahllose Emanationen manifestiert und zum Wohle anderer arbeitet.

WIE MAN WEISHEIT PRAKTIZIERT

Wenn wir unsere spirituelle Reise beginnen, ist unsere Sichtweise sehr begrenzt, aber sobald wir auf dem Pfad voranschreiten, beginnt sie sich auszudehnen und wird sowohl weitreichend wie auch tiefgründig. Um diese Erweiterung des Horizonts zu erreichen, müssen wir drei grundlegende Aktivitäten praktizieren:

1. **Studium:** Um auch nur die grundlegendste Unwissenheit zu überwinden, müssen wir uns zunächst neue Informationen aneignen, um unseren falschen Vorstellungen entgegenzuwirken. Das tun wir durch das Studium des Dharma, indem wir entweder Unterweisungen hören oder Bücher lesen. Das Ziel sollte sein, die Lehren korrekt und unverfälscht zu empfangen und schließlich die Fähigkeit zu haben, das, was uns gelehrt wird, klar zu erkennen und seine grundlegende Absicht zu verstehen.

2. **Reflexion:** Wenn wir etwas Neues gelernt haben, müssen wir über dessen Bedeutung nachdenken. Wir sollten das Thema aus so vielen Blickwinkeln wie möglich betrachten, um ein solides Verständnis aufzubauen. Besonderes Augenmerk sollte auf aufkommende Zweifel gelegt werden, da sie zu Hindernissen für die Entwicklung von Gewissheit in unserer Praxis werden können.

3. **Meditation:** Wenn wir die Zweifel durch Nachdenken ausgeräumt haben, können wir unseren Geist in der Verwirklichung der Lehre ruhen lassen. Dies verwandelt eine Lehre von einer bloßen Ansammlung von Ideen in eine direkte und gelebte Erfahrung. Indem wir Vertrautheit mit diesem neuen Geisteszustand entwickeln, wird die Weisheit in unseren Geistesstrom integriert und verhindert effektiv das Aufkommen entsprechender Unwissenheit.

Dieser Prozess sollte auf jeder Stufe des Pfades wiederholt werden. Ganz gleich, um welche Art der Praxis es sich handelt, zuerst lernen wir etwas darüber, dann klären wir unsere Zweifel und schließlich bringen wir die Praxis in die Erfahrung. Sobald wir eine grundlegende Erkenntnis haben, mit der wir arbeiten können, können wir sie durch weiteres Studium, Reflexion und Meditation verfeinern. Indem wir diese Methoden geschickt anwenden, beseitigen wir schließlich alle unsere Verdunkelungen und vervollkommnen alle unsere guten Qualitäten.

Ausgehend von der in der dritten Drehung dargelegten Sichtweise müssen wir die falschen Projektionen unseres konzeptuellen Geistes entfernen, um unsere innerste aller Wahrheiten zu verwirklichen – die erhabene Leerheit der Soheit. Dies wird durch einen vierstufigen Prozess erreicht: (1) das Greifen nach zugeschriebenen Phänomenen umkehren; (2) das grobe Greifen nach relativen Erscheinungen loslassen; (3) das subtile Greifen des konzeptuellen Geistes loslassen; und (4) den Geist in Soheit ruhen lassen.

In den kommenden Kapiteln werden wir die spezifischen Praktiken untersuchen, die auf dem Kalachakra-Pfad verwendet werden, um diese Stufen zu erreichen. Fürs Erste genügt es, sich auf einen allgemeinen Überblick zu konzentrieren, wie dieser Prozess innerhalb der Traditionen des Großen Fahrzeugs erreicht wird. Denken Sie daran, dass, obwohl die verschiedenen Traditionen ihren Schwerpunkt auf unterschiedliche Bereiche legen, sie alle Methoden zum Erreichen dieser Stufen anbieten und daher alle die gleiche Fähigkeit haben, Erleuchtung hervorzubringen.

Das Greifen nach zugeschriebenen Phänomenen umkehren

Die erste Praxisstufe besteht darin, der Unwissenheit entgegenzuwirken, die weder die Ursachen für das Leiden noch die Ursachen für das Glück kennt. Weil uns die Weisheit fehlt, klar zwischen Tugend und Untugend zu unterscheiden, klammern wir uns an die Ursachen des Leidens in dem Glauben, dass sie uns zum Glück führen werden. Um auf dem Pfad voranzukommen, müssen wir dieses Festhalten umkehren und unseren Geist auf die Praxis von Tugend ausrichten. Dieses Umkehren wird durch die Kultivierung von Weisheit bezüglich der drei

Arten des Greifens erreicht:

1. **Beständigkeit:** Das Greifen nach der Beständigkeit von Phänomenen schürt unsere Anhaftung an Bedingungen und schafft die Ursachen für unvermeidliches Leiden, wenn sich diese Bedingungen ändern. Solange wir an den *acht weltlichen Dharmas* festhalten, werden wir niemals die Zeit finden, den heiligen Dharma zu praktizieren und seinen Nutzen zu erfahren. Das Gegenmittel für diese Art des Festhaltens besteht darin, *die Weisheit zu kultivieren, die die vergängliche Natur der Phänomene erkennt.* Wenn unser Gewahrsein der Unbeständigkeit wächst, nimmt unsere Anhaftung natürlich ab.

2. **Leiden:** Wir klammern uns an das Leiden, wenn wir aufgrund unserer Unwissenheit denken, dass die Ursachen für das Leiden auch die Ursachen für das Glück sind. Um diese Unwissenheit zu überwinden, müssen wir *die Weisheit kultivieren, die das karmische Gesetz von Ursache und Wirkung und die leidvolle Natur der zyklischen Existenz versteht.* Die Vertrautheit mit diesen Themen ermöglicht es uns, die Fähigkeit zu entwickeln, klar zwischen den wahren Ursachen für Glück und den Ursachen für Leiden zu unterscheiden.

3. **Selbstbezogenheit:** Dies ist die Unwissenheit, die das eigene Ich für wichtiger hält als andere. Da sie die Wurzel aller Voreingenommenheit ist, schränkt sie unsere Fähigkeit ein, indem sie unsere Aufmerksamkeit nur auf uns selbst fixiert. Diese eingeschränkte Sichtweise kann zwar genutzt werden, um die Selbstlosigkeit von Personen zu erkennen, aber sie kann nicht die Selbstlosigkeit von Phänomenen erkennen und ist daher nicht in der Lage, die kognitiven Verdunkelungen zu beseitigen. Das Gegenmittel gegen die Selbstbezogenheit besteht darin, *die Weisheit zu kultivieren, die andere wertschätzt.* Dies gelingt uns, indem wir über *Liebe und Mitgefühl* meditieren und die altruistische Absicht von *Bodhicitta* entwickeln.

Das grobe Greifen nach relativen Erscheinungen loslassen

Basierend auf der Weisheit, die in der vorherigen Stufe erzeugt wurde, entwickeln wir einen Geist mit wenig Anhaftung, der sich auf das Praktizieren von Tugend konzentriert und motiviert ist, fühlenden Wesen zu nutzen. Ein solcher Geist ist reif, um Einsicht in die leere Natur der abhängigen Phänomene zu gewinnen. Diese Erkenntnis ist das direkte Gegenmittel gegen das Greifen nach einem Selbst, das uns an die zyklische Existenz bindet und unser Leiden aufrechterhält.

Es gibt zwei Hauptansätze zur Verwirklichung der Leerheit: (1) den Ansatz von Gelehrten zu einer begrifflichen Analyse oder (2) den Ansatz von Meditierenden, die Natur des Geistes zu beobachten. Innerhalb der Jonang-Tradition wird der Schwerpunkt im Allgemeinen auf letztere gelegt, und weil diese Methode im weiteren Verlauf des Pfades ausführlich diskutiert wird, werden wir nun die logischen Gründe für den Ansatz der Gelehrten untersuchen.

Es gibt viele verschiedene Logiken, die verwendet werden, um die Weisheit zu kultivieren, die die Leerheit des Selbst versteht, und sie lassen sich in fünf Hauptüberlegungen zusammenfassen: (1) die Argumentation, die auf der Natur basiert; (2) die Argumentation, die auf den Ursachen basiert; (3) die Argumentation, die auf den Existenzen basiert; (4) die Argumentation, die auf allem basiert und (5) die Argumentation, die auf Interdependenz basiert.

Um mit diesem Ansatz über Leerheit zu meditieren, müssen wir zunächst das *Objekt der Verneinung* identifizieren. Wir versuchen nicht, Erscheinungen zu negieren, sondern nur unsere irrtümliche Projektion, dass sie inhärent existent sind. Daher sollte das Objekt der Verneinung immer eine Form des Greifens sein. Es wird empfohlen, mit dem Geist zu beginnen, der an der Erscheinung eines inhärent existierenden, substanziellen und dauerhaften Selbst festhält, weil dies die Wurzel unseres Leidens ist. Um diesen Geist zu identifizieren, denken Sie darüber nach, wie Ihnen das Selbst erscheint. Es kann hilfreich sein, an Zeiten zu denken, in denen Sie sich bedroht gefühlt haben oder mit Stolz erfüllt waren, weil das Greifen nach dem Selbst in diesen Momenten besonders stark ist und somit ein klares Ziel für Ihre Aufmerksamkeit bieten kann.

Sobald der Gegenstand der Verneinung identifiziert ist, wählen Sie eine Argumentation aus, mit der Sie arbeiten. Ob Sie sich dabei auf eine bestimmte Argumentation beziehen oder alle fünf verwenden, bleibt Ihnen überlassen, solange Sie bei Ihrer Analyse methodisch vorgehen. Wenn Ihre Schlussfolgerung einen Einfluss auf Ihren Geist haben soll, müssen Sie sich sicher sein, dass das

Objekt der Verneinung unmöglich existieren kann, also nehmen Sie sich Zeit und prüfen Sie alle Möglichkeiten.

Natur als Grundlage der Argumentation

Die erste Argumentation ist bekannt als die „Weder-eins-noch-viele"-Argumentation. Sie untersucht, ob die inhärente Natur eines einzelnen Objekts festgestellt werden kann oder nicht. Wenn dies nicht der Fall ist, ist es naheliegend, dass das auch für mehrere Objekte nicht festgestellt werden kann, da mehrere Objekte aus vielen einzelnen Objekten bestehen. Man kann nicht zehn Äpfel haben, ohne zuvor einen Apfel zu haben. Zum Thema der inhärenten Natur schreibt Nagarjuna:

> Wenn sie ohne Eigennatur sind,
> Was verändert sich?
> Wenn es Eigennatur gäbe,
> Wie könnte es dann Veränderung geben?

Im ersten Teil dieses Verses identifiziert Nagarjuna eine falsche Ansicht, die von vielen vertreten wird. Weil wir an der inhärenten Existenz von Objekten festhalten, glauben wir, dass sie von einem Moment zum nächsten eine beständige Natur haben. In Bezug auf uns selbst haben wir das Gefühl, dass unser heutiges Selbst dieselbe Person ist, die viele Jahre zuvor geboren wurde, und obwohl wir erkennen, dass wir in unserem Leben viele Veränderungen durchgemacht haben, fühlen wir uns immer noch wie dieselbe Person.

Nagarjuna widerlegt diese Idee, indem er die Frage stellt: „Wenn die Natur inhärent existierte, wie kann sie sich dann in etwas anderes verwandeln?" Die Natur eines jeden Dinges ist definiert als die Eigenschaften, die untrennbar mit dem Phänomen verbunden sind und ohne die das Phänomen nicht existieren kann. Zum Beispiel ist die Natur des Feuers Hitze, und wenn es keine Hitze gibt, gibt es auch kein Feuer. Wenn eine Natur inhärent ist, müssen diese Eigenschaften immer vorhanden sein, aber wenn sie immer vorhanden sind, wie können sie sich dann verändern? Wenn wir ein Phänomen genau betrachten, stellen wir fest, dass es sich ständig verändert, daher kommen wir zu dem Schluss, dass es keine inhärente Natur haben kann.

Eine andere Möglichkeit zu analysieren, ob eine singuläre Entität als inhärent existierend festgestellt werden kann, besteht darin, nach ihrer Natur innerhalb der Erscheinung zu suchen. Wenn wir das Selbst als unser Analyseobjekt verwenden, können wir sehen, dass das Selbst in den Aggregaten von Körper und Geist vorhanden zu sein scheint. Untersuchen wir, ob das Selbst gleich wie die Aggregate oder von ihnen verschieden ist, erkennen wir, dass es keines von beiden ist. Wie Nagarjuna schreibt:

> *Wenn die Aggregate das Selbst wären,*
> *Müsste es entstehen und vergehen.*
> *Wäre es etwas anderes als die Aggregate,*
> *Würde es nicht die Eigenschaften der Aggregate haben.*

Der erste Teil dieses Verses deutet darauf hin, dass ein Selbst, das von Natur aus dasselbe ist wie die Aggregate, notwendigerweise genau dasselbe sein müsste. Da sich die Aggregate ständig verändern, würde sich auch das Selbst ständig verändern, was der Vorstellung widerspricht, dass es inhärent existiert.

Wäre das Selbst hingegen von Natur aus anders als die Aggregate, dann wäre es in jeder Hinsicht völlig anders als die Aggregate. Das bedeutet, dass dem Selbst alle Eigenschaften der Aggregate fehlen würden, einschließlich seiner abhängigen Natur. Ein solches Selbst könnte niemals durch irgendetwas hervorgebracht werden und könnte daher niemals existieren – wie eine Himmelsblume oder der Sohn einer unfruchtbaren Frau.

Auf Ursachen beruhende Argumentation

Die zweite Argumentation, die manchmal auch als *Diamantsplitter-Argumentation* bezeichnet wird, analysiert die Ursachen für die Entstehung eines inhärent existierenden Objekts. Wenn wir wirklich glauben, dass ein Objekt aus sich selbst heraus existiert, muss seine Ursache auch von inhärenter Natur sein. In einem solchen Szenario gibt es vier Möglichkeiten: (1) das Objekt entsteht aus sich selbst; (2) das Objekt entsteht aus einem anderen; (3) das Objekt entsteht sowohl aus sich selbst als auch aus einem anderen; oder (4) es gibt keine Ursache. In Bezug auf die erste Möglichkeit schreibt Nagarjuna in seiner *Wurzel des mittleren Weges*:

Wenn die Ursache, nachdem sie aufgehört hat,
Vollständig in die Wirkung übergegangen wäre,
Dann würde eine zuvor entstandene Ursache
Absurderweise wieder entstehen.

In diesem Vers weist Nagarjuna auf die Absurdität hin, die entstehen würde, wenn eine inhärent existierende Wirkung die gleiche Natur hätte wie eine inhärent existierende Ursache. Da die Definition einer Ursache darin besteht, dass sie eine Wirkung hervorbringt, bedeutet die Aussage, dass die Wirkung dasselbe ist wie die Ursache, dass die resultierende Wirkung auch die Ursache wäre. Die Ursache wäre also dauerhaft und würde ständig neu entstehen, was keinen Sinn ergibt, da sie bereits entstanden ist.

Nehmen wir das Beispiel einer Tasse. Wir wissen, dass die Tasse nicht immer existiert hat, weil sie ein unbeständiges Phänomen ist, das zu einem bestimmten Zeitpunkt entstanden ist. Damit sie als Tasse inhärent existieren kann, muss sie eine inhärente Ursache haben, die sie hervorgebracht hat. Wenn ihre Ursache dieselbe ist wie die Tasse, die ihre Wirkung ist, würde die bloße Anwesenheit der Tasse eine andere Tasse hervorbringen. In jedem Moment, in dem die Tasse besteht, würde sie eine weitere Tasse hervorbringen. Aber ist es das, was geschieht? Existiert die Tasse auf diese Weise?

Hinsichtlich der zweiten Möglichkeit erklärt Nagarjuna:

Überdies, wenn eine Wirkung nicht mit ihrer Ursache zusammenhängt,
Wie könnte sie dann entstehen?
Die Ursache erzeugt die Wirkung
Weder wenn sie sie sieht, noch wenn sie sie nicht sieht.

Wenn eine inhärente Ursache von einer inhärenten Wirkung inhärent verschieden wäre, wären die beiden völlig unabhängig. Eine solche Ursache wäre nicht in der Lage, als Ursache zu fungieren, da sie nicht in der Lage wäre, die Wirkung hervorzurufen. Würde die Ursache eine Wirkung hervorrufen, „indem sie sie sieht", gäbe es einen Moment, in dem sowohl die Ursache als auch die Wirkung gleichzeitig existieren. In einer solchen Situation wäre es nicht notwendig, dass die Ursache die Wirkung hervorbringt, weil sie bereits entstanden ist. Stellen Sie sich beispielsweise einen Samen vor, der zur gleichen

Zeit wie sein Keim existiert. Da der Keim bereits vorhanden ist, wie könnte man den Samen als Ursache betrachten? Ebenso absurd ist die Vorstellung, dass eine Ursache eine Wirkung hervorrufen kann, „indem sie sie nicht sieht". Das würde bedeuten, dass eine völlig unabhängige Ursache eine völlig unabhängige Wirkung hervorrufen könnte. Dies hätte zur Folge, dass alles potenziell zu allem anderen führen könnte. Zum Beispiel könnte Dunkelheit zu Helligkeit führen.

Nachdem wir bereits bewiesen haben, dass die Ursache weder in sich selbst noch in etwas anderem inhärent existieren kann, ist auch die Möglichkeit, dass sie sowohl sie selbst als auch etwas anderes ist, unmöglich. Es bleibt also die vierte Möglichkeit, die ebenfalls logisch absurd ist. Wenn eine Wirkung ohne Ursache erlebt werden könnte, würde nichts sie daran hindern, in jedem Moment aufzutreten, und es gäbe auch keinen Grund, warum sie überhaupt auftreten sollte. Da dies eindeutig der Wirklichkeit widerspricht, ist es abzulehnen.

Argumentation auf der Grundlage von Existenzen

Die dritte Argumentation ist bekannt als die *Widerlegung der existierenden oder nicht-existierenden Entstehung* und betrifft die Natur der Ergebnisse. Hier können zwei Absurditäten entstehen, wenn wir ein Ergebnis entweder als inhärent existent oder inhärent nicht-existent betrachten. Wie Nagarjuna schreibt:

> *Wenn eine Wirkung inhärent existent wäre,*
> *Was hätte eine Ursache dann hervorbringen können?*
> *Wenn eine Wirkung inhärent nicht-existent wäre,*
> *Was hätte eine Ursache dann hervorbringen können?*

Erstens: Wenn ein Ergebnis inhärent vorhanden wäre, müsste es zum Zeitpunkt der Ursache bereits existieren. Wenn dies der Fall wäre, gäbe es keinen Grund für die Ursache, da das Ergebnis bereits existiert. Zweitens, wenn ein Ergebnis inhärent nicht existierte, wäre es immer nicht-existent, was bedeutet, dass unabhängig von der Ursache das Ergebnis nie entstehen würde. Diese beiden Argumente beweisen, dass Ergebnisse abhängige Phänomene sind, die auf Ursachen und Bedingungen angewiesen sind, um entstehen zu können.

Argumentation auf der Grundlage von allem

Die vierte Argumentation befasst sich mit dem Verhältnis zwischen Ursachen und Wirkungen. Sie ist bekannt als die *Widerlegung der Entstehung aus vier Alternativen*. Diese vier sind: (1) eine Ursache erzeugt mehrere Ergebnisse; (2) eine Ursache erzeugt ein Ergebnis; (3) mehrere Ursachen erzeugen mehrere Ergebnisse und (4) mehrere Ursachen erzeugen ein Ergebnis.

Wenn man davon ausgeht, dass die Beziehung zwischen Ursache und Ergebnis inhärent ist, müssten beide Seiten der Beziehung die gleiche Natur aufweisen. Es ist unmöglich, dass etwas, das von Natur aus einheitlich ist, sich in etwas verwandelt, das von Natur aus plural ist, da sich diese beiden Eigenschaften gegenseitig ausschließen. Daher müsste eine Ursache ein Ergebnis hervorbringen und mehrere Ursachen müssten mehrere Ergebnisse hervorbringen. Damit bleiben uns nur zwei Alternativen, von denen keine haltbar ist.

Damit eine einzelne Ursache von sich aus ein einzelnes Ergebnis hervorbringt, müssen sowohl die Ursache als auch das Ergebnis von sich aus existieren. Da sich dies bereits als unmöglich erwiesen hat, können wir keinen Fall nachweisen, in dem eine Ursache zu einem Ergebnis führt. Wenn wir eine Ursache nicht nachweisen können, können wir auch nicht viele Ursachen nachweisen, sodass die dritte Alternative, dass viele Ursachen viele Ergebnisse hervorbringen, ebenfalls nicht möglich ist.

Argumentation auf der Grundlage von Interdependenz

Die fünfte Argumentation wird als *König der Argumentationen* angesehen, weil sie beweist, dass alle abhängigen Phänomene keine inhärente Existenz haben, weil sie eben abhängig entstanden sind. In der *Wurzel des Mittleren Weges* schreibt Nagarjuna:

> *Das, was abhängiges Entstehen ist,*
> *Wird als Leerheit erklärt.*
> *Da das eine abhängige Bezeichnung ist,*
> *Ist sie selbst der mittlere Weg.*

In den ersten beiden Zeilen setzt Nagarjuna alles abhängig Entstandene mit Objekten gleich, die die Eigenschaft der Leerheit von einem Selbst besitzen.

Das bedeutet, wo immer man ein abhängiges Entstehen findet, man auch feststellen wird, dass es leer von inhärenter Existenz ist. Aus der Perspektive der drei Naturen könnten wir sagen, dass alle abhängigen Naturen leer von ihren zugeschriebenen Naturen sind.

Nagarjuna fährt fort, indem er erklärt, dass die Zuschreibungen „abhängiges Entstehen" und „Leerheit von einem Selbst" beide abhängige Bezeichnungen sind. Damit etwas als abhängig betrachtet werden kann, muss es von einem Selbst leer sein. Damit es von einem Selbst leer angesehen werden kann, muss es abhängig sein. Dies veranschaulicht genau die Art, wie die Sichtweise des Mittleren Weges die Leerheit von einem Selbst als Gleichgewicht zwischen Eternalismus und Nihilismus versteht.

Weiterhin führt er aus:

Es existiert überhaupt nichts,
Das nicht in Abhängigkeit entstanden ist.
Deshalb existiert überhaupt nichts,
Das nicht leer ist.

Um diesen Vers zu verstehen, müssen wir uns an die Perspektive erinnern, aus der wir das betrachten. Abhängig entstandene Phänomene erscheinen dem Geist eines dualistischen Bewusstseins; sie erscheinen nicht dem meditativen Geist, der in einem nicht-dualistischen Gewahrsein der Soheit verweilt. Daher bezieht sich dieser Vers auf die Realität eines dualistischen Geistes. Für einen solchen Geist gibt es keine Entitäten, die nicht in Abhängigkeit entstanden sind, und daher gibt es nichts, das nicht leer von einer inhärent existierenden Natur ist.

Das subtile Greifen des konzeptuellen Geistes loslassen

Als Ergebnis unserer gründlichen Analyse der Natur der relativen Erscheinungen gelangen wir schließlich zu einer Ansicht, die klar erkennt, dass alle zugeschriebenen Phänomene leer von inhärenter Existenz sind. Damit diese Sichtweise jedoch als Gegenmittel gegen unser Greifen nach einem Selbst wirken kann, muss sie mit der einsgerichteten Konzentration von Shamatha kombiniert werden.

Es gibt zwei Arten der Schulung, die auf dem Praktizieren von Shamatha basieren: mit oder ohne Zeichen. Beim Praktizieren *mit Zeichen* richten wir unsere Aufmerksamkeit auf ein bestimmtes Meditationsobjekt, wie z. B. den Atem, ein geistiges Bild oder sogar eine bloße Abwesenheit. Diese Objekte werden als konzeptuell betrachtet, da sie eine implizite Beziehung zwischen einem subjektiven Beobachter und der beobachteten objektiven Erscheinung beinhalten.

Um Soheit zu erfahren, die frei von dualistischen Projektionen ist, ist es notwendig, unseren konzeptuellen Geist vollständig zum Stillstand zu bringen. Dies wird durch das Praktizieren von Shamatha *ohne Zeichen* erreicht, bei dem der Geist lernt, in seiner eigenen Natur zu ruhen, frei von Greifen und frei von Ablenkung. Wenn wir uns an diese Art zu meditieren gewöhnen, hört der Wildwuchs von Konzepten auf natürliche Weise auf und der Geist tritt in eine nicht-dualistische Erfahrung der Soheit ein.

An dieser Stelle muss eine wichtige Unterscheidung getroffen werden. Die Verwirklichung der Selbstlosigkeit und der Soheit sind nicht dasselbe. Die Verwirklichung von Selbstlosigkeit führt nicht automatisch zur Verwirklichung von Soheit, aber durch die Verwirklichung von Soheit verwirklicht man auch Selbstlosigkeit. Um zu verstehen, wie das funktioniert, können wir uns Soheit wie ein Juwel vorstellen, das in schickes Papier eingewickelt ist. Wenn wir über die Selbstlosigkeit der abhängigen Naturen meditieren, ist es so, als ob wir die Eigenschaften des Papiers analysieren würden. Wir können viel Zeit damit verbringen, herauszufinden, wie das Papier existiert, verfehlen damit aber den Kern der Sache. Letztendlich müssen wir das Papier entfernen, damit wir das eigentliche Juwel erfahren können. Dann wird es sehr offensichtlich, dass das Juwel nicht das Papier ist, noch ist das Juwel die Abwesenheit des Papiers – das Juwel ist das Juwel.

Yogapraktizierende, die dies erkennen, entwickeln zunächst ein gewisses Maß an geistiger Stabilität, indem sie mit begrifflichen Zeichen wie dem Atem oder geistigen Bildern üben. Auf der Grundlage dieser Stabilität meditieren sie dann über die Selbstlosigkeit abhängiger Phänomene, um ihr Greifen zu reduzieren und eine Sichtweise zu entwickeln, die der Verwirklichung von Soheit förderlich ist. Auf der Grundlage dieser Sichtweise und unter Verwendung von nicht-begrifflichen Methoden wird der Fokus dann auf die Verwirklichung von Soheit gelegt.

In Soheit verweilen

Der Prozess zur Erlangung von Soheit beinhaltet einen allmählichen Rückzug von allen manifesten Erscheinungen. Zuerst lösen sich die groben Sinneseindrücke auf und man verweilt im groben konzeptuellen Geist. Wenn dieser Geist zunehmend subtiler wird, lösen sich alle objektiven Erscheinungen auf und es bleiben nur noch subjektive Erscheinungen. Indem wir die Sichtweise kultivieren, die die Leerheit der dualistischen Erscheinungen verwirklicht, durchtrennen wir die subtilsten Schichten unseres Greifens und erfahren den nicht-dualistischen Geist der Soheit.

Wenn der dualistische Geist auf diese Weise zur Ruhe kommt, beginnt sich die spontane Natur der Soheit im Aspekt der reinen Erscheinungen zu manifestieren, die als Leere Formen bekannt sind. Leider ist es aufgrund der Kraft unserer karmischen Konditionierung schwierig, diese Versenkung aufrechtzuerhalten, und schließlich werden wir zu unserem dualistischen Geist von Subjekt und Objekt zurückkehren. Wie ein Ball, der an ein Gummiband gebunden ist, kehren wir schnell zu dem zurück, was uns vertraut ist.

Um diese Gewöhnung an die Unwissenheit aufzuheben, müssen wir uns an die Weisheit gewöhnen, die die leere Natur der Soheit erkennt. Dies ist nicht die Leerheit von einem Selbst der abhängigen Naturen, sondern die erhabene Leerheit, die von allen erleuchteten Qualitäten erfüllt ist. Sie wird erreicht, indem wir die verschiedenen Aspekte unserer Erfahrung allmählich mit den reinen Erscheinungen der Soheit vermischen. Stabilisieren wir unsere Erfahrung der Leeren Formen, hören sie auf, als Grundlage für dualistische Wahrnehmung zu dienen. Wenn alle groben und subtilen Erfahrungen vollständig integriert sind, können wir auf unbestimmte Zeit in der unveränderlichen, sorgfältig begründeten Natur verweilen, die die letztendliche Wahrheit der Soheit ist.

Zweiggelübde in Bezug auf die Vollkommenheit der Weisheit

Die Schulung in Weisheit wird durch acht Zweiggelübde unterstützt. Ihre Essenz besteht darin, *stets danach zu streben, das Gewahrsein der verschiedenen Aspekte der Wirklichkeit zu erweitern*, und deshalb sollten wir uns so viel wie möglich dem

Studium und der Reflexion des Dharma sowie der Meditation darüber widmen. Die spezifischen Gelübde bestehen darin, die folgenden Verhaltensweisen zu vermeiden:

1. **Die Lehren des Grundlagenfahrzeugs ablehnen:** Bodhisattvas müssen immer daran denken, dass das Große Fahrzeug auf den Lehren des Grundlagenfahrzeugs aufgebaut ist. Auch wenn wir uns nicht mit ihrer spezifischen Praxis beschäftigen, müssen wir sie dennoch studieren, damit wir diejenigen anleiten können, für die diese Lehren geeignet sind. Daher ist es für Bodhisattvas nicht richtig, die Ansicht zu vertreten oder zu verbreiten, dass das Studium und Praktizieren dieser grundlegenden Lehren nicht notwendig ist. Dies wird als Verstoß gegen dieses Gelübde betrachtet.

2. **Den Lehren des Großen Fahrzeugs nicht folgen:** Wir brechen dieses Gelübde, wenn wir bereits den Bodhisattva-Pfad betreten haben und unsere Zeit dem Praktizieren des Grundlagenfahrzeuges widmen, anstatt unserer Bodhisattva-Praxis nachzukommen. Unsere Hauptpraxis sollte immer im Einklang mit dem Großen Fahrzeug stehen. Dieses Gelübde kann auch gebrochen werden, wenn wir uns entscheiden, authentische Lehrer/innen oder eine authentische Lehre aufzugeben, nachdem wir bereits einen stabilen und sicheren Pfad zur Erleuchtung gefunden haben.

3. **Nicht-buddhistische Lehren mehr studieren als die Lehren des Buddha:** Wenn wir uns verpflichtet haben, die Erleuchtung zum Wohle aller fühlenden Wesen zu erlangen, sollten wir den größten Teil unserer Energie darauf verwenden, die Lehren des Buddha in die Praxis umzusetzen. Geben wir weltlichem Wissen oder nicht-buddhistischen Lehren den Vorrang, haben wir dieses Gelübde gebrochen. Jedoch können wir sie als Mittel zur Unterstützung der buddhistischen Praxis nutzen.

4. **Erfreuen am Studium nicht-buddhistischer Texte:** Mit einem bestimmten Ziel vor Augen ist es manchmal hilfreich, nicht-buddhistische Texte zu studieren. Wenn wir jedoch zulassen, dass wir an nicht-buddhistischen Themen hängen und uns völlig in sie vertiefen, indem wir großes

Vergnügen an ihnen finden, brechen wir dieses Zweiggelübde. Wenn dies geschieht, verstärken wir unsere Anhaftung an weltliches Wissen und schaffen nicht die Ursachen, um die konventionelle Wirklichkeit zu transzendieren.

5. **Verunglimpfung der Lehren des Großen Fahrzeugs:** Wir brechen dieses Gelübde, wenn wir irgendeine Lehre oder Lehrer/innen des Mahayana verunglimpfen, indem wir andeuten, dass sie keinen Nutzen haben und anderen nicht helfen werden. Dieses Gelübde ähnelt dem zweiten Wurzelgelübde, aber es bezieht sich speziell auf die Praxis und die Lehren über Weisheit und Leerheit. Wir sollten immer versuchen, ein Gefühl der Hingabe gegenüber der weiten und tiefgründigen Natur der Mahayana-Lehren zu kultivieren.

6. **Sich selbst loben und andere abwerten:** Ein Verstoß gegen dieses Gelübde liegt vor, wenn wir uns aus Stolz oder Ärger selbst loben und andere verunglimpfen. Dies ist gleichbedeutend mit dem Wurzelgelübde, nur benötigt es keine vier Bedingungen, um es zu brechen. Für Bodhisattvas ist es akzeptabel, so zu sprechen, um denen zu helfen, die von falschen Ansichten beherrscht werden, damit sie diese überwinden. Eine solche Handlung muss immer von reiner Liebe und Mitgefühl motiviert sein.

7. **Sich nicht dem Lernen widmen:** Wenn wir aus Stolz oder Faulheit nicht an Dharma-Unterweisungen, Diskussionen oder anderen Dharma-Aktivitäten teilnehmen, brechen wir dieses Zweiggelübde. Es bezieht sich hauptsächlich auf die Verwirklichung von Weisheit, für die man fleißig studieren muss. Wir sollten uns immer bemühen, unser Verständnis zu vertiefen, wann immer wir die Gelegenheit dazu haben.

8. **Respektlosigkeit gegenüber Dharmalehrer/innen oder dem Dharma:** Dieses Gelübde wird gebrochen, wenn wir uns wissentlich über jemanden, der den Dharma lehrt, lustig machen oder uns anderweitig respektlos verhalten. Selbst wenn sich die Person nur auf die wörtliche Bedeutung bezieht, sollten wir aus Respekt vor der Bedeutung der Worte Lehrer/innen respektieren, die so freundlich sind, den Dharma mit uns zu teilen.

Integration aller Sechs Vollkommenheiten

Die Vollkommenheit der Weisheit wird durch die gleichzeitige Schulung in allen Sechs Vollkommenheiten erreicht: (1) für die *Großzügigkeit der Weisheit* sollten wir fühlende Wesen bei der Kultivierung der Weisheit anleiten; (2) für die *ethische Disziplin der Weisheit* sollten wir uns bemühen, die mit der Weisheit verbundenen Zweiggelübde aufrechtzuerhalten, während wir uns gleichzeitig bemühen, die Lehren zu studieren, zu reflektieren und darüber zu meditieren; (3) für die *Geduld der Weisheit* sollten wir freudig alle Mühen ertragen, die als Ergebnis der Kultivierung der Weisheit auftreten; (4) für die *freudige Anstrengung der Weisheit* sollten wir uns fleißig der Praxis widmen und die Weisheit in jeden Moment unserer Erfahrung einbringen; (5) für die *meditative Konzentration der Weisheit* sollten wir die Konzentrationen der besonderen Einsicht kultivieren, damit wir die letztendliche Natur der Realität erkennen können; und (6) für die *Weisheit der Weisheit* sollten wir die Weisheit aus der Erkenntnis heraus kultivieren, dass die Person, die studiert, der Akt des Studierens und die Lehren, die studiert werden, völlig leer von inhärenter Existenz sind. Insbesondere sollten wir lernen, zwischen den verschiedenen Naturen unserer Erfahrung zu unterscheiden und ihre entsprechenden Formen der Leerheit richtig zu erkennen. Wenn wir auf diese Weise praktizieren, werden wir mit Sicherheit die Vollkommenheit der Weisheit erreichen, die untrennbar in der Soheit verweilt.

DIE ERGEBNISSE DER PRAXIS DER WEISHEIT

Als Ergebnis der Kultivierung der *Weisheit, die die Natur der letztendlichen Realität erkennt,* ist es möglich, die beiden Verdunkelungen vollständig zu beseitigen und die ursprüngliche Natur der Soheit zu enthüllen. Dies ist als das trennende Ergebnis bekannt, weil hier hinzugekommene Verunreinigungen von der Erfahrung ihrer Wirklichkeit getrennt werden. Wenn dieses Ergebnis eintritt, ist Ihre Buddhanatur in der Lage, sich in einer Weise zu manifestieren, die völlig frei von allen Arten von Begrenzungen und Konditionierungen ist.

Um sicherzustellen, dass sich unsere Buddhanatur in der Art eines vollständig erleuchteten Buddha manifestiert, müssen wir die Ansammlung von Verdienst und Weisheit vervollständigen. Indem wir uns auf die *Weisheit, die die fünf Zweige des Lernens kennt*, und die *Weisheit, die die Ziele fühlender Wesen erfüllt*, verlassen, sammeln wir riesige Mengen an Verdienst an und schaffen die Bedingungen, um die Lehren effektiv an andere weiterzugeben. Dies veranlasst sie dazu, sich in Tugend zu üben, inspiriert sie zum Praktizieren des Dharma und gibt ihnen das Vertrauen, ihre Unwissenheit zu überwinden.

Indem wir uns diesen Handlungen widmen, erzeugen wir das *befreiende Ergebnis* eines vollständig erleuchteten Wesens mit allen Zeichen und Merkmalen, dessen einziger Zweck es ist, den unzähligen fühlenden Wesen Nutzen zu bringen. Es wird als „befreiend" bezeichnet, weil es die Grundlage ist, auf der alle fühlenden Wesen von ihrem Leiden befreit werden. Während die trennende Wirkung das Ergebnis der Beendigung des Greifens ist, ist die befreiende Wirkung das Ergebnis der Schulung des Geistes auf dem Pfad. Beide sind erforderlich, um sich tatsächlich als Buddha zu manifestieren.

Nach Arya Asanga sind Bodhisattvas, die die *Vollkommenheit der Weisheit* erreicht haben, an den folgenden zehn Merkmalen zu erkennen:

1. **Erfassen das gesamte Ausmaß der Wirklichkeit auf korrekte Weise:** Es gibt keinen Aspekt der Wirklichkeit, den Bodhisattvas nicht kennen. Sie sind mit dem gesamten Spektrum der Erfahrungen vertraut, sei es in Samsara oder Nirvana, und begnügen sich nicht mit nur vorläufigem Wissen.

2. **Erfassen die wahre Natur der Wirklichkeit in korrekter Weise:** Aufgrund ihrer gründlichen Gewöhnung an die erhabene Wahrheit der Soheit nehmen Bodhisattvas alle Erscheinungen klar als reine Erscheinungen wahr, die sich innerhalb der Soheit manifestieren.

3. **Erfassen die Ursachen auf korrekte Weise:** Sie sind in der Lage, die wahren Ursachen des Leidens und die wahren Ursachen des Glücks zu unterscheiden, indem sie erkennen, dass sie für den Geist eines fühlenden Wesens zu existieren scheinen, auch wenn sie immer schon ausschließlich als Soheit existiert haben.

4. **Erfassen die Wirkungen auf korrekte Weise:** In ähnlicher Weise unterscheiden Bodhisattvas klar zwischen vorläufigen Arten von Glück und

endgültigem Frieden und Harmonie. In diesem Wissen widmen sie ihr Leben dem Ziel, wahres Glück für sich und andere zu erreichen.

5. **Verstehen den Irrtum des Greifens:** Bodhisattvas haben das Festhalten an dualistischen Erscheinungen als inhärent real aufgegeben. Sie erkennen ihre illusionsgleiche Natur und sind niemals von ihrer Verwirklichung getrennt.

6. **Verstehen die Abwesenheit von Irrtum:** Ihr Gewahrsein ist frei von groben Verdunkelungen und daher sind sie in der Lage, die Wirklichkeit unverfälscht zu sehen.

7. **Verstehen, welche Handlungen ausgeführt werden sollten:** Durch ihr klares Verständnis des Dharma wissen sie genau, wie sie sich verhalten müssen, um Tugend zu kultivieren, ihre Qualitäten zu verwirklichen und den fühlenden Wesen Nutzen zu bringen.

8. **Verstehen, welche Handlungen nicht ausgeführt werden sollten:** Bodhisattvas wissen auch, welche Verhaltensweisen im Widerspruch zum Dharma stehen. Sie erkennen, dass sie nur Leiden bringen, und geben sie vollständig auf.

9. **Vollständiges Verständnis des Prozesses, durch den verblendete Entitäten Leiden verursachen:** Wie erfahrene Ärzt/innen wissen Bodhisattvas genau, wie die zyklische Existenz funktioniert und wie sie Leiden hervorruft. Weil sie mit den Ursachen so vertraut sind, wissen sie genau, was aufgegeben werden muss.

10. **Vollständiges Verständnis des Prozesses, durch den reinigende Entitäten Reinigung bewirken:** Auf der Grundlage ihres klaren Verständnisses des Pfades wissen Bodhisattvas genau, wie sie zu praktizieren haben, um verblendete Geisteszustände zu beseitigen. Sie kennen die Funktion jeder Methode und wissen sie auf die geschickteste Weise anzuwenden.

ZUSAMMENFASSUNG

- Weisheit ist der Geist, der die Eigenschaften der Wirklichkeit klar unterscheiden kann. Sie besteht aus zwei Aspekten: (1) Gewahrsein, das die Phänomene kennt, und (2) Unterscheidungsvermögen, das die Eigenschaften differenziert.

- Es gibt zwei Arten von Unwissenheit: (1) angeborene Unwissenheit, die ein bloßes Unwissen ist, und (2) unterscheidende Unwissenheit, die eine aktive Fehlvorstellung ist. Unterscheidende Unwissenheit führt zu zwei Arten von Verdunkelungen: (1) kognitiven Verdunkelungen und (2) leidbringenden Verdunkelungen.

- Weisheit kann in drei Arten unterteilt werden: (1) die Weisheit, die die Natur der letztendlichen Wirklichkeit erkennt; (2) die Weisheit, die die fünf Zweige des Lernens kennt, und (3) die Weisheit, die die Ziele der fühlenden Wesen verwirklicht. Die erste Weisheit erreicht das eigene Ziel der Freiheit von Leiden, während die zweite und dritte Weisheit das Ziel der anderen verwirklichen, indem sie Erleuchtung ermöglichen.

- Die Weisheit, die die Natur der letztendlichen Wirklichkeit verwirklicht, wurde vom Buddha in den Lehrsammlungen vorgestellt, die als die drei Drehungen des Dharmarades bekannt sind. Die ersten beiden Drehungen präsentieren vorläufige Schulungen, während die dritte sich auf die endgültige Bedeutung konzentriert.

- Entsprechend der dritten Drehung des Dharmarades fallen alle Phänomene in fünf Kategorien, die als die fünf Dharmas bekannt sind: (1) Erscheinungen; (2) Namen; (3) Projektionen; (4) Soheit und (5) korrektes Wissen. Wenn wir diese fünf kennen, können wir die Fehler erkennen, die wir in Bezug auf unsere Wahrnehmung der Wirklichkeit machen.

- Die Beziehungen zwischen den fünf Dharmas können durch die drei Naturen verstanden werden: (1) die zugeschriebene Natur; (2) die abhängige Natur und (3) die sorgfältig begründete Natur.

- Die zugeschriebenen Naturen können in zwei unterteilt werden: (1) Naturen des Wahrgenommenen und (2) Naturen der Wahrnehmenden. Sie stellen die objektiven bzw. subjektiven Aspekte unserer Erfahrung dar.

- Abhängige Naturen haben ebenfalls zwei Aspekte: (1) unreine Naturen und (2) reine Naturen. Diese repräsentieren, ob die Realität auf der Grundlage von Unwissenheit oder Weisheit interpretiert wird.

- Die sorgfältig begründete Natur kann unterteilt werden in: (1) die unver- änderliche Natur, die die eigentliche Natur der Wirklichkeit ist, und (2) die unverzerrte Weisheit, die die Wirklichkeit kennt, wie sie ist.

- Der Pfad zur Verwirklichung der letztendlichen Natur der Realität stützt sich auf sieben Arten der Leerheit, die genutzt werden können, um die falschen Vorstellungen zu beseitigen, die die Realität verdunkeln. Sie sind: (1) die Leerheit der Eigenschaften; (2) die Leerheit vom Selbst; (3) die Leerheit der Phänomene; (4) die Leerheit der Nicht-Phänomene; (5) die Leerheit der Unbeschreiblichkeit; (6) die große Leerheit der letztendlichen Wahrheit des Buddha-Wissens und (7) die Leerheit des gegenseitigen Ausschlusses.

- Die Weisheit, die die fünf Zweige des Lernens kennt, befasst sich mit dem Studium von fünf Wissensgebieten: (1) der inneren Wissenschaft; (2) der Wissenschaft der Logik; (3) der Wissenschaft der Grammatik; (4) der Wissenschaft der Medizin und (5) der Wissenschaft der Handwerke und Berufe.

- Die Weisheit, die die Ziele der Lebewesen verwirklicht, befasst sich mit der Entwicklung von Erfahrungen aus erster Hand in der Anwendung von Weisheit, um anderen Nutzen zu bringen. Sie ist die Hauptursache für die Entwicklung der Fähigkeit zu spontanem Handeln.

- Weisheit wird durch drei Aktivitäten kultiviert: (1) Studium, das Informationen erwirbt; (2) Reflexion, die Gewissheit entwickelt, indem Zweifel beseitigt werden und (3) Meditation, die den Geist mit tugend- haften Zuständen vertraut macht.

- Es gibt vier Schritte, um die Weisheit zu kultivieren, die die Wirklichkeit kennt, wie sie ist: (1) das Greifen nach zugeschriebenen Phänomenen umkehren; (2) das grobe Greifen nach relativen Erscheinungen loslassen; (3) das subtile Greifen des begrifflichen Geistes loslassen und (4) den Geist in der Soheit ruhen lassen.

- Die Zweiggelübde in Bezug auf die Vollkommenheit der Weisheit bestehen darin, das Folgende zu vermeiden: (1) die Lehren des Grundlagenfahrzeugs abzulehnen; (2) die Lehren des großen Fahrzeugs nicht zu verfolgen; (3)

nicht-buddhistische Lehren mehr zu studieren als die Lehren des Buddha; (4) Freude am Studium nicht-buddhistischer Texte; (5) Verunglimpfung der Lehren des großen Fahrzeugs; (6) sich selbst zu loben und andere abzuwerten; (7) sich nicht dem Lernen zu widmen und (8) Respektlosigkeit gegenüber Dharmalehrer/innen oder dem Dharma.

• Bodhisattvas mit reiner Weisheit haben zehn Merkmale: (1) erfassen das gesamte Ausmaß der Realität auf korrekte Weise; (2) erfassen die wahre Natur der Realität in korrekter Weise; (3) erfassen die Ursachen auf korrekte Weise; (4) erfassen die Wirkungen auf korrekte Weise; (5) verstehen den Irrtum des Greifens; (6) verstehen die Abwesenheit von Irrtum; (7) verstehen, welche Handlungen ausgeführt werden sollten; (8) verstehen, welche Handlungen nicht ausgeführt werden sollten; (9) vollständiges Verständnis des Prozesses, durch den verblendete Entitäten Leiden verursachen und (10) vollständiges Verständnis des Prozesses, durch den reinigende Entitäten Reinigung bewirken.

KAPITEL DREIZEHN

Den fühlenden Wesen in Ihrer Umgebung Nutzen bringen

Angehende Ärzt/innen mit Weitblick nehmen das unglaubliche Ausmaß an Schmerz und Leid wahr, das die Lebewesen aufgrund von Krankheit und Verletzungen erfahren. Aus diesem Mitgefühl heraus entwickeln sie den Wunsch, etwas zu tun, um dieses Leiden zu lindern. Am Anfang sind ihre Möglichkeiten aufgrund mangelnder Kenntnisse und Fähigkeiten begrenzt, und trotz ihrer guten Absichten würde der Versuch, die Krankheit anderer zu behandeln, die Situation nur verschlimmern. Um wirklich etwas bewirken zu können, müssen sie sich mit Eifer einer medizinischen Ausbildung widmen.

Während ihrer Ausbildung studieren die angehenden Ärzt/innen Krankheiten und Infektionen; sie entwickeln die Fähigkeit, die äußeren Symptome zu erkennen, und lernen, die entsprechenden Heilmittel anzuwenden. Die Behandlung der Symptome allein kann vorübergehend Erleichterung verschaffen, aber ohne die Weisheit, die Grundursache der Krankheit zu erkennen, werden die Symptome wahrscheinlich wiederkehren und die Ärzt/innen werden bei der Heilung ihrer Patient/innen erfolglos sein. d. h.

Im Wissen, zur Zeit nur oberflächlich Hilfe und Nutzen bringen zu können, sind sie bestrebt, ihre Ausbildung zu vertiefen, um ein besseres Verständnis für die Natur der Krankheit zu entwickeln. Während sie die offensichtlichen Erscheinungsformen untersuchen, gehen ihre Untersuchungen tiefer, um subtilere Einflüsse innerhalb des Körpers einzubeziehen. Je mehr Wissen sie beherrschen, desto effektiver wird ihre Behandlung. Nach Abschluss ihrer medizinischen Ausbildung können sie ihren Patient/innen nachhaltige Linderung und Heilung bieten.

Alle Bodhisattvas können als Ärzt/innen in Ausbildung betrachtet werden, deren Aufgabe es ist, jegliche Art von Leiden zu lindern, unabhängig davon, ob sie offensichtlicher oder subtiler Natur sind. Was Bodhisattvas jedoch von Ärzt/

innen unterscheidet, ist die Erkenntnis, dass körperliches Leiden ein Symptom geistigen Leidens ist. Da der Geist im Vordergrund steht, müssen sie mit diesem arbeiten und nach Behandlungsmöglichkeiten und Lösungen suchen, um effektive und nachhaltige Linderung bewirken zu können.

Die Schulung in den *Sechs Vollkommenheiten* gibt uns die Methoden an die Hand, um geschickte Ärzt/innen zu werden. Sie lehren uns, wie wir uns mit dem grenzenlosen Potenzial unseres Geistes verbinden und dadurch die Befreiung vom Leiden erreichen können. Durch unsere Praxis sammeln wir die benötigte Weisheit an, um durch erweiterte Fähigkeiten fühlenden Wesen tatsächlich von Nutzen zu sein. Jedoch braucht dieser Prozess Zeit und ist nicht einfach. Aufgrund unseres ausgeprägten Mitgefühls könnten wir versucht sein, unsere Aufmerksamkeit auf die Arbeit mit anderen zu richten, bevor wir unsere Schulung abgeschlossen haben. Der aufrichtige Wunsch, anderen zu helfen, ist eine wunderbare Eigenschaft, aber wir müssen darauf achten, eine zu kurzfristige Perspektive zu vermeiden. Sofern wir nicht in der Lage sind, die Ursache des Problems zu erkennen, werden wir unsere Zeit mit der Behandlung von Symptomen und dem Anbringen von Verbänden verbringen, ohne wirkliche Fortschritte zu erzielen. Aus diesem Grund müssen wir geschickt vorgehen.

ÜBERBLICK ÜBER DIE VIER WEGE, EINE ANHÄNGERSCHAFT ZU VERSAMMELN

Der Buddha verstand, dass nur der Dharma die Fähigkeit hat, fühlende Wesen letztendlich von ihrem Leiden zu befreien. Daher bestand das größte Geschenk, das er anbieten konnte und das den größten Nutzen bringen würde, darin, den Dharma zu lehren. Als angehende Bodhisattvas sollten wir seinem Vorbild folgen und unsere Bemühungen, den Dharma zu meistern, so kanalisieren, dass in uns die Fähigkeit entsteht, ihn mit anderen zu teilen. Um uns dabei zu helfen, lehrte der Buddha vier Methoden, die als die *vier Wege, eine Anhängerschaft zu versammeln*, bekannt sind:

1. **Großzügigkeit:** Wenn jemand uns mag und uns vertraut, ist er für unseren Einfluss empfänglicher. Daher ist es notwendig, positive Beziehungen zu denjenigen aufzubauen, denen wir begegnen. Dies können wir durch

die Praxis von Großzügigkeit erreichen. Während der allgemeine Effekt der Großzügigkeit darin besteht, die unmittelbaren Bedürfnisse anderer zu befriedigen, liegt unser Hauptinteresse an der daraus entstehenden Beziehung.

Unser Ziel ist es, sinnvolle Beziehungen zu kultivieren, in denen fühlende Wesen uns als ihre Wohltäter/innen oder Unterstützer/innen sehen. Damit eine solche Beziehung authentisch ist, muss sie auf wahrem Mitgefühl und dem aufrichtigen Wunsch, ihnen zu helfen, beruhen. Wenn unsere Absichten egozentrisch oder manipulativ sind, wird die Verbindung instabil sein und ihren Zweck nicht erfüllen. Großzügigkeit muss von Herzen kommen. Dann wollen die Menschen ganz natürlich in unserer Nähe sein und sind offen für das, was wir ihnen zu sagen haben.

2. **Angenehme Rede:** Sobald eine Verbindung hergestellt ist, wird Kommunikation möglich. Angenehme Rede bezieht sich auf jede Art von Kommunikation, die ansprechend, wahrheitsgemäß, Dharma-bezogen und sinnvoll ist. Indem wir auf diese Weise Ratschläge geben, können wir nützliches Wissen von unserem Geist auf den Geist anderer übertragen. Dies wird manchmal als „Samen pflanzen" bezeichnet, da wir dazu beitragen, das Potenzial für das Entstehen von Verwirklichungen zu schaffen.

Der Zweck der angenehmen Rede besteht darin, im Geist der Zuhörer/innen Begeisterung für den Dharma zu wecken. Wenn Schüler/innen mit ihren Lehrer/innen vertrauter werden, beginnen sie, den Nutzen zu sehen und zu erfahren, der sich aus der Praxis ergibt. Sobald sich dieses Verständnis durchsetzt, manifestiert sich der Wunsch nach Veränderung. Wenn dies geschieht, müssen wir immer prüfen, ob unsere Motivation rein ist, bevor wir einen Ratschlag erteilen. Ist unser Geist von Selbstbezogenheit oder dem Wunsch nach weltlichen Belangen getrübt, werden unsere Ratschläge wahrscheinlich nicht zu einem langfristigen Nutzen führen. Was als angenehme Rede erscheinen mag, könnte in Wirklichkeit mehr schaden als nützen.

3. **Nutzbringendes Verhalten:** Es reicht nicht aus, den Dharma nur zu übermitteln. Damit die gepflanzten Samen reifen können, müssen sie

durch Praxis genährt werden. Die nächste Methode besteht darin, ein nutzbringendes Verhalten an den Tag zu legen, das andere dazu ermutigt, den Dharma, den sie erhalten haben, auszuüben. Dies kann in der Art geschehen, dass man Gelübde der ethischen Disziplin erteilt oder Kernunterweisungen und Anleitungen zur Ausführung der Praxis gibt.

Welche Art des nutzbringenden Verhaltens auch immer vorliegt, das Ergebnis ist, dass es den Schüler/innen zeigt, wie sie die Lehren auf ihre eigenen Erfahrungen anwenden können. Wenn sie die Lehren als Praxisanweisungen erkennen, können sie den Dharma als Spiegel für ihr Leben nutzen. Indem sie ihre eigenen Gewohnheitsmuster genau betrachten, gewinnen sie Einsicht in die Natur der Wirklichkeit, um ihre Unwissenheit zu überwinden und das Heilmittel für ihr Leiden zu finden.

4. **Die Gleichheit der Absicht:** Damit unsere Ratschläge in den Köpfen unserer Schüler/innen Gewicht haben, müssen wir in der Lage sein, ihre Anwendung in unserem eigenen Leben zu demonstrieren. Einfach ausgedrückt: Wir müssen den Dharma, den wir lehren, praktizieren. Die Gleichheit der Absicht bedeutet die Erkenntnis, dass unser Rat auf persönlicher Erfahrung beruht, denn nur dann können wir andere Wesen authentisch auf dem Pfad anleiten.

Der Zweck dieser Methode ist es, ein Vorbild zu sein, das andere ständig zur Praxis inspiriert. Egal wie tiefgründig eine Lehre auch sein mag, ohne jemanden, der ihre Fähigkeit demonstriert, ist es schwierig, sich der Praxis zu widmen. Sehen unsere Schüler/innen, wie sich authentische Qualitäten in unseren Handlungen manifestieren, sehen sie die Möglichkeiten mit eigenen Augen und sind motiviert, sich in dieser Schulung anzustrengen.

Zusammenfassend kann man sagen, dass diese vier Methoden den Weg aufzeigen, wie Buddhas und Bodhisattvas zum Nutzen anderer arbeiten. Da es das Bestreben von Bodhicitta ist, dass alle fühlenden Wesen frei von Leiden sind, kann dies nur geschehen, wenn sie alle Wurzeln ihrer Unwissenheit durchtrennen. Das bedeutet, den Dharma zu praktizieren und die Lehren aufrichtig zu befolgen – es muss ein Vertrauen in seinen Nutzen vorhanden sein, der aus der Erkenntnis seiner Auswirkungen im Leben anderer entsteht. Daher zeigen die Buddhas und Bodhisattvas durch Großzügigkeit ihre Qualitäten und ziehen fühlende Wesen an, was sie befähigt, den Dharma weiterzugeben und ihre Schüler/innen zur Befreiung von Leiden zu führen.

EINE AUSFÜHRLICHE ERKLÄRUNG

Wir werden nun jede dieser Methoden auf der Grundlage der Lehren von Arya Asanga in den *Stufen eines Bodhisattvas* genauer untersuchen. Da bereits eine ausführliche Darstellung der Praxis von Großzügigkeit zuvor in diesem Buch erfolgt ist, werden wir uns hier mit den letzten drei Methoden befassen, um eine Anhängerschaft zu versammeln.

Angenehme Rede

Damit unsere Rede für fühlende Wesen von Nutzen ist, können wir sie auf zwei Ebenen betrachten. Erstens muss die *Art und Weise*, in der wir sprechen, den weltlichen Konventionen entsprechen, sonst wird sie von den Zuhörern abgelehnt werden. Zweitens muss der *Inhalt* unserer Rede mit dem Dharma übereinstimmen, damit sie einen Nutzen bringen kann. Auf diesen beiden Ebenen können wir drei Arten von Rede unterscheiden:

Freundliche Rede

Die Art und Weise, wie wir sprechen, hat einen großen Einfluss auf die Aufnahmefähigkeit unserer Zuhörer/innen. Wenn wir wütend und zornig wirken, flößen wir unseren Zuhörern wahrscheinlich Angst ein und verhindern so, dass sie verstehen, was wir sagen. Während zornvolle Handlungen in der Ausbildung von Schüler/innen ihren Platz haben, ist es im Allgemeinen am besten, einen freundlichen, einladenden Ausdruck beizubehalten und Stirnrunzeln zu unterlassen, das den Leuten signalisiert, dass sie wegbleiben sollen.

Weitere wichtige Punkte, die es zu berücksichtigen gilt, sind der kulturelle Hintergrund und die sozialen Erwartungen eines bestimmten Publikums. Werden diese Faktoren nicht berücksichtigt, kann dies zu falschen Wahrnehmungen und Missverständnissen führen. Wenn wir beispielsweise Menschen begrüßen, sollten wir dies auf eine Art und Weise tun, die kulturell akzeptabel ist und sowohl Respekt wie auch Fürsorge zeigt. Indem wir solche Gelegenheiten nutzen, bauen wir positive Verbindungen auf, die die Kommunikationswege offen halten.

Erfreuende Rede

Fühlende Wesen sind größtenteils soziale Lebewesen. Wir reagieren ständig auf das Feedback, das wir von den Menschen um uns herum erhalten, und auf der Grundlage dieser Reaktionen unterscheiden wir zwischen Handlungen, die wünschenswert sind, und solchen, die es nicht sind. Wir gewöhnen uns von klein auf an dieses Verhalten und lernen, dass manche Handlungen Lob und andere Kritik einbringen. Da wir das Gefühl genießen, das mit Lob einhergeht, versuchen wir, die entsprechenden Handlungen zu wiederholen, während wir diejenigen meiden, die Kritik hervorrufen.

Ein Bodhisattva erkennt diese Gewohnheit und nutzt sie als Mittel, um positive Verhaltensweisen zu verstärken. Wenn fühlende Wesen tugendhafte Handlungen vollziehen, sollten sie beglückwünscht werden und ihnen bewusst gemacht werden, dass sie etwas Nützliches getan haben. Da dieses geschickte Mittel mit unserer Anhaftung an Lob arbeitet, wird es als vorübergehend angesehen. Indem diese Anhaftung vorübergehend gestillt wird, gewöhnen sich die Schüler/innen schließlich an die Tugendhaftigkeit und verringern auf natürliche Weise ihre Anhaftung, sodass sie kein Lob mehr brauchen, um sich zu motivieren.

Dharma beinhaltende Rede

Der Hauptzweck der angenehmen Rede besteht darin, die Weisheit des Dharma zu übermitteln, um den fühlenden Wesen, die sie empfangen, vorübergehenden und endgültigen Nutzen zu bringen. Dies erfordert, dass wir geschickt sind in dem, was und wen wir lehren. Fühlende Wesen befinden sich in unterschiedlichen Stadien der spirituellen Entwicklung, und aufgrund der Komplexität unserer karmischen Neigungen sind keine zwei Wesen exakt gleich. Aus diesen Gründen müssen wir, um den Dharma wirksam mit anderen zu teilen, unsere Fähigkeit entwickeln, die für ein bestimmtes Publikum am besten geeignete Ebene der Unterweisung zu erkennen. Eine solche Fähigkeit zu entwickeln, braucht Zeit und kommt hauptsächlich aus der Erfahrung. Um uns in diesem Prozess zu unterstützen, gibt es eine Reihe von allgemeinen Richtlinien, die wir befolgen können: (1) die Einstellung der Schüler/innen korrigieren; (2) die Qualitäten der Unterweisungen; (3) die Qualitäten der Lehrer/innen und (4) die Art der Präsentation der Unterweisungen.

Die Einstellung der Schüler/innen korrigieren

Zuerst sollte man erkennen, dass bestimmte Einstellungen der Schüler/innen den möglichen Nutzen einer Unterweisung behindern könnten. Um ihnen zu helfen, diese Einstellungen zu überwinden, sollten wir uns bemühen, in Übereinstimmung mit den *vier Zuverlässigkeiten* zu lehren: (1) sich auf die Worte, nicht auf die Lehrer/innen verlassen; (2) sich auf die Bedeutung, nicht auf die Worte verlassen; (3) sich auf die endgültige Bedeutung, nicht auf die vorläufige Bedeutung verlassen und (4) sich auf ursprüngliches Gewahrsein, nicht auf Bewusstsein verlassen. Dies beinhaltet, dass die Schüler/innen ermutigt werden, vier Haltungen zu kultivieren, die ihre Aufmerksamkeit lenken und ihnen helfen, die tiefgründigsten Ebenen der Wahrheit zu durchdringen. Diese vier sind:

1. **Sich darauf konzentrieren, dem Dharma richtig zuzuhören:** In den heutigen degenerierten Zeiten kann es schwierig sein, authentische Quellen des Dharma zu finden. Viele Lehrer/innen haben nur eingeschränkte Qualitäten, daher ist der Nutzen, den sie ihren Schüler/innen bieten können, begrenzt. Jedoch bedeutet das nicht, dass sie den Dharma, den sie haben, nicht weitergeben können. Wenn wir zu viel Wert darauf legen, dass unsere Lehrer/innen „hohe Lamas" mit großartigen Titeln sind, besteht die Gefahr, dass wir uns dem Empfang von Weisheit aus ungewöhnlichen Quellen verschließen. Die Größe eines Wesens basiert auf seinem Geist, nicht auf seinem Ruf oder Status. Schüler/innen, die gelernt haben, Unterweisungen richtig zuzuhören, können selbst beurteilen, ob sie authentisch sind oder nicht. Anstatt uns auf die Quelle zu konzentrieren, müssen wir uns auf das Inhaltliche konzentrieren.

2. **Sich auf die Bedeutung konzentrieren:** Eine weitere Schwierigkeit für viele Schüler/innen besteht darin, sich zu sehr an die Art der Unterweisung zu klammern. Sie entwickeln eine bestimmte Vorliebe dafür, wie eine „gute Unterweisung" klingt und neigen dazu, jede Unterweisung abzulehnen,

431

die nicht in diese Kategorie fällt. Vorteilhafter ist es, sich auf die Bedeutung des Gesagten zu konzentrieren, unabhängig von der Art des Unterrichts. Solange die Bedeutung authentisch ist, kann alles andere als unwichtig angesehen werden.

3. **Sich auf die Lehren von endgültiger Bedeutung konzentrieren:** Der Buddha lehrte während seiner kurzen Zeit auf diesem Planeten eine außerordentlich große Anzahl von Lehren. Da er stets in Übereinstimmung mit den Bedürfnissen seiner Schüler/innen lehrte, waren einige seiner Lehren als vorläufige Stufen für das Verständnis tiefgründigerer Wahrheiten gedacht. Wenn man sich zu sehr auf diese Lehren verlässt, kann das zu Unsicherheit und Verwirrung führen. Die Schüler/innen müssen daher die Fähigkeit entwickeln, zu erkennen, wann etwas vorläufiger Natur ist oder wann es eine endgültige Wahrheit darstellt. Wir sollten immer danach streben, uns auf die endgültige Bedeutung zu konzentrieren, denn das ist es, was uns letztendlich befreien wird.

4. **Sich darauf konzentrieren, die Lehren in die Praxis umzusetzen:** Welchen Dharma wir auch immer erhalten, wir sollten uns nie mit dem intellektuellen Verständnis zufriedengeben. Damit der Dharma unser Leben verändern kann, müssen wir über das Studierte nachdenken und es durch Meditation in unseren Geist integrieren. Selbst die Weisheit einer einzelnen Zeile der Lehre kann in Erfahrung übertragen werden.

Die Qualitäten der Lehre

Der folgende Aspekt betrifft die Auswahl einer geeigneten Lehre für Ihr Publikum. Es gibt fünf Eigenschaften, die zu berücksichtigen sind:

1. **Korrekt:** Das Thema sollte etwas sein, wovon Sie durch Studium, Reflexion und Meditation ein korrektes Verständnis entwickelt haben. Obwohl es nicht notwendig ist, das Material in vollem Umfang zu beherrschen, ist es wichtig, die Absicht der Lehre zu verstehen, um sie den Zuhörern klar zu vermitteln.

2. **Passend:** Nur weil Sie etwas wissen, heißt das noch lange nicht, dass Sie es auch unterrichten sollten. Das Thema sollte für Ihre Schüler/innen

von Interesse sein. Ein Unterricht kann als besonders geeignet angesehen werden, wenn er speziell angefordert wurde oder Ihre eigenen Lehrer/innen Sie gebeten haben, ihn zu unterrichten.

3. **Nicht verworren:** Um ein Thema effektiv zu lehren, ist es notwendig, Klarheit darüber zu haben, wie sich die verschiedenen Aspekte der Lehren zueinander verhalten. Wenn der Geist die Inhalte nicht strukturiert, sondern durcheinanderwürfelt, führt das zu einer verwirrenden Lehre, die nicht nützlich ist.

4. **Entspricht dem Dharma:** Lehrer/innen haben einen unterschiedlichen Stil, der auf ihrer Interpretation des Themas beruht. So können wir die Lehren an eine bestimmte Zeit und einen bestimmten Ort anpassen, das Material kontextualisieren und es für unser Publikum relevant machen. Unabhängig von der Art unserer Präsentation muss sie jedoch mit dem Dharma übereinstimmen, wie er in den maßgeblichen Schriften dargestellt wird. Während sich die Art ändern kann, sollte die Bedeutung immer erhalten bleiben.

5. **Angemessen:** Eine Lehre sollte immer entsprechend dem Kenntnisstand der Zuhörerschaft ausgewählt werden. Mangelt es ihr zum Beispiel an Vertrauen, kann die Vermittlung von Grundlagenthemen Inspiration bringen. Sind Ihnen die Menschen bekannt, zu denen Sie sprechen, können Sie Ihre Lehre auf deren Bedürfnisse abstimmen.

Die Qualitäten der Lehrer/innen

Ausgehend von einem Thema müssen Sie im nächsten Schritt sicherstellen, dass Sie eine authentische Motivation für das Geben der Lehre entwickeln. Da unsere Absicht die karmischen Konsequenzen unserer Handlungen bestimmt, muss unsere Haltung folgende Aspekte aufweisen, wenn wir wollen, dass unsere Unterweisung andere dabei unterstützt, Erleuchtung zu erlangen:

1. **Gütig:** Bevor wir eine Unterweisung geben, sollte unser Geist frei von offensichtlichen Verblendungen sein. Eine Unterweisung zu geben, wenn wir verärgert oder verwirrt sind, wird die Informationen nur verzerren und ihren potenziellen Nutzen einschränken. Wir sollten stattdessen liebevolle

Güte gegenüber denjenigen empfinden, die unsere Belehrungen erhalten.

2. **Nutzen anstreben:** Unser einziges Ziel beim Geben von Unterweisungen sollte sein, anderen Nutzen zu bringen. Selbst wenn unsere Fähigkeiten begrenzt sind, stellt das Teilen unseres Verständnisses mit dem Wunsch, zu helfen, sicher, dass die Aktivität die Ursachen für zukünftiges Glück schafft

3. **Mitfühlend:** Mit dem Ziel, anderen zu helfen, sollten wir Mitgefühl für unser Publikum empfinden und bereit sein, alle notwendigen Erklärungen zu geben, um seine Verwirrung zu beseitigen. Das bedeutet, dass wir Fragen gerne beantworten und uns bei Bedarf wiederholen.

4. **Ohne Gegenleistung:** Wir lehren nicht zu unserem eigenen Vorteil. Unser Augenmerk sollte immer auf der Wirkung liegen, die unsere Unterweisung auf den Geist der Zuhörer hat. Alle anderen Ergebnisse, die sich aus dem Prozess ergeben, sind zweitrangig und sollten unser Handeln nicht beeinflussen.

5. **Ohne die eigenen Qualitäten zu loben oder andere abzuwerten:** Das Lehren des Dharma ist kein Wettbewerb. Wir müssen die Schüler/innen nicht für uns gewinnen, und wir müssen sie auch nicht davon überzeugen, andere Lehrer/innen aufzugeben. Indem wir uns auf das konzentrieren, was wir wissen, können die Schüler/innen selbst entscheiden, welche Lehren sie am nützlichsten finden. Am besten ist es, bescheiden und respektvoll zu bleiben, um sicherzustellen, dass der Akt des Lehrens nicht durch Selbstbezogenheit befleckt wird.

Die Art, wie Unterweisungen präsentiert werden

Wenn eine Versammlung von Studierenden, ein geeignetes Thema und die richtige Einstellung gefunden sind, geht es schließlich noch um die Art und Weise, wie der Dharma präsentiert wird, denn das wird die generelle Erfahrung der Zuhörerschaft bestimmen. Die folgenden Punkte sollten daher beachtet werden: (1) Die Belehrung sollte zu einer angemessenen Zeit und an einem angemessenen Ort stattfinden, der die Konzentration fördert und die Ablenkung minimiert; (2) wir sollten großen Respekt und Hingabe gegenüber dem Dharma, den wir lehren, zeigen; (3) unsere Präsentation sollte logisch und geordnet sein und sicherstellen, dass jedes Thema leicht nachzuvollziehen ist; (4) wir sollten Worte verwenden, die die Bedeutung der Unterweisungen klar vermitteln; (5) diese Worte sollten nach bestem Wissen und Gewissen Freude und Glück in den Geist der Schüler/innen bringen und sie dazu inspirieren, die Unterweisungen in die Praxis umzusetzen; (6) die Unterweisungen sollten die Bedürfnisse der Schüler/innen erfüllen, sodass sie zufrieden sind, sie aber dennoch dazu herausfordern, neue Ideen in Betracht zu ziehen; und (7) wir sollten Vertrauen erwecken, indem wir die Schüler/innen dazu ermutigen, weiterzustudieren.

Nutzbringendes Verhalten

Durch eine angenehme Rede vermitteln wir das theoretische Verständnis, mit dem die Schüler/innen ihr Weltbild gestalten können. Um ihr Wissen in Erfahrung umzuwandeln, ist es notwendig, dass sie es in ihrem Leben anwenden. Alles, was wir tun, um dies zu fördern und ihre Dharmapraxis zu beeinflussen, wird als eine Art von *nutzbringendem Verhalten* angesehen. Unsere Absicht ist es nicht, neue Ideen zu vermitteln, sondern vielmehr aufzuzeigen, wie die erhaltenen Informationen in der Praxis angewendet werden können.

Die Funktion des nutzbringenden Verhaltens besteht darin, fühlende Wesen zur spirituellen Praxis anzuregen. Dies erreichen wir, indem wir ihnen helfen, sinnvolle Ziele zu formulieren, die ihr Leben auf wahres Glück ausrichten, und indem wir ihnen dann Anweisungen geben, wie sie diese Ziele erreichen können.

Andere dazu bringen, sich sinnvolle Ziele zu setzen

Wir führen Handlungen mit unserem Körper, unserer Rede und unserem Geist aus, um einen Wunsch nach etwas zu erfüllen, das wir nicht haben. Bei der spirituellen Praxis ist das nicht anders. Es muss ein Aspekt in unserer gegenwärtigen Erfahrung erkannt werden, den wir verändern wollen, denn nur dann werden wir uns wahrscheinlich anstrengen, um ihn zu verwirklichen. Daher besteht die Grundlage für die Praxis darin, zunächst eine sinnvolle Motivation zu schaffen, die die Zukunft darstellt, die wir zu erreichen hoffen.

Wir können vorläufige und endgültige Motivationen haben. Vorläufige

Beweggründe sind wie vorübergehende Meilensteine, die uns mit etwas Unmittelbarem versorgen, um unsere Aufmerksamkeit aufrechtzuerhalten und uns davor zu bewahren, uns überwältigt zu fühlen. Die endgültige Motivation ist das letztendliche Ziel, das wir erreichen können, das der vollständige Erleuchtung.

Ein Teil unseres nutzbringenden Verhaltens besteht darin, die Fähigkeiten der Schüler/innen zu beurteilen, um sie in eine Praxis einzuführen, die ihren aktuellen Bedürfnissen entspricht. Wir können drei Ebenen der Fähigkeit identifizieren, die der Kultivierung von drei Arten der Praxis entsprechen: (1) die Praxis von Tugend, (2) die Praxis von ethischer Disziplin und (3) die Praxis eines befreienden Pfades.

Auf Tugend gründen

Die erste Praxisstufe ist für diejenigen geeignet, die von verblendeten Geisteszuständen wie Hass, Anhaftung und Unwissenheit beherrscht werden. Infolge eines untugendhaften Lebens erleben sie eine ständige Angst, angegriffen zu werden, dass man ihnen ihren Besitz wegnimmt oder dass sie eingesperrt werden. Sie befinden sich oft in Situationen, in denen sie um ihr Überleben kämpfen müssen und entwickeln daher eine „Töten oder getötet werden"-Haltung. In der Gesellschaft werden solche Menschen in der Regel als *Kriminelle* abgestempelt.

Durch unser nutzbringendes Verhalten bestärken wir sie, eine Motivation zu entwickeln, die einen tugendhaften Lebensunterhalt anstrebt, der ihnen erlaubt, Wohlstand zu erwerben, zu erhalten und zu vermehren, indem sie Handlungen ausführen, die dem Dharma entsprechen. Unser Ziel ist es, ihnen die Möglichkeit aufzuzeigen, ihren Lebensunterhalt zu verdienen, ohne töten, stehlen oder lügen zu müssen.

Indem wir einen tugendhaften Lebensstil pflegen, können wir fühlenden Wesen helfen, mehr Frieden und Harmonie in ihrem Leben zu erfahren. Sind ihre Grundbedürfnisse befriedigt, wird ihr Geist beruhigt und sie haben mehr Freizeit, die sie in die Kultivierung spiritueller Qualitäten investieren können.

Auf ethische Disziplin gründen

Die zweite Praxisstufe ist für diejenigen geeignet, die sich Gedanken darüber machen, was nach ihrem Tod geschehen wird. Durch einen tugendhaften Lebenswandel haben sie die Zeit gefunden, über ihre Sterblichkeit nachzudenken und sich zu fragen, was im Leben wirklich wichtig ist, was sie im Allgemeinen zu einem größeren Interesse an Spiritualität führt.

Die Hauptmotivation einer solchen Person ist es, in den angenehmen Zuständen der höheren Bereiche, wie denen der himmlischen Götter, wiedergeboren zu werden. In der Erkenntnis, dass der Weg zu einer solchen Wiedergeburt über die Praxis ethischer Disziplin führt, liegt der Schwerpunkt unseres nutzbringenden Verhaltens darauf, fühlenden Wesen zu helfen, ihre weltlichen Anhaftungen aufzugeben, damit sie selbst die Ordination als Mönch oder Nonne annehmen können. Dazu sollten sie die Gelübde für die Ebene der Disziplin erhalten, die sie auch aufrechterhalten können.

Indem wir fühlende Wesen in ethische Disziplin einführen, helfen wir ihnen, ihre Energie auf die Kultivierung tugendhafter Eigenschaften zu konzentrieren. Dies führt sie in höhere Bereiche und bietet ihnen die Grundlage, sich auf spirituelle Pfade einzulassen, die sie schließlich zur Befreiung von Leiden und zur vollständigen Erleuchtung führen können.

Auf einen befreienden Pfad gründen

Die letzte Praxisstufe ist für diejenigen geeignet, die für die transformativen Aspekte der spirituellen Praxis aufgeschlossen sind. Während diejenigen auf den vorherigen Ebenen innerhalb des Systems arbeiten, um wünschenswerte Bedingungen zu schaffen, erkennen sie in dieser Phase, dass das System selbst krankt, weil sie, egal wo sie wiedergeboren werden, nicht völlig frei sind und das Leiden immer noch anhält. Durch die Kontemplation dieser leidvollen Natur entwickeln die Wesen ein starkes Verlangen, das System vollständig zu transzendieren und nach Befreiung zu suchen.

Das nutzbringende Verhalten für ein solches Wesen besteht darin, ihm zu helfen, einen spirituellen Pfad einzuschlagen, der das Potenzial hat, es zur Befreiung zu führen. Dies schließt jedes der drei Fahrzeuge des Buddhismus ein: (1) das Grundlagenfahrzeug, (2) das Große Fahrzeug und (3) das Vajra-Fahrzeug. Während das erste Fahrzeug in der Lage ist, sie aus dem Leiden herauszuführen, sind die letzten beiden dazu bestimmt, dass sie auch die eigenen

Qualitäten vervollkommnen und die vollständige Erleuchtung erreichen. Auf welchem Pfad wir anderen bei der Praxis helfen, hängt von deren spiritueller Entwicklung ab.

Die Art und Weise, wie sie zu diesen Zielen gebracht werden

Nachdem wir das Ziel der Praxis, die ein fühlendes Wesen anstrebt, identifiziert haben, können wir Anleitungen zum Erreichen dieses Ziels geben. Eine *Anleitung* kann als Ratschlag zur Ausführung von Handlungen verstanden werden, der entweder einer Praxisgruppe oder einer einzelnen Person gegeben wird. Zum Beispiel kann man Anleitungen erhalten, wie man eine Niederwerfung macht oder wie man über die Vergänglichkeit meditiert. Dies unterscheidet sich von einer Unterweisung, die die Theorie und den Zweck hinter einer bestimmten Praxis erklärt. Es gibt zwei Hauptrichtlinien für das Geben von Anleitungen, ähnlich der Art und Weise, wie wir Dharma-Unterweisungen geben: (1) der Geist, der die Anleitung gibt, und (2) wie die Anleitung gegeben werden sollte.

Der Geist, der Anleitungen gibt

Wann immer Schüler/innen um Rat bitten, sollten wir eine tugendhafte Haltung kultivieren, die ihnen Nutzen bringt. Bevor Sie Anleitungen geben, sollten Sie die folgenden Eigenschaften überprüfen:

1. **Mitgefühl:** Vergewissern Sie sich, dass Sie Ihre Anleitungen aus dem aufrichtigen Wunsch heraus geben, dass das fühlende Wesen frei von Leiden ist. Wenn Sie sich aufrichtig um ihr Wohlergehen sorgen, wird Ihr Rat normalerweise effektiver sein.

2. **Fleiß:** Wenn Schüler/innen an Sie herantreten, sollten Sie sich über die Möglichkeit freuen, zu ihrem Nutzen zu arbeiten. Es sollte nie ein Gefühl von Überdruss oder Abneigung gegen das Anbieten von Ratschlägen aufkommen.

3. **Bescheiden:** Bieten Sie Ihren Rat mit einem Geist, der frei von Eitelkeit, Stolz und Überheblichkeit ist, an. Denken Sie daran, dass Ihr Wissen das Ergebnis der Freundlichkeit Ihrer Lehrer/innen und der Ratschläge ist, die Sie von ihnen erhalten haben. Da Sie nur weitergeben, was Ihnen

gegeben wurde, gibt es keinen Grund, sich in irgendeiner Weise überlegen zu fühlen.

4. **Selbstlos:** Wenn Sie Ratschläge erteilen, sollte Ihr Geist frei von persönlichem Gewinnstreben sein. Stattdessen sollten Sie sich um die Bedürfnisse der Schüler/innen kümmern und den starken Wunsch entwickeln, ihnen zu nützen.

5. **Liebevolle Güte:** Kultivieren Sie ein warmes und liebevolles Herz, das sich mit der Person, die Sie beraten, verbunden fühlt. Stellen Sie sich vor, Sie wären ein liebevoller Elternteil, der sich um sein Kind kümmert.

Wie die Anleitung erfolgen sollte

Nachdem Sie eine angemessene Einstellung kultiviert haben, sollten Ihre Anleitungen auf die Bedürfnisse der Schüler/innen abgestimmt sein. Beachten Sie dazu die folgenden Punkte:

1. **Tadellos:** Ganz gleich, auf welcher Praxisstufe sich die Schüler/innen befinden, unsere Anleitung sollte immer tugendhafter Natur sein. Wir sollten ihnen niemals zu Handlungen raten, die unter dem Einfluss von verblendeten Geisteszuständen stehen.

2. **Nicht fehlgeleitet:** Unsere Anleitung sollte klar als vorläufig oder endgültig klassifiziert werden, weil dies verhindert, dass die Schüler/innen eine Anhaftung an eine bestimmte Praxis entwickeln. Wir sollten es vermeiden, vorläufige Methoden als endgültig darzustellen, was dazu führen kann, dass die Schüler/innen selbstgefällig werden und nicht zu tieferen Ebenen der Verwirklichung vordringen. Zum Beispiel, wenn wir fälschlicherweise lehren, dass der Pfad nach dem Erreichen von Shamatha vollendet ist.

3. **Systematisch:** Anleitungen sollten schrittweise und systematisch erfolgen, damit die Schüler/innen die notwendigen Fähigkeiten aufbauen können, um die beabsichtigten Ergebnisse ihrer Praxis zu erreichen. Das Überspringen von Schritten oder eine unzureichende Vorbereitung können dazu führen, dass sie falsch praktizieren und ihre Fähigkeit beeinträchtigen, Verwirklichungen zu erreichen, wodurch sie letztendlich ihre

Zeit vergeuden.

4. **Für alle zugänglich:** Unsere Anleitung sollte allen, die darum bitten, zugänglich gemacht werden. Wir sollten in unserer Anleitung unvoreingenommen sein und die Anleitungen auch denen, die wir nicht mögen, nicht vorenthalten.

5. **Entsprechend den Umständen:** Jede Schülerin und jeder Schüler ist einzigartig und sollte daher entsprechend ihren/seinen Bedürfnissen angeleitet werden. Während die Unterweisungen im Allgemeinen für alle gelten, sollten die Anleitungen auf den spezifischen Geist unserer Schüler/innen zugeschnitten sein. Dies ist vergleichbar mit Ärzt/innen, die die Medikamente der Patient/innen an die Chemie ihrer Körper anpassen.

Die Gleichheit der Absicht

Der heilige Dharma ist ein Ausdruck der Verwirklichung. Er entspringt einem Geisteszustand, der die Wirklichkeit kennt, wie sie ist, und daher in der Lage ist, diese Wirklichkeit anderen mitzuteilen und Methoden bereitzustellen, um die Erfahrung zu reproduzieren. Um diese Weisheit authentisch zu übermitteln, ist es notwendig, ein gewisses Maß an Erkenntnis über die Natur des darzustellenden Themas zu haben. Wenn es unser Ziel ist, anderen Nutzen zu bringen, ist es wichtig, eine persönliche Praxis zu entwickeln, die unsere erteilten Ratschläge widerspiegelt.

Indem wir unser Ziel mit dem Ziel unserer Schüler/innen in Einklang bringen, demonstrieren wir wirksam unsere Überzeugung von den Lehren, die wir selbst erhalten haben. Wir zeigen unseren Schüler/innen, dass wir genau wie sie nach Glück und Freiheit von Leiden streben, uns an den Dharma als unsere Zuflucht wenden und die Lehren in die Praxis umsetzen. Auf diese Weise können sie sehen, dass wir nicht scheinheilig sind, und können Vertrauen in unsere Lehren entwickeln. Dieses Vertrauen ermöglicht es ihnen, Nutzen aus unserer Anleitung zu ziehen.

Vier Alternativen zwischen Absicht und Praxis

Die Arbeit mit der Gleichheit der Absicht betrifft die Art und Weise, wie unser äußeres Verhalten auf unsere Schüler/innen wirkt. Damit es inspirierend wirkt, muss es das widerspiegeln, was sie selbst praktizieren. Das bedeutet jedoch nicht, dass unsere innere Praxis der ihren entsprechen muss. Um die verschiedenen Möglichkeiten zu veranschaulichen, wie wir zum Nutzen anderer arbeiten können, können wir vier alternative Szenarien betrachten: (1) gleiche Absicht, unterschiedliche Praxis; (2) unterschiedliche Absicht, gleiche Praxis; (3) gleiche Absicht, gleiche Praxis; und (4) unterschiedliche Absicht, unterschiedliche Praxis.

Gleiche Absicht, aber unterschiedliche Praxis

In dieser Situation praktizieren wir vielleicht schon seit vielen Jahren und haben beträchtliche Verwirklichungen entwickelt, aber wir beteiligen uns nicht an der Lehrtätigkeit. Obwohl unsere Praxis ziemlich fortgeschritten ist, stellen wir unsere Qualitäten nicht zur Schau, sondern präsentieren uns als gleichberechtigt mit denjenigen, die spirituell weniger entwickelt sind.

Dies hat den Nutzen, dass die Aufmerksamkeit nicht von den Bodhisattvas abgelenkt wird, die sich aktiv mit dem Lehren des Dharma beschäftigen. Die Zurschaustellung unserer Qualitäten könnte dazu führen, dass die Schüler/innen das Vertrauen in ihre Lehrer/innen verlieren. Anstatt also eine lehrende Rolle zu übernehmen, arbeiten Sie in einer unterstützenden Funktion, um das Studium des von anderen gelehrten Dharma zu erleichtern.

Unterschiedliche Absicht, aber gleiche Praxis

Der beste Weg, einige Praktizierende zu lehren, ist durch Beispiel. Selbst wenn wir ein höheres Ziel verfolgen, wie z. B. die Erleuchtung zu erlangen, können wir auf eine Weise praktizieren, die mit einem spirituell unreifen Praktizierenden übereinstimmt. Während unsere letztendliche Motivation Bodhicitta sein mag, können wir uns zum Beispiel bewusst dafür entscheiden, ein gewöhnliches, tugendhaftes Leben zu führen, um zu zeigen, wie man harmonisch in der Gesellschaft lebt.

Diese besondere Art der Praxis ist eher für diejenigen geeignet, die den Pfad der Gewöhnung betreten haben und die Fähigkeit besitzen, Emanationen zu manifestieren. Auf diese Weise zu praktizieren ist nicht empfehlenswert, solange wir diese Stufe noch nicht erreicht haben, weil wir dadurch unsere

Verwirklichungen im Wesentlichen nur verzögern. Sobald wir jedoch die Fähigkeit erlangt haben, Emanationen auszusenden und wieder einzuholen, steht es uns frei, alles zu manifestieren, was nötig ist, um anderen zu zeigen, wie man praktiziert.

Gleiche Absicht und gleiche Praxis

In diesem Szenario demonstrieren wir aktiv die Praktiken, zu denen wir anderen raten, was allgemein als die Schulung in der Gleichheit der Absicht bezeichnet wird. Die Idee hierbei ist, dass wir nur die Praktiken lehren, die wir persönlich durch Studium, Reflexion oder Meditation erfahren haben. Haben Sie beispielsweise eine Praxis nur studiert, würden Sie sie anderen nur zum Studium vorstellen, aber keine Praxisanleitung dazu geben.

Der Nutzen dieser Praxisart ist, dass Sie ein Vorbild für andere werden. Alles, was Sie tun, wird zu einer Demonstration des Pfades und bietet anderen Inspiration und Ermutigung zum Praktizieren. Da Ihre Handlungen mit Ihrer Absicht übereinstimmen, wecken Sie Vertrauen in Ihre Lehren und können gewiss sein, dass andere mindestens den gleichen Nutzen erhalten, den Sie selbst erhalten haben.

Unterschiedliche Absicht und unterschiedliche Praxis

Die letzte Möglichkeit betrifft Bodhisattvas, die aus mangelnder Achtsamkeit in Bezug auf die Auswirkungen ihrer Handlungen auf ihre Schüler/innen in einer Weise handeln, die den Ratschlägen, die sie geben, widersprechen. Dies kann dazu führen, dass die Schüler/innen verwirrt sind und kein Vertrauen in die Ratschläge haben, die sie erhalten. Selbst wenn die Ratschläge richtig sind, können sie sie möglicherweise nicht in die Praxis umsetzen, sodass sie keinen Nutzen daraus ziehen. Aus diesem Grund ist diese Art der Unterweisung nicht zu empfehlen.

Ein Beispiel dafür wäre, dass jemand aus einer spirituellen Tradition jemandem aus einer anderen Tradition Ratschläge gibt, wie z. B. ein Buddhist, der einen Christen über die Praxis des Christentums unterrichtet. Da der Buddhist nicht aus eigener Erfahrung spricht, erscheint sein Rat falsch und wird wahrscheinlich nicht ernst genommen werden. Das bedeutet jedoch nicht, dass wir nicht vom

Dialog zwischen den Traditionen profitieren können. Es bedeutet lediglich, dass wir nicht für Traditionen sprechen sollten, denen wir nicht angehören, sondern uns an das halten sollten, was wir wissen, und unsere Sichtweise nur denjenigen anbieten sollten, die es wünschen.

WIE MAN ZUM NUTZEN ANDERER PRAKTIZIERT

Die Schulung, anderen Nutzen zu bringen, wird je nach unserer spirituellen Entwicklungsstufe unterschiedlich durchgeführt. Anfänglich kann diese Praxis durchaus begrenzt sein, aber je weiter wir auf dem Pfad fortschreiten, desto breiter wird unser Wirkungsbereich, um schließlich grenzenlos zu werden. Wir werden uns nun drei Arten von Bodhisattvas ansehen und wie sie zum Nutzen anderer arbeiten. Dazu gehören: (1) unreine Bodhisattvas; (2) reine Bodhisattvas und (3) vollständig gereifte Bodhisattvas.

Die Praxis unreiner Bodhisattvas

Unreine Bodhisattvas sind Bodhisattvas, die unter dem Einfluss von leidbringenden Verdunkelungen handeln. Dazu gehören *gewöhnliche Bodhisattvas*, die gerade den Mahayana-Pfad betreten haben, und Arya-Bodhisattvas, die eine direkte Verwirklichung der Leerheit erreicht haben. Beide Arten bringen den fühlenden Wesen Nutzen, indem sie mit den drei Toren ihrer Erfahrung arbeiten:

1. **Körper:** Wir zügeln unseren Körper durch ethische Disziplin, die den Schaden, den wir anderen zufügen, minimiert und uns zeigt, wie man tugendhaftes Verhalten praktiziert. Auf diese Weise sammeln wir Verdienst an und werden zu Dharma-Vorbildern.

2. **Rede:** Am Anfang konzentrieren wir uns darauf, unsere Rede zu zügeln, um andere nicht zu verletzen. Sobald wir ein gewisses Maß an Weisheit angesammelt haben, teilen wir unser Verständnis mit anderen als Dharmafreund/in.

3. **Geist:** Wir widmen uns der Kultivierung tugendhafter Eigenschaften, indem wir den Dharma praktizieren. Dies beseitigt unsere leidbringenden Verdunkelungen und erweitert unsere Fähigkeit, anderen durch unseren

Körper und unsere Rede zu nützen.

Für gewöhnliche Bodhisattvas sollte der Schwerpunkt auf der Arbeit mit dem Geist durch die Schulung in den *Sechs Vollkommenheiten* liegen. Es ist wichtig, in diesem Stadium unsere ethische Disziplin aufrechtzuerhalten, aber wir sollten uns nicht übermäßig darum sorgen, wie viel wir anderen nützen. Unsere Aufmerksamkeit sollte darauf gerichtet sein, die Leerheit so schnell wie möglich zu verwirklichen, um den Fluss der karmischen Konditionierung zu unterbrechen. Sobald wir den Zustand eines Arya-Bodhisattvas erreicht haben, treten wir in einen Prozess der Reinigung ein, bei dem sich unser Fokus auf die Beseitigung von leidbringenden Verdunkelungen verlagert. Dies ist der Zeitpunkt, an dem die *vier Methoden, eine Anhängerschaft zu versammeln*, in den Mittelpunkt unserer Praxis rücken. Mit der Verwirklichung der Leerheit sind wir frei, uns in einem viel breiteren Spektrum von Aktivitäten zu engagieren, ohne Gefahr zu laufen, negatives Karma anzusammeln. Infolgedessen sind wir wesentlich besser qualifiziert, andere auf dem Pfad anzuleiten.

Die Praxis reiner Bodhisattvas

Reine Bodhisattvas haben die Sechs Vollkommenheiten gemeistert und die leidbringenden Verdunkelungen vollständig beseitigt. Ab der siebten Bhumi sind solche Bodhisattvas frei von karmischen Konditionierungen und werden niemals unkontrolliert in Samsara wiedergeboren werden. Nur die kognitiven Verdunkelungen müssen noch gereinigt werden, die den Geist der Bodhisattvas dazu bringen, dualistische Erscheinungen wahrzunehmen.

Zu diesem Zeitpunkt ist die Bodhisattva-Praxis vollständig auf die *vier Methoden, eine Anhängerschaft zu versammeln*, ausgerichtet. Mit ihrer außergewöhnlichen Geisteskapazität verbringen sie ihre Zeit damit, Emanationen zu manifestieren, um den fühlenden Wesen in den sechs Bereichen Nutzen zu bringen. Was die Praxis reiner Bodhisattvas von der unreiner Bodhisattvas unterscheidet, ist das Vorhandensein von sieben Qualitäten, die es ihnen ermöglichen, in relativ kurzen Zeiträumen riesige Ozeane von Verdiensten anzusammeln. Diese Qualitäten werden in zwei Gruppen unterteilt: (1) die Größe ihres Geistes und (2) ihre Freiheit von Verblendungen.

*Der Bodhisattva Chenrezig – manifestiert zahllose Emanationen
zum Wohle der fühlenden Wesen*

Die Größe des Geistes

Die Größe des Geistes reiner Bodhisattvas wurzelt in drei Qualitäten, die es ihnen ermöglichen, ohne Einschränkungen zu handeln:

1. **Freiheit von Voreingenommenheit:** Da reine Bodhisattvas jegliche Selbstbezogenheit beseitigt haben, fehlt ihnen jegliches Verlangen nach persönlichem Nutzen, sodass sie sich vollständig dem Nutzen anderer widmen. Ihr Mitgefühl umfasst ausnahmslos alle fühlenden Wesen.

2. **Erkennt klar Entitäten:** Reine Bodhisattvas können alle Entitäten direkt erkennen, ohne dass leidbringende Verdunkelungen ihre Wahrnehmung verzerren Daher sind sie in der Lage, außerordentlich geschickt zu handeln.

3. **Kontinuierliche Praxis:** Da alle Faulheit beseitigt wurde, verweilen reine Bodhisattvas in einer immerwährenden Kontinuität des Praktizierens. Dies wird durch den ausgiebigen Einsatz von Emanationen erreicht, die sich ständig im Raum des Geistes der Bodhisattvas manifestieren und auflösen.

Freiheit von Verblendungen

Die nächste Gruppe von Qualitäten veranschaulicht die Qualität der Erfahrung aus der Perspektive reiner Bodhisattvas:

1. **Freudige Gelassenheit:** Da reine Bodhisattvas völlige Geschmeidigkeit von Körper und Geist erlangt haben, werden sie durch ihre Praxis niemals belastet. Sie können sich ständig anstrengen und dabei einen Geist voller Freude und frei von Bedauern bewahren.

2. **Frei von Widrigkeiten:** Da alle reinen Bodhisattva-Praktiken frei von leidbringenden Geisteszuständen sind, schaden sie niemals fühlenden Wesen in irgendeiner Weise. Auch vermeiden sie es, falschen Lehren zu folgen, und sind daher auch frei von verblendetem Verhalten.

3. **Erfüllt von Hingabe:** Der Geist reiner Bodhisattvas ist durchdrungen von ihrer Buddhanatur und dem Vertrauen in die Lehren. Ohne jede Art von Zweifel sind sie nicht mehr auf äußere Arten der Zuflucht angewiesen.

4. **Ohne Anhaftung:** Alle Arten von Anhaftung haben sich aufgelöst und

der Geist reiner Bodhisattvas kann in einem Zustand des Gleichmuts gegenüber allen Phänomenen verweilen.

Die Praxis vollständig gereifter Bodhisattvas

Vollständig gereifte Bodhisattvas haben ihren Geist vollständig an die Praxis der *Sechs Vollkommenheiten* und die *vier Methoden, eine Anhängerschaft zu versammeln*, gewöhnt. Durch die Stärke ihrer Gewöhnung können sie sich nun mühelos auf diese Praktiken einlassen, bis sie die Buddhaschaft erreichen. Ihre Praxis zeichnet sich durch drei Qualitäten aus:

1. **Intensität:** Der Geist vollständig gereifter Bodhisattvas manifestiert tugendhafte Aktivitäten spontan, ohne sich anstrengen zu müssen.

2. **Beharrlichkeit:** In jedem Augenblick eines jeden Tages vollenden vollständig gereifte Bodhisattvas die Ansammlung von Verdienst und Weisheit.

3. **Vollkommene Reinheit:** Vollständig gereifte Bodhisattvas haben alle Qualitäten vervollkommnet und erlangen den Zustand vollkommener Reinheit, die letzte Stufe vor dem Erlangen der Buddhaschaft.

Zweiggelübde in Bezug auf den Nutzen für andere

Insgesamt gibt es zwölf Zweiggelübde, die sich auf die Praxis des Nutzens für andere beziehen. Sie lassen sich in drei Gruppen unterteilen. Die ersten vier erinnern uns daran, dass es unsere Pflicht ist, uns weiterhin für den Nutzen der anderen einzusetzen:

1. **Anderen nicht helfen:** Dieses Zweiggelübde wird gebrochen, wenn wir es versäumen, Beratung, Unterricht, Schutz, Unterkunft, Anleitung usw. zu geben, wenn wir die Gelegenheit und die Fähigkeit dazu haben, aber stattdessen die Hilfe aus Ärger, Faulheit oder anderen Gründen ablehnen. Dies gilt insbesondere für Situationen, in denen wir versprochen haben, zu helfen.

2. **Sich nicht um die Kranken kümmern:** Wir brechen dieses Gelübde, wenn wir die Möglichkeit haben, kranken Menschen oder Tieren zu helfen,

diesem aber aus Gründen wie Ärger und Faulheit nicht nachkommen.

3. **Leidenden nicht beistehen:** Dieses Gelübde wird gebrochen, wenn wir uns aus verschiedenen Gründen weigern, denen zu helfen, die wir leiden sehen. Dazu gehört das Leiden von Blinden, Gehörlosen, Behinderten oder Menschen, die erschöpft sind oder von Hindernissen geplagt werden, sowie derjenigen, die unter dem Einfluss bösartiger Gedanken und Aberglauben stehen oder von anderen verspottet werden.

4. **Nicht darauf hinweisen, was für andere angemessen ist:** Wenn wir es aus Ärger oder Faulheit versäumen, diejenigen geschickt zu leiten, die fälschlicherweise in egozentrische Bestrebungen verwickelt sind, die nur durch die Sorge um dieses Leben motiviert sind, denen es an Rücksicht auf andere mangelt und die den Dharma nicht kennen, dann brechen wir dieses Gelübde.

Die folgenden sechs Gelübde zeigen, wie wir uns darin schulen sollten, anderen zu nützen:

5. **Einen von anderen erhaltenen Gefallen nicht erwidern:** Dieses Zweiggelübde wird gebrochen, wenn wir aus Böswilligkeit oder Faulheit die Freundlichkeit anderer, die uns geholfen und Großzügigkeit gezeigt haben, nicht erwidern.

6. **Den Kummer von anderen nicht lindern:** Wenn wir aufgrund von Bosheit oder Faulheit nicht daran arbeiten, den Kummer von Verwandten, Freund/innen und anderen zu lindern, die von Unglück, Armut, Depression usw. betroffen sind, brechen wir dieses Zweiggelübde.

7. **Hilfebedürftigen keine Unterstützung anbieten:** Wenn jemand um Almosen bittet und wir diese Bitten aus Unwillen oder Faulheit ablehnen, brechen wir dieses Gelübde. Sollte unsere Unterstützung jedoch Schaden anrichten oder liegen andere triftige Gründe vor, sie nicht zu gewähren, ist es angemessen, nicht auf diese Bitten einzugehen.

8. **Seinen Anhänger/innen nicht helfen:** Wir brechen dieses Gelübde, wenn wir den Menschen, die uns vertrauen, keine Unterweisungen geben oder

uns nicht um ihr Wohlergehen kümmern.

9. **Nicht auf die Wünsche anderer eingehen:** Wenn wir uns aus Faulheit oder bösem Willen anderen gegenüber nicht wohlwollend verhalten, brechen wir dieses Zweiggelübde. Wir sollten es zu jeder Zeit vermeiden, mit Freunden, Verwandten und anderen, mit denen wir verkehren, zu streiten oder ihnen zu schaden. Stattdessen sollten wir Rücksicht nehmen und uns bemühen, auf ihre Bedürfnisse und Bestrebungen einzugehen, solange sie sich selbst oder anderen keinen Schaden zufügen.

10. **Diejenigen nicht loben, die es verdienen würden:** Wir brechen dieses Gelübde, wenn wir aus Unwillen oder Faulheit das Wissen oder die tugendhaften Eigenschaften anderer nicht loben. Wir sollten die guten Eigenschaften anderer wertschätzen und fördern und unser Bestes tun, um ihnen Anerkennung zu zeigen.

Die letzten beiden Gelübde betonen unsere Verantwortung, der Negativität ein Ende zu setzen:

11. **Diejenigen nicht zurückhalten, die ein Fehlverhalten begehen:** Wenn wir aus Faulheit oder bösem Willen nichts tun, um diejenigen zu verweisen, zu bestrafen oder ihren Stolz zu zügeln, die von dieser Art direkter Behandlung profitieren würden, dann begehen wir einen Verstoß gegen dieses Gelübde. Es gibt Situationen, die ein kraftvolles Handeln erfordern, um Schaden abzuwenden, und wir sollten alle Mittel anwenden, die unter den gegebenen Umständen notwendig erscheinen.

12. **Die eigenen Wunderkräfte nicht nutzen:** Wir sollten alle zornvollen oder wundersamen Kräfte, die wir besitzen, einsetzen, wenn wir damit anderen Lebewesen helfen. Setzen wir sie zu angebrachter Zeit nicht ein, brechen wir dieses Gelübde. Jedoch sollten wir äußerst vorsichtig sein, solche Kräfte nicht zur Schau zu stellen, wenn es nicht von großem Nutzen ist, da Bodhisattvas ihre Wunderkräfte nie ohne guten Grund zeigen sollten.

DIE ERGEBNISSE DIESER ART VON PRAXIS

Während die Sechs Vollkommenheiten darauf abzielen, uns an die Weisheit zu gewöhnen, die die letztendliche Natur der Wirklichkeit erkennt, sind die vier Methoden, eine Anhängerschaft zu versammeln, darauf ausgerichtet, uns daran zu gewöhnen, uns zum Nutzen anderer zu manifestieren. Zusammen bringen sie die beiden erleuchteten Körper des Buddha hervor – den Dharmakaya-Wahrheitskörper und die Rupakaya-Formkörper. Obwohl die Qualitäten eines Buddha unermesslich sind, können wir sie wie folgt zusammenfassen:

1. **Unübertroffen wahre und vollständige Erleuchtung:** Durch fleißiges Praktizieren in allen Schulungen hat der Buddha alle Verdunkelungen beseitigt, sowohl die leidbringenden wie auch die kognitiven.

2. **Unvergleichliche Qualitäten:** Auf der Grundlage des Verweilens in der erhabenen Leerheit, die mit allen Möglichkeiten gefüllt ist, und in einem Zustand, der frei von allen Begrenzungen ist, manifestieren sich die unendlichen Qualitäten des Buddha spontan zum Nutzen der fühlenden Wesen.

3. **Würdig, verehrt zu werden:** Nachdem der Buddha die Bedürfnisse der zahllosen fühlenden Wesen mit ungehinderten Ausstrahlungen erfüllt hat, ist er würdig, von allen, die in Samsara und Nirvana verweilen, verehrt zu werden.

4. **Höchstes aller Wesen:** Indem sie sich bemühen, in Übereinstimmung mit einem wahren spirituellen Wesen zu praktizieren, haben sie die befreienden Ergebnisse vollendet und manifestieren sich nun als ein vollständig erleuchteter Buddha. Sie sind die Vollkommenheit von Methode und Weisheit.

5. **Besitzt einen Körper, der mit allen Zeichen und Merkmalen ausgestattet ist:** Indem sie jede mögliche Art von Tugend praktizieren, manifestieren Buddhas eine höchste Nirmanakaya-Form mit den *zweiunddreißig Hauptmerkmalen eines großen Wesens* und den *achtzig Nebenmerkmalen*. Jeder Aspekt repräsentiert daher die Reinheit ihres Geistes.

6. **Verweilt im Zustand der Erleuchtung:** Der Geist des Buddha verweilt ununterbrochen im Zustand der Erleuchtung – der unveränderlichen, sorgfältig begründeten Natur, die die erhabene Leerheit ist. Auch wenn sie ständig Formkörper zum Wohle der fühlenden Wesen manifestieren,

weicht ihr Geist niemals von diesem Vajra-Zustand ab.

7. **Erlangt die höchste meditative Konzentration:** Ausgehend von der höchsten meditativen Konzentration der unveränderlichen Glückseligkeit verwirklicht der Buddha alle meditativen Konzentrationen und kann jeden Geisteszustand mit Leichtigkeit manifestieren.

8. **Besitzt die vier Arten der Reinheit:** Durch ständiges Streben nach der Reinheit der Praxis manifestiert der Buddha vier Arten der Reinheit – die *Nirmanakaya*-Reinheit der physischen Unterstützung, die *Sambhogakaya*-Reinheit der geistigen Objekte, die *Svabhavikakaya*-Reinheit des Geistes und die *Jñana-Dharmakaya*-Reinheit der ursprünglichen Weisheit.

ZUSAMMENFASSUNG

- Die vier Methoden, eine Anhängerschaft zu versammeln, sind: (1) Großzügigkeit, (2) angenehme Rede, (3) nutzbringendes Verhalten und (4) Gleichheit der Absicht.

- Es gibt drei Arten von angenehmer Rede: (1) Rede, die freundlich ist; (2) Rede, die ansprechend ist und (3) Rede, die den Dharma beinhaltet.

- Bei Dharma-Unterweisungen sollte man (1) die Einstellung seiner Schüler/innen korrigieren, damit sie bereit sind, den Dharma zu empfangen; (2) eine für die Zuhörerschaft geeignete Unterweisung auswählen; (3) seine Einstellung vor den Unterweisungen anpassen und (4) die Unterweisung in einer angemessenen Weise vortragen.

- Nutzbringendes Verhalten sollte dazu verwendet werden, (1) fühlende Wesen dazu zu bringen, ein sinnvolles Ziel anzunehmen, und dann (2) diesen Wesen eine Anleitung für den Praxisweg zu geben.

- Es gibt drei Arten der Praxis, die Schüler/innen anstreben sollten: (1) die Praxis der Tugend, (2) die Praxis der ethischen Disziplin und (3) die Praxis eines befreienden Pfades.

- Es gibt vier Alternativen, wie man seine Absicht mit seiner Praxis verbinden kann: (1) gleiche Absicht, unterschiedliche Praxis; (2) unterschiedliche Absicht, gleiche Praxis; (3) gleiche Absicht, gleiche Praxis und (4) unterschiedliche Absicht, unterschiedliche Praxis. Die ersten drei werden als Teil der Schulung in Gleichheit der Absicht betrachtet, während die letzte vermieden werden sollte.

- Die vier Methoden, eine Anhängerschaft zu versammeln, werden je nach spiritueller Entwicklung unterschiedlich praktiziert. Es gibt drei Praxisstufen: (1) die Praxis unreiner Bodhisattvas; (2) die Praxis reiner Bodhisattvas und (3) die Praxis vollständig gereifter Bodhisattvas.

- Die vier Zweiggelübde, die uns an unsere Pflicht erinnern, anderen zu nützen, bestehen darin, Folgendes zu vermeiden: (1) anderen nicht helfen; (2) sich nicht um die Kranken kümmern; (3) Leidenden nicht beistehen und (4) nicht darauf hinweisen, was für andere angemessen ist.

- Die sechs Zweiggelübde, die aufzeigen, wie man anderen nutzen kann, bestehen darin, Folgendes zu vermeiden: (1) einen von anderen erhaltenen Gefallen nicht erwidern; (2) den Kummer von anderen nicht lindern; (3) Hilfebedürftigen keine Unterstützung anbieten; (4) seinen Anhänger/innen nicht helfen; (5) nicht auf die Wünsche anderer eingehen und (6) diejenigen nicht loben, die es verdienen würden.

- Die beiden Zweiggelübde, die unsere Verantwortung für die Beseitigung von Negativität betonen, bestehen in der Vermeidung: (1) diejenigen nicht zurückzuhalten, die ein Fehlverhalten begehen und (2) die eigenen Wunderkräfte nicht zu nutzen.

- Die Ergebnisse der Vollkommenheit der Schulung in den vier Methoden, eine Anhängerschaft zu versammeln, sind: (1) unübertroffene, wahre und vollständige Erleuchtung; (2) unvergleichliche Qualitäten; (3) würdig, verehrt zu werden; (4) Höchster aller Wesen; (5) einen mit allen Zeichen und Merkmalen ausgestatteten Körper zu besitzen; (6) im Zustand der Erleuchtung zu verweilen; (7) die höchste meditative Konzentration zu erlangen und (8) die vier Arten der Reinheit zu besitzen.

TEIL DREI

Vorbereitung des Geistes auf Tantra

KAPITEL VIERZEHN

Wie man den Kalachakra-Pfad praktiziert

Die Jonang-Shambhala-Tradition repräsentiert die Vereinigung zweier großer Linien – der sutrischen Linie des *Zhentong-Madhyamaka* und der tantrischen Linie des *Kalachakra-Tantra*. Beide sind für Jonang-Praktizierende von grundlegender Bedeutung, weil sie äußerst effiziente Methoden zum Erreichen tiefgründiger Verwirklichungen bieten. Um zu verstehen, wie Erleuchtung durch die Befolgung dieses Systems erlangt werden kann, werden in diesem Kapitel die verwendeten Methoden und ihre praktische Umsetzung untersucht.

Obwohl die Jonang eine solide philosophische Tradition haben, ist dies nicht ihr Hauptaugenmerk. Seit der Zeit von Khunpang Thukje Tsondru haben die Jonang immer den Schwerpunkt auf die Praxis und die Notwendigkeit gelegt, das ursprüngliche Gewahrsein der letztendlichen Natur der Wirklichkeit zu erfahren. Mit dem klaren Ziel, die Buddhanatur zu verwirklichen, wird alles andere als Unterstützung für dieses Ergebnis betrachtet.

In der Vergangenheit war es aufgrund dieses Ansatzes nicht ungewöhnlich, dass junge Mönche mit minimalen Lesefähigkeiten an einem dreijährigen Retreat teilnahmen und in die Praktiken der Vollendungsstufe der Sechs Vajrayogas eingeführt wurden. In einem so frühen Alter hatten sie noch nicht dasselbe Maß an konzeptuellen Konstruktionen aufgebaut wie ein Erwachsener, und deshalb konnten geschickte Meister sie mit größerer Leichtigkeit in die Natur ihres Geistes einführen. Selbst ohne ein Verständnis für das, was vor sich ging, konnten die Schüler eine Verbindung zu ihrer Buddhanatur entwickeln, die dann im Laufe ihres Lebens gepflegt und erweitert werden konnte.

Infolge der degenerierten Zeiten verschlechterte sich die Fähigkeit der Schüler/innen, sich von Meister/innen anleiten zu lassen, und dieser ursprüngliche Zweck wurde immer weniger betont. Die Tradition wird zwar bis heute fortgeführt, dient aber jetzt dazu, den Geist der Teilnehmer/innen zu segnen und eine starke

Verbindung mit dem *Erhabenen Bereich von Shambhala* und der *Kalachakra-Praxis* herzustellen. Sobald die Vertrautheit mit den verschiedenen Praktiken hergestellt ist, fahren die Schüler/innen entweder mit der Praxis in einem strengen Retreat fort oder erweitern ihr Verständnis durch ein eingehendes Studium der Sutras und Tantras. So oder so, jede/r beginnt mit einer Grundlage an Erfahrung.

Ein solcher erfahrungsorientierter Ansatz anerkennt, dass dieses menschliche Leben zu kostbar ist, um es mit der bloßen Ansammlung von begrifflichem Verständnis zu verschwenden. Da alle Konzepte von Natur aus vorläufig sind, müssen sie schließlich aufgegeben werden. Das Bestreben, jede Sekunde zu nutzen, indem wir den Dharma in unsere Erfahrung einbringen, ist das geschickte Mittel, um die endgültige Wahrheit unserer Realität zu erkennen.

Obgleich dieses Jonang-System der Verwirklichung in Tibet, wo die klösterliche Schulung oft schon im frühen Alter beginnt, gut funktioniert, unterscheiden sich die Bedingungen deutlich von jenen der westlichen Schüler/innen, die dem Dharma grundsätzlich erst als Erwachsene begegnen. Da sie bereits zahlreiche Konzepte und Überzeugungen über das Existieren der Welt angesammelt haben, beginnen die meisten erwachsenen Praktizierenden die Praxis mit einem Geist, der auf weltliche Bestrebungen ausgerichtet ist. Daher ist eine andere Herangehensweise notwendig, sich mit dem Kalachakra-Pfad auseinanderzusetzen. Während der Schwerpunkt immer noch auf der Praxis liegt, müssen zu Beginn eine Reihe von anfänglichen Korrekturschritten unternommen werden.

In der Anfangsphase ist das erste große Hindernis, auf das die meisten westlichen Schüler/innen stoßen, der *kulturelle Unterschied* zwischen der Sichtweise von jemandem, der von klein auf an den Buddhismus gewöhnt ist, und der Sichtweise von jemandem, der in einem nicht-buddhistischen Umfeld aufgewachsen ist. In den meisten westlichen Industriekulturen herrscht zum Beispiel ein erheblicher Mangel an Verständnis für die Funktionsweise des Geistes, da sich die Gesellschaft auf physische Phänomene konzentriert. Dies ist das Gegenteil der buddhistischen Sichtweise, die den Geist als primär ansieht. Um die verschiedenen Vorurteile und falschen Ansichten, die wir aufgebaut haben, zu beseitigen, müssen wir unsere gegenwärtige Sicht der Realität analysieren und eine Philosophie entwickeln, die der spirituellen Praxis förderlich ist.

Ein *fehlendes Vertrauen* in einen spirituellen Weg ist ein weiteres Hindernis, das sich vielen westlichen Schüler/innen in den Weg stellt. In einem überwiegend nicht-buddhistischen Umfeld aufzuwachsen und eine kulturell andere Art von Spiritualität zu suchen, deutet oft auf eine Skepsis oder einen Vertrauensverlust gegenüber den ihnen zur Verfügung stehenden Weisheitstraditionen hin. Obwohl sie vielleicht wissen, welchem Pfad sie nicht folgen wollen, sind sie immer noch unsicher, welchen Pfad sie einschlagen sollen, und können sich daher für keine einzige Praxis wirklich entscheiden. Infolgedessen wird viel mit verschiedenen Systemen experimentiert, was dazu führt, dass man von einer Tradition zur anderen springt, ohne Stabilität oder Konsistenz. Das einzige Mittel dagegen sind Zeit und Erfahrung. Je mehr man über ein bestimmtes System lernt, desto mehr Sinn ergibt es, und schließlich entwickelt man Vertrauen, sodass man aufhört zu „suchen" und anfängt zu „tun".

Dies ist der ideale Zeitpunkt, um mit dem Praktizieren des *Kalachakra-Pfades* zu beginnen. Nachdem wir eine Zeit lang die Lehren studiert haben, hat sich ein allgemeines Verständnis für die Funktionsweise des Pfades herausgebildet und viele unserer verblendeten Zweifel sind ausgeräumt worden. Wir erkennen, dass es einer größeren Ernsthaftigkeit und eines größeren Engagements bedarf, um die in den Lehren beschriebenen Ergebnisse zu erfahren. Dazu müssen wir uns nicht von zuvor Gelerntem abkapseln; es bedeutet lediglich, dass wir einen Pfad wählen, der als Herzstück unserer Praxis fungieren kann. Wir nehmen einen einzigen Pfad als vorrangig an, eine Heimatbasis, die Stabilität und Tiefe in unsere Aktivitäten bringt, und betrachten alles andere als zweitrangige Unterstützung. Mit dieser Einstellung sind wir bereit, die spezifischen Merkmale zu erforschen, die die Kalachakra-Praxis so einzigartig machen.

DER VAJRAYANA-ANSATZ ZUR PRAXIS

Bis hierher haben wir die Praxis aus der Perspektive des allgemeinen Mahayana-Buddhismus studiert und uns dabei insbesondere auf die Lehren der *Sutras der dritten Drehung* und die Abhandlungen des *Bodhisattva Maitreya* und *Arya Asanga* gestützt. Dieses Material hat uns eine theoretische Grundlage geliefert, die mit den Lehren des Kalachakra-Tantra übereinstimmt. Wenn wir nun zum eigentlichen Praxissystem übergehen, wechseln wir vom Mahayana zum Vajrayana und müssen daher auch die Natur unseres Ansatzes ändern. Diese Veränderung lässt sich in drei Punkten zusammenfassen: (1) Glaube an unsere innewohnende Reinheit; (2) reine Wahrnehmung der Natur der Realität und (3) Arbeit mit dem subtilen Körper. Wir werden nun jeden Punkt genauer untersuchen.

Der Glaube an unsere innewohnende Reinheit

Die Grundlage jeglicher Vajrayana-Praxis ist die innewohnende Reinheit der Buddhanatur. Da sie völlig frei von allen hinzugekommenen Verunreinigungen ist, sind wir in der Lage, einen Pfad zu praktizieren, der sie enthüllt. Wenn unsere Verblendungen ein innewohnender Teil unserer Natur wären, könnten wir nichts dagegen tun und das Praktizieren eines Pfades wäre daher sinnlos.

Die grundlegende Prämisse der Vajrayana-Praxis ist daher die Erkenntnis, dass wir bereits alles haben, was wir brauchen, um Erleuchtung zu manifestieren. Unsere Natur ist ursprünglich rein und diese Reinheit kann durch einen Reinigungsprozess enthüllt werden. Es ist ein subtraktiver Ansatz, bei dem die äußeren Schichten abgeschält werden, bis nichts mehr übrig bleibt als unsere essenzielle Natur.

Aus der Sicht des Vajrayana ist diese Reinheit keine bloße Abwesenheit, sondern eine erhabene Vereinigung von unveränderlicher Glückseligkeit und Leerer Form – ein Feld unendlicher Möglichkeiten, in dem alle erleuchteten Qualitäten gleichzeitig vorhanden sind. Diese Realität ist die endgültige Wahrheit und die Erfahrung, die wir zu erreichen versuchen. Alles andere ist eine vorläufige Wahrheit, die zu dieser Erfahrung der Wirklichkeit, wie sie ist, führt.

Die reine Wahrnehmung der Natur der Wirklichkeit

Der Vajrayana-Ansatz für den Pfad beruht auf der Erkenntnis, dass das Ergebnis dieselbe Natur wie die Grundlage hat. Ob wir diese Grundlage als Samsara oder Nirvana erfahren, hängt von der Natur unserer Sichtweise ab. Während sich die Soheit nie ändert, ändert sich unsere dualistische Erfahrung davon. Tantrische Praxis zielt darauf ab, eine Sichtweise aus der Perspektive der letztendlichen Wahrheit zu etablieren – eine Sichtweise, die völlig frei von allen begrifflichen

Konstrukten ist, die die Natur der Wirklichkeit verdunkeln.

Aus diesem Grund besteht die Methodik darin, die Reinheit unserer gewöhnlichen Erfahrung zu erkennen, indem wir eine *reine Wahrnehmung* entwickeln. Anstatt aus der Perspektive der Unwissenheit nach Phänomenen zu greifen, wenden wir Weisheit auf die auftretenden Erscheinungen an und enthüllen sie als reine Manifestationen unserer Buddhanatur. Wenn wir alle Erscheinungen effektiv in diese Weisheit integriert haben, wird unser Geist vollständig gereinigt und in der Lage sein, in dieser Soheit zu verweilen.

Mit dem subtilen Körper arbeiten

Philosophisch gesehen stimmt die Sichtweise des Vajrayana mit der Zhentong-Sichtweise der dritten Drehung überein. Was dieses Fahrzeug wirklich auszeichnet, ist sein tiefgründiges Verständnis der Beziehung zwischen Körper und Geist. Nur in den Lehren der Höchsten Yoga-Tantras wie Kalachakra finden wir detaillierte Beschreibungen des subtilen energetischen Systems, das als Brücke zwischen dem Physischen und dem Nicht-Physischen fungiert.

Durch die Manipulation dieses Systems können Vajrayana-Praktizierende die konzeptuelle Bewegung ihres Geistes unterbrechen und eine nicht-konzeptuelle Erfahrung der Soheit manifestieren. Diese Erfahrung kann dann durch eine Vielzahl spezialisierter Techniken verfeinert und erweitert werden, die die Gewöhnung an das dualistische Greifen schnell auflösen. Auf diese Weise kann das, wofür ein Bodhisattva normalerweise Milliarden von Lebenszeiten benötigen würde, innerhalb eines einzigen Menschenlebens erreicht werden.

Auf der Grundlage dieses Verständnisses beinhalten viele Vajrayana-Praktiken den Gebrauch von aufwendigen Visualisierungen. Während die symbolische Bedeutung dieser Meditationen eine wichtige Methode ist, um größere Weisheit in Bezug auf unsere Erfahrung zu kultivieren, dienen sie auch dem Zweck, die Kanäle und Winde unseres subtilen Körpers zu reinigen. Wenn wir uns diesen Praktiken widmen, formen wir die Art und Weise, wie unser feinstofflicher Körper funktioniert, und verwandeln ihn in eine geeignete Grundlage, um Erleuchtung zu erlangen.

DIE STRUKTUR DES KALACHAKRA-PFADES

Bevor man den Kalachakra-Pfad betritt, kann es hilfreich sein, die Beziehung zwischen den verschiedenen Praktiken zu studieren, um zu verstehen, wie sie zusammenpassen. Der folgende Überblick hebt die wichtigsten Punkte des Pfades hervor und bietet einen grundlegenden Wegweiser, dem Sie für Ihre eigene Praxis folgen können. Spezifische Details dazu, wie man praktiziert, werden am Ende dieses Buches und in Band Drei dieser Reihe behandelt.

Vor vielen Jahrhunderten erhielten Jonang-Meditierende diese Praktiken entsprechend ihrer Erfahrung. Ihre Lehrer/innen vermittelten die Lehren einer einzelnen Praxis und die Schüler/innen widmeten sich dieser, bis sie die Zeichen von Erfolg erreichten. Erkannten die Lehrer/innen, dass die Schüler/innen bereit waren, gingen sie zur nächsten Praxis über und wiederholten den Vorgang. Auf diese Weise entfaltete sich die gesamte Abfolge auf kontrollierte Weise, die zu vollkommener Verwirklichung führte.

Im Laufe der Zeit wurde es zur Tradition, alle Lehren auf einmal in Form eines einzigen dreijährigen Gruppenretreats zu erteilen. Nahmen Praktizierende zum ersten Mal an einem solchen Retreat teil, lag der Schwerpunkt hauptsächlich darauf, die notwendigen Übertragungen zu erhalten und Klarheit über die Art und Weise des Praktizierens jeder Stufe zu erlangen. Nach Abschluss des Gruppenretreats konnten die Praktizierenden in einem privaten Retreat fortfahren und in ihrem eigenen Tempo auf dem Pfad voranschreiten.

Unabhängig davon, ob das Retreat auf Errungenschaften oder auf Zeit basiert, können alle Praktiken in zwei Gruppen unterteilt werden: (1) vorbereitende Übungen und (2) Hauptpraktiken. In einem traditionellen dreijährigen Retreat wird ungefähr ein Jahr auf die vorbereitenden Übungen und zwei Jahre auf die Hauptpraktiken verwendet. Dies ist nur ein allgemeiner Richtwert, da die Zeit, die für jede einzelne Übung aufgewendet wird, von der spirituellen Reife der Retreat-Teilnehmer/innen abhängt.

Die vorbereitenden Übungen

Die Funktion der vorbereitenden Übungen besteht darin, den Geist vom groben und subtilen Greifen zu reinigen, um dem dualistischen Bewusstsein

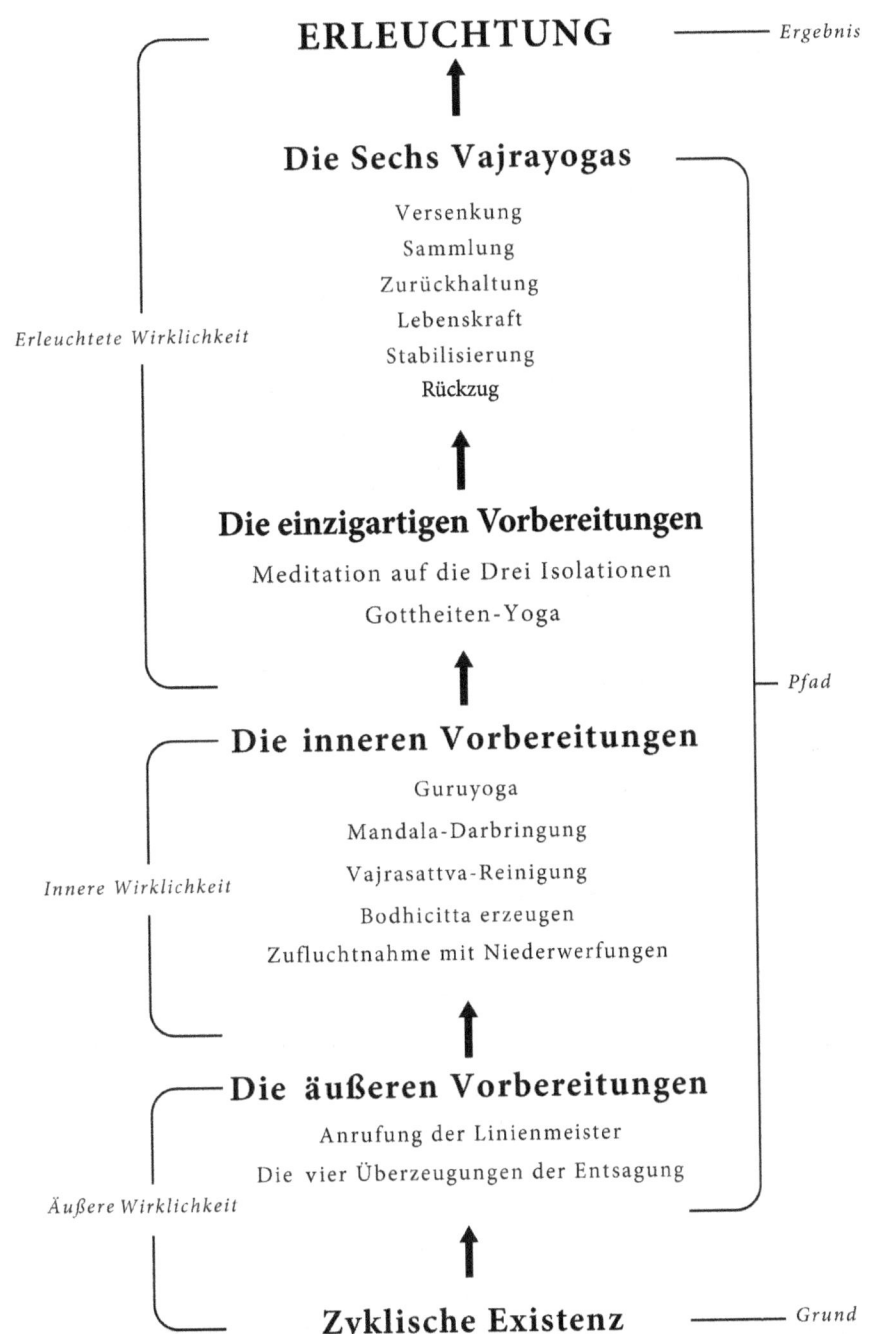

Abbildung 14-1: Der Kalachakra-Pfad zur Erleuchtung

zur Ruhe zu verhelfen. Das Ziel ist es, den Geist in einen nicht-begrifflichen Zustand zu bringen, der zur Verwirklichung der Soheit genutzt werden kann. Dies ist vergleichbar mit dem Versuch, ein kostbares Juwel zu finden, das tief im Boden verborgen ist. Nachdem man herausgefunden hat, wo sich das Juwel befindet, schmiedet man eine Art Plan, um danach zu graben. Da es unter vielen Gesteins- und Erdschichten begraben liegt, ist große Entschlossenheit erforderlich. Mit Beharrlichkeit erreichen wir schließlich unser Ziel. Nachdem die letzte feine Schmutzschicht entfernt wurde, kommt der Glanz des Juwels endlich zum Vorschein.

In ähnlicher Weise gibt es drei Gruppen von Kalachakra-Übungen zur Vorbereitung, die jeweils mit zunehmend subtileren Verdunkelungen arbeiten, um die Bedingungen für die Verwirklichung unserer Buddhanatur zu schaffen. Diese vorbereitenden Übungen sind: (1) die äußeren vorbereitenden Übungen, (2) die inneren vorbereitenden Übungen und (3) die besonderen vorbereitenden Übungen.

Die äußeren vorbereitenden Übungen

Die *äußeren vorbereitenden Übungen* dienen dazu, unsere Anhaftung an die zyklische Existenz aufzulösen. Wenn wir deren leidhafte Natur nicht erkennen, werden wir uns nicht bemühen, spirituell zu praktizieren. Diese vorbereitenden Übungen bestehen aus zwei Praktiken:

1. **Vier Überzeugungen der Entsagung:** Dies ist die Praxis der Kontemplation über die vier Themen: (1) das karmische Gesetz von Ursache und Wirkung; (2) die leidhafte Natur von Samsara; (3) die Kostbarkeit einer menschlichen Wiedergeburt und (4) die unbeständige Natur dieses Lebens. Ihr Zweck ist es, uns von den acht weltlichen Dharmas abzuwenden und uns der Praxis des heiligen Dharma zuzuwenden.

2. **Bittgebete an die Meister/innen der Überlieferungslinie:** Dies ist die Praxis, um das Gewahrsein der Linienmeister/innen zu entwickeln, durch die die Kalachakra-Lehren seit der Zeit des Buddha weitergegeben wurden. Der Hauptzweck besteht darin, den Geist mit Hingabe an die Überlieferungslinie zu erfüllen und uns zu inspirieren, ihnen nachzueifern.

Als Ergebnis des Praktizierens der äußeren vorbereitenden Übungen sind wir nicht mehr an samsarischen Aktivitäten interessiert und unsere Aufmerksamkeit verlagert sich auf das Erreichen von echtem Frieden und Harmonie durch die Praxis des *Kalachakra-Pfades*. Das ist so, als ob man erkennt, dass ein kostbares Juwel unter der Erde vergraben ist, und weiß, wie man es findet.

Die inneren vorbereitenden Übungen

Die Praktiken der *inneren vorbereitenden Übungen* sind darauf ausgerichtet, unseren grob-konzeptuellen Geist aufzulösen und eine erfahrungsbezogene Sichtweise zu etablieren, die später durch nachfolgende Praktiken verfeinert werden kann. Diese Arbeit konzentriert sich in erster Linie darauf, die Leerheit der zugeschriebenen Naturen zu verwirklichen, die uns an eine dualistische Sichtweise gebunden halten. Innerhalb dieser Gruppe gibt es fünf Praktiken:

1. **Zufluchtnahme:** Das erste Hindernis beim Praktizieren eines Pfades ist der Glaube, dass wir es allein schaffen können. Um diesen *Stolz* zu überwinden, praktizieren wir die Zufluchtnahme zu den Drei Juwelen, während wir körperliche Niederwerfungen ausführen. Dies stellt sicher, dass wir die notwendige Unterstützung für die Praxis haben, während die Niederwerfungen das System der subtilen Kanäle reinigen und es den Winden erlauben, effektiver zu fließen. Wenn die Winde frei von Hindernissen sind, ist es wesentlich einfacher zu meditieren und Zustände meditativer Konzentration zu erreichen.

2. **Erzeugen von Bodhicitta:** Die nächste Schicht von Hindernissen ist der verblendete Geist, der in der *Selbstbezogenheit* verwurzelt ist. Solange der Geist von selbstbezogenen Gedanken beherrscht wird, wird die Voreingenommenheit aufrechterhalten, was zu Anhaftung und Abneigung führt, aus denen alle abgeleiteten Verblendungen entstehen. Um die leere Natur unserer falschen Projektionen zu erkennen, müssen wir die Selbstbezogenheit aufgeben und unseren Fokus auf andere richten. Dadurch können unsere tugendhaften Qualitäten unermesslich wachsen und sicherstellen, dass unsere Kalachakra-Praxis zu einer Ursache für vollständige Erleuchtung wird.

3. **Vajrasattva-Reinigung:** Bei dieser Praxis nutzen wir die Weisheitsgottheit Vajrasattva als Unterstützung, um unser *grobes Festhalten am Selbst* aufzulösen. Durch verschiedene Visualisierungen und die Rezitation von Mantras werden wir an die innewohnende Reinheit unseres Geistes erinnert und daran, dass alles, womit wir uns identifizieren, lediglich eine zugeschriebene Realität ohne inhärente Existenz ist. Als Meditation über die Leerheit führt diese Praxis zu einem konzeptuellen Verständnis der Selbstlosigkeit von Personen.

4. **Mandala-Darbringungen:** So wie das abhängig entstandene Selbst leer von allen Zuschreibungen ist, so sind es auch alle Phänomene unserer äußeren Welt. Um das *Festhalten an den Phänomenen* zu überwinden, praktizieren wir das Darbringen des Universums als Mandala an die erleuchteten Wesen. Auf diese Weise werden wir an die trügerische Natur aller Dinge erinnert und daran, dass sie untrennbar mit unserem eigenen Geist verbunden sind. Indem wir diese Erscheinungen darbringen, erzeugen wir große Mengen an Verdienst, die unsere Praxis energetisieren und uns helfen, Zugang zu den tiefgründigsten Schichten unserer Erfahrung zu erhalten.

5. **Guruyoga:** Das letzte Hindernis, mit dem wir auf dieser Ebene arbeiten müssen, ist der Geist, der nach der *subtilen dualistischen Perspektive des Bewusstseins* greift. Um dieses Greifen aufzulösen, richten wir unsere Aufmerksamkeit auf das Erreichen des nicht-dualen Gewahrseins der Buddhanatur. Wenn wir aufhören, den Dualismus von Subjekt und Objekt aufrechtzuerhalten, verlieren diese Neigungen ihre Macht und werden gereinigt. In dieser Praxis lernen wir, unsere gewöhnliche dualistische Sichtweise zu lockern und uns unserer wahren Natur hinzugeben, die in der Form unserer spirituellen Mentor/innen visualisiert werden. Indem wir Bittgebete an unsere/n Lama richten, stärken wir unsere Bestrebung, unsere Buddhanatur zu verwirklichen, und durch die Meditation über unsere Untrennbarkeit mit unseren Lamas werden wir daran erinnert, dass dies bereits unsere innerste Wahrheit ist.

Wenn wir uns mit diesen vorbereitenden Übungen gründlich vertraut machen, verringert sich unser Festhalten an den groben Erscheinungen des dualistischen Geistes erheblich. Es ist, als würden wir uns durch viele Schichten von Ablagerungen und Gestein bohren, um in die Nähe des kostbaren Juwels zu gelangen. Jetzt müssen wir nur noch unser Gewahrsein von den sehr subtilen Schichten des Greifens trennen, die unsere Buddhanatur daran hindern, sich klar zu manifestieren.

Die besonderen vorbereitenden Übungen

Die oben genannten vorbereitenden Übungen sind allen Vajrayana-Traditionen gemeinsam, und obwohl sie vielleicht geringfügig unterschiedlich praktiziert werden, ist das beabsichtigte Ergebnis der Reduzierung des Greifens nach groben Phänomenen im Allgemeinen das Gleiche. Die folgende Gruppe von vorbereitenden Übungen wird als die *einzigartigen vorbereitenden Übungen* bezeichnet, weil sie spezifisch für die Praxis des Kalachakra-Systems sind. Der Schwerpunkt liegt darauf, die einsgerichtete Konzentration von Shamatha auf eine Art und Weise zu etablieren, die die Hauptpraxis der Sechs Vajrayogas erleichtert.

Die besonderen vorbereitenden Übungen bestehen aus zwei Praktiken, die eine tantrische Ermächtigung und Unterweisung erfordern, bevor sie durchgeführt werden können. Dadurch wird sichergestellt, dass Sie ein Fundament in den tantrischen Gelübden und heiligen Verpflichtungen haben, die notwendig sind, um diese Techniken authentisch zu praktizieren. Die beiden Praktiken sind:

1. **Gottheiten-Yoga:** Diese Praxis wird nach Erhalt der *Sieben Ermächtigungen eines heranwachsenden Kindes* gegeben, die zur Praxis der Kalachakra-Erzeugungsstufe berechtigen. Sie beinhaltet die Visualisierung von sich selbst als erleuchtete Gottheit und die Rezitation des Kalachakra-Mantras. Diese Praxis etabliert einen göttlichen Stolz, der sich mit der erleuchteten Natur des Kalachakra identifiziert. Durch den Gebrauch des Mantras werden die subtilen Kanäle und Winde gereinigt, das feinstoffliche Energiesystem geformt und in die Lage versetzt, es in den Hauptpraktiken der Vollendungsstufe effektiv zu nutzen.

2. **Meditation auf die Drei Isolationen:** Während sich das Gottheiten-Yoga darauf konzentriert, die subtilen Winde zu beruhigen und einen subtilen

Zustand des Gewahrseins herzustellen, wird der eigentliche Zustand der einsgerichteten Konzentration durch die Praxis der Drei Isolationen erreicht. Die Unterweisung für diese nicht-begriffliche Praxis wird erst nach Erhalt der *Vier Höheren Ermächtigungen* gegeben, die die Praxis der Kalachakra-Vollendungsstufe autorisieren. Ihr Hauptzweck besteht darin, die Praktizierenden an den Prozess der Auflösung des groben dualistischen Geistes zu gewöhnen und das Gewahrsein im unkonfigurierten Raum des Grundbewusstseins ruhen zu lassen.

Als Ergebnis des Praktizierens der besonderen vorbereitenden Übungen können wir unseren Geist in einen Zustand der Versenkung bringen, der der Soheit sehr nahekommt. Dies ist vergleichbar mit dem Stehen in der Tür eines Raumes; um einzutreten, müssen wir nur über die Schwelle steigen.

Hauptpraktiken

Wenn ein Geist durch die vorbereitenden Übungen vollständig gereift ist, ist er bereit, mit den Hauptpraktiken des Kalachakra-Pfades zu beginnen – den *Sechs Vajrayogas*. Der Zweck dieser tiefgründigen Methoden ist es, einen unveränderlichen Zustand der Versenkung in der Soheit zu etablieren, der dann genutzt wird, um sowohl die leidbringenden wie auch die kognitiven Verdunkelungen zu beseitigen. Durch die unglaubliche Kraft dieser Versenkung ist es möglich, innerhalb eines einzigen Tages in den Zustand eines vollständig gereiften Bodhisattvas aufzusteigen; eine Leistung, für die ein gröberer Geist normalerweise Milliarden von Jahren benötigen würde.

Um die Soheit zu verwirklichen, ist es notwendig, unseren konzeptuellen Geist zu transzendieren und im nicht-dualen Gewahrsein zu verweilen. Deshalb können wir uns nicht auf konzeptuelle Meditationen verlassen, die subtile Arten des dualistischen Greifens aufrechterhalten. Obwohl es möglich ist, dieses Greifen zu lösen, indem der Geist in seinem natürlichen Zustand ruht, kann der Prozess der Verfeinerung und die Gewöhnung an das nicht-duale Gewahrsein je nach spiritueller Reife der Praktizierenden beträchtliche Zeit in Anspruch nehmen. Während viele Methoden als „ohne Anstrengung" bezeichnet werden, erfordert die Aufrechterhaltung der ungestörten Verwirklichung des Gewahrseins im Angesicht der dualistischen Wahrnehmung tatsächlich eine erhebliche Anstrengung. Um diesen Prozess zu erleichtern, stützt sich das Kalachakra-System auf die interdependente Beziehung zwischen Geist und subtilem Körper.

Der Ansatz der Sechs Vajrayogas besteht darin, den konzeptuellen Geist aufzulösen, indem die Winde in den Zentralkanal gebracht werden, sodass sich Aspekte der Soheit auf natürliche Weise manifestieren. Auf der Grundlage dieser Erkenntnis wird das Gewahrsein der Soheit dann mit verschiedenen Arten von Erscheinungen vermischt, um die entsprechenden Arten des subtilen Greifens aufzulösen. Es gibt vier Ebenen von Erscheinungen, die gereinigt werden müssen:

1. **Der Wachzustand:** Dies sind die Erscheinungen, die sich auf die fünf Sinneswahrnehmungen stützen wie Form, Klang, Geruch, Geschmack und Berührung. Sie werden gereinigt, indem die Winde in den Zentralkanal gebracht werden.

2. **Der Traumzustand:** Dies sind die objektiven Erscheinungen, die auf dem groben geistigen Bewusstsein beruhen, wie Gedanken oder geistige Bilder. Sie werden gereinigt, wenn die Winde ohne Bewegung im Zentralkanal verweilen.

3. **Der Zustand des Tiefschlafs:** Dies sind die subjektiven Erscheinungen, die sich auf das subtile Grundbewusstsein stützen. Sie werden gereinigt, indem die Winde im Zentralkanal aufgelöst werden.

4. **Der Zustand der glückseligen Versenkung:** Dies sind die Erscheinungen der Glückseligkeit, die auf einem nicht-dualen Gewahrsein beruhen. Sie werden durch das Sammeln und Schmelzen der subtilen Essenzen im Körper gereinigt.

Durch diese aufeinanderfolgenden Praxisstufen werden immer subtilere Ebenen des Greifens gereinigt, bis schließlich alle Erfahrungen als Soheit entstehen. Wenn dies geschieht, gibt es keine dualistische Unterstützung mehr für die Aufrechterhaltung unserer karmischen Neigungen. Wie ein Lauffeuer, das durch einen Wald lodert, werden alle karmischen Konditionierungen von Körper und Geist vollständig verzehrt und unser Geist wird von der zyklischen Existenz befreit.

Nachdem wir unsere Verwirklichung der Soheit vollständig verfeinert haben, erlangen wir die *zwölfte Bodhisattva-Stufe* – den Zustand eines Dharma-Königs im erhabenen Bereich von Shambhala. Während man auf dem Vajra-Thron von Kalapa verweilt, werden unzählige Formen manifestiert, um den fühlenden Wesen in Übereinstimmung mit den *vier Methoden, eine Anhängerschaft zu versammeln*, Nutzen zu bringen. Auf diese Weise werden die Ansammlungen von Methode und Weisheit schnell vervollständigt und schließlich wird der Zustand eines vollständig erleuchteten Buddha erreicht.

ETABLIERUNG EINER FORMALEN PRAXIS

Mit einem allgemeinen Überblick über die Art und Weise, wie sich der Kalachakra-Pfad entfaltet, können wir nun mit der Praxis beginnen. Die Methode, die wir anwenden werden, ist die gleiche, die von Jonang-Meistern seit der Zeit von Kunkyen Dolpopa und Jetsun Taranatha praktiziert wird. Als solche können wir gewiss sein, dass sie die Fähigkeit hat, einen tiefgründigen Segen auf unseren Geist zu übertragen und die Bedingungen dafür zu schaffen, dass sich Verwirklichungen manifestieren können.

Sie ist als *tägliche Rezitationspraxis* bekannt und besteht aus einem einzigen Text, der alle vorbereitenden Übungen in einer Art enthält, die ihre tägliche Rezitation erleichtert. Der Text, der traditionell in den meisten dreijährigen Jonang-Retreats verwendet wird, ist *Die Göttliche Leiter: Vorbereitende Übungen und Hauptpraxis des tiefgründigen Kalachakra-Vajrayoga* von Jetsun Taranatha. Man benötigt etwa eine halbe Stunde, um ihn von Anfang bis Ende zu rezitieren, und es ist eine ideale Vorbereitung, bevor man sich den Vollendungsstufen-Praktiken der Sechs Vajrayogas zuwendet.

Um zu verstehen, wie ein Rezitationstext funktioniert, müssen wir uns nur daran erinnern, dass es bei der Meditation darum geht, uns mit tugendhaften Geisteszuständen vertraut zu machen. Gewöhnung entsteht durch Wiederholung – jedes Mal, wenn wir eine Praxis rezitieren, ihre Bedeutung kontemplieren, eine Visualisierung erzeugen oder ein Mantra wiederholen, gewöhnen wir uns an bestimmte Ideen und die Geisteszustände, die sie zu manifestieren helfen.

In diesem Sinne funktioniert ein Rezitationstext auf mehreren Ebenen. Die grundlegendste Art der Praxis besteht darin, die Worte einfach laut zu rezitieren, um sich mit der Struktur des Textes vertraut zu machen. Das Verstehen des Sinns ist zu diesem Zeitpunkt nicht notwendig, weil dies später entwickelt werden kann. Im Idealfall kann es im Laufe der Zeit hilfreich sein, die Worte auswendig zu lernen, um jederzeit auf den Text zugreifen zu können, ohne dass ein physischer Gegenstand benötigt wird. Dies eignet sich besonders für die Praxis in Umgebungen ohne Licht, aber noch wichtiger ist der daraus resultierende Vorteil einer flüssigen Praxis. Anstatt ständig auf den Text zu schauen und Seiten umzublättern, kann sich der Geist stattdessen nach innen gerichtet auf die Meditation konzentrieren.

Das Verinnerlichen des Textes schafft Raum, um durch das Nachdenken über die Worte eine Bedeutung aufzubauen, und hier integrieren wir das von unseren Lehrer/innen und durch unser Studium erworbene Wissen. Um zum Beispiel unser Verständnis der *Göttlichen Leiter* zu erweitern, bietet die Lektüre meines Buches *Der verborgener Schatz des tiefgründigen Pfades* einen detaillierten Kommentar, der jede Zeile des Wurzeltextes erklärt. Das Ziel in dieser Phase ist es, nicht nur zu wissen, was die Worte bedeuten, sondern auch ein klares Verständnis der einzelnen Praktiken zu entwickeln und wie sie sich auf den Kontext des Pfades beziehen.

Auf der nächsten Praxisstufe wird die Bedeutung des Textes zur Grundlage für die Verwirklichung. Wir können uns die Praktiken als Instrumente in einem Orchester vorstellen. Einzeln erzeugen sie ihren eigenen spezifischen Klang, aber wenn sie kombiniert werden, bilden sie eine kraftvolle und dynamische Anordnung von harmonischen Melodien. Gleichermaßen erzeugt jede einzelne Praxis eine spezifische Erfahrung im Geist, die als Grundlage für die Erfahrung der nächsten genutzt werden kann. Das Fortschreiten durch den Text baut eine vielschichtige Erfahrung auf, die uns in das Wesen der Realität einführt.

Unser Ziel ist es, mit der Erfahrung der jeweiligen Praxis so vertraut zu werden, dass das bloße Lesen der Worte ausreicht, um die Erfahrung auszulösen. Diese Art der Gewöhnung braucht Zeit und erfordert daher viel Geduld und Entschlossenheit, weshalb sie auch als tägliche Rezitation bezeichnet wird. Leider reicht es nicht aus, nur dann zu praktizieren, wenn wir gerade Lust dazu haben. Stattdessen müssen wir uns bemühen, unsere Faulheit zu überwinden und die

Routine der Praxis zu einem festen Bestandteil unseres Lebens zu machen.

ZEIT FÜR DIE PRAXIS SCHAFFEN

Im Laufe der Jahrhunderte hat der tibetische Buddhismus eine Reihe von Traditionen geschickter Praxis entwickelt, um die Erleuchtung zu erlangen. Eine dieser Traditionen besteht darin, jede der inneren vorbereitenden Übungen 100.000 Mal auszuführen, insgesamt also 500.000 Wiederholungen. Dies wurde ursprünglich eingeführt, um den Praktizierenden Richtlinien für eine intensive Praxis an die Hand zu geben, bevor sie zu fortgeschritteneren Praktiken übergehen. Im Rahmen eines dreijährigen Retreats wurde das Vervollständigen der Ansammlungen als Zeichen des Verständnisses der Praxis und der Bereitschaft gesehen, die nächsten Unterweisungen zu empfangen und fortzuschreiten. Es bedeutete jedoch nicht, dass automatisch Verwirklichungen erlangt worden waren.

In jüngster Zeit haben die Menschen in Bezug auf diese Praxis häufig zwei extreme Ansichten vertreten. Es gibt diejenigen, die sich stark auf die Zahlen fixieren und versuchen, so viel wie möglich in kürzester Zeit anzusammeln. Für sie sind die vorbereitenden Übungen wie ein Wettlauf, den sie im Eiltempo absolvieren müssen, und folglich gelingt es ihnen nicht wirklich, sich mit der Praxis zu verbinden und sie zu spüren. Auf der anderen Seite stehen diejenigen, die die Ansammlungen grundsätzlich ablehnen. Während ihre vorbereitenden Übungen es ihnen immer noch erlauben, tiefer zu gehen, ohne die kurzfristigen Ziele, die sie leiten, neigt ihre Praxis dazu, ohne ein Gefühl von Dringlichkeit oder Kraft ins Stocken zu geraten.

Um effektiv zu praktizieren, ist eine ausgewogene Herangehensweise erforderlich, weil ein stetiges Voranschreiten auf dem Pfad uns genügend Zeit gibt, um Realisationen zu erzeugen. Ich empfehle daher, jeder Praxisstufe eine bestimmte Zeitspanne zu widmen. Um zum Beispiel Zuflucht zu nehmen, während Sie Niederwerfungen machen, sollten Sie sich nicht auf die Anzahl der absolvierten Niederwerfungen konzentrieren. Legen Sie stattdessen die Anzahl der Stunden pro Tag fest, die Sie der Praxis widmen können, und wie lange Sie diese Disziplin beibehalten möchten. Auf diese Weise setzen Sie sich ein konkretes Ziel, ohne sich über die Erfüllung der täglichen Vorgaben zu stressen.

Dieser Ansatz ist flexibel und erlaubt eine Anpassung an die sich ändernden Lebensumstände. Um beim Beispiel der Zuflucht und Niederwerfung zu bleiben, werden im Allgemeinen etwa 480 Stunden empfohlen. Wenn Sie gegenwärtig einen beschäftigten Lebensstil führen, können Sie der Praxis vielleicht jeden Tag ein paar Stunden widmen, in diesem Fall würde das in etwa acht Monaten abgeschlossen sein. Wenn jedoch die Voraussetzungen für ein Vollzeit-Retreat gegeben sind, können Sie möglicherweise acht oder zwölf Stunden pro Tag praktizieren und die empfohlene Zeit viel schneller abschließen.

Die folgende Tabelle enthält einige Vorschläge und Schätzungen dazu, wie viel Zeit man den einzelnen Praktiken widmen sollte, um eine gute Grundlage für jede einzelne zu entwickeln, bevor man zu den nachfolgenden Praktiken übergeht. Da jedes Individuum einzigartige karmische Bedingungen hat, können einige Praktiken mehr oder weniger Zeit in Anspruch nehmen. Es wird daher immer empfohlen, eng mit Ihren spirituellen Mentor/innen zusammenzuarbeiten, um Ihre Praxis nach Bedarf anzupassen.

Es mag Ihnen viel erscheinen, dreizehn Jahre lang zu studieren, zu reflektieren und zu meditieren, aber bedenken Sie einmal die Gesamtzahl der Stunden, die einem durchschnittlichen Menschen in seinem Leben zur Verfügung stehen. Für jemanden, der achtzig Jahre alt wird, besteht sein Leben aus 691.200 Stunden. Das bedeutet, dass wir nur 2 % unserer gesamten Lebenszeit aufwenden müssen, um den Pfad in unserem Geistesstrom zu etablieren. Wenn Sie jeden einzelnen Moment Ihres Tages und Ihrer Nacht zum Praktizieren dieses Pfades nutzen würden, könnten Sie die 9.840 Stunden in etwas mehr als einem Jahr absolvieren. Selbst wenn Sie sich nur zwei Stunden pro Tag widmen, sind das immer noch nur 8 % eines jeden Tages. Bedenken wir den unendlichen Nutzen, den wir durch eine so kleine Investition unserer Zeit erhalten würden, gibt es wirklich keine Entschuldigung, sich nicht anzustrengen.

ALLGEMEINE RATSCHLÄGE FÜR EINE ERFOLGREICHE PRAXIS

Damit Sie das Beste aus Ihrer Rezitationspraxis machen können, möchte ich

Praktiken	Stunden	1 Stunde/Tag	2 Stunden/Tag	8 Stunden/Tag
Äußere vorbereitende Übungen	960	32 Monate	16 Monate	4 Monate
Vier Überzeugungen der Entsagung	840	28 Monate	14 Monate	3,5 Monate
Bittgebete an die Linienmeister	120	4 Monate	2 Monate	2 Wochen
Innere vorbereitende Übungen	1920	64 Monate	32 Monate	8 Monate
Zufluchtnahme mit Niederwerfungen	480	16 Monate	8 Monate	2 Monate
Erzeugen von Bodhicitta	480	16 Monate	8 Monate	2 Monate
Vajrasattva-Reinigung	480	16 Monate	8 Monate	2 Monate
Mandala-Darbringungen	240	8 Monate	4 Monate	1 Monat
Guruyoga	240	8 Monate	4 Monate	1 Monat
Besondere vorbereitende Übungen	1200	40 Monate	20 Monate	5 Monate
Gottheiten-Yoga	480	16 Monate	8 Monate	2 Monate
Meditation der Drei Isolationen	720	24 Monate	12 Monate	3 Monate
Sechs Vajrayogas	5760	192 Monate	96 Monate	24 Monate
Yoga des Rückzugs	960	32 Monate	16 Monate	4 Monate
Yoga der Stabilisierung	960	32 Monate	16 Monate	4 Monate
Yoga der Lebenskraft	960	32 Monate	16 Monate	4 Monate
Yoga der Zurückhaltung	960	32 Monate	16 Monate	4 Monate
Yoga der Sammlung	960	32 Monate	16 Monate	4 Monate
Yoga der Versenkung	960	32 Monate	16 Monate	4 Monate
GESAMT	9840	27,5 Jahre	13,5 Jahre	3,5 Jahre

Tabelle 14-1: Empfohlene Zeiten für die Praxis

Ihnen die folgenden Ratschläge geben. Es handelt sich dabei nicht um feste Regeln, sondern um freundliche Vorschläge, die Ihnen über einige häufige Stolpersteine hinweghelfen sollen.

Bauen Sie Ihre Praxis allmählich auf

Als Ganzes betrachtet, kann der Kalachakra-Pfad mit seinen vielen Praktiken für Anfänger/innen entmutigend und überwältigend wirken. Gefühle der Unsicherheit sind völlig normal und müssen kein Grund zur Panik sein. Sie deuten lediglich auf einen Mangel an Vertrautheit mit den Praktiken hin, was am Anfang zu erwarten ist.

Glücklicherweise lässt sich dieses Problem leicht beheben, wenn Sie Ihre

Rezitation in Stufen vereinfachen und Ihre Praxis mit der Zeit langsam aufbauen. Konzentrieren Sie sich zum Beispiel zu Beginn auf die *vier Überzeugungen der Entsagung*. Rezitieren Sie den Vers, denken Sie über seine Bedeutung nach und verbringen Sie den Rest der Sitzung mit dem Praktizieren der verweilenden Meditation, der Arbeit mit dem Atem oder dem Meditationsobjekt, das für Sie am geeignetsten ist.

Wenn Sie mit dieser Praxis vertraut sind, gehen Sie zum nächsten Schritt über, indem Sie *Bittgebete an die Meister der Überlieferungslinie* rezitieren. Nehmen Sie sich die Zeit, ihre Namen kennenzulernen und ihre Geschichten zu lesen. Kurze Biografien der einzelnen Meister finden Sie im *Verborgenen Schatz des tiefgründigen Pfades*, ausführlichere Geschichten in meinem Buch *Shambhala entdecken*.

Sie könnten Ihre Sitzung beginnen, indem Sie zunächst die vier Überzeugungen rezitieren und Ihren Geist durch Achtsamkeit auf die Atmung beruhigen. Während Sie dann die Anrufung der Überlieferungslinie rezitieren, könnten Sie bei den Namen der Meister, über die Sie mehr wissen möchten, innehalten und dann ihre Geschichte lesen. Dies stellt eine Verbindung zwischen den Versen und der Geschichte her und hilft Ihnen, Inspiration aus der Praxis zu ziehen. Wenn Sie mit dem Studium fertig sind, fahren Sie mit der Rezitation fort.

Indem Sie Ihre Praxis mit der Zeit langsam weiterentwickeln, nehmen Sie die Komplexität des Pfades allmählich, Schritt für Schritt, auf. Wenn Sie sich auf eine neue Praxis konzentrieren, verwenden Sie die vorherigen Schritte als Vorstufe, und schließlich werden Sie den gesamten Text von Anfang bis Ende rezitieren können.

Arbeiten Sie mit dem, was Sie haben

Wenn wir über die großen Yogis/Yoginis lesen, die den Kalachakra-Pfad vor uns praktiziert haben, kann manchmal die Vorstellung entstehen, dass das Leben in einer Höhle auf einem abgelegenen Berggipfel die einzig wahre Art zu praktizieren ist. Auf der Grundlage dieser Vorstellung entwickeln wir ein bestimmtes Bild davon, was die „perfekten" Bedingungen sind, und warten oft auf den Tag, an dem sie eintreten, damit auch wir richtig mit einer Praxis beginnen können.

Diese Denkweise lenkt unsere Aufmerksamkeit nur von den gegenwärtigen Bedingungen in unserem Leben ab und richtet sie auf eine mögliche Zukunft, die noch nicht existiert. Anstatt mit dem zu arbeiten, was tatsächlich in unserer Erfahrung entsteht, sind wir zu sehr damit beschäftigt, uns über das Fehlende zu beschweren. Diese Art des Aufschiebens hindert uns daran, uns jemals wirklich auf unsere Praxis zu konzentrieren.

Eine viel vorteilhaftere Haltung ist es, sich auf unsere gegenwärtigen Bedingungen zu konzentrieren und die Gelegenheiten zu erkennen, die wir zum Praktizieren nutzen können. Wenn wir erkennen, dass jeder Tag seine eigenen Herausforderungen mit sich bringt, können wir mit den Dingen zufrieden sein, wie sie sind. So entwickeln wir Widerstandsfähigkeit gegenüber allem, was auf uns zukommt, und werden geschickt darin, kreative Wege zu finden, um das Beste aus jeder Situation zu machen.

Das bedeutet natürlich nicht, dass wir nicht nach förderlichen Bedingungen suchen können. Bedeutungsvolle Bestrebungen zu haben ist ein wichtiger Teil der Praxis, aber wir müssen keine Abneigung gegenüber unserer gegenwärtigen Wirklichkeit empfinden, nur weil sie nicht mit unseren Hoffnungen übereinstimmt. Es ist kein Widerspruch, die Gegenwart so zu akzeptieren, wie sie ist, und gleichzeitig daran zu arbeiten, die Ursachen dafür zu schaffen, dass sich unsere Bestrebungen manifestieren.

Haben Sie keine Angst, etwas Neues zu probieren

Alles, was wir täglich wiederholen, läuft Gefahr, fad oder langweilig zu werden. Um diese Gefahr in unserer Praxis zu vermeiden, können wir alternative Texte für die einzelnen Praktiken verwenden, z. B. gibt es beim Rezitieren der Göttlichen Leiter, drei Guruyoga-Praktiken: (1) *Ein Regen von Segen* von Dolpopa Sherab Gyaltsen; (2) *Der Anker zum Ansammeln von Siddhis* von Taranatha oder (3) *Der grundlegende Guruyoga.* Fühlen Sie sich frei, den Text zu verwenden, der Ihnen zum jeweiligen Zeitpunkt am besten zusagt.

Sie können sich sogar dafür entscheiden, einen ganz anderen Text zu rezitieren, wie z. B. *Die Essenz enthüllen: Die geheime und tiefgründige Lebenspraxis des Kalachakra-Tantra.* Ich habe diesen Rezitationstext geschrieben, um das

Erlernen der verschiedenen Meditationen zu erleichtern: Er enthält eine Reihe von erweiterten Visualisierungen, die nützlich sind, um Ihr Verständnis der Göttlichen Leiter zu vertiefen. Obwohl ich im Allgemeinen empfehle, sich auf die Göttliche Leiter zu konzentrieren, weil sie enorme Segnungen mit sich bringt, mag es einige geben, die *Die Essenz enthüllen* für ihre karmischen Neigungen besser geeignet finden.

Da unsere Praxis den Geist inspirieren sollte, kann die Einbeziehung verschiedener Texte und Methoden uns helfen, engagiert und motiviert zu bleiben. Die Praxis sollte nicht als lästige Pflicht betrachtet werden, sondern als etwas, worauf man sich freut, wie ein besonderes Geschenk an sich selbst. Schließlich haben Sie durch Ihre Praxis des Kalachakra-Pfades die außergewöhnliche Gelegenheit, die Natur Ihres Geistes zu erforschen und sich mit wahrem Glück zu verbinden – ein wahrhaft kostbares Juwel!

Vermeiden Sie Schwarz-Weiß-Denken

Eine Tendenz, die ich bei vielen westlichen Schüler/innen feststelle, ist, dass sie sehr strikt an den „richtigen Weg" und den „falschen Weg" denken. Sie gehen an ihre Praxis mit einer starren Denkweise heran, bei der alles genau richtig sein muss, und sie haben große Angst davor, Fehler zu machen. Bedingt dadurch, dass sie so fest an ihrer Praxisform festhalten, schaffen sie sich oft viele unnötige Hindernisse.

Der Geist ist kein Schwarz-Weiß-Phänomen und seine Natur lässt sich nicht in eine Schublade stecken. Wenn es unserer Praxis an Flexibilität mangelt, kämpfen wir gegen die Natur unseres Geistes und zwingen ihn, etwas zu sein, was er nicht ist. Das schafft eine Barriere, die uns daran hindert, tiefer zu gehen, und führt dazu, dass wir an der Oberfläche feststecken, wo wir die Essenz unserer Praxis nie wirklich erfahren.

Um dieses Hindernis zu überwinden, sollten wir unsere Bemühungen darauf konzentrieren, das Wesen jeder Praxis zu verstehen. Natürlich müssen wir die Anleitungen erlernen und in Übereinstimmung mit ihnen praktizieren, aber wir müssen uns nicht an ihnen festhalten, als wären sie in Stein gemeißelt. Untersuchen Sie, warum die Praxis so strukturiert ist, was ihr Zweck ist und wie dieser Zweck erreicht wird. Reflektieren Sie über den Kontext und die Beziehung zu den anderen Praktiken.

Mit der Entwicklung einer solchen Klarheit kommt die Möglichkeit, sich an verschiedene Situationen anzupassen. Anstatt das Leben zu zwingen, sich der Praxis anzupassen, sollte man die Praxis nutzen, um mit dem Leben zu arbeiten. Dann offenbart sich die transformative Kraft des Dharma und unser Geist öffnet sich für neue Potenziale. Mit größerer Flexibilität ist unsere Haltung entspannter und unser Geist kann in Gleichmut ruhen. Das Praktizieren macht dann mehr Freude und lässt sich leichter aufrechterhalten.

Wenn wir uns auf die Bedeutung konzentrieren, spielt die spezifische Form unserer Praxis eine geringere Rolle, weil die Verbindung das Wesentliche ist. Dies wird durch die Geschichte einer Frau veranschaulicht, die ein Mantra rezitierte, das sie befähigte, Steine in Nahrung zu verwandeln. Weil sie diese Praxis beherrschte, konnte sie während einer Hungersnot ihr ganzes Dorf vor dem Verhungern retten. Eines Tages hörte ihr Sohn, ein Mönch, sie das Mantra rezitieren und bemerkte, dass sie eines der Worte falsch aussprach. Er sagte ihr, sie solle die „richtige" Aussprache verwenden, aber als sie seinen Rat befolgte, funktionierte das neue Mantra nicht mehr. Daraufhin gab sie dies auf und rezitierte es wieder so, wie sie es immer getan hatte.

Wenn Sie sich über Details Gedanken machen, z. B. darüber, wie Mantras in Sanskrit im Gegensatz zu Tibetisch ausgesprochen werden, dann erinnern Sie sich einfach an die Frau aus der Geschichte. Wählen Sie eine Form, mit der Sie sich verbunden fühlen und die Ihnen die Bedeutung auf eine Weise vermittelt, die Sie verstehen können. Ebenso bringt es großen Segen, Ihren Praxistext auf Tibetisch zu rezitieren, wenn Sie jedoch seine Bedeutung nicht verstehen, geben Sie nur Laute von sich. Machen Sie sich daher mit der Praxis in einer Sprache vertraut, die Sie verstehen, damit Sie wissen, was Sie sagen. Sobald Sie die Verbindung hergestellt haben, können Sie auf Tibetisch rezitieren, wenn dies für Sie interessant oder inspirierend ist.

Die vorbereitenden Übungen sind die Hauptpraxis

In modernen, zielorientierten Gesellschaften neigen die Menschen dazu, die vorbereitenden Übungen als zweitrangig gegenüber den Hauptpraktiken zu betrachten. Wir haben die Vorstellung, dass die höheren Praktiken am wichtigsten sind und alles andere übersprungen werden kann, um direkt zu den letztendlichen Verwirklichungen zu gelangen. Auf der Grundlage dieser Denkweise werden die vorbereitenden Übungen zu einer lästigen Pflicht, die wir so schnell wie möglich hinter uns bringen wollen. Wir wollen sie nicht machen, aber wir wissen, dass unsere Lehrer/innen uns die höheren Praktiken nicht geben werden, bevor wir sie nicht gemacht haben. Es ist wie bei einem Kind, das sich damit abfindet, sein Gemüse zu essen, weil die Mutter ihm ein Eis versprochen hat.

Das Problem dieser Mentalität ist, dass sie die entscheidende Bedeutung verkennt, die die vorbereitenden Übungen bei der Schaffung der Bedingungen für die Manifestation der höheren Verwirklichungen spielen. Um diese Beziehung zu verstehen, können wir uns ein Puzzle vorstellen. Die einzige Möglichkeit, das fertige Bild zu erfahren, besteht darin, alle Teile zusammenzusetzen. Wenn ein Teil fehlt, ist das Bild unvollständig. In ähnlicher Weise ist der gesamte Kalachakra-Pfad darauf ausgerichtet, einen einzigen, hoch konzentrierten Geisteszustand zu erzeugen. Dieser Geist ist die Summe einer ganzen Reihe von sekundären Arten von Geist, sodass das gewünschte Ergebnis nicht erreicht werden kann, wenn einige fehlen.

Die Begriffe „vorbereitend" und „haupt" sind lediglich Bezeichnungen, um die Praktiken zu unterscheiden. Wenn wir wirklich darüber nachdenken, ist jede einzelne Praxis eine Vorbereitung auf den letzten Moment, bevor wir die Erleuchtung erlangen. Ihre Hauptpraxis ist daher die Praxis, auf die Sie sich gerade konzentrieren, was ganz davon abhängt, wo Sie auf Ihrer spirituellen Reise stehen. Für manche Menschen ist die Hauptpraxis Entsagung, für andere ist es Reinigung. Welche auch immer es ist, die vorausgehenden Praktiken bilden die grundlegenden Bedingungen für den Erfolg.

Nehmen Sie den Prozess an

In einer Welt voller Wochenendseminare, dreistündiger Workshops und Selbsthilfe-Apps ist es leicht, die Erwartung zu entwickeln, dass unsere Praxis sofortige Ergebnisse bringt. Wir scheinen ständig auf der Suche nach Perlen der

Weisheit zu sein, die sofortige Befriedigung in unser Leben bringen werden. Erfordert eine Praxis Anstrengung, neigen wir dazu, nach Wegen zu suchen, sie einfacher und angenehmer für unser Empfinden zu machen. Anstatt zuzulassen, dass der Dharma uns verändert, versuchen wir, den Dharma zu verändern, und als Ergebnis verwässern wir die Lehren und verhindern, dass sie ihre beabsichtigte Wirkung entfalten.

Die Wurzel dieses Problems ist der Glaube, dass unsere Praxis von unserem Leben getrennt ist. Wenn das Leben gut ist, sehen wir keine Notwendigkeit zu praktizieren, aber wenn es schlecht ist, suchen wir krampfhaft nach etwas, um es in Ordnung zu bringen. Dieses Verhalten zeigt einen Mangel an Weisheit, der daher rührt, dass wir uns zu sehr auf unsere unmittelbare Erfahrung konzentrieren.

Um dieser Tendenz entgegenzuwirken, kann es hilfreich sein, spirituelle Praxis als ein *lebenslanges Projekt* zu betrachten, als einen Entwicklungsprozess, der von dem Moment an beginnt, in dem man den Pfad betritt, und der bis zum Tod und darüber hinaus andauert. Mit dieser Denkweise beziehen Sie alle Höhen und Tiefen des Lebens in den Kontext Ihrer Praxis ein, und obwohl Sie jeden Tag als eine Gelegenheit sehen, Fortschritte zu machen, erkennen Sie, dass es Tage gibt, die herausfordernder sind als andere. Vielleicht haben Sie die feste Absicht zu praktizieren, aber es kommen Dinge dazwischen, die Sie ablenken. Anstatt sich entmutigen zu lassen und aufzugeben, akzeptieren Sie einfach, was passiert, stellen Ihre Absicht wieder her und versuchen es am nächsten Tag erneut.

Den Prozess anzunehmen bedeutet, dass wir uns von Rückschlägen nicht beirren lassen. Indem wir eine langfristige Perspektive einnehmen, brauchen wir uns nicht zu sorgen, wenn wir ab und zu stolpern. Der Schlüssel liegt darin, sich immer wieder aufzurappeln und weiterzumachen. Das ist die Entschlossenheit, die wir brauchen, um unsere Ziele zu erreichen. Denken Sie nie, dass Sie, nur weil Sie Fehler machen, für immer feststecken und nicht weiter praktizieren können. Jeder Moment ist eine Gelegenheit für einen Neuanfang.

ZUSAMMENFASSUNG

- Für westliche Schüler/innen ist es empfehlenswert, den Kalachakra-Pfad zu beginnen, nachdem sie eine Grundlage in der buddhistischen Sichtweise geschaffen und Vertrauen in das Kalachakra-System entwickelt haben.

- Das Vajrayana nähert sich der Praxis auf eine andere Weise als andere Fahrzeuge. Dieser Ansatz ist durch drei Punkte gekennzeichnet: (1) der Glaube an unsere innewohnende Reinheit, (2) die reine Wahrnehmung der Natur der Wirklichkeit und (3) die Arbeit mit dem subtilen Körper.

- Der Kalachakra-Pfad gliedert sich in neun vorbereitende Übungen und sechs Hauptpraktiken, insgesamt also fünfzehn Praktiken.

- Die vorbereitenden Übungen werden in drei Kategorien unterteilt: (1) äußere vorbereitende Übungen, (2) innere vorbereitende Übungen und (3) besondere vorbereitende Übungen. Während die äußeren und inneren vorbereitenden Übungen auch in anderen Ausprägungen des tibetischen Buddhismus üblich sind, sind die besonderen vorbereitenden Übungen spezifisch für das Kalachakra-System.

- Die äußeren vorbereitenden Übungen konzentrieren sich darauf, unsere Anhaftung an Samsara zu lösen. Es gibt zwei Praktiken: (1) die vier Überzeugungen der Entsagung und (2) Bittgebete an die Linienmeister.

- Die inneren vorbereitenden Übungen sind darauf ausgerichtet, unser Greifen nach groben Arten des Bewusstseins abzuschneiden. Es gibt fünf Praktiken: (1) Zuflucht nehmen; (2) Bodhicitta erzeugen; (3) Vajrasattva-Reinigung; (4) Mandala-Darbringungen und (5) Guruyoga.

- Die besonderen vorbereitenden Übungen werden verwendet, um den subtilen Körper zu reinigen und den Zustand der einsgerichteten Konzentration zu erreichen. Es gibt zwei Praxisgruppen: (1) Gottheiten-Yoga und (2) Meditation der Drei Isolationen.

- Die wesentlichen Praktiken bestehen aus den Sechs Vajrayogas, die darauf abzielen, einen unveränderlichen Zustand der Versenkung in der Soheit zu erreichen, der dann dazu verwendet werden kann, sowohl die leidbringenden wie auch die kognitiven Verdunkelungen zu beseitigen.

- Die wichtigste Methode, sich mit dem Kalachakra-Pfad vertraut zu machen, ist die tägliche Rezitationspraxis. Dazu gehören das Rezitieren und Meditieren eines Textes wie der Göttlichen Leiter von Jetsun Taranatha.

- Es ist wichtig, eine Praxis zu schaffen, die flexibel ist und sich an die Umstände Ihres Lebens anpassen kann. Indem wir uns für jede Praxis

Zeitziele setzen, stellen wir sicher, dass wir im Laufe dieses Lebens Vertrautheit mit dem gesamten Pfad entwickeln können.

- Nehmen Sie sich die Zeit, Ihre Praxis langsam aufzubauen, um sich nicht von der Komplexität überwältigen zu lassen.

- Anstatt darauf zu warten, dass die Bedingungen in der Zukunft perfekt sind, versuchen Sie, Ihre Aufmerksamkeit auf die Gelegenheiten zu richten, die sich jetzt in der Gegenwart bieten.

- Wenn Sie feststellen, dass Sie sich mit Ihrer Praxis langweilen, erneuern Sie Ihr Interesse, indem Sie alternative Praktiken aus verschiedenen Texten verwenden.

- Vermeiden Sie es, sich zu sehr in der Form Ihrer Praxis zu verlieren: Konzentrieren Sie sich stattdessen darauf, die wesentliche Bedeutung zu verstehen. Dies wird Ihnen Klarheit verschaffen und dabei helfen, sich an die verändernden Bedingungen in Ihrem Leben anzupassen.

- Die vorbereitenden Übungen sind grundlegende Bestandteile des Pfades. Ohne sie wird Ihre Praxis keine Ursache für die Erleuchtung sein. Deshalb sollte man nicht denken, dass sie den Sechs Vajrayogas untergeordnet sind.

- Um die Rückschläge und Schwierigkeiten, die beim Praktizieren auftreten, zu überwinden, ist es wichtig, eine langfristige Perspektive zu haben, die Ihre Praxis als ein lebenslanges Projekt begreift.

KAPITEL FÜNFZEHN

Die vorbereitenden Übungen von Zuflucht und Bodhicitta

Der Buddha lehrte drei Wege, um eine spirituelle Praxis sinnvoll zu gestalten. Der erste besteht darin, eine sinnvolle Motivation zu schaffen, die die Praxis auf ein nützliches Ergebnis ausrichtet. Da unsere Motivation bestimmt, ob eine Handlung tugendhaft ist, liefert dieser Schritt den Kontext für alles, was wir tun. Ohne eine starke Motivation werden die Ergebnisse unserer Praxis ungewiss sein.

Der zweite Weg besteht darin, sinnvolle Handlungen auszuführen, die Verdienst und Weisheit in unserem Geist ansammeln. Die Handlungen, die wir wählen, hängen weitgehend von den Qualitäten ab, die wir kultivieren müssen. Der Kalachakra-Pfad bietet uns die Möglichkeit, dies zu tun, indem wir eine Reihe von verschiedenen Praktiken anwenden, die den Geist allmählich verfeinern, um schließlich die vollkommene Verwirklichung der Buddhanatur zu erreichen.

Die dritte Möglichkeit, der spirituellen Praxis einen Sinn zu geben, besteht darin, das Verdienst, das durch die Hauptpraxis entsteht, einem sinnvollen Ergebnis zu widmen. Dies hat den Effekt, dass die Handlung mit einem tugendhaften Ergebnis verbunden wird, wodurch sie von der regulären samsarischen Aktivität getrennt wird. Diese Trennung verhindert, dass unsere samsarischen Handlungen unser durch Tugend geschaffenes Verdienst korrumpieren, und stellt sicher, dass es in der Zukunft wahrem Glück führt.

Im Kontext dieser drei Aspekte ist die erste Phase des Kalachakra-Pfades dem Aufbau einer sinnvollen Motivation gewidmet, was durch die Praxis der inneren vorbereitenden Übungen der *Zufluchtnahme* und dem *Erzeugen von Bodhicitta* geschieht. In diesem Kapitel werden wir diese Praktiken genauer untersuchen, insbesondere die Schritte, die zu befolgen sind, um sie effektiv auszuführen.

VISUALISIERUNG EFFEKTIV NUTZEN

Bevor wir uns mit den Praktiken befassen, möchte ich ein paar Worte über die Verwendung der Visualisierung in der Meditation sagen, die im gesamten Vajrayana als eine Art Geistesschulung bei gleichzeitiger Reinigung des feinstofflichen Körpers verwendet wird. Während das Wort „Visualisierung" dazu neigt, eine übermäßig visuelle Konnotation zu haben, ist die eigentliche Bedeutung näher am Begriff der *Erzeugung im Geist*.

Bei der Visualisierungs-Praxis versuchen wir aktiv, eine bestimmte Erfahrung im Geist zu erzeugen. Diese Erfahrung kann visuelle Aspekte haben, aber sie ist nicht rein visueller Natur. Tatsächlich ist der wichtigste Aspekt einer Visualisierung das Gewahrsein der Bedeutung, die durch sichtbare Formen ausgedrückt wird. Wenn wir diese Bedeutung erfahren, kann man sagen, dass wir den Geist erzeugt haben. Ohne diese Bedeutung fehlt unserer Praxis der Kontext, und wir tun kaum mehr als kreatives Tagträumen.

Daraus ergibt sich, dass die in den Praktiken beschriebenen spezifischen Details nur Richtlinien sind, um Ihre Aufmerksamkeit zu fokussieren und Sie an die Hauptmerkmale zu erinnern. Es liegt dann an Ihnen, diese Beschreibungen in Ihrem eigenen Geist zum Leben zu erwecken, damit sie das notwendige Verständnis der Bedeutung auslösen können. Das bedeutet, dass es keinen einzig richtigen Weg gibt; es gibt nur das, was für den meditierenden Geist funktioniert.

Ein weiterer wichtiger Punkt ist, dass eine authentische Visualisierung keine Einbildung ist. Sie ist nicht etwas, das nicht existiert und das man dann aus dem Nichts erschafft. Alle Erscheinungen haben die Natur der Leerheit, egal ob es sich um die groben Erscheinungen unserer physischen Sinne oder die subtilen Erscheinungen des geistigen Bewusstseins handelt. Als solche haben sie alle die gleiche Fähigkeit, ein Gewahrsein der Wirklichkeit zu unterstützen. Der einzige Unterschied zwischen Sinnesbewusstsein und geistigem Bewusstsein besteht darin, dass wir nur minimale Kontrolle über unsere Sinne haben, während der Geist viel formbarer ist und dazu fähig, Erscheinungen ohne Zwang zu erzeugen. Wenn wir daran arbeiten, bestimmte Geisteszustände zu erzeugen, verlagern wir unsere Aufmerksamkeit von den Sinneswahrnehmungen als der einzigen „Realität" und beginnen eine viel tiefere und tiefgründigere Ebene der

Erfahrung zu erkennen.

Während der gesamten Praxis auf dem Kalachakra-Pfad begegnen wir demselben Grundmuster. Zuerst stellen wir eine Visualisierung her, dann führen wir eine Handlung in Bezug auf sie aus und schließlich lösen wir die Visualisierung auf. Dieser Prozess ist wie eine Welle, die aus dem Ozean aufsteigt, anschwillt, eine bestimmte Form annimmt und dann wieder dorthin zurückkehrt, wo sie hergekommen ist. Zu keinem Zeitpunkt ist die Welle etwas anderes als Wasser. In ähnlicher Weise entstehen alle unsere Visualisierungen aus der Natur des Geistes. Sie verweilen eine Zeit lang und lösen sich dann wieder in diese Natur auf. Indem wir dieses Muster immer und immer wieder wiederholen, machen wir uns mit der Art und Weise vertraut, wie sich Soheit manifestiert. Dies hindert uns daran, unsere Visualisierungen als „real" zu betrachten und erkennt stattdessen ihre vorläufige Natur an.

Wenn Sie zum ersten Mal mit den Anweisungen für eine Visualisierung konfrontiert werden, kann die Anzahl der Details entmutigend wirken, aber lassen Sie sich davon nicht abschrecken. Konzentrieren Sie sich zu Beginn darauf, ein Gefühl für die Szene zu entwickeln, so als würden Sie in einem Raum die Augen schließen und dabei ein Gefühl für den Raum behalten. Auch wenn Sie die Details nicht sehen können, haben Sie ein Gefühl dafür, wo sich alles befindet. Sobald Sie dieses Gefühl haben, können Sie es durch das langsame Hinzufügen von Details verstärken, bis Sie schließlich mit der Visualisierung genauso vertraut sind wie mit bestimmten Räumlichkeiten, in denen Sie sich heimisch fühlen, wie z. B. in Ihrem Schlafzimmer oder an Ihrem Arbeitsplatz.

AUFWÄRMEN MIT DEN ÄUSSEREN VORBEREITENDEN ÜBUNGEN

Die formalen Praktiken des Kalachakra-Pfades befassen sich in erster Linie mit der Kultivierung des Gewahrseins über die Natur unserer Erfahrung. Dies ist ein innerer Prozess, der eine vorübergehende Loslösung von unserem gewöhnlichen Leben erfordert. Bevor wir also bereit sind, unsere Motivation der Zuflucht und des Bodhicitta zu kultivieren, müssen wir von einem äußeren Fokus zu einem inneren übergehen. Wir tun dies, indem wir einige Zeit damit verbringen, über die äußeren vorbereitenden Übungen der *vier Überzeugungen der Entsagung* nachzudenken, und indem wir *Bittgebete an die Linienmeister* richten

Körper, Rede und Geist zur Ruhe bringen

Wie bei jeder Meditation ist es wichtig, unseren Körper, unsere Rede und unseren Geist in ihren natürlichen Zustand zu versetzen, damit sie die Praxis unterstützen können. Wenn unser Geist abgelenkt ist, werden die nachfolgenden Meditationen unwirksam sein und wir werden nicht die Ergebnisse erzielen, die wir uns erhoffen. Aus diesem Grund sollten Sie einige Momente mit einer oder allen der folgenden Methoden verbringen, um eine neutrale Grundlage zu schaffen.

Ausatmen der verbrauchten Luft

Tagsüber werden unsere Winde durch die vielen verblendeten Aktivitäten, an denen wir teilnehmen, konditioniert, sodass sich, wenn wir uns zum Meditieren hinsetzen, Energie ansammelt, die mit den drei Giften der Anhaftung, der Abneigung und der Unwissenheit verbunden ist. Diese Ansammlungen können durch die *Praxis des Ausatmens der verbrauchten Luft* beseitigt werden. Die grundlegende Anweisung lautet wie folgt:

> *Beginnen Sie damit, das linke Nasenloch mit der befriedenden Mudra zu schließen und atmen Sie dreimal durch das rechte Nasenloch aus, dann wechseln Sie zum anderen Nasenloch. Beenden Sie die Übung mit dreimaligem Ausatmen durch beide Nasenlöcher. Visualisieren Sie, dass alle Verblendungen und Negativitäten Ihren Körper in der Form von schwarzem Rauch verlassen.*

Es gibt drei Gruppen von drei Atemzügen, also insgesamt neun Runden. Wir beginnen mit dreimaligem Ausatmen aus dem rechten Nasenloch und stellen uns vor, dass wir all die Negativität, die mit Anhaftung verbunden ist, ausstoßen. Wir atmen in drei Runden aus, um grobe, subtile und sehr subtile Verdunkelungen zu vertreiben.

Die im Vers erwähnte *befriedende Mudra* wird ausgeführt, indem man Ring- und Mittelfinger nach unten zur Handfläche hin rollt und sie dort mit dem Daumen festhält, während Zeige- und kleiner Finger gerade bleiben. Wenn

Sie diese Geste nicht ausführen können, machen Sie sich keine Sorgen und blockieren einfach das Nasenloch mit Ihrem Zeigefinger.

Der Vorgang wird mit dem linken Nasenloch wiederholt, wobei dieses Mal die mit der Abneigung verbundene Negativität ausgestoßen wird. Wiederum stoßen die drei Runden grobe, subtile und sehr subtile Neigungen aus. Dadurch werden die beiden Hauptseitenkanäle gereinigt und die linke und rechte Energie ausgeglichen. Die letzte Phase besteht darin, die Winde durch beide Nasenlöcher auszustoßen, um die mit Unwissenheit verbundene Negativität zu beseitigen. Nachdem Sie alle neun Runden abgeschlossen haben, lassen Sie Ihr Gewahrsein für einige Momente in dieser Erfahrung ruhen.

Die Rede segnen

Das Ausatmen des verbrauchten Atems erleichtert eine neutrale Geisteshaltung. Da wir versuchen, so viel Tugend wie möglich zu kultivieren, gibt es eine Reihe von Dingen, die wir tun können, um unsere Effektivität zu erhöhen, wie zum Beispiel unsere Rede zu segnen. Während unserer Rezitationspraxis rezitieren wir eine Vielzahl von Versen und Mantras. Indem wir die Rede segnen, erkennen wir, dass jedes Wort ein Ausdruck von Dharma ist, und daher bringt uns jedes Wort, das wir rezitieren, der Erleuchtung näher. Die eigentliche Praxis sieht wie folgt aus:

> *Visualisieren Sie eine rote Silbe RAM (ꝛ) auf Ihrer Zunge und stellen Sie sich vor, dass RAM beim Rezitieren des Mantras wie eine brennende Glut leuchtet und alle Negativitäten Ihrer gewöhnlichen Rede vollständig verbrannt werden.*
>
> **OM A AA I II U UU RI RII LI LII E EE OH OOH AM AH SO HA**
>
> *KA KHA GA GHA NGA | TSA TSHA DZA DZHA NYA | TA THA DA DHA NA | TA THA DA DHA NA | PA PHA BA BHA MA | YA RA LA WA SHA | SHA SA HA KSHA | SO HA*
>
> *Wiederholen Sie diese Mantras, sooft Sie möchten.*

Die erste Gruppe von Silben steht für die Vokale der Sanskrit-Sprache und die zweite Gruppe repräsentiert die Konsonanten. Diese Laute werden als heilig angesehen, da sie vom Buddha verwendet wurden, um die Lehren zu vermitteln.

Zudem bilden sie die Grundbausteine für Worte, die zur Vermittlung von Bedeutung verwendet werden.

Traditionell wird diese Technik zu Beginn des Tages angewandt, sie kann aber jederzeit eingesetzt werden. Sie ist besonders nützlich, wenn Sie sich vor der Meditation ausgiebig mit weltlichen Diskussionen beschäftigt haben.

Den Geist segnen

Eine letzte hilfreiche Technik besteht darin, uns an die Reinheit des Geistes zu erinnern, indem wir das kurze Vajrasattva-Mantra rezitieren. Dies stellt sicher, dass wir unsere Meditation mit einem reinen Geist beginnen, der sich seiner letztendlichen Natur bewusst ist. Die Praxis ist sehr einfach:

Nehmen Sie sich einen Moment Zeit, um sich daran zu erinnern, dass alle Erscheinungen in der Natur der Leerheit liegen. Sie existieren nicht inhärent in der Weise, wie Sie es ihnen zuschreiben. Mit diesem Gewahrsein erlauben Sie allen gewöhnlichen Erscheinungen, sich wieder im Geist aufzulösen, woraufhin Sie das kurze Vajrasattva-Mantra rezitieren.

OM VAJRASATTVA HUM

Nachdem Sie das Mantra eine Weile rezitiert haben, lassen Sie den Geist für einige Momente in einer nicht-begrifflichen Erfahrung der Reinheit des Geistes ruhen.

Diese drei Praktiken liefern uns eine leere Leinwand, mit der wir während unserer Meditation arbeiten können. Nachdem wir die verblendeten Geisteszustände vorübergehend aufgelöst haben, sind wir nun bereit, die spezifischen Qualitäten des Kalachakra-Pfades zu erzeugen.

Eine Verbindung mit der Überlieferungslinie herstellen

In den verschiedenen Praxistexten wird die Reihenfolge der Meditationen auf leicht unterschiedliche Weise dargelegt. Im Falle der äußeren vorbereitenden Übungen meditieren wir traditionell zuerst über die vier Überzeugungen, gefolgt von den Bittgebeten an die Linienmeister/innen. Es ist jedoch akzeptabel, diese Reihenfolge abzuändern, um der Praxis eine etwas andere Note zu geben. Um die

Flexibilität des Geistes zu fördern, werde ich hier zuerst die Überlieferungslinie und dann die vier Überzeugungen vorstellen, so wie es in *Die Essenz enthüllen* beschrieben ist. Wenn Sie dem traditionellen Ansatz folgen möchten, können Sie sich auf mein Buch *Der verborgene Schatz* beziehen.

Der Grund, warum wir über die Überlieferungslinie meditieren, ist, dass wir uns selbst daran erinnern, dass unser letztendliches Ziel darin besteht, unsere innewohnende Buddhanatur zu verwirklichen, die auch als der Absolute Guru bekannt ist. Indem wir unsere Bitten an den/die Lama in der Form von Vajradhara oder als Linienmeister/in richten, stellen wir eine Verbindung zwischen unserem gegenwärtigen verblendeten Selbst und unserer eigenen erleuchteten Natur her. Die folgenden Verse geben ein Beispiel dafür, wie diese Verbindung hergestellt wird.

Lama, bitte höre mich, ich bringe mich dir vollständig dar.
Ich schenke dir meine unerschütterliche Hingabe und mein Vertrauen.
Lama, ich und das Meine gehören ganz dir.

Wir rufen den/die Lama an, indem wir eine Haltung der Hingabe entwickeln. Dies ist der Geist, der erkennt, dass wir nur durch das Erkennen der letztendlichen Natur der Wirklichkeit in der Lage sind, Erleuchtung zu erlangen.

Im Zentrum der Hingabe, im Lotos meines Herzens, verweilst du, glorreicher und höchst mitfühlender Lama, Verkörperung aller Befreier. Ich bete mit großer Hingabe, dass du durch meinen klaren und reinen Avadhuti (Zentralkanal) aufsteigst und dich über dem Scheitel meines Kopfes niederlässt, umgeben von einem Feld aus Regenbogenlicht. Deine Gestalt mit den erhabenen Zeichen strahlt Leuchten und einen freudvollen Geist aus; deine Rede durchtrennt jede Wolke von Zweifel; dein allwissender Geist ist erhabene Weisheit und Mitgefühl; ich flehe dich an. Mögest du mich segnen, mich, der ich Glauben und Hingabe habe.

Dann visualisieren wir den/die Lama, wie er/sie sich aus unserem Herzen erhebt, um über unserem Scheitel Platz zu nehmen, und rufen das Gefühl seiner/ihrer Anwesenheit hervor. Wenn wir um Segnungen bitten, bitten wir um die Inspiration, in Übereinstimmung mit den authentischen Lehren der Überlieferungslinie zu praktizieren.

Durch überwältigendes Karma unfreiwillig in Samsara hineingeworfen, haben Gewohnheitsmuster Besitz von mir ergriffen und unglückliches Karma geschaffen. Ich bin mit den fünf Giften geboren. Möge ich diese endlose Täuschung überwinden und mein ursprüngliches Gewahrsein in diesem Augenblick enthüllen.

In der Erkenntnis, dass wir seit anfangsloser Zeit Leiden erfahren, wenden wir uns an den/die Lama als unsere höchste Quelle der Zuflucht.

Ich bete zu den Wurzel- und Linienlamas.
Ich bete zur Übertragungslinie von wunscherfüllenden Juwelen.
Bitte segne mich, damit die Übertragung der Linie in mich eintritt.
Möge all dieser Segen in mein Herz eingehen!
Bitte segne mich, damit die Dunkelheit in meinem Herzen beseitigt wird!

Im Laufe der Jahrhunderte hat sich die Weisheit der Lamas im Geist der Linienmeister/innen manifestiert, und durch ihre Hingabe an den Pfad haben wir nun Zugang zu diesen wertvollen Lehren. Indem wir diese Verse rezitieren, stärken wir unseren Wunsch, den einzigartigen Dharma der Vajrayoga-Linie zu praktizieren, und erkennen ihn als die Methode an, durch die wir dauerhafte Freiheit erlangen können.

Möge mein Bewusstsein im kostbaren Dharma verweilen. Möge meine Dharmapraxis standfest und auf dem richtigen Pfad bleiben. Mögen alle Verdunkelungen auf meinem Dharmapfad befriedet werden. Mögen sich alle meine Verblendungen in ursprüngliche Weisheit verwandeln.

Diese letzten Bitten stärken unsere Entschlossenheit, den Pfad zu praktizieren und seine Ergebnisse zu erreichen. Indem wir das Vertrauen in die ununterbrochene Linie der Meister/innen und den von ihnen gelehrten Pfad kultivieren, entwickeln wir die Zuversicht, uns unseren Verdunkelungen zu stellen und unsere Erfahrung zu transformieren. Sobald das Gefühl des Vertrauens und der Überzeugung entstanden ist, sollten wir den Geist so lange wie möglich in diesem Zustand ruhen lassen.

Kontemplation über die vier Überzeugungen der Entsagung

Ganz gleich, wie sehr wir uns wünschen, in die Fußstapfen der Linienmeister/innen zu treten, solange wir an weltlichen Dingen hängen, ist es schwierig, Fortschritte zu machen. Aus diesem Grund besteht der nächste Schritt darin, einen Geist der Entsagung zu entwickeln, der sich von der zyklischen Existenz ab- und der Dharmapraxis zuwendet.

Dies geschieht durch die Kultivierung der *vier Überzeugungen der Entsagung*. Diese sind (1) das karmische Gesetz von Ursache und Wirkung, (2) die leidvolle Natur von Samsara, (3) die kostbare menschliche Wiedergeburt und (4) die Vergänglichkeit dieses menschlichen Lebens. Diese vier Themen werden im ersten Band dieser Reihe ausführlich behandelt. Bevor Sie mit der Zufluchtspraxis fortfahren, sollten Sie einige Zeit damit verbringen, Ihren Geist gründlich mit diesen Meditationen vertraut zu machen.

Wenn Sie sich im Laufe der Zeit eingehend mit diesen Themen befassen, ist nur ein kurzer Moment der Meditation erforderlich, um Sie an Ihre früheren Erkenntnisse zu erinnern. Die folgenden Verse veranschaulichen, wie man dies tun kann.

Das karmische Gesetz von Ursache und Wirkung

So wie die Natur bedingt ist und Formen aus den vier Elementen entstehen und vergehen, so wird alles von karmischen Ursachen und Bedingungen beherrscht. Ich selbst bin die Ursache für mein Glück und Unglück. Möge ich mich für das richtige Tun entscheiden.

In dieser Meditation geht es darum, sich der Rolle bewusst zu werden, die man bei der Konditionierung der eigenen Erfahrung spielt. Weit davon entfernt, in einer Wirklichkeit zu leben, in der alles vorherbestimmt ist, haben Sie die Wahl, Ursachen für Leiden oder Ursachen für Glück zu schaffen. Auf diese Weise haben Sie die Kontrolle darüber, wie sich Ihre Erfahrungen in der Zukunft manifestieren werden, und es liegt daher in Ihrer Verantwortung, weise Entscheidungen zu treffen.

Die Nachteile der zyklischen Existenz

So wie Bienen unermüdlich für Honig arbeiten, eine Kerzenflamme den Nachtschmetterling anzieht, Gift als Gegenmittel erscheint und ein Fisch nach dem Köder schnappt, wirft uns der Haken samsarischer Vergnügungen in Ozeane von Leiden. Möge ich Samsara aufrichtig entsagen.

Untersuchen wir die Natur unserer gegenwärtigen Erfahrung, erkennen wir, dass sie unbefriedigend ist. Unabhängig von der Form, die wir im Daseinskreislauf einnehmen, werden wir immer auf grobes oder subtiles Leiden stoßen, und weil wir diese Natur nicht erkennen, verwechseln wir die Ursachen für Leiden mit den Ursachen für Glück. Indem wir erkennen, dass Samsara uns nichts zu bieten hat, richten wir unseren Geist auf das Erreichen der Befreiung.

Die Kostbarkeit einer menschlichen Wiedergeburt

Eine kostbare menschliche Geburt ist extrem schwer zu finden. Wenn man sich das zu Herzen nimmt, wird es zu ewigem Glück führen. Verschwendet man sie, wird eine seltene Gelegenheit zerstört. Möge ich mir aktiv das Wesen dieser Kostbarkeit zu eigen machen.

Um uns vom Leiden zu befreien, brauchen wir die richtigen Bedingungen, denn ohne sie gibt es keine Möglichkeit, den Dharma zu praktizieren und keine Möglichkeit, Verwirklichungen des Pfades zu erreichen. Da diese Bedingungen äußerst selten sind, sollten wir, wenn wir erkennen, dass wir sie alle haben, alles in unserer Macht Stehende tun, um aus unserer Situation Nutzen zu ziehen.

Die Ungewissheit über den Zeitpunkt des Todes

Das Leben ist unsicher wie eine Kerzenflamme im Wind. Der Zeitpunkt des Todes ist nicht vorhersehbar und zahlreich sind die Ursachen für den Tod. Für ein Weiterleben gibt es keine Garantie. Möge ich deshalb nie faul sein oder meine Dharmapraxis aufschieben.

Unwissenheit ist der Glaube, dass etwas, das von Natur aus unbeständig ist, auf irgendeine Weise andauern wird. Da unser kostbares menschliches Leben das Ergebnis des Zusammentreffens bestimmter Ursachen und Bedingungen ist, ist es unvermeidlich, dass es enden wird. Früher oder später werden wir sterben. Wenn wir dieses Leben vergeuden und nichts tun, um die Ursachen für Glück zu schaffen, werden wir in der Zukunft mit Sicherheit größeres Leid erfahren. Aus diesem Grund müssen wir die Faulheit aufgeben und uns mit ganzem Herzen der Praxis des Pfades widmen.

ZUFLUCHT NEHMEN, WÄHREND MAN NIEDERWERFUNGEN AUSFÜHRT

Die äußeren vorbereitenden Übungen schaffen ein Gefühl der Entschlossenheit, den Dharma zu praktizieren. Dann kommen wir zu den inneren vorbereitenden Übungen, bei denen wir die grundlegenden Realisationen entwickeln, die uns erlauben, unsere innerste Wahrheit zu erfahren. Die erste Praxis, die wir dazu kultivieren, ist die *Zufluchtnahme, während man Niederwerfungen ausführt.*

Es gibt viele Gründe, Zuflucht zu nehmen, zum Beispiel unsere innewohnende Angst vor dem Leiden. Wir alle wollen Glück erfahren und wir wollen nicht leiden. Indem wir über die vier Überzeugungen meditieren, erkennen wir, dass wir unsere Gewohnheiten ändern müssen, um uns aus Samsara zu befreien. Aber wo fangen wir an und wie machen wir es? Wenn ein Mensch ertrinkt, wie kann er sich aus dem Wasser ziehen? Denken wir über diese Fragen nach, wird uns klar, dass wir es nicht allein schaffen können. Deshalb müssen wir nach Quellen der Zuflucht suchen, die uns helfen können, unsere Richtung zu ändern.

Zuflucht zu nehmen bedeutet auch, Vertrauen in die Lehren zu entwickeln. Durch das Studium der Themen, die in den ersten beiden Teilen dieses Buches vorgestellt werden, kommen wir zu der Erkenntnis, dass der Dharma die Fähigkeit besitzt, uns zur Befreiung zu führen. Je mehr wir daran arbeiten, seine Prinzipien auf unser Leben anzuwenden, desto mehr Weisheit wird in unseren Geist eingepflanzt. Dieser Prozess stärkt unser Vertrauen und führt dazu, dass wir uns auf die Drei Juwelen verlassen können.

Im Mahayana gibt es einen ganz bestimmten Grund, die Zufluchtnahme zu unserer Grundlage zu machen. Genau wie wir leiden alle fühlenden Wesen aufgrund der Konditionierung ihres Geistes. Um ihnen den größtmöglichen Nutzen zu bringen, wenn wir ihnen helfen, sich aus diesem Kreislauf zu befreien, müssen wir den Zustand der vollständigen Erleuchtung erreichen, weil die persönliche Befreiung dafür einfach nicht ausreicht. Wir nehmen deshalb Zuflucht, weil wir wissen, dass diejenigen, die den vollkommenen Zustand der Erleuchtung erlangt haben, die beste Möglichkeit bieten, andere zu dieser Vollkommenheit zu führen. Wir wenden uns an die Drei Juwelen, weil sie alles repräsentieren, was wir werden wollen.

Durch die Praxis der Zufluchtnahme überwinden wir zwei große Hindernisse, die uns daran hindern, die Wirklichkeit so zu erkennen, wie sie ist:

1. **Verblendeter Zweifel:** Wenn wir eine unbekannte Reise beginnen, ist unser Geist oft voller Zweifel. Wir stellen alles, was wir tun, infrage und wechseln häufig die Richtung. Das Heilmittel gegen Zweifel ist, Klarheit über die Zufluchtsquellen zu entwickeln. Verstehen wir, wie das Zufluchtsfeld uns auf dem Pfad unterstützt, nehmen unsere Zweifel ab. Schließlich kommen wir an einen Punkt, an dem unser Vertrauen in die Drei Juwelen unsere Verwirrung überwindet und unserer Praxis Stabilität verleiht.

2. **Stolz:** Das andere große Hindernis ist ein Geist des Stolzes und der Arroganz. Diese verblendeten Zustände erschweren es uns, um Hilfe zu bitten, ohne die wir die Anleitung, die wir zum Erreichen unserer Ziele benötigen, nicht verinnerlichen können. Stolz ist auch dafür verantwortlich, unser Gefühl der Selbstbezogenheit zu verstärken, was die Entwicklung einer authentischen Verwirklichung von Bodhicitta verhindert. Um dieses Hindernis zu beseitigen, verlassen wir uns auf das Praktizieren von Niederwerfungen, um unsere Bescheidenheit und Aufnahmebereitschaft zu stärken.

Durch das Praktizieren der Zuflucht mit Niederwerfungen schaffen wir uns eine solide Grundlage, um eine sinnvolle Motivation aufzubauen.

Die eigentliche Praxis

Die Praxis der Zufluchtnahme ist ein wesentlicher Bestandteil jeder buddhistischen Praxis. In ihrer einfachsten Art besteht sie darin, sich die Qualitäten der Drei Juwelen zu vergegenwärtigen, während man eine *Zufluchtsformel* rezitiert. Diese Verse werden oft mit der Erzeugung von Bodhicitta kombiniert, wie im folgenden Vers:

Zum Buddha, zum Dharma und zur höchsten Gemeinschaft
Nehme ich Zuflucht bis zur Erleuchtung.
Durch das positive Potenzial, das ich durch die Meditation auf den Dharma
erzeuge,
Möge ich die Buddhaschaft erlangen zum Wohle aller Wesen.

Während diese Art von Formel gut funktioniert, um die uns bereits vertrauten Geisteszustände hervorzurufen, fehlt es ihr an den notwendigen Details, um diese Geisteszustände isoliert zu kultivieren. Wenn die Praxis der Zufluchtnahme im Vordergrund steht, ist es daher üblich, einen ausführlicheren Visualisierungsprozess anzuwenden. Dies hilft, das Gewahrsein der verschiedenen Zufluchtsobjekte zu vertiefen und stellt sicher, dass man ein authentisches Gefühl der Zuflucht erzeugt. Es ist dieses Gefühl, mit dem Sie Ihren Geist vertraut machen müssen.

Die Grundstruktur der Zufluchtspraxis besteht aus fünf Schritten: (1) eine Visualisierung des Zufluchtsfeldes erzeugen; (2) Niederwerfungen zu diesem Feld machen, während (3) Gebete der Ehrerbietung rezitiert werden; dann (4) das Zufluchtsfeld auflösen und (5) das Verdienst widmen.

Das Zufluchtsfeld visualisieren

So wie ein/e Landwirt/in auf ein fruchtbares Feld angewiesen ist, um die Ernte anzubauen, so sind auch wir auf ein erhabenes Feld angewiesen, um unseren Geist zu entwickeln. Der Begriff *Zufluchtsfeld* bezieht sich auf die Versammlung erleuchteter Wesen, die die Hauptstütze für unsere spirituelle Praxis sind. Ihre Zufluchtspraxis beginnt damit, dass Sie dieses Feld im Raum vor sich visualisieren:

Nachdem Sie bereits alle gewöhnlichen Erscheinungen aufgelöst haben, stellen
Sie sich vor, dass Sie in einer weiten, offenen Ebene mit einem weichen Boden
sitzen, der vollkommen glatt wie ein Spiegel und von der tiefblauen Farbe des
Lapislazuli ist. Dieser Boden ist gefüllt mit goldenen Vajras und ornamentalen
Schriften, die von dem Ort, an dem Sie sitzen, ausstrahlen. Im Raum vor Ihnen
befindet sich ein großer Palast, der mit Juwelen verziert ist und leuchtend
erglüht. In der Mitte des Palastes befindet sich ein riesiger Hof, in dem ein
wunscherfüllender Baum wächst. Seine Äste erstrecken sich nach außen und
bilden einen riesigen Baldachin über dem Palast. Die Äste tragen eine Fülle von

Abbildung 15-1: Das Jonang-Zufluchtsfeld

Blättern, Blüten und Früchten, die in alle Richtungen strahlen und den Himmel mit einem magischen Farbenspiel erfüllen. Jeder Ast und jeder Zweig ist mit Juwelen besetzt, die wie Sterne funkeln. Glocken hängen herab und erfüllen die Luft mit ihrem melodischen Geläut.

In diesen Zweigen ruht ein großer Löwenthron mit einem Lotos, darauf vier Scheiben aus weißem Mond, roter Sonne, schwarzem Rahu und gelbem Kalagni. Auf diesen Kissen erscheint Ihr/e Wurzellama im Aspekt von (1) Vajradhara

– der Verkörperung der tantrischen Erleuchtung. Sein Körper ist von tiefblauer Farbe, er hält einen Vajra und eine Glocke, die vor seinem Herzen gekreuzt sind. Er ist mit vielen Arten von Vajra-Ornamenten geschmückt.

Guru Vajradhara ist von allen Linienlamas der Jonang-Shambhala-Linie umgeben. Direkt über seinem Kopf befinden sich Manifestationen der vier Buddha-Körper: (2) Urbuddha; (3) Vajradhara; (4) Kalachakra und (5) Buddha Shakyamuni. Sie sind umgeben von den fünfunddreißig Dharma-Königen von Shambhala, einschließlich (6) der sieben Dharma-Könige, (7) der fünfund-zwanzig Kalkis und (8) der drei Könige des Goldenen Zeitalters.

Über ihm und zu seiner Rechten und Linken befinden sich die Linienmeister/innen aus Indien und Tibet. Dazu gehören (9) die großen Mahasiddhas von Nalanda, (10) die Vajrayoga-Meister der Dro-Linie, (11) die allwissenden Meister aus dem Jomonang-Tal und (12) die östlichen Meister des glorreichen Dzamthang.

Unterhalb von Vajradhara steht die (13) Yidam-Gottheit Kalachakra in Vereinigung mit seiner Gefährtin Vishvamata. Die beiden sind umgeben von den Gottheiten der vier Tantraklassen, darunter (14) den Gottheiten des Höchsten Yogatantra wie Hevajra, Chakrasamvara, Guhyasamaja und Vajrabhairava; (15) den Gottheiten des Yogatantra wie den fünf Buddhafamilien von Vairochana und so weiter sowie den Gottheiten des (16) Ausführungstantra und (17) Handlungstantra. Zusammen bilden sie eine große Versammlung von Sambhogakaya-Formen.

Unterhalb der Yidams befinden sich vier große Zweige, die sich in die vier Richtungen erstrecken. In der Mitte des vorderen Zweiges erscheint (18) Buddha Shakyamuni, der auf einem offenen Lotos sitzt. Er ist umgeben von den anderen erhabenen Nirmanakaya-Formen, die (19) die eintausendundzwei Buddhas dieses glücklichen Äons ausmachen.

Auf dem Zweig, der sich hinter Ihrem/r Vajrameister/in erstreckt, befindet sich eine große Anzahl von Schriften wie (20) die Lehren über die klösterliche Disziplin, (21) die Sutras der drei Drehungen und (22) die Lehren über das höhere Wissen. Es gibt auch eine vollständige Sammlung der tantrischen Lehren, einschließlich (23) des Kalachakra-Tantra und (24) der drei Bodhisattva-Kommentare, die von den großen Shambhala-Königen geschrieben wurden. Die Worte dieser

1. Ursprünglicher Buddha (Svabhavikakaya)	A. 35 Könige von Shambhala
2. Vajradhara (Jñana-Dharmakaya)	B. Vajravoga-Linienmeister
3. Innewohnender Kalachakra (Sambhogakaya)	C. Yidam-Gottheiten der vier Tantraklassen
4. Shakyamuni Buddha (Nirmanakaya)	D. Buddhas des glücklichen Zeitalters
5. Kunkhyen Dolpopa	E. Dharmatexte von Sutra und Tantra
6. Jetsun Taranatha	F. Arya Sangha der Bodhisattvas
7. Kalachakra Yab-Yum	G. Arya Sangha der Shravakas und Pratyekas
8. Shakyamuni Buddha	H. Dakinis und Dharmabeschützer
9. Vajravega	

Abbildung 15-2: Legende für das Jonang-Zufluchtsfeld

makellosen Lehren erklingen in alle zehn Richtungen wie eine große Trommel, die alle hören können.

Auf dem Zweig, der sich rechts von Ihrem/r Vajrameister/in erstreckt, sitzt eine Versammlung des Mahayana-Sangha auf Lotoskissen. Dazu gehören (25) die acht großen Bodhisattvas, wie Avalokiteshvara, Manjushri und Vajrapani, sowie (26) die zwei Höchsten und (27) die sechs Ornamente. Der Zweig, der sich links von Ihrem/r Vajrameister/in erstreckt, enthält eine Versammlung des Hinayana-Sangha, einschließlich (28) der sechzehn Shravaka-Arhats und (29) der zehn Hauptschüler wie Shariputra, Subhuti und Maudgalyayana.

Im Raum über dem Baum befinden sich zahllose (30) Dakas und Dakinis, die alle daran arbeiten, die Bedürfnisse der fühlenden Wesen zu erfüllen, während sich auf dem Boden eine Armee von (31) erleuchteten Dharmabeschützern wie Vajravega und Mahakala befindet; sowie (32) weltliche Beschützer wie die vier großen Könige, die die vier Richtungen bewachen.

Diese Visualisierung stellt alle Zufluchtsobjekte dar, die in den Drei Juwelen enthalten sind, und insgesamt gibt es zweiunddreißig Punkte, die man sich merken muss. Um die Visualisierung schrittweise aufzubauen, beginnen Sie mit einem allgemeinen Gefühl für die sechs Hauptgruppen: (1) Vajradhara und die Linienlamas; (2) Kalachakra und die Yidam-Gottheiten; (3) Buddha Shakyamuni und die Buddhas dieses glücklichen Zeitalters; (4) die Dharma-Sammlungen von Sutra und Tantra; (5) der Arya-Sangha des Mahayana und Hinayana und (6) die Dakinis und Dharmabeschützer/innen. Sobald Sie diese Gruppen gut kennen, können Sie Details hinzufügen, indem Sie sich an die einzelnen Punkte erinnern, die mit jeder Gruppe verbunden sind.

Um die Visualisierung zu vervollständigen, nehmen Sie sich einen Moment Zeit, um sich vorzustellen, dass Sie von einem Ozean fühlender Wesen umgeben sind. Zu Ihrer Linken sitzt Ihre Mutter und zu Ihrer Rechten sitzt Ihr Vater. Im Raum vor Ihnen, mit einer Haltung der Demut und des Respekts, visualisieren Sie diejenigen, die Ihnen in irgendeiner Weise geschadet haben oder mit denen Sie Schwierigkeiten haben. Dann stellen Sie sich alle anderen vor, deren Schar sich so weit ausdehnt, wie das Auge sehen kann.

Das Ausführen von Niederwerfungen

Halten Sie Ihr Gewahrsein dieser Umgebung aufrecht und kultivieren Sie einen Geist der tiefen Hingabe, der erkennt, dass Sie und alle fühlenden Wesen seit anfangsloser Zeit in Samsara kreisen. Ohne Hilfe gibt es keinen Weg, sich aus diesem nie endenden Kreislauf von Schmerz und Qual zu befreien. Nur diejenigen, die sich bereits befreit haben, können Sie aus dieser Situation herausführen. Aus diesem Grund wenden Sie sich an die Drei Juwelen als Ihre einzige Zufluchtsquelle.

Damit die Drei Juwelen uns nützen, müssen wir den Stolz aufgeben, der uns glauben lässt, alles allein schaffen zu können. Wir können dies durch die Praxis der Niederwerfung erreichen. Die einfachste Form der Niederwerfung besteht darin, die beiden Handflächen aneinander zu legen und den Kopf in Ehrfurcht zu neigen. In der buddhistischen Tradition ist es üblich, die Daumen zwischen die Handflächen zu beugen, um einen Raum zu schaffen, der unsere essenzielle Natur repräsentiert. Wir verneigen uns vor dem Zufluchtsfeld, um unsere Demut auszudrücken.

Wir können diese grundlegende Geste verstärken, indem wir mit unserem Kopf den Boden berühren. Dies ist die niedrigste Position, die wir einnehmen können, um unsere Ergebenheit den Drei Juwelen gegenüber zu symbolisieren. Noch besser ist es, sich physisch in einer *vollständigen Niederwerfung* auf dem Boden auszustrecken. Dieser Akt stellt die vollständige Hingabe Ihres Egos dar und öffnet Sie für den Empfang der Segnungen, die die Drei Juwelen zu bieten haben.

Die eigentliche Technik für eine vollständige Niederwerfung sieht folgendermaßen aus:

1. Legen Sie im Stehen die hohlen Hände zusammen mit den Daumen zwischen den Handflächen, wie Sie es beim Beten tun würden.

2. Bringen Sie die Hände nach oben zum Scheitel des Kopfes.

3. Bringen Sie sie dann schrittweise nach unten und

berühren Sie dabei die Stirn, die Kehle und das Herz.

4. Bringen Sie nun Ihre Hände auf den Boden und stützen Sie sich ab, während Sie sich hinknien.

5. Nachdem die Knie den Boden berührt haben, strecken Sie den ganzen Körper nach vorne, wobei das Gesicht zum Boden zeigt.

6. Falten Sie Ihre Hände wie vorhin und strecken Sie die Arme nach vorne, als ob Sie die Füße des Buddha berühren wollten. Bringen Sie dann Ihre Hände nach oben und über Ihren Kopf.

7. Machen Sie die Bewegung rückwärts, kehren Sie in die kniende Position zurück und stehen Sie auf.

Um die karmische Wirkung dieser Praxis zu verstärken, stellen Sie sich bei der körperlichen Niederwerfung vor, dass alle fühlenden Wesen, die Sie visualisiert haben, ebenfalls mit Ihnen Niederwerfungen machen. Die Vorstellung, Sie würden alle dazu anleiten, Tugend zu praktizieren, und ihnen helfen, die Ursachen für Erleuchtung zu schaffen, ist für den Geist von äußerst großem Nutzen.

Ehrerbietung an die Zufluchtsobjekte

Bei jeder Niederwerfung rezitieren Sie Gebete, um Ihren Geist auf verschiedene Zufluchtsobjekte auszurichten. Wenn Sie Ihren Scheitel berühren, vergegenwärtigen Sie sich die Eigenschaften des Zufluchtsobjektes. Beim Berühren von Stirn, Kehle und Herz, stellen Sie sich vor, dass Sie diesem Objekt Ihren Körper, Ihre Rede und Ihren Geist darbringen. Während Sie Ihren Körper auf dem Boden ausstrecken, stellen Sie sich vor, dass Sie die Kontrolle über Ihr Leben vollständig abgeben, und während Sie sich erheben, stärken Sie Ihre Entschlossenheit, sich mit ganzem Herzen auf das Objekt zu verlassen.

Während einer Sitzung von Niederwerfungen sollte man ein langes oder kurzes Zufluchtsgebet wiederholen, das alle Hauptobjekte der Zuflucht abdeckt. In der Göttlichen Leiter verwenden wir zum Beispiel das Gebet:

Ich nehme Zuflucht zu den Dharmaherren, den glorreichen Lamas.
Ich nehme Zuflucht zum erleuchteten Mandala der Yidams.
Ich nehme Zuflucht zu den Bhagavans, den vollkommenen Buddhas.
Ich nehme Zuflucht zum makellosen heiligen Dharma.
Ich nehme Zuflucht zum edlen Arya-Sangha.
Ich nehme Zuflucht zu den Dakinis und den alles sehenden
Dharmabeschützern.

In diesem Vers konzentrieren wir uns auf die sechs Hauptgruppen von Zufluchtsobjekten. Für jede Zeile führen wir eine Niederwerfung aus. Wir können die Zeile zu Beginn einmal wiederholen, oder wir können sie während der Niederwerfung kontinuierlich wiederholen. Nachdem wir den gesamten Vers einmal rezitiert haben, haben wir sechs Niederwerfungen vollzogen.

Eine ausführlichere Methode wäre, Gebete für jede Stufe der Drei Juwelen zu rezitieren: (1) äußere, (2) innere und (3) geheime. Diese Praxis verwendet neun Objekte und wird als die vollständigste angesehen.

Die äußeren Drei Juwelen

Wenn wir uns vor den äußeren Drei Juwelen niederwerfen, konzentrieren wir uns auf die vier unteren Zweige des Zufluchtsfeldes. Dies stellt die Nirmanakaya-Ebene der Praxis dar, auf der wir Zuflucht zum Buddha als unserem Lehrer, zum Dharma als unserer Lehre und zum Sangha als unserer Gemeinschaft nehmen. Dies ist die Art der Zuflucht, die im Allgemeinen von Praktizierenden des Hinayana und Mahayana praktiziert wird. Wir beginnen, indem wir das folgende

Gebet rezitieren und uns dabei die Eigenschaften des Buddha vergegenwärtigen:

Führer auf dem Pfad, Zerstörer der Täuschung, Sieger, Voll-Erwachter; zu dir nehme ich Zuflucht. Möge ich meinen unkontrollierbaren Kreislauf von Geburt, Krankheit, Alter und Tod überwinden.

Dann konzentrieren wir uns auf die Qualitäten des Dharma:

Wahrhafter Befreier von der Natur der zwei Wahrheiten des reinen Dharma; zu dir nehme ich Zuflucht. Möge mein Geist befriedet und erwacht im kühlen Ozean des Dharma verweilen.

Und abschließend über die Qualitäten des Arya Sangha:

Inspirierende Befreier, die die Wahrheit erkannt haben, Arya Sangha und Bewunderer des kostbaren Dharma, ihr seid meine Begleiter; zu euch nehme ich Zuflucht. Möge ich Hingabe, Tatkraft, Achtsamkeit, Inspiration, ein liebevolles Wesen, Konzentration und Weisheit entwickeln.

Die inneren Drei Juwelen

Bei den inneren Drei Juwelen konzentrieren wir uns auf die Zufluchtsobjekte gemäß dem Tantra. Sie werden durch die zentralen Zweige des Baumes und die ihn umgebenden Wesen dargestellt. Während die drei Wurzeln gewöhnlich als (1) Guru, (2) Yidam und (3) Dakini dargestellt werden, praktizieren wir sie als vier Zufluchtsobjekte, beginnend mit dem Lama, der die Manifestation unserer ursprünglichen Natur ist:

Glorreicher und alles durchdringender Lama, zu dir nehme ich Zuflucht.
Möge ich den geheimen Dharma des Vajrayana verwirklichen.

Dann werfen wir uns vor Kalachakra nieder, der den Yidam repräsentiert, auf den wir uns als unseren Pfad verlassen:

Kalachakra, Verkörperung aller Yidam-Gottheiten, zu dir nehme ich Zuflucht.
Möge ich die zwei Wesenheiten des tiefgründigen Vajrayana verwirklichen.

Als nächstes betrachten wir die friedlichen Kräfte, die unsere Praxis inspirieren:

Dakinis aus dem Khechari-Bereich, Himmelsgängerinnen der tantrischen Familie

503

und alle Khandromas; zu euch nehme ich Zuflucht. Möge ich mit einer heiligen Gefährtin gesegnet werden, um in die unvergleichliche geheime Verwirklichung einzudringen.

Und die zornvollen Kräfte, die uns vor unseren eigenen Täuschungen schützen:

Wahrhafte Dharmabeschützer, zu euch nehme ich Zuflucht.
Mögen alle meine äußeren und inneren Hindernisse beseitigt werden.

Denken Sie daran, dass jedes dieser Objekte ein Aspekt unserer eigenen Buddhanatur ist. Sie werden nicht als getrennt von unserem eigenen Geist betrachtet.

Die geheimen Drei Juwelen

Schließlich haben wir die geheimen Drei Juwelen, die die Zufluchtsobjekte gemäß den Praktiken der Vollendungsstufe des Höchsten Yogatantra darstellen. Diese Objekte werden nicht in dem vor Ihnen visualisierten Zufluchtsfeld dargestellt, sondern befinden sich in Ihrem Körper. Durch das Vertrauen in unser subtiles energetisches System aus (1) Kanälen, (2) Winden und (3) Essenzen können wir die Erleuchtung innerhalb eines einzigen Lebens erlangen.

Wenn wir Niederwerfungen zu den Kanälen ausführen, erinnern wir uns daran, dass wir die Ausbreitung der Gedanken überwinden, indem wir die Winde in den Zentralkanal bringen:

Ich nehme Zuflucht zu den 72.000 Kanälen meines subtilen Körpers.
Möge ich sie transzendieren und als Nirmanakaya-Emanation des Buddha erkennen.

Danach, wenn wir uns vor den Winden niederwerfen, denken wir daran, dass wir durch das Anhalten Ihrer Bewegung die gewohnheitsmäßige Neigung des Greifens nach den Erscheinungen unterbrechen.

Ich nehme Zuflucht zu den 72.000 inneren Winden meines subtilen Körpers.
Möge ich sie transzendieren und als Sambhogakaya-Emanation des Buddha erkennen.

Zuletzt, während wir uns vor den Essenzen niederwerfen, erinnern wir uns daran, dass wir, indem wir die Essenzen in einem einzigen Punkt versammeln, unsere dualistische Sichtweise aufgeben und ein nicht-duales Gewahrsein der Soheit erreichens.

Ich nehme Zuflucht zu den 72.000 weißen und roten Essenzen meines subtilen Körpers. Möge ich sie transzendieren und als Dharmakaya-Emanation des Buddha erkennen.

Diese Zuflucht lehrt uns, unsere kostbare menschliche Wiedergeburt in vollem Umfang zu nutzen, weil sie uns die Grundlage für wirklich bemerkenswerte Praktiken bietet.

Das Auflösen des Zufluchtsfeldes

Die Visualisierung des oben beschriebenen Zufluchtsfeldes, zusammen mit dem Verständnis seiner Details, ist als *ursächliche Zuflucht* bekannt. Dies ist eine vorläufige Zuflucht, die wir als Unterstützung für das Praktizieren des Pfades und das Erreichen von Verwirklichungen verwenden. Von weitaus größerer Bedeutung ist jedoch die endgültige Bedeutung der *resultierenden Zuflucht*. Dies ist das vollkommene Verständnis, dass die innere Wahrheit, die wir durch unsere Praxis zu enthüllen suchen, letztlich dieselbe ist wie die aller Lamas, Yidams, Buddhas, Bodhisattvas, Arhats, Dakinis und Dharmabeschützer/innen. Für jedes Zufluchtsobjekt gibt es eine letztendliche Version, die die absolute Wahrheit dieses Objekts repräsentiert, zum Beispiel den letztendlichen Lama, den letztendlichen Buddha und so weiter. Unabhängig davon, welche Form sie annehmen, sie sind alle eins in der Soheit, die als Buddhanatur bekannt ist.

Auf der Grundlage dieses Verständnisses besteht der letzte Schritt dieser Praxis darin, das Zufluchtsfeld aufzulösen, indem Sie sich vorstellen, dass die Objekte zu Licht verschmelzen und sich in Ihrem Geistesstrom auflösen, ebenso wie in die Geistesströme der zahllosen fühlenden Wesen, die Sie umgeben. Die folgende ausführliche Auflösung hat zwei Stufen. Zunächst taucht jedes Zufluchtsobjekt die Versammlung der fühlenden Wesen (Sie selbst eingeschlossen) in strahlend gelbes Licht, das ihrem Geist einen entsprechenden Segen verleiht, dann lösen sich die Zufluchtsobjekte in Licht auf und verschmelzen miteinander, bis sie in Lama Vajradhara vereint sind, was ihre gemeinsame Natur ausdrückt. Lama Vajradhara kommt dann zu Ihrem Scheitel und löst sich in Ihnen auf. Dieser

Prozess wird in sieben Schritten durchgeführt:

1. Nach Abschluss einer Sitzung strahlt Licht von unserem/r Wurzellehrer/in aus und scheint auf uns. All unser früheres Fehlverhalten wie unzureichende Hingabe und Respekt für unsere Lehrer/innen, mangelnder Respekt für den Dharma und alle anderen karmischen Schulden werden durch das strahlende Licht sofort gereinigt. Die Segnungen unseres/r Lehrer/in und der Überlieferungslinie werden so empfangen.

2. Licht strahlt von den Yidam-Gottheiten aus und reinigt alle unsere früheren falschen Vorstellungen und Ansichten, einschließlich aller unreinen Wahrnehmungen, extremen Ansichten und der Abkehr vom Dharma. Die Segnungen der Yidam-Gottheiten werden so empfangen.

3. Licht strahlt von den Buddhas aus, und alle früheren Verfehlungen wie mangelnder Respekt vor dem Buddha, den Bildern und den Lehren des Buddha werden durch das strahlende Licht gereinigt, und der Segen aller Buddhas wird empfangen.

4. Licht strahlt von den Dharmatexten aus, die die Lehren und Verwirklichungen repräsentieren, und alle früheren Verfehlungen wie ethisches Fehlverhalten und mangelnder Respekt vor den Dharmalehren und -texten werden durch das strahlende Licht gereinigt. Dadurch werden die Segnungen des Dharma empfangen.

5. Licht strahlt vom Sangha aus und alle früheren negativen Handlungen wie Kritik am Dharma und an den Sangha-Brüdern und -Schwestern sowie mangelnder Respekt vor den Roben des Sangha werden durch das strahlende Licht gereinigt. Die Segnungen des Sangha werden so empfangen.

6. Licht strahlt von den Dakinis und Dharmabeschützer/innen aus und alle Hindernisse für die Dharmapraxis wie geistige Verblendungen, Krankheiten und Fehler des Egos sowie unzureichende Darbringungen an diese Wesen werden durch das strahlende Licht sofort gereinigt, wie eine Feder, die vom Feuer verbrannt wird. Die Segnungen der Dakinis und Dharmabeschützer/innen werden auf diese Weise empfangen, und wie ein Schatten bleiben sie immer bei Ihnen.

7. Zuletzt strahlt das Licht vom gesamten Versammlungsfeld zu allen Wesen und beseitigt ihre Hindernisse auf dem Weg zur Erleuchtung. Licht strahlt von Vajradhara zu den Dakinis und Dharmabeschützer/innen, die sich im Sangha auflösen. Der Sangha löst sich in die Dharmatexte auf, die Dharmatexte lösen sich in die Buddhas auf, die Buddhas lösen sich in die Yidams auf, die Yidams lösen sich in die Linienmeister/innen auf und die Linienmeister/innen lösen sich in den/die Wurzellehrer/in in der Form von Vajradhara auf. Der riesige Palast und der wunscherfüllende Baum lösen sich ebenfalls in Guru Vajradhara auf. Guru Vajradhara wird klein wie die Breite eines Fingers und löst sich in Ihrem Scheitelchakra und dann in Ihrem Herzchakra auf, wo er verbleibt und Sie segnet.

Falls Sie Zuflucht als vorbereitende Übung für Bodhicitta praktizieren, sollten Sie vor dem letzten Schritt der tatsächlichen Auflösung des Zufluchtsfeldes aufhören und sich darauf konzentrieren, die Segnungen zu empfangen und in einem nicht-begrifflichen Zustand zu verweilen und ruhen. Wenn die Zufluchtnahme Ihre Hauptpraxis ist, sollten Sie das Feld an diesem Punkt vollständig auflösen und Ihr Gewahrsein in dem Gefühl ruhen lassen, vollständig mit der Natur der resultierenden Zuflucht verschmolzen zu sein.

Die Verdienste widmen

Nachdem man die Auflösung vollzogen und so lange wie möglich in der Meditation geruht hat, sollte die Tugend dieser Praxis der Erleuchtung aller Wesen gewidmet werden. Vor allem sollte man beten:

Möge ich durch die Kraft dieser Tugend
Die Ansammlung von Verdienst und Weisheit vollenden
Und auf diese Weise zum Wohle aller Wesen die zwei Körper der Erleuchtung
erlangen.

Ratschläge für die Ansammlung von Niederwerfungen

Von allen vorbereitenden Übungen ist die Zufluchtnahme mit Niederwerfungen eine der körperlich anspruchsvollsten. Um Ihnen zu helfen, einige der Hindernisse zu überwinden, die während dieses Prozesses auftreten können, möchte ich

Ihnen ein paar Ratschläge geben.

Mit Schmerz arbeiten

Schmerzen sind ein unvermeidlicher Teil eines jeden Prozesses, der mit einer längeren körperlichen Praxis verbunden ist. Niederwerfungen sind nicht anders, und es kann hilfreich sein zu wissen, dass die Müdigkeit und der Schmerz, die bei einer langen Sitzung auftreten, Zeichen dafür sind, dass die Praxis funktioniert. Um zu verstehen, warum dies der Fall ist, müssen wir uns auf unseren subtilen Körper beziehen.

Aufgrund der verblendeten Art und Weise, wie unser Geist sich auf die Wirklichkeit bezieht, werden unsere subtilen Körper im Laufe des Lebens zu einem Wirrwarr unglaublich ineffizienter, defekter oder verbogener Kanäle, die verhindern, dass unsere Winde frei fließen können. Man kann sie mit einem Fluss voller Felsen und Baumstümpfen vergleichen. Damit das Wasser bergab fließen kann, muss es gegen diese Hindernisse stoßen und sich seinen Weg bahnen, was zu erheblichen Turbulenzen führt. Ebenso werden unkontrollierte Bewegungen im Geist erzeugt, die sich als Verblendungen manifestieren, während die subtile Energie versucht, durch unser verworrenes Kanalsystem zu fließen.

Durch das Praktizieren von Niederwerfungen können wir viele unserer Kanäle heilen und eine subtile Struktur erzeugen, die der Meditation wesentlich zuträglicher ist. Dazu müssen unsere Kanäle entwirrt werden. Dieser Reinigungsprozess kann sich durch körperliche Empfindungen wie steife Gelenke, vorübergehende Übelkeit oder andere unangenehme Gefühle äußern. Wenn wir uns nicht bewusst sind, dass dies passieren kann, könnten wir diese Praxis beenden, um uns nur auf die mentalen Aspekte zu konzentrieren. Damit würden wir aber die körperlichen Vorteile der Niederwerfungen versäumen.

Wir sollten versuchen, uns daran zu erinnern, dass Schmerz kein dauerhaftes Phänomen ist und vergehen wird. Wenn der Körper gereinigt ist, beginnen die Winde effektiver durch die Kanäle zu fließen und man fühlt sich flexibler. Haben Sie also Mut und geben Sie nicht auf.

Vergessen Sie dabei nicht, dass es kein Wettlauf ist und es nicht um Geschwindigkeit geht. Es spielt keine Rolle, ob es lange dauert, von den Knien hoch und hinunter zu kommen. Indem Sie sich anstrengen, steigern Sie die

Qualität Ihrer Entschlossenheit, die eine wichtige Stütze für die übrige Praxis darstellt.

Scheuen Sie sich auch nicht, an Ihre Grenzen zu gehen. Wenn Ihr Geist Ihnen sagt, dass Sie aufgeben sollen, widerstehen Sie dem Drang, sofort aufzuhören und versuchen Sie, noch ein paar Niederwerfungen zu machen. Unsere Abneigung gegen unangenehme Gefühle wirkt oft wie ein Hindernis, das uns vom Praktizieren der Tugend abhält. Indem wir den Schmerz als Teil des Prozesses akzeptieren, entwickeln wir die Qualität der Geduld.

Teilen Sie Ihre Sitzungen auf

Obwohl wir nicht beim ersten Anzeichen von Schwierigkeiten aufgeben sollten, sollten wir uns auch nicht so sehr anstrengen, dass wir nicht mehr gehen können. Der Körper braucht Zeit, um zu heilen und seine Energiespeicher zu regenerieren, deshalb ist es wichtig, zwischen den Niederwerfungen Pausen einzulegen.

Eine gute Möglichkeit, dies zu tun, besteht darin, eine einzelne Sitzung in gleich lange Abschnitte zu unterteilen. Sie könnten mit einer Sitzmeditation beginnen, in der Sie die Qualitäten Ihres Zufluchtsobjekts kontemplieren, gefolgt von Niederwerfungen für den Rest des Abschnitts. Am Ende des Abschnitts setzen Sie sich hin und stellen sich vor, den Segen des Zufluchtsobjekts in Form von strahlendem Licht zu empfangen. Verweilen Sie ruhig in diesem erzeugten Gefühl. Fahren Sie dann mit dem nächsten Zufluchtsobjekt fort und wiederholen Sie den Prozess der Meditation und Niederwerfung bis zum Ende der Sitzung. Der Wechsel zwischen Sitzmeditation und Niederwerfungen ermöglicht es Ihrem Körper, sich auszuruhen, und verringert die Intensität der Belastung für Ihre Gelenke. Das hat den zusätzlichen Vorteil, dass Sie sich wirklich mit jedem Objekt verbinden und Ihre Haltung der Zuflucht während der gesamten Sitzung auffrischen können.

Erfreuen Sie sich an Ihren ausgeführten Niederwerfungen

Wenn man zu viel Wert auf die Anzahl der ausgeführten Niederwerfungen legt, kann das ein Hindernis für das Erreichen von Verwirklichungen in dieser Praxis sein. Wir müssen darauf achten, dass wir keinen Geist kultivieren, der versucht, Quantität über Qualität zu stellen, sondern uns stattdessen während der gesamten Praxis daran erinnern, dass das Ziel darin besteht, Vertrauen in die Zufluchtsobjekte zu kultivieren.

Es ist jedoch von Vorteil, die ausgeführten Niederwerfungen mitzuzählen. In diesem Fall dient das Zählen nicht dazu, ein Ziel zu erreichen, sondern dazu, die eigene Anstrengung zu würdigen. Bei einer Aktivität, die viel Zeit in Anspruch nimmt, können bedeutsame Meilensteine eine Ermutigung sein und den Geist zum Weitermachen anspornen.

Aus diesem Grund wird empfohlen, jede Niederwerfung zu zählen und sie zu einer laufenden Liste hinzuzufügen. Wenn Sie einen Meilenstein wie 10.000 Niederwerfungen erreichen, nehmen Sie sich einen Moment Zeit, um auf Ihre Leistung zurückzuschauen und sich daran zu erfreuen, dass Sie etwas tun, das Ihrem Leben einen unglaublichen Sinn verleiht. Seien Sie sich bewusst, dass Sie es geschafft haben, alle aufkommenden Hindernisse auf Ihrem Weg zu überwinden – das ist etwas, worüber Sie sich wirklich freuen können.

ERZEUGEN VON BODHICITTA

Indem wir unseren Stolz durch Niederwerfungen abbauen, werden wir uns gewahr, dass wir nicht der Mittelpunkt der Welt sind und dass es in Wirklichkeit unzählige andere fühlende Wesen gibt, die sich genau wie wir wünschen, von Leiden befreit zu werden. Die vorbereitende Übung der *Erzeugung von Bodhicitta* dient dazu, diese grundlegende Erkenntnis zu vertiefen und sie zu nutzen, um eine kraftvolle Motivation zu schaffen, die uns bis zur Erleuchtung tragen kann. Die beiden Haupthindernisse, die uns daran hindern, Bodhicitta zu entwickeln, sind:

1. **Selbstsucht:** Der selbstbezogene Geist ist die Wurzel aller Voreingenommenheit und ist die Hauptursache für leidbringenden Emotionen wie Anhaftung und Abneigung. Solange Selbstsucht in unserem Geist existiert, wird unsere Sicht der Wirklichkeit eng und begrenzt sein. Die Kultivierung unserer Verbindung mit fühlenden Wesen durch das Praktizieren der vier Unermesslichen von Liebe, Mitgefühl, Freude und Gleichmut ist ein Heilmittel für diesen Geisteszustand. Nur wenn unsere Herzen auf das Wohlergehen anderer ausgerichtet sind, können wir den

Gedanken entwickeln, Erleuchtung zu ihrem Nutzen zu erlangen.

2. **Mangel an Weisheit:** Das zweite Hindernis für Bodhicitta ist ein Mangel an Weisheit bezüglich des Pfades. Wenn wir nicht verstehen, wie die Erleuchtung erreicht wird, können wir die notwendigen Schritte nicht unternehmen, um sie zu erreichen. Deshalb müssen wir den Pfad so gründlich wie möglich studieren, um Klarheit darüber zu erlangen, was wir zu tun versuchen.

Eine erfolgreiche Bodhicitta-Praxis führt zu einem Geist, der weit und allumfassend ist – eine Motivation, die wirklich unermesslich ist und alle fühlenden Wesen und alle Praxismethoden einschließt. Dies ist die Haltung, die es uns ermöglicht, die tieferen Schichten unserer Erfahrung zu erforschen und die innere Wahrheit unserer Wirklichkeit zu entdecken.

Die eigentliche Praxis

Es gibt viele Möglichkeiten, den außergewöhnlichen Geist des Bodhicitta zu kultivieren. Wir können kurz oder ausführlich praktizieren, je nach unseren persönlichen Vorlieben und der uns zur Verfügung stehenden Zeit. Welchen Weg wir auch immer wählen, die grundlegenden Qualitäten der Liebe und des Mitgefühls bilden die Basis für die Entwicklung einer altruistischen Motivation.

Wenn Sie bereits längere Zeit damit verbracht haben, den Bodhisattva-Pfad zu studieren und zu meditieren, können Sie einfach das Streben nach Bodhicitta erzeugen und die Meditation über Liebe und Mitgefühl als eine Möglichkeit nutzen, dieses Streben zu beleben, es stärker und umfassender zu machen. Dies ist wahrscheinlich die grundlegendste Form der Praxis.

Für einen ausführlicheren Ansatz können Sie die folgende Abfolge von Meditationen verwenden, die so strukturiert ist, dass sie die Entwicklung der Schlüsselkomponenten für authentisches Bodhicitta gewährleistet. Dieser Ansatz besteht aus sechs Schritten: (1) eine Verbindung zu fühlenden Wesen herstellen; (2) die vier Unermesslichen kultivieren; (3) die altruistische Absicht kultivieren; (4) eine engagierte Form von relativem Bodhicitta entwickeln; (5) über das letztendliche Bodhicitta meditieren und dann (6) das Verdienst widmen.

Eine Verbindung zu fühlenden Wesen herstellen

Während unserer Praxis der Zufluchtnahme waren die erleuchteten Wesen des Zufluchtsfeldes unser Hauptaugenmerk. Bei dieser Praxis verlagert sich unsere Hauptunterstützung auf die unzähligen fühlenden Wesen, die wir um uns herum visualisieren. Um eine starke Verbindung zu diesen Wesen herzustellen, sollten Sie einige Zeit damit verbringen, über die liebevollen Beziehungen nachzudenken, die Sie mit ihnen über endlose Lebenszeiten hinweg erlebt haben. Vielleicht möchten Sie die folgende Danksagung rezitieren:

Alle fühlenden Wesen in Zeit und Raum waren meine geliebten Eltern, Kinder, Partner und Freunde. Sie haben mich über alles geliebt und sich um mich gekümmert, und ich stehe in ihrer Schuld. Sie sehnen sich nach Glück, wissen aber nicht, wie sie die Ursachen für Glück erzeugen können; stattdessen erzeugen sie Ursachen für Leid und Unzufriedenheit. Sie vermeiden Leiden, wissen aber nicht, wie sie die Ursachen von Leiden aufgeben sollen; stattdessen laufen ihre Anstrengungen ihren tiefsten Wünschen zuwider. Möge ich großes Mitgefühl mit allen fühlenden Wesen haben.

Wenn wir über die Art unserer Beziehung zu anderen nachdenken, erinnern wir uns an die zahllosen Leben, die wir gelebt haben, und erkennen, dass wir in jedem dieser Leben ständig von fühlenden Wesen umsorgt und unterstützt wurden, die unsere Eltern, Kinder, Partner und Freund/innen waren. Sie haben zahlreiche Opfer gebracht, um uns zu ernähren und zu beschützen, und jeder Augenblick unseres Glücks ist ihrer Güte zu verdanken. Ohne sie hätten wir nichts.

Denken Sie über die Güte nach, die fühlende Wesen, die unsere lieben Mütter waren, uns erwiesen haben, und wenn Gefühle der Dankbarkeit und Zuneigung aufkommen, verbinden Sie sich mit ihnen und ruhen Sie in diesem Gewahrsein. Dann betrachten Sie die Bedingungen Ihrer lieben Mütter und wie sie in diesem Moment leiden. Da sie die wahren Ursachen für Glück und Leid nicht kennen, leben sie in Verwirrung. Trotz ihrer Sehnsucht nach wahrem Glück schaffen sie ständig die Ursachen für ihr eigenes Leid und das der Menschen um sie herum. Denken Sie tief über dieses Leiden nach, bis ein Gefühl der Trauer in Ihrem Herzen aufsteigt, und fühlen Sie sich so gut wie möglich in ihren Schmerz ein, so wie eine Mutter es tun würde, wenn sie ihr einziges Kind schreien hört.

Die vier Unermesslichen kultivieren

Wenn wir erkennen, dass unsere lieben Mütter leiden, entsteht ganz natürlich der Wunsch, ihnen zu helfen, aber wenn wir nichts tun, kann uns der Kummer, den wir empfinden, überwältigen und wir können in eine Depression abgleiten. Deshalb müssen wir diese Energie in etwas umwandeln, das sowohl für sie wie auch für uns selbst nützlich ist. Eine der geschicktesten Reaktionen auf das Leiden ist die Kultivierung der vier unermesslichen Qualitäten von Liebe, Mitgefühl, Freude und Gleichmut.

Um dieser Meditation einen Schwerpunkt zu geben, vergegenwärtigen Sie sich eine Person oder eine Gruppe fühlender Wesen, die Sie kennen oder von denen Sie gehört haben. Visualisieren Sie sie im Raum vor Ihnen und denken Sie über das besondere Leiden nach, das sie erfahren. Dann rezitieren Sie die folgenden zwei Zeilen

Mögen alle meine lieben fühlenden Wesen Glück erfahren und seine Ursachen.
Mögen alle meine lieben fühlenden Wesen frei sein von Leid und seinen Ursachen.

Stellen Sie sich bei jedem Ausatmen vor, dass Sie diesen Wesen all Ihre Tugend und Freude in der Form von strahlend weißem Licht geben, das aus Ihrem Herzen strömt, und kultivieren Sie ein Gefühl der Freude über Ihre Fähigkeit, ihnen zu helfen. Was auch immer Sie haben, seien Sie freigiebig, damit sie jetzt Glück erfahren können, während sie gleichzeitig die Ursachen für ihr Glück in der Zukunft schaffen.

Mit jedem Einatmen ziehen Sie freudig all ihren Schmerz, ihren Kummer und ihr negatives Karma in der Form von schwarzem Rauch ein. Nähren Sie die Freude, die Sie empfinden, wenn Sie ihr Leid lindern. Stellen Sie sich vor, wie der Rauch Ihr Herz füllt und von dem strahlenden Licht Ihrer Liebe verbrannt wird.

Wechseln Sie zwischen dem Aussenden von Licht und dem Einziehen von Rauch ab, richten Sie Ihre Aufmerksamkeit auf die fühlenden Wesen und entwickeln Sie den Wunsch, alles Nötige zu tun, um ihnen zu helfen. Stellen Sie sich vor, dass es keine Grenze für die Liebe gibt, die Sie anbieten können, und keine Grenze für das Leiden, das Sie ertragen können. Fahren Sie fort, indem Sie das Folgende rezitieren:

Mögen alle meine lieben fühlenden Wesen nie getrennt sein vom höchsten Glück, das frei von Leid ist.

Als Nächstes stellen Sie sich vor, dass die visualisierten Wesen vor Ihnen nun völlig frei von manifestem Leiden sowie von den Ursachen für Leiden sind. Ihre Herzen sind mit Freude erfüllt und ihre Gedanken sind nicht mehr unter dem Einfluss ihrer Unwissenheit. Sie sind zufrieden und mit sich selbst und der Welt im Einklang. Wenn Sie Zeuge ihres Zustands wahren Glücks werden und wissen, dass sie endlich in der Lage sind, den tiefsten Wunsch ihres Herzens zu erfahren, freuen Sie sich über die Tatsache, dass Sie ihnen helfen konnten.

Beenden Sie die Meditation, indem Sie den visualisierten Wesen erlauben, sich wieder in den Raum des Geistes aufzulösen. Dann rezitieren Sie:

Mögen alle meine lieben fühlenden Wesen in Gleichmut ruhen, frei von Voreingenommenheit, Anhaftung und Abneigung.

Reflektieren Sie darüber, dass das Leiden und das Glück, das fühlende Wesen erfahren, auf ihr falsches Verständnis der Wirklichkeit zurückzuführen sind – sie greifen nach einer Existenz der Realität, die es so nicht gibt. Erkennen Sie, dass, obwohl fühlende Wesen Schmerz und Leid erfahren, dies nicht die wahre Natur ihrer Erfahrung ist. Alle Erscheinungen von Glück und Leid sind niemals etwas anderes als Leerheit. Lassen Sie Ihren Geist kurz in einem Zustand des Gleichmuts ruhen, der sich dieses Grundes der Reinheit bewusst ist.

Wenn Sie möchten, können Sie diesen Vorgang wiederholen, indem Sie sich ein anderes fühlendes Wesen vor Augen führen und über das Nehmen und Geben meditieren. Auf diese Weise können Sie mit vielen anderen Wesen arbeiten und das Leiden eines jeden als Unterstützung nutzen, um die vier Unermesslichen zu kultivieren. Sie könnten mit Menschen in Ihrem Leben beginnen, z. B. mit Freunden, Feinden und Fremden. Sobald Ihre Liebe und Ihr Mitgefühl stark genug sind, können Sie Ihr Gewahrsein auf das Leiden der Wesen in jedem der sechs Bereiche ausdehnen, um schließlich mit der gesamten zyklischen Existenz zu arbeiten.

Kultivieren der altruistischen Intention

Obwohl Visualisierungen eine starke Wirkung auf unseren Geist haben können, sind sie dennoch nur Visualisierungen. Wenn wir uns vorstellen, dass jemand frei von Leiden ist, entspricht das leider noch nicht der Wirklichkeit. Das bedeutet jedoch nicht, dass unsere Visualisierungen sinnlos sind. Sie sind immer noch geschickte Mittel, die uns helfen, unseren selbstbezogenen Geist zu durchtrennen und tugendhafte Eigenschaften zu entwickeln. Wir müssen einfach erkennen, dass wir, wenn wir den Lebewesen wirklich Nutzen bringen wollen, mehr tun müssen, als uns eine perfekte Welt vorzustellen, und dass erhebliche Anstrengungen erforderlich sind, um diese Wirklichkeit zu manifestieren. Aus diesem Grund kultivieren wir die altruistische Intention, die persönliche Verantwortung für das Wohlergehen der fühlenden Wesen zu übernehmen. Wir können dies tun, indem wir den folgenden Vers kontemplieren:

> *Mögen alle Wesen, mich eingeschlossen, meine Lieben, Bekannten, solche, die mir schaden, und die mir Unbekannten, den endgültigen Zustand der Buddhaschaft erreichen. Ich übernehme die Verantwortung, alle zu befreien, weil das die einzige Möglichkeit ist, wie ich selbst erwachen und allen Wesen nützen kann. Ich übe mich in grenzenlosem, unvergleichlichem, reinem, erwachtem Altruismus, wie in den Sechs Vollkommenheiten und den vier Arten der Großzügigkeit. Darum werde ich auf die tiefgründigsten, geschickten Kernunterweisungen des nützlichen und hervorragenden Vajrayoga-Pfades meditieren.*

In diesem Moment erkennen wir die Grenzen unserer gegenwärtigen Fähigkeit und erkennen an, dass wir kaum uns selbst helfen können, geschweige denn den unzähligen fühlenden Wesen der zehn Richtungen und der drei Zeiten. Um ihnen wirklich Nutzen zu bringen, müssen wir uns selbst von den endlosen Zyklen von Tod und Wiedergeburt befreien, und das kann nur geschehen, indem wir einen spirituellen Pfad praktizieren, der die Fähigkeit hat, uns von unserem Leiden zu befreien. Nur wenn wir selbst einen solchen Pfad beschreiten, können wir anderen den Weg zeigen. Mit diesen Punkten im Bewusstsein kultivieren wir ein starkes Bestreben, auf den tiefgründigen Vajrayoga-Pfad des Kalachakra zu meditieren.

Relatives Bodhicitta erzeugen

Das Streben nach Erleuchtung bringt uns auf den Weg; um ihn bis zum Ende zu gehen, ist furchtlose Entschlossenheit erforderlich. Wir rezitieren daher den folgenden Vers:

Zum Wohle aller Wesen werde ich den Zustand der vollkommenen Buddhaschaft erreichen; daher meditiere ich auf den tiefgründigen Vajrayoga-Pfad.

Die erste Zeile erneuert unser Bestreben, die Erleuchtung zum Wohle aller fühlenden Wesen zu erlangen. Dies ist unser Ziel. Unsere Methode, um dieses Ziel zu erreichen, ist die Meditation auf den Vajrayoga-Pfad. In diesen beiden Zeilen drücken wir im Wesentlichen sowohl das *anstrebende wie auch das engagierte Bodhicitta* aus. Wenn wir diese Worte wiederholen, sollten wir uns die Verpflichtungen vergegenwärtigen, die wir eingegangen sind, um die *Sechs Vollkommenheiten* und die *vier Methoden, eine Anhängerschaft zu versammeln,* zu praktizieren. Auf diese Weise nutzen wir die Gelegenheit, unsere Gelübde zu erneuern und eine reine Form von *relativem Bodhicitta* zu erzeugen.

Über letztendliches Bodhicitta meditieren

Als letzten Schritt unserer Meditation rezitieren wir dann:

Die ganze Versammlung im erleuchteten Feld ist hocherfreut, alle sagen: „Gut gemacht", und verschmelzen mit mir.

Denken Sie über die zugeschriebene Natur des Zufluchtsfeldes und aller fühlenden Wesen nach. Erkennen Sie, dass die drei Sphären des zugeschriebenen Handelnden, der Handlung und des Objekts leer von inhärenter Existenz sind und erlauben Sie der Visualisierung, sich zurück in die Leerheit aufzulösen, aus der sie entstanden ist. Sie können entweder den ausführlichen Auflösungsprozess anwenden, der in der Zufluchtspraxis beschrieben wurde, oder Sie können die Visualisierung einfach sofort auflösen. In jedem Fall sollten Sie, sobald sie aufgelöst ist, den Geist so lange wie möglich in einem nicht-begrifflichen Zustand ruhen lassen.

Ihr Verdienst widmen

Wie bei jeder Praxis widmen wir das Verdienst mit ein paar Versen:

Möge das kostbare Bodhicitta, wo es noch nicht entstanden ist, entstehen und möge das, das schon entstanden ist, nicht entarten, sondern weiter anwachsen.

Möge ich durch die Kraft dieser Tugend die Ansammlung von Verdienst und ursprünglicher Weisheit vollenden und so die zwei Körper der Erleuchtung erlangen zum Wohle aller Wesen.

Dadurch wird gewährleistet, dass unser Verdienst auf die Erleuchtung ausgerichtet ist und vor einer möglichen Verminderung geschützt wird.

Ratschläge für die Arbeit mit Bodhicitta

Die Praxis, Bodhicitta zu erzeugen, ist die eigentliche Wurzel des Kalachakra-Pfades. Ohne sie gibt es keine Chance, Erleuchtung zu erlangen. Deshalb ist es wichtig, so viel Zeit wie nötig darauf zu verwenden, sich richtig mit diesen Meditationen zu verbinden. Sie sollten so vertraut werden, dass sie jeden Aspekt Ihrer Aktivitäten durchdringen. Um Ihnen zu helfen, diese Ebene der Verwirklichung zu erreichen, sollten Sie die folgenden Ratschläge beherzigen.

Bodhicitta bedeutet, Verbindungen herzustellen

Anders als Niederwerfungen, Mantra-Rezitationen oder Mandala-Darbringungen basiert das Praktizieren von Bodhicitta nicht darauf, wie oft man ein Gebet oder eine Formel rezitiert. Die Kraft dieser Meditationen entsteht durch den Grad der Verbindung, die man mit fühlenden Wesen herstellt. Je stärker die Verbindung ist, desto mehr Wirkung und Bedeutung haben andere Meditationen.

Um diese Verbindung zu verstärken, sollten Sie die Erfahrungen aus Ihrem Leben gründlich untersuchen und nach Beispielen suchen, die Sie in Ihren Meditationen verwenden können. Denken Sie an die verschiedenen Phasen Ihres Lebens zurück und identifizieren Sie alle Wesen, denen Sie begegnet sind, einschließlich der Menschen, zu denen Sie bereits eine starke Verbindung verspüren, oder derer, denen Sie nur zufällig begegnet sind. Wer auch immer sie sind, ob menschlich oder nicht, bringen Sie sie in Ihre Visualisierung und entwickeln Sie ihnen gegenüber die vier Unermesslichen. Versuchen Sie, ein Gefühl für die unermessliche Vielzahl der Wesen zu entwickeln, mit denen Sie verbunden sind.

Indem Sie zuerst mit Menschen arbeiten, die Sie tatsächlich kennengelernt haben, vermeiden Sie, dass Ihre Meditation zu vage oder allgemein wird. Es bietet Ihnen etwas Greifbares, mit dem Sie sich identifizieren können, und gibt Ihren Meditationen Kraft. Wenn sich das Gefühl von Liebe und Mitgefühl erst einmal stabilisiert hat, können Sie es erweitern, indem Sie Wesen betrachten, die Sie nur indirekt durch Ihr Wissen über die Welt oder durch die Lehren kennen. Dies könnte bedeuten, Menschen zu verschiedenen Zeitpunkten in der Geschichte oder in verschiedenen Teilen des Planeten zu berücksichtigen. Sie können auch aus den Beschreibungen von Wesen schöpfen, die in den unendlichen Welten der sechs Bereiche von Samsara leben. Versuchen Sie, so gründlich wie möglich zu sein, und schaffen Sie das Gefühl, dass niemand ausgelassen wurde.

Zuerst nach innen, dann nach außen fokussieren

Um anderen effektiv Nutzen zu bringen, müssen wir unsere Fähigkeiten steigern, indem wir uns von Schaden fernhalten und tugendhafte Eigenschaften kultivieren – solche Aktivitäten müssen unsere erste Priorität sein. Das bedeutet nicht, dass wir kein engagiertes Leben führen können, um anderen zu helfen, sondern nur, dass wir geschickt vorgehen sollten.

Der Schlüssel liegt darin, die beiden Extreme der Ablenkung und Gleichgültigkeit zu vermeiden. Zu viel Zeit damit zu verbringen, an der Linderung des unmittelbaren Leidens zu arbeiten, kann ablenken und es schwierig machen, die Weisheit zu entwickeln, die für eine langfristige Linderung erforderlich ist. Gleichgültigkeit gegenüber dem Leiden anderer bedeutet auch, dass Ihnen die notwendigen Verbindungen fehlen, um ihnen zu einem späteren Zeitpunkt zu helfen.

Der mittlere Weg besteht darin, sich auf das zu konzentrieren, was in einem bestimmten Moment den größten Nutzen bringt. Wenn sich eine Gelegenheit zum Helfen ergibt, überlegen Sie, welche Wirkung Ihr Handeln haben könnte und wie viel Energie Sie dafür aufwenden müssen. Wenn eine Handlung sofort einen Nutzen bringt und wenig Aufwand erfordert, könnte sie sich lohnen. Sie würden nicht nur sofortige Hilfe leisten, sondern auch eine starke karmische Verbindung aufbauen, die es Ihnen ermöglicht, denjenigen in Zukunft erneut zu helfen.

Erfordert die Hilfe jedoch einen erheblichen Energieaufwand, sollten Sie überlegen, ob die Ergebnisse einen vorübergehenden oder dauerhaften Nutzen bringen. Bei einem vorübergehenden Ergebnis könnten Ihre Bemühungen für eine Maßnahme verschwendet werden, die die Ursache des Problems nicht behebt. Wenn Sie Ihre Zeit und Energie auf diese Weise investieren, können Sie möglicherweise anderen Menschen mit anderen Problemen nicht helfen. Es könnte daher eine kluge Entscheidung sein, sich auf die Entwicklung Ihrer Fähigkeiten zu konzentrieren, damit Sie eine längerfristige Lösung anbieten können.

Bodhicitta in den Alltag bringen

Der Eintritt in den Pfad eines Bodhisattvas besteht darin, in jedem Moment unseres Lebens spontan Bodhicitta zu erzeugen, damit es uns so vertraut wird, dass es unsere gewohnte Seinsweise ist. Wir können dies erreichen, indem wir die Achtsamkeit für Bodhicitta während aller Aktivitäten unseres täglichen Lebens aufrechterhalten.

Eine Strategie besteht darin, regelmäßige Routinen zu identifizieren und sie als Auslöser für die Erinnerung an Bodhicitta zu nutzen. Denken Sie über die Art der Tätigkeit nach und versuchen Sie, einen Weg zu finden, sie mit dem Erreichen der Erleuchtung oder dem Nutzen für andere zu verbinden. Jedes Mal, wenn Sie duschen, könnten Sie zum Beispiel daran denken, dass Sie fühlenden Wesen helfen, ihre Verdunkelungen abzuwaschen, indem Sie sie den Dharma lehren. Wenn Sie eine Treppe hinaufgehen, reinigen Sie Ihren Geist und steigen durch die Bodhisattva-Stufen auf; wenn Sie hinuntergehen, steigen Sie in die unteren Bereiche hinab, um den fühlenden Wesen Nutzen zu bringen. Die Anzahl der Auslöser, die Sie identifizieren können, ist unbegrenzt; Sie müssen nur kreativ sein.

Dieser Prozess hilft Ihnen, Bodhicitta jederzeit in Ihrem Gewahrsein präsent zu halten. Je öfter Sie dies tun, desto mehr gewöhnt sich der Geist daran, die Welt auf diese Weise zu sehen. So entsteht eine Kontinuität der Erkenntnis, die in die formellen Meditationen einfließen kann. Selbst wenn Sie einen kurzen Moment damit verbringen, sich an Bodhicitta zu erinnern, können Ihre Aktivitäten zu einer Ursache für das Erreichen der Erleuchtung werden.

ZUSAMMENFASSUNG

- Es gibt drei Möglichkeiten, eine spirituelle Praxis zu einer sinnvollen Praxis zu machen: (1) sinnvolle Motivation, (2) sinnvolles Handeln und (3) sinnvolle Widmung.

- Visualisierung ist der Akt der Erzeugung eines Geisteszustandes durch die Verwendung mentaler Bilder. Im Vajrayana wird die Visualisierung als ein geschicktes Mittel eingesetzt, um den Geist mit bestimmten Erfahrungen vertraut zu machen und gleichzeitig die Beschaffenheit unseres feinstofflichen Körpers zu reinigen.

- Um den Geist von der äußeren Welt zur inneren Welt zu überführen, stützen wir uns auf die äußeren vorbereitenden Übungen. Dies umfasst drei Schritte: (1) Beruhigung von Körper, Rede und Geist, um eine neutrale Basis für die Meditation zu schaffen; (2) Herstellung einer Verbindung zum Pfad durch Bittgebete an die Linienmeister und (3) Entwicklung der Entsagung von Samsara durch Kontemplation der vier Überzeugungen der Entsagung.

- Es gibt drei Gründe, Zuflucht zu nehmen: (1) Angst vor dem Leiden; (2) Vertrauen in die Lehren und (3) Mitgefühl für fühlende Wesen.

- Zuflucht zu nehmen, während man Niederwerfungen ausführt, überwindet zwei Hindernisse: (1) verblendeten Zweifel und (2) Stolz. Wir überwinden den Zweifel, indem wir uns mit dem Zufluchtsfeld vertraut machen, und wir überwinden den Stolz, indem wir Niederwerfungen ausführen.

- Die Grundstruktur der Zufluchtspraxis besteht aus fünf Schritten: (1) eine Visualisierung des Zufluchtsfeldes erzeugen; (2) Niederwerfungen zu diesem Feld ausführen, während (3) Gebete der Ehrerbietung rezitiert werden, dann (4) das Zufluchtsfeld auflösen und (5) das Verdienst widmen.

- Es werden sich wahrscheinlich verschiedene Arten von körperlichem Schmerz als Teil des Reinigungsprozesses durch die Niederwerfungen manifestieren. Nehmen Sie dieses Unbehagen als ein Zeichen dafür, dass der Prozess seine Wirkung zeigt. Seien Sie bemüht, in Ihrem eigenen Tempo weiterzumachen und haben Sie keine Angst davor, über Ihre Grenzen zu gehen, wenn Widerwille aufkommt.

- Um dem Körper zu helfen, sich von der Müdigkeit zu erholen, versuchen Sie, zwischen Sitzmeditation und Niederwerfungen abzuwechseln. Das gibt dem Körper Zeit, sich zu regenerieren, und hilft Ihnen gleichzeitig, die Verwirklichung der Zuflucht aufzubauen.

- Es ist hilfreich, die Anzahl der ausgeführten Niederwerfungen mitzuzählen, damit Sie sich über das Erreichen von Zwischenzielen freuen können. Diese Praxis wird Ihnen helfen, sich angesichts auftretender Hindernisse zu motivieren.

- Die Praxis des Erzeugens von Bodhicitta dient dazu, unsere Verbindungen zu fühlenden Wesen zu erweitern und eine sinnvolle Motivation zu entwickeln, die uns bis zur Erleuchtung tragen kann.

- Es gibt zwei Haupthindernisse für die Kultivierung von Bodhicitta: (1) Selbstbezogenheit und (2) Mangel an Weisheit. Wir überwinden die Selbstbezogenheit, indem wir die vier Unermesslichen – Liebe, Mitgefühl, Freude und Gleichmut – kultivieren. Wir überwinden den Mangel an Weisheit, indem wir den Pfad studieren und lernen, wie Erleuchtung möglich ist.

- Der Prozess der Schulung in Bodhicitta kann in sechs Schritte unterteilt werden: (1) eine Verbindung mit fühlenden Wesen herstellen; (2) die vier Unermesslichen kultivieren; (3) die altruistische Intention kultivieren; (4) eine engagierte Form von relativem Bodhicitta entwickeln; (5) über das letztendliche Bodhicitta meditieren und dann (6) das Verdienst widmen.

- Die Stärke von Bodhicitta beruht darauf, dass man Verbindungen mit einer Vielzahl von fühlenden Wesen herstellt. Identifizieren Sie zunächst die Wesen Ihrer Vergangenheit, denen Sie begegnet sind, und nutzen Sie sie als Grundlage für Ihre Meditation. Erweitern Sie dann den Kreis um all jene, denen Sie noch nie begegnet sind oder von denen Sie nur durch die Lehren erfahren haben. Wiederholen Sie dieses Vorgehen so lange, bis Sie niemanden mehr ausgelassen haben.

- Bis Sie Ihre geistigen Fähigkeiten gesteigert haben, müssen Sie klug damit umgehen, wie Sie anderen helfen. Versuchen Sie, die Extreme von Ablenkung und Gleichgültigkeit zu vermeiden. Wägen Sie das Gleichgewicht zwischen Nutzen und Aufwand ab, bevor Sie sich zu einer Aktion verpflichten.

- Um Bodhicitta spontan entstehen zu lassen, müssen Sie es in jeden Teil Ihres Lebens integrieren. Dies können Sie erreichen, indem Sie Auslöser für Achtsamkeit identifizieren, die Sie an Bodhicitta erinnern.

Negativitäten reinigen durch die Praxis von Vajrasattva

Durch die Praktiken der *Zufluchtnahme* und der *Erzeugung von Bodhicitta* schaffen wir eine sinnvolle Motivation. Die nächste Phase besteht darin, die bedeutungsvollste Aktivität auszuüben, die überhaupt möglich ist, nämlich eine auf Erfahrung beruhende Sicht der letztendlichen Natur der Wirklichkeit zu erlangen – die direkte Verwirklichung der Buddhanatur. Die übrigen vorbereitenden Übungen sind Zwischenschritte, die uns zu dieser Verwirklichung führen. Durch die *Sechs Vajrayogas* erlangen wir einen Vorgeschmack von der Soheit und dehnen diese Erkenntnis dann auf alle unsere Erfahrungen aus, sodass wir unseren dualistischen Geist vollständig transzendieren können.

Um zu verstehen, wie wir diese Veränderung herbeiführen können, müssen wir wissen, was uns daran hindert, in dieser Soheit zu verweilen. Aus einer allgemeinen Perspektive betrachtet, läuft alles auf das *Greifen* hinaus. Wir klammern uns an die Wirklichkeit, als würde sie auf eine Weise existieren, die es nicht gibt, und das hindert den Geist daran, seine eigene Natur zu erkennen. Im Einzelnen gibt es drei Arten des Festhaltens, die wir überwinden müssen:

1. **Das Festhalten am Selbst:** Dies ist ein Geist, der an der Erscheinung der fünf Aggregate als einem Selbst festhält. Es ist dieser Geist, der die Grundlage für die Ansammlung von Karma und die Erfahrung der zyklischen Existenz bildet.

2. **Das Festhalten an Dingen:** Dies ist ein Geist, der an der Erscheinung bestimmter Phänomene als selbst-existierend festhält. Es ist dieser Geist, der die Wirklichkeit als „dies" oder „das" verfestigt.

3. **Festhalten an dualistischen Erscheinungen:** Dies ist ein Geist, der sich an die Natur der zugeschriebenen Wirklichkeit als real klammert. Es ist dieser Geist, der das Gewahrsein in einem dualistischen Bewusstsein einschließt.

Im Kalachakra ist die Wurzel der Unwissenheit diese dritte Art des Festhaltens. Indem wir unser Greifen nach dualistischen Erscheinungen aufgeben, können wir in einem nicht-dualistischen Gewahrsein der Soheit verweilen. Unglücklicherweise ist dieser Zustand sehr schwer zu erreichen, solange die beiden anderen Arten des Festhaltens aktiv sind, deshalb müssen wir ihre Kraft reduzieren, bevor wir mit der Wurzel arbeiten können. Dies geschieht durch die vorbereitenden Übungen der *Vajrasattva-Reinigung* und der *Darbringung des Universums als Mandala*. Die Praktiken, die im dritten Band dieser Reihe vorgestellt werden, befassen sich damit, wie man die Wurzel des dualistischen Greifens entfernt.

Was das Festhalten am Selbst angeht, ist das Problem eine Frage der Identität. Sobald Erscheinungen auftauchen, neigen wir dazu, einige von ihnen als „Ich" oder „Mein" zu begreifen, und dadurch nehmen wir diese Erscheinungen in unsere Identität auf. Dies wirkt wie ein Klebstoff, der unsere begrifflichen Interpretationen zusammenhält und eine Grundlage für die Konditionierung des Geistes schafft. Diese Konditionierung ist das, was wir als Karma kennen. Wenn karmische Neigungen auf der Grundlage eines verblendeten Geisteszustands entstehen, nehmen wir die Wirklichkeit verzerrt wahr. Je stärker die Verzerrung ist, desto schwieriger wird es, die Dinge so zu sehen, wie sie tatsächlich sind. Indem wir die Stärke unseres Festhaltens am Selbst verringern, reinigen wir unseren Geist von den karmischen Neigungen, die auf Unwissenheit beruhen.

ZWEI ANSÄTZE FÜR DIE REINIGUNG

Jede Methode, die zur Beseitigung von Verdunkelungen eingesetzt wird, kann als eine Art der *Reinigung* betrachtet werden, obwohl es im Zusammenhang mit der spezifischen Reinigung von negativem Karma eine Reihe von besonders wirksamen Techniken gibt. Der Kalachakra-Pfad stützt sich auf die Kombination von zwei Ansätzen, die wir nun im Detail untersuchen werden. Diese sind: (1) der allgemeine Ansatz des Großen Fahrzeugs und (2) der außergewöhnliche Ansatz des Vajrafahrzeugs.

Der Mahayana-Ansatz

Aufgrund des Schwerpunktes, mit Ursache und Wirkung zu arbeiten, um die

Manifestation von Erfahrungen zu gestalten, wird das Mahayana als *kausales Fahrzeug* bezeichnet. Im Hinblick auf die Reinigungspraxis basiert der Mahayana-Ansatz auf dem Erkennen der Bedingungen, die für die Reifung des Karma erforderlich sind, und auf der Anwendung von Gegenmitteln, um das Entstehen dieser Bedingungen zu verhindern.

Die wichtigste Methode zur Reinigung ist die Anwendung der *vier Kräfte*: (1) die Kraft des Bedauerns; (2) die Kraft des Vertrauens; (3) die Kraft des Gegenmittels und (4) die Kraft der Entschlossenheit. Jede dieser Bedingungen erschöpft effektiv unser negatives Karma und verhindert, dass es sich manifestiert.

Es ist von grundlegender Bedeutung, dass alle vier Kräfte einbezogen werden, damit unsere Reinigung wirksam ist. Wenn auch nur eine von ihnen fehlt, ist sie unvollständig. Genauso wie der Versuch, etwas Schmutziges ohne Wasser und Seife zu waschen, ist die Arbeit nicht richtig getan. In ähnlicher Weise sind alle vier Kräfte notwendig, um negatives Karma reinzuwaschen.

Wenn wir jetzt diese Kräfte vorstellen, bedenken Sie, dass ihre Reihenfolge nicht festgelegt ist. Als sekundärer Faktor wird ihre Anordnung normalerweise von den Autor/innen des Textes oder der Praxisart bestimmt. Unabhängig davon, wie eine Praxis abläuft, sollten Sie jedenfalls darauf achten, dass alle vier Kräfte an irgendeiner Stelle enthalten sind.

Die Kraft des Bedauerns

Die erste Kraft, auf die wir uns beziehen werden, ist die *Kraft des Bedauerns*, manchmal auch Kraft der Reue genannt. Der Zweck dieser Kraft ist es, alle unsere negativen Handlungen aufrichtig einzugestehen, ohne etwas zu verbergen. Indem wir erkennen, dass unsere vergangenen Handlungen unklug waren, entlarven wir unseren Stolz und legen alles vor den Buddhas und Bodhisattvas offen.

Für Menschen aus Kulturen, in denen übermäßige Schuldgefühle und Selbstkritik üblich sind, ist es wichtig, die Natur des Bedauerns klar zu erkennen. Wenn wir erkennen, dass wir ein negatives Verhalten an den Tag gelegt haben, ist das Bedauern der Geist, der sieht, dass diese Handlungen zu einem unerwünschten Ergebnis beitragen. Es gibt keine Schuldzuweisung und es gibt keine Andeutung, dass wir eine „schlechte Person" sind, die bestraft werden muss. Echtes Bedauern spornt uns an, eine Lösung für unsere Probleme zu finden, anstatt uns in

Schuldgefühlen zu verfangen. Anstatt über verschüttete Milch zu jammern, hilft uns das Bedauern zu erkennen, dass wir die Milch verschüttet haben und Schritte unternehmen müssen, um sie aufzuwischen.

Authentisches Bedauern sollte auf einem Fundament der bedingungslosen Liebe zu uns selbst gründen. Es ist wichtig, uns selbst die Erlaubnis zu geben, jeden Teil dessen, was wir sind, zu akzeptieren und unsere negativen Neigungen offen zu bekennen. Es kann hilfreich sein, sich daran zu erinnern, dass es menschlich ist, Fehler zu machen und unheilsame Handlungen zu begehen. Da wir ohne Wahl in Samsara geboren werden, sind wir von Natur aus mit negativem Karma behaftet. Während wir den buddhistischen Pfad beschreiten, ist es unvermeidlich, dass wir weiterhin Fehler machen werden. Denken Sie einfach daran, dass wir durch das Brechen von Verpflichtungen und deren Reinigung lernen, auf dem Pfad voranzukommen.

Bedauern entsteht, wenn man die eigenen Handlungen überprüft und über ihre Natur reflektiert. Wenn wir erkennen, wie sehr unser Geist von negativen Neigungen beherrscht wird, entsteht ein Gefühl großer Besorgnis, so als ob wir gerade Gift geschluckt hätten. Mit einem starken Gefühl der Dringlichkeit wollen wir ein Gegenmittel gegen dieses Gift finden.

Die Kraft des Vertrauens

Die nächste Kraft ist die *Kraft des Vertrauens*, auch bekannt als die Kraft der Stütze. Das Wesen dieser Kraft besteht darin, zu erkennen, dass wir Hilfe brauchen, um unsere Fehler zu überwinden. Dies ist vergleichbar mit einer Person, die hingefallen ist und sich auf den Boden als Stütze verlässt, um sich wieder aufzurichten. Genauso wenden wir uns an die Buddhas und Bodhisattvas als Zufluchtsquelle, wenn wir aufgrund unserer starken Verblendungen negative Handlungen begehen. Mit ihrer Unterstützung erhalten wir Zugang zu der benötigten Weisheit, um unsere gewohnheitsmäßigen Neigungen zu überwinden. Wir können diese Kraft durch die Praxis der Zufluchtnahme und der Erzeugung von Bodhicitta entwickeln.

Sich auf eine gültige Zufluchtsquelle zu verlassen, schafft ein Gefühl der Erleichterung, ähnlich wie wenn eine Ärztin oder ein Arzt Ihnen Medikamente gibt, nachdem Sie ein tödliches Gift eingenommen haben. Die Gewissheit, dass diese Ärzt/innen Sie heilen werden, beruhigt Sie und Sie können sich auf Ihre Genesung konzentrieren. Das ist die Kraft des Vertrauens.

Die Kraft des Gegenmittels

Die *Kraft des Gegenmittels* oder der Handlung ist die Kultivierung von tugendhaften Handlungen als Gegenmittel für die schädlichen Handlungen, die wir bekannt haben. Mit einer starken Absicht widmen wir alle tugendhaften Taten, die wir seit anfangsloser Zeit angesammelt haben, um als Gegenmittel zu dienen, das unser negatives Karma reinigen wird. Eine solche Kultivierung von Verdienst kann darin bestehen, Darbringungen zu machen, Gebete oder Mantras zu rezitieren, buddhistische Texte zu lesen oder liebevolle und mitfühlende Handlungen zu vollbringen. Welches Gegenmittel oder welche Reinigungsmethode wir auch immer wählen, die Anwendung muss bewusst und mit einem Gefühl der Dringlichkeit erfolgen. Im Mahayana gibt es eine Reihe von Praktiken, die traditionell zur Reinigung von negativem Karma eingesetzt werden:

1. **Meditieren über die Leerheit:** Alles Karma basiert auf einem dualistischen Erfassen der Natur der Wirklichkeit. Indem wir über Leerheit meditieren, durchschneiden wir die Unwissenheit, die verblendete Geisteszustände unterstützt, und verhindern so die Entstehung von negativem Karma.

2. **Niederwerfungen vor heiligen Objekten:** Niederwerfungen in der Gegenwart von realen oder visualisierten heiligen Objekten sind ein sehr effektiver Weg, um riesige Ozeane von Verdienst zu kultivieren und gleichzeitig unsere Selbstbezogenheit zu reduzieren, die als Ursache für viele verblendete Geisteszustände wirkt.

3. **Abbildungen des Buddha anfertigen:** Um Negativitäten des Körpers zu reinigen, ist es sehr nützlich, Manifestationen von Buddha-Formen herzustellen wie Statuen oder Gemälde. Dies schafft nicht nur die Ursachen für die Manifestation dieser Formen, sondern erzeugt auch positive Neigungen im Geist derjenigen, die die geschaffenen Bilder sehen. Wenn Sie die Abbildungen nicht selbst herstellen können, ist es eine gute Alternative, jemanden zu sponsern, der das kann.

4. **Heilige Texte erstellen:** Um die Negativität der Rede zu reinigen, können Sie persönlich Texte erstellen oder anderen helfen, Texte zu erstellen, die den Dharma vermitteln. Dazu gehört das Anfertigen von Abschriften von Dharma-Vorträgen, die Unterstützung von Menschen beim Zugang zu den Lehren, das Anfertigen von Übersetzungen oder sogar das Verfassen eigener Texte.

5. **Stupas errichten:** Um Negativitäten des Geistes zu reinigen, können Sie Stupas errichten oder andere dazu veranlassen, Stupas zu errichten, die die physische Manifestation des erleuchteten Geistes sind. Solche Stupas können denjenigen, die ihnen begegnen, unermesslichen Nutzen bringen, indem sie Eindrücke schaffen, um ihre Buddhanatur zu verwirklichen.

6. **Lobpreisung der Buddhas:** Indem Sie sich die Qualitäten der erleuchteten Wesen vergegenwärtigen und Hingabe zu ihnen kultivieren, schaffen Sie die Voraussetzungen für Ihre eigene Erleuchtung. Diese Handlung wirkt direkt der Anhaftung an die zyklische Existenz entgegen und richtet den Geist auf die Befreiung aus. In den tibetischen Traditionen ist es üblich, zu diesem Zweck die Lobpreisungen an die *Fünfunddreißig Buddhas* oder den Lobpreis an die *Einundzwanzig Taras* zu rezitieren.

7. **Darbringungen von Körper, Rede und Geist:** Um Anhaftung zu reinigen, können Sie sich darauf konzentrieren, umfangreiche Darbringungen von Körper, Rede und Geist zu machen. Dazu können physische Darbringungen gehören oder solche, die im Geist visualisiert werden. Wie wir im nächsten Kapitel sehen werden, ist die *Darbringung des Universums als Mandala* eine besonders wirksame Methode, um Anhaftung zu reinigen und große Mengen an Verdienst anzusammeln.

8. **Das Verdienst widmen:** Unabhängig von der tugendhaften Handlung, wenn das Verdienst der Überwindung einer bestimmten negativen Neigung gewidmet wird, funktioniert diese Aktivität als eine Methode zur Reinigung.

Die Kraft der Entschlossenheit

Die vierte und letzte Kraft ist die *Kraft der Entschlossenheit*. Nachdem wir unsere negativen Handlungen bekannt und Tugend kultiviert haben, um sie zu reinigen, fassen wir den bewussten Entschluss, sie nie wieder zu begehen. Es gibt zwei wichtige Elemente, die bestimmen, ob unsere Reinigungspraxis erfolgreich sein wird:

1. **Eine feste Entschlossenheit:** Sobald Sie eine falsche Art des Verhaltens erkannt haben, sollten Sie die feste Überzeugung entwickeln, diese Handlung nie wieder zu wiederholen, selbst wenn Ihr Leben auf dem Spiel steht. Auch wenn Sie glauben, dass die Möglichkeit besteht, dass Sie die Handlung wiederholen werden, lohnt es sich, ein Versprechen abzugeben, es nicht zu tun. Es heißt, dass eine starke und aufrichtige Entschlossenheit stark genug sein kann, um das negative Karma vieler Lebenszeiten zu bereinigen. Das hängt nicht von der Zeit ab, die Sie mit Ihrer Entschlossenheit verbringen, sondern vielmehr von der Aufrichtigkeit und Stärke Ihrer Verpflichtung. Wir können unseren Vorsatz konkretisieren und versprechen, ein bestimmtes negatives Verhalten für einen bestimmten Zeitraum zu vermeiden oder zumindest erhebliche Anstrengungen zu unternehmen, um es nicht zu wiederholen.

2. **Vertrauen in die Reinheit:** Nachdem Sie das Gegenmittel angewendet und Ihren Entschluss gefasst haben, sollten Sie darauf vertrauen, dass Sie all Ihr negatives Karma gereinigt haben. Das bedeutet nicht, dass Sie nie wieder reinigen müssen, sondern dass Sie erkennen, dass Ihr Geist von Anfang an rein war. Dies kann geschehen, indem man darüber nachdenkt, dass diejenigen, die die negativen Handlungen ausgeführt haben, die negativen Handlungen selbst und die erzeugten karmischen Neigungen allesamt nur Zuschreibungen sind und daher keine inhärente Existenz haben.

Wenn Sie diese Aspekte in Ihre Praxis einbeziehen, wird Ihre Reinigung eine sehr starke Wirkung auf Ihren Geist haben.

Der Vajrayana-Ansatz

Durch die vier Kräfte kann jede spirituelle Praxis geschickt in einen Akt der Reinigung umgewandelt werden – einschließlich der in den buddhistischen Tantras dargestellten Methoden. Der Hauptunterschied zwischen dem allgemeinen Ansatz des Mahayana und dem außergewöhnlichen Ansatz des Vajrayana liegt in der Perspektive, die beide verwenden. Im Mahayana erfolgt die Reinigung durch das Erkennen des negativen Karma, das wir dann zu beseitigen versuchen. Wenn wir im Vajrayana erkennen, dass der Grund für unsere leidbringende Erfahrung bereits Soheit ist, hat das Karma nicht länger die Macht, unsere Erfahrung zu konditionieren. Da es sich auf das Verständnis der Untrennbarkeit von Grund und Ergebnis stützt, wird das Vajrayana oft als das *resultierende Fahrzeug* bezeichnet.

Die wichtigste Reinigungsmethode im Vajrayana ist das Rezitieren des hundertsilbigen Mantras von Vajrasattva. Dies wird in der Regel mit einer ausführlichen Visualisierungspraxis der Gottheit Vajrasattva als Fokus kombiniert. Auf einer relativen Ebene war Vajrasattva einst ein Bodhisattva, der seine Erleuchtung der Reinigung des negativen Karma aller Wesen widmete. Er gelobte all jene zu reinigen und zu heilen, die an ihn dachten und ihre negativen Handlungen aufrichtig bekannten. Durch die Kraft dieses Versprechens und seine Verbindung zu den fühlenden Wesen dieses Universums können wir seinen Segen empfangen, wenn wir unsere Gebete, Wünsche und unsere Praxis darbringen.

Auf der letztendlichen Ebene ist Vajrasattva ein anderer Name für die innewohnende Reinheit unserer eigenen Buddhanatur. Er ist der absolute Guru, der sich spontan in der Form einer Weisheitsgottheit manifestiert, um uns eine Methode zur Reinigung unserer Verblendungen zu geben. Wenn wir über seine Natur meditieren, können wir erkennen, dass wir untrennbar mit ihm verbunden sind. Auf diese Weise ist Vajrasattva gleichzeitig der Grund, der Pfad und das Ergebnis.

DIE EIGENTLICHE PRAXISMETHODE

Die *Vajrasattva-Reinigungspraxis* ist eine vollständige Form der Reinigung, die die vier Kräfte einbezieht und sich gleichzeitig die geschickten Techniken der Visualisierung und der Mantra-Rezitation zunutze macht. Diese Praxis kann in fünf Schritte unterteilt werden: (1) die Visualisierung von Vajrasattva als Hauptstütze für die Reinigung aufbauen; (2) die eigenen vergangenen Verfehlungen überprüfen und sie als Fehler anerkennen; (3) die Entschlossenheit stärken, diese Handlungen in Zukunft zu vermeiden; (4) als Gegenmittel die eigene innewohnende Reinheit erkennen, indem man den Nektarfluss visualisiert und Mantras rezitiert; und (5) die Praxis abschließen, indem man die Visualisierung auflöst und in der eigenen reinen Natur ruht.

Dieser Prozess mag zunächst kompliziert erscheinen, aber denken Sie daran, dass es nur darum geht, sich mit jedem Schritt vertraut zu machen, beginnend mit dem Verständnis der Grundstruktur, die durch Hinzufügen von Details erweitert werden kann. Versuchen Sie, sich der Essenz der Praxis bewusst zu bleiben, sodass unabhängig davon, wie ausführlich oder knapp sie ist, die gewünschten Ergebnisse erzielt werden. Wenn Ihre Entschlossenheit und Absicht rein sind, wird sich die Wirksamkeit Ihrer Reinigungspraxis zweifellos verbessern.

Die Visualisierung von Vajrasattva

In dieser Praxis visualisieren wir uns selbst als ein gewöhnliches menschliches Wesen, dessen Geist voller verblendeter und kognitiver Verdunkelungen ist. Dieser unreine Zustand ist unsere übliche Art, die Welt zu erleben. Es ist wichtig, den Eindruck von der riesigen Menge an negativem Karma zu haben, das wir seit anfangsloser Zeit geschaffen haben, da dies die Grundlage für den Vergleich mit unserer innewohnenden Reinheit bildet, die in der Form von Vajrasattva visualisiert wird.

Bevor Sie diese Praxis beginnen, sollten Sie sich Zeit nehmen, um eine sinnvolle Motivation durch die Praxis von Zuflucht und Bodhicitta zu entwickeln. Wenn Reinigung Ihre Hauptpraxis ist, können Sie die damit verbundenen Niederwerfungen und Visualisierungen dieser vorbereitenden Übungen weglassen und sich einfach an ihre Bedeutung erinnern.

Beginnen Sie die eigentliche Praxis, indem Sie das Mantra rezitieren:

OM SVABHAVA SHUDDHA SARVA DHARMA SVABHAVA SHUDDHO HUM

Alle Existenz, einschließlich der eigenen, tritt in den natürlichen Zustand der Leerheit ein.

Der Zweck dieses Mantras ist es, alle Erscheinungen in den reinen natürlichen Zustand der Leerheit zu reinigen – die letztendliche Wahrheit, die leer von täuschenden Phänomenen ist. Visualisieren Sie Ihren Körper und alle Erscheinungen als eine leere Reflexion, wie die Spiegelung des Mondes auf einem See. Nachdem Sie das Mantra rezitiert haben, ruhen Sie einen Moment in einem nicht-begrifflichen Zustand und fahren dann fort:

Die wahre Natur der konventionellen Existenz ist selbst-los und nicht-konzeptuell; ich verweile in diesem Zustand der Leerheit. Aus diesem Zustand der Leerheit heraus werde ich über Reinigung und Ansammlung meditieren, um den Rupakaya zu erlangen.

Ich sehe mich in meiner gewöhnlichen Gestalt und über meinem Scheitel erscheint die Silbe PAM(པཾ), die sich in eine achtblättrige weiße Lotosblüte verwandelt. Auf der Lotosblüte erscheint die Silbe AH (ཨཿ) und verwandelt sich in eine Vollmondscheibe.

Auf der Mondscheibe erscheint die Silbe HUM (ཧཱུྃ) , die sich in einen weißen, fünfspeichigen Vajra verwandelt mit einer Silbe HUM (ཧཱུྃ) in der Nabe.

Langsam wird der natürliche Zustand der Leere lebendig, wie die Reflexion eines Spiegels. Daraus entsteht die Silbe PAM, die eine Pfeillänge über Ihrem Scheitel steht und sich in eine weiße Lotosblume verwandelt, die die Geburt Ihrer reinen Natur symbolisiert. Die Silbe AH steht für die Rede aller Buddhas, während die Vollmondscheibe das Mitgefühl symbolisiert. Die Silbe HUM repräsentiert den Geist aller Buddhas, und der Vajra steht für unzerstörbare, unnachgiebige spirituelle Kraft und Weisheit. Der Vajra besteht aus durchscheinendem Licht und hat an jedem Ende fünf Speichen, die die fünf Buddhafamilien oder die fünf Weisheiten eines Buddha darstellen.

Um den Dharmakaya oder natürlichen Buddha in uns zu enthüllen, müssen wir Verdienste ansammeln und alle Befleckungen auf einer relativen Ebene reinigen. Die Lotos-, Vajra- und Keimsilben sind dann Darstellungen der Erzeugung von Verdienst und des Reinigungsprozesses während der verschiedenen Existenzstufen – Geburt, Leben, Tod, Übergang und Wiedergeburt.

Vajrasattva Yab-Yum

Dieses HUM (Ḥ) sendet strahlendes Licht zu allen Universen aus und bringt allen Arya-Wesen grenzenlose Opfergaben dar.

Dann strahlt das Licht zu allen Wesen in Samsara und reinigt deren Negativitäten und Verdunkelungen; schließlich kehrt das Licht zurück und verschmilzt mit der Silbe HUM (Ḥ).

Die Silbe HUM ist die Essenz des Geistes der Buddhas. Wenn das HUM strahlendes Licht aussendet und allen Arya-Wesen Opfergaben darbringt, rufen Sie den Segen der Buddhas an und visualisieren, wie sich das Licht dieser Segnungen in Sie zurück auflöst. Dies ist eine tantrische Methode, die Praxis kraftvoll zu machen. Die Reinigung der Befleckungen aller Wesen mit demselben Licht ist eine einzigartige Methode, um Verdienst anzusammeln. Der Zweck, den erleuchteten Wesen grenzenlose Opfergaben zu bringen und die Befleckungen der fühlenden Wesen zu reinigen, besteht darin, den Rupakaya-Formkörper zu erlangen, der das Ergebnis der Ansammlung von Verdienst ist.

Mit dieser höchsten Darbringung und Reinigung verwandelt sich die Silbe HUM (Ḥ) in die erhabene Form von Vajrasattva in Vereinigung, Geschlechter transzendierend.

Vajrasattva hat einen weißen Körper, ein Gesicht und zwei Arme; er hält einen Vajra in seiner rechten Hand und eine Glocke in seiner linken. Er umarmt seine Gefährtin Vajratopa in Yab-Yum.

Die Form von Vajrasattva und Vajratopa ist der Rupakaya-Aspekt der Erleuchtung, der die Ansammlung von Verdienst darstellt, die notwendig ist, um anderen spontan zu helfen. Obwohl die Praxis auch funktioniert, wenn man Vajrasattva allein visualisiert, ist es effektiver, ihn in erleuchteter Umarmung mit seiner Gefährtin Vajratopa zu visualisieren. Dies ist als Vajrasattva Yab-Yum bekannt und steht für die Vereinigung von Methode und Weisheit im höchsten Zustand.

Vajrasattva hat einen strahlend weißen Körper, der jugendlich, durchscheinend, perfekt proportioniert und attraktiv ist – Eigenschaften, die die Reinigung von allen Befleckungen symbolisieren. Im Vajrayana sind Attribute wie der Vajra und die Glocke besondere Bedingungen, um sich mit den Qualitäten der

Erleuchtung zu verbinden, die auf dem Prinzip der Interdependenz beruhen. Der Vajra verkörpert die Qualität der Unzerstörbarkeit, wie die eines Diamanten, und repräsentiert den Geist des Buddha. Er ist auch das Symbol für spontane große Glückseligkeit und männliche spirituelle Qualitäten wie Mitgefühl. Die Glocke mit dem Abbild eines Buddha-Gesichts und der Inschrift eines Mantras repräsentiert den erleuchteten Körper und die Rede sowie die Leere Form und weibliche spirituelle Qualitäten wie Weisheit.

Vajratopa ist von weißer Farbe, sie hält ein gebogenes Messer in ihrer rechten Hand und eine Schädelschale in ihrer linken. Beide sind mit Knochen- und Juwelenornamenten geschmückt und sitzen mit gekreuzten Beinen in der Vajra-Lotos-Haltung. Große Glückseligkeit manifestiert sich aus ihrer erleuchteten Umarmung.

Das gebogene Messer steht für die Methode oder die Fähigkeit, den dualistischen Geist zu durchschneiden, während die Schädelschale für Weisheit oder den „Verzehr" unreiner dualistischer Gedanken steht. Sowohl Vajrasattva wie auch Vajratopa sind mit acht Ornamenten geschmückt, die die acht reinen Arten des Bewusstseins darstellen. Dazu gehören: (1) eine Krone, (2) Ohrringe, (3) eine kurze Halskette, (4) eine mittellange Halskette, (5) eine lange Halskette, (6) Schulterschmuck, (7) Armbänder und (8) Fußkettchen. Der Schmuck von Vajratopa besteht aus Knochen, der von Vajrasattva aus juwelenbesetzten Vajras. Abgesehen von diesen Schmuckstücken sind ihre Körper völlig nackt.

Das Kreuzen ihrer Beine in der Vajra-Lotos-Haltung symbolisiert die Untrennbarkeit von Samsara und Nirvana, und sie erscheinen mit weißen, durchscheinenden Körpern, leuchtend wie der Mond und strahlend wie ein Schneegipfel, der von hunderttausend Sonnen erhellt wird. Diese Visualisierung verleiht die Kraft des Vertrauens.

Unsere Visualisierung sollte weder ein flaches Bild wie bei einem Gemälde oder Fresko sein, noch ist sie starr und leblos wie eine Ton- oder Goldstatue. Jedes Detail ist lebendig präsent, erscheint klar und deutlich, sogar die Pupillen und das Weiß der Augen, und doch ist ihre Erscheinung leer. Sie ist ohne feste Substanzen wie Fleisch, Blut und innere Organe, stattdessen wie ein Regenbogen, der im Raum erscheint, oder gleich einer makellosen Kristallvase wie die

Spiegelung des Mondes im Wasser. Sie ist auch von Weisheit durchdrungen, da Buddha Vajrasattva von seiner Natur her mit Ihrem/r eigenen mitfühlenden Wurzellehrer/in identisch ist und sein Geist Sie und alle Wesen mit grenzenloser Liebe erreicht.

An ihrer Stirn steht OM (ཨོཾ).
An ihrer Kehle steht AH (ཨཱཿ).
An ihrem Herzen steht HUM (ཧཱུྃ).
An ihrem Nabel steht HOH (ཧོཿ).

Vom HUM (ཧཱུྃ) an ihrem Herzen strahlt Licht aus in die zehn Richtungen. Die Kraft der Reinigung aller Buddhas und Bodhisattvas strahlt in Form von weißem Nektar zurück. Der Nektar löst sich auf und wird untrennbar eins mit Vajrasattva Yab-Yum.

DZA (ཛཿ) HUM (ཧཱུྃ) VAM (ཝྃ) HOH (ཧོཿ)

Die Silben OM, AH und HUM an Stirn, Kehle und Herz stehen für den unzerstörbaren Körper, die Rede und den Geist von Vajrasattva. Das HOH am Nabel steht für die unzerstörbare ursprüngliche Weisheit. Das Licht, das zu allen Buddhas und Bodhisattvas ausstrahlt, sammelt ihren Segen und ermächtigt Vajrasattvas Herz mit ihrer reinigenden Kraft. Es erscheint in der Form von tausenden leuchtenden, durchscheinenden, milchig-weißen Nektartropfen, die manchmal als Bodhicitta bezeichnet werden.

Während Sie die Silbe DZA rezitieren, sammelt sich der Nektar an einem einzigen Punkt über dem Scheitel von Vajrasattva; mit HUM löst er sich in ihm auf; und mit VAM füllt er den gesamten Körper von Vajrasattva Yab-Yum. Wenn schließlich HOH rezitiert wird, verbindet sich der Nektar untrennbar mit Vajrasattva Yab-Yum, sodass sie in reinem weißen Licht erstrahlen. Der Nektar strömt dann aus jeder Pore ihrer Körper, besonders aus ihrem geheimen Ort, und ergießt sich wie ein Wasserfall oder ein milder Regenschauer.

Bekennen aller früheren Verfehlungen

Mit dieser Visualisierung erinnern wir uns nun an die negativen Handlungen unserer Vergangenheit und bekennen sie in der Gegenwart unseres/r Lama, der/

die sich als Vajrasattva Yab-Yum manifestiert. Um uns zu helfen, Achtsamkeit für diese Verfehlungen zu entwickeln, rezitieren wir die folgenden Verse:

Zerstörer der Täuschung, Vajrasattva, bitte läutere und reinige alle Negativitäten, Verdunkelungen und Übertretungen, die seit anfangsloser Zeit angesammelt wurden.

Seit anfangsloser Zeit bis heute, geplagt von Anhaftung, Hass und Verblendung, habe ich durch meine drei Tore die zehn unheilsamen Handlungen, die fünf abscheulichen Verbrechen, die fünf ebenso schweren Verbrechen, die vier schwerwiegenden unheilsamen Handlungen und die acht falschen Verhaltensweisen angesammelt.

Jetzt bekenne ich alle Übertretungen der Pratimoksha-Gelübde, Bodhicitta-Gelöbnisse, tantrischen Verpflichtungen und jegliches Fehlverhalten gegenüber meinen Eltern, Lehrer/innen und denen, die mir die Gelübde gegeben haben.

Insbesondere bekenne ich jetzt jegliche unreine und verurteilende Sichtweise, Respektlosigkeit, Mangel an Liebe oder Loyalität gegenüber meinem/r Lama und meiner Dharmafamilie; Fehlverhalten gegenüber den Drei Juwelen, das Aufgeben des Dharma, unrichtige Beurteilung des Sangha und das Schädigen jeglichen fühlenden Wesens.

Während dieser Zeit sollten Sie ein tiefes Gefühl des Bedauerns für die fehlerhaften Handlungen entwickeln, die Sie begangen haben. Das Nachdenken über bestimmte negative Handlungen kann die Wirkung Ihres Gefühls steigern; aus diesem Grund möchten Sie vielleicht die folgenden Handlungsweisen überprüfen:

1. **Die zehn unheilsamen Handlungen von Körper, Rede und Geist:** (1) Töten; (2) Stehlen; (3) sexuelles Fehlverhalten; (4) Lügen; (5) harsche Worte; (6) entzweiende Rede; (7) sinnloses Geschwätz; (8) Habgier; (9) böser Wille und (10) falsche Ansichten.

2. **Die fünf abscheulichen Verbrechen:** (1) den eigenen Vater töten; (2) die eigene Mutter töten; (3) einen Arhat töten; (4) das Blut eines Buddha vergießen und (5) eine Spaltung des Sangha herbeiführen.

3. **Die fünf ebenso schweren Verbrechen:** (1) die eigene Mutter, die ebenfalls

ein Arhat ist, durch sexuelles Fehlverhalten erniedrigen; (2) einen „sicher verweilenden" Bodhisattva töten; (3) einen Arya auf dem Pfad des Lernens töten; (4) Gelder des Sangha veruntreuen und (5) einen Stupa zerstören.

4. **Die vier schwerwiegenden unheilsamen Handlungen:** (1) Ehrerbietung von einem fortgeschritteneren Praktizierenden annehmen; (2) den Reichtum eines wahren Praktizierenden ausnutzen; (3) Anhänger/innen daran hindern, Verdienst anzusammeln und (4) den/die eigene/n spirituelle/n Meister/in betrügen.

5. **Die acht falschen Handlungen:** (1) Gutes kritisieren; (2) Böses loben; (3) das Ansammeln von Verdiensten einer tugendhaften Person unterbrechen; (4) den Geist derer stören, die Hingabe haben; (5) den/die eigene/n spirituelle/n Lehrer/in aufgeben; (6) die Verpflichtungen gegenüber der eigenen Gottheit aufgeben; (7) die eigenen Dharmabrüder und -Schwestern aufgeben und (8) ein Mandala entweihen oder die Regeln während des Retreats missachten.

Abschließend sollten wir alle Übertretungen in Bezug auf die Gelübde oder Verpflichtungen, die wir eingegangen sind, anerkennen. Dazu gehören: (1) die äußeren *Gelübde der persönlichen Befreiung*; (2) die innere Schulung der *Bodhisattva-Gelübde* und (3) die geheimen Verpflichtungen der *tantrischen Gelübde*. Wenn Sie Zeit haben, ist es eine gute Idee, jedes Gelübde zu überprüfen und sicherzustellen, dass es nicht beschädigt wurde. Vergegenwärtigen Sie sich zumindest das Wesen der einzelnen Gelübde und erkennen Sie, wann Sie nicht in Übereinstimmung mit ihnen gehandelt haben.

Generell sollten Sie sich alle Versprechen vor Augen führen, die Sie nicht eingehalten haben, alle Lügen, die Sie erzählt haben, und alles Schändliche oder Unehrenhafte, das Sie getan haben. Entwickeln Sie das Gefühl, dass Sie all dies in der Gegenwart von Buddha Vajrasattva bekennen, und versuchen Sie, Gefühle von Scham, Angst und Reue zu erzeugen, die so intensiv sind, dass Ihr ganzer Körper eine Gänsehaut bekommt. Eine solche Reaktion zeigt die Kraft des Bedauerns und hilft dem Geist, sich von negativen Gewohnheiten abzuwenden.

Das Versprechen, Verfehlungen in der Zukunft zu vermeiden

Mit einem klaren Gewahrsein der negativen Handlungen, die wir in der Vergangenheit begangen haben, wenden wir uns nun der Entschlossenheit zu, diese Handlungen in der Zukunft zu vermeiden. Wir versuchen eine Haltung zu kultivieren, die eingesteht, dass wir seit anfangsloser Zeit immer wieder die gleichen Fehler begangen haben. Wenn wir uns nicht bemühen, diese Verhaltensweisen jetzt aufzugeben, werden wir weiterhin mehr Ursachen für Leiden ansammeln. Dieses Verständnis ist im folgenden Vers festgehalten:

Alle angesammelten Untugenden, die ich selbst begangen habe, auch dass ich andere angestiftet habe, dasselbe zu tun, und jegliches andere Fehlverhalten; alle Verdunkelungen, die das Erreichen von Nirvana und der allwissenden Buddhaschaft verhindern, alle schlechten Taten als Ursache für eine Wiedergeburt in Samsara, auch in den niedrigen Bereichen; all das bekenne ich ohne Stolz aus der Tiefe meines Herzens. Ich werde diese Taten nie wieder begehen.

Damit unser Versprechen Kraft hat, müssen wir erkennen, warum diese Handlungen Leiden verursachen. Indem wir eine unterscheidende Weisheit kultivieren, die versteht, wie wir unser eigenes und das Leiden anderer fortsetzen, entwickeln wir einen intensiven Überdruss gegenüber diesem Verhalten. Nur dann werden wir diese Ursachen ernsthaft aufgeben und in der Tugend verweilen.

Visualisierung des Herabströmens von Nektar mit Mantra-Rezitation

Nachdem wir die richtige Einstellung zur Reinigung kultiviert haben, gehen wir nun dazu über, unseren Geist von den negativen karmischen Neigungen zu reinigen, die wir geschaffen haben. Die Methode, die wir dazu verwenden, ist die Visualisierung eines Schauers von Nektar, der unseren Körper und unseren Geist reinigt, während wir das Hundert-Silben-Mantra von Vajrasattva rezitieren. Wir stellen zuerst unsere Visualisierung her und konzentrieren uns dann auf die Rezitation des Mantras.

Während ich aufrichtige Reue mit diesem kostbaren Gebet verbinde, fließt weißer

Nektar kraftvoll aus der Vereinigung von Vajrasattva. Er ergießt sich durch meinen äußeren und inneren Körper und wäscht alle Negativitäten fort, jegliche Krankheit, alles Böse und die Verdunkelungen durch karmische Negativitäten. Diese Verunreinigungen erscheinen als Insekten, Spinnen, Würmer und Fliegen. Ich sehe, wie sie wie Ruß oder Kohle aus einem Kamin weggewaschen werden und sich in die Erde auflösen. Dann verwandeln sie sich in begehrenswerte Objekte, die die Wünsche derer, denen ich verpflichtet bin, erfüllen. Mein Körper ist jetzt klar wie ein Kristall, erfüllt mit dem reinen, erhabenen Nektar.

Sie können damit beginnen, sich eine Mondscheibe am Herzen von Vajrasattva vorzustellen. Auf dieser Scheibe befindet sich die Silbe HUM, umgeben vom Hundert-Silben-Mantra, das sich im Gegenuhrzeigersinn dreht. Wenn wir das lange Mantra rezitieren, erzeugt das HUM Perlen aus weißem, leuchtendem Nektar, die von der Mantra-Silbe herabtropfen, wie Eis, das vom Feuer geschmolzen wird. Die Tropfen entspringen dem Ort der Vereinigung zwischen Vajrasattva und Vajratopa und erzeugen einen stetigen Strom von Nektar.

Dieser segensreiche heilende Nektar fließt durch den Scheitel in Ihren Zentralkanal, durchtränkt Ihren gesamten Körper von oben bis unten und reinigt unzählige Äonen negativen Karma. Aus den Poren Ihrer Haut und den unteren Öffnungen Ihres Körpers treten Verunreinigungen in der Form von unangenehmen Substanzen oder Lebewesen wie schwarzem Ruß, Rauch, Würmern, Maden, Blut oder Eiter hervor. Alle diese Erscheinungen lösen sich dann im Boden unter Ihnen auf. Nachdem Sie eine Weile auf diese Weise fortgefahren sind, stellen Sie sich vor, dass Ihr Körper kristallklar und mit leuchtendem Nektar gefüllt ist.

In dieser Praxis steht der Nektar für unser Gewahrsein der reinen Natur aller Phänomene. Dieses Gewahrsein ist das Herzstück von Vajrasattva Yab-Yum und ist das eigentliche Heilmittel zur Reinigung unseres Geistes. Solange wir unsere dualistische Wahrnehmung der Wirklichkeit bekräftigen, werden wir weiterhin von unserem Karma beherrscht werden, aber indem wir uns unserer wahren Natur gewahr bleiben, können wir unseren dualistischen Geist überwinden. Vajrasattva repräsentiert diese reine Natur der Soheit, die sich von unserer eigenen Natur nicht unterscheidet.

Durch diese Visualisierung sehen wir unsere Negativitäten als Schmutz, der sich auf unserer Haut festgesetzt hat. Es stimmt, dass wir untugendhafte Handlungen begangen haben, aber sie sind kein untrennbarer Teil von uns. Sie sind hinzugekommene Flecken, bloße Zuschreibungen, die unser Geist erschaffen hat, und sie sind so illusorisch wie eine Reflexion in einem Spiegel.

Wenn die Visualisierung in Ihrem Geist aufgebaut ist, beginnen Sie, das Hundert-Silben-Mantra von Vajrasattva zu rezitieren. Diese Version ist als das Mantra von Heruka Vajrasattva bekannt und ist besonders kraftvoll, um den Geist zu reinigen:

OM SHRI VAJRA HERUKA SAMAYA MANUPALAYA | VAJRA HERUKA TENOPA | TISHTHA DRIDHO ME BHAVA | SUTOKAYO ME BHAVA | ANURAKTO ME BHAVA | SUPOKAYO ME BHAVA | SARVA SIDDHI MAME PRAYATSA | SARVA KARMA SU TSAME | TSITAM SHREYANG KURU HUM | HA HA HA HA HO | BHAGAVAN VAJRA HERUKA MAME MUNTSA | HERUKA BHAVA MAHA SAMAYA SATO AH HUM PHAT

Obwohl es am besten ist, dieses lange Mantra sooft wie möglich zu rezitieren, kann man auch eine kürzere Version verwenden:

OM VAJRA SATTVA HUM

Wenn die Vajrasattva-Reinigung Ihre Hauptpraxis ist, sollten Sie sich ausschließlich auf das lange Mantra konzentrieren. Das Auswendiglernen erfordert zwar mehr Anstrengung, aber mit Entschlossenheit werden Sie feststellen, dass es schließlich mit Leichtigkeit von der Zunge rollt. Wenn Sie diese Praxis als tägliche Reinigung verwenden, können Sie das lange Mantra drei oder mehrere Male rezitieren, gefolgt von mindestens einer Mala des kürzeren Mantras.

Achtsamkeit auf die Bedeutung des Mantras

Das Rezitieren eines Mantras wirkt auf mehreren Ebenen. Auf der Ebene der Rede bewirkt jede Silbe, dass der Atem auf eine bestimmte Weise gelenkt wird. Dieser Rhythmus reinigt die Winde im subtilen Körper und macht sie für die Meditation besser nutzbar. Unser Ziel ist es, einen ununterbrochenen Klangstrom zu entwickeln, der zu einem Objekt für die Konzentration des Geistes wird. Um dies zu erreichen, nutzen wir nicht nur die Ausatmung, um Klänge zu erzeugen, sondern auch die Einatmung, eine Fähigkeit, die zu erlernen Übung erfordert. Mit der Zeit werden Sie feststellen, dass sowohl der Atem als auch der Geist immer subtiler werden.

Auf der Ebene des Geistes arbeiten wir mit dem Mantra, indem wir versuchen, unser Gewahrsein für die Bedeutung des Mantras aufrechtzuerhalten. Im Falle des langen Mantras lautet die wörtliche Übersetzung jeder Zeile wie folgt:

Worte	Bedeutung
OM	Huldigung!
SHRI VAJRA HERUKA SAMAYA	Gemäß dem heiligen Versprechen des glorreichen und zornvollen Vajrasattva
MANUPALAYA VAJRA HERUKA TENOPA	Oh Vajrasattva, beschütze das Samaya
TISHTHA DRIDHO ME BHAVA	Bleibe beständig in mir
SUTOKAYO ME BHAVA	Gewähre mir vollkommenes Glück
ANURAKTO ME BHAVA	Sei liebevoll zu mir
SUPOKAYO ME BHAVA	Wachse in mir (vermehre meine Tugend)
SARVA SIDDHI ME PRAYATSA	Segne mich mit allen Siddhis
SARVA KARMA SU TSA ME	Zeige mir alle Karmas
TSITTAM SHREYANG KURU	Mache meinen Geist gut, tugendhaft und glückverheißend
HUM	Die Essenz (oder Keimsilbe) von Vajrasattva
HA HA HA HA	Die vier Unermesslichen, vier Ermächtigungen, vier Freuden und vier Kayas
HOH	Ausruf der Freude
BHAGAVAN	Oh Gesegneter, Verkörperung aller Buddhas
VAJRA HERUKA MA ME MUNTSA	Verlass mich nie
HERUKA BHAVA	Zeige mir die Vajranatur der fünf Weisheiten
MAHA SAMAYA SATTVA	Oh großes Weisheitswesen
AH HUM PHET	Mache mich eins mit dir!

Tabelle 16-1: Bedeutung des langen Vajrasattva-Mantras

Auf der Grundlage dieser Übersetzung lautet die ungefähre Bedeutung des Mantras:

Du – glorreicher Heruka Vajrasattva – hast den erhabenen Geist des Bodhicitta gemäß deinem heiligen Versprechen erweckt. Dein heiliger Geist gebiert spontan heilige Handlungen, die die Wesen von den Leiden Samsaras befreien. Was auch immer in meinem Leben geschieht – Freude oder Leid, Glück oder Unglück – möge dein heiliger Geist mich niemals aufgeben, sondern mich weiterhin leiten. Bitte festige all mein Glück, einschließlich des Glücks der höheren Bereiche. Hilf mir, erhabene und gewöhnliche Verwirklichungen zu erlangen, und bitte lass die Herrlichkeit der fünf Weisheiten in meinem Herzen verweilen.

Während Sie das Mantra rezitieren, versuchen Sie, diese Bedeutung mit den gesprochenen Worten zu verbinden. Auf diese Weise wird jede Rezitation zu einem Gebet, um Erleuchtung zu erlangen.

Zusätzliche Visualisierungen für die Reinigung

Das Rezitieren des langen Mantras mit der obigen Visualisierung ist die Grundform für diese Art der Praxis. Es gibt verschiedene andere Visualisierungen, die wir beim Rezitieren des Mantras anwenden können und die auf die Kernunterweisungen der großen Meister zurückgehen. Das Wissen um verschiedene Praxisformen kann hilfreich sein, um die für Sie effektivste Methode auszuwählen.

Bei der Rezitation des Mantras können Sie zwischen den Methoden wechseln oder bei einer einzigen bleiben. Wenn Sie sich speziell auf diese Praxis konzentrieren, beispielsweise während eines Vajrasattva-Retreats, ist es sinnvoll, alle Möglichkeiten auszuprobieren, um den Nutzen der Praxis zu maximieren. Falls dies jedoch nicht Ihre Hauptpraxis ist, sollten Sie sich auf eine dieser Möglichkeiten festlegen.

Für welche Visualisierung Sie sich auch entscheiden, Sie sollten das Vajrasattva-Mantra immer in einem ununterbrochenen Strom rezitieren, während Sie daran denken, wie wichtig eine aufrichtige und tief empfundene Reue für ihre negativen Taten ist. Versuchen Sie sich über die Möglichkeit zu freuen, die Verdunkelungen Ihres Geistes zu beseitigen, und dass Sie durch Ihre Handlungen die Ursachen für Ihr eigenes Glück sowie das Glück aller Wesen schaffen.

Ausführlicher Schauer von Nektar

Diese Option beinhaltet eine ausführlichere Form der oben beschriebenen

Grundvisualisierung. Beginnen Sie damit, eine Mondscheibe im Herzen von Vajrasattva zu visualisieren, mit der Silbe HUM darauf. Die Silbe HUM ist vom Hundert-Silben-Mantra umgeben, das sich wie ein Rad im Gegenuhrzeigersinn dreht. Mit diesem visualisierten Bild rezitieren Sie das Vajrasattva-Mantra und stellen sich vor, wie weißes Licht von der Silbe HUM nach außen auf das Mantra strahlt. Sowohl die Silbe HUM als auch das Mantra füllen sich mit Licht und Nektar, die allmählich die Körper von Vajrasattva und Vajratopa durchdringen. Der Nektar strahlt aus den Poren ihrer Haut in alle Buddhabereiche, und am Ende jedes Strahls erscheinen unzählige Darbringungen an die Buddhas und Bodhisattvas, geformt aus der großen Glückseligkeit im Geist des Vajrasattva Yab-Yum.

Durch die Segnungen der Körper, der Rede und des Geistes aller Buddhas und Bodhisattvas kehrt der Nektar kraftvoll zurück. Die Segnungen ihres Körpers erscheinen in der Form zahlloser Vajrasattva-Gottheiten, die Segnungen ihrer Rede erscheinen als der alles durchdringende Klang des Mantras, und die Segnungen ihres Geistes erscheinen als der erleuchtete Geist von Vajrasattva, untrennbar mit Ihrem eigenen reinen Gewahrsein verbunden. Alternativ können Sie die Segnungen der Rede in der Form von Mantra-Silben und die Segnungen des Geistes in der Form von kostbaren Utensilien wie dem Vajra und der Glocke visualisieren. All dies löst sich in Vajrasattva und Vajratopa auf und bewirkt, dass der Nektar aus der Vereinigung ihrer Sexualorgane in Ihren Zentralkanal am Scheitelpunkt Ihres Kopfes fließt.

Dieser Nektar fließt von oben nach unten durch Ihren gesamten Körper und reinigt unzählige Äonen von negativem Karma. Diese Verunreinigungen erscheinen als schwarzer Ruß, Rauch, Würmer, Maden, Blut und Eiter, die aus Ihren Füßen und Ihrem Anus ausströmen und von der Erde absorbiert werden. Tief in der Erde visualisieren Sie die Gottheit Yama, den Herrn des Todes. Er verzehrt alle Ihre Verunreinigungen und wandelt sie in Qualitäten wie langes Leben um. Alle karmischen Schulden werden beglichen, was zu einem mühelosen spirituellen Fortschritt und der Beseitigung von Hindernissen führt. Ihr Körper wird dann kristallklar und Sie sind mit strahlend weißem Nektar erfüllt.

Nachdem Sie diese Visualisierung beendet haben, beginnen Sie wieder von vorne. Indem Sie die Visualisierung immer und immer wieder wiederholen, integrieren Sie umfangreiche Darbringungen in Ihre Reinigungspraxis, wodurch Sie das Verdienst erheblich steigern.

Reinigung von Krankheit und negativen Einflüssen

Eine andere Möglichkeit besteht darin, sich speziell auf die Reinigung von Krankheiten, bösen Einflüssen und Maras zu konzentrieren. Zu den Maras gehören negative Einflüsse auf verschiedenen Ebenen: äußere Wesen, die offensichtlich böse sind, sowie innere Hindernisse wie Verblendungen, kognitive Verdunkelungen und andere Hindernisse für die spirituelle Verwirklichung. Wiederholen Sie die oben beschriebene Visualisierung, aber stellen Sie sich diesmal vor, dass der Nektarstrom Krankheiten reinigt, die durch Ungleichgewichte Ihres grob- und feinstofflichen Körpers verursacht werden. Sie strömen aus den Poren Ihrer Haut in der Form von Eiter, dunklem Blut, Maden, Schlangen und Skorpionen, bevor sie von der Erde aufgenommen werden. Rezitieren Sie das Vajrasattva-Mantra, während Sie sich vorstellen, wie Sie gereinigt werden.

Reinigung aller fühlenden Wesen

Die nächste Möglichkeit ist, die Vajrasattva-Praxis auf alle fühlenden Wesen auszudehnen. Dies ist besonders für Mahayana- und Vajrayana-Praktizierende von Bedeutung, deren Motivation alle anderen umfasst, nicht nur sich selbst. Hierzu visualisieren Sie, wie Vajrasattva Licht in alle Richtungen ausstrahlt und sich in einer unendlichen Anzahl von Vajrasattva Yab-Yums auf den Scheiteln aller fühlender Wesen, die Sie um sich herum visualisiert haben, niederlässt. Genau wie der Nektar in Sie fließt, so fließt er auch durch die Scheitel aller Wesen, durchdringt ihren gesamten Körper und reinigt unzählige Äonen von negativem Karma. Ihre Körper werden dann kristallklar und erfüllt von Glückseligkeit spendendem weißen Nektar. Sie sollten der Überzeugung sein, dass alle ihre Verunreinigungen gereinigt sind.

Reinigung der Energiezentren

Eine weitere Methode beinhaltet die Visualisierung des Nektars, wie er in Ihren Körper fließt und jedes der vier Hauptenergiezentren (Chakren) Ihres subtilen Körpers reinigt. Beginnend mit dem Stirnchakra, das sich in der Mitte des Gehirns befindet, stellen Sie sich vor, dass der Nektar in ein Netzwerk von

Zweigkanälen fließt, die von diesem zentralen Punkt ausgehen. Vom Zentrum aus gibt es acht Verzweigungen, die den acht Richtungen entsprechen und sich jeweils in zwei teilen, sodass sich insgesamt sechzehn ergeben. Stellen Sie sich vor, dass alle diese Kanäle geheilt und die mit dem Körper verbundenen Verdunkelungen gereinigt sind.

Der Nektar fließt dann weiter durch den Zentralkanal zum Kehlchakra, das sich direkt über dem Halsansatz befindet. Vom Zentralkanal gehen acht Zweigkanäle aus, die sich in zwei teilen und somit sechzehn ergeben. Jeder dieser Kanäle teilt sich erneut, sodass zweiunddreißig entstehen. Wenn der Nektar diese Kanäle heilt, werden alle mit der Rede verbundenen Verdunkelungen gereinigt.

Das nächste Chakra befindet sich im Herzen und besteht aus acht Kanälen, die sich in die acht Richtungen verzweigen. Sobald der Nektar diese Kanäle heilt, werden die Verdunkelungen gereinigt, die mit verblendeten Gedanken in Verbindung stehen.

Das letzte Chakra befindet sich am Nabel, vier Fingerbreit unterhalb des Bauchnabels. Das Nabelchakra beginnt mit acht Kanälen, die sich in die acht Richtungen verzweigen. Die vier Kanäle der Hauptrichtungen teilen sich dann in drei Zweige, von denen sich jeder wiederum in fünf teilt, sodass insgesamt vierundsechzig Kanäle gebildet werden. Sobald die Kanäle durch den Nektar geheilt sind, werden die Verdunkelungen des dualistischen Greifens beseitigt.

Das Universum in Vajrasattva transformieren

Die letzte Variante dieser Praxis wird oft am Ende einer Sitzung angewendet. Visualisieren Sie Licht, das aus dem HUM im Herzen Vajrasattvas zu allen Wesen ausstrahlt, ihre Negativitäten von Körper, Rede und Geist reinigt und sie in den erleuchteten Körper, die Rede und den Geist Vajrasattvas umwandelt. Stellen Sie sich vor, dass alle Erscheinungen die Form von Vajrasattva Yab-Yum annehmen; dass alle Klänge zur Rede von Vajrasattva werden, die mit dem Klang des Hundert-Silben-Mantra mitschwingen, und dass alle Gedanken in den ursprünglichen Weisheitsgeist von Vajrasattva Yab-Yum transformiert werden, die Vereinigung von großer Glückseligkeit und Leerer Form.

Abschluss der Praxis

Wenn Sie Ihre Sitzung der Visualisierung und Mantra-Rezitation beendet haben, stellen Sie sich vor, wie Licht von allen Vajrasattva Yab-Yums, die sich auf den Scheiteln der Sie umgebenden Wesen befinden, ausstrahlt. Sie lösen sich zu Licht auf und verschmelzen mit diesen Wesen, die dann die Form von Vajrasattva Yab-Yum annehmen, was ihre innewohnende Reinheit symbolisiert. Wie von einem starken Magneten angezogen, werden all diese Vajrasattvas zu Licht und verschmelzen mit dem Vajrasattva, der über Ihrem eigenen Scheitel sitzt. Mit einem Geist voll Hingabe und Vertrauen rezitieren Sie Folgendes:

Großer Beschützer, aus Unwissenheit und Verwirrung habe ich mein Samaya gebrochen und degenerieren lassen. Mitfühlender Lama Vajrasattva, bitte reinige meine Negativitäten und beschütze mich. Zu dir nehme ich Zuflucht, erhabener Vajrahalter, Schatz des Mitgefühls und Retter aller Wesen.

Ich bekenne alle Übertretungen von Körper, Rede und Geist sowie jegliches Brechen meiner Wurzel- und Zweiggelübde. Bitte reinige und läutere alle Befleckungen, Übertretungen und negativen Verdunkelungen, die seit anfangs-sloser Zeit in Samsara angehäuft wurden.

Vajrasattva ist erfreut, lächelt Sie an, und sagt: „Edler Sohn oder edle Tochter, du bist von allen Negativitäten gereinigt." Dann lösen Sie die Visualisierung mit dem folgenden Vers auf:

Mit großer Freude verwandelt sich Vajrasattva Yab-Yum in einen weißen Mond und tritt durch meinen Scheitel in mich ein. Vajrasattvas göttlicher Körper, seine Rede, sein Geist und seine unzerstörbare ursprüngliche Weisheit sind nun untrennbar mit mir verbunden.

Lassen Sie den Geist so lange wie möglich in einem nicht-begrifflichen Zustand ruhen und verweilen Sie in der Erkenntnis, dass er vollkommen rein und frei von allen Verunreinigungen ist. Mit dem Gefühl großer Zuversicht, dass Ihr Geist gereinigt wurde, rezitieren Sie die folgende Widmung:

Möge ich durch diese Tugend rasch den erleuchteten Zustand von Vajrasattva erreichen und alle Wesen ohne Ausnahme auf diese reine Ebene führen.

Mögen durch diese Tugend alle Wesen die Ansammlung von Verdienst und ursprünglicher Weisheit vollenden und so die zwei Kayas der Erleuchtung erlangen.

RATSCHLÄGE FÜR DIE REINIGUNGSPRAXIS

Die Reinigungspraxis ist einer der Grundpfeiler des buddhistischen Pfades, denn sie ist die wichtigste Methode, um mit karmischen Neigungen zu arbeiten, damit wir wirksam Tugend kultivieren können. Um Ihnen zu helfen, das Beste aus dieser Praxis herauszuholen, möchte ich Ihnen die folgenden Ratschläge geben:

Akzeptieren Sie Ihre dunkle Seite

Gegenwärtig ist unser Geist mit zwei Hauptarten von Karma gefüllt: mit tugendhaftem und untugendhaftem Karma. Durch den Einfluss des untugendhaften Karma erleben wir unangenehme Situationen und zeigen destruktive Verhaltensweisen. Als Ergebnis des tugendhaften Karma erleben wir angenehme Situationen und verhalten uns für uns und andere vorteilhaft. Diese beiden Aspekte, das Licht und die Dunkelheit, sind Teil unserer Erfahrung. Sie sind unsere Wirklichkeit.

Damit die Reinigung funktionieren kann, müssen wir diese Wirklichkeit akzeptieren, damit wir sie transzendieren können. Es nützt niemandem, unsere dunkle Seite zu ignorieren, indem wir versuchen, unsere Dämonen in unserem Unterbewusstsein zu vergraben, in der Hoffnung, dass sie uns nicht beeinträchtigen werden. Früher oder später müssen wir uns ihnen stellen und es ist besser, dies zu unseren eigenen Bedingungen zu tun, als zu einer Konfrontation gezwungen zu werden, die sich aus veränderten Bedingungen ergibt.

Die Reinigungspraxis wirft ein Licht auf unseren Geist und bringt alles, was wir verborgen haben, an die Oberfläche, wo wir es direkt bearbeiten können. Die pragmatische Natur dieser Praxis bedeutet, dass wir weder zurückschrecken, noch uns in Schuldgefühlen suhlen, sondern uns einfach erlauben, das Vorhandene anzuerkennen und so viel Weisheit wie möglich anzuwenden. Wenn alles offen liegt, können wir die Fehler, die wir gemacht haben, klar erkennen. Das entzieht unseren Dämonen die Macht und verhindert, dass sie unsere Zukunft beeinträchtigen.

Dieser Heilungsprozess kann manchmal beängstigend sein, weil er unsere Schwächen aufdeckt, aber auch das gehört zum Prozess. Mit jeder Verdunkelung, die wir aufklären, wird unser Geist gestärkt, was uns erlaubt, tiefer zu graben und uns grundlegenderen Problemen zu stellen. Je mehr wir aufdecken, desto weniger bedroht fühlen wir uns und desto friedlicher und harmonischer werden wir. Seien Sie also mutig und fleißig und lassen Sie auf Ihrer Suche nach der Wahrheit nichts unversucht.

Es gibt nichts, was nicht gereinigt werden kann

Wenn wir unsere Handlungen aufrichtig bewerten, haben wir vielleicht das Gefühl, Dinge getan zu haben, die wir für unverzeihlich halten, z. B. jemanden zu verraten, der uns nahesteht, oder ein Gewaltverbrechen wie Mord begangen zu haben. Man ist sich der Handlung bewusst und weiß, dass sie falsch war, aber anstatt sie zu reinigen und sich zu schwören, diese Handlung nie zu wiederholen, lässt man sich von Schuldgefühlen überwältigen und, ähnlich einer nicht heilenden Wunde, bestraft man sich immer wieder.

Um diese Denkweise zu vermeiden, ist es wichtig, sich daran zu erinnern, dass alle untugendhaften Handlungen das Ergebnis falscher Projektionen sind, die unsere Sicht der Wirklichkeit verzerren. Wenn wir die Wirklichkeit klar sehen könnten, würden wir solche Fehler nicht machen. Die Natur der Wirklichkeit ist rein, völlig frei von der zugeschriebenen Realität, die wir auf sie projizieren, daher kann jegliche noch so schreckliche Handlung immer gereinigt werden.

Indem wir unsere innewohnende Reinheit verstehen, haben wir immer die Möglichkeit, neu anzufangen. Nur weil wir in der Vergangenheit Fehler gemacht haben, bedeutet das nicht, dass wir sie auch in der Zukunft machen müssen. Wir können uns jetzt dafür entscheiden, unsere Wunden zu heilen, indem wir die Weisheit entwickeln, die die Unwissenheit beseitigt, die diesen unheilsamen Handlungen zugrunde liegt.

Bewahren Sie zwischen den Sitzungen Achtsamkeit auf die Reinheit

Ein großer Teil des Reinigungsprozesses ist das Vertrauen in unsere reine Natur. Ohne dieses Vertrauen klammern wir uns weiterhin an unsere verblendeten Geisteszustände als integralen Bestandteil unseres Wesens. Aus diesem Grund kann es zur Stärkung unserer Unterscheidung zwischen rein und unrein nützlich sein, die Zeit zwischen den formellen Sitzungen damit zu verbringen, ein Gewahrsein für die zugeschriebene Natur unserer Erfahrung zu kultivieren. Wenn Sie mit der Welt interagieren, fragen Sie sich: „Was projiziere ich?" Überlegen Sie, was Sie mit Ihren sechs Sinnen wahrnehmen und wie Sie diese Erscheinungen interpretieren. Welche Namen verwenden Sie, um sie zu beschreiben, und welche Vorstellungen projizieren Sie auf diese Erfahrungen?

Die Weisheit, die Sie durch solche Fragen erlangen, wirkt wie ein direktes Gegenmittel gegen die Selbstbezogenheit. Wenn wir uns bewusster werden, wie Zuschreibungen vom Geist erzeugt werden, wird es sehr schwer, sich mit ihnen als integralem Bestandteil dessen zu identifizieren, was wir sind. Sie beginnen sich wie Wolken anzufühlen, die sich an einem klaren blauen Himmel sammeln; während die Wolken kommen und gehen, bleibt der Himmel unberührt und unkonditioniert. Diese Art der Reflexion kann dazu beitragen, dass Ihre Reinigungspraxis wesentlich kraftvoller wird.

Führen Sie die Reinigungspraxis häufig durch

Zu Beginn unserer spirituellen Reise besteht die größte Herausforderung darin, den Fluss unserer karmischen Gewohnheiten umzukehren. Nachdem wir unzählige Leben damit verbracht haben, Untugend zu kultivieren, haben unsere Gewohnheiten eine unglaubliche Eigendynamik entwickelt. Da die Dharmapraxis diesem Fluss entgegenläuft, stoßen wir im Geist auf erheblichen Widerstand. Selbst wenn wir den starken Wunsch haben, unsere Gewohnheiten zu ändern, werden wir immer noch Fehler machen; das ist einfach Bestandteil des Prozesses.

Wenn wir die Wirklichkeit dieser Situation akzeptieren, sollten wir jede Gelegenheit nutzen, um dem Fluss des negativen Karma entgegenzuwirken, indem wir regelmäßig Reinigungspraktiken anwenden. Solange unser Geist immer wieder in destruktive Gewohnheiten zurückfällt, müssen wir beharrlich sein. Dieser Tendenz können wir entgegenwirken, indem wir uns bemühen, diese Reinigungspraxis täglich durchzuführen. Zumindest wird so sichergestellt, dass das angesammelte negative Karma nicht weiter anwächst.

Dies ist besonders wichtig, wenn wir das Bestreben entwickelt haben, eine ethische Disziplin einzuhalten, die Gelübde und Verpflichtungen beinhaltet. Solange die Disziplin nicht ein vollständiger Teil unseres Verhaltens geworden ist, ist es wahrscheinlich, dass wir unsere Gelübde häufig brechen. Die Reinigungspraxis behebt den Schaden und stärkt unsere Achtsamkeit gegenüber den Gelübden. Wenn wir ihre Reinheit aufrechterhalten, schaffen wir die nötige Dynamik, um auf dem Pfad fortzuschreiten. Aus all diesen Gründen sollten Sie versuchen, Ihren Geist sooft wie möglich zu reinigen.

ZEICHEN DER REINIGUNG

Üblicherweise rezitieren die Praktizierenden während eines Retreats 100.000 Mal das Hundert-Silben-Mantra. Ob diese Rezitationen als Reinigungsmethode dienen, hängt davon ab, wie gut die vier Kräfte verstanden und wie stark sie angewendet werden. Daher hängt der Erfolg dieser Praxis weitgehend von einer reinen Motivation und einem klaren Verständnis der Natur des Karma ab.

Nachdem Sie die Reinigungspraxis über einen längeren Zeitraum ausgeübt haben, können Sie bestimmte Arten von Träumen erleben, die anzeigen, dass der Geist gereinigt wurde. Zum Beispiel träumen Sie vielleicht von Blut und Eiter, die aus Ihrem Körper austreten, von Erbrechen, vom Waschen Ihres Körpers, vom Schwimmen über einen großen Fluss oder vom Fliegen im Himmel. Dies sind gute Anzeichen dafür, dass Ihre Praxis eine tiefe Wirkung entfaltet.

Andere Zeichen der Reinigung kann man im täglichen Leben erfahren, beispielsweise, dass der Geist viel klarer ist als zuvor, Mitgefühl und Hingabe wachsen oder dass man von weniger geistigen Verblendungen wie Ärger und Faulheit geplagt wird. Von den beiden Arten von Zeichen, denen in Träumen und denen im täglichen Leben, werden die Zeichen im täglichen Leben als weitaus wichtiger angesehen, weil sie zeigen, dass der Dharma den Geist tatsächlich zähmt.

ZUSAMMENFASSUNG

- Es gibt drei Arten des Festhaltens, die wir überwinden müssen, um eine direkte Verwirklichung der Soheit zu erreichen: (1) das Festhalten am Selbst, (2) das Festhalten an Dingen und (3) das Festhalten an dualistischen Erscheinungen. Nach Ansicht des Kalachakra-Tantra stellt die dritte Art die Wurzel der Unwissenheit dar und ist das letzte Hindernis auf dem Weg zur vollständigen Erleuchtung. Bevor wir die Wurzel durchtrennen können, müssen wir die beiden anderen Arten des Festhaltens schwächen.

- Um das Festhalten am Selbst zu überwinden, müssen wir die negativen karmischen Neigungen auflösen, die unsere Wahrnehmung der Wirklichkeit verzerren. Dies gelingt uns durch die Reinigungspraxis.

- Der Mahayana-Ansatz zur Reinigung erfolgt durch den Einsatz der vier Kräfte: (1) die Kraft des Bedauerns; (2) die Kraft des Vertrauens; (3) die Kraft des Gegenmittels und (4) die Kraft der Entschlossenheit.

- Die folgenden acht Methoden sind im Mahayana üblich, um negatives Karma zu reinigen: (1) über die Leerheit meditieren; (2) Niederwerfungen vor heiligen Objekten; (3) Abbildungen des Buddha anfertigen; (4) heilige Texte erstellen; (5) Stupas errichten; (6) Lobpreisung der Buddhas; (7) Darbringungen von Körper, Rede und Geist und (8) das Verdienst widmen.

- Der Vajrayana-Ansatz verbindet die vier Kräfte mit der Visualisierung der Gottheit Vajrasattva und dem Rezitieren des Hundert-Silben-Mantras. Diese Praxis unterstreicht, dass unser Geist von Natur aus rein ist und unsere Verblendungen nur hinzugekommen sind.

- Die Vajrasattva-Reinigungspraxis kann in fünf Schritte gegliedert werden: (1) die Visualisierung von Vajrasattva als Hauptstütze für die Reinigung aufbauen; (2) die eigenen vergangenen Verfehlungen überprüfen und sie als Fehler anerkennen; (3) die Entschlossenheit stärken, diese Handlungen in Zukunft zu vermeiden; (4) als Gegenmittel die eigene innewohnende Reinheit erkennen, indem man den Nektarstrom visualisiert und Mantras rezitiert und (5) die Praxis abschließen, indem man die Visualisierung auflöst und in der eigenen reinen Natur ruht.

- Eine wirksame Reinigung erfordert, dass wir uns der dunklen Seite unserer gewohnheitsmäßigen Neigungen stellen. Es sollte unser Ziel sein, Licht in die Dunkelheit zu bringen und unsere Fehler aufzudecken, damit wir fortfahren können. Das erfordert Mut und Entschlossenheit.

- Wie schwerwiegend die begangenen negativen Handlungen auch sein mögen, es gibt immer die Möglichkeit, sie zu reinigen. Denken Sie einfach daran, dass alle Verblendungen, ob gut oder schlecht, immer noch hinzugekommen sind. Sie existieren nicht als innewohnender Teil Ihrer Natur.

- Zwischen den Sitzungen sollten Sie Ihren Geist darauf konzentrieren, die zugeschriebene Natur Ihrer Erfahrung zu erkennen. Indem Sie über die Leerheit von Zuschreibungen meditieren, reduzieren Sie Ihr Festhalten am Selbst erheblich, was die Wirksamkeit Ihrer Reinigung deutlich erhöht.

- Um dem Fluss Ihrer gewohnheitsmäßigen Tendenzen entgegenzuwirken, ist es am besten, sich sooft wie möglich mit Reinigungspraktiken zu beschäftigen. Versuchen Sie Ihren Geist mindestens einmal am Tag zu reinigen.

- Es gibt zwei Arten von Zeichen, die nach Ausübung der Reinigungspraxis über einen längeren Zeitraum auftreten: (1) Traumzeichen wie Blut und Eiter, die aus dem Körper austreten, Erbrechen, Waschen des Körpers, Schwimmen über einen großen Fluss oder Fliegen im Himmel und (2) Zeichen im täglichen Leben wie größere Klarheit, mehr Mitgefühl oder Hingabe. Von den beiden ist die zweite Art die wichtigere.

KAPITEL SIEBZEHN

Erwerben von Verdienst durch Darbringen eines universalen Mandala

Alle dualistischen Erfahrungen können so verstanden werden, dass sie entweder subjektiver oder objektiver Natur sind. Durch die Reinigungspraxis arbeiten wir daran, unseren Geist vom Festhalten am Selbst zu reinigen, was uns an die zyklische Existenz bindet. Dabei konzentrieren wir uns in erster Linie auf die subjektiven Aspekte. Ändern wir unsere Vorstellung vom Selbst, ändern wir auch die Art und Weise, wie sich das Selbst auf die Welt bezieht. Der nächste Schritt auf unserer Reise befasst sich dann mit den objektiven Erscheinungen, die sich in unserer Erfahrung manifestieren.

Wegen der gegenseitigen Abhängigkeit von Subjekt und Objekt ist es notwendig, diese Erscheinungen zu untersuchen. Diese Beziehung wird eine *abhängige Bezeichnung* genannt. Das bedeutet, dass bei der Zuschreibung des einen unausgesprochen das andere ebenfalls zugeschrieben wird. Sobald ein „Objekt" erscheint, muss auch ein „Selbst" erscheinen. Es ist ein stillschweigend unterstellter Bezugspunkt, nach dem der Geist ganz natürlich greift, um damit eine dualistische Perspektive zu etablieren. Da unser letztendliches Ziel darin besteht, ein nicht-dualistisches Gewahrsein der Soheit zu erreichen, müssen wir sowohl unser Greifen nach einem Selbst aufgeben wie auch unser Greifen nach dem objektiven Phänomen, das unserem Geist erscheint.

Wir sind überall von Objekten umgeben. Durch die unendlichen Arten von Erscheinungen, denen wir begegnen, schafft jede Erfahrung die Bedingungen für das Auftreten von Greifen. Wir könnten versuchen, jedes dieser Objekte einzeln zu analysieren, um unser Greifen nach ihnen aufzulösen, aber aufgrund ihrer unendlichen Anzahl ist dies keine besonders effiziente Methode. Aus diesem Grund müssen wir uns diesem Problem von einer anderen Seite nähern.

Der Schlüssel zur Überwindung des Greifens liegt in der Ansammlung von Verdienst. Verdienst ist die Gewöhnung an Tugend und Tugend ist die

Erfahrung der Wirklichkeit, wie sie ist. Daher ist die Ansammlung von Verdienst im Wesentlichen die Gewöhnung an die Konzentration auf die wahre Natur der Wirklichkeit. Eine der Methoden, mit denen wir Verdienst ansammeln, ist die Praxis der Großzügigkeit. Wie wir erfahren haben, wird Großzügigkeit normalerweise als Gegenmittel gegen Anhaftung und Geiz eingesetzt. Dies kann einerseits ein sehr nützlicher Weg sein, um unsere selbstbezogene Einstellung zu reduzieren, andererseits wirkt sie in Verbindung mit der Weisheit, die die leere Natur der gegebenen Objekte versteht, auf einer viel subtileren Ebene, um unser Greifen nach der objektiven Wirklichkeit zu reduzieren.

Die Methode, die wir verwenden werden, um Verdienst anzusammeln, ist die Praxis der *Darbringung eines universalen Mandala*. Solch eine Darbringung wird erleuchteten Wesen zu dem speziellen Zweck dargebracht, um unser Greifen nach gewöhnlichen Erscheinungen loszulassen, damit wir unsere Energie darauf richten können, ihre wahre Natur zu erkennen. Aufgrund der Verwirrung bezüglich des Begriffs *Mandala* werden wir zunächst einige Punkte klären, bevor wir auf die Besonderheiten dieser Praxis eingehen.

ARTEN VON MANDALAS

Das tibetische Wort für *Mandala* ist „kyil khor", was wörtlich „Zentrum und Umgebung" bedeutet. Das Zentrum ist die Bedeutung oder Essenz, während das, *was es umgibt*, die symbolische Darstellung dieser Bedeutung ist. Ein Mandala ist also eine symbolische Darstellung, durch die wir das Verständnis für eine tiefere Bedeutung erlangen können.

Mandalas spielen eine wichtige Rolle in der Vajrayana-Praxis, und doch haben die meisten Menschen nur eine vage Vorstellung davon, was ein Mandala eigentlich ist. Um unser Verständnis zu diesem Thema zu fördern, werden wir einen Blick auf die zwei Hauptarten von Mandalas werfen: (1) erleuchtete Mandalas und (2) universale Mandalas.

Erleuchtetes Mandala

Die erste Art von Mandala, bekannt als das *erleuchtete Mandala*, ist das, woran die Menschen üblicherweise denken, wenn sie das Wort Mandala hören. Es ist

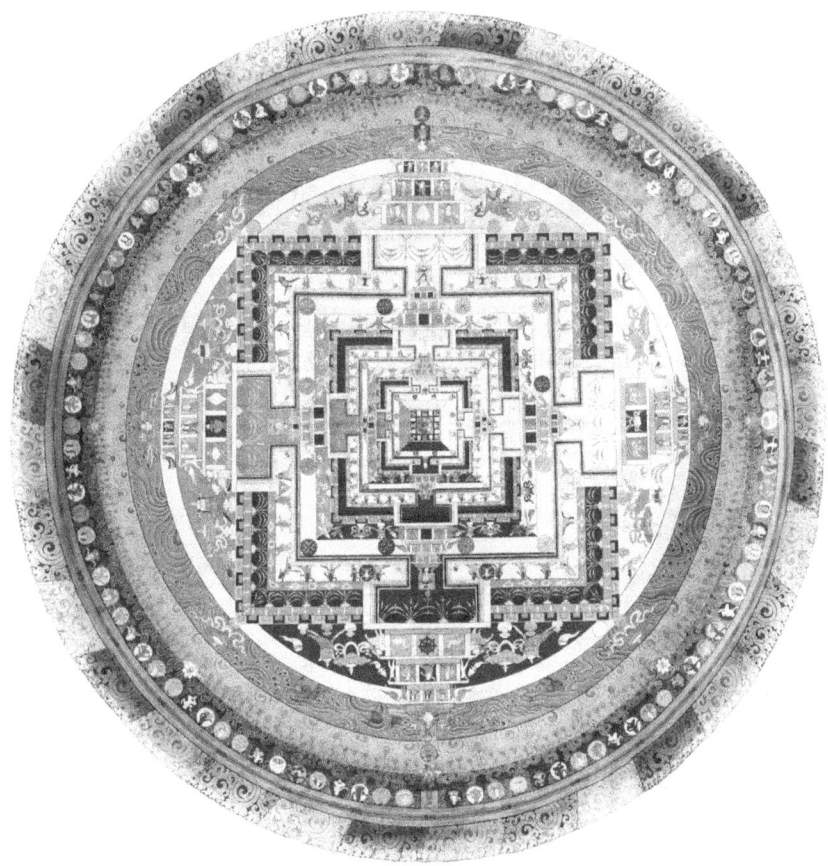

Abbildung 17-1: Das Kalachakra-Mandala

eine visuelle Darstellung des erleuchteten Körpers, der Rede und des Geistes der Buddhas und wird verwendet, um die Art und Weise zu vermitteln, wie sich unsere Buddhanatur manifestiert.

Während der Vajrayana-Zeremonien wird oft ein erleuchtetes Mandala mit farbigem Sand erstellt, um ein kunstvolles Modell einer Umgebung voll von Gottheiten zu erschaffen. Die Umgebung repräsentiert die Wirklichkeit der Soheit und die Gottheiten repräsentieren das reine Gewahrsein dieser Wirklichkeit. Da alles innerhalb dieser Bilder von symbolischer Bedeutung ist, erzeugen wir, indem wir unseren Geist mit der Struktur des Mandala vertraut machen, eine kraftvolle Achtsamkeit für die Aspekte, die sie repräsentieren. Diese Aspekte können dann als Grundlage für die Meditation über die Natur der Wirklichkeit verwendet werden.

Jedes System der Vajrayana-Praxis verwendet unterschiedliche erleuchtete Mandalas, aber letztlich sind sie alle Darstellungen derselben erhabenen Wahrheit der Soheit. Auf einer vorläufigen Ebene manifestieren sie sich jedoch in verschiedenen Formen zum Nutzen verschiedener Arten von Praktizierenden. Einige Mandalas enthalten nur wenige Gottheiten, während komplexe Systeme, wie das Kalachakra-Tantra, Mandalas mit mehr als 636 Gottheiten darstellen können. Unabhängig von der Anzahl der Gottheiten innerhalb eines Mandala werden sie alle als Manifestationen der zentralen Gottheit betrachtet, deren Natur gleich unserer eigenen Buddhanatur ist. Diese Art von Mandala wird in Band drei dieser Serie wesentlich detaillierter untersucht werden.

Universales Mandala

Die zweite Art von Mandala wird als *universales Mandala* bezeichnet und repräsentiert das Universum, wie es sich im Geist der fühlenden Wesen manifestiert. Es wird als Grundlage für Darbringungen und zur Ansammlung von Verdienst verwendet. Während ein erleuchtetes Mandala den resultierenden Zustand der Buddhanatur hervorhebt, konzentriert sich ein universales Mandala auf den Grund, der dargebracht wird, um den Geist zu reinigen und die Manifestation des erleuchteten Mandala zu erzeugen.

Ein universales Mandala wird gewöhnlich als physisches Objekt dargestellt, das aus einer kreisförmigen Basis mit drei konzentrischen Ringen

Abbildung 17-2: Mandala-Darbringung

besteht. Die Ringe sind mit Halbedelsteinen oder anderen Opfersubstanzen gefüllt und übereinander gestapelt, sodass drei Ebenen entstehen, wie ein

Stufenturm. Auf der obersten Ebene ruht ein wunscherfüllendes Juwel oder ein anderes glückverheißendes Symbol. Dieses Objekt wird dann als Stütze für symbolische Darbringungen verwendet.

Bei einer solchen Darbringung repräsentiert das universale Mandala die Gesamtheit des gewöhnlichen Universums, das wir gegenwärtig erleben. Es umfasst alle Anblicke, Klänge, Gerüche und so weiter, die sich als Ergebnis unseres individuellen und kollektiven Karma manifestieren. Alles innerhalb dieses Mandala wird in Bezug darauf visualisiert, wie ein einzelner Geist die Welt sieht, und wird nicht als ein Universum postuliert, das unabhängig von diesem Geist existiert. Da wir die einzigen sind, die diese Erscheinungen erleben, können wir sagen, dass sie uns „gehören" und daher Objekte sind, die einer Darbringung wert sind.

Um Verdienst anzusammeln, bringen wir das universale Mandala als Opfergabe allen erleuchteten Wesen dar, die im Zufluchtsfeld vertreten sind. Obwohl diese Wesen nichts von uns brauchen, nehmen sie aufgrund ihres Mitgefühls und der Erkenntnis, dass das Darbringen dieser Gaben unseren Geistesstrom reinigt und tugendhafte Eigenschaften kultiviert, gerne an.

Es mag seltsam erscheinen, erleuchteten Wesen gewöhnliche weltliche Erfahrungen darzubringen. Wir mögen uns auch fragen, wie es von Vorteil sein kann, denen, die vollkommen rein sind, etwas Unreines darzubringen. Ist das nicht respektlos? Es ist wichtig, sich daran zu erinnern, dass aus der Perspektive erleuchteter Wesen alle Phänomene mit der innewohnenden Reinheit der Soheit erscheinen. In ihrem Geist gibt es so etwas wie unreine Phänomene nicht. Nur aufgrund unserer Unwissenheit sehen wir die Dinge auf diese Weise. Indem wir die zugrunde liegende Natur der Phänomene erkennen, sind unsere Darbringungen für die Buddhas und Bodhisattvas würdig und angemessen.

Aufgrund der symbolischen Natur des universalen Mandala eignet es sich besonders für die Ansammlung umfangreicher Verdienstmengen. Durch die Kraft unserer Visualisierung und den Akt der wiederholten physischen Darbringung des Mandala können wir die Qualitäten der Nicht-Anhaftung und Großzügigkeit kultivieren, während wir gleichzeitig unser Festhalten an den Phänomenen als inhärent existent reinigen. Diese Methode ist so kraftvoll, dass der Buddha einmal sagte:

Durch die Darbringung des gesamten milliardenfachen Universums,
Geschmückt mit allen Arten von wünschenswerten Gaben,
An alle Buddhas in ihren reinen Bereichen
Wird die Weisheit der Buddhaschaft vervollkommnet.

Das Praktizieren dieser Art von Darbringung hat viele spezifische Vorteile. Da sie nicht auf das Vorhandensein irgendwelcher externer Ressourcen angewiesen ist, kann jede/r, ob reich oder arm, das Universum seiner eigenen Erfahrung darbringen. Unserer Darbringung sind keine Grenzen gesetzt, weil alles in unserem Geist Vorstellbare als Teil des Mandala dargebracht werden kann. Das bedeutet, dass wir unabhängig von unseren gegenwärtigen karmischen Bedingungen immer die Möglichkeit haben, das benötigte Verdienst anzusammeln, um auf dem Pfad voranzukommen.

Ein zweiter Vorteil ist, dass es keine Begrenzung für die Größe der Darbringung gibt, weil sie im Geist visualisiert wird. Wir können daher wahrhaft ausgedehnte Opfergaben darbringen, die normalerweise nicht möglich wären. Je umfangreicher unsere Darbringung ist, desto stärker ist die Wirkung, die sie auf unseren Geist hat, und desto größer ist das erzeugte Verdienst. Das erlaubt uns, Verdienst effizienter anzusammeln als unter normalen Umständen.

Letztlich ist das Darbringen des universalen Mandala eine außerordentlich kraftvolle Praxis, die enorme Segnungen mit sich bringt. Seit Jahrhunderten haben sich die großen Meister/innen unserer Linie auf diese Methode verlassen, um rasch Verdienst anzusammeln und schließlich Erleuchtung zu erlangen. Indem wir ihrem Beispiel folgen, können auch wir ihre vielen Vorzüge erfahren.

Obwohl das Darbringen des universalen Mandala ein grundlegender Teil des Kalachakra-Pfades ist, hindert es uns nicht daran, auch reguläre Handlungen der Großzügigkeit zu vollziehen, wie z. B. Dharma, Schutz oder materielle Ressourcen zu geben. Da es sich nicht um eine Entweder-oder-Situation handelt, sollten wir unser Möglichstes tun, anderen zu nutzen, wann immer sich die Gelegenheit ergibt. Auf diese Weise wird unsere Hauptpraxis der Mandala-Darbringung an erleuchtete Wesen durch eine allgemeine Praxis des Gebens an fühlende Wesen ergänzt.

DAS UNIVERSUM GEMÄSS KALACHAKRA

Wenn wir das Universum als Mandala darbringen, opfern wir unsere Erfahrung des uns bekannten Universums. Für diejenigen, die in einer materialistischen Gesellschaft aufgewachsen sind, neigt das Wort „Universum" dazu, Bilder von Sternen, Planeten und Galaxien hervorzurufen. Dieses Verständnis basiert größtenteils auf dem, was wir durch die wissenschaftliche Erforschung der physikalischen Phänomene gelernt haben.

Im Zusammenhang mit dem Kalachakra-Pfad unterscheidet sich das beschriebene Universum erheblich von dem, was uns vertraut ist. Dies kann dazu führen, dass manche die Relevanz des in den alten Texten dargestellten Modells des Universums in Frage stellen und sie dazu motivieren, die Praxis zu verändern, um sie einer „wissenschaftlicheren" Sichtweise anzupassen. Das ist zwar nicht unbedingt falsch, aber es ist begrenzt und kann den Nutzen, den man aus dieser Praxis zieht, verringern.

Um diesen Fehler zu vermeiden, werden wir die Natur der konzeptuellen Modelle erforschen, die wir zur Interpretation unserer Erfahrung verwenden, bevor wir uns mit der traditionellen Beschreibung des Universums auseinandersetzen. Indem wir die Beschränkungen eines Modells verglichen mit einem anderen verstehen, können wir erkennen, warum es wichtig ist, diejenigen zu verwenden, die für unsere Bedürfnisse besser geeignet sind.

Mit konzeptuellen Modellen arbeiten

Ein konzeptuelles Modell ist definiert als eine Sammlung von Ideen, die zur Beschreibung der Beziehung zwischen verschiedenen Arten von Phänomenen verwendet werden. Wir verwenden üblicherweise Modelle, um über Eigenschaften von Phänomenen zu sprechen, die normalerweise unserer direkten Erfahrung entzogen sind. Obwohl die meisten von uns noch nie das Innere des menschlichen Körpers gesehen haben, können wir uns dennoch auf das Gehirn, das Herz oder den Magen beziehen, weil wir ein konzeptuelles Modell haben, das die wichtigsten Organe beschreibt. Dies ermöglicht uns, unsere Erfahrungen besser mit anderen zu teilen.

Vergleichen wir unsere Anatomiemodelle mit den Modellen der Mediziner/

innen, würden wir deutliche Unterschiede bei den Details feststellen und daher können Mediziner/innen subtilere Zusammenhänge zwischen den entsprechenden Phänomenen erkennen. Wir würden ebenfalls feststellen, dass einige Mediziner/innen spezialisierte Modelle verwenden, die ihnen helfen, sich auf bestimmte Gruppen von Phänomenen wie das Verdauungs- oder Nervensystem zu konzentrieren. Ihre Modelle sind auf ganz bestimmte Zwecke ausgerichtet.

Ein weiteres Beispiel ist die Art und Weise, wie wir Landkarten verwenden. Der einfachste Kartentyp zeigt die wichtigsten Orientierungspunkte, um von Punkt A nach Punkt B zu navigieren. Wenn wir jedoch den Höhenunterschied von einem Ort zum anderen wissen wollten, wäre eine Karte mit Höhenangaben für unsere Bedürfnisse besser geeignet. Wenn unser Zweck darin bestünde, den nächstgelegenen Bahnhof zu finden, würden Sie auch keine Luftnavigationskarte, sondern eine Straßenkarte verwenden. Dies zeigt, dass sich mit der Änderung unseres Zwecks auch die Modelle ändern, die wir verwenden.

Mit diesem Hintergrundwissen können wir den Nutzen eines Modells des Universums gegenüber einem anderen betrachten. In Bezug auf das Universum, wie es von der Wissenschaft beschrieben wird, besteht sein Zweck darin, uns die Möglichkeit zu geben, unsere physische Umgebung zu manipulieren, um weltlichen Nutzen zu erhalten. Das wissenschaftliche Modell ermöglicht die genaue Messung von physikalischen Phänomenen, wie sie uns erscheinen, sodass wir vorhersagen können, wie sie sich im Laufe der Zeit verändern. Für diesen speziellen Zweck hat sich das wissenschaftliche Modell als äußerst nützlich erwiesen und in den letzten paar Jahrhunderten viele wirklich bemerkenswerte Dinge ermöglicht.

Der Buddha war jedoch nicht daran interessiert zu messen, wie die Dinge uns erscheinen. Er lehrte die Kosmologie als Unterstützung, um die Natur der Wirklichkeit zu erkennen, damit wir letztendlich unser Leiden transzendieren können. Dementsprechend enthält das von ihm beschriebene Universum eine Reihe von Eigenschaften, die wir in wissenschaftlichen Modellen nicht finden werden.

Der größte Unterschied ist, dass der Buddha das Universum aus der Perspektive eines individuellen Wesens beschrieb. Als Erfahrungsmodell kann es verwendet werden, um die Kräfte zu verstehen, die beeinflussen, wie unsere Erfahrung entsteht. Indem wir die Beherrschung über diese Einflüsse erlangen, können wir unsere Erfahrung optimieren, um wahres Glück zu erreichen.

Eine der Implikationen dieses Systems der Kosmologie ist, dass es kein singuläres, objektiv existierendes Universum gibt, das als Behälter für alle fühlenden Wesen dient. Stattdessen haben wir eine scheinbar unendliche Anzahl von subjektiven Wirklichkeiten, die den karmischen Neigungen der einzelnen fühlenden Wesen entsprechen. Wenn diese Realitäten auf der Grundlage des Einflusses, den sie aufeinander ausüben, gruppiert werden, bilden wir ein *Weltsystem*. Dies ist lediglich ein konzeptuelles Modell, das es uns ermöglicht, über die Erfahrungen zu sprechen, die in einer Gruppe von fühlenden Wesen mit kollektivem Karma geteilt werden. Da es unzählige fühlende Wesen mit einer unendlichen Kombination von karmischen Verbindungen gibt, gibt es potenziell unzählige Weltsysteme.

Konfrontiert mit der Herausforderung, die enorme Komplexität unserer potenziellen Erfahrung zu vermitteln, schöpfte der Buddha aus den Modellen, die zu seiner Zeit üblich waren. Indem er Begriffe verwendete, die seinen Schüler/innen vertraut waren, machte er ihnen die Lehren zugänglich und stellte ihnen äußerst geschickte Mittel zur Verfügung, um eine viel tiefere Ebene der Bedeutung zu erfahren.

Seit der Zeit des Buddha hat sich das Modell, das er im Kalachakra-Tantra vorstellte, als ein wirksames Werkzeug zur Verfeinerung der subjektiven Erfahrung erwiesen. Aus diesem Grund wurde es von Generation zu Generation durch die Kalachakra-Linienmeister/innen weitergegeben und ist auch heute noch das Modell, mit dem wir praktizieren. Da das Kalachakra-Modell nie dazu gedacht war, physikalische Beziehungen zwischen Objekten zu beschreiben, steht es nicht im Widerspruch zum wissenschaftlichen Modell. Und da das wissenschaftliche Modell nie dazu gedacht war, die subjektive Wirklichkeit der fühlenden Wesen auszudrücken, widerspricht es auch nicht den Lehren des Kalachakra. Mit diesem Wissen können wir beginnen, mit dem Kalachakra-Modell zu arbeiten.

Die Beschreibung des Universums

Die Darstellung des Universums nach Kalachakra ist speziell darauf ausgerichtet, die Korrelation zwischen der äußeren Umgebung und der inneren Struktur eines Menschen hervorzuheben. Wenn sie richtig verstanden werden, können geübte Praktizierende aufgrund dieser Zusammenhänge erkennen, wie die Umwelt die individuelle Erfahrung beeinflusst, und umgekehrt, wie Individuen die Umwelt beeinflussen können. Dieses Wissen bildet die Grundlage für die Kalachakra-Wissenschaften der Astrologie und der Medizin, die beide dazu beitragen, größere Harmonie in die Erfahrung der fühlenden Wesen zu bringen. Es bildet auch die Grundlage für die Manipulation der subtilen Energien in unseren Körpern, die das Erreichen der Erleuchtung ermöglichen.

Der Schlüssel zur Entwicklung dieses Bewusstseins ist das Verständnis der relativen Größen zwischen den Elementen. Wie wir sehen werden, wird jedes Element mit genauen Maßen dargestellt, im Allgemeinen in Form von *Yojanas* – einer Maßeinheit aus dem alten Indien. Es ist nicht notwendig, diese Zahlen wörtlich zu nehmen, da ihr Hauptzweck darin besteht, Proportionen herzustellen. Wir können sie uns wie den Maßstab auf einer Landkarte vorstellen, sodass wir durch Ändern der Maßeinheit das Universum nach oben oder unten skalieren können, während das Verhältnis erhalten bleibt.

Das Kalachakra stellt das Universum in beträchtlichen Details dar, aber wir können ein einzelnes Weltsystem als aus fünf Gruppen von Merkmalen bestehend zusammenfassen: (1) den elementaren Grundlagen, (2) dem Berg Meru, (3) dem großen goldenen Boden, (4) der himmlischen Sphäre und (5) den Wesen, die das System bewohnen. Zusammen bilden sie alles in Samsara und sind die Gesamtsumme der Faktoren, die die Erfahrung eines Individuums beeinflussen.

Die Höhen- und Breitenmaße eines solchen Weltsystems betragen beide 400.000 Yojanas und bilden ein perfektes Quadrat. Dies entspricht der Höhe und Breite eines Menschen, der mit ausgestreckten Armen steht, eine Proportion, die der Künstler Leonardo da Vinci in seiner Zeichnung des *vitruvianischen Menschen* berühmt gemacht hat.

Die elementaren Grundlagen

Wir beginnen damit, die elementaren Grundlagen als Fundament für unsere Erfahrung eines Weltsystems zu erstellen. In der Kalachakra-Kosmologie setzt sich das Universum aus sechs elementaren Komponenten zusammen: (1) Raum;

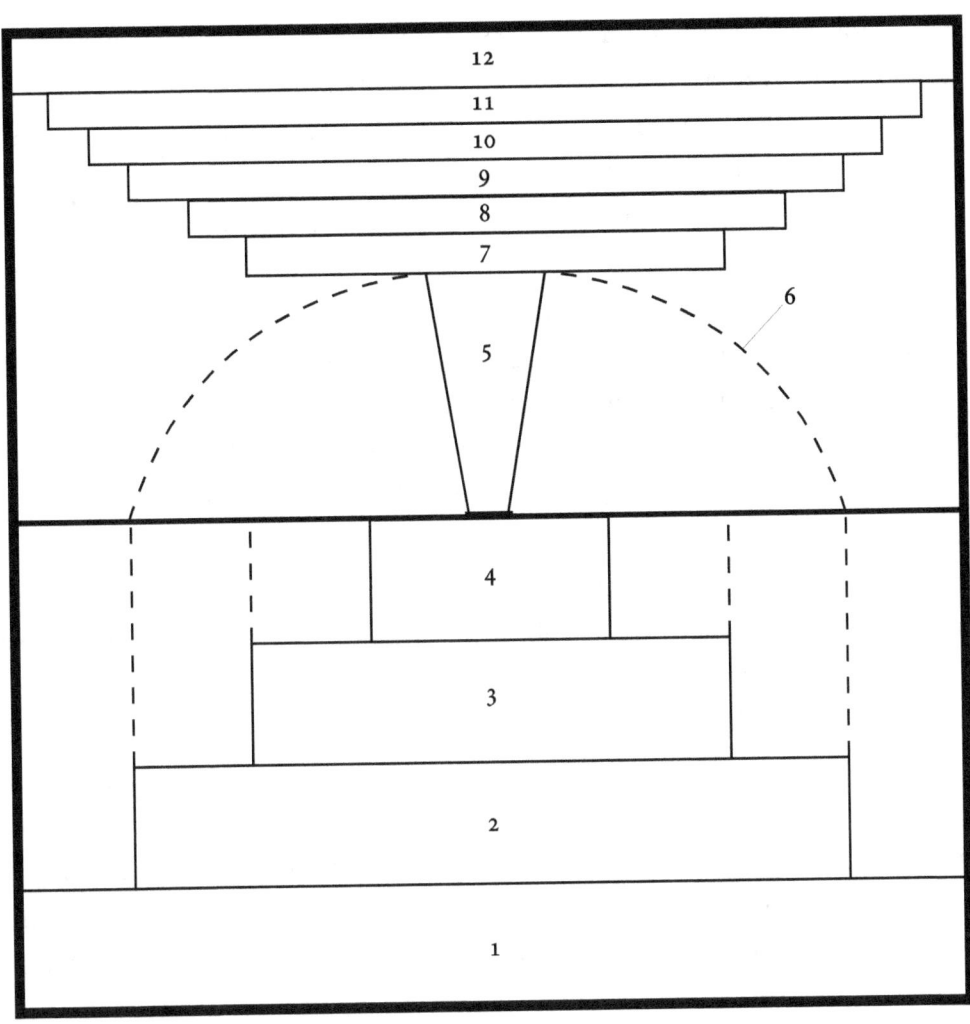

1. Windscheibe	7. Götter des Begierdebereichs
2. Feuerscheibe	8. Götter des Formbereichs des Erdelements
3. Wasserscheibe	9. Götter des Formbereichs des Wasserelements
4. Erdscheibe	10. Götter des Formbereichs des Feuerelements
5. Berg Meru	11. Götter des Formbereichs des Windelements
6. Die himmlische Sphäre	12. Götter des formlosen Bereichs des Raumelements

Abbildung 17-3: Das Kalachakra-Modell des Universums

(2) Wind; (3) Feuer; (4) Wasser; (5) Erde und (6) Bewusstsein. Jede dieser Komponenten repräsentiert einen anderen Aspekt unserer Erfahrung und zusammen bilden sie alle Phänomene, denen wir begegnen. Von den sechs ist das Bewusstsein das einzige Element, das nicht-physischer Natur ist, während die übrigen fünf physisch sind und vom Bewusstsein durchdrungen werden.

In Bezug auf physikalische Phänomene können wir sie entsprechend der Dominanz eines bestimmten Elements gruppieren, wie z. B. Teilchen, die von Wind dominiert werden. Es gibt sogar das Konzept eines Raumteilchens, das lediglich ein Punkt ist, an dem die anderen vier Elemente nicht manifest sind. Auf diese Weise können wir eine allgemeine Beziehung zwischen den Elementen herstellen, die von den subtilen bis zu den grobstofflichen Teilchen organisiert sind.

Diese Beziehung wird in einem traditionellen Mandala in Form von vier kreisförmigen Scheiben dargestellt, die als Fundament eines Weltsystems fungieren. Die erste Scheibe ist von dunkelblauer Farbe und repräsentiert das Windelement. Sie hat einen Durchmesser von 400.000 Yojanas und bildet die Basis des Weltsystems. Die zweite Scheibe ist rot, repräsentiert das Feuerelement und hat einen Durchmesser von 300.000 Yojanas. Darauf folgen weiße und gelbe Scheiben, die das Wasser- und das Erdelement mit 200.000 bzw. 100.000 Yojanas repräsentieren. Alle Scheiben haben eine Dicke von 50.000 Yojanas, also insgesamt 200.000 Yojanas; die Hälfte der Gesamtgröße des Weltsystems. Ihre Dicke entspricht etwa den vier Handspannen, die den Abstand zwischen den Fußsohlen und der Taille eines Menschen angeben.

Aus jeder der ersten drei Elementscheiben entspringt ein entsprechendes Material, das das Element bündig mit der Oberseite der Erdscheibe bringt. Das Windmaterial steigt 150.000 Yojanas, das Feuermaterial steigt 100.000 Yojanas und das Wassermaterial steigt 50.000 Yojanas hoch. Sie können sich das wie vier ineinander geschachtelte Schalen vorstellen, die alle die gleiche Höhe erreichen.

Berg Meru – der König der Berge

Wie bereits erwähnt, durchdringt das Bewusstseinselement jeden Aspekt unseres Weltsystems. Je nachdem, wo wir uns innerhalb des Systems befinden, wird sich das Bewusstsein auf unterschiedliche Weise manifestieren. In der unteren Hälfte des Systems zum Beispiel neigen die groben Elemente dazu, unsere Erfahrung zu dominieren. Wenn wir uns von der Mitte aus nach oben bewegen, werden die Elemente zunehmend subtiler und erlauben dem Bewusstsein, ein größeres Maß an Kontrolle darüber auszuüben, wie es sich auf die Wirklichkeit bezieht.

Der Buddha erkannte, dass dieser verfeinerte Grad der Kontrolle als Grundlage für einen spirituellen Pfad zur Befreiung genutzt werden kann. Indem eine Person die *Vereinigung von Shamatha* und *Vipashyana* herstellt, könnte sie die Soheit direkt erkennen und durch die Kraft dieser Erkenntnis dann alle Formen der Unwissenheit überwinden. Um diesen Prozess zu vermitteln, visualisierte er den Pfad in Form des mythischen Berges Meru. Indem man diesen Berg „ersteigt", erreicht man den Gipfel des Gewahrseins, um dann die höchste Siddhi der Erleuchtung zu erlangen.

In Darstellungen dieses Weltsystems befindet sich der Berg Meru auf der Erdscheibe. Er ist kreisförmig und erhebt sich bis zu einer Höhe von 100.000 Yojanas. Die Basis des Meru hat 16.000 Yojanas Durchmesser, während seine Spitze 50.000 Yojanas groß ist, was ihm die Form eines umgekehrten Kegels verleiht. Die Höhe des Meru vom Fuße bis zum Gipfel entspricht dem Abstand von der Taille bis zu den Schultern eines menschlichen Körpers.

Über dem Gipfel des Berges liegen Merus „Hals, Gesicht und Scheitelerhebung". Dies sind Bezeichnungen für die äußerst subtilen Ebenen von Wind und Raum, die in dieser Region existieren. Der Hals erhebt sich 25.000 Yojanas über den Gipfel des Meru, das Gesicht beträgt 50.000 Yojanas und die Scheitelerhebung beträgt 25.000 Yojanas. Dies entspricht den Proportionen eines menschlichen Halses, des Gesichts und dem Abstand vom Haaransatz zum Scheitel. Die 100.000 Yojanas des Berges Meru plus die 100.000 Yojanas des Raumes über Meru ergeben zusammen 200.000 Yojanas. Kombiniert mit den 200.000 Yojanas für das Fundament der Elemente kommt man auf 400.000 Yojanas, was der Länge eines menschlichen Körpers von den Fußsohlen bis zum Scheitel entspricht.

Der Berg selbst ist in fünf Teile mit entsprechenden Farben unterteilt: Der zentrale Kern des Berges ist grün, die Ostseite ist dunkelblau, die Südseite rot, die Nordseite weiß und die Westseite gelb. Die Spitze des Berges besteht aus fünf Gipfeln, die jeweils in Beziehung zu den fünf Regionen und Farben stehen. Laut Taranatha hat der grüne zentrale Gipfel einen Durchmesser von 25.000

Yojanas und bildet die Hauptgrundlage für die Errichtung des erleuchteten Mandala von Kalachakra.

Obwohl traditionelle Beschreibungen von Meru davon sprechen, dass der Berg aus kostbaren Substanzen wie Smaragd, blauem Beryll, Rubin, Kristall und Topas besteht, sollten wir ihn nicht mit einem normalen Berg in unserer Welt gleichsetzen. Der Berg Meru ist ein vorwiegend geistiges Phänomen und kann daher erfahren werden, allerdings nicht durch grobe Formen des Sinnesbewusstseins.

Das größere Jambudvipa – Der große goldene Boden

Die Welt, die wir derzeit erleben, befindet sich am Fuße des Berges Meru, auf der Oberfläche der Erdscheibe. Wesen, die hier leben, erleben alle fünf physischen Elemente und ihr Bewusstsein wird im Allgemeinen von Sinneswahrnehmungen dominiert. Innerhalb dieses Erfahrungsspektrums gibt es viele spezifische Umgebungen, in die Menschen aufgrund ihrer karmischen Veranlagungen hineingeboren werden können.

Gemäß der Kalachakra-Tradition erstreckt sich ein Felsvorsprung 1.000 Yojanas vom Fuße des Berges Meru weg und stellt eine unüberwindliche Barriere dar, die fühlende Wesen daran hindert, den Berg Meru durch die Kraft ihrer physischen Körper zu ersteigen. Ausschließlich durch Meditation können unterhalb der Barriere geborene Wesen diese überwinden.

Vom äußeren Rand dieses Vorsprungs aus erstreckt sich über 16.000 Yojanas eine kreisförmige Region mit einem Durchmesser von 50.000 Yojanas. Diese Region ist in sechs konzentrische Ringe unterteilt, die sechs innere Kontinente bilden, wobei jeder Kontinent aus Land und Ozeanen besteht, die von einer Bergkette umgeben sind.

Der sechste Bergring ist von einem siebten breiteren Kreis umgeben, der großer goldener Boden (größeres Jambudvipa) genannt wird und sich 25.000 Yojanas nach außen bis zum Rand der Erdscheibe erstreckt. Diese Fläche ist in zwölf gleiche Teile unterteilt, wie das Ziffernblatt einer Uhr. In jeder Region gibt es einen zentralen Kontinent, der von Ozeanen umgeben ist.

Die zwölf Kontinente des großen goldenen Bodens sind in vier Sektoren gruppiert, die sich in die vier Richtungen erstrecken: im Osten liegt Purvavideha, im Süden Jambudvipa, im Norden Uttarakuru und im Westen Aparagodaniya. In jedem Sektor gibt es drei Kontinente, einen zentralen und zwei kleinere zu beiden Seiten. Die drei Kontinente des östlichen Sektors haben die Form eines Halbkreises, wobei die gerade Kante zum Berg Meru zeigt. Die drei Kontinente im Süden sind dreieckig, mit ihren Basen ebenfalls in Richtung Meru. Die drei Kontinente im Norden sind kreisförmig und die drei im Westen sind quadratisch.

Vom Rand der Erdscheibe aus gibt es einen großen Salzwasser-Ozean, der sich über 50.000 Yojanas erstreckt und mit der Grenze der Wasserscheibe abschließt. Dieser Ozean wird von der *großen unzerstörbaren Umrandung* umschlossen, die wiederum von den Materialien des Feuer- bzw. Windmandala umgeben ist. Jenseits der Windscheibe gibt es nur noch eine Leere, frei von jeglichen Attributen.

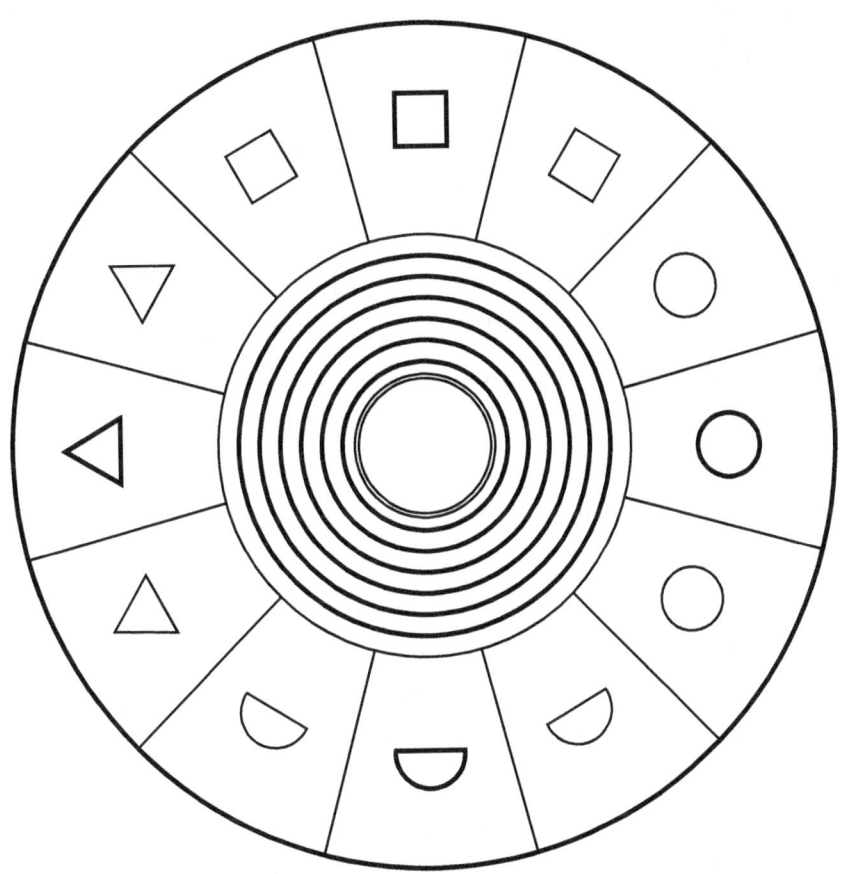

Abbildung 17-4: Die zwölf Kontinente des größeren Jambudvipa

Die himmlische Sphäre

Im Raum über dem großen goldenen Boden, der sich wie eine Kuppel vom oberen Rand des Berges Meru bis hinunter zum bergigen Feuerring erstreckt, befindet sich ein kreisförmiger Windgürtel, der *himmlische Sphäre* genannt wird. Innerhalb dieser Region entstehen die Erscheinungen der vielen Himmelskörper der Sterne und Planeten. Obwohl diese Körper technisch gesehen zu anderen Weltsystemen gehören, beeinflussen ihre Bewegungen in Bezug auf unser eigenes Weltsystem die Art unserer Erfahrungen.

Aus der Perspektive eines Wesens, das auf dem südlichen Kontinent Jambudvipa auf dem großen goldenen Boden lebt, gibt es zwölf Häuser von Sternbildern, die einen bedeutenden Einfluss auf die Qualität unserer Erfahrung haben: (1) Widder; (2) Stier; (3) Zwillinge; (4) Krebs; (5) Löwe; (6) Jungfrau; (7) Waage; (8) Skorpion; (9) Schütze; (10) Steinbock; (11) Wassermann und (12) Fische. Diese Sterngruppen bilden zwölf Regionen in der himmlischen Sphäre, die die zwölf Kontinente des großen goldenen Bodens widerspiegeln.

In der astrologischen Wissenschaft des Kalachakra werden zehn Planeten beobachtet, wie sie sich in Umlaufbahnen um die Mittelachse des Berges Meru bewegen: (1) Sonne; (2) Mond; (3) Mars; (4) Merkur; (5) Jupiter; (6) Venus; (7) Saturn; (8) Ketu; (9) Rahu und (10) Kalagni. Die ersten acht dieser Planeten bewegen sich in Bahnen gegen den Uhrzeigersinn um Meru, die übrigen bewegen sich im Uhrzeigersinn. Beachten Sie, dass wissenschaftlich gesehen diese Himmelskörper nicht unbedingt als Planeten verstanden werden, z. B. ist die Sonne ein Stern, Ketu ist ein Komet, während Rahu und Kalagni die Sonnen- bzw. Mondfinsternis darstellen.

Sonne, Mars, Jupiter und Saturn gelten als schädlich und beeinflussen die Winde, die sich in den rechtsseitigen Kanälen unseres subtilen Energiekörpers bewegen, während Mond, Merkur, Venus und Ketu als günstig gelten und die Winde beeinflussen, die sich in den linksseitigen Kanälen bewegen. Wir können uns die Bewegung der Planeten als eine magnetische Anziehungskraft vorstellen, die das Gleichgewicht der Energie in unserem Körper verschiebt, ähnlich wie der Mond die Gezeiten der Ozeane beeinflusst. Indem wir diese kausale Beziehung verstehen, können wir optimale Bedingungen für die Ausübung bestimmter Aktivitäten erkennen.

Die Arten von Wesen, die dieses Universum bewohnen

Bislang haben wir die Aspekte beschrieben, die unser spezifisches Weltsystem bilden. Diese Darstellung beschreibt, wie das Universum im Verhältnis zu einem einzelnen fühlenden Wesen existiert. Unser Bewusstsein ist immer das Zentrum unseres eigenen Mandala und alles erscheint in Relation zu ihm. Die Gesamtform unseres Weltsystems und wie es sich für uns manifestiert, hängt jedoch von den karmischen Verbindungen ab, die wir mit anderen fühlenden Wesen geschaffen haben.

Als Ergebnis unseres kollektiven Karma erleben wir alle ein Weltsystem mit ähnlichen Merkmalen. Obwohl sie nie hundertprozentig identisch sind, liegen sie nahe genug beieinander, um Gemeinsamkeiten in unseren Erfahrungen zu erkennen. Auf diese Weise können wir uns auf Wesen beziehen, die in verschiedenen *Erfahrungsbereichen* „leben". Innerhalb der Kalachakra-Lehren gibt es einunddreißig Arten von Wesen; elf aus dem Begierdebereich, sechzehn aus dem Formbereich und vier aus dem formlosen Bereich. Durch den Prozess von Leben und Tod und der Reifung unseres Karma wird jede/r von uns ständig in diesen verschiedenen Regionen des Weltsystems wiedergeboren.

Der *Begierdebereich* umfasst etwa 308.000 Yojanas vom Boden der Windscheibe bis zum ersten Drittel des Halses über dem Berg Meru. Es gibt elf Arten von Wesen, die in dieser Sphäre leben: (1) Höllenwesen leben hauptsächlich in den Elementscheiben Wind, Feuer, Wasser und der unteren Hälfte der Erdscheibe; (2) Halbgötter und Nagas bewohnen die obere Hälfte der Erdscheibe; (3) Menschen bewohnen die verschiedenen Kontinente, die sich auf der Oberfläche der Erdscheibe befinden; sie teilen diese Regionen mit (4) Tieren und (5) hungrigen Geistern; (6) die Götter des Himmels der vier großen Könige befinden sich in der Region des Berges Meru, die sich vom Boden bis zur Schulter erstreckt; (7) die Götter des Himmels der Dreiunddreißig verweilen auf dem Gipfel des Berges Meru; im unteren Drittel des Halses befinden sich die Götter des (8) Nicht-Kampfes, (9) des Tushita-Himmels, (10) des Genießens der Emanationen und (11) der Kontrolle der Emanationen anderer.

Der *Formbereich* existiert innerhalb der 67.000 Yojanas des Raumes vom Oberrand des ersten Drittels des Halses bis zum Oberrand des Gesichts des

Berges Meru. Dieser Raum ist in vier unterteilt, basierend auf vier Elementen: Die vier Bereiche, die mit dem Erdelement verbunden sind, befinden sich in den verbleibenden zwei Dritteln des Halses – (1) Himmel des Brahma, (2) Priester des Brahma, (3) Großer Brahma und (4) Geringere Strahlkraft. Die vier mit dem Wasserelement verbundenen Bereiche befinden sich im Kinnbereich – (5) Unermessliche Strahlkraft, (6) Klare Strahlkraft, (7) Geringere Tugend und (8) Unermessliche Tugend. Die vier mit dem Feuerelement verbundenen Bereiche befinden sich in der Nasengegend – (9) Größte Tugend, (10) Wolkenlos, (11) Zunehmendes Verdienst und (12) Große Frucht, und die vier mit dem Windelement verbundenen Bereiche befinden sich in der Stirnregion – (13) Nichts Größeres, (14) Ohne Qual, (15) Extreme Einsicht in Gut und Böse und (16) Unübertroffen.

Der *formlose Bereich* befindet sich in den letzten 25.000 Yojanas des Raumes in der Scheitelerhebung des Berges Meru. Dort leben vier Arten von Göttern: (1) die Götter des unendlichen Raumes, (2) die Götter des unendlichen Bewusstseins, (3) die Götter des Nichts und (4) die Götter des Weder-Seins noch Nicht-Seins.

WIE MAN EINE MANDALA-DARBRINGUNG AUSFÜHRT

Mit einem allgemeinen Verständnis der verschiedenen Teile, aus denen dieses Weltsystem besteht, können wir nun dazu übergehen, dieses Universum den erleuchteten Wesen darzubringen. Diese Praxis gliedert sich in drei Schritte: (1) Vorbereitung der Darbringung, indem wir uns auf das Zufluchtsfeld besinnen; (2) Aufbau eines universalen Mandala und dessen Darbringung; (3) Abschluss der Sitzung durch Widmung des Verdienstes.

Vorbereiten der Darbringung

Wie bei jeder Mahayana-Praxis beginnen wir die Mandala-Darbringung, indem wir Zuflucht nehmen und Bodhicitta erzeugen. Wir sollten auch eine kurze Vajrasattva-Reinigung vor unserer Darbringung einbeziehen, denn ohne die beiden Bedingungen der Reinigung und der Ansammlung wird es keine spirituelle Entwicklung geben. Die Reinigung allein reicht nicht aus, um unser Ziel zu erreichen, wir brauchen auch die Ansammlung von Verdienst, die uns die Kraft gibt, tugendhafte Qualitäten zu kultivieren.

Wenn Sie die vorbereitenden Übungen abgeschlossen haben, visualisieren Sie Ihre/n spirituelle/n Mentor/in in der Gestalt von Guru Vajradhara. Im Raum vor Ihnen steht ein Thron aus kostbaren Juwelen, der von acht Schneelöwen getragen wird. Auf diesem Thron liegen vier Kissen, eine weiße Mondscheibe, eine rote Sonnenscheibe, eine dunkelblaue Rahu-Scheibe und eine gelbe Kalagni-Scheibe. Ihr/e Guru erscheint als dunkelblauer Vajradhara, umgeben von einer Schar von Linienmeister/innen, Yidams, Buddhas, Bodhisattvas, Arhats, Dakas, Dakinis und Dharmabeschützer/innen aus der Vergangenheit, Gegenwart und Zukunft. Wir betrachten dieses große Feld als untrennbar von den Drei Juwelen, unserer letztendlichen Zufluchtsquelle.

Um sicherzustellen, dass unsere Darbringungspraxis zur Ansammlung von Verdienst führt, sollten Sie besonders auf den Zustand Ihres Geistes achten. Die drei wichtigsten Punkte, die vorhanden sein müssen, sind (1) eine Motivation, die auf Mitgefühl basiert; (2) ein fokussierter Geist, der nicht abgelenkt ist, und (3) ein ständiges Gewahrsein der leeren Natur der Person, die die Darbringung ausführt, der Objekte, denen wir die Darbringung anbieten, der eigentlichen Darbringung und auch des Aktes der Darbringung.

Wenn Sie die Visualisierung aufgebaut und Ihre Geisteshaltung ausgerichtet haben, können Sie Hingabe kultivieren, indem Sie rezitieren:

Du bist der juwelengleiche Lama,
Dessen Güte die große Glückseligkeit in einem einzigen Augenblick
anbrechen lässt.
Ich verbeuge mich zu deinen Lotosfüßen, Lama Vajradhara

Ich erweise dem Lama die Ehre, dem ich unvergleichlich dankbar bin.
Das Licht deiner erleuchteten Wahrheit vertreibt meine Dunkelheit.
Du bist das fehlerlose Weisheitsauge, der sonnengleiche Lama von großer,
unveränderlicher Glückseligkeit.

Da es schwierig sein kann, den/die Meister/in als die lebende Verkörperung der Drei Juwelen zu erkennen, helfen diese Verse uns daran zu erinnern, dass der/die Meister/in wichtiger ist als alles andere. Die „Lotosfüße" vermitteln die Schönheit des Körpers des/der Guru/s und verweisen auf den Thron, auf dem er/

sie sitzt. Der Vajrakörper repräsentiert die unzerstörbare Natur der erleuchteten Form des/der Guru/s, weil er/sie eine Manifestation aller erleuchteten Wesen ist. Die große Glückseligkeit ist unsere letztendliche innere Wahrheit, deren Erreichung möglicherweise zahllose Äonen benötigt. Da wir diesen Zustand aber durch die Segnungen des/der Vajrameister/in augenblicklich erkennen können, gibt es nichts Wertvolleres als ihn/sie. Darüber hinaus kann der/die Guru mit seinem/ihrem „fehlerlosen Weisheitsauge" unsere verborgenen Schwächen durchschauen und ist wie die Sonne eine Quelle strahlenden Lichts, die es uns ermöglicht, alles zu sehen, was uns umgibt.

Du bist uns Mutter und Vater.
Du bist der Meister aller Wesen, ein wahrer und edler Freund.
Du bist der große Beschützer, der zum Nutzen aller fühlenden Wesen handelt.
Du bist der große Retter, der die negativen Verdunkelungen beseitigt.
Du verweilst in Vortrefflichkeit,
Du bist der einzige Aufenthaltsort aller höchsten Qualitäten, vollständig frei von Fehlern.
Du bist der Beschützer der Schwachen, der höchste Sieger über Selbstliebe und Leid; die Quelle allen Reichtums, das wunscherfüllende Juwel, der höchste siegreiche Herr des Dharma, zu dir nehme ich Zuflucht.

Der nächste Vers vermittelt, wie der/die Guru im spirituellen Sinne wie ein Elternteil ist; wie ein Vater führt und beschützt er uns auf unserer spirituellen Reise und wie eine Mutter liebt und versorgt sie uns mit unseren spirituellen Bedürfnissen. Er/sie unterscheidet nicht, wen er/sie auf dem spirituellen Weg führt, sondern nimmt alle Wesen an und gelobt für sie zu sorgen, bis sie die Erleuchtung erreichen. Da die höchste Qualität der Allwissenheit nur durch die Dharmalehren des/der Guru/s erlangt wird, können wir sagen, dass er/sie eine Manifestation des Buddha in menschlicher Form ist. Er/sie wird auch als „wunscherfüllendes Juwel" beschrieben, da er/sie grenzenlose erleuchtete Qualitäten zum Nutzen seiner/ihrer Anhänger/innen manifestiert.

Während Sie diese Verse rezitieren, stärken Sie Ihr Gefühl der Verbundenheit mit Ihren spirituellen Mentor/innen und mit allen erleuchteten Wesen. Erinnern Sie sich an ihre unendliche Güte Ihnen gegenüber und verstärken Sie die Hingabe zu ihnen durch Ihre Dankbarkeit. Mit dem großen Wunsch, sie zu ehren und zu erfreuen, sind Sie bereit, Ihr Opfer darzubringen.

Die eigentliche Darbringung eines universalen Mandala

Der Prozess der Darbringung eines Mandala des Universums umfasst vier Schritte: (1) das Bereitstellen der Materialien; (2) das Vorbereiten des Bodens; (3) das Visualisieren der darzubringenden Objekte und dann (4) das Darbringen.

Das Bereitstellen der Materialien

Grundsätzlich ist es möglich, diese Praxis mit nichts weiter als einer Handgeste durchzuführen. Dennoch ist es für den Geist effektiver, sich die Mühe zu machen, die Materialien für ein universales Mandala zusammenzutragen und diese physischen Substanzen dann darzubringen. Hierfür benötigen Sie drei Dinge:

1. **Mandala-Set:** Ein traditionelles Mandala-Set besteht aus einer Basis, drei Ringen und einem oberen Ornament. Sie bestehen in der Regel aus Gold, Silber oder einem anderen Metall wie Messing oder Kupfer, aber sie können auch aus Holz hergestellt werden. Während Sie versuchen sollten, ein so schönes Set zu erwerben, wie es Ihnen nur möglich ist, machen Sie sich keine Sorgen, wenn Sie noch keines haben. Fürs Erste reicht es, eine runde Fläche wie einen Teller oder einen Stein zu nutzen.

2. **Duftstoff:** Um die Basis zu segnen, benötigen Sie eine parfümierte Flüssigkeit oder Pulver. In alter Zeit wurde oft Kuhmist verwendet, weil er als traditionelle Substanz zur Reinigung galt. Wenn Sie sich keinen Duftstoff leisten können, dann verwenden Sie einfach sauberes Wasser als Ersatz.

3. **Opfersubstanzen:** Eine Auswahl an Halbedelsteinen eignet sich ideal für die Darbringung, sollten diese jedoch schwer zu erhalten sein, können Sie Körner wie Gerste oder Reis verwenden. Wenn Sie viele Darbringungen machen, ist es üblich, alle Opfersubstanzen in ein Tuch zu legen, das Sie über Ihren Schoß ausbreiten. Auf diese Weise können Sie in den verschiedenen Phasen der Praxis leicht eine Handvoll Opfergaben schöpfen. Achten

Sie darauf, die Substanzen vor der Darbringung zu untersuchen, um sicherzustellen, dass weder Insekten, Schmutz noch Steine beigemischt sind.

Die Vorbereitung des Bodens

Wenn Sie alle Materialien beisammen haben, können Sie mit dem Aufbau der
Darbringung beginnen, indem Sie die Mandala-Basis in die Hand nehmen und
rezitieren:

OM VAJRA BHUMI AH HUM

VAJRA BHUMI bezieht sich auf den Vajra-Boden, der durch die kreisförmige
Scheibe dargestellt wird und die reine und kraftvolle Grundlage unserer
gegenwärtigen Erfahrung ist. OM AH HUM ist enthalten, um die Segnungen
von Körper, Rede und Geiste des Buddha auf die Basis zu bringen. Während
wir diesen Vers rezitieren, reinigen wir die Scheibe mit dem Duftstoff, indem
wir sie mit dem Handballen in einer kreisförmigen Bewegung reiben. Während
wir dies tun, betrachten wir die Scheibe als unseren natürlichen Geist und den
Duftstoff als Bodhicitta. Unsere Negativitäten werden gereinigt, während sich die
Scheibe in den natürlichen Geist des reinen Bodhicitta verwandelt. Visualisieren
Sie auf diesem Boden die vier Elemente – Wind, Feuer, Wasser und Erde – als
Grundlagen. Fahren Sie fort, indem Sie rezitieren:

OM VAJRA REKHE AH HUM

VAJRA REKHE bezieht sich auf die unzerstörbare Begrenzung aus Wind
und Feuer, die den *großen Salzwasser-Ozean* und den *großen goldenen Boden*
umgibt. Wir symbolisieren diese Barriere, indem wir den größten Ring auf die
Mandala-Basis legen. Wenn wir HUM rezitieren, sollten wir es langsam sprechen
und uns vorstellen, dass sich alle unreinen Erscheinungen in der Leerheit ihrer
eigenen reinen Natur auflösen.

Die Visualisierung der Darbringungsobjekte

Nachdem das Fundament errichtet wurde, beginnen wir nun, Haufen von
Opfersubstanzen in das Mandala zu legen. Je nachdem, wie viel Zeit Sie dafür
aufwenden möchten, gibt es drei Varianten, die Sie verwenden können: lang,

mittel oder kurz. Der Hauptunterschied zwischen ihnen ist die Detailgenauigkeit.

Wenn Sie Haufen von Opfersubstanzen auf Ihrem Mandala platzieren, denken Sie daran, dass in dieser Praxis die Himmelsrichtungen relativer Natur sind. Osten wird immer als die Seite des Mandala betrachtet, die Ihnen am nächsten ist. Das bedeutet, dass Süden zu Ihrer Linken und Norden zu Ihrer Rechten ist, mit Westen auf der Ihnen gegenüberliegenden Seite des Mandala.

Lange Mandala-Darbringung

Bei der ausführlichen Mandala-Darbringung gibt es fünfzig Haufen kostbarer Objekte, die nacheinander dargebracht werden. Während Sie jeden Haufen platzieren, sollten Sie sich die spezifische Eigenschaft des Universums, die dargebracht wird, vergegenwärtigen und sie in Ihre Visualisierung einbeziehen. Dies ist eine gute Darbringung für den Beginn einer Sitzung.

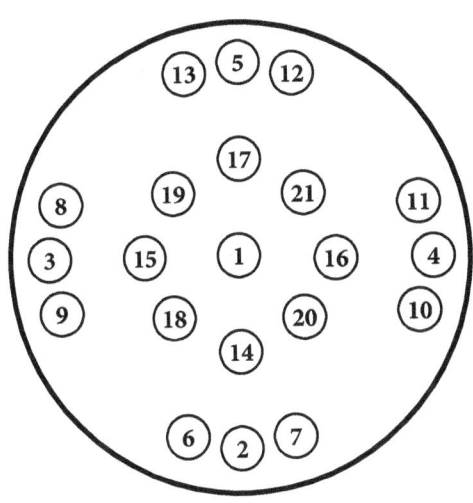

Abbildung 17-5: Der erste Ring der Darbringungen

Beginnen Sie damit, einen Haufen in die Mitte der Mandala-Basis zu legen, der (1) den *Berg Meru* darstellt. Während Sie dies tun, denken Sie darüber nach, dass Sie durch Ihre Praxis des Kalachakra-Pfades den Berg Meru besteigen und die Erleuchtung innerhalb eines einzigen Lebens erlangen können.

Fahren Sie fort, indem Sie die zwölf Kontinente platzieren, die die vielen schönen sinnlichen Erscheinungen der menschlichen Bereiche darstellen. Die vier Haufen symbolisieren die Hauphimmelsrichtungen: (2) im Osten ist Purvavideha; (3) im Süden ist Jambudvipa; (4) im Norden ist Uttarakuru und (5) im Westen ist Aparagodaniya. Dann platzieren Sie die verbleibenden Subkontinente links und rechts von den Haufen, die Sie bereits geschaffen haben: im Osten sind (6) Deha und (7) Videha; im Süden sind (8) Chamara und (9) Aparachamara; im Norden sind (10) Kuru und (11) Kaurava und im Westen sind (12) Shatha und (13) Uttaramantrina.

Als Nächstes folgt die Darbringung der himmlischen Sphäre der Planeten und Sternbilder. In den Raum zwischen dem Berg Meru und den Kontinenten legen Sie vier Haufen: (14) im Osten den schwarzen Rahu, (15) im Süden die rote Sonne, (16) im Norden den weißen Mond und (17) im Westen den gelben Kalagni. Hier repräsentieren die Sonne und der Mond den rechten bzw. linken Kanal, während Rahu und Kalagni den oberen und unteren Zentralkanal darstellen. Vergegenwärtigen Sie sich die glückseligen Erscheinungen, die durch die in diesen Kanälen zirkulierenden Winde erzeugt werden, sowie die himmlischen Freuden der weltlichen Götterbereiche.

Platzieren Sie in den Zwischenrichtungen vier Haufen, die die *vier unvergleichlichen Schätze* repräsentieren: (18) im Südosten ist der kostbare Berg, (19) im Südwesten der wunscherfüllende Baum, (20) im Nordosten die spontan geernteten Feldfrüchte und (21) im Nordwesten die wunscherfüllende Kuh. Diese vier Zeichen stehen für die Fülle und den Reichtum der Menschen- und Götterwelt.

Wenn Sie diese Darbringungen vollendet haben, füllen Sie den Rest des Rings mit allgemeinen Opfergaben aus, indem Sie sich alles Wunderbare und Schöne in den menschlichen Bereichen vorstellen. Bringen Sie insbesondere alles dar, an dem Sie persönlich hängen, wie z. B. Lieblingsspeisen, -orte und -personen.

Während Sie den zweiten Ring auflegen, stellen Sie sich die Merkmale vor, die den reinen Bodhisattva-Bereichen entsprechen, wie z. B. dem erhabenen Reich von Shambhala. Wir schaffen einen inneren Ring mit den *sieben kostbaren Emblemen des Königtums* und der *großen Schatzvase*: (22) im Osten ist das kostbare Rad, (23)

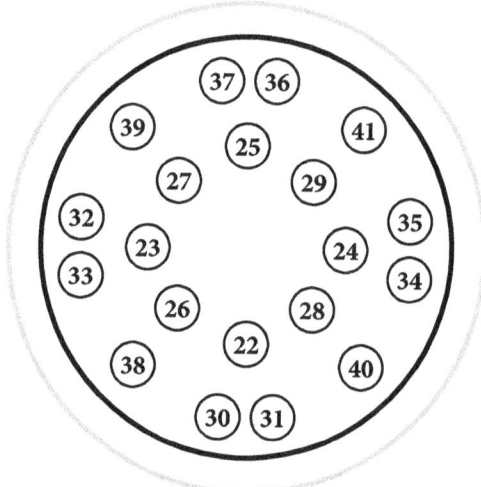

Abbildung 17-6: Der zweite Ring der Darbringungen

im Süden das kostbare Juwel, (24) im Norden der kostbare Minister, (25) im Westen die kostbare Königin, (26) im Südosten der kostbare Elefant, (27) im Südwesten das kostbare Pferd, (28) im Nordosten der kostbare General und (29) im Nordwesten die große Schatzvase. Während wir diese Haufen platzieren, kultivieren wir das Bestreben, eines Tages den Zustand eines raddrehenden Königs in Shambhala zu erreichen, um unzähligen fühlenden Wesen grenzenlosen Nutzen zu bringen.

Um diesen inneren Ring herum werden den erleuchteten Wesen umfangreiche Darbringungen gemacht, indem zwölf Haufen platziert werden, die die *zwölf Opfergöttinnen des Kalachakra* repräsentieren: im Osten zwei Haufen für die dunkelblauen Göttinnen (30) des duftenden Wassers und (31) der Blumen; im Süden zwei Haufen für die roten Göttinnen (32) des Räucherwerks und (33) des Lichts; im Norden zwei Haufen für die weißen Göttinnen (34) der Nahrung und (35) der Früchte; im Westen zwei Haufen für die gelben Göttinnen (36) der verführerischen Schönheit und (37) des Lachens; im Südosten einen Haufen für die grüne Göttin (38) der Musik; im Südwesten einen Haufen für die grüne Göttin (39) des Tanzes; im Nordosten einen Haufen für die blaue Göttin (40) des Gesanges und im Nordwesten einen Haufen für die blaue Göttin (41) der Lust. Während Sie den Rest des Rings anfüllen, stellen Sie sich vor, dass die Opfergöttinnen den ganzen Raum durchdringen und jeden Winkel des Weltsystems mit glorreichen Darbringungen erfüllen.

Um das Mandala zu vervollständigen, legen Sie den dritten Ring darauf und bringen die *acht glückverheißenden Symbole* dar: (42) im Osten die rechtsdrehende Muschel, (43) im Süden der kostbare Schirm, (44) im Norden das Siegesbanner, (45) im Westen die goldenen Fische, (46) im Südosten das Dharmarad,

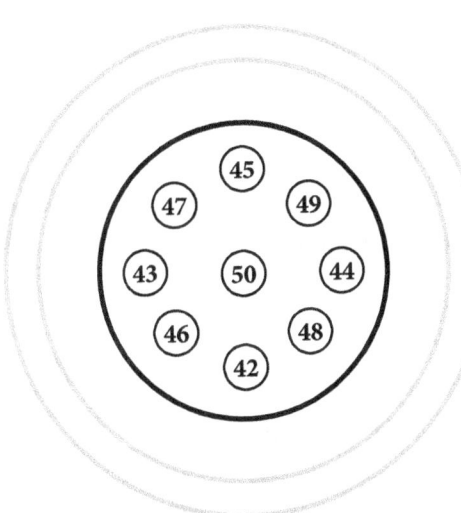

Abbildung 17-7: Der dritte Ring der Darbringungen

(47) im Südwesten der endlose Knoten, (48) im Nordosten die Lotosblume und (49) im Nordwesten die Schatzvase. Während Sie den Rest des Rings füllen, stellen Sie sich vor, dass glückverheißende Bedingungen entstehen, damit Sie und alle fühlenden Wesen vollständige Befreiung vom Leiden erlangen können.

Zum Abschluss legen Sie (50) das juwelenbesetzte Ornament darauf und stellen sich vor, dass sich das visualisierte Weltsystem in die zehn Richtungen vervielfältigt und dass sich jedes dieser Mandalas in weitere zehn vervielfältigt, und so weiter und so fort, bis der gesamte Raum vollständig mit universalen Mandalas gefüllt ist. Diese Art der Visualisierung ist als eine Wolke von *Samantabhadra-Opfergaben* bekannt. Erinnern Sie sich an die innewohnende Reinheit dieser Darbringungen und erkennen Sie, dass ihre Natur die erhabene Leerheit der Soheit ist.

Mittellange Mandala-Darbringung

Wenn die Mandala-Darbringung Ihre Hauptpraxis ist, wird diese kürzere Version der Darbringung am häufigsten verwendet. Ein typisches Gebet für eine mittellange Darbringung sieht wie folgt aus:

OM VAJRA BHUMI AH HUM
Das Fundament ist die reine goldene Erde.

OM VAJRA REKHE AH HUM
Das Universum ist umgeben von einem großen Zaun von eisernen Bergen, und im Zentrum steht Berg Meru, der König der Berge.

Im Osten liegt Purvavideha, im Süden Jambudvipa, im Norden liegt Uttarakuru und im Westen Aparagodaniya. Sonne, Mond, Rahu, Kalagni; alle wunderbaren und kostbaren Dinge in der Welt der Menschen und Götter, vollständig und ohne Fehler.

All diese Schätze bringe ich mit großer Hingabe meinen makellosen Wurzel- und Linienlamas dar sowie dem Mandala der Yidams, Buddhas, Bodhisattvas, Pratyekas, Shravakas, Dakinis und den alles sehenden Dharmabeschützern.

Ein Haufen von Edelsteinen oder Körnern wird zuerst in der Mitte der Basis platziert, um (1) den Berg Meru darzustellen, und weitere Haufen werden um das Zentrum herum platziert, beginnend mit den vier Kontinenten. Der erste Haufen wird in östlicher Richtung platziert, um den Kontinent (2) Purvavideha darzustellen, dann im Süden, um (3) Jambudvipa darzustellen, im Norden, um (4) Uttarakuru darzustellen, und im Westen, um (5) Aparagodaniya darzustellen.

Als Nächstes visualisieren Sie die Platzierung von Objekten am Himmel, während Sie sie wie zuvor im Ring platzieren. Im Osten repräsentiert ein Haufen (6) Rahu, im Süden (7) die Sonne, im Norden ist (8) der Mond und im Westen ist (9) Kalagni. Dies bildet den Boden, der die Basis für unsere Praxis ist.

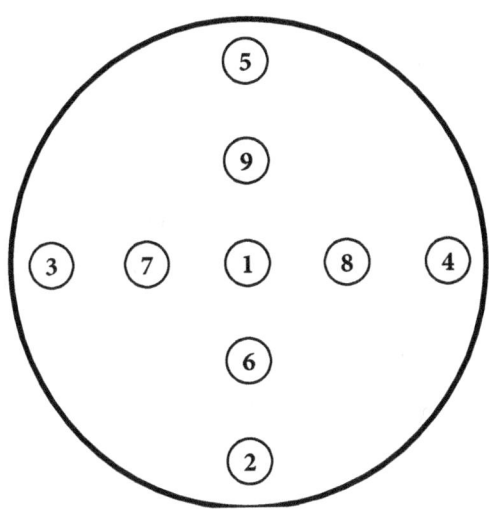

Abbildung 17-8: Mittellange Mandala-Darbringung

Nachdem Sie den ersten Ring mit Darbringungen gefüllt haben, platzieren Sie den zweiten Ring, um einen weiteren eisernen Zaun auf der Scheibe zu bilden. Während Sie haufenweise Juwelen oder Körner im Inneren des Rings platzieren, stellen Sie sich vor, dass diese die Inseln, die die vier Kontinente umgeben, die Bereiche der Götter des Begierdebereichs wie den Himmel der Dreiunddreißig, die Form- und formlosen Bereiche, die acht glückverheißenden Symbole, die sieben kostbaren Embleme des Königtums, goldene Tücher, kostbare Juwelen, diamantene Paläste, schöne Gärten und ausnahmslos die wertvollsten und schönsten Dinge repräsentieren, die die Welt zu bieten hat.

Wenn der zweite Ring voll ist, legen Sie den dritten Ring darauf und füllen ihn auf die gleiche Weise wie den zweiten Ring. Wenn der dritte Ring voll ist, stellen Sie ein Siegesbanner auf die Spitze des Haufens, versiegeln das Mandala und lassen es in alle Richtungen strahlen.

Kurze Mandala-Darbringung

Die letzte Version der Mandala-Darbringung ist die kürzeste und am besten geeignet, um große Mengen an Darbringungen anzusammeln. Das am häufigsten verwendete Gebet ist:

Der Boden ist mit Wohlgerüchen gesalbt und mit Blumen bestreut.
Die Mitte ist geschmückt mit dem Berg Meru, umgeben von den vier
Kontinenten, Sonne und Mond.
All das bringe ich als Buddhafeld dar. Mögen alle Wesen sich daran erfreuen.

Reinigen Sie bei dieser Praxis die Scheibe auf die gleiche Weise wie zuvor und legen Sie sieben Haufen von Opfersubstanzen auf, die den Berg Meru, die vier Kontinente, die Sonne und den Mond repräsentieren. Bringen Sie diese schnell dar und wiederholen Sie den Vorgang immer wieder, zusammen mit dem kurzen Mandala-Gebet und dem anschließenden Mantra. Traditionell vollenden Praktizierende auf diese Weise 100.000 Darbringungen, jedoch ist die tatsächliche Anzahl nicht so wichtig wie das eigentliche Gefühl und die Motivation der Praxis.

Wenn Sie viele kurze Darbringungen machen, möchten Sie vielleicht die Details Ihrer Visualisierung auffrischen, indem Sie ab und zu eine lange oder mittellange Mandala-Darbringung einfügen. Sie könnten zum Beispiel jedes Mal, wenn Sie hundert kleine Darbringungen vollenden, eine umfangreiche Darbringung machen.

Die Opfergabe darbringen

Nachdem Sie die Visualisierung aufgebaut und das Mandala errichtet haben, können Sie nun Ihre Opfergabe darbringen. Erinnern Sie sich an die Gegenwart des Zufluchtsfeldes und rezitieren Sie mit einem hingebungsvollen Herzen das folgende Mantra:

GURU IDAM RATNA MANDALA KAM NIRYA TAYAMI

Dieses Gebet bedeutet im Wesentlichen: „Dem/der Guru bringe ich dieses juwelenbesetzte Mandala dar." Während Sie es rezitieren, stellen Sie sich vor, wie sich alles, was Sie darbringen, in strahlendes Licht verwandelt und sich zurück in das Zufluchtsfeld auflöst. Entwickeln Sie das Gefühl, nichts zurückzuhalten und spüren Sie, wie Sie alles loslassen.

Wenn Mandala-Darbringungen Ihre Hauptpraxis sind, sollten Sie die

Opfersubstanzen wieder in Ihren Schoß zurückgeben und alles von der Mandala-Basis entfernen. Kehren Sie zur Vorbereitung des Bodens zurück und wiederholen Sie den Prozess des Mandala-Aufbaus und seiner Darbringung. Fahren Sie auf diese Weise für den Rest der Sitzung fort.

Abschluss der Sitzung

Um eine Sitzung dieser Praxis zu beenden, visualisieren Sie wie zuvor die Zufluchtsobjekte vor sich und bitten Sie sie, Ihre Darbringungen für die Befreiung aller Wesen anzunehmen und Sie besonders mit der Verwirklichung der Sechs Vajrayogas des Kalachakra zu segnen. Führen Sie eine weitere kurze Mandala-Darbringung aus und rezitieren Sie:

Aus Mitgefühl nehmt dieses Mandala an zum Wohle aller Wesen und, nachdem ihr dieses Opfer angenommen habt, bitte segnet mich!

Ich denke an die Tugend von Körper, Rede und Geist, die ich selbst und alle Wesen während der drei Zeiten angesammelt haben, sowie an die Sammlung der hervorragenden Samantabhadra-Opfergaben in diesem kostbaren Mandala; das alles, sowohl tatsächliche als auch visualisierte Gaben, bringe ich meinem Lama und den Drei Juwelen dar. Bitte nehmt das mit eurem Mitgefühl an und segnet mich!

Wenn Sie diesen Abschnitt beendet haben, visualisieren Sie die Zufluchtsobjekte, wie sie sich in Ihnen auflösen wie Wasser, das in Wasser gegossen wird, und verschmelzen Sie untrennbar mit ihnen. Dann widmen Sie das Verdienst dieser Praxis der Erleuchtung aller Wesen.

RATSCHLÄGE FÜR DIE DARBRINGUNG VON OPFERGABEN

Es gibt nur wenige Praktiken, die bei der Erzeugung von Verdienst so effektiv sind wie die Darbringung eines universalen Mandala. Daher ist es sehr empfehlenswert, diese Praxis zu einem zentralen Teil Ihrer Schulung zu machen. Die folgenden Ratschläge sind nur einige Möglichkeiten, wie Sie den Nutzen für sich maximieren können.

Die Darbringung im Geist

Die Darbringung eines universalen Mandala findet im Geist statt, aber anders als bei üblichen Geschenken findet kein physischer Austausch statt, sondern nur ein symbolischer. Die eigentliche Kraft der Schulung liegt im Aufbau von Erscheinungen, die dann losgelassen werden. Dieser Moment des Loslassens ist die Gegenkraft zum Greifen und ermöglicht es unserem Geist, in Tugend zu verweilen.

Aus diesem Grund ist es wichtig, sich die Zeit zu nehmen, die Darbringungsobjekte zu visualisieren und zu vermeiden, einfach immer wieder Reis auf einen Teller zu werfen. Versuchen Sie stattdessen, jeder Handvoll eine Bedeutung zu geben. Während Sie die Opfersubstanzen aufhäufen, lassen Sie ein geistiges Bild von etwas entstehen, das Sie schön oder angenehm finden, und während Sie den nächsten Haufen auf Ihr Mandala platzieren, lassen Sie das Bild wieder in Ihren Geist zurücksinken.

Bevor Sie eine Sitzung beginnen, kann es hilfreich sein, sich die verschiedenen Dinge zu vergegenwärtigen, die Sie darbringen möchten, und während Sie das Mandala aufbauen, arbeiten Sie sich der Reihe nach weiter vor. Dies ist vor allem bei der kurzen Version nützlich, bei der die Darbringungen schnell gemacht werden. Zum Beispiel könnten Sie in einer Runde verschiedene Arten von Blumen darbringen und in einer anderen verschiedene Arten von Licht. Erforschen Sie wirklich die Bandbreite Ihrer Erfahrungen, sodass Sie im Laufe des Prozesses das Gefühl haben, alles hingegeben zu haben.

Bringen Sie alles Schöne dar

Die Darbringung muss nicht auf die formelle Praxis beschränkt sein. In der Tat ist es sehr nützlich, den Akt des Darbringens in alle Aspekte Ihres Lebens einzubeziehen. Eine der einfachsten Möglichkeiten, dies zu tun, besteht darin, den Drei Juwelen Ihre schönen Erfahrungen darzubringen. Wann immer Sie im Laufe des Tages etwas Angenehmem begegnen, sei es der Anblick einer schönen Blume, der Geruch einer wohlriechenden Brise oder der Geschmack einer köstlichen Mahlzeit, bringen Sie diese Erfahrung dem/der Lama und den Drei Juwelen dar.

Es muss kein komplizierter Prozess sein. Wenn Sie etwas erleben, das Ihnen gefällt, rezitieren Sie im Geist „*GURU IDAM RATNA MANDALA KAM NIRYA TAYAMI*" und lassen Sie die Erfahrung dann los. Kultivieren Sie ein Gefühl der Freude, diese Darbringungen zu machen, und widmen Sie am Ende des Tages jedes Verdienst, das Sie erzeugt haben.

Bringen Sie Ihre Anhaftungen dar

Auch wenn das Darbringen angenehmer Erfahrungen gut ist, um Verdienst zu sammeln, können Darbringungen auch dazu dienen, Weisheit zu erlangen. Versuchen Sie im Laufe des Tages, auf Ihre Reaktionen auf verschiedene Erfahrungen zu achten und zu erkennen, wann Anhaftung entstanden ist.

Identifizieren Sie das Objekt Ihrer Anhaftung und betrachten Sie die Natur dessen, was Ihnen erscheint. Wie ist diese Erscheinung entstanden? Welche Eigenschaften projizieren Sie darauf? Sind diese Eigenschaften ein inhärenter Teil der Erscheinung? Was ist die letztendliche Natur der Erscheinung?

Versuchen Sie, bei der Analyse des Objekts einen Eindruck von seiner illusionsgleichen Natur zu bekommen. Stellen Sie sich vor, Sie befänden sich in einem Traum und alles, was Ihnen erscheint, wäre nichts anderes als Ihr Geist. Dann bringen Sie diese Erfahrung dem/der Guru und den Drei Juwelen dar.

ANZEICHEN DES ERFOLGS

In der Jonang-Tradition wird die Mandala-Darbringungspraxis normalerweise in einem Vollzeit-Retreat über einen Zeitraum von einundzwanzig Tagen durchgeführt. Allerdings ist dies nicht der einzige Zeitraum, in dem Sie diese Praxis durchführen sollten. Mandala-Darbringungen können auch im Alltag nach und nach angesammelt werden, und eine beständige Praxis wird Ihren Geist klären und Ihnen helfen, die Anhaftung an flüchtige Gedanken loszulassen.

Durch Fleiß wird diese Praxis schließlich zu Zeichen der Reifung Ihres Verdienstes führen. Dazu gehören Träume oder Visionen, in denen Sie auf einem Löwenthron sitzen, einen Heiligenschein über Ihrem Kopf sehen, Dharmaroben tragen oder viele Menschen sehen, die sich in Ihre Richtung niederwerfen. Allerdings ist das beste Zeichen dafür, dass Ihre Kultivierung von Verdienst erfolgreich war, wenn Ihr Geist klarer wird, weniger Verblendungen hat und immer mit Tugend beschäftigt ist.

ZUSAMMENFASSUNG

- Die Darbringung eines universalen Mandala ist speziell darauf ausgerichtet, Verdienst anzusammeln und gleichzeitig unsere Gewohnheit, an einer objektiven Wirklichkeit festzuhalten, zu durchtrennen.

- Es gibt zwei Arten von Mandalas, die in der Vajrayana-Praxis verwendet werden: (1) erleuchtete Mandalas, die symbolisch das Universum darstellen, wie es von erleuchteten Wesen erfahren wird, und (2) universale Mandalas, die das gewöhnliche Universum darstellen, wie es von fühlenden Wesen erfahren wird. Erleuchtete Mandalas werden verwendet, um uns zu helfen, mit unserer Buddhanatur vertraut zu werden, während universale Mandalas als Darbringungen verwendet werden.

- Die Darbringung eines Mandala des Universums hat drei Vorteile: (1) jede/r kann durch das Darbringen eines Mandala Verdienst ansammeln, unabhängig von seinen/ihren verfügbaren Mitteln; (2) es gibt keine Begrenzung für die Größe der geistigen Darbringung, daher kann man riesige Verdienstmengen erzeugen; und (3) die Praxis ist unglaublich gesegnet, weil unzählige Praktizierende sie benutzt haben, um Erleuchtung zu erlangen.

- Ein konzeptuelles Modell ist eine Sammlung von Ideen, die dazu dienen, die Beziehungen zwischen verschiedenen Arten von Phänomenen zu beschreiben, um einen bestimmten Zweck zu erfüllen. Da es sich nur um eine zugeschriebene Interpretation der Wirklichkeit handelt, gibt es keinen Konflikt zwischen den Modellen, die je nach Bedarf gewechselt werden.

- Das Modell des Universums des Buddha basiert auf der subjektiven Erfahrung eines einzelnen Individuums und betont die verschiedenen Faktoren, die diese Erfahrung beeinflussen. Ursprünglich wurde es unter Verwendung der vertrauten Terminologie der altindischen Kosmologie als ein geschicktes Mittel zur Vermittlung komplexer Ideen vorgestellt.

- Das Kalachakra-Universum lässt sich in fünf Gruppen von Merkmalen zusammenfassen: (1) die elementaren Grundlagen; (2) der Berg Meru; (3)

der große goldene Boden; (4) die himmlische Sphäre und (5) die Wesen, die das System bewohnen.

- Das Universum setzt sich aus sechs Elementen zusammen: (1) Raum; (2) Wind; (3) Feuer; (4) Wasser; (5) Erde und (6) Bewusstsein. Die ersten fünf sind die physischen Elemente, während das letzte Element nicht-physisch ist und die anderen fünf durchdringt. Das Fundament des Universums besteht aus den vier Elementscheiben von Wind, Feuer, Wasser und Erde.

- Der Berg Meru befindet sich im Zentrum der Erdscheibe und symbolisiert den Geisteszustand eines Individuums in Konzentration. Wenn man den Berg Meru ersteigt, kann man subtilere Geisteszustände erreichen, die dazu dienen, Unwissenheit aufzulösen und Befreiung vom Leiden zu erlangen.

- Die Oberfläche der Erdscheibe ist in drei Teile unterteilt: (1) ein unüberwindlicher Felsvorsprung, der den Fuß des Berges Meru umgibt, (2) ein innerer Ring von sechs Kontinenten mit umgebenden Gebirgsbarrieren und (3) ein äußerer Ring, der in zwölf Kontinente unterteilt und von einem großen Salzozean umgeben ist. All dies ist von einer unzerstörbaren Begrenzung aus Feuer und Wind umgeben.

- Im Raum über dem großen goldenen Boden befindet sich die himmlische Sphäre, die aus den Sternbildern und Planeten besteht, die einem Individuum auf dem Boden erscheinen. Die Bewegung dieser Gebilde beeinflusst das Gleichgewicht der Winde im physischen Körper und hat Auswirkungen auf die Qualität der Erfahrung.

- Aufgrund des kollektiven Karma erscheint eine große Vielfalt von Wesen in unserer Erfahrung. Das Kalachakra identifiziert einunddreißig Typen: elf aus dem Begierdebereich, sechzehn aus dem Formbereich und vier aus dem formlosen Bereich. Der Begierdebereich umfasst alle Elementscheiben sowie den großen goldenen Boden und den Berg Meru. Der Form- und der formlose Bereich existieren im Raum über dem Berg Meru.

- Es gibt drei Schritte, um eine Mandala-Darbringung durchzuführen: (1) Vorbereitung der Darbringung durch Vergegenwärtigung des Zufluchtsfeldes; (2) Aufbau eines universalen Mandala und Darbringung; (3) Abschluss der Sitzung durch Widmung des Verdienstes.

- Während der gesamten Praxis sollten Sie einen Geist mit drei Qualitäten beibehalten: (1) eine Motivation, die auf Mitgefühl beruht; (2) einen fokussierten Geist, der nicht abgelenkt ist und (3) ein ständiges Gewahrsein der leeren Natur der Person, die die Darbringung ausführt, der Objekte, denen das Opfer dargebracht wird, der eigentlichen Darbringung und auch des Aktes der Darbringung.

- Es gibt vier Schritte, um eine Darbringung auszuführen: (1) Bereitstellen der Materialien; (2) Vorbereitung des Bodens; (3) Visualisierung der Darbringungsobjekte und (4) Durchführung der Darbringung.

- Die Darbringung des Mandala findet im Geist statt. Bemühen Sie sich daher, Ihre Visualisierung aufzubauen und stellen Sie sicher, dass jede Handvoll des Opfers von Bedeutung erfüllt ist.

- In den Zeiträumen zwischen den Sitzungen können Sie die Gewohnheit entwickeln, jede angenehme oder schöne Erfahrung darzubringen.

- Um Ihre Darbringung zu einer Darbringung von Soheit zu machen, betrachten Sie kurz die trügerische Natur der Dinge, an denen Sie hängen, und bringen die gereinigte Erscheinung den erleuchteten Wesen dar.

- Durch eine beständige Praxis von Mandala-Darbringungen wird Ihr Geist weniger an Gedanken anhaften und mehr Klarheit gewinnen.

Anhänge

Die Jonang-Shambhala-Linie von Sutra und Tantra

Die folgende Tabelle zeigt die beiden Hauptlinien der *Jonang-Tradition*: (1) die tantrische Linie der *Sechs Vajrayogas des Kalachakra* und (2) die sutrische Linie des *Zhentong-Madhyamaka*.

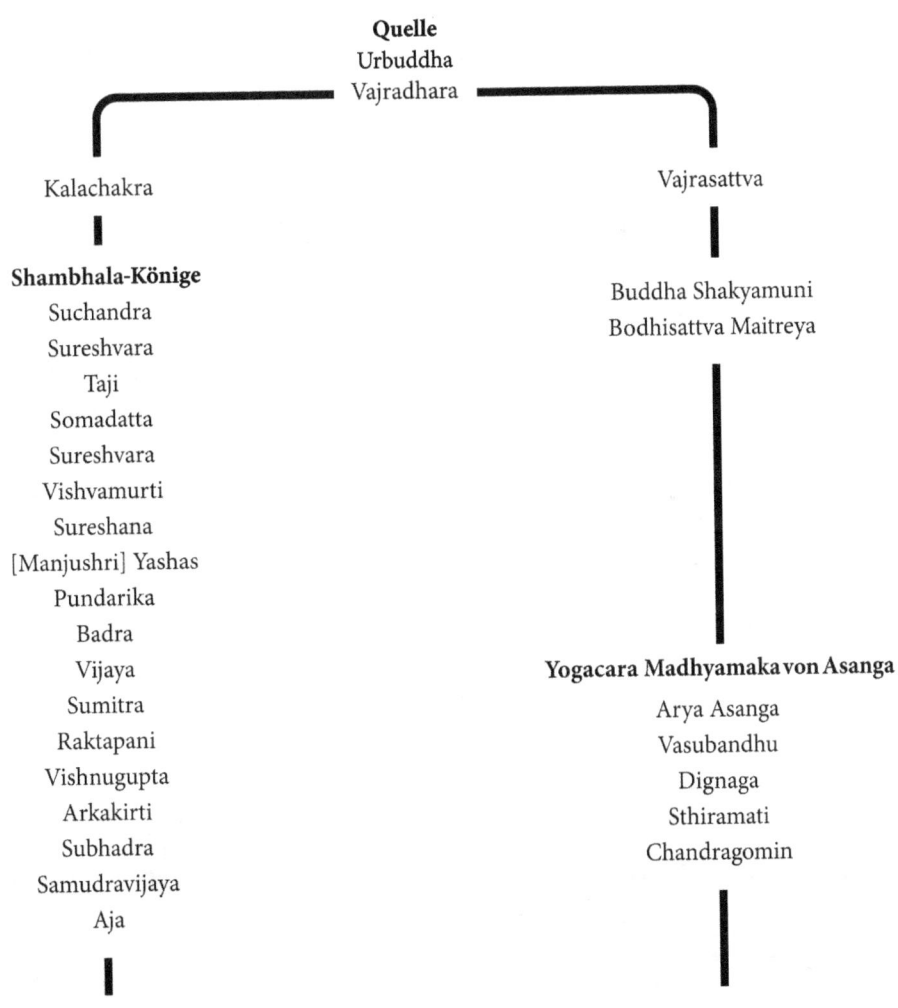

Quelle
Urbuddha
Vajradhara

Kalachakra   Vajrasattva

Shambhala-Könige
Suchandra   Buddha Shakyamuni
Sureshvara   Bodhisattva Maitreya
Taji
Somadatta
Sureshvara
Vishvamurti
Sureshana
[Manjushri] Yashas
Pundarika
Badra
Vijaya   **Yogacara Madhyamaka von Asanga**
Sumitra   Arya Asanga
Raktapani   Vasubandhu
Vishnugupta   Dignaga
Arkakirti   Sthiramati
Subhadra   Chandragomin
Samudravijaya
Aja

Nalanda Tradition von Kalachakra
Manjuvajra
Shri Badra
Bodhibadra
Somanatha

Dro-Linie der Sechs Vajrayogas
Drotön Lotsawa
Lama Lhaje Gompa
Lama Drotön Namseg
Lama Drupchen Yumo
Tsechok Dharmeshvara
Khipa Namkhai Öser
Machig Tulku Jobum
Lama Druptop Sechen
Chöje Jamyang Sarma
Kunkhyen Chöku Öser

Jonang-Kalachakra-Linie
Kunpang Thukje Tsondru
Jangsem Gyalwa Yeshe
Khetsun Yonten Gyatso

Kontemplative Tradition von Maitreya
Maitripa
Ratnakarashanti
Anandakirti
Sanjana

Lotsawa Gawai Dorje
Tsen Kawoche Drime Sherab
Dharma Tsondru
Yeshe Jungne
Jangchup Kyap
Zhonnu Jangchup

Narthang-Linie
Monlam Tsultrim
Chomden Rigpe Raldri
Kyiton Jamyang Drakpa

Kunkhyen Dolpopa Sherab Gyaltsen
Chögyal Chokle Namgyal

Tsungmed Nyabön Kunga

Drupchen Kunga Lodrö
Jamyang Konchog Zangpo
Drenchok Namkha Tsenchen
Panchen Namkha Palzang
Lochen Ratnabhadra
Palden Kunga Drolchok

Kenchen Lungrik Gyatso

Jonang-Zhentong-Linie
Chöje Pal Gonpo
Lodrö Gyatso
Donyöd Pal
Panchen Shakya Chokden
Donyon Drubpa
Jamgön Drubpa Pawo
Kunga Gyaltsen
Drakden Drubpa

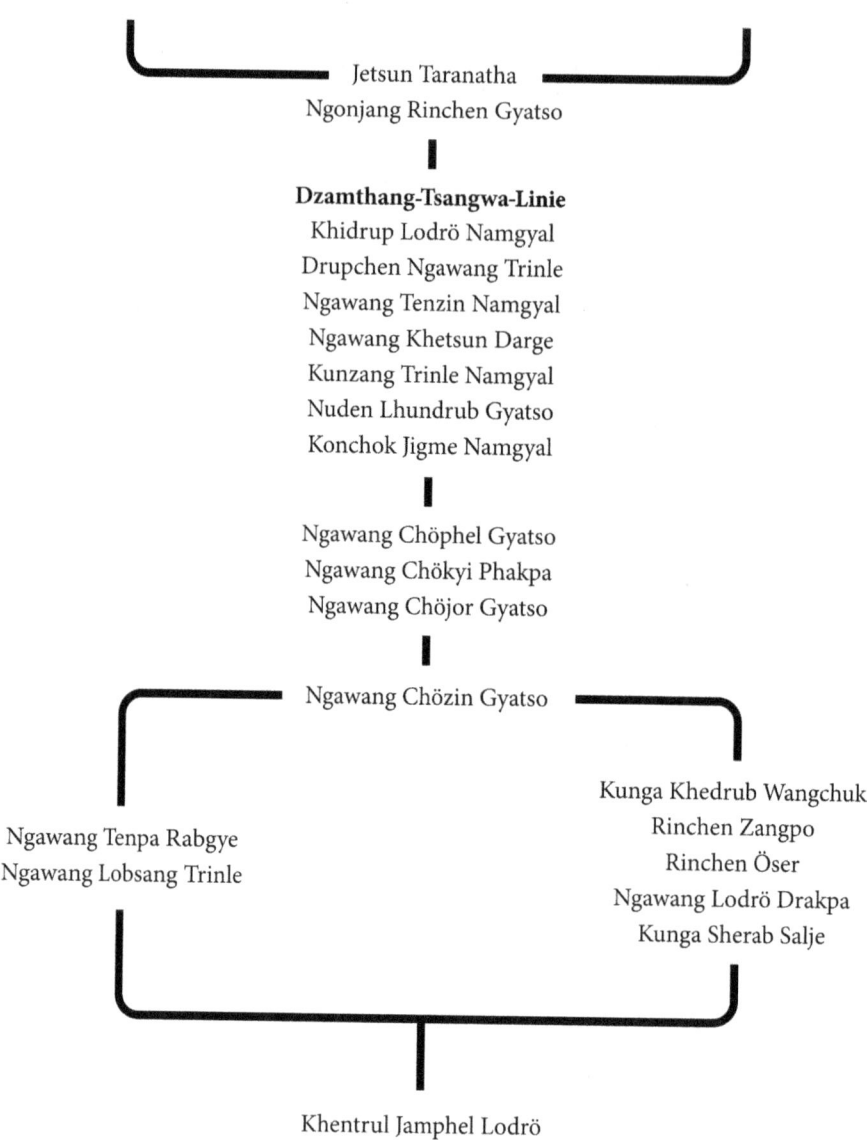

Jetsun Taranatha
Ngonjang Rinchen Gyatso

Dzamthang-Tsangwa-Linie
Khidrup Lodrö Namgyal
Drupchen Ngawang Trinle
Ngawang Tenzin Namgyal
Ngawang Khetsun Darge
Kunzang Trinle Namgyal
Nuden Lhundrub Gyatso
Konchok Jigme Namgyal

Ngawang Chöphel Gyatso
Ngawang Chökyi Phakpa
Ngawang Chöjor Gyatso

Ngawang Chözin Gyatso

Ngawang Tenpa Rabgye
Ngawang Lobsang Trinle

Kunga Khedrub Wangchuk
Rinchen Zangpo
Rinchen Öser
Ngawang Lodrö Drakpa
Kunga Sherab Salje

Khentrul Jamphel Lodrö

Die Zufluchtsgelübde und die Gelübde der persönlichen Befreiung

GELÖBNISSE DER ZUFLUCHTNAHME ZU DEN DREI JUWELEN

Es gibt drei Gruppen von Gelöbnissen, die mit der *Zufluchtnahme zu den Drei Juwelen* zusammenhängen: (1) die drei Dinge, die es aufzugeben gilt, (2) die drei Dinge, die es anzunehmen gilt und (3) die drei ergänzenden Gelöbnisse.

Drei Dinge, die es aufzugeben gilt

1. Fühlende Wesen als endgültige Zuflucht aufgeben

2. Verletzen von fühlenden Wesen aufgeben

3. Einfluss weltlicher Freunde aufgeben

Drei Dinge, die es anzunehmen gilt

1. Symbole des erleuchteten Geistes ehren und respektieren

2. Symbole der erleuchteten Rede ehren und respektieren

3. Symbole des erleuchteten Körpers ehren und respektieren

Drei ergänzende Gelöbnisse

1. Die Drei Juwelen respektieren, ehren und verehren

2. Sich der Segnungen der Drei Juwelen gewahr sein

3. Dankbarkeit gegenüber den Drei Juwelen kultivieren

GELÜBDE DER PERSÖNLICHEN BEFREIUNG

Es gibt zwei Arten von Gelübden, die normalerweise von Laien abgelegt werden: (1) die *fünf Laiengelübde* oder (2) die *acht Vierundzwanzig-Stunden-Gelübde*. Da die Vierundzwanzig-Stunden-Gelübde zeitlich begrenzt sind, werden sie nicht als vollständig qualifizierte Gelübde der persönlichen Befreiung gewertet.

Die fünf Laiengelübde

1. Nicht töten

2. Nicht stehlen

3. Kein sexuelles Fehlverhalten

4. Nicht lügen

5. Keinerlei Rauschmittel

Die acht Vierundzwanzig-Stunden-Gelübde

1. Nicht töten

2. Nicht stehlen

3. Keinerlei sexuelle Aktivität

4. Nicht lügen

5. Keinerlei Rauschmittel

6. Nicht auf teuren oder hohen Betten schlafen

7. Nicht tanzen, keinen Schmuck tragen

8. Nach dem Mittag nichts mehr essen

ZWEIGVERPFLICHTUNGEN

Es gibt fünf Arten von Handlungen, die nach der Zufluchtnahme aufgegeben werden sollten: (1) die *zehn untugendhaften Handlungen*; (2) die *fünf abscheulichen Verbrechen*; (3) die *fünf ebenso schweren Verbrechen*; (4) die *vier schwerwiegenden unheilsamen Handlungen* und (5) die *acht falschen Handlungen*.

Die zehn untugendhaften Handlungen *

1. Töten

2. Stehlen

3. Sexuelles Fehlverhalten

4. Lügen

5. Harte Worte

6. Entzweiende Rede

7. Sinnloses Geschwätz

8. Habgier

9. Böser Wille

10. Falsche Ansichten

* Die ersten vier untugendhaften Handlungen sind die gleichen wie die vier grundlegenden Laiengelübde.

Die fünf abscheulichen Verbrechen

1. Den eigenen Vater töten

2. Die eigene Mutter töten

3. Einen Arhat töten

4. Das Blut eines Buddha vergießen

5. Eine Spaltung im Sangha verursachen

Die fünf ebenso schweren Verbrechen

1. Die eigene Mutter, die ebenfalls ein Arhat ist, durch sexuelles Fehlverhalten erniedrigen

2. Einen „sicher verweilenden" Bodhisattva töten

3. Einen Arya auf dem Pfad des Lernens töten

4. Gelder des Sangha veruntreuen

5. Einen Stupa zerstören

Die vier schwerwiegenden unheilsamen Handlungen

1. Ehrerbietung von einem fortgeschritteneren Praktizierenden annehmen

2. Den Reichtum eines echten Praktizierenden ausnutzen

3. Anhänger/innen daran hindern, Verdienst anzusammeln

4. Die eigenen spirituellen Meister/innen betrügen

Die acht falschen Handlungen

1. Gutes kritisieren

2. Unheilsames loben

3. Das Ansammeln von Verdiensten einer tugendhaften Person unterbrechen

4. Den Geist derer stören, die Hingabe haben

5. Den/die eigene/n spirituelle/n Lehrer/in aufgeben

6. Die Verpflichtungen gegenüber der eigenen Gottheit aufgeben

7. Die eigenen Dharmabrüder und -Schwestern aufgeben

8. Ein Mandala entweihen oder die Regeln während des Retreats missachten

Die Gelübde und Verpflichtungen von Bodhisattvas

DIE SCHULUNG IN ANSTREBENDEM BODHICITTA

Die Schulung in anstrebendem Bodhicitta ist in zwei Gruppen unterteilt: (1) die *Richtlinien, um zu verhindern, dass Ihr Bodhicitta in diesem Leben abnimmt* und (2) die *Richtlinien, um Bodhicitta in zukünftigen Leben zu erzeugen*.

Die Richtlinien, um zu verhindern, dass Ihr Bodhicitta abnimmt

1. Über die Vorteile der Entwicklung von Bodhicitta nachdenken

2. Das Bestreben entwickeln, Bodhicitta ganztägig aufrechtzuerhalten

3. Verdienst ansammeln und Negativitäten reinigen

4. Niemals irgendein fühlendes Wesen aufgeben

Die Richtlinien, um Bodhicitta in zukünftigen Leben zu erzeugen

Die vier schwarzen Praktiken aufgeben, die Bodhicitta schwächen

1. Die eigenen Lehrer/innen verwirren

2. Anderen unberechtigte Schuldgefühle einreden

3. Diejenigen, die korrekt in das Mahayana eingetreten sind, beschimpfen oder verleumden

4. Andere durch Täuschung und falsche Darstellungen manipulieren

Die vier weißen Praktiken anwenden, die Bodhicitta stärken

1. Alle Formen der Lüge vermeiden

2. Anderen helfen, Dharma zu praktizieren

3. Den Bodhisattvas Ehre und Respekt erweisen

4. Eine altruistische Absicht gegenüber fühlenden Wesen pflegen

DIE SCHULUNG IN ENGAGIERTEM BODHICITTA

Die Schulung in engagiertem Bodhicitta unterteilt sich in zwei Gruppen von Gelübden: (1) die *achtzehn Wurzelgelübde* und (2) die *sechsundvierzig Zweiggelübde*.

Die achtzehn Wurzelgelübde

Die folgenden Handlungen sollen vollständig aufgegeben werden:

Die vier Wurzelgelübde nach der Tradition von Asanga

5. Behaupten, falsche Verwirklichungen zu haben

6. Materielle Unterstützung oder Unterweisungen verweigern

7. Jemandem nicht vergeben, der sich entschuldigt hat

8. Das Mahayana aufgeben und falsche Lehren verbreiten

Die vierzehn Wurzelgelübde nach der Tradition von Nagarjuna

9. Das Eigentum der Drei Juwelen stehlen

10. Die Lehren ablehnen

11. Die Unmoralischen bestrafen

12. Taten mit direkter Vergeltung begehen

13. Abwegige Ansichten behaupten

14. Einen Lebensraum, eine Stadt, eine Region oder eine Nation zerstören

15. Den Ungeübten die Leerheit erklären

16. Jemand anderen dazu zu bringen, Bodhicitta aufzugeben

17. Jemanden dazu zu bringen, die grundlegenden Gelübde aufzugeben

18. Behaupten, dass das Grundlagenfahrzeug keine Leiden besiegt

19. Sich selbst loben und andere abwerten

20. Die eigenen Verwirklichungen übertreiben

21. Einen König veranlassen, eine Strafe zu verhängen

22. Besitztümer von Praktizierenden stehlen

Die sechsundvierzig Zweiggelübde

Diese Handlungen sollen so weit wie möglich vermieden werden.

Die Zweiggelübde in Bezug auf die Vollkommenheit der Großzügigkeit

1. Die drei Arten der Verehrung der Drei Juwelen nicht ausüben

2. Der Begierde unkontrolliert ihren Lauf lassen

3. Unsere spirituell Älteren nicht respektieren

4. Sich weigern, auf Fragen zu antworten

5. Eine Einladung nicht annehmen

6. Sich weigern, Gold und andere Formen von Reichtum anzunehmen

7. Sich weigern, den Dharma diejenigen zu lehren, die ihn suchen

Die Zweiggelübde in Bezug auf die Vollkommenheit der ethischen Disziplin

8. Sich von denjenigen abwenden, die unmoralisch sind

9. Sich nicht in einer Weise schulen, die in anderen Vertrauen weckt

10. Wenige Aktivitäten zum Wohle der fühlenden Wesen ausüben

11. Ohne Mitgefühl handeln

12. An falschen Formen des Lebensunterhalts festhalten

13. Sich auf geistige Erregung und übermäßige Belustigungen einlassen

14. Samsara mit Selbstgefälligkeit betrachten

15. Einen schlechten Ruf nicht vermeiden

16. Eine belastende Maßnahme nicht anwenden

Die Zweiggelübde in Bezug auf die Vollkommenheit der Geduld

17. Für Schaden Vergeltung üben

18. Diejenigen ignorieren, die sich über uns ärgern

19. Sich weigern, eine Entschuldigung anzunehmen

20. Dem Ärger unkontrolliert freien Lauf lassen

Die Zweiggelübde in Bezug auf die Vollkommenheit freudiger Anstrengung

21. Versammeln einer Anhängerschaft mit dem Wunsch nach Gewinn und Ehre

22. Faulheit und dergleichen nicht beseitigen

23. Sich mit Anhaftung an oberflächlichem Gerede beteiligen

Die Zweiggelübde in Bezug auf die Vollkommenheit der meditativen Konzentration

24. Das Versäumnis, sich einsgerichtet zu konzentrieren

25. Das Versäumnis, die Hindernisse für die meditative Konzentration zu beseitigen

26. Freude über die Zustände der meditativen Versenkung als eine gute Eigenschaft ansehen

Die Zweiggelübde in Bezug auf die Vollkommenheit der Weisheit

27. Die Lehren des Grundlagenfahrzeugs ablehnen

28. Den Lehren des Großen Fahrzeugs nicht folgen

29. Nicht-buddhistische Lehren mehr studieren als die Lehren des Buddha

30. Freude am Studium nicht-buddhistischer Texte

31. Verunglimpfung der Lehren des Großen Fahrzeugs

32. Sich selbst loben und andere abwerten

33. Sich nicht dem Lernen widmen

34. Respektlosigkeit gegenüber Dharmalehrer/innen oder dem Dharma

Die Zweiggelübde in Bezug auf den Nutzen für andere

35. Anderen nicht helfen

36. Sich nicht um die Kranken kümmern

37. Leidenden nicht beistehen

38. Nicht darauf hinweisen, was für andere angemessen ist

39. Einen von anderen erhaltenen Gefallen nicht erwidern

40. Den Kummer von anderen nicht lindern

41. Hilfebedürftigen keine Unterstützung anbieten

42. Seinen Anhänger/innen nicht helfen

43. Nicht auf die Wünsche anderer eingehen

44. Diejenigen nicht loben, die es verdienen würden

45. Diejenigen nicht zurückhalten, die ein Fehlverhalten begehen

46. Die eigenen Wunderkräfte nicht nutzen

Chöd
Direktes Abschneiden der Dämonen der Unwissenheit und Selbstsucht

Die Essenz des Kalachakra-Pfades ist das Fördern von Liebe und Mitgefühl als Mittel zum Erreichen der Erleuchtung. Eines der Haupthindernisse auf diesem Pfad ist unsere selbstsüchtige Einstellung, die unsere Gefühle der Voreingenommenheit und die vielen Verblendungen, die aus diesem Geisteszustand resultieren, nährt. Um Kalachakra effektiv zu praktizieren, muss dieses Hindernis so schnell wie möglich beseitigt werden.

Diese Aufgabe kann entweder mit indirekten oder mit direkten Methoden angegangen werden. Eine indirekte Methode arbeitet mit den Bedingungen der Selbstsucht und verhindert, dass sie in der Zukunft wieder auftauchen, während eine direkte Methode mit dem eigentlichen Geist der Selbstsucht arbeitet, um seine Fähigkeit, uns zu schaden, zu beseitigen. Im Allgemeinen sind die indirekten Methoden eher graduell und friedlich, während die direkten Methoden viel unmittelbarer und kraftvoller sind.

In der ausführlichen Darlegung des Bodhisattva-Pfades weiter vorne in diesem Buch wurden uns verschiedene indirekte Methoden vorgestellt, um die Stärke unserer Selbstsucht zu verringern und uns zu helfen, das höchste Streben nach Bodhicitta zu erzeugen. In diesem Anhang werden wir eine direktere Methode erforschen, die wir zur Ergänzung unserer Praxis und zur Beschleunigung unseres Fortschritts auf dem Pfad einsetzen können. Im Zusammenhang mit dem Kalachakra-Pfad sollten diese Praktiken als Teil unseres Trainings in den inneren Vorbereitungen betrachtet werden.

Die Methode, die wir untersuchen werden, wird Chöd oder *Abtrennen von Objekten* genannt. Diese einzigartige Praxislinie, die allgemein als eine der besten Methoden zur Beseitigung des selbstsüchtigen Geistes anerkannt ist, findet sich in allen großen Traditionen in Tibet. Das Wort Chöd bedeutet wörtlich „schneiden". Schneiden ist keine sanfte und behutsame Handlung, sondern

Prajñaparamita – Die Perfektion der Weisheit

entschlossen und abrupt. In dem Moment, in dem ein Schnitt gemacht wird, wird eine Verbindung getrennt – das ist die Natur von Chöd. Wenn wir einen Baum loswerden wollen, kümmern wir uns nicht darum, die Blätter und Äste abzuschneiden, wir gehen direkt zur Wurzel. Wenn wir die Wurzel abschneiden, wird alles andere verwelken.

DIE QUELLE DER CHÖD-LEHREN

Die Lehren von Chöd sind aus der Prajñaparamita hervorgegangen. Dies ist ein anderer Name für die Buddhanatur, die sich im Aspekt der Großen Mutter manifestiert – die Weisheit, die die leere Natur aller Phänomene erkennt. Im Gegensatz zu einem Menschen wird sie nicht von einer Mutter und einem Vater geboren, sondern aus dem ursprünglichen Gewahrsein, das nicht-konzeptuell in der Selbstlosigkeit verweilt, und als solches ist sie untrennbar mit dem Buddha Vajradhara, Kalachakra und unserem/r eigenen Wurzel-Guru verbunden. Die Lehren von Prajñaparamita manifestieren sich teilweise in der zweiten Drehung des Rades des Dharma und vollständig in der dritten Drehung.

Diese Lehren wurden schließlich im elften Jahrhundert von dem großen indischen Mahasiddha Padampa Sangye nach Tibet gebracht. Geboren in einer Brahmanenfamilie in Indien, wurde Dampa Sangye im Alter von fünfzehn Jahren in Vikramashila ordiniert und erhielt den Namen Kamalashila. Nachdem er unter vierundfünfzig berühmten Yogalehrern studiert hatte, erhielt er eine fundierte Ausbildung sowohl in den Sutras wie auch in den Tantras. Einen Großteil seines Lebens reiste Dampa durch Indien und Nepal und meditierte an heiligen Stätten wie Bodhgaya und dem Stupa von Svayambhunath.

Bei zahlreichen Gelegenheiten reiste Dampa Sangye nach Tibet, um Belehrungen zu geben. Obwohl er Tibetisch verstehen und sprechen konnte, zog er es vor, symbolische Belehrungen durch nonverbale Gesten, das Übergeben von Gegenständen und kurze Kernunterweisungen zu geben. Diese Lehren wurden von seinen engen Schüler/innen niedergeschrieben, die als wichtigste Interpreten seiner Weisheit fungierten. Die Lehrzyklen, die direkt von ihm stammen, sind als Tradition von *Zhije* bekannt, was „Befriedung" bedeutet.

Padampa Sangye war besonders daran interessiert, weibliche Praktizierende zu unterstützen, weil er der Meinung war, dass ihre spirituelle Praxis durch die gesellschaftlichen Konventionen der damaligen Zeit zusätzlich behindert wurde. Von seinen vielen Schülern war seine berühmteste Schülerin Machik Labdron, die ein Jahr lang bei ihm studierte. Während dieser Zeit verbrachte sie viel Zeit damit, nach den Prajñaparamita-Sutras zu praktizieren und erhielt Belehrungen direkt von Padampa Sangye sowie von seinem Hauptschüler Kyoton Sonam Lama.

Machiks Geschichte ist wahrhaft inspirierend. Schon sehr früh im Leben musste sie eine Reihe von Todesfällen in ihrer Familie verkraften. Ihr Vater starb, als sie dreizehn Jahre alt war, ihre Mutter folgte drei Jahre später, als sie sechzehn war und als sie zwanzig wurde, starb auch ihre ältere Schwester. Innerhalb von nur sieben Jahren verlor sie fast alle, die ihr nahestanden. Diese Tragödien verstärkten ihre Konzentration und Energie auf die Dharma-Praxis, insbesondere auf das Studium der Prajñaparamita-Sutras, zu denen sie eine große Affinität empfand. Unter der Anleitung von Drapa Ngonshe wurde sie für ihre großartige Fähigkeit bekannt, Texte zu erinnern und wurde oft gebeten, das lange Prajñaparamita-Sutra im Namen der Schüler ihres Meisters zu rezitieren. Als Ergebnis dieser Praxis entstand die Weisheit der Leerheit, die ihren Geist befreite, und von diesem Moment an entwickelte sie nie mehr Anhaftung an Menschen oder Orte, wo immer sie auch hinging.

Eines Tages begegnete sie einem wandernden Yogi namens Topa Bhadra und wurde seine Gefährtin. Sie gebar drei Söhne und zwei Töchter: Nyingpo Drubpa, Drubchung, Yangdrub, Kongcham und Lacham. Als sie siebenunddreißig wurde, entschied sie sich wieder für ein Leben als Asketin und wanderte kreuz und quer durch Tibet, Nepal und Indien. Da niemand glaubte, dass sie ein weiblicher Mahasiddha war, wurde sie oft auf die Probe gestellt. Jedes Mal stellte sie sich den Herausforderungen und bewies die Tiefe ihrer unglaublichen Verwirklichungen. Dementsprechend scharte sie viele Schüler/innen um sich, darunter insbesondere auch ihre Söhne.

Das Chöd-Praxissystem, das sie lehrte, war äußerst innovativ und entstand durch die Kraft ihrer Realisationen. Es enthielt zwar viele der Prinzipien des Zhije von Padampa Sangye, aber die eigentlichen Übungen waren einzigartig. Aufgrund ihrer erstaunlichen Wirksamkeit verbreiteten sich die Praktiken des Chöd in ganz Tibet und wurden schließlich in alle großen Traditionen aufgenommen. Die Nachricht von Machiks unglaublichen Lehren gelangte sogar nach Indien und sie wurde gebeten, sie auch dort zu übertragen.

Wenn Sie daran interessiert sind, dieses System zu praktizieren, ist es wichtig, dass Sie sich zunächst mit den Meister/innen der Linie vertraut machen, um Ihre Verbindung mit diesen Lehren zu entwickeln. Es handelt sich um eine wahrhaft tiefgründige Praxis, und ohne den Segen der Überlieferungslinie ist es unwahrscheinlich, dass Sie den beabsichtigten Nutzen daraus ziehen können. Dieser Anhang bietet lediglich eine allgemeine Einführung in die Übungen, die dann als Grundlage für die Arbeit mit einem/einer qualifizierten Linienmeister/in dienen kann.

DIE WURZEL VON SAMSARA DURCHSCHNEIDEN

Nach den Lehren des Chöd ist die Wurzel der zyklischen Existenz das Konzept eines wahrhaft existierenden Selbst. Auf der Grundlage unseres Greifens nach diesem Konzept erfahren wir Leid und Konflikt. Alles läuft auf das Grundgefühl des „Ich bin" zurück. Indem wir dieses Greifen beseitigen, durchtrennen wir die Wurzel von Samsara.

Für ein fühlendes Wesen scheint das Selbst zu existieren, nicht aber für ein erleuchtetes Wesen. Was wir gerade jetzt für das Selbst halten, ist in Wirklichkeit eine Illusion, die nicht so existiert, wie sie uns erscheint. Aber wenn das so ist, wer sind wir dann? Letztendlich können wir sagen, dass wir Buddhanatur sind. Dies ist unsere innere Wahrheit, unser reines Selbst. Allerdings ist das nicht ein Selbst von der Art, wie wir es normalerweise verstehen. Da es ein Selbst ist, das auf einem nicht-dualistischen Geist basiert, transzendiert es vollständig alle Vorstellungen von Subjekt und Objekt.

Glücklicherweise können wir diese Wahrheit durch Erfahrung erkennen. Wenn wir unsere starken Gefühle von „Ich" oder „Mein" nehmen und ihre Natur untersuchen, zerfallen sie völlig. Das, was wir für so solide und real halten, verschwindet bei einer Analyse und erweist sich als grundlos – ohne Essenz. Die Wirklichkeit jedoch zerfällt nicht unter der Analyse. Selbst nachdem Sie alle Konzepte beseitigt haben, bleibt das ursprüngliche Gewahrsein Ihres Geistes bestehen – es ist nicht nichts. Dieser Geist ist von Natur aus unbeschreiblich, denn er liegt jenseits unserer Bezeichnungen und obwohl wir ihn als „reines Selbst" bezeichnen können, ist dies lediglich eine Bezeichnung, die wir verwenden, um die Natur der Wirklichkeit zu verstehen. Es ist nicht die Wirklichkeit selbst.

Chöd anerkennt unsere derzeitige Verwirrung darüber, was das Selbst ist und was nicht. Normalerweise sehen wir diesen Körper und denken, das sei das Selbst. Wir mögen zwar das Konzept der Selbstlosigkeit verstehen, aber tief im Inneren haben wir immer noch das Gefühl, dass wir mit unserem Körper identisch sind, und deshalb erschreckt uns der Gedanke an den Tod so sehr. Wir können uns nicht vorstellen, von diesem kostbaren Körper getrennt zu sein. Aus diesem Grund konzentriert sich Chöd darauf, unsere Anhaftung an den Körper zu durchschneiden und uns zu ermöglichen, die Natur unseres Geistes zu erfahren.

Stellen Sie sich vor, Sie hätten ein Haus gemietet, das in Brand geraten ist. Das erste, was Sie tun würden, wäre, das Haus zu verlassen und sich so schnell wie möglich in Sicherheit zu bringen. Sobald Sie draußen in Sicherheit sind, können Sie zusehen, wie das Haus brennt. Auch wenn es Ihnen schwer fällt, Ihr Zuhause zu verlieren, hätten Sie keine Angst, da Sie wissen, dass das Feuer Ihnen nichts anhaben kann.

Ebenso ist unser Körper wie ein Haus. Wenn unser Körper bedroht wird, geraten wir sofort in Angst. Tief in uns denken wir, wenn unser Körper Schaden nimmt, werden auch wir Schaden nehmen. Wir verwechseln die beiden und vermischen sie miteinander, aber egal, was mit dem Körper passiert, dem Geist kann nie etwas passieren. Es mag sicherlich unangenehm sein, unseren Körper zu verlieren, aber die grundlegende Natur unseres Geistes bleibt rein und unbeschädigt. Wenn wir das erkennen, trennen wir in der Chöd-Praxis unseren Körper von unserem Geist, um den Körper dann anderen als eine Methode zur Erzeugung von Verdienst darzubieten.

Dies ist nur ein Beispiel dafür, wie Chöd uns hilft, das Greifen nach einem Selbst zu beseitigen. Das System arbeitet mit mehreren Ebenen des Greifens, um schließlich alles zu beseitigen, was unseren Geist einschränkt. Um vollständig zu verstehen, wie das funktioniert, müssen wir die Rolle der Maras in unserer Erfahrung diskutieren.

MIT MARAS ARBEITEN

„Mara" ist jegliche Kraft, die unsere Fähigkeit behindert, die Befreiung aus

Samsara zu erreichen. Der Begriff stammt aus dem Sanskrit und wird im Allgemeinen mit „Dämon" oder „Teufel" übersetzt. Die Wurzel aller Maras ist der Geist, der nach einem Selbst greift und eine Wirklichkeit projiziert, die auf dem basiert, was als „Ich" oder „Mein" wahrgenommen wird. Dies ist der Hauptdämon, den wir überwinden müssen.

Während Dämonen üblicherweise als physische Wesen Entitäten werden, als blutrünstige Bestien mit bedrohlichen Klauen und Reißzähnen, wird im Kontext von Chöd alles, was die Grundlage für das Entstehen von Unwissenheit oder Verblendung bildet, als Mara angesehen. In diesem Sinne können sogar Freunde und Familie zu Maras werden, wenn wir mit Anhaftung an ihnen festhalten.

Die Praxis des Chöd beschneidet die Kraft der Maras, sodass sie nicht länger die Fähigkeit haben, unseren Geist zu beeinflussen. Indem wir die verschiedenen Arten von Maras klar identifizieren und lernen, ihnen mit Mut und Entschlossenheit entgegen zu treten, entwickeln wir eine unerschütterliche Furchtlosigkeit, die uns auf dem Pfad vorwärts bringt. Zu diesem Zweck können wir zwei Gruppen von Maras unterscheiden, vor denen wir uns in Acht nehmen müssen: (1) die vier gewöhnlichen Maras, wie sie in den Sutras verstanden werden, und (2) die vier außergewöhnlichen Maras, wie sie im Chöd dargestellt werden.

Die vier gewöhnlichen Maras

Wir können von vier Arten von Mara sprechen, die als Haupthindernisse für das Vorankommen auf dem spirituellen Weg wirken:

1. **Der Mara der Aggregate:** Die Aggregate umfassen alles, was entweder als Körper oder als Geist bezeichnet wird. Sie entstehen als Ergebnis unserer karmischen Prägung und bilden die Grundlage für die Zuschreibung eines „Selbst". Wenn die Erscheinung eines Selbst auftaucht, greifen wir danach, als ob es inhärent real wäre. Solange wir diese Art des *Greifens nach einem Selbst* fortsetzen, sind wir dazu verdammt, einen endlosen Kreislauf von Leiden und Qualen zu erfahren.

2. **Der Mara der Verblendungen:** Auf der Grundlage des Greifens nach einem Selbst entwickelt der Geist Schichten von verzerrten Fehlwahrnehmungen, die uns daran hindern, die wahre Natur der Wirklichkeit zu erkennen.

Da wir nicht wissen, wie die Dinge tatsächlich existieren, halten wir das Selbst für wichtiger als alles, was wir als „Anderes" betrachten. So entsteht eine voreingenommene Haltung der *Selbstsucht*, die alle verblendeten Geisteszustände nährt.

3. **Der Mara des Herrn des Todes:** Sobald die Selbstbezogenheit Fuß fasst, sind wir mit der Herausforderung konfrontiert, unsere Aggregate vor Gefährdung ihres Überlebens zu schützen. Die größte Bedrohung ist der Tod, wenn Körper und Geist sich auflösen und das Selbst, wie wir es derzeit wertschätzen, zerstört wird. Dieser Mara manifestiert sich als ständiges Gefühl von Furcht und Angst vor Veränderung und Vergänglichkeit. Auf Grundlage dieser Furcht entsteht *Abneigung* gegenüber allem, was als Bedrohung wahrgenommen wird. Wenn diese Abneigung den Geist beherrscht, verleitet uns das zu Handlungen, die anderen schaden, und erzeugt dadurch die Ursachen für das Erstehen von leidvollen Erfahrungen.

4. **Der Mara der Göttersöhne:** Der letzte Mara beruht auf dem Geist, der dem Selbst, das wertgeschätzt wird, gefallen möchte. Unter den verschiedenen Erfahrungen in unserem Leben finden wir manche angenehmer als andere. Mit der Zeit entwickeln wir eine tiefsitzende Voreingenommenheit der *Anhaftung* und möchten mehr von denen haben, die wir uns wünschen, und weniger von denen, die wir nicht mögen. Dieser Mara manifestiert sich besonders deutlich in unserer spirituellen Praxis zu Zeiten, wenn wir das Interesse am Dharma verlieren und in alte Gewohnheiten zurückfallen. Anstatt uns zu bemühen, unsere Maras zu überwinden, lassen wir unsere Anhaftungen die Oberhand gewinnen.

Von diesen vier wird der erste als die Wurzel von Samsara angesehen, der zweite entsteht aus dem ersten und die letzten beiden leiten sich vom zweiten ab. Wenn wir also das Greifen nach einem Selbst durchschneiden, durchtrennen wir auf diese Weise effektiv alle Selbstsucht, Abneigung und Anhaftung. Wenn wir einen indirekten Weg nehmen, meditieren wir auf Themen wie Entsagung, Vergänglichkeit, Liebe und Mitgefühl. Das schwächt den Einfluss der letzten drei Maras und schafft die Voraussetzungen, anschließend mit dem ersten Mara zu arbeiten, indem wir über die leere Natur der Aggregate meditieren.

Die vier außergewöhnlichen Maras

Der Ansatz des Chöd besteht darin, direkt mit der Natur des Geistes zu arbeiten, um die Wurzel unseres Greifens nach dem Selbst zu durchschneiden. Daher werden die vier Maras auf eine etwas andere Weise verstanden. Im Chöd sprechen wir von (1) dem Mara des Greifbaren, (2) dem Mara des Nicht-Greifbaren, (3) dem Mara der Überheblichkeit und (4) dem Mara der Aufblähung. Jeder dieser Maras betont einen bestimmten Aspekt des Geistes, der genutzt werden kann, um eine Erkenntnis der leeren Natur des Geistes zu erlangen.

Der Mara des Greifbaren

Der erste Mara konzentriert sich auf die Sinneseindrücke von Form, Klang, Geruch, Geschmack und Berührung, die die Grundlage für unsere Erfahrung der äußeren Welt bilden. Aus diesem Grund nennen wir sie „greifbar". Abhängig von der Sinneserfahrung entwickeln wir Anhaftung an das, was uns gefällt, und Abneigung gegen das, was uns nicht gefällt. Dies schafft die Bedingungen dafür, dass wir fühlenden Wesen Schaden zufügen und unser Leiden aufrechterhalten.

Hier ist der Mara des Greifbaren unser *Greifen nach objektiven Erscheinungen*, als wären sie inhärent existent. Indem wir uns an sie klammern, als ob sie so existierten, entstehen alle Verblendungen. Daher ist das Gegenmittel gegen diesen Mara, ohne Anhaftung oder Abneigung auf die leere Natur der Erscheinungen zu meditieren. Wir lassen den Geist ungezwungen in jeder Sinnesbasis ruhen und erkennen, dass Erscheinungen zwar auftauchen, aber nicht als gültig existierend auf die eine oder andere Weise etabliert sind. Sobald dies erkannt wird, nehmen die Erscheinungen eine illusionsgleiche oder traumähnliche Natur an und hören auf, Macht über den Geist zu haben.

Der Mara des Nicht-Greifbaren

Während sich der Mara des Greifbaren auf die Natur der objektiven Erscheinungen bezieht, befasst sich der Mara des Nicht-Greifbaren mit unseren subjektiven Reaktionen auf diese Erscheinungen. Er besteht aus den begrifflichen Konstrukten von „Gut" und „Schlecht", die wir auf die Welt projizieren. Diese bestimmen, ob wir Erscheinungen mit Angst und Abneigung oder mit Freude und Begierde erfahren. Da diese emotionalen Reaktionen außerhalb des Geistes nicht existieren, werden sie als „nicht greifbar" bezeichnet.

Wenn Erscheinungen in unserem Geist auftauchen, projizieren wir sofort Eigenschaften auf sie. Die Eigenschaften, die uns gefallen, nennen wir „Qualitäten", während wir die, die uns nicht gefallen, „Fehler" nennen. Wenn eine Person viele Fehler zu haben scheint, nennen wir sie einen „Dämon", aber wenn sie viele Qualitäten zu haben scheint, nennen wir sie einen „Engel". Auf diese Weise greifen wir nach einer Wirklichkeit, die auf der Grundlage unserer Interpretation dessen, was uns erscheint, vollkommen fabriziert ist. All diese Unterscheidungen sind völlig ohne Essenz.

Der Mara des Nicht-Greifbaren ist das Greifen nach begrifflichen Fabrikationen als inhärenter Teil der Erscheinungen. Um diesen Mara zu überwinden, müssen wir erkennen, dass diese Konzepte von gut und schlecht allesamt nur Projektionen sind. Das können wir tun, indem wir den Geist ohne Vorliebe für die auftretenden Empfindungen ruhen lassen. Der Inhalt der Gedanken und Erinnerungen, die auftauchen, ist nicht wichtig, denn statt uns auf sie zu konzentrieren oder über ihre Bedeutung nachzudenken, halten wir unser Gewahrsein einfach still in der Weite der leeren Natur des Geistes. Dies bewirkt, dass sich der Geist auf natürliche Weise beruhigt und die Vermehrung der Gedanken deutlich abnimmt. Dies ist eine Praxis des Nicht-Handelns, bei der das Ziel darin besteht, unsere Gewohnheit zu durchbrechen, auf alles zu reagieren, was wir erleben.

Der Mara der Überheblichkeit

Durch die Arbeit mit den materiellen und immateriellen Maras können viele meditative Erfahrungen entstehen. Diese Errungenschaften können in Form von weltlichem Ansehen, einer großen Zahl von Schülern, Visionen von Gottheiten, übernatürlichen Kräften und so weiter auftreten. Wenn wir eine Anhaftung an diese Errungenschaften entwickeln, erleben wir erheblichen Stolz und Arroganz. Das ist der Mara der Überheblichkeit, und wenn wir ihn nicht beseitigen, werden wir selbstgefällig und können auf dem Pfad nicht vorankommen.

Die Essenz dieses Maras ist der Geist, der nach den *wünschenswerten Eigenschaften des Selbst* greift. Er ist von Natur aus ähnlich dem Mara des

Nicht-Greifbaren, konzentriert sich jedoch nach innen auf unser Identitätsgefühl – das konzeptuelle Konstrukt dessen, wer wir zu sein glauben. Um diesen Mara zu überwinden, müssen wir erkennen, dass die Qualitäten, die wir wahrnehmen, nicht das wahre Selbst sind. Genau wie alle anderen Erscheinungen des Geistes, ob greifbar oder nicht-greifbar, haben sie absolut keine Essenz und sind daher illusionsgleicher Natur. Wie ein Traum manifestieren sie sich für eine gewisse Zeit und lösen sich dann wieder auf. Indem wir uns mit dieser Natur vertraut machen, übertreiben wir unseren Status nicht und lernen, angesichts dessen, was auftaucht, bescheiden zu bleiben. Diese aufnahmebereite Haltung ermöglicht es uns, zu tieferen Ebenen der Erfahrung durchzudringen.

Der Mara der Aufblähung

Der letzte Mara wird als die Wurzel der anderen drei angesehen. Wenn der Geist fälschlicherweise nach der Erscheinung eines Selbst als existent greift, wird ein fixer Bezugspunkt geschaffen. Von diesem Bezugspunkt aus entstehen begriffliche Fabrikationen, die beschreiben, wie dieses Selbst über die Objekte urteilt, die ihm erscheinen. Diese Fabrikationen verdunkeln den Geist und führen zu verblendeten Verhaltensweisen. Dieser Prozess der Anhäufung von Verdunkelungen wird als „Aufblähung" bezeichnet.

Um die Aufgeblasenheit zu überwinden, müssen wir lernen, das dualistische Greifen nach Subjekt und Objekt abzuschneiden. Wir tun dies, indem wir unser Bewusstsein in seiner eigenen natürlichen Klarheit ruhen lassen, damit wir die leere Natur aller Phänomene erkennen können. Wenn wir uns an diese Erkenntnis gewöhnen, greift der Geist nicht mehr nach Objekten als getrennten Entitäten und erzeugt somit auch keine begrifflichen Fabrikationen mehr. Wenn der Geist frei von der Bewegung der Konzepte ist, ruht er ganz natürlich in seiner eigenen, vollendeten Natur – der erhabenen Leerheit der Soheit. Auf diese Weise, indem wir die vier Maras aufgeben, erkennen wir die letztendliche Natur der Wirklichkeit und löschen alle Formen des Greifens nach dem Selbst vollständig aus.

DIE PRAXIS DES CHÖD

Mit dem Verständnis der außergewöhnlichen Bedeutung der vier Maras können wir nun beginnen, die tiefgründigen Methoden des Chöd zu praktizieren. Es gibt zwei Arten von Praxis: (1) formelle Praxis und (2) informelle Praxis. Die formelle Praxis beinhaltet eine einzigartige Visualisierungspraxis, die darauf abzielt, den Geist zu durchtrennen, der nach dem Selbst greift und es wertschätzt. Hingegen schärft die informelle Praxis unser Gewahrsein des Selbst, sodass wir in der formellen Praxis direkt damit arbeiten können.

Zwar basieren diese Praktiken auf Belehrungen aus den Sutras, doch gehören sie zu einer tiefgründigen Überlieferungslinie von Kernunterweisungen. Aus diesem Grund sollten Sie zunächst die Übertragung der Lehren von einem/einer authentischen Linienhalter/in erhalten, bevor Sie sie in die Praxis umsetzen. Durch den Segen der Überlieferungslinie werden Sie unnötige Hindernisse vermeiden und können sich der positiven Auswirkungen auf Ihren Geist sicher sein.

Formelle Praxis

Die formelle Praxis des Chöd ist im Kern eine Praxis extremer Großzügigkeit. Anders als bei gewöhnlichen Darbringungen, wo Sie sich vorstellen, schöne Dinge wie Blumen, Nahrung oder wertvolle Substanzen darzubringen, ist das Objekt der Opfergabe unser eigener Körper; das Objekt, an dem wir am stärksten festhalten und das unser wertvollster Besitz ist. Indem wir immer wieder visualisieren, unseren Körper anderen zu geben, verringern wir unsere Anhaftung an die eigentliche Grundlage unserer selbstsüchtigen Einstellung. Dies löst die Verbindung zwischen Körper und Geist, wodurch wir uns besser auf die Natur des Geistes konzentrieren können, um schließlich die Wurzel unserer Unwissenheit zu durchschneiden.

Die Praxis selbst ist in vier Schritte unterteilt: (1) vorbereitende Übungen; (2) Übertragung des Bewusstseins; (3) Darbringung des Körpers und (4) Widmung des Verdienstes.

Vorbereitende Übungen

Bevor Sie mit der hauptsächlichen Visualisierung beginnen, nehmen Sie sich etwas Zeit, um eine sinnvolle Motivation aufzubauen, indem Sie die folgenden Verse rezitieren:

Ich nehme Zuflucht zu den Drei Juwelen, um alle muttergleichen fühlenden

Wesen zur Buddhaschaft zu führen,
Ich nehme Zuflucht, um meine Selbstsucht zu überwinden und meinen
Körper allen Wesen darzubringen,
Ich nehme Zuflucht, um zu verstehen, dass alle furchterregenden Wesen einst
meine Geliebten waren,
Ich nehme Zuflucht, um zu erkennen, dass alle Wesen in tatsächlicher
Wahrheit erleuchtet sind.

Während Sie diese Worte rezitieren, stellen Sie sich vor, dass alle Linienmeister/ innen, Yidams, Buddhas, Bodhisattvas, Dakas, Dakinis und Dharmabeschützer um Sie versammelt sind und Ihr Gelöbnis bezeugen. Mit ihrer Unterstützung sollten Sie großes Vertrauen in Ihre Fähigkeit haben, alles Nötige zu tun, um fühlenden Wesen zu nutzen.

Ich erzeuge unermessliche Liebe und Mitgefühl, um das kostbare Juwel des Bodhicitta zu entwickeln, genau wie alle Buddhas und Bodhisattvas der drei Zeiten.

Vergegenwärtigen Sie sich ein riesiges Meer von fühlenden Wesen um Sie herum und erinnern Sie sich an das Leid, das sie erfahren. Kultivieren Sie die intensive Sehnsucht, den Mara des Greifens nach einem Selbst aufzugeben, damit Sie Ihr größtes Potenzial verwirklichen und den Zustand eines vollständig erleuchteten Buddha erreichen können.

Dann stellen Sie sich vor, dass sich das gesamte Zufluchtsfeld in Licht auflöst und sich in die strahlend weiße Gestalt von Machik Labdron mit einem Gesicht und drei Augen verwandelt. Sie spielt mit ihrer rechten Hand eine Damaru- Trommel, hält in der linken eine Glocke und tanzt zum rhythmischen Schlag der Musik.

Erkennen Sie Machik als untrennbar von Ihrem Wurzelguru und kultivieren Sie einen Geist voller Glauben und Hingabe an die tiefgründigen Lehren des Chöd. Stellen Sie sich vor, wie Machik zum Scheitel Ihres Kopfes kommt, sich in Licht auflöst und untrennbar mit Ihrer eigenen Buddhanatur verschmilzt. Lassen Sie Ihr Gewahrsein für einige Momente in einem natürlichen, vom Greifen freien Zustand ruhen.

Übertragung des Bewusstseins

Um unseren Körper anderen darbringen zu können, müssen wir zuerst die Verbindung zwischen Geist und Körper auflösen. Wenn Sie bereits mit der Meditation über die Natur des Geistes vertraut sind, können Sie sich dazu sofort an diese Natur erinnern und Ihr Gewahrsein einige Minuten lang eingerichtet ohne Konzepte ruhen lassen. Ansonsten können Sie die folgende Visualisierung verwenden, um die Auflösung zu erleichtern.

Mein Bewusstsein als rosa Tropfen in meinem Nabelchakra schießt durch meinen zentralen Kanal nach oben:

PHAT...PHAT...PHAT...PHAT!

Mein Geist löst sich in den Raum auf und mein Körper fällt wie ein Leichnam nieder.

Stellen Sie sich zuerst vor, dass Ihr Bewusstsein als weißer und roter Tropfen von flirrendem Licht im Zentrum Ihres Nabelchakras erscheint. Denken Sie daran, dass dieser Tropfen Sie sind und identifizieren Sie sich mit ihm. Rezitieren Sie kraftvoll das Wort PHAT und stellen Sie sich vor, dass Sie durch den Zentralkanal vom Nabel zum Herzchakra aufsteigen. Beim zweiten PHAT stellen Sie sich vor, dass Sie sich vom Herzen zur Kehle bewegen. Beim dritten PHAT bewegen Sie sich von der Kehle zum Scheitelchakra und beim letzten PHAT stellen Sie sich vor, dass Sie aus dem Scheitelchakra in den Raum über Ihrem Körper hinausschießen. Stellen Sie sich vor, wie Sie auf Ihren Körper hinunterschauen, wie er leblos zu Boden fällt.

OM SVABHAVA SHUDDHA SARVA DHARMA SVABHAVA SHUDDHO HAM

Mit diesem Mantra erinnern Sie sich daran, dass alle Phänomene völlig leer von ihrer zugeschriebenen Natur sind, und ruhen Sie für einige Augenblicke in der traumgleichen Qualität dessen, was Ihnen erscheint.

Alle Phänomene lösen sich in Leerheit auf, und aus dieser erscheint als die erhabene Dakini Machik Labdron mein glorreicher Wurzellama, umgeben von den fünf Klassen von Dakinis und den Linienmeister/innen. Ich bitte euch, gewährt mir euren Segen.

Aus der Sphäre der Leerheit heraus stellen Sie sich vor, dass Ihr/e Wurzelguru als Machik Labdron erscheint, zusammen mit einer Schar von Dakinis und Linienmeister/innen. Sie bitten sie um ihren Segen, der es Ihnen erlaubt, die tiefgründige Praxis des Chöd durchzuführen und damit Ihren Geist der Selbstsucht von seiner Wurzel abzuschneiden.

Mein Bewusstsein erscheint als rote Vajrayogini.

Stellen Sie sich vor, dass Licht aus dem Verdienstfeld ausstrahlt und Sie in den Segnungen dieser heiligen Linie baden. Aus diesem Licht heraus verwandelt sich Ihr Bewusstsein augenblicklich in die erleuchtete Form von Vajrayogini, mit einem roten Körper, einem Gesicht und zwei Armen. Sie halten ein gebogenes Messer in Ihrer rechten Hand und eine Schädelschale in Ihrer linken.

Darbringung des Körpers

Der nächste Schritt besteht darin, den Körper für die Darbringung vorzubereiten. Stellen Sie sich Ihren Körper vor, wie er nackt vor Ihnen auf dem Boden liegt. Betrachten Sie ihn einige Zeit lang, so wie Sie ein totes Tier oder ein Stück Fleisch betrachten würden.

Die Schädeldecke wird abgeschnitten und in eine Opferschale verwandelt, die so groß wie ein Kontinent ist. Haut, Fleisch, Blut, Sehnen, Knochen, Lunge, Leber, Eingeweide, Sinnesorgane, alles wird herausgeschnitten und in die Opferschalen gelegt, um sich in den erleuchtenden Nektar der Befreiung zu verwandeln.

Stellen Sie sich vor, wie Sie mit Ihrem gebogenen Messer den Oberteil der Schädeldecke der Leiche abschneiden. Nachdem Sie die Schädeldecke umgedreht vor sich abgestellt haben, verwandelt sie sich augenblicklich in ein Set von großen Opferschalen. Nun schneiden Sie den Körper stückweise auf und legen die ganze Haut in eine Schale und in eine andere das Fleisch und Fett. Fahren Sie so fort, bis der ganze Körper zerkleinert und auf die Schalen aufgeteilt ist. Visualisieren Sie, dass jede Schale mit Opfergaben überquillt.

Sie können den Körper nun auf unterschiedliche Weise verschiedenen Arten von Wesen darbringen. Es gibt grundsätzlich zwei Arten von Opfergaben, die Sie durchführen können: (1) weiße Festmahle und (2) rote Festmahle. Ein weißes Festmahl reduziert die Selbstsucht, indem Sie anderen friedvolle Opfergaben aus Liebe und Mitgefühl darbringen. Rote Festmahle konfrontieren uns direkt mit unserer selbstsüchtigen Einstellung, indem wir zornvolle Opfergaben darbringen. Während beim ersten Fest der Nutzen für andere im Vordergrund steht, geht es beim zweiten Fest darum, Weisheit in Bezug auf die Erfahrung der Selbstsucht an sich zu erlangen.

Weißes Festmahl

Zuerst bringen wir Opfergaben von Nektar an die Versammlung der erleuchteten Wesen dar:

Der Nektar erscheint als Blumen, Licht, Musik, Räucherwerk, Nahrung, Parfüm, Seide und Ornamente. Er wird den Meistern der Überlieferungslinie, den Yidam-Gottheiten und allen erleuchteten Wesen dargebracht.

Im Raum vor Ihnen stellen Sie sich den Himmel erfüllt von Yidams, Buddhas, Bodhisattvas, Dakinis und aller erleuchteten Wesen vor. Erinnern Sie sich an ihre unendliche Güte Ihnen und allen fühlenden Wesen gegenüber und stellen Sie sich vor, wie die Substanzen in jeder Opferschale aufglühen und sich dann in strahlend weißen Nektar auflösen. Aus Ihrem Herzen strömen zahllose Opfergottheiten hervor, die den Nektar nehmen und ihn an die erleuchtete Versammlung verteilen. Fühlen Sie, wie sie vor Freude überwältigt sind und sich zutiefst an Ihrer großartigen Opfergabe erfreuen.

Der Nektar erscheint dann als ein Schatz von Wohlstand, Schönheit, Jugend, Medizin, Nahrung, Kleidung, Dekorationen, Gärten, Häusern, Freunden und geliebten Wesen und was immer gebraucht wird, und dies regnet auf alle gütigen muttergleichen Wesen der sechs Bereiche herab, besonders auf Dämonen, Geister, Erd-, Wasser- und Luftgeister, Halbgötter, Beschützer und alle meine karmischen Schuldner, die mir zahllose Leben lang am nächsten und liebsten waren. Für diese Wesen werden die Darbringungen so weitreichend wie Flüsse, Ozeane und Berge.

Vergegenwärtigen Sie sich die zahllosen fühlenden Wesen, die seit Anbeginn der Zeit Ihre liebsten Mütter waren, und nähren Sie ein Herz voller Dankbarkeit und Zuneigung für alle, ohne Ausnahme. Denken Sie an das Leid, das jede Ihrer lieben Mütter erfährt, und kultivieren Sie den Wunsch, ihre unendliche Güte zu erwidern. Stellen Sie sich vor, dass Sie wiederum eine Schar von Opfergöttinnen ausstrahlen, die den Nektar ausschöpfen und in die sechs Bereiche tragen. Während sie den Nektar über die Bewohner/innen der einzelnen Reiche gießen, verwandelt er sich in alles, was Ihre lieben Mütter benötigen, und ihr Geist wird vollkommen zufrieden und mit Frieden und Harmonie erfüllt.

Es gibt keinen Unterschied zwischen allen Arten der Wesen der sechs Bereiche, weil sie alle gleichermaßen so freundlich zu mir waren wie meine Eltern, Partner, Kinder, Lehrer und Kostbarkeiten. Jedes dieser Wesen schätze ich als einen kostbaren Schatz, um den Weg zur Erleuchtung zu vollenden.

Und schließlich stellen Sie sich mit einem Geist, der jede einzelne Ihrer lieben Mütter wertschätzt, vor, dass alle fühlenden Wesen durch die Darbringung Ihres Körpers als wunscherfüllendes Juwel auf den Pfad zur Befreiung gelangen. Durch ihre Praxis des kostbaren Dharma lösen sie ihre Verdunkelungen auf und erlangen vollkommene Erleuchtung. Mit unglaublicher Freude lösen Sie die Visualisierung auf und ruhen in Ihrem Gewahrsein. Wenn Sie fertig sind, fahren Sie mit dem nächsten Abschnitt fort.

Rotes Festmahl

Für das rote Festmahl vergegenwärtigen Sie sich eine riesige Versammlung von Schrecken erregenden Dämonen und gefräßigen Ungeheuern. Stellen Sie sich vor, dass diese Wesen die Manifestationen all jener sind, denen Sie als Ergebnis Ihrer selbstsüchtigen Haltung Schaden zugefügt haben. Sie fletschen die Zähne, knurren und umkreisen Sie wie ein Rudel Hyänen, die auf Fressen warten. Versuchen Sie, das Gefühl zu entwickeln, dass Ihr Leben in Gefahr ist. Das wird den Geist des Greifens nach einem Selbst erwecken und Ihnen ein klares Objekt geben, mit dem Sie arbeiten können.

Stellen Sie sich dann vor, dass sich diese Selbstsucht als Ihr nackter Körper auf dem Boden liegend manifestiert. Wiederholen Sie den Vorgang des Zerschneidens, aber diesmal türmen Sie die Teile zu Bergen von Fleisch und Knochen auf. Die zornvollen Wesen umschwärmen die Opfergaben und verschlingen sie bis zum letzten Bissen. Denken Sie daran, wie zufrieden sie sind und dass Ihre karmische Schuld beglichen ist. Dann kontemplieren Sie das Folgende:

Es gibt keine Furcht vor irgendeiner Art von Wesen, denn es existieren keine wirklichen Wesen, wie wir sie wahrnehmen oder wie wir sie uns vorstellen. Es gibt keine Unterscheidung zwischen den Wesen der drei Bereiche und den erleuchteten Wesen, denn alles besitzt bereits die vollen Qualitäten der Erleuchtung und ist somit in der letztendlichen Wahrheit gleich.

OM GATE GATE PARAGATE PARASAMGATE BODHI SVAHA

Während Sie das Mantra wiederholen, lassen Sie zu, dass sich alle Erscheinungen in Leerheit auflösen. Erinnern Sie sich an jegliches Verständnis von Leerheit, das Sie entwickelt haben. Wenn Sie der Mantra-Rezitation müde werden, lassen Sie Ihren Geist in einem nicht-konzeptuellen Zustand frei von Greifen ruhen, solange Sie können.

Widmung des Verdienstes

Zum Abschluss Ihrer Sitzung sollten Sie das Verdienst, das Sie erworben haben, der Erlangung der Buddhaschaft widmen. Beenden Sie die Sitzung, indem Sie die folgenden Verse rezitieren:

Die tugendhaften Wurzeln, die ich durch das Aufopfern und die Hingabe meines Körpers geschaffen habe, die tugendhaften Wurzeln, die ich durch meine Entschlossenheit zur Erleuchtung für Götter und Dämonen geschaffen habe, sowie alle tugendhaften Wurzeln, die ich in den drei Zeiten angesammelt habe – all das widme ich dem Wohle der feindseligen Götter und Dämonen und aller fühlenden Wesen der drei Bereiche.

Durch die Kraft dieser Widmung, mögen alles negative Karma, böse Handlungen und Verdunkelungen, die in feindlichen Göttern und Dämonen und allen anderen fühlenden Wesen vorhanden sind, gereinigt werden. Mögen sie die sechs Perfektionen gänzlich vervollkommnen und den letztendlichen Zustand erreichen.

Mögen sie durch die Absicht der ungeborenen Mutter gestärkt werden und die Zitadelle von Vajradhara erreichen, des Herrn der Vater-Familien aller Siegreichen. Wenn sie diesen Zustand erreicht haben, mögen sie durch

*verschiedene erleuchtete Aktivitäten weitreichenden und großen Nutzen für
die Wesen bringen, bis die zyklische Existenz geleert ist.*

*Mögen alle, die Objekt-Abtrennung praktizieren,
Die Kette des Greifens nach einem Selbst durchtrennen
Indem sie ihren eigenen Geist nicht als Teufel sehen.*

*Mögen sie frei von Überheblichkeit sein
Ganz gleich, welche guten Qualitäten entstehen.*

*Mögen sie nicht nach dem eigenen Selbst greifen
Egal, welche schlechten Gedanken auftauchen.*

*Möge dieser heilige Dharma, die Abtrennung von bösen Objekten,
Alle Zeiten und Richtungen durchdringen
Wie die Sonne, die am Himmel aufgeht.*

Informelle Praxis

Die informelle Praxis des Chöd umfasst die beiden hauptsächlichen Aktivitäten,
die Chöd-Praktizierende zwischen ihren formellen Meditationssitzungen
durchführen: (1) das äußere Chöd des Besuchs von furchterregenden Orten
und (2) das innere Chöd des Abschneidens der Ausuferung von Gedanken.

Äußeres Chöd

Die erste informelle Praxis des äußeren Chöd konzentriert sich darauf, den
selbstsüchtigen Geist klar zu manifestieren, sodass er mit dem inneren Chöd
durchtrennt werden kann. Dies geschieht durch physische Aufenthalte an
unheimlichen Orten, die Angst einflößen. Wenn sich das Selbst bedroht fühlt,
wird unsere Selbstsucht stark. Wenn wir die Achtsamkeit aufrechterhalten,
während sie sich manifestiert, können wir die vielen Schichten begrifflicher
Fabrikation erkennen, die der Geist zum Schutz des Selbst erzeugt.

Dies ist eine direkte und kraftvolle Methode, die Weisheit erfordert, um richtig
praktiziert zu werden. Es ist notwendig, unsere Fähigkeit, uns furchterregenden
Situationen zu stellen, allmählich aufzubauen, denn wenn wir uns zu früh zu sehr
bemühen, kann unsere Selbstsucht uns überwältigen und uns daran hindern,
überhaupt zu praktizieren. Es ist daher empfehlenswert, mit einer friedlichen

Umgebung zu beginnen, wie z. B. Ihrem Zuhause oder einem öffentlichen Ort, an dem Sie sich sicher fühlen, wo Sie sitzen und die formale Praxis der Darbringung Ihres Körpers ausführen können.

Sobald Sie sich mit der Praxis vertraut gemacht haben, können Sie sich in eine unheimlichere Umgebung begeben, z. B. in einen Wald bei Nacht. Es sollte nicht beängstigend sein, aber möglicherweise gruselig. Wenn Sie sich eingerichtet haben, achten Sie auf das Unbehagen, das Sie empfinden, und führen Sie die formale Praxis durch.

Setzen Sie Ihre Praxis an immer furchterregenderen Orten fort. Sofern Sie nicht zu den hochverwirklichten Praktizierenden gehören, ist es nicht ratsam, sich in unnötig gefährliche Situationen zu begeben. Denken Sie daran, Sie wollen sich selbst erschrecken, nicht ermordet werden. Seien Sie also klug und beachten Sie Ihre Grenzen. Ideale Orte sind solche, wo es viele Todesfälle gegeben hat oder die eine Geschichte haben, verhext zu sein, wie verlassene Häuser, Gefängnisse, Friedhöfe und Schlachtfelder. Denken Sie an Orte, die eine seltsame und unbehagliche Atmosphäre ausstrahlen.

Der Nutzen dieser Praxis ist die drastische Reduzierung Ihrer Selbstsucht und Anhaftung an Ihren Körper. Das wird Ihnen helfen, in Ihrer Praxis Furchtlosigkeit, Stärke und Überzeugung zu entwickeln. Ohne Selbstsucht kann Ihr Herz von Liebe und Mitgefühl weit und unermesslich werden und Sie werden angesichts von Widrigkeiten unerschütterliche Geduld haben. All das ermöglicht es Ihnen, unabhängig von den äußeren Bedingungen mit Freude zu praktizieren.

Inneres Chöd

Der Prozess der Aufblähung wird durch das Ausufern von Gedanken ausgelöst, die durch die Selbstsucht entstehen. Wenn sich das Selbst bedroht fühlt, setzt ein innerer Dialog ein, der Dinge sagt wie: „Was war das für ein Geräusch? Ich habe das Gefühl, dass ich beobachtet werde. Ist das da drüben etwas?" Wenn Sie in Ihrer Praxis des äußeren Chöd erfolgreich sind, werden Sie mit den Schichten der Konzeptualisierung vertraut, die durch Angst ausgelöst werden.

Beim inneren Chöd geht es darum, diese Ausuferung mit einer intensiven Form der Achtsamkeit zu unterbrechen. Jedes Mal, wenn Sie feststellen, dass Ihr Geist Gedanken erzeugt, rezitieren Sie kraftvoll die Silbe PHAT. Das bewirkt, dass Ihr Gedankengang abgeschnitten wird und unmittelbar nach der Silbe ein Raum entsteht, in dem Ihr Gewahrsein ruhen kann. Wenn die Gedanken wieder auftauchen, rezitieren Sie PHAT und lassen Sie Ihr Gewahrsein in einem Zustand frei von Konzepten ruhen. Mit etwas Übung wird die Wucherung der Gedanken allmählich nachlassen, und der Geist wird klarer, sodass Sie die Natur des Geistes direkt erfahren können.

Da das Ausstoßen von lauten und abrupten Geräuschen in der Öffentlichkeit unerwünschte Aufmerksamkeit erregen kann, sind Sie nicht verpflichtet, die Silbe laut auszusprechen. Es ist ebenso wirksam, PHAT still im Geist zu rezitieren. Das Wesentliche ist, es kraftvoll zu tun, wie ein starker Luftstoß, der den Geist vollständig reinigt.

Zusammen angewandt sind die formelle Praxis des Darbringens des Körpers und die informellen Praktiken des Besuchs unheimlicher Orte und des Abschneidens des Gedankenflusses sehr effektiv, um die vier Maras zu besiegen. Auf direkte Weise können sie schnell viele Schichten von Verdunkelungen durchschneiden und uns der Erfahrung der Leerheit näher bringen. Im Zusammenhang mit dem Kalachakra-Pfad ist dies zwar nicht unsere Hauptpraxis, kann aber dennoch eine äußerst nützliche Zusatzpraxis sein, um unseren Geist auf die Erzeugungs- und Vollendungsstufe des Kalachakra vorzubereiten.

Übersicht über Band Zwei

Über den Autor

Khentrul Rinpoche ist ein nicht-sektiererischer Meister des tibetischen Buddhismus. Er widmete sein Leben den verschiedensten spirituellen Praktiken und studierte bei mehr als 25 Meistern aller großen Traditionen Tibets. Er hat aufrichtigen Respekt und Wertschätzung für alle spirituellen Systeme; jedoch ist sein eigener Weg, den er mit größtem Vertrauen praktiziert und mit dem er die meiste Erfahrung hat, das Kalachakra-Tantra, wie es in der Jonang-Shambhala-Tradition gelehrt wird.

Rinpoche unternimmt alles mit einem scharfsinnigen und neugierigen Geist. Seine Belehrungen sind leicht zugänglich und direkt und zeigen oft ein pragmatisches Einfühlungsvermögen. In den vergangenen Jahren verfasste Rinpoche viele Bücher, um seine Schülerinnen und Schüler anzuleiten. Insbesondere bemühte er sich, Kommentare und Texte über die Stufen des Kalachakra-Pfades zu übersetzen und zugänglich zu machen.

Rinpoche ist fest davon überzeugt, dass unsere Welt das Potenzial hat, echten Frieden und Harmonie zu entwickeln und damit die Umwelt und die Menschheit zu bewahren. Dieses „Goldene Zeitalter von Shambhala" kann durch das Studium und die Praxis des Kalachakra-Systems verwirklicht werden. Zu diesem Zweck bereist Rinpoche die ganze Welt, um sein Wissen über diese einzigartige Übertragungslinie zu teilen, frei von sektiererischen Vorurteilen.

RINPOCHES VISION

Das Tibetan Buddhist Rimé Institute wurde mit der ausdrücklichen Absicht gegründet, Khentrul Rinpoche dabei zu unterstützen, seine Vision von größerem Frieden und Harmonie in dieser Welt zu verwirklichen. Während unsere Gemeinschaft wächst und sich entwickelt, beteiligen sich immer mehr Menschen an diesem außerordentlichen Vorhaben.

Um das Ausmaß von Rinpoches Vision darzustellen, können wir von acht Zielen sprechen, die Rinpoches kurz- und langfristige Prioritäten beschreiben:

Kurzfristige Ziele

Letztendlich ist dauerhaftes, echtes Glück nur durch tiefgreifende persönliche Transformation möglich. Mehr denn je benötigen wir heutzutage Methoden, um unsere Weisheit zu entwickeln und unser größtes Potenzial zu verwirklichen. Aus diesem Grund legt Rinpoche so großen Wert darauf, die Jonang-Kalachakra-Linie zu erhalten. Rinpoche hofft, das auf vier Arten erreichen zu können:

1. **Gelegenheiten schaffen, in Zusammenarbeit mit engagierten Meditierenden in abgelegenen Gegenden Tibets mit einer authentischen und vollständigen Kalachakra-Übertragungslinie in Verbindung zu kommen.** Unser Ziel ist es, jegliche Unterstützung zu schaffen, um Kalachakra in Übereinstimmung mit den authentischen Linienmeister/innen, die diese Tradition tausende Jahre lang aufrechterhalten haben, zu praktizieren. Dazu geben wir Statuen und Bilder in Auftrag, schreiben Bücher und lehren auf der ganzen Welt. Wir legen besonderen Wert auf die Authentizität unseres Materials, wobei wir uns auf die tiefgründige Erfahrung hoch realisierter Meditierender, die ihr ganzes Leben diesen Übungen widmen, stützen.

2. **Internationale Retreatzentren für Studium und Praxis des Kalachakra etablieren.** Um die Lehren in unseren Geist zu integrieren, ist eine Gelegenheit für Perioden intensiver Praxis unabdingbar. Daher arbeiten wir daran, die notwendige Infrastruktur zu schaffen, die die Mitglieder unserer Gemeinschaft unterstützt und fördert, sich für ein kurzes oder langes Retreat zurückzuziehen. Dazu gehören der Erwerb von Grund und die Errichtung von allem, was für Gruppen- oder Einzelretreats notwendig ist. Langfristig möchten wir ein Netzwerk solcher Zentren auf der ganzen Welt aufbauen. Dadurch soll eine globale Gemeinschaft entstehen, die unterschiedlichste Arten von Praktizierenden unterstützt.

3. **Die einzigartigen und seltenen Schriften der Kalachakra-Meister übersetzen und veröffentlichen. Während der langen Geschichte Tibets wurden unzählige Schriften über das Kalachakra-System verfasst.** Bisher wurde nur ein kleiner Teil dieser Texte übersetzt und im Westen

zugänglich gemacht. Während die theoretischen Texte wichtig sind, möchten wir uns aber besonders auf die Kernunterweisungen konzentrieren, die hingebungsvolle Praktizierende zu einer tieferen Erfahrung dieser tiefgründigen Lehren führen können.

4. **Hilfsmittel und Programme für eine strukturierte Lernerfahrung entwickeln.** Da kleine Gruppen von Schüler/innen auf der ganzen Welt verstreut sind, halten wir es für wichtig, moderne Technologien bestmöglich einzusetzen, um den Lernprozess zu fördern. Wir möchten eine stabile Online-Lernplattform entwickeln, durch die unsere internationale Gemeinschaft Zugang zu qualitätsvollen Studienprogrammen erhalten kann, die intuitiv, strukturiert und anregend sind.

Langfristige Ziele

Während wir alle daran arbeiten, höchsten Frieden und Harmonie in unserem eigenen Geist zu etablieren, dürfen wir nicht vergessen, dass wir in einer Welt mit einer Vielzahl verschiedener Individuen existieren. Diese Einzelpersonen verfolgen verschiedenste Glaubensrichtungen und Praktiken, die wiederum beeinflussen, wie wir uns im Verhältnis zu anderen sehen und mit ihnen interagieren. Angesichts dieser gegenseitigen Abhängigkeit ist es wesentlich, brauchbare Strategien zu entwickeln, um mehr Toleranz und Respekt zu fördern. Dazu empfiehlt Rinpoche vier spezielle Bereiche von Aktivitäten:

1. **Die Entwicklung einer Rime-Philosophie durch Dialog mit anderen Traditionen fördern.** Wenn wir konstruktive Mitglieder einer pluralistischen Gesellschaft sein wollen, müssen wir lernen, unsere Unterschiede miteinander in Einklang zu bringen. Darum wollen wir Menschen helfen, die positiven Qualitäten zu entwickeln, die eine Haltung wechselseitigen Respekts, Offenheit gegenüber neuen Ideen und den neugierigen Wunsch, unsere Unwissenheit zu überwinden, fördern.

2. **Hoch realisierte Vorbilder entwickeln, indem wir engagierte Praktizierende finanziell unterstützen.** Um die Authentizität unserer spirituellen Traditionen zu erhalten, sind Personen, die höchste Verwirklichungen erlangen, unverzichtbar. Daher möchten wir ein

Stipendienprogramm ins Leben rufen, um aufrichtig Praktizierende dabei zu unterstützen, ihr Leben der spirituellen Entwicklung zu widmen, unabhängig von ihrem Übungssystem. Wenn wir Menschen helfen, die Lehren in die Praxis umzusetzen, werden sie positive Vorbilder für ihre Umgebung und geben Inspiration und Orientierung für zukünftige Generationen.

3. **Durch spezielle Trainingsprogramme das große Potenzial weiblicher Praktizierender verwirklichen.** Die tibetische Kultur hat eine lange Geschichte, durch intensives Training von Personen, deren großes Potenzial erkannt wurde, hoch verwirklichte Meister hervorzubringen. Leider konzentrierte sich die Suche nach solchen Personen meist auf männliche Kandidaten. Nach Rinpoches Ansicht ist es zunehmend wichtiger, starke, hoch realisierte weibliche Vorbilder zu haben, um eine bessere Balance in unsere Welt zu bringen. Darum arbeiten wir an einem einzigartigen Trainingsprogramm, um Frauen die Möglichkeit zu geben, ihr spirituelles Potenzial zu verwirklichen. Unser Ziel ist es, sowohl ein spezielles Curriculum als auch die finanzielle Infrastruktur zu entwickeln, um alle Aspekte ihrer Ausbildung zu unterstützen.

4. **Durch moderne Ausbildungsprogramme eine größere Flexibilität des Geistes und ein breiteres Verständnis der Wirklichkeit fördern.** In einer sich rasch entwickelnden Welt müssen wir überlegen, welche Fähigkeiten wir unsere Kinder lehren wollen. Die starren Strukturen der Vergangenheit sind oft schlecht geeignet, Schülerinnen und Schüler auf die Herausforderungen, denen sie in ihrem Leben begegnen werden, vorzubereiten. Daher möchten wir verschiedene Ausbildungsprogramme entwickeln, um Kindern zu helfen, flexibler zu werden und sich besser in ihre Umgebung einfügen zu können. Ein wichtiger Teil dieser Programme ist die Entwicklung von größerem Gewahrsein der Rolle, die unser Geist bei unseren tagtäglichen Erfahrungen spielt. Wir möchten auch das Erziehungssystem in den Klöstern reformieren, um seine Relevanz für die heutige moderne Welt zu erhöhen.

WIE KÖNNEN SIE HELFEN?

Das oben Gesagte wird ohne Ihre Unterstützung und Beteiligung nicht möglich sein. Eine Vision dieser Tragweite erfordert ein großes Maß an Verdienst und Großzügigkeit vieler Wohltäter über viele Jahre hinweg. Wenn Sie Ihre Unterstützung anbieten möchten, zögern Sie bitte nicht, uns zu kontaktieren:

Dzokden
3436 Divisadero Street
San Francisco, California 94123
United States of America
www.dzokden.org

www.ingramcontent.com/pod-product-compliance
Lightning Source LLC
Chambersburg PA
CBHW081322120626

46546CB00011B/3187